정신역동 음악치료

사례 연구

Susan Hadley 편저

김성희 · 김연정 · 김향숙 · 박소연 · 양은아 · 오선화
이경숙 · 이난복 · 이드보라 · 이숙 · 이정실 공역

PSYCHODYNAMIC
MUSIC THERAPY
Case Studies

학지사

Psychodynamic Music Therapy: Case Studies
Edited by Susan Hadley

Originally published in English
Copyright © 2003
Barcelona Publishers
4 White Brook Road
Gilsum New Hampshire 03448 USA
SAN# 298-6299 -ISBN # 1-891278-16-9

역자 서문

이 책은 음악치료에 관한 입문서나 이론서가 아니라 임상현장에서 다양한 정신역동 음악치료 방법을 사용하고 있는 음악치료사의 실제 사례를 소개하고 있다. 이 책에서 소개되는 음악치료사는 다양한 관점에서 자신만의 독특한 정신역동 음악치료 방법을 사용하고 발전시키는 것을 볼 수 있다. 음악치료는 학문의 특성상 실제 임상사례를 다양하게 접해 보는 것이 중요하다. 이와 더불어 다양한 음악치료 방법에 대해 아는 것 또한 필요하다. 우리는 주로 자신이 배우고 훈련받은 음악치료 방법에 익숙하여 다양성이 필요한 임상현장에서 자신의 어떤 방법만을 고수하려 하거나, 그 방법에만 고착화될 수 있다. 임상현장에서 일하는 치료사가 다양한 치료방법과 임상사례를 접하는 것은 전문 영역을 위한 훈련과 함께 더 많은 클라이언트를 심도 있게 도울 수 있도록 해 줄 것이다. 선배 치료자의 임상사례는 우리에게 시사하는 바가 크기 때문이다. 이 책에서 소개하는 정신역동 음악치료를 통해 치료목적을 이루어 나아가는 여러 과정은 음악치료에 대한 패러다임을 넓히는 데도 유익할 것이다.

역자들은 음악치료 박사과정 수업에서 이 책을 접한 후, 임상사례에 관한 자료가 매우 부족한 우리의 현실에서 이 임상사례서가 많은 도움을 줄 것이라는 데 의견을 모으고 다른 음악치료사와 함께 이 내용들을 공유하고자 이 책을 번역하게 되었다. 번역과정에서 여러 가지 어려움이 있었다. 저자들이 전하고자 하는 의도를 가능한 한 충실하게 담기 위해 과도한 의역이나 축약은 삼가려고 노력하였으나 쉽지 않은 작업이었다. 유려하게 글을 쓴 저자도 있지만, 여러 나라의 음악치료사 모두가 문장가처럼 매끄럽게 글을 쓴 것은 아니며, 특히 유럽의 음악치료사가 자신의 사례를 영어로 표현한 것을 다시 한국어로 번역해야 했기 때문에 작업이 더욱 만만치 않았다. 따라서 영어로 전달하는 것이 더 낫다고 판단되는 부분은 영문을 참고하도록 하였다. 1, 14장은 오선화, 2, 12장은 이경숙, 3, 9장은 박소연, 4, 6장은 이드보라, 5, 13장은 김향숙, 7, 10장은 양은아, 8장은 이정실, 11, 15장은 김연정, 16, 17장은 김성희, 18, 20장은 이숙, 19, 21장은 이난복이 맡아서 공동 번역하였다. 11명의 번역자 모두 최선을 다했으나 공동 번역의 한계로 그에 따른 부족한 부분도 남아 있을 것이다. 이에 대한 많은 독자의 아낌없는 고언을 바란다.

21개의 임상사례가 소개되는 이 책은 음악치료를 공부하는 학생과 음악치료사뿐만 아니라 심리치료 관련 종사자에게도 커다란 도움이 될 것이라고 확신한다. 이 책을 통해서 음악심리치료에 대한 인식이 확대되고, 또한 음악치료에 대한 다양성의 이해가 더 깊어질 수 있다면 역자들은 더 이상 바랄 것이 없을 것이다.

역자들을 믿고 흔쾌히 이 책의 번역을 허락해 준 저자 Susan Hadley에게 우선 감사의 마음을 전한다. 그리고 이 책의 번역 출간을 맡아 준 학지사 김진환 사장님과 우리의 원고를 끝까지 책임지고 꼼꼼하게 작업해 준 학지사 관계자 여러분께 감사드린다. 끝으로 박사과정 공부와 임상을 병행하는 힘든 과정에서도 함께 번역을 맡아 수고한 역자 모두에게도 박수를 보낸다.

2008년 7월

청파동에서 역자 일동

감사의 글

이 책의 집필과정에 기여한 각 저자가 맡은 부분에 대해서 많은 분에게 진심으로 감사드리고 싶다.

무엇보다 가장 중요한 것은 이렇게 개인적인 이야기를 나눔에 있어 용기를 가지고 숨김없이 얘기해 준 기여자들과 그들의 클라이언트들에 대하여 감사드린다. 그들에게서 나는 매우 많은 것을 배울 수 있었다.

Ken Bruscia, 개인적으로 그리고 전문가로서 그의 지속적인 지원과 격려에 감사하며 이 책의 가치를 알아주는 안목에 대해서도 감사드린다.

Denise(Erdonmez) Grocke, Jane Edwards, Ken Bruscia, Cheryl Dileo, 음악치료사로서 나의 정체성을 확립해 나가는 데 있어서 그들의 특별한 역할에 대해 감사드린다.

Phyllis Boone, Benedikte Scheiby, Alan Turry, 매우 색다른 음악적 경험을 통하여 한 인간으로서 나의 정체성을 확립시키는 데 도움을 준 것에 감사드린다.

Mary Priestley와 Clive Robbins, 우리의 담화를 통해 얻어진 영감에 대해 감사드린다.

통역 및 번역을 맡아 준 Julia Schaper, Antonietta De Vivo, Annette Dulzin, Jeroen De Backer, Eleonore Hertweck, Kathryn Abbott, Markus Kaiser, 그리고 몇몇 저자에게 언어 자문 역할을 수행한 Tony Wigram께 감사드린다. 그러

한 과업에 닥치는 도전을 알기 때문에 나는 그들에 의해 행해진 작업에 대해 깊은 감사를 드린다.

나의 동료인 Sue Shuttleworth의 겸손과 사려 깊음, 관대함에 대단히 감사한다. 나의 절친한 친구이자 동료인 Laurie Jones, 동료 음악치료사이자 음악치료 교육전문가로서 그녀의 지원, 격려, 직관과 음악연주 기술 및 그녀가 제공한 고무적인 실례에 대하여 감사드린다.

Cynthia O' Dell, 그녀의 철저함과 세밀함을 가진 안목에 감사드린다.

Joanna (Minchin) Randell, 다른 사람에게 전할 수 있는 기쁨과 음악과의 훌륭한 관계에 대한 의미 있고 조기의 그리고 지속적인 인상을 남겨 준 데 대하여 감사드린다.

나의 부모님인 Lillian, Geoff가 보여 준 나에 대한 사랑과 믿음 그리고 나의 전 생애를 통해 그러한 훌륭한 기회를 갖게 해 준 데 대하여 감사드린다. 또한 교정 작업에 시간을 투자한 아버지께 감사드린다. 나의 시어머니 Ruth의 사랑과 관용 그리고 아이들을 돕기 위해 장기간의 체류도 마다하지 않고 와 주신 것에 감사드린다.

나를 수년간 지원해 주었고 여러 가지 중요한 방식으로 도움을 주었던 나의 가족과 친구들 Ruth, Michael, Charles, Megan, Geoffrey 그리고 Susan Sutherland; Peter, Jen, Emma, Thomas 그리고 Sonya Hadley; Lib, Don, Jane, Richard 그리고 Cath Allen; Ros와 Pauline (Hadley); Artrice, Carson 그리고 Mika; Brother El Yancy; Kylie Johnston-Leek; Emma Collins; Andrea McCallum; Anne (Owen) McAuliffe; Toni Lalich; Caroline Cusack; Donna Hessing; Nick, Vik, Max, Lexi, Chris, Chris 그리고 Ric Haslam; Tony Meadow; Beth와 Ian Dun; Leah Klibanoff; Amy Clarkson; Serena Hughes; Jo Lawler; Janet과 Ted McDade; Linda Bamberger; Flor Capistrano; Sheryl Ogburn; Helen Shoemark; Jane Wheeler; James Spady; Melvin Rogers; Larry Krafft; 슬리퍼리 록(Slippery Rock) 대학 음악학부의 교수진, 직원, 학생들, 그리고 McKinney 인문예술대학장, 이상의 분들께 감사드린다.

내가 정상적 사고와 비정상적 사고 간의 건전한 균형을 가질 수 있도록 해 준

나의 아이들 Gabriel과 Elijah에게도 고맙게 생각한다. 그리고 다른 일을 제쳐 두고 아이들을 돌보아 준 Adrian의 이해심과 자발성에 감사드린다.

마지막으로 내 남편 George Yancy는 친구로서, 동반자로서, 같은 부모로서, 같은 지식인으로서 이 과정을 통틀어 사랑, 지원, 안정성, 충고, 도전적 비판, 직관 그리고 진정성을 주었다. 우리 두 사람 모두 적극적으로 창조적인 노력을 해 왔고 우리 꿈을 실현시키기 위해 시간과 공간이 필요한 상황이었기에, 우리의 관계가 상호 존경과 이해심에 바탕하고 있다는 사실이 나에게 매우 중요했다. 나는 우리가 밤늦게 같이 얘기하고 웃고 춤추고 노래하며 보낸 그 시기에 대해서도 매우 감사한다.

편저자 서문

이 책의 처음 시작은 개인적인 확신과 교육학적 신념에서 비롯되었다. 학생, 클라이언트, 치료사, 슈퍼바이저, 교육자로서 나는 개인적으로 우리의 현재는 우리의 과거가 만들어 낸 것이며, 지속적이고 의미 있는 변화를 이루기 위해서는 우리가 과거에 가졌던 갈등을 해결해야 한다고 믿어 왔다. 나는 학생시절에 여러 경험적 요소가 포함된 다양한 이론적 견해를 접했는데, 그중에서 나에게 가장 많이 영향을 끼친 것은 정신역동에 관한 것이었다. 나의 지도교수였던 Ken Bruscia 박사가 정신역동에 깊은 관심을 보였던 것이 영향을 끼쳤겠지만, Bruscia 교수의 제자 모두가 정신역동에 관심을 가진 것은 아닌 것을 보면 나의 과거 경험과 연관된 무엇인가가 병리학과 건강/웰니스(health/wellness) 분야를 정신역동적 구조를 통해 탐구하도록 한 듯하다. 더 나아가 나는 클라이언트로서 세 가지 모델의 음악치료를 경험했는데, 그것은 분석적 음악치료(Analytical Music Therapy: Priestley's model), 창조적 음악치료(Creative Music Therapy: Nordoff and Robbins's model) 및 심상유도 음악치료(Guided Imagery and Music: Bonny's model)[1)] 등이다. 이

1) 그동안 Guided Imagery and Music(GIM)의 한국어 명칭은 '유도된 상상과 음악', '유도된 심상과 음악', '심상유도와 유악', '상상유도하기와 음악' 등 다양하게 번역되어 혼란스럽고 통일성이 없었다. 이에 미국에 본부를 두고 있는 AMI(Association for Music and Imagery)와 함께하고 있는 한국의 심상유도 음악치료전문가 협회인 '한국 Bonny Method GIM 협회'에서는 이를 '심상유도 음악치료'라는 공식명칭으로

러한 경험은 나에게 정신역동적 음악치료의 가능성과 잠재력에 대한 충분한 감각을 불러일으켜 왔다. 또한 그 경험은 음악치료사가 할 수 있는 작업을 가늠해 보는 나의 기쁨을 고조시켰고, 감정에 다가가고 또 표현할 수 있도록 해 주는 음악의 진정한 힘을 느끼게 했다. 물론 이것은 내가 이미 알고 있는 이론이다. 사실 나는 치료사로서 상당한 양의 전문적 훈련을 받아 왔다. 그러나 클라이언트로서 얻은 경험은 지금까지의 훈련에서는 얻지 못했던 것을 주었다. 그것은 바로 클라이언트의 입장에서 장기적으로 치료적 과정을 경험해 볼 수 있는 기회였다. 그뿐만 아니라 내가 소망해 오던 음악치료의 형태를 어렴풋이 느낄 수도 있었다. 이와 같이 클라이언트로서 음악치료를 받은 경험이 나에게 그토록 의미심장한 것은 아마도 세 가지 모델 모두 정신역동적 오리엔테이션을 취하고 있기 때문일 것이다. 각 치료사 모두 내가 이러한 세션에서 자기 인식 증진, 내적 갈등 해소, 억압된 감정 드러내기, 자기표현 방법 찾기, 유해한 감정과 태도 변화시키기, 대인관계 문제해결, 더욱더 건강한 관계 확립하기, 감정적 외상 치유하기, 인생의 진정한 의미와 성취감 경험하기 등의 여러 목표를 다루도록 도와주었다. 이는 모두 정신역동적 음악치료에서 이루고자 하는 치료 목표다.

정신역동적 음악치료 사례연구만을 다룬 책을 편집하도록 이끈 것은 음악치료사들이 상급 음악치료 훈련을 이수하는 것이 매우 중요하다고 믿는 나의 교육학적 신념 때문이었다. 음악치료는 학부제도가 있는 유일한 창조적 예술치료다. 한편 미국음악치료협회 회원 명부(American Music Therapy Association Member Sourcebook, 2001)에 따르면, 미국에 있는 회원 중 24%만이 석사학위가 있으며 석사학위자 중에서도 음악치료에 종사하지 않는 사람이 많았다. 이 사실은 주목할 만한데, 석사학위자라고 해서 모두 상급 치료사가 되는 것은 아니라는 점을 시사하기 때문이다. 몇몇 음악치료사는 석사학위가 없음에도 노도프-로빈스 음악치료(창조적 음악치료), 분석적 음악치료 또는 심상유도 음악치료(GIM)와 같은 전문화된 분야에서 상급 훈련을 받는 반면, 몇몇 음악치료사는 석사학위는 소지했

통일하여 사용하기로 결정하였으므로 '심상유도 음악치료'라는 명칭으로 번역하였다. GIM(Guided Imagery and Music)에 'Therapy'라는 단어는 없지만 음악심리치료에서 중요한 역할을 담당하고 있는 독립된 치료방법이므로 한국식 명칭으로는 '심상유도 음악치료'라고 하는 것이 가장 적절할 것이다.

으나 더 높은 단계의 음악치료 훈련을 받지 않고 있다.[2)] 비록 미국의 음악치료사 대다수가 음악치료의 상급 단계를 위한 훈련을 받아 본 적이 없다고 하더라도, 수준 높은 상급 훈련을 받은 음악치료사의 심도 깊은 작업(예: 이 책에 실린 사례연구)을 많이 접하면 접할수록 그들 또한 훈련을 받으려고 할 것이라 믿는다. 이것이 음악치료의 전문성 전체에 기여하는 유일한 방법일 것이다.

이 책은 21개의 정신역동적 음악치료 사례연구를 담고 있다. 즉흥연주(Sweeney, Tyler, Mahns, di Franco, Kowski, Rogers, Robarts, Dvorkin과 Erlund, Schönfeld, Katz Nirensztein, Metzner, De Backer와 Van Camp, Montello, Nolan, Rafieyan, Jahn-Langenberg, Pedersen, Hannibal의 사례연구), 노래(Sweeney, Tyler, Kowski, Wesley, Rogers, Robarts, Schönfeld, Montello, Rafieyan의 사례연구), 음악 심상(Wesley, Grocke의 사례연구), 음악 감상(Fruchard와 Lecourt의 사례연구) 등이 사용되었으며, 치료 대상은 5세 아동부터 청소년 및 성인에 이른다. 치료 기간은 약 2개월 만에 종료된 것부터 5~6년간 1주일에 1회씩 세션을 가진 경우까지 다양하다.

또한 이 책은 독자가 직접 치료의 진행과정을 지켜보고 있는 것처럼 느끼도록 이야기 방식의 사례연구 형식을 택했다. 사례연구에는 읽는 사람에게 영감을 불어넣을 만한 개인적 관점이 담겨 있다. 나의 학생들은 자신들이 Bruscia의 저서인 『음악치료 사례연구(*Case Studies in Music Therapy*)』(1991)에서 소개되는 각 사례연구를 음미하며 읽는 것을 얼마나 좋아하는지 여러 번 말하곤 한다. 이는 사례연구를 통해 음악치료 과정을 전체적으로 더 잘 이해하고 통찰할 수 있기 때문이다.

이 책에 나오는 사례연구들은 환자의 나이가 어린 순서부터 수록하였으며, 아동과 청소년 및 성인의 세 분야로 나누었다. 각 사례연구는 다음과 같은 동일한 구성을 이룬다. 먼저 도입에서 접근법, 환자 또는 상태에 대해 밝힌 다음, 환자에 대한 배경 정보, 치료과정에 대한 세부 사항이 이어진다. 그리고 마지막으로 각 연구자가 다양한 정신역동적 구조의 관점에서 사례연구를 논의하도록 구성하였다.

2) 음악치료 실행의 수준을 자세히 살펴보려면 K. E. Bruscia(1998a), B. Wheeler(1981, 1983)를 보라.

비록 이 책을 정신역동적 접근으로 구성하였지만, 그렇다고 해서 모두가 이 접근방법을 따라야 한다는 것은 절대 아니다. 정신역동적 음악치료는 행동을 분석 및 해석할 수 있는 틀을 제공하는 등 치료사를 위해 실용적인 구조를 갖췄지만, 그렇다고 그것이 '절대 진리' 인 것은 아니다. 이 틀은 우리가 환자와 그들이 겪은 일을 더 잘 이해할 수 있도록 도와주는 개념적 도구다. 그러므로 음악치료사가 각 클라이언트가 치료 상황에서 보이는 미묘하게 다른 뉘앙스에 맞춰 이 도구를 사용하는 것은 매우 중요하다. 이 개념상의 도구를 각 클라이언트가 가진 각기 다른 증상에 적용함으로써, 음악치료사는 환자가 그들의 특별한 문제 상황 속에서 좀 더 건강한 삶을 살 수 있도록 돕는 참신한 음악의 사용법을 창조할 수 있다는 것을 인식하게 된다. 따라서 우리의 사고는 이론 따르기 형보다는 이론 인식하기 형으로 전환하게 된다(Robarts, 개인적 대화, 2002).

나는 정신역동적 음악치료사가 음악적 도구를 통해 인간 정신세계의 깊이를 탐험해 보는 소리탐험가(sound spelunker)와 같은 존재라고 말하고 싶다. 탐험하는 것에 제한받는 것은 없지만, 만약 취약한 기반이 있는 곳을 들어가려 한다면 소리탐험가는 때로 이 탐험 공간을 보강해야 하기도 하고 심지어 새로 닦아야 하기도 한다. 이 책은 다양한 도구를 사용해 떠나는 다채로운 풍경으로의 소풍이다. 이 책에 소개된 수준 높은 음악치료사는 다양한 관점을 불러일으키며, 독특한 음악치료 방식을 발전시키면서 혁신적인 정신역동 이론을 정립하고 있다. 정신역동적 음악치료에서 치료사의 작업방식은 그들의 문화, 음악치료 훈련, 함께한 클라이언트, 작업 환경 그리고 그들이 받은 슈퍼비전에 따라 다르다.

끝으로 편저자로서 이 책을 만든 것은 나에게 굉장한 경험이었다는 말을 덧붙이고 싶다. 이 과정은 내가 음악치료사, 학자 그리고 한 인간으로서 내 정체성을 한 걸음 더 발전시켜 보는 도전과 기쁨을 주었다. 이 책의 저자들과 그들의 클라이언트에게 깊은 감사와 존경을 전하며, 이제 놀랍도록 매혹적인 이야기 속으로 당신을 안내하겠다.

2002년 7월

편저자 Susan Hadley

차 례

제2부 청소년

제3부 성 인

서 장

정신역동적 음악치료: 개론*

Susan Hadley

음악은 인간의 삶과 열망 가운데 없어서 안 될 부분이며, 때로는 부드럽고 다양하고 강력한 가장 유용한 우리의 치료 도구다. 모든 악기가 그러하듯이 음악은 무지하거나 무심하거나 재능이 없는 사람에 의해 함부로 다뤄질 수 있지만, 훈련받은 사람의 손에서는 섬세하고 기술적으로 사용될 수 있으며 가장 근본적인 개인적 · 사회적 경험을 전달할 수 있다.

-J. H. Masserman, M.D.

만일 치료사가 놀이를 할 수 없다면, 그 치료사는 그 작업에 적합하지 않다. 만일 내담자가 놀이를 할 수 없다면, 그 내담자는 놀이를 할 수 있도록 돕는 일이 필요하며 그 후에 심리치료가 시작될 수 있다. 창조적으로 됨으로써 개인은 자기를 발견할 수 있다.

-D. W. Winnicott, F.R.C.P.

* 이 장에 대해 통찰력 있는 조언을 해 준 Jackie Robarts와 Ken Bruscia에게 매우 감사드린다.

정신역동적 음악치료에 대한 간단한 역사적 설명

비록 음악치료사들이 정신역동적 음악치료에 대하여 1960, 1970년대에 기록하기 시작하였지만, 음악은 적어도 20세기 초기부터 정신역동적 치료와 연계되어 있었다. 사실 1966년 정도로 이른 시기에 『음악치료 저널(*Journal of Music Therapy*)』(Noy, 1966, 1976a, 1967b, 1967c, 1967d)에는 음악과 정신역동적 사고에 대한 포괄적인 역사적 개론이 기록되어 있다. 비록 이 개론은 음악치료적 시각보다는 분석가적 시각으로 보았지만, 여기에서 언급할 만한 주목할 만한 예가 있다. 예를 들면, 1917년과 같이 이른 시기에 Teller는 음악이 비판을 약하게 하고 무의식적 내용과 소원을 환상의 형태로 나타낸다고 강조하였다. 실제로 1921년에 Ferenczi는 환자의 문제를 더 잘 이해하기 위하여 세션에 음악 활동(피아노 연주와 노래)을 포함시켰다. 1951년 Racker는 음악을 비위협적인 것으로 기록하였는데, 음악은 "사랑하거나 사랑받는 좋은 대상을 나타낸다."라고 하였다. 1950년대에 Masserman은 국립음악치료협회(National Association of Music Therapy)에서 역동적 정신의학에서의 음악의 장점, 한계 및 위험에 대해 연설하였다. 1957년 Kohut은 (1) 원시적 충동에 대한 카타르시스를 허용하고, (2) 놀이의 형태로 훈련을 숙달하도록 하며, (3) 미학적인 경험이라는 관점에서 음악의 이드, 자아, 초자아에 대한 영향에 관하여 기술하였다. 더 나아가서 그는 정신 기능의 각 수준에 영향을 주는 음악 활동의 치료 효과는 갈등으로부터 비교적 자유로운 수단 속에서 감정적 갈등을 되풀이하도록 하는 음악의 능력에 있다고 말하였다(Kohut, 1952). 그리고 1960년대에 Friedman은 음악을 원초적 사고과정과 연결하였다.

1960년대경 음악치료사인 Florence Tyson은 영국에서 음악치료 실습에 정신역동적 원칙을 응용하는 일에 선구자적 역할을 하였다. 그녀는 "음악치료에 정신역동적 방법을 사용하는 것이 내담자의 강점을 발견하는 것을 도울 뿐 아니라 더 깊은 무의식적 문제가 나타날 때 그것을 다룰 수 있게 한다."라고 주장하였다(Tyson, 1981, p. 20). 그녀는 삶에서 관계성의 중요성을 인식하였고, 치료사의 역할은 순수한 분석자일 뿐만 아니라 "내담자가 문제를 더 현실적인 수준으로 훈습하는 것을 통하여 감정적으로 배우고 성숙하고 자라는 것을 돕는 동료이며 활발한 지지자"라고 하였다(Tyson, 1981, p. 20). 또한 1960년대와 1970년대에 Juliette Alvin은 자신의 음악치료에 대한 저서에서 정신분석적 개념을 사용하였다.[1] 그녀의 작업에서 발견된 분석적 개념은 자기 투사와 자유연상의 수단으로서의 자유즉흥연주 사용, 이드 · 자아 · 초자아의 성격적 기능을 불러일으키는 음악의 사용, 자아 방어를 통과하는 음악의 사용, 음악적 반응에 대한 자아 방어로의 해석(Alvin, 1974), 중간 대상에 대한 투사적 수단으로서의 악기 사용(Alvin, 1977), 성적 상징과 심리성적 단계에 관한 음악적 반응의 해석, 음악치료에서의 퇴행적 반응(Alvin, 1981) 등이다. 그녀는 음악과 꿈/변화된 의식 상태 사이에 관계가 있다고 제안하였다.

1970년대 초 Helen Bonny는 치료에서 정신역동적 원칙을 사용하는 심상유도 음악치료(Guided Imagery and Music)를 발전시켰다. 그녀의 방법은 변화된 의식 상태(altered states of consciousness)를 탐구하고 해결되지 않은 갈등에 음악을 사용하는 것이다(Grocke, 1999). 같은 시기에 Mary Priestley는 동료인 Peter Wright, Marjorie Wardle과 함께 그녀의 방법인 분석적 음악치료를 발달시켰다. 음악 즉흥연주를 통하여 나타난 무의식적 과정을 해석하는 혁신적인 방법을 창조함으로써, Priestely는 정신분석 이론과 음악치료 사이에 중요한 다리를 놓았다(Hadley, 2001).

정신분석에 기인한 음악치료의 초기 발달에서 다른 영향력 있는 기여자로는 아동의 저항성(즉, 방어)을 음악적으로 작업하는 것을 포함하여 치료적 관계에서 창조적 수단으로서의 음악을 즉흥적으로 만드는 것에 관한 연구를 한 Nordoff와 Robbins(1971, 1977), 음악치료의 탐구와 정신분석을 포함한 다양한 치료이론과의 관계에 관한 연구를 한 Even Ruud(1980), 그리고 아동정신의학에서의 음악치료 작업에 관한 연구를 한 Rolando Benenzon(1982)이 있다. 더불어 정신역동적

1) K. E. Bruscia (ed.). (1987). *Improvisational Models of Music Therapy*, 5~8장의 '자유즉흥치료'를 보라.

틀 안에서 다양한 음악적 요소의 상징적 중요성을 자세히 서술한 즉흥연주 측정 프로파일(*The Improvisation Assessment Profiles*)과 그의 중추적인 책인 『음악심리치료의 역동(*The Dynamics of Music Psychotherapy*)』을 쓴 Kenneth E. Bruscia(1987), 프랑스에서 정신분석가와 음악치료사로서 선구자적 작업을 한 Edith Lecourt, 분석적 음악치료에서 유럽에 있는 음악치료사들의 초기 훈련을 위해 기초적인 역할을 한 Johannes Eschen 등이 있다.

이 책의 목적은 이런 전통을 지속시키기 위해 정신역동적 음악치료에서 임상적으로 행해진 넓은 영역의 작업을 제시하는 것이다. 현재 음악치료 문헌에는 이런 책이 나와 있지 않은 상태다. 『분석적 음악치료(*Analytical Music Therapy*)』(Priestely, 1985), 『분석적 음악치료에 관한 에세이(*Essays on Analytical Music Therapy*)』(Priestley, 1994)와 또 다른 『분석적 음악치료(*Analytical Music Therapy*)』(Eschen, 2002) 같은 단행본으로 구성된 정신역동적 접근에 대한 책이 있다. 또한 정신역동적 음악치료의 넓은 영역에 초점을 두었지만 특별히 어떻게 전이와 역전이가 음악심리치료에서 나타났는가에 관하여 쓴 『음악심리치료의 역동』(Bruscia, 1998b)이 있다. 정신역동적 음악치료를 지향한 사례연구를 온전히 모은 이 책 『정신역동 음악치료: 사례연구』는 『음악심리치료의 역동』과 더불어 좋은 책이 될 것이다.

최근의 20년에 걸쳐 다양한 정신역동적 이론 성향을 가지고 즉흥연주, 노래, 음악 심상과 듣기를 이용한 여러 혁신적으로 발달된 접근을 사용하며 작업하는 음악치료사들이 성장하여 왔다. 이 책은 그들이 행한 작업 성과를 입증하는 것이다. 독자는 그 저자들이 정신역동적 패러다임을 지향하는 정도에서 차이가 있다는 것에 주목할 것이다. 이런 다양함은 음악을 치료 '안에서' 와 치료 '로써' (music 'as' or 'in' therapy)(Bruscia, 1998a, pp. 214-215) 사용하는 것에 관한 그들 자신의 훈련 정도와 형태로 인한 차이 때문이다. 그러나 이 모든 것은 정신역동적 이론이 음악심리치료의 실습에 준 중요한 영향을 보여 주고 있다.

정신역동적 이론은 무엇인가

정신역동적 치료는 전통적인 정신분석적 심리치료에서 파생된 것이다. 이 분야는 계속적으로 성장하는 분야로서 많은 절충적 임상가도 자신이 정신역동적 개념을 사용한다고 주장하고 있으며, 그 수는 자신을 절충적 치료사라고 주장하는 사람 다음으로 많다. 『심리치료와 행동 변화에 대한 안내서(*Handbook of Psychotherapy and Behavior Change*)』(Bergin & Garfield, 1994)는 정신역동적 치료가 심리치료 임상가와 교육자에 의해 사용되는 가장 지배적이고 상세한 이론적 방향이라고 기술하고 있다(p. 468). 정신역동적 심리치료는 "심리 내면적 구조의 무의식적 갈등, 결핍, 왜곡과 내면적 대상관계를 포함한 내담자와 임상가 모두를 고려하는 특징을 지닌 진단과 치료 방법"(Gabbard, 1990, p. 4)으로 정의되어 왔다. 이 정의는 욕동이론, 자아심리학, 대상관계 이론, 자기심리학 그리고 Jung 이론을 포괄하는 분석적 사고의 다양한 요소를 포함한다. 정신역동적 치료기법은 자유연상과 카우치 의자로부터 진화되어 놀이와 창조적 예술을 포함하는 다양한 관찰의 영역과 개입의 변화 있는 기법을 가지고 있다. 더 나아가서 이 치료기법은 아동과 비언어적인 내담자뿐 아니라 더 넓은 범위의 내담자와 작업해 오고 있다.

이 장에서는 정신역동적 치료 범위에 대한 더 상세한 정보를 제공하기 위하여 다음과 같은 정신역동적 사고의 5개 주요 영역이 기술될 것이다.[2] 이것들도 (1) 전통적인 Freud의 욕동(이드)심리학, (2) 자아심리학과 각각의 발달에서의 방어, 적응, 현실 검증과 결함에 대한 자아심리학의 강조, (3) 대상관계 이론과 그 이론의 관계에 대한 강조 및 그 관계들의 내면화, 왜곡과 반복, (4) 자기심리학과 분화 및 경계설정, 개인적 힘(personal agency), 진실성(authenticity)과 자기존중감에 대한 그 이론의 강조, (5) Jung 이론이다. 비록 이 영역들이 개별적으로 분리되어 있지만, 많은 이론가는 이 이론들을 어떤 하나의 개별적인 범주로 분류하기 어렵도록 다양한 수준으로 하나 혹은 그 이상의 영역에서 끌어내었다. 그러므로 각 이론

2) 처음 4개에 대한 포괄적인 기술은 Pine(1985, 1990)을 보라.

을 기술하고자 할 때 여러 이론가의 작업 중 주요 측면이 기술될 것이다(여기서 소개된 사례연구에서 가장 많이 나타나는 참고문헌에 중점을 두어). 그러나 이것은 한 영역에 어떤 한 이론가를 지정하려는 의도는 아니다.

욕동심리학

유아적 성욕 이론에 기반을 둔 Sigmund Freud는 본능과 그에 연결된 금기(taboo)를 성격 구성의 중심으로 보았다. 그는 본능은 기본적으로 생리적인 것이지만 의식과 무의식적 환상으로 표현된 심리적 소원 형태를 취한다고 믿었다. 그는 정신적인 삶이 갈등과 그것의 해결로 구조화되어 있다고 이해하였다. 그러므로 욕동(이드)심리학에서의 주요 문제는 욕동/충동 그 자체, 사회적이며 내면화된 금기와 그 결과로 나온 갈등, 그리고 방어, 불안, 죄책감, 방어적 실패, 증상 형성의 발달과 어떻게 이런 것이 전이에서 반복되어 있는가다(Pine, 1985). 그런 까닭에 Freud 학파의 정신분석가들은 저항과 전이의 분석에 중심을 둔다. 정신분석적 이론에서 끌어낸 사례연구는 Jahn-Langenberg, Nygaard Pedersen의 장에 나타나 있다.

자기 스스로 Freud 학파라고 공언한 Jacques Lacan의 사고의 중심에는 욕동이 으뜸으로 자리 잡고 있다. 후기 구조주의적 사고와 정신분석을 연합한 Lacan은 또한 자기를 이해하는 데 있어서 언어의 중심적 역할을 강조하였다(Plottel, 1985). 그는 인간 기능의 세 단계인 심상, 상징성, 현실을 상세히 서술하였다. 예를 들어, 나는 심상적인 측면일 수 있는 나의 이미지인 나 자신을 절대로 '볼 수' 없다. 그러나 나의 기억에 이 심상은 '나는 나이다(I am me).'로 각인되어 있다. 이것은 상징적 기능의 예다. 현실은 상징적이거나 심상적인 것이 아니다. 예를 들면, 내가 수행하는 신체적 활동은 현실이다. 그러나 내가 활동에 대해 이야기하자마자 그것은 상징이 된다. 주체와 대상을 구별하고 자기와 타인을 구별하는 것은 상징적 영역 안에 있다. 언어에 접근함으로써 유아는 상징적 세계에 들어가는데, 그것은 유아가 어머니에게서 분리되는 것을 경험하도록 하는 소원함(alienation)을 가져오고 주체가 분리를 거쳐 나와 당신의 '주체의 위치들(subject-positions)'로 들어가도록 한다(Elia, 2001, p. 9). Lacan은 아동이 자기 자신을 '보고' '자신을 가지게 되는' 시기인 거울단계(6~18개월)에 대해 기술하였다. 즉, "'나'는 이중자아(the double, 분신)의 이마고(imago)와 함께 정체성의 변증법 속에서 자아로써 자신을 객관화하기 전에, 그리고 보편적인 세계에서 언어가 주체의 기능을 나에게 할당하기 전에 나 자신을 형성한다."(Lacan, 1966, p. 94) 거울로 자신의 이미지를 인식할 수 있을 때, 아동은 자신이 나라는 개념을 가진다. 자기에 대한 더 진전된 이해는 언어와 사회적 관계를 통하여 중재된다. Lacan은 무의식이 언어같이 구조화되어 있으며 현실은 상징적 작용을 통하여 나타날 수 있다고 주장하였다(Plottel, 1985). Lacan의 철학이 포함된 De Backer와 Van Camp의 사례연구를 보라.

자아심리학

자아심리학은 Freud의 마음의 세 기능 체계인 이드, 자아, 초자아의 발달을 따르는 욕동심리학에서 나왔다. 어떻게 개인이 재난을 다루기 위하여 성공적으로 적응하고 갈등에서 어떻게 창조적이며 건설적인 것을 만들어 내는가를 관찰하면서, 자아심리학자는 개인을 욕동에 대하여 방어하는 그들의 능력을 중심으로 바라보았다(Pine, 1985). 반면 욕동심리학에서 자아의 기능은 욕동과 사회적 규칙 간에 계속되는 갈등 속에서 안전한 균형을 제공하는 것이며, 그런 까닭에 자아는 방어적 기능만을 가지고 있다. 그러나 자아심리학에서는 이드와는 별개로 기억, 지각, 운동 협응 같은 그 자체의 에너지가 있는 자아과정이 있다고 믿는다(Prochaska, 1984). 자아심리학은 Hartmann(1958), Erikson(1950), Rapaport(1958)의 저서에 기초하였다. Hartmann은 그가 언급한 것을 자아의 갈등-자유 영역이라고 기술하였다. 자아심리학자는 성격 발달에서 만족을 얻는 것에 관한 욕동과 갈등의 중요성을 부정하지 않으면서, 이와 동등하게 중요한 것은 개인의 현실에 대한 적응을 위한 노력과 환경에 대한 지배라고 믿었다(Prochaska, 1984). 더 나아가서 자아심리학자는 계속되는 성격 발달 안에서 Freud의 심리성적 단계

이상이어야 한다고 믿었다. Erikson(1950)은 모든 문제가 아동기의 무의식적 갈등의 반복으로 축소될 수 없다고 믿었으며, 전 생애를 통하여 나타나는 발달단계를 제안하였다. 그것은 신뢰, 자율성, 주도성, 근면성, 자아정체감, 친밀감, 생산성, 통합성이다. 요약하자면 자아정체성, 친밀감과 자아통합성은 자아심리학의 주요한 관심이다.

대상관계

대상관계 이론은 "정서(Kernberg, 1976), 기억, 행동적 기대와 관련되어 현재 기능에 결정적 영향을 주며 다양하게 경험되는 이상화된 형태(ideal form)로 있는 자기와 타인(대상)(Sandler & Rosenblat, 1962)의 내적인 정신적 표상" (Pine, 1985, pp. 60-61)으로 알려져 왔다. 대상관계는 아동기 때 경험되고 내면화되어 자신의 기억 속에 잠재해 있으면서 그 후 새로운 관계에서 계속 반복되어 나타나는 것이다.

비록 Freud가 '대상' 을 언급하면서 대상을 통하여 만족이 성취된다고 서술하였지만, M. Klein(1948), Fairbairn(1952)의 저서가 대상관계 이론의 발달에 있어서 동기가 되었으며 Fairbairn이 처음으로 '대상관계 이론' 이라는 말을 만들어 내었다(Pine, 1985, p. 59). 두 사람 다 대인관계적 대상관계보다는 심리 내면적 대상관계에 대해 작업하였으며, 대상과 욕동 사이에 연결을 발견하였다. Klein은 좋은 혹은 나쁜 대상 간의 결합과 배척에 관한 초기 욕동과정에 대해 언급한 반면, Fairbairn은 욕동의 성격이 쾌락을 추구하기보다는 대상을 추구하는데 목적이 있다고 하였다(Pine, 1985). 이 두 이론가에서 본질적인 대상관계는 초기 보호자와의 관계다. Klein 학파의 이론을 나타내는 사례연구로는 Tyler, Schönfeld의 장을 보면 된다.

대상관계 이론의 발달을 진전시켰던 Winnicott은 중간(transitional) 대상/현상의 개념으로 가장 잘 알려져 있다. 그는 유아가 '내가 아닌' 대상 혹은 경험에 정서적인 애착을 형성한다고 주장하였다. 이 관계 안에서 유아는 대상/현상에 관하여 권리가 있다고 추측한다. 우리에게 이것은 외적이지만, 유아에게는 외적으로 여겨지지 않으며 내부로부터 온다고도 생각되지 않는다. 중간 대상/현상은 다른 것으로서의 상징성이 있다. 그 대상/현상은 목적을 성취한 후에 점차적으로 아동에게서 그 의미를 상실한다. 이 관계는 순전히 주관적인 것에서 객관적인 것으로 이동하는 아동의 여행으로 상세히 기술될 수 있다(Winnicott, 1971). Winnicott은 개인을 그들의 내적 세계와 외적 현실에 관련하여 기술하였는데, 그 내적과 외적 현실을 서로 분리시키고 또 서로 관련시키도록 하는 경험을 중재하는 영역이 있다고 하였다(Winnicott, 1971). 그는 다음과 같이 말하였다.

> 우리는 중간 현상의 영역, 주관적 · 객관적 관찰이 활기차게 서로 엮어지는 영역, 그리고 개인의 내적 현실과 개인에게 외적인 외부 세계의 공유된 현실 사이를 중재하는 영역에서 인생을 경험한다(1971, p. 64).

Winnicott은 이 경험의 중재(intermediate) 영역이 우리에게 상상적인 장소라고 믿는다. 그것은 유아와 어머니가 서로 합치고 분리하는 영역이다. 이는 어머니의 거울 역할에 대한 Winnicott의 견해를 보여 준다. Lacan의 영향을 받아서 Winnicott은 거울단계를 중요하다고 보았으며, 어머니의 얼굴 기능이 거울이라고 언급하였다. 어머니를 바라보면서 유아는 어머니가 자신이 경험하는 것을 반영할 때 자기를 보게 되고, 어머니가 반영하지 않을 때는 내가 아닌 대상(not-me object)을 본다. 이 중간 영역은 유아와 대상이 연관 짓고 교류하며 노는 공간이다. 놀이는 Winnicott 이론에서 핵심적이다. 놀이를 통하여 아동은 자신의 내면 혹은 개인적 현실을 표현한다(Winnicott, 1971). 음악치료의 교류적 성격과 관련 짓는다면, Winnicott은 심리치료를 놀이의 형태로서뿐 아니라 내담자와 치료사 간의 상호 창조(joint creation)로서 보았다. 그는 내담자가 놀 수 없다면 치료사는 심리치료가 행해지기 전에 내담자가 놀이를 할 수 있는 상태로 돌아가도록 안전한 환경을 제공해야 한다고 하였다. Winnicott이 경험의 중간 영역을 개인이 상상을 하는 상징적이고 유희적인 공간으로서 이해한 것처럼, 그는 또한 예술과 창조성을 개인 건강에 있어서 필수적인 것으로 보았다(Winnicott, 1971). 이러한

Winnicott의 견해는 음악치료사에 의해 폭넓게 수용되어 왔다. 그 예로 Sweeney, Tyler, Mahns, di Franco, Kowski, Rogers, Robarts, Dvorkin과 Erlund, Schönfeld, Katz Nirensztein, Fruchard와 Lecourt, Metzner, Nolan, Rafieyan의 사례연구를 들 수 있다.

또한 대상관계 학파 안에서 Wilfred Bion은 '용기(container)-담아내는(contained)' 와 '모성적 백일몽(maternal reverie)' [유아의 투사를 받아들이기 위해 어머니가 유아를 대하는 태도로서 꿈꾸는 공생관계를 나타낸다-역주](혹은 '알파 기능')의 개념으로 매우 잘 알려져 있다. 그것은 어머니가 그녀의 마음으로 유아의 불안과 참을 수 없는 감정('베타 요소')을 담아 주고, 그 감정을 유아가 받아들일 수 있는('내사') 변형된 상태('알파 요소')로 되돌려 줌으로써 유아의 불안과 참을 수 없는 감정을 포용하는 것이다. 이 과정은 유아가 자신의 참을 수 없는 감정 상태를 포용하는 어머니와 그녀의 능력을 내면화하도록 한다. 이 관계는 전 상징화 수준에서 우선적으로 작동하며 심리 내면적 구조를 형성한다(Bion, 1962a, 1962b; Robarts, 이 책). 그런 까닭에 치료에서 치료사(상징적인 어머니)는 고통에 의해 변형되지 않으면서 내담자의 고통을 흡수할 뿐 아니라—즉, 유아의 투사를 받아들이고 동일시하며 어머니가 다시 예민하게 반응을 되돌려 주는 것—유아의 특수한 욕구에 반응함으로써 고통을 늦추고 그 고통을 선별하여 실행하여야 한다(Grotstein, 1985). 이 개념의 진전된 발달은 내담자가 자신의 가치 있는 측면을 치료사에게 투사하는 것을 포함한다(Alvarez, 1992). Bion의 알파 기능, 알파 요소 그리고 베타 요소의 개념은 마음의 역동적인 상호 교류적 구조의 복잡한 '그물망' 에 적용된다. 그에 따르면 경험은 감각기관과 정면으로 부딪히게 되는 원자극(raw stimulus)인 베타 요소로서 시작한다. 그러나 감각기관은 원 베타 요소와 달리 이해할 수 있는 알파 요소로 베타 요소를 변형시키는 알파 기능을 통하여 베타 요소를 경험한다(Grotstein, 1985). 이 과정이 적절히 작업되지 않을 때, 사람은 현실적이거나 현실적이 아닌 것에 대한 합리적인 사고가 어렵게 된다. 음악치료사와 특별히 관련된 것은 Bion이 언어적 장벽을 넘어서 언어 이전의 경험에 근접해야 할 필요성에 대해 강조하였다는 것이다. 그는 언어가 경험을 제한하며 의미를 빼앗는다고 하였다. 그는 예술이 내담자의 내면적 상태를 이해하는 뛰어난 방법이라고 기술하였다(Grostein, 1985). Bion의 영향을 받은 실례를 보기 원한다면 Rogers, Robarts의 사례연구를 볼 수 있다.

대상관계 이론에 중요한 인물 중 하나인 Mahler는 분리-개별화 과정의 근본적인 중요성과 어떻게 자기와 대상 표상이 획득되는가를 강조하였다. 그녀는 이 과정을 어머니와 공생의 상태를 시작하고, 분리에 대한 의식이 자라나고, 자신의 독특한 성격을 발달시키는 과정으로 보았다(Bergman & Ellman, 1985). 즉, 유아는 자기와 대상 간에 어떤 구별이 되지 않은 상태에서 자라나서, 대상이 단지 외부적으로 분리되어 희미하게 지각되는 단계를 거쳐, 대상에 대한 독특한 애착을 획득하고, 마지막으로 긍정적인 이미지가 분노와 좌절 속에서도 유지될 수 있고 전지전능한 통제를 하기 원하는 요구가 다른 사람에게 관심을 갖는 능력으로 바뀌는 사랑의 단계로 나아간다(Bergman & Ellman, 1985, p. 245). 그러나 '분리되지 않은' 그리고 '혼란스러운' 이 초기 유아적 상태에 대한 견해는 근래 30년 동안의 부모-유아 대화에 대한 연구에 의해 도전받게 되었다. 유아의 감정적 대화에 대한 섬세하고 정밀한 상호 교류적 타이밍을 연구한 연구들은 유아의 뇌가 상호 교류를 위해 이미 짜여져 있으며 유아의 사회적 성격은 본태적인 것이라고 하였다(Schore, 1994; Stern, 1985; Trevarthen, 1979). 현대의 유아기 연구와 정서적 신경과학(Damasio, 1999; Schore, 1994)은 초기 상호 교류의 유사 음악적 성격과 전 생애 동안 지속되는 공감적 대인관계를 밝힘으로써 음악치료사에게 특별히 중요한 정신역동적 사고에 있어서 패러다임의 변화를 가져왔다(Robarts, 1994, 1998). 성격(그리고 특별히 원시적인 정신적 상태)의 성장에 대한 이러한 사고의 변화와 임상적 실습(아동과 마찬가지로 어른과의)에서 그 중요성은 Anne Alvarez(Alvarez, 1992)에 의한 세미나 기록지인 『생생한 동반자(*Live Company*)』에 가장 잘 기술되어 있다. 현대적 유아 발달과 감정의 신경과학에 의해 특성 지어진 Alvarez의 현대적 대상관계 이론, 자아심리학, 자기심리학의 합성은 음악치료사에게 친숙한 영역인 깊은 미학적 지각과 경험의 비언어적 영역의 이해를 끌어냈다(Robarts, 개인적 대화, 2002). Mahler의 영향을 받은 사례연구는 Metzner, Rafieyan의 장에서, Trevarthen의 영향을 받은 것은 Rogers, Robarts의 장에서, Alvarez의 영향을 받은 것은 Robarts의 장에서 볼 수 있다.

비록 대상관계 학파에 속한다고 여겨지지는 않지만, 점점 더 많은 대상관계 이론가가 John Bowlby의 모자관계[3](혹은 초기 보호자와 아동의 관계)의 중요성에 강조를 둔 애착, 분리와 상실에 영향을 받았다. Stern과 Bion처럼 Bolwby는 인간 행동을 개별적이라고 보기보다는 협력적이라고 보았다. 그는 유아기와 초기 아동기의 모성적 돌봄이 정신건강에 중요하며 신체건강에서 비타민의 역할과 비교된다고 하였다(Hamilton, 1985). Bowlby는 애착행동이 본능적이어서 유아가 침입자로부터 살아남고 보호받기 위하여 보호자에게 가깝게 있으려는 일련의 복잡한 행동을 발달시킨다고 보았다. 그는 우리가 친숙한 것으로 향하고 새로운 것으로부터 멀리 떨어지는 경향을 가지고 있다고 주장하였다. 우리가 새로운 것(색다른 것)에 반응하는 방식은 내면화되어 있는 초기 애착의 정도와 질을 나타낸다. 애착이론의 영향을 받은 사례연구는 Rogers, Katz Nirensztein, Nolan의 장에서 볼 수 있다.

비록 자신을 온전히 정신분석자와 유아 발달적 연구자로 놓지 않더라도, 대상관계 이론과 자기심리학 둘 다에 공감된 개념을 이용한 Daniel Stern의 작업은 '상호주관성주의' 에 중심을 두고 있다. 그것은 '자기와 타인(대상관계 안에서처럼)에 대한 감각' 이 유아의 추론된 주관적 경험에 근거(자기심리학처럼)를 두고 있다는 것이다(Stern, 1985, p. 26). Stern(1985)에 따르면 자기에는 네 가지 다른 감각이 있다. 첫 번째는 출현하는 자기(emergent self, 1~2개월)로, 유아가 (감각을 통하여 경험의 통합을 발생하는) 'amodal 지각' [물체의 보이지 않은 부분도 지각하는 것, 예컨대 책상의 앞면을 보았을 때 뒷면이 있다고 지각하는 것-역주]과 'crossmodal 지각' [한 사람을 지각할 때 시각과 청각을 통합하여 지각할 수 있는 것-역주]이라는 것을 통하여 경험하는 것이다. Stern은 초기의 감정적 교류를 '생동적인 정서' 로 언급하였는데(1985, p. 54), 이것은 숨쉬기, 배고파지는 것, 잠에 빠지기 같은 생생한 삶의 과정과 분리될 수 없는 감정의 역동적이고 동작적인 형태('밀려오기' '사라지기' '잠깐 지나가는' '폭발적' '점점 커지는' '점점 작아지는' '터지는' '제거되는' 등)

3) 비록 많은 정신역동적 이론가가 모자관계를 중요시하였지만, 이는 반드시 어머니와의 관계만을 이야기하는 것이 아니라 중요한 초기의 보호자 역할을 한 사람과의 관계도 포함한다.

를 말한다. 두 번째는 핵심적 자기[4](core self, 2~6개월)로, 유아가 자기를 타인과 함께 경험하고 자기 행위자, 자기 응집, 자기 정서성과 자기 역사를 경험하는 것이다. 세 번째는 주관적 자기(subjective self, 7~15개월)로, 경험의 공유를 교묘하게 찾는 것이다. 네 번째는 언어적 자기(verbal self, 16개월 이후)로, 아동이 이제는 언어능력이 있고 현실을 왜곡하고 초월하는 도구와 함께 상징적 놀이를 할 능력이 있는 것이다. Stern(1977)은 처음 6개월 동안 배운 행동의 기본적 형태는 모든 나중의 대인관계적 교류에 대한 원형이 된다고 주장하였다. 더 나아가서 유아 학습의 첫 단계에서 중요한 것은 어머니/초기 보호자와 유아 사이의 '생동적 정서'의 역동적 특질과 '자유놀이' 다. 또한 Stern은 유아의 집중, 흥분, 정서의 상태를 조절하도록 하는 '어머니' 와 유아 사이의 '정서적 조율(emotional attunement)'에 대하여 언급하였다. 이것은 호혜적인 상호 주관적 감정의 공유 상태로서 "대부분 의식하지 않고 자동적으로 일어난다." (Stern, 1985, p. 145) 그리고 상호 교류적 도식(schema)의 내면화 과정을 포함하며 그 후 일반화한다. Stern(1985)은 이런 도식을 일반화하는 교류의 표상(RIGs)으로 불렀다. 그에 따르면 도식으로 초기에 내면화한 것은 대상 자체 혹은 단지 대상만이거나 행동 자체가 아니며 유아와 대상 간의 교류인데, 이것은 감각운동 도식의 형태 안에서 활발한 '대상관계' 라고 할 수 있다(p. 95). 그래서 개인은 이전 교류의 표상 형태 안에서 자신의 역사에 각기 새로운 교류를 가져오며, 그것이 새로운 교류가 어떻게 인식되는가에 영향을 미친다. 가장 중요한 것(그리고 특히 음악치료에 적용할 수 있는 것)은 이 분야에서 Stern과 다른 연구자들이 상호 교류적 시간대의 중요성과 유아의 사회적·인지적 발달의 시간적 구조화의 역할을 기술하였다는 것이다.[5] Stern의 견해는 정신역동적 음악치료사에게 폭넓게 받아들여지고 있다. 그 예로 Rogers, Robarts, Schönfeld, Katz Nirenszterin, Metzner, Hannibal의 사례연구를 볼 수 있다.

4) Trevarthen(op cit.)에 따르면 유아의 다른 사람과 함께하는 대화적 자기는 8주보다 훨씬 일찍 시작된다.

5) 음악치료와의 관련성에 대해서는 Pavlicevic(1997), Robarts(1994, 1998)를 보라.

자기심리학

자기심리학은 다른 사람과의 관련성 속에서 자기를 정의 내리는 것에 대한 개인의 주관적 상태/경험을 강조한다. 대상관계 이론처럼 자기심리학은 유아-보호자 관계에 주로 초점을 두었으나, 원초적인 관심은 자기의 통합과 자기의 발달을 촉진하는 것에 있다(Muslin, 1985). Kohut이 '자기에 대한 경험에의 지속적인 공감적 몰두' 에 관한 주장으로 자기심리학의 창시자로 인식되어 왔지만(Muslin, 1985), 자기심리학은 Mahler의 다른 사람과 자기 간의 경계 형성 혹은 구별화에 관한 작업, G. S. Klein의 개인적 대행자(agency) 혹은 활발한 관리자(agent)로서 삶을 사는 능력, Winnicott의 참 자기(true self)와 거짓 자기(false self)의 구별과 관련 있는 진실성(authenticity), Stern의 초기 발달단계에서 다른 사람과 자기의 관계의 중요성, 자기-자기 대상 관계를 통하여 초기 삶에서부터 죽을 때까지 존중감을 찾으려는 작업에서 나왔다(Pine, 1990, p. 38). Kohut(1971)은 유아가 반영되기를 원하고 이상화하려는 유전적인 욕구를 가지고 있다고 믿었다. 그런 까닭에 유아는 "자기를 모델로서 이상화하려는 발달하는 자기(developing self)를 반영해 주는 대상으로서의 다른 사람" (Prochaska, 1984, p. 44)을 필요로 한다. 초기 보호자의 기능은 발달하는 자기의 흠모자, 인정하는 사람 혹은 반영하는 사람인데, 이는 아동이 자신의 가치의 무조건적인 확인을 경험하도록 한다(Muslin, 1985). 이것은 자기존중감이 발달하기 위해서 내면화되어야 한다. 그러므로 발육이 멈춰진 자기는 필요한 것을 제공하는 자기 대상의 실패 때문에 필요한 기능을 적절히 내면화하지 못한다. Muslin(1985)에 따르면 그런 까닭에 치료사를 자기의 부분을 발달시키려고 사용함으로써 치료의 초점이 내담자의 확인, 흠모, 반영의 욕구를 만나고(거울 전이), 확고한 이상에 대한 욕구를 위해 지지하고 안내하며(이상화된 부모 이마고 전이), 혹은 내담자 자신과 근본적으로 같은 부모적 자기를 경험하는(쌍둥이 전이) 것이다. 그리하여 치료의 초점은 자기 대상과의 관계에서 자기의 발달을 지연시키는 것을 반영하는 관계인 자기-자기 대상 전이의 관계에 있다. Kohut의 영향을 받은 사례연구로는 Schönfeld, Katz Nirensztein의 연구가 있다.

Jung 이론

초기에 Carl Jung의 작업은 Freud의 개념을 수용하였지만, 후기에는 성적 본능(혹은 이드)과 초자아의 역할을 강조하지 않았다. 대신 Jung은 의식, 개인적 무의식과 집합적 무의식으로 구성된 또 다른 성격체계를 발달시켰다. 그는 자아를 의식의 중심이며 개인의 정체성을 제공하는 정신의 측면이라고 보았다. 의식 안에서 Jung은 외향성(리비도가 밖으로 흘러나가는)과 내향성(리비도가 내면적으로 들어오는)의 두 태도를 기술하였다. 더 나아가서 그는 정신의 네 가지 기능인 두 합리적(사고와 감정) 및 두 비합리적(감각과 직관) 기능을 기술하였다. 개인 무의식은 억압된 욕구, 기억 그리고 개인적 성격에서 오는 감정을 포함하는 반면, 집합적 무의식은 보편적인 삶의 욕동으로 모든 인류에게 공통적으로 있는 것이다. 그는 집합적 무의식의 두 부분, 즉 본능(무의식적 행동 모드)과 원형(이해하기의 무의식적 모드)을 기술하였다. Jung은 또한 무의식에 접근하는 세 가지 방법을 기술하였는데, 이는 언어연상, 꿈과 적극적 명상(active imagination)을 통한 것이다. 그에게 상징은 표현의 중요한 방법이며 의식과 무의식을 통합할 수 있다. 주요한 원형은 페르소나, 그림자, 아니마(anima), 아니무스(animus), 지혜로운 노인, 대지모신(earth mother)과 자기(self)다. 발달을 아동기의 심리성적 단계로 본 Freud와 달리, Jung의 주요한 심리학과 심리치료에의 기여 중 하나는 아동기의 갈등과 분리되며 독특한 성인기에서의 지속적인 발달이 있다는 그의 견해다. 그는 심리적 문제가 과거와 현재에 다 관계하고 있다고 믿었다. 또한 개별화 과정을 성인의 원초적인 관심으로 보면서 이 과정이 의식과 무의식이 균형 잡히는 전체성 혹은 통합으로 향한다고 하였다. 더 나아가서 그는 내담자에게 이 과정을 근본적으로 독립적으로 추구하도록 하였으며, 불분명하고 더 분석이 필요한 자료만을 그에게 가져오도록 하였다(Storr, 1988, pp. 190-201). 음악치료에서 Jung 학파의 개념은 Priestley의 분석적 음악치료의 초기 발달과 Bonny의 GIM 방법에 활용되었다. Jung 학파의 이론적 가정의 틀 안에서의 작업은 Wesley, Montello, Grocke의 사례연구에서 볼 수 있다.

요 약

이 장의 이론들과 Bruscia(1998b, p. 22)의 서술에 기초하여 정신역동적 음악치료는 기본적으로 다음과 같은 공통적인 가정이 있다고 할 수 있다.

- 인간 행동은 폭넓게 추론되며, 정신(psyche)에 의해 결정된다.
- 인간은 다양한 의식 수준을 가지고 세계와 교류하고 관계를 맺는다(무의식, 전의식과 여러 의식의 층).
- 인간은 원가족 혹은 대리가족 구성원과 과거에 경험되었던 교류/관계에 기초하여 세계와 관계를 맺는 독특한 형태를 발달시킨다.
- 인간은 과거에서의 관계를 현재에 반복하거나 한 개인과 관계 맺는 기본적 형태를 현재의 다른 사람에게 일반화하므로 이런 방식의 교류를 반복한다.
- 내담자와 치료사는 자신의 성향과 생활 경험에 기초하여 세계와 관계 맺는 독특한 형태를 치료적 관계에 가져온다(전이, 역전이, 방어).

정신역동적 개념[6)]

여기에서 이 책의 저자들이 자신의 작업을 설명하기 위하여 사용한 주요한 개념인 방어, 전이, 역전이에 대해 간략하게 기술할 것이다.

방 어

방어는 고통스러운 과거의 상호 교류, 인간관계와 관련된 상황에 반응하는 짜

6) 이 개념에 대한 더 철저한 검토는 K. E. Burcia (1998b). *The Dynamics of Music Psychotherapy*. Gilsum, NH: Barcelona Publishers.를 보라.

여진 방법이다. 방어는 위협적인 감정, 사고, 충동과 기억의 인식으로 말미암아 형성된 지나치게 과도한 불안을 담는 것을 도울 수 있기에 정상적이고 필요한 심리 발달 부분이다. 그러나 방어가 너무 강하다면 자신의 삶의 활동에 영향을 줄 수 있다. 방어는 투사, 내사, 동일시, 위축, 부정, 고립, 지성화, 도피, 억압, 억제, 치료 상황에서 특수하게 나타나는 저항이 있다.

전 이

전이는 과거의 중요한 관계가 현재에 다시 재현되는 것이다. 전이의 포괄적인 정의에 대해 Bruscia는 다음과 같이 말하였다.

> 전이는 내담자가 진행 중인 치료 상황에서 과거의 실제 생활에서 중요한 사람 혹은 사물과 이전에 형성되었던 관계 형태와 비슷한 방법으로 교류할 때마다 일어난다. 과거에 배운 관계 형태를 현재에 재현하는 것이며, 중요한 사람 혹은 사물과 실제 생활 상황으로부터의 이런 형태를 치료사와 치료 상황에 일반화한다는 의미를 가지고 있다. 근본적으로 내담자는 이런 감정, 사람, 상황에 대해 같거나 비슷한 방법으로 다루거나 도피하는 것을 반복하면서도, 같거나 비슷한 감정, 갈등, 충동, 욕동과 환상을 과거의 중요한 사람 혹은 사물에게 한 것같이 현재에 재경험한다(Bruscia, 1998b, p. 18).

전이는 긍정적이거나 부정적인 관계 형태일 수 있다. 그것은 부모, 중요한 비부모적인 관계 혹은 인간이 아닌 것에서 나올 수 있으며, 의식적이거나 전의식적 혹은 무의식적일 수 있다(Hadley, 1998, p. 250). 전이의 대상은 치료사이거나 음악치료에서는 악기 혹은 음악적 교류일 수 있다. 자신의 이론적 경향에 따라서 다른 종류의 전이에 초점이 맞춰질 수 있다. 왜곡은 과거에 일어났던 것이든 현재에 일어나고 있는 것이든 전이에 내재되어 있는 하나의 과정이다.

전이는 의식적 혹은 무의식적일 수 있는 것으로 그것을 의식에 불러오는 것이 중요한 것이 아니다. 그보다는 치료사로서 전이를 이해하고 그것을 다루는 것을 통하여 우리는 내담자의 문제와 욕구를 더 많이 이해할 수 있다.

역전이

역전이는 단순히 말하면 치료사의 내담자에 대한 반응이다. 이에 대해 Bruscia (1998b)는 포괄적인 정의를 하였다.

> 역전이는 치료사가 치료사 혹은 내담자의 삶 속에서 맺은 관계 형태와 비슷한 방법으로 내담자와 교류할 때 일어난다. 이것은 과거의 관계 형태를 현재에 재현한다는 의미를 가지고 있다. 이런 형태를 한 사람에게서 다른 사람에게로, 현실 생활에서 치료 상황으로 일반화하고, 내담자 그리고/혹은 치료사를 과거 관계로 던져 넣는 것, 같은 혹은 비슷한 감정, 갈등, 충동, 욕동 및 환상을 동일시를 통하여 재경험하는 것이다(Bruscia, 1998b, p. 52).

전이처럼 역전이도 부정적 혹은 긍정적인 것이 될 수 있으며, 의식적이거나 전의식적 혹은 무의식적으로 일어날 수 있다. 역전이 반응은 치료사의 인식과 역전이에 대한 이해 그리고 치료적 과정을 촉진하기 위해 역전이를 사용하는 능력에 따라 치료적 결과를 증가시키거나 감소시킬 수 있다. 이 외에도 치료사가 계속적인 슈퍼비전에 참여하는 것이 도움이 된다.

참고문헌

Alvarez, A. (1992). *Live Company: Psychoanalytic Psychotherapy with Autistic, Borderline, Deprived and Abused Children.* London: Routledge.

Alvin, J. (1974). "Music as a Means of Projection and Protection." Paper presented at the conference of the British Society for Music Therapy, Birmingham, England.

Alvin, J. (1977). "The Musical Object as an Intermediary Object," *British Journal of Music Therapy*, 8(2), 7-12.

Alvin, J (1981). "Regressional Technique in Music Therapy." *Music Therapy*, 1(1), 3-8.

American Music Therapy Association (2001). *Member Sourcebook*. Silver Spring, MD: AMTA.

Benenzon, R. O. (1982). *Music Therapy in Child Psychosis*. Springfield, IL: Charles C. Thomas Publisher.

Bergin, A. E., & Garfield, S. L. (1994). *Handbook of Psychotherapy and Behavior Change*. Fourth edition. New York: John Wiley & Sons, Inc.

Bergman, A., & Ellman, S. (1985). "Margaret S. Mahler: Symbiosis and Seperaion-Individuation" In J. Reppen (ed.), *Beyond Freud: A Study of Modern Psychoanalytic Theorists*. Hillsdale, NJ: The Analytic Press

Bion, W. R. (1962a). "A theory of thinking," *International Journal of Psychoanalysis*, 43, 306-310.

Bion, W. R. (1962b). *Learning from Experience*. London: Heinemann.

Bruscia, K. E. (1987). *Improvisational Models of Music Therapy*. Springfield, IL: Charles C. Thomas Publishers.

Bruscia, K. E. (1991). *Case Studies in Music Therapy*. Second edition. Phoenixville, PA: Barcelona Publishers.

Bruscia, K. E. (1998a). *Defining Music Therapy*. Gilsum, NH: Barcelona Publishers.

Bruscia, K. E. (1998b). *The Dynamics of Music Psychotherapy*. Gilsum, NH: Barcelona Publishers.

Damasio, A. (1999). *The Feeling of What Happens: Body and Emotion in the Making of Consciousness*. London: William Heinemann.

Elia, N. (2001). *Trances, Dances, and Vociferations: Agency and Resistance in African Women's Narratives*. New York: Garland Publishing, Inc.

Erikson, E. H. (1950). *Childhood and society*. New York: W. W. Norton.

Eschen, J. Th. (2002). *Analytical Music Therapy*. London: Jessica Kingsley Publishes.

Fairbairn, W. R. (1952). *An Object Relations Therapy of the Personalty*. New York: Basic Books, Inc., Publishers.

Ferenczi, S. (1921). "The Further Development of an Active Therapy in Psychoanalysis." In *Further Conributers to the Therapy and Technique of Psychoanaalysis*. New York: Basic Books, Inc., Publishers (1952).

Forinash, M. (2001). *Music Therapy Supervision*. Gilsum, NH: Barelona Publishers.

Freidman, S. M. (1960). "One Aspect of the Structure of Music," *Journal of American Psychoanalysis*, 8, 427-449.

Gabbard, G. O. (1990). *Psychodynamic Psychiatry in Clinical Practice.* Washington, DC: Amercan Psychiatric Press.

Grocke, D. (1990). "The Music Which Underpins Pivotal Moments in Guided Imagery and Music." In T. Wigram & J. De Backer (eds.), *Clinical Applications of Music Therapy in Psychiatry.* London: Jessica Kingsley Publishers.

Grotstein, J. S. (1985). "Wilfred R. Bion: An Odyssey Into the Deep and Formless Infinite." In J. Reppen (ed.), *Beyond Freud: A Study of Modern Psychoanalytic Theorists.* Hillsdale, NJ: The Analytic Press.

Hadley, S. (1998). "Transference Experience in Two Forms of Improvisational Music Therapy." In K. E. Bruscia (ed.), *The Dynamics of Music Psychotherapy.* Gilsum, NH: Barcelona Publishers.

Hadley, S. (2001). "Exploring Relationships Between Mary Priestley' s Life and Work," *Nordic Journal of Music Therapy*, 10(2), 116-131.

Hamilton, V. (1985). "John Bowlby: An Ethological Basis For Psychoanalysis." In J. Reppen (ed.), *Beyond Freud: A Study of Modern Psychoanalytic Theorists.* Hallsdale, NJ: The Analytic Press.

Hartmann, H. (1958). Ego Psychology and the Problem of Adaption. New York: *International Universities Press.*

Kernberg, O. (1976). *Object Relations Theory and Clinical Psychoanalysis.* New York: Aronson.

Klein, M. (1948). Contributions to Psycho-Analysis, 1921-1945. London: Hogarth.

Kohut, H. (1952). "The Psychological Significance of Musical Activity," *Music Therapy 1951.* Chicago, Ill: National Association for Music Therapy, Inc.

Kohut, H. (1956). "Some Psychological Effects of Music and Their Relation to Music Therapy." In E. T. Gaston (ed.), *Music Therapy 1955.* Lawrence, KS: Allen Press.

Kohut, H. (1957). "Observations on the Psychological Functions of Music," *Journal of American Psychoanalysis*, 5, 389-407.

Kohut, H. (1971). *The Analysis of the Self.* New York: International Universities Press.

Lacan, J. (1966). *Érits*. Paris: Edition, du Seuil.

Masserman, J. H. (1955). *The Practice of Dynamic Psychiatry*. Philadelphia: W. B. Saunders Company.

Musline, H. L. (1985). Heinz Kohut: Beyond the Pleasure Principle, Countibtions to Psychoanalysis. In J. Reppen (ed.), Beyond Freud: *A Study of Modern Psychoanalytic Theorists*. Hillsdale, NJ: The Analytic Press.

Nordoff, P., & Robbins, C. (1971) *Therapy in Music for Handicapped Chidren*. London: Gollancz.

Nordoff, P., & Robbins, C. (1977). *Creative Music Therapy: Individualized Treatment for the Handicapped Child*. New York: John Day. [Revised edition in prepration.]

Noy, P. (1966). "The Psychodynamic Meaning of Music—Part Ⅰ," *Journal of Music Therapy*, 3(4), 126-135.

Noy, P. (1967a). "The Psychodynamic Meaning of Music—Part Ⅱ," *Journal of Music Therapy*, 4(1), 7-23.

Noy, P. (1967b). "The Psychodynamic Meaning of Music—Part Ⅲ," *Journal of Music Therapy*, 4(2), 45-51.

Noy, P. (1967c). "The Psychodynamic Meaning of Music—Part Ⅳ," *Journal of Music Therapy*, 4(3), 81-94.

Noy, P. (1967d). "The Psychodynamic Meaning of Music—Part Ⅴ," *Journal of Music Therapy*, 4(4), 117-125.

Pavlicevic, M. (1997). *Music Therapy in Context: Music, Meaning and Relationship*. London: Jessica Kingsley Publishers.

Pine, F. (1985). *Development Theory and Clinical Process*. New Haven, CT: Yale University Press.

Pine, F (1990). *Drive, Ego, Object, and Self: A Synthesis for Clinical Work*. New York: Basis Books, Inc., Publishers.

Plottle, J. P. (1985). "Jacques Lacan: Psychoanalyst, Surrealist, and Mystic." In J. Reppen (ed.), *Beyond Freud: A Study of Modern Psychoanalytic Theorists*. Hillsadale, NJ: The Analytic Press.

Priestley, M. (1985). *Music Therapy in Action*. Second edition. St. Louis, MO: MMB Music, Inc.

Priestley, M. (1994). *Essays on Analytical Music Therapy.* Phoenixville, PA: Barcelona Publishers.

Prochaska, J. O. (1984). *Systems of Psychotherapy.* Second edition. Pacific Grove, CA: Brooks/Cole Publishing Company.

Racker, H. (1951). "Contribution to the Psychoanalysis of Music," *American Imago*, 8, 129-163.

Rapaport, D. (1958). "The Therapy of Ego Autonomy: A Generalyzation," *Bulletin of Menninger Clinic*, 22, 13-35.

Robarts, J. (1994). "Towards Autonomy and a Sense of Self: Music Therapy and The Individuation Process in Relation to Children and Adolescents with Early Onset Anorexia Nervosa." In Ditty Dokter (ed.), *Arts Therapies and Clients with Eating Disorders.* London: Jessica Kingsley Publishers.

Robrts, J. (1998). "Music Therapy and Children with Autism." In C. Trevarthen, K. Aitken, D. Papoudi, & J. Robarts (ed.), *Children with Autism: Diagnosis and Interventions to Meet Their Needs.* Second edition. London: Jessica Kingsley Publishers.

Robarts, J. (2002). Personal communication, July 2002.

Rudd, E. (1980). *Music Therapy and Its Relationship to Current Treatment Theories.* St. Louis, MO: MMB Music, Inc.

Sandler, J., & Rosenblatt, B. (1962). "The Concept of the Representational World," *The Psychoanalytic Study of the Child*, 17, 128-145.

Schore, A. N. (1994). *Affect Regulation and the Origin of the Self: The Neurobiology of Emotional Development.* Mahwah, NJ: Lawrence Erlbaum Associates, Inc.

Stern, D. N. (1977). *The First Relationship: Mother and Infant.* Cambridge, MA: Harvard University Press.

Stern, D. N. (1985). *The Interpersonal World of the Infant: A View from Psychoanalysis and Developmental Psychology.* New York: Basic Books, Inc., Publishers.

Storr, A. (1988). *Solitude: A Return to the Self.* New York: Ballentine Books.

Teller, F. "Musikgenuss and Phantasie," *Imago*, 5, 8-15.

Trevarthen, C. (1979). "Communication and Cooperation in Early Infancy. A Description of Primary Intersubjectivity." In M. Bullowa (ed.), *Before Speech: The Beginnings of Human Communication.* London: Cambridge Univrsity Press.

Trevarthen, C. (1999). "Musicality and the Intrinsic Motive Pulse: Evidence from Humam Psychobiology and Infant Communication," *Musicae Scientiae*, August, 155-215.

Tyson, F. (1981). *Psychiatric Music Therapy: Origins and Development.* New York: Creative Arts Rehabilitation Center.

Wheeler, B. (1981). "The Relationship Between Music Therapy and Theories of Psychotherapy," *Music Therapy: Journal of the American Association for Music Therapy*, 1(1), 9-16.

Wheeler, B. (1983). "A Psychotherapeutic Classification of Music Therapy Practices," *Music Therapy Perspectives*, 1(2), 8-12.

Wigram, T., & De Backer, J. (1999). *Clinical Applications of Music Therapy in Psychiatry.* London: Jessica Kingsley Publishers.

Winniott, D. W. (1971). *Playing and Reality*, London: Tavistock Publications.

제1부

아 동

1장 첫 번째 사례

"험프티를 원래 상태로 되돌릴 수 없어요": 말기 아동 환자와 함께하는 상징적인 놀이

Catherine Sweeney

개 요

이 장에서는 영국의 아동 호스피스 진료시설(hospice movement)의 발달양상과 특질(ethos)에 대하여 전체적으로 살펴보고 있다. 이 사례는 종말기 뇌종양을 가진 어린 소년과의 단기간의 음악치료 과정을 보여 주며, 소년이 상징적 놀이에서 자기 분신(embodiment)을 구체적으로 사용해 자신을 표현하고 자신의 병과 임박한 죽음을 받아들이는 방식을 보여 주고 있다.

도 입

오늘날 영국에는 약 2만 명 정도의 아동이 시한부 삶으로 고통받고 있는 것으로 추정된다. 이런 아동의 대부분은 신진대사 장애 또는 퇴행성 신경근육 문제를 가지며, 약 20% 정도만이 암으로 고통을 받는다.

아동을 위한 호스피스 진료시설(hospice movement)은 최근에 시작되었으며 채 20년이 되지 않았다. 최초의 아동 호스피스 시설은 영국에 설립되었으며, 현재 전 세계에 아동 호스피스 시설이 설립되고 있지만 영국이 이 분야에서 가장 앞서 있다. 최초의 아동 호스피스 시설인 옥스퍼드의 헬렌 하우스(Helen House)는 1982년 성공회 만성회(Anglican Society of All Saints)의 선임 수녀원장인 Frances Dominica 수녀에 의해 설립되었다. 재클린과 리처드 워스윅의 딸인 헬렌이 2세가 되던 1978년에 뇌종양 제거 수술을 받고 중증 복합장애를 겪게 되었을 때, Frances Dominica 수녀는 이들과 가까이 지내기 시작했다. 이런 친분관계에서 가정과 유사한 개념의 소규모 공동체가 탄생하게 되었다. 이곳에서는 생명을 위협하는 질병과 장애를 가진 아동을 8명까지 돌보았다.

현재 영국에는 22개의 아동 호스피스 시설이 운영되고 있으며 앞으로 15개의 호스피스를 추가로 더 설립할 계획을 가지고 있다. 수치상으로 볼 때 아동 호스피스 지원 활동이 빠르게 성장해 왔음을 알 수 있는데, 참고로 5년 전에는 불과 6개만 운영되고 있었다. 이들 시설은 각각 별도로 계획되어 설립된 것이지만 그 목적은 모두 생명을 제한하거나 위협하는 질병을 가진 아동과 그 가족을 지원하는 것이었다. 대부분 말기 아동 질환은 장기간의 예후를 가질 수 있어서 여러 해에 걸쳐서 악화되어 심각한 신체적 · 인지적 손상을 불러올 수 있다. 그러므로 이런 아동의 호스피스 시설은 임시보호와 지속적인 치료 및 장례 지원을 제공한다. 헬렌 하우스의 최초 이념은 그대로 남아 있어서, 그들은 모두 작은 공동체로 11개의 침상보다 더 가지고 있지 않다. 각 아동은 자신의 방을 가지며 호스피스는 가족의 방 또는 아파트를 제공한다. 그래서 그들의 가족은 그들이 원하기만 하면 아동과 함께 머무를 수 있다.

호스피스는 높은 수준의 직원(종종 일대일), 탈시설적(noninstitutional) 접근을 가지고 제집 같은(home-away-from-home) 환경이 생길 수 있도록 애쓴다. 대부분의 호스피스는 수영장, 컴퓨터실, 가볍게 운동할 수 있는 곳, 음악실, 다감각실 그리고 미술실을 갖춘 넓은 시설을 가진다. 더러는 특정 종파와 관계없는 예배당을 가지기도 하는데, 그곳에서 장례식을 치를 수 있고 대부분 하나의 온도제어실이 있어서 임종 후부터 장례식까지 사체를 보관할 수 있다.

영국 전체의 아동 호스피스에서의 음악치료는 9세에 뇌종양으로 죽은 제시카 조지를 기억하는 제시 기금(Jessie's Fund)이 조성되어 1994년부터 시작되었다. 제시의 종양이 종래의 방사선치료(radiotherapy)로 호전되지 않자, 제시의 부모는 제시를 미국에 보내 대체치료(alternative treatment)를 받도록 하기 위해 자금을 조성하기 시작했다. 그녀의 부모님은 둘 다 프로 음악가였으며 그들의 친구들은 제시 기금에 동참하기 위해 수많은 콘서트를 개최했다. 그러나 불행히도 제시의 상태는 빠르게 나빠졌고, 그녀는 치료를 받을 만큼 오래 살지 못했다. 진단 후 5개월 만에 제시는 요크셔의 아동 호스피스 시설에서 죽었다.

비록 제시는 죽기 전에 단 1주 동안만 호스피스에 있었지만 그녀와 그녀의 가족이 진정으로 아쉬워한 것은 음악이었다. 제시가 죽은 후, 그녀의 부모는 아동 호스피스에 음악치료를 제공하기 위한 기금을 마련하기로 결정했다. 제시 기금은 호스피스에 악기를 제공하였으며 간호사 및 치료진에게 음악 만들기(music-making) 교육과정을 운영하였다. 또한 지난 3년 동안 파트타임 음악치료를 위한 초기 자금을 호스피스 시설에 지원하였다. 2001년 말까지 파트타임 음악치료사를 갖춘 아동 호스피스 시설은 영국 전역에 16개가 있었다.

이 사례는 내가 일한 두 곳의 아동 호스피스 병동 중 한 곳을 기초로 한 것이다. 나는 1997년 말 이곳에서 음악치료를 위한 준비를 완료하고 주 1회씩 일하였다. 비록 나는 대부분 죽음을 기다리거나 삶이 연장되어 이곳에 머무르는 아동과 같이 있었지만, 주간 보호시설의 음악치료사로서 음악치료를 제공했으며 몇몇 아동과 그 가족이 매주 음악치료를 받았다.

호스피스 시설의 아동 대부분은 심각하고 다양한 장애가 있는 상태였다. 나는 음악을 사용해 긴장이완 및 통증 관리를 개선시켰으며 이들 장애 아동에게 음악을 비언어적 의사소통 수단으로 제공하였다. 이런 목적으로 음악치료를 했지만 나의 음악치료는 정신역동에 기반을 두었다.

초기에 나는 호스피스 안에서 정신역동적으로 일하는 것에 약간의 어려움이 있다는 것을 알았다. 나는 아동을 격려하고 음악을 가지고 아동을 즐겁게 해 주는 사람으로 비추어졌다. 호스피스 시설은 대부분 밝은 색, 큰 장난감, 행복한 그림과 더불어 기분 좋게 보일 수 있다. 이런 좋은 호스피스 환경은 호스피스를 침상에 죽어 가는 아동으로 즐비한 암울한 장소로만 생각해 왔던 장애 아동과 그 가족에게 큰 위안을 줄 수 있지만, 그들의 부정적이고 힘든 감정에 어울리지 않아 생소한 느낌을 줄 수도 있다.

나는 먼저 Kuykendall(1998)이 '섀도우(shadow)'라고 칭한 공간을 만들어야만 했다. 이 공간은 아동과 가족이 주위의 쾌활한 환경과 충돌하는 자기의 힘들고 어두운 감정을 가져다 놓는 장소다. 나 자신을 이런 방식으로 일하고자 하는 사람으로 정립시키기 위해서 직원을 대상으로 교육을 실시해 정신역동 음악치료의 과정과 기능을 설명했다. 아동이 최대 2주간 머무르고 나는 한 주에 1회 일하므로 이런 방법으로 일을 할 수 있는 직원의 도움이 필요하다는 것을 깨달았다.

친근한 제집 같은 환경에서 독립된 음악치료실을 만들기까지는 다소 시간이 걸렸다. 이런 독립적인 음악치료실은 내가 음악치료를 하는 동안은 직원, 부모 또는 다른 아동이 마음대로 드나들 수 없으며, 또 방문객을 시찰시키기 위해서나 내게 전화 왔음을 알리기 위해서 진행하고 있는 세션을 방해할 수 없게 되어 있다.

호스피스의 정신역동적 구조 안에서 일하는 데 있어서 또 다른 문제는 세션이 불규칙적으로 이루어진다는 것이다. 단지 소수의 아동만이 규칙적으로 세션에 참여했으며 대다수의 아동은 불규칙적으로 참여했다. 그들은 임종 전 임시보호를 위하여 머무르는 동안 나와 세션을 가지기에 이들 세션은 일회성이 되고 만다. 내가 그들을 다시 만나기까지 몇 개월, 심지어는 수년이 걸릴 수 있으며 경우에 따라서는 그들이 이미 사망했을 수도 있다. 이런 상황을 치료적 과정을 통해 헤쳐 나갈 기회가 거의 없으며, 나는 정기적 치료 공간을 안정적으로 제공할 수 없게 된다.

이와 같은 제약 때문에 호스피스에서 나의 정신역동적인 음악치료의 많은 부분은 놀이를 가장해서 진행된다. 아동은 자연스럽게 놀이를 하면서 자기 내면을 탐구하고 인지해 가기 때문에 놀이를 통한 이런 방법이 아동의 어려운 현안을 다루고 그와 관련된 감정을 표현하는 자발적인 방법 중의 하나다.

말기 아동을 대상으로 음악치료를 이런 방법으로 다룸으로써 아동 자신이 실제 경험한 것을 언어적으로 인지할 필요도 없이 여러 상황 및 감정 상태를 탐색할 기회를 제공해 준다. 나와 종종 같이해 온 아동은 자기들의 병으로 인해 신체적으로나 인지적으로 장애가 있어 언어능력에 한계를 갖는다. 심지어 아동은 단어가 너무 부담이 되고 세밀한 것이어서 그것으로 절박하게 다가온 죽음의 문제에 관한 심경 복잡하고 감성적인 문제를 설명할 수가 없으며, 종종 이런 현안 문제를 언어적으로 인지하는 것에 거부감을 보인다. 이러한 저항은 아동이 그들의 상황을 의식적으로 인식하지 않을 때, 또는 그들의 질병에 대한 공개적인 언급을 그들의 가족이나 주변 사람이 할 수 없다는 것을 알게 될 때 발생한다.

아동의 죽음에 대한 인식과 그들이 죽음에 대하여 의사소통하는 수단에 관한 많은 논문이 있다(Kübler-Ross, 1969, 1981; Bertoia, 1993). Kübler-Ross는 3세 아동이 죽음을 인식하고 그에 관해 말하는 것에 주목하지만, 절박한 자기 죽음에 관해 아동이 보여 주는 대부분의 의사표현은 상징적인 언어적 단계이거나 상징적인 비언어적 단계다. 이 연구는 후자, 즉 비언어적 단계에 관한 것이다.

상징적인 음악적 놀이 안에 포함된 경과적인 과정은 이런 클라이언트 그룹과 음악치료를 하는 데 있어 중요한 일면이다. 음악적 놀이를 통하여 상황을 탐색할 때 아동이 사용하는 악기와 만들어 내는 음악은 중간 대상(Winnicott, 1971)을 생성해 내며 이를 통해 무의식적인 내면세계를 보여 준다. 이런 중간 대상은 아동 주변의 사람이나 사물을 나타낼 수도 있고, 음악적 놀이를 통해 자아를 표현하는 데 사용될 수도 있다. 내 경험에 의하면 음악놀이의 역할은 텔레비전이나 영화의 역할 모델 또는 디즈니 캐릭터, 동물처럼 이미 아동에게 친숙한 것이다.

다양한 캐릭터를 통한 의사소통은 직접적인 자기 표현보다 덜 위협적이고 또 치료 시 만나게 되는 저항의 수준을 감소시킨다. 아동은 오랜 시간 동안 캐릭터와 시나리오를 자주 재방문한다. 심지어 세션 사이에 상당한(significant) 중단이 있을 때에도 그들의 필요와 능력에 의해 경험과 감정이 재융합된다.

내가 선택한 사례에서 5세 아동은 자기 상황을 묘사하고 자기 질병에 대한 감정과 지식을 표현하기 위해 하나의 악기만을 선택하는 것으로 보였으며, 자기가 죽어 가고 있음을 이해하기 쉽도록 하는 데 동요를 선택했다.

배경 정보

21세기에 들어와 1962년 4%에서 오늘날 90%까지 생존 비율의 증가를 보이면서, 백혈병과 같은 몇몇 암은 10년 전보다 치료의 효과가 증가하였다.[1] 그렇지만 사고를 제외하면 암은 다른 질병보다 1~14세 사이의 아동에게서 높은 사망률을 보이는 원인이다. 뇌암의 경우는 영국에서 해마다 평균 300명의 아동이 양성 종양을 가지며 소아암의 약 15%에 달한다.

매슈는 1993년에 태어난 매우 명랑한 아이였으며 학교에 들어가기 전에 100보다 큰 수를 세고 읽을 수 있었다. 매슈의 부모는 그의 다섯 번째 생일이 지난 직후 몸의 균형에 미묘한 변화가 있음을 감지하기 시작했다. 학교 선생님도 구기 게임을 할 때 매슈가 신체 균형에 경미한 문제가 있음을 보았다. 그들은 매슈가 집중력이 부족하고 수업 시간에 졸았다고 기록하였다. 매슈의 부모님은 그런 문제를 검사하기로 결정하고 1998년 소아과에서 진찰을 받았다.

처음 NMR(핵자기 공명진단) 검사에서 뇌 줄기세포에 심각한 악성 종양이 발견되었다. 의사는 치료를 권했지만 그들이 치료의 효과성을 보장할 수 없을 정도로 종양의 크기가 컸으며 위치도 치료하기가 쉽지 않은 부분이었다. 이와 같은 충격적인 소식에 매슈의 부모는 방사선치료를 받기로 동의했다. 방사선치료의 과정은 6주 동안 진행되었고, 이 치료로 종양이 작아졌는지 알아보기 위해 추가로 6주를 더 기다려야 했다. 치료 결과 방사선치료는 종양의 크기를 줄이지 못했으며, 심지어 악화를 멈추지도 못했다. 추가적인 치료를 시도하였지만 생존 가능성은 매우 낮았다. 결국 가족은 치료를 더 받지 않기로 결정했으며 아동 호스피스 시설을 찾

1) St. Jude's Children's Research Hospital, Memphis, Tennessee, 2001 통계 자료에서 발췌.

아볼 것을 권고받았다. 11월 말에 가족은 처음 호스피스를 방문했다.

나는 그날 없었지만 다음 주에 장난꾸러기이고 좀 별난 습성을 가진 어린 소년의 예약에 대한 이야기를 들었다. 종양의 성장과 스테로이드 치료로 인해, 매슈는 약간의 공격적인 행동을 나타낸다고 보고받았다. 이런 행동에는 엉덩이 꼬집기, 구두끈 훔치기, 머무르는 동안 수집했던 스티커를 사람들에게 붙이는 것 등이 포함된다. 매슈가 다른 사람에게 공격적일 때 그의 부모는 실망했다. 그것은 매슈의 평소 성격과는 판이하게 다른 모습이었기 때문이다. 매슈는 처음에 호스피스를 방문했을 때 이곳을 '재미있는 집' 이라고 부르고 적극적으로 둘러보았다. 이렇게 호스피스를 명명하는 것이 매슈가 인생을 즐기는 방법을 결정하는 전형적인 단면이지만, 한편으로는 자기가 처한 상황에 대한 저항을 보여 주는 것이었다.

나는 그다음 주에 매슈를 만났다. 나는 매슈의 강한 성격이 인상적이었다. 그는 호스피스를 단지 두 번째로 방문했을 뿐인데도 호스피스를 자기 맘대로 하는 것 같았으며 대부분의 스태프도 제멋대로 부렸다. 그는 특정 활동에 오랫동안 집중할 수 없었고 매우 불안해했다. 또한 새로운 환경의 경계를 시험하였는데, 그는 만나는 새로운 사람을 꼬집고 다소 공격적이며 지나치게 요구하는 행동을 보였다. 이런 행동 중 어떤 행동은 매우 퇴행적인 것으로, 소변에 대한 요의와 대변에 대한 변의와 같이 신경이상의 결과에서 직접 유래하는 것으로 보인다. 그러나 매슈는 자신의 행동을 인식하고 있었다. 우리가 처음 만났을 때 그는 내게 자기가 많이 아프기 때문에 자기가 하고 싶은 장난을 쳐도 된다는 허락을 받았다고 이야기했다.

한편으로 그는 자기 상황에 맞서 진정으로 치열하게 저항하고 있는 것처럼 보였다. 그는 종양으로 인해 구역질을 했고, 몸의 균형이 맞지 않았으며, 눈은 사시가 되고 점차 들을 수가 없었다. 그는 현재 자기에게 일어나는 것에 맞설 수가 없었다. 매슈의 목소리는 청각능력이 저하됨에 따라 점점 커져서 모든 사람에게 소리를 지르는 경향이 있었다. 자신의 능력을 하나씩 잃어 가는 가운데 자기 보전(self-preservation)의 수단으로, 매슈는 이런 모든 문제가 타인 때문에 발생하는 것이라고 판단하였다. 매슈에 의하면 우리는 단지 그를 괴롭히기 위해 이해하기 어려운 정도로 더 빨리 움직이고 있고 더 조용하게 말하고 있는 것이다. 그는 자기가 좋아하는 컴퓨터게임을 하는 데 어려움을 갖게 되었으며 총명함의 일부를 잃어 가고 있었다.

치 료

나는 음악치료가 가능한지 매슈를 평가해 보라는 요청을 받아, 그의 부모와 상담한 후 매슈에게 개별 세션을 제공했다. 매슈의 부모는 매슈가 자신의 병을 인식하지 못하는 듯 보이며, 매슈가 자신이 죽어 가고 있는지를 물어오면 그에 대해 허심탄회하게 이야기할 준비가 되어 있는데도 그가 물어 온 적이 없다고 말했다.

그날 이후, 매슈는 첫 번째 음악치료 세션을 했다. 호스피스의 음악실은 매우 작았고 피아노, 기타, 메탈로폰, 드럼, 심벌즈 및 많은 자그마한 타악기를 포함한 좋은 악기가 구비되어 있었다. 매슈는 곧 음악실에서 집에 있는 것 같은 편안함을 느꼈고 즉시 몇 가지의 악기를 탐색하기 시작했다. 그는 마치 가만히 있는 것을 두려워하는 것처럼 이것저것에 손을 댔는데, 이는 그의 능력의 악화를 가리기 위한 시도인 것처럼 보였다. 세션을 어떻게 했으면 좋겠냐고 물었을 때, 매슈는 노래 부르기를 원한다고 대답했다. 그러나 그는 즉시 피아노를 함께 치자고 말했다. 그에게는 '노래 부르기(singing)'가 피아노 듀엣 연주를 의미했다. 이런 매슈의 용어 선택에서의 혼란이 그의 단어 사용능력의 악화에서 비롯된 것인지, 아니면 단순하게 목소리와 악기음악 사이의 차이점을 구분하지 못하는 5세 아동의 무능 때문인지는 알 수 없었다.

우리는 첫 세션에서 오랫동안 어린아이 풍으로 아주 즐겁게 많은 노래를 연주했다. 매슈는 즉흥연주 안에서 훌륭한 리더였고 모든 사람을 자연스레 그의 삶 안으로 끌어들여 조정하는 방식으로 나를 조정했다. 매슈는 연주하는 방법이나 연주를 끝내는 방법을 알려 주기 위해 눈 맞춤과 몸짓을 사용했다. 그는 자기 차례에 대한 인식과 음악적 유머를 가지고 자기가 연주하는 음악을 통하여 의사소통하는 능력을 보여 주었다. 매슈가 상호 연주를 할 수 있음에도, 나는 마치 내가 독립된 개체로서 음악적으로 인식되지 않고 있다는 느낌을 받았다. 그의 지시에 따르는 나의 역할과는 관계없이, 나는 그저 매슈의 육체의 연장으로 사용되어 이런 즉흥연주에 전혀 개인적인 면을 보여 주지 못하는 것 같았다.

매슈가 이런 즉흥연주를 하는 데는 나름대로 규칙이 있었고 그 길이와 구분이 대략적으로 같았다. 각 노래를 한 후에 잠시 짬을 두었는데, 이때 노래에 제목을 붙였다. 매슈는 첫 번째 것을 '나 자신' 이라고 제목 붙였는데, 이는 여러 가지 면에서 그의 개성을 반영하는 듯 보였다. 피아노 전체 영역을 사용한 이 곡은 붓점 리듬과 쾌활하고 자신이 넘치는 몸짓으로 가득했다. 그 에너지와 크기는 매슈의 악화된 신체와 모순되어 있어서 자신의 그런 상태를 설명하지 않은 것으로 보였다. 다른 제목으로는 '날씨' 와 '친구들' 이 있으나 그에 관해 어떤 것도 언어로 상세히 표현하지 않았다.

이런 '노래들' 은 빠르게 악화되는 어린 소년에게서 내가 기대했을지도 모르는 분노와 좌절의 어느 모습도 보여 주지 않았다. 거기다 즉흥연주는 모두 유사했고 차이가 없게 들렸다. 그 음악은 순진하고 아무도 불쾌함과 무서움을 제공하지 않는 행복한 아동의 세계 안에서 안주하고자 하는 듯했다. 나는 매슈의 부정적인 감정은 아마도 꼬집기, 치기, 노크와 같은 아이 같은 행동이지만 장난을 통하여 반영된다고 인식했다.

매슈는 피아노 노래를 마친 후 마루 위에 알토 메탈로폰으로 다가갔고, 나에게 그대로 피아노에 머무르도록 지시했다. 그는 나에게 다른 노래를 연주하자고 말하고는 친숙한 드라마틱하고 화려한 연주를 시작했다. 다시 그의 음악은 유쾌하고 문제가 없는 소리였다.

우리의 연주에서 나는 갑자기 깊은 슬픔과 상실감을 느꼈다. 나는 매슈가 메탈로폰의 높은 소리가 나는 바(bar)를 조심스럽게 제거하고 자기의 즉흥연주를 중단함 없이 그것을 마루 위에 가로놓는 것을 보았다. 나는 바의 이동 결과가 그와 그의 음악 모두의 핸디캡이었음을 깨달았다. 나는 그가 경험하는 육체적 상황의 반영을 시도하는지 궁금했다. 비록 매슈의 명랑한 신체 태도와 음악이 변하지 않은 채로 있었다고 해도, 나는 이런 변화를 확인하기 위하여 내 음악에 변화를 주었다.

매슈는 짧게 인식하였지만 연주를 멈추지 않았다. 몇 분 후 그는 연주를 중단함 없이 다음 높은 음의 메탈로폰 바를 제거해서 자기 자신을 더욱 제한했다. 이런 행동은 마루 위에 메탈로폰 바가 반 정도 놓일 때까지 계속되었다. 나는 할 수 있는 능력을 잃어 가며 점차 죽어 가는 이 어린 소년의 시각적 의사소통에 감명받았다.

비록 그는 죽어 가는 것의 경험에 관해 이야기하지 않았고 그의 음악 안에 죽음을 직접적으로 표현하지 않았지만, 이것은 매슈가 그의 퇴행을 알토 메탈로폰을 사용하여 알리고 있다는 것을 보여 주었다.

이 즉흥연주를 끝내자마자 매슈는 벌떡 일어나 기쁘게 헤어지는 인사를 했고, 그가 보여 준 행동의 어떤 것도 설명하지 않은 채 음악실을 떠났다. 이 세션이 끝나고 나서 나는 매슈의 통제할 수 없는 감정을 구조화하고 인식하기 위하여 혼자 남았다. 나는 그가 연주 후 휙 방을 빠져나갔으며 나더러 남아서 메탈로폰 바를 제자리에 놓게 하고 표현한 것을 이해하도록 시도하게 한 것에 대해 이성적이지 못하게 화가 치밀었다. 매슈는 그가 아직은 받아들일 수 없는 상황에 대한 인식을 위하여 나를 매개체로 이용하는 것이 필요한 것 같았다. 매슈는 그가 '심각한(poorly)' 상태라는 것을 솔직히 인정할 수 있었으나 '그가 죽어 가고 있다는 사실' 은 인정할 준비가 되어 있지 않았다.

이후 매슈는 그의 가족과 여러 번 호스피스를 방문했지만 내가 일할 때는 자주 오지 않았다. 내가 있고 매슈가 호스피스에 있는 경우도 세션에 오지 않았는데, 그 이유는 매슈의 상태가 좋지 않기 때문(그가 활동할 수 없을 정도로 만드는 '복부 통증' 의 고통으로 쇠약해졌을 상태)이거나 그가 기분이 매우 좋아 밖에서 놀고 싶기 때문이었다. 나는 강렬했던 첫 세션에서 이해할 수 없었던 것에 약간의 좌절을 느꼈지만 그가 필요할 때 다시 돌아올 것으로 느꼈다.

매슈의 다음 세션은 세 달 후 진행되었는데, 그가 죽기 바로 3주 전 그리고 호스피스에의 마지막 방문 10일 전이었다. 우리는 매슈가 나의 연주를 통제하는 음악적 게임을 시작했다. 그는 지휘자의 역할을 했고 어떻게 연주하는지 비언어적 지시를 주었다. 연주를 시작하라고 말하기 위해 내게 지시했으며 신체적 제스처를 통하여 연주의 속도와 크기를 조절하였다. 나는 끊임없이 빠르고 경쾌한 음악을 연주하도록 지시받았다. 나는 마치 내가 일종의 매개체, 즉 그가 연주했던 음악의 전달 수단으로 사용되고 있다고 느꼈다. 매슈는 이 단계에서 매우 약해졌으며 그가 3개월 전에 보여 주었던 연주에 필요한 신체적 능력이 없었다. 그러므로 매슈는 그 자신의 잃어버린 에너지와 건강 상태를 표현하기 위해서 나를 이용하였다.

최초의 활동 후 매슈는 다시 알토 메탈로폰 연주를 선택했고 나에게 피아노 반주를 지시했다. 첫 세션에서처럼 그는 즉흥연주 안에서 짧은 시간에 가장 높은 소리 바를 제거했고 분해하기 시작했다. 음악은 고요했고 이전 시간보다 맹렬하고 화려함이 줄어들었으며 더욱 내향적이었다. 나는 다시 내가 느끼는 감정을 음악적으로 반영하며 반주를 했다. 그러나 이 시간에 나는 이전 세션보다 덜 압도됨을 느꼈다. 이것은 부분적으로 매슈 행동의 친숙함에 의해 설명될 수도 있겠지만, 그가 감정을 투사(project)할 필요를 덜 느꼈고 현재는 동화(assimilation)해 살아갈 수 있다는 느낌이 있었기 때문이다.

즉흥연주 동안 매슈는 메탈로폰 바가 이전처럼 마루에 반이 놓일 때까지도 멈추지 않았고 바를 모두 제거할 때까지 계속하였다. 우리가 함께 마루에 놓인 모든 바가 제거된 메탈로폰 뼈대를 쳐다보았을 때, 나는 그것이 작은 관과 얼마나 같아 보이는가 하는 생각이 떠올랐다. 박스의 형체와 그것의 재료인 페인트칠 하지 않은 목재가 충격적이게도 갑자기 관처럼 보인 것이었다. 매슈는 이들 모든 버려진 바와 채(beaters)를 메탈로폰의 뼈대 안에 조심스럽게 놓는 것을 도와달라고 요청했다.

같이 일하면서 내가 매슈에게 바를 어떻게 할 거냐고 묻자, 매슈는 그것을 박스 안에 고정할 것이라고 대답했다. 나는 그 바를 고정하기엔 무시무시한 장소라고 말했지만, 그는 그것이 그 안에서 행복하다고 매우 진지하게 이야기했다. 이 관 박스는 더 이상 연주할 수 없는 다 낡은 부러진 바의 모든 것을 위한 것처럼, 그리고 더 이상 공명을 내지 않는 채의 도피처, 은둔처인 것처럼 보였다.

매슈는 이 활동 후 피곤한 듯 보였다. 그래서 우리는 몇 시간 동안 조용히 앉아 있었다. 그는 동요 '험프티 덤프티(Humpty Dumpty)' [동요집 *Mother Goose*에 나오는 달걀 꼴 사람－역주]를 부르자고 말했다. 나는 우리 둘이 노래하는 동안 피아노를 연주했다. 아동의 언어와 상징 안에서, 그는 메탈로폰처럼 치유 불가능하게 부러졌다는 것을 이해하는 듯했다. 그가 받은 의학적 치료와 부모의 간절한 염원에도 불구하고 건강을 회복할 방법은 없었다. 노래의 끝부분에서는 심지어 왕의 전군대가 아무리 노력한다 해도 금이 간 달걀을 온전하게 할 수 없었다.

험프티 덤프티가 벽에 올라앉았다.
험프티 덤프티가 떨어졌고
모든 왕의 신하와 말도
험프티를 다시 온전하게 할 수 없었네.

매슈는 세션을 마칠 때 '반짝반짝 작은 별' 을 노래했다. 죽어 가는 것에 대한 경험을 헤쳐 가고 이를 두려움 없이 수용한 다음, 그는 임종 후는 어떻게 될지를 심사숙고할 수 있는 것처럼 보였다.

반짝반짝 작은 별
당신은 어떤 별인가요?
저 높은 창공
하늘의 다이아몬드처럼
반짝반짝 작은 별
당신은 어떤 별인가요?

이전 세션과 다르게 나는 매슈가 컴퓨터게임을 하기 위해서 문밖으로 나갈 때 그의 통제할 수 없는 감정을 느꼈다. 나는 매슈가 그의 죽음에 관한 지식을 통합하는 과정을 완전하게 가졌다고 느꼈다. 이는 마치 그가 죽음을 자인하고 그의 상징적 놀이와 동요의 여행으로 죽음을 수용하는 것처럼 보였다.

그것이 내가 매슈를 본 마지막 시간이었다. 그는 1일 케어를 위해 다시 한 번 호스피스에 방문했지만 더욱 악화되었다. 5월 11일 매슈는 가족이 곁에서 지켜보는 가운데 그의 집에서 평화롭게 잠이 들었다.

논의 및 결론

매슈의 치료과정은 아동을 완화시키는 데 있어서 비전형적인 것이 아니다. 치료의 몇 가지 양상은 의미가 있다. 타이밍과 관련하여 그의 치료의 일반적이지 않은 구조, 상징적 놀이에서의 악기 사용, 역전이의 역할, 동요의 기능이 그것이다.

시간적인 측면

죽음이 가까워진 사람과 함께하는 것은 규칙적인 치료 상황이 포함되는 과정 안에서 일하는 것에 익숙해질 때 도전을 받게 된다. 이런 클라이언트 그룹은 치료 약속의 일시적 경계가 다른 그룹보다 유동적이다. Aldridge(1996)는 선형적 시간(크로노스, chronos)과 창조적 시간(카이로스, kairos)[시간에는 두 가지가 있는데, 크로노스는 흘러가는 시간으로 천문학적으로 해가 뜨고 지면서 결정되는 시간이며, 카이로스는 의미 있는 시간으로 특정한 시간을 말한다.-역주]을 구별하면서, 음악치료 내의 많은 상호작용이 후자 내에서 일어난다고 지적했다. Bunt(2001)는 직장 또는 학교의 매일의 일과를 더 이상 가지지 않는 죽음이 가까워진 사람에게는 시간의 연대순의 묘사가 덜 중요하게 되고 그들은 카이로스의 세계에 사는 경향이 있다는 점에 주목한다.

클라이언트의 신체적 조건은 치료 공간에 영향을 주며, 세션은 약물치료, 메스꺼움, 피로, 고통과 같은 외부적 요인 때문에 변경될 필요가 있다. 그러므로 치료적인 만남은 종종 사전 약속 없이 즉흥적으로 그때그때 이루어진다. 이 사례에서 매슈의 두 세션은 각각 매슈가 현실세계와 상상세계를 자유롭게 탐색하는 공간을 제공했다.

Milner(1952)는 변형된 현실인 창조적 착각(illusion)을 발전시키는 그림의 틀로서 정신분석 안의 일시적 경계를 보았으며, 이런 착각이 손쉽게 세계에 적응할 수 있게 한다고 언급했다. 이런 연계의 간헐적이고 제한적인 본성에도 불구하고 매슈는 선형적인 방식으로 세션에 임했고, 세션 안에서 통합과 적응의 과정을 마무리 지었다. 기억력 악화를 갖고 있는 5세 아동에게 이것은 놀랄 만한 것이었다. 지속적인 세션에 대한 나의 바람은 매슈에게는 없었으며, 그가 정기적으로 만나는 것을 필요로 하지 않았음을 나는 깨달았다.

상징적 놀이에서의 악기 사용

매슈는 의사소통의 중간 대상으로서 악기를 사용했고 두 세션에서 자신의 병을 탐색했다. 메탈로폰은 직접적으로 상징적인 방법으로 적용되었다. 그것은 우리의 즉흥연주 안에서 목소리 역할을 하였다. Bunt(1994)는 악기가 음악치료 안에서 다리 역할, 즉 '놀이의 장(field of play)' 이 될 수 있다고 주장했다. 여기서 매슈는 자신의 신체적 상태를 특별한 악기를 통해 구체적으로 표현한다. 메탈로폰의 물질성은 대표 놀이 내에서 사용 · 재사용될 수 있어, 매슈가 자기의 경험을 알고 동화시키는 것을 가능하게 함을 의미한다.

역전이의 역할

매슈는 그가 심각한 병이 있다는 것을 알았지만 자신의 죽음을 인지적으로 이해함으로써 통합할 수 없었다. 백혈병으로 고통받는 아동에 관해 언급하면서 Bertoia(1993)는 비록 아동이 그들 예후의 내적 인식을 가졌어도 그들은 자신들이 경험하는 정황에서 이를 이해할 수 없을지도 모른다고 보았다. 그러므로 창조적으로 자기를 표현하는 기회를 제공하는 것은 무의식적인 내면을 알아내기 위한 창조적인 예술의 능력으로 인해 말기 아동 환자에게 직관을 발달시키는 중요한 수단이 된다고 주장했다.

처음에 매슈가 가지고 있는 그의 죽음에 대한 인식은 분리되고 동화되지 않았다. 그가 연주한 음악은 이런 지식에 부속하는 감정을 가지고 있지 않았다. 중간 대상인 악기를 통해서 나는 그의 내면세계를 알 수 있었고, 그는 자기에게 일어나고 있는 것을 이해하고 표현할 수 있었다. 첫 번째 세션에서는 이런 이해와 관련 있는 감정이 투사되었는데, 나의 처음 통찰은 그가 연주한 음악과는 관계없이 역전이 반응에서 도출된 것이다. 두 번째 세션에서 매슈는 이런 감정을 분리해 내게 줄 필요가 없이 그 감정을 진행할 수 있어 보였다. 이는 이러한 문제를 직접적으로 다루는 동요를 불러 달라는 그의 요청에서 나타난 것이다.

동요의 기능

동요는 아동을 위해 상호작용 모델을 구축해 주며 아주 어린 나이 때부터 배워 부르는 것이다. 그러나 동요는 종종 폭력과 죽음의 혼란스러운 이미지를 담고 있다. 동요는 그 자체로 두려움의 대상을 담아 두는 익숙한 용기로서 아동에게 유용한 기능을 한다.

매슈가 '험프티 덤프티'를 선택한 것은 아마도 그가 갑자기 건강이 나빠졌기 때문이었음이 틀림없다. 이 동요는 파괴된 것의 좌절감 및 중재의 무능과 관련이 있다. '반짝반짝 작은 별'에서 이미지는 더 희망적이다. 나는 종종 하늘의 별을 사용해 죽음당한 형제자매를 언급한다. 그리고 이것은 어린 아동에게 위안을 주는 것 같다. 매슈가 이 노래를 선택한 것은 그의 운명에 대한 희망적이고 조용한 접근방법을 반영한 것이다.

최종 견해

매슈가 음악치료에 간헐적으로 참여했기에 우리의 치료과정은 부족했다고 말할 수 있다. 죽음에 대해 직접적으로 언어적으로 다루어지지 않았기 때문에 매슈가 죽음을 인지했는지에 대해서는 누구도 확신할 수는 없다. 그러나 매슈가 두 차례의 짧은 세션에서 사용한 방식은 그가 아동 놀이의 전이 현상을 사용해 심오한 존재 의미를 탐구했고 또 자기의 운명을 받아들였음을 보여 주었다.

참고문헌

Aldridge, D. (1996). *Music Therapy Research in Practice and Medicine: From Out of the Silence*. London: Jessica Kingsley Publishers.

Bertoia, J. (1993). *Drawings from a Dying Child: Insights into Death from a Jungian Perspective*. London: Routledge.

Bunt, L. (1994). *Music Therapy: An Art Beyond Words*. New York: Routledge.

Bunt, L. (2001). *Collaborative Research into Music Therapy and Cancer Care*. Seminal, Musicspace, Bristol, UK.

Kübler-Ross, E. (1969). *On Death and Dying*. New York: Macmillan.

Kübler-Ross, E. (1981). *Living with Death and Dying*. New York: Macmillan.

Kuykendall, J. (1998). *Oral Presentation*. Master Class for Help The Hospies, London.

Milner, M. (1952). "Aspects of Symbolism in Comprehension of the Not-Self," *International Journal of Psychoanalysis*, 34, 181-195.

Winnicott, D. W. (1971). *Playing and Reality*. London: Tavisock.

2장 두 번째 사례

비버리 자아 찾기: 문제행동을 보이는 8세 여아의 음악치료

Helen M. Tyler

개 요

이 사례는 학습장애로 진단받은 8세 여아 비버리의 음악치료 과정을 보여 주고 있다. 비버리는 학교에서 공격적이고 주위를 혼란시키는 행동으로 음악치료에 의뢰되었다. 이러한 행동은 학교에서 학습을 하거나 자신의 잠재력을 충분히 발휘하는 데 방해가 되었다. 매주 음악치료 세션은 자신의 행동이 판단받지 않는 환경에서 환상놀이와 음악 즉흥연주를 통해 자신의 감정을 안전하게 탐색할 수 있는 장소였다. 비버리의 내적 세계를 표현하는 수단으로 외적 표출 형태의 놀이를 이해할 수 있는데, 그것은 갑자기 표출될 수 있는 공격성을 극복하게 하고 '외현화' 된 행동 뒤에 숨겨진 진정한 실체를 발견하게 하였다. 이로써 비버리가 자신의 내면을 발달시켜서 어려움을 극복할 수 있는 통찰력을 갖게 하고 좀 더 감정적으로, 사회적으로, 지적으로 성취된 삶을 이끌도록 도와주게 된다.

도 입

가족의 갈등, 재정적 어려움, 질병이나 별거, 이혼, 사망, 투옥으로 인한 부모의 부재와 같은 고통이 아동의 발달과 학습에 영향을 미친다는 것은 잘 알려진 사실이다. 1860년대에 쓰인 「착한 아내(Good Wives)」의 마지막 페이지에서 Louisa M. Alcott의 캐릭터 조 마치는 '어머니가 없으며 버림받고 가난한 어린아이'를 위하여 대가족 가정과 같은 형태로 이루어진 학교인 플럼필드(Plumfield)를 만드는 자신의 꿈을 표현한다. 그녀는 빈민 아동을 위한 학교는 수익을 얻지 못한다는 그녀의 가족이 하는 말에 도전을 받고 다음과 같이 응답한다.

> 가끔 부유한 가정의 자녀에게도 가난한 아동과 마찬가지로 보호와 위로가 필요해요. 하인에게 남겨진 어린아이 혹은 강제로 이리저리 떠밀리는 불행한 아이들을 봐 왔어요. 정말 끔찍한 일이에요. 어떤 아이는 잘못된 관리나 소홀함으로 인하여 버릇이 없고, 어떤 경우는 엄마를 잊지요. 가장 최선은 순박한 아동기를 잘 지내는 것이에요. 아이에게 친절과 인내를 가장 많이 제공해야 할 시기인 거죠(Alcott, 1994, p. 338).

Alcott이 플럼필드의 아이들을 통하여 다루는 문제는 놀라울 정도로 광범위하다. 거기에는 과식, 도주, 약한 자를 못살게 구는 행위, 절도, 싸움, 살인, 투옥이 포함되어 있다. 그러나 각 일화에서는 아이가 '그들에게 식사를 제공하고 보호해 주며 그들을 어루만지고 야단을 치는' 믿을 만한 누군가가 있기를 바라는 욕구를 넘치도록 갖고 있다고 결론을 내린다(1994, p. 337). 오늘날 우리는 이것을 감정적 및 신체적 보호, 무조건적 인정, 포용, 울타리를 원하는 욕구라고 바꾸어 말한다. 또한 Dickens는 올리버 트위스트, 니콜라스 니클비, 데이비드 카퍼필드의 이야기에서 사회적으로 버림받은 아동에 대한 그의 관심을 표현했다. 빅토리아 시대의 박애주의자인 Thomas Barnardo는 '바너도 박사의 집(Dr. Barnardo's Womes)'을 설립하여 결핍 아동의 구조, 보호, 교육에 대한 사명적 열성을 모두 쏟아부었다.

도덕적이고 영적인 가르침이 우선적 목적이었으나 그의 비전은 그 이상이었다.

> 작은 집이 건축되어야 한다. 그 집에 각각 자체의 '엄마' 가 상주한다. ……몇 개월 또는 몇 주된 아기부터 성장하고 있는 여자 아이까지 모든 연령대의 여자 아이들이 있어야 한다. 그리고 그 아이들 중 일부는 십대 후반이다. 그곳에서 가족생활과 가족의 사랑이 재생되고 믿음이 깊은 여성의 영향 아래에서…… 온화하고 조절된 생활을 할 수 있다(Wagner, 1979, p. 80).

1948년 Docker-Drysdale이 정서적으로 침해당한 아이들을 위한 멀베리 부시(Mulberry Bush)를 설립한 동기에 Alcott와 Barnardo의 진술이 담겨 있다. 그녀는 다음과 같이 적고 있다.

> 아동 보호소에서의 치료는 잠자고 먹고 마시고 일하고 노는 것 등을 포함하여 그 장소에서 일어나는 전 생활 내용과 관련된다(Docker-Drysdale, 1993, p. 57).

전쟁 후 같은 시기에 Axline은 비지시적 놀이치료법을 만들었다. 그것은 어려운 아동의 정서적 욕구에 응대하고 그들의 충만한 잠재력을 발달시키고 탐구하고 자유롭게 생각하도록 하였다.

> 근심, 불안, 욕구불만을 가진 교사는 만족스러운 교직을 수행할 수 없다. 정서적 생활이 갈등과 혼란으로 이루어진 아동은 만족스러운 학생이 아니다(Axline, 1989, p. 133).

정서적 문제와 학습적 곤란의 연관은 Nordoff와 Robbins에 의해서도 잘 알려져 있다. 그들은 음악치료가 단순한 음악적 욕구 이상의 것을 제시하고 있다고 하였다. 필라델피아 특수교육 부문에 관한 연구를 위한 이론적 설명에서 그들은 다음과 같이 기록했다.

> 아동에게 핵심적이고 심리적인 중요성을 가진 특별한 경험을 제공하기 위한 프로그램으로 교사의 교육적 활동과 교실 활동을 지원하는 것이 음악치료사의 역할이다. 그것은 정신적 의미로도 중요하며 아동의 전반적 발달을 위해 치료적으로 도움이 되는 것이다. 자아 기능을 강화하며 감정적 제재로부터의 해방과 행동적 문제의 경감 및 학교생활에의 적응적인 참여를 돕게 하여, 학교생활에서 더 많은 이익을 얻어서 더욱 행복하고 욕구가 충족된 아동이 생기도록 하기 위함이다 (Nordoff & Robbins, 1992, p. 139).

소아과 의사이자 정신분석학자인 Winnicott은 아동을 사회와 가족의 일부라고 판단했다. 아동에 대한 그의 사례연구에서는 가정, 가족, 좀 더 넓은 세계 환경에서 살고 있는 아동에 대한 관심이 드러난다. 동시에 아동과 성인에 대하여 분석 연구한 결과에서 추출한 이론이 그의 놀이이론에 나타난다.

> 보편적이면서 건강에 속한 것이 놀이다. 다시 말해, 놀이는 성장을 촉진하고 건강에 도움이 된다. 놀이는 그룹의 관계를 이끈다. 놀이는 심리치료 중 의사소통의 한 형태가 될 수 있다. 그리고 최종적으로 정신분석은 자신과 타인 간의 의사소통 서비스의 고도로 전문화된 놀이 형식으로 발달되어 온 것이다(Winnicott, 1999, p. 41).

정신분석에서와 같이 아동이 사용하는 단어의 의미가 무엇이든 간에, 음악치료 세션은 아동이 놀이할 공간을 제공하며 수용적인 환경 속에서 '자신과 타인의 의사소통' 을 탐색할 공간을 제공한다. 치료의 구조는 시간과 공간의 일관성과 안전을 주게 된다. 음악 즉흥연주에서 공유되는 언어는 온전하지 못한 느낌과 생각을 표현하는 매개체가 된다. 이 장에서 나는 내 생활 중 가장 다루기 힘든 상황에 직면하면서 음악치료실에서 발생하는 '고도의 전문화된 놀이 형태' 가 어떻게 비버리와 같은 아동에게도 의미 있는 변화를 줄 수 있는지를 보여 주고 싶다.

배경 정보

비버리는 학교로부터 런던의 노도프-로빈스(Nordoff-Robbins) 음악치료센터로 가라는 권유를 받았다. 비버리가 다니는 학교는 심한 학습장애와 행동 문제를 가진 아동을 위한 시내의 초등학교로, 가난한 살림살이를 하는 사회적으로 열악하고 범죄율이 높은 지역 내에 있다. 내가 비버리에 관해 얻은 정보는 모두 그녀의 담임선생인 피터에게서 나왔다. 비버리의 어머니를 내가 직접 만난 적은 없지만, 피터가 어머니를 만나서 음악치료 프로그램에 대해 설명하고 비버리가 참여하겠다는 동의를 얻었다. 그녀 어머니에게도 학습장애가 있어서 도움이 없으면 정상적인 동의서를 작성할 수 없었다. 어린 시절에 그녀도 비버리가 현재 다니는 학교의 학생이었는데, 피터는 그녀의 딸과 마찬가지로 '총명하지 않음' 이라고 기록했다. 비버리의 아버지는 가족과 함께 살지 않는다. 비버리가 치료를 받을 때는 실제로 감옥에 있었다. 가족 중에 딸이 두 명 더 있고, 어머니는 최근 두 번 임신을 했으나 모두 유산했다. 가정생활은 무질서하고 어머니의 많은 남자친구들이 오갔다. 가정의 불안정으로 인하여 아이들의 안전이 우려되는 상황이라 사회 서비스 기관도 그들의 생활을 주시하고 있었다. 비버리가 지내기 어려운 상황일 때 근처에 사는 그녀의 할머니가 비버리를 돌볼 수 있었다. 비버리가 월요일 아침 음악치료 세션에 도착할 때는 가끔 머리도 빗지 않고 지저분한 차림을 하다가 어떤 경우에는 새 옷으로 깔끔히 입는 등 그녀의 불안정한 생활이 외모에서도 드러났다.

치 료

피터는 학교에서 비버리의 공격적인 분출행동과 또래와의 관계 형성의 어려움으로 그녀를 의뢰하였다. 피터는 비버리가 능력을 갖고 있다고 생각했지만, 비버리는 감정적 어려움뿐 아니라 능력만큼 완수하지 못하여 수업에서 최대한의 결과를 얻을 수 없었다. 그녀는 음악치료를 받으러 자기 학급의 세 명의 다른 여학생과 함께 왔는데, 음악 활동을 통해 긍정적 관계, 협동 및 나눔을 공유하기 위해서였다. 그러나 분명 음악 그룹에 참여하러 올 동기가 있을지라도 비버리는 다른 아이들과 악기 또는 치료사의 배려를 공유할 수 없다는 것을 알았다. 그래서 스트레스를 받는 상황이 되었고, 비버리는 다른 아이들이 자신을 놀린다며 음악실에서 급히 나가려고 했다. 그녀의 태도가 다른 아이들의 발달에 해를 주고 분열시키는 행동이 증가되기 때문에, 그녀의 집단치료사는 개별치료로 변경해야 한다고 했다. 이 의견에 동의하여 집단을 종결한 후, 나는 비버리와 개별치료를 시작했다. 그것은 2년간 예정되었다.

초기 세션—설교자와 팝가수

비버리는 집단치료에서 개별치료로 기꺼이 변경했다. 그녀는 자신에게 모든 악기가 제공되는 것이 기쁜 모양이었다. 음악치료실에 피아노, 사이드드럼, 봉고, 심벌즈, 메탈로폰, 윈드차임과 몇 가지 작은 타악기가 있었다. 비버리에 대한 나의 첫인상은 에너지가 많은 우아하게 잘 차려입은 소녀였다. 그녀는 좀처럼 조용하거나 차분한 적이 없었다. 음악치료실을 쉴 새 없이 돌아다녔고 가끔 춤을 추며 가상으로 만든 마이크에 대고 노래를 불렀다. 말이 흐리터분하고 불분명하면서 문법 구조도 맞지 않았다. 그리고 한 주제에서 다른 주제로 바꾸며 혼란을 주었다. 초기 세션에서 그녀는 타악기를 연주하고 나는 그녀와 함께 피아노를 연주했다. 그녀의 음악적 경향은 나에게서 '달아나는' 것이었다. 내가 그녀의 연주에 정확하게 맞추어 주면 그녀는 템포와 박자를 다양하게 바꾸었다. 또한 나의 반주를 몰아내고 압도할 만큼 크게 그리고 유연하고 폭넓은 음역을 드러내며 노래를 불렀다. 가끔 갑자기 음악 소리를 중단하면서 가야 할 시간이라고 말하거나 혹은 화장실로 급히 나가 버리기도 하였다. 그녀가 30분 동안 치료실에 머물러 있는 것이 매우 어렵다는 것이 드러났다. 그녀의 통제능력 결핍은 명백해졌고, 우리와의 상호 교류뿐 아니라 환경을 조절할 그녀의 욕구도 부족하였다. 매주 그녀는 치료실의 악기와 가구를 재배치하였다. 그리고 종종 그녀가 연주할 때 내가 그녀를 직접 볼 수 없도록 만들기 위해서 피아노 뒤에 그것들을 두었다.

새로운 관계로 들어갈 때, 비버리는 세션을 이용하여 현실과 환상을 섞은 여러 가지 장면을 표출하기 시작했다. 그 장면은 에너지와 즐거운 기분을 포함하면서 주로 매우 극적이었다. 나는 그녀가 노래, 연기, 춤을 출 때 어느 장소에서든 가능한 한 함께 있었다. 그러나 그녀는 나의 참여를 매우 많이 통제하고 있었다. 그러면서 나에게 "음악을 중단하세요." "조용히 해요." 또는 "피아노 소리 멈춰요!"라고 소리쳤다.

주로 나는 비버리의 요구에 순응하여, Winnicott이 아동의 정서적 발달에서 중요하다고 주장한 방식에 따라서 그녀의 무한한 능력에 맞추었다.

> 현명한 어머니는 아이의 무한한 능력에 맞추고, 어떤 범위까지 그 무한한 능력의 의미를 이해한다. 어머니가 반복적으로 이렇게 하며 아이의 무한한 표현력을 보충하면서 아이의 약한 자아에 힘을 줄 때, 아이의 진정한 자아는 생명을 갖기 시작한다(Winnicott, 1984, p. 145).

그러나 다른 영역에서 명백한 경계가 필요하다. 예를 들어, 비버리는 나의 신발을 벗기거나 내 머리를 땋고 싶어 한다. 이러한 종류의 친밀함은 치료에 도움이 되지 않기 때문에, 나는 "내 신발을 계속 신고 있을 거야." 혹은 "지금 이대로의 헤어스타일이 좋아."라고 분명히 말했다. 또한 나에게 "일어서!" "앉아!" 또는 "구석으로 가!"라고 하는 빈번한 명령에 대해 나의 역전이 반응 또한 모니터하곤 했다. 비버리가 나를 경멸하거나 아무렇게나 대하는 느낌이 들기 시작하면, 나는 의자에 앉아서 단호하게 말하면서 나를 조종할 수 없다는 좌절감을 경험하게 만들었다. 지배 또는 거만한 태도가 아닌 존경을 바탕으로 관계를 유지할 수 있다는 것을 알려 주고 싶었다.

비버리는 세션에서 다른 인물로 가장하여 유명한 팝가수, 권투선수 또는 레슬링 선수, 텔레비전 쇼에 나오는 유명인의 흉내를 내었다. 세션에서 주로 나타나는 압도적인 인물은 지옥불에 대해 이야기하는 종교적 설교자였다. 이러한 역할을 취할 때 그녀의 흥분은 히스테리가 되며 노래 소리는 비명 또는 외침으로 변한다. 그녀가 자신의 환상에 깊이 몰두해 있을 때는 정신적 경계, 즉 분열된 감정에 있었다. 나는 강한 연주로 그녀의 격정적인 정서와 조화시키곤 하였는데, 음악은 그녀의 반응을 조직화하고 외부 현실과의 접촉을 계속하게 만든다는 점을 발견했다. 그녀는 타고난 음악성으로 음악 진행에서 한 악구를 완성하거나 혹은 내가 음악적 단서를 넣어 주기를 기다렸다. 나는 그녀의 말이 이해하기 어렵지만 중요한 의미를 담고 있다고 판단되는 짧은 어구를 포착하여 그것을 다시 그녀에게 노래로 불러 주었다. 또한 자주 후렴을 도입하기도 했다. "월요일에 우리는 함께 노래하고 있어." 또는 "이것은 비버리의 노래야."와 같이 불러서 연결을 지었다. 이것은 치료 4개월째 세션에서 부른 노래가사의 일부분이다.

비버리는 "우리는 작은 음악을 만들고 있어요. 어떤 소리를 만들고 있지요. 우리는 쇼를 만들고 있어요."라고 말하면서 시작한다. 그녀는 드럼 채를 마이크로 대신하면서 자신이 노래하는 동안 나에게 그 모습을 앉아서 지켜보라고 지시한다. 그리고 무반주로 노래한다.

> 비버리: 이것은 나의 노래야. 이것은 나의 친구야. 이것은 나의 친구야. 이것은 나의 친구야.
> 나는 음악에 맞춰 드럼을 연주했어. 나는 드럼과 트럼펫을 연주했지.
> 그리고 비가 내리고 있어.

그때 나는 그녀가 부른 노래의 핵심 구절을 되받아 반주 없이 그녀에게 불러 주었다.

> 치료사: 그것은 너의 노래, 친구에 관한 노래야.
> 너는 음악에 맞춰 음악을 연주했어.
> 그리고 비가 내리고 있었지.

이 구조는 두 번째 운율을 위해 반복되고, 우리 모두는 다른 가사에 주의를 기울이며 듣고 있다. 그러나 "비버리와 헬렌이 같이 노래하고 있어."라고 가사를 연결지어 노래하면, 우리 사이의 연결이 갑자기 끊어지고 그녀는 팝가수처럼 빙빙 돌며 소리를 지르기 시작한다. 비버리는 치료실 뒤쪽으로 가서 벽으로 돌진하여 계속 노래하고 소리를 지른다. 이러한 시점에서 그녀에게 어떤 담아내기와 기반잡기의 기법이 필요하다고 느끼면서 나는 피아노로 가서 강하게 연주하고 노래한다.

> 치료사: 이것은 비버리의 노래야. 오늘 음악에 맞춰 노래하고 있어.
> 오늘 비버리의 노래로 음악에 맞춰 노래하고 있지.

비버리는 나의 구절이 끝날 때까지 기다리다가 함께하며 같은 음조로 그 구절을 연결한다. 나는 오로지 몇 마디 말만 끄집어낼 수 있었다.

> 비버리: 나의 이름은 비버리, 나를 붙잡아. 그리고 봐.
> 너는 노래할 수 있어. 너는 소리 지를 수 있어.

다시 나는 중요한 것 같은 단어를 그녀에게 되돌려 반영한다. "소리 지르기 그리고 노래하기." 그녀의 노래는 점차 강렬하고 열정적이 된다. 가사가 길어지자, 비버리는 내가 그녀를 음악으로 지원할 수 있도록 허용한다. 우리가 만족스러운 결과에 도달한 듯한 느낌을 받는 순간, 비버리는 갑자기 '설교자' 역할로 변경한다.

> 비버리: (외침) 알렐루야! 아멘! 그 음악을 중단하라!
> 하나님은 성경이다.
> 내 이름은 베들레헴 예수다.
> 사도들에게 나를 기억시켜라.
> 젊은 여성이여! (나를 보면서) 일어나라.

그때 비버리는 권투선수처럼 치료실을 돌아다니며 허공에 펀치를 날린다. 그리고 '예수의 죽음'과 '예수의 피'라고 중얼거린다. 그녀는 벽에 극적으로 몸을 던지며 신음하며 쓰러진다. 내가 "가엾은 비버리, 그녀는 상처를 받았다네."라고 노래하면, 그녀는 벌떡 일어서서 나에게 다음과 같이 명령한다.

비버리: 일어나라! 성경을 덮고 3장을 펴라.
(좀 더 부드럽고 기도하는 음성으로)
주는 나의 목자, 푸른 풀밭에 나를 뉘어 주시네.
주께서 나의 머리에 기름을 붓고 나의 잔이 넘쳐 흐르네.
그들은 나를 죽음의 그림자가 깔린 길에 던졌지만 악마는 없었네.
너는 나의 기도를 듣고자 한다. 눈을 감아라.
아버지, 우리가 당신을 오늘밤 축복합니다. 저는 떠나고 싶어요.
양들아, 나를 홀로 있게 하라.
너의 늙은 엄마와 학교에 대하여 감사한다.
너의 음악치료에 대하여 감사한다.

이 세션에서 갑자기 분위기와 주제가 바뀌고 성경과 교회 서비스의 이미지를 가정, 학교, 음악치료와 마구 섞은 모습이 제시되었다. 또한 여기에서 음악과 시편 23장 구절을 사용하여 그녀가 위의 발췌문에서 인용하고 있는 구조가 어떻게 이치에 맞고 표현을 잘하도록 그녀를 만들 수 있는지 보여 준다.

그녀의 드라마에서 비버리는 주로 힘찬 남성 성인의 역할을 하고 가끔 나를 언어적으로 협박하면서 공격한다. 그녀의 성격은 예측 불가능하고 갑자기 화를 내며 통제력을 잃는다. 이런 식으로 그녀는 내가 그녀 자신의 상처받기 쉽고 무기력하고 논리가 서 있지 않은 감정을 경험하게 만들었다. 치료 6개월 후 세션에서 다음과 같은 예가 나온다. 이 부분은 음악 없이 말하고 있는 것이다.

비버리: 음악을 중단해요! (위협적인 몸동작으로)
치료사: 너는 내가 피아노를 덮기 원하는구나. (나는 피아노를 덮는다.)
비버리: 당신은 나의 아내에게 무슨 짓을 하는 거요? (나에게 드럼 채를 던진다.)
치료사: 누군가가 매우 화가 났구나. (비버리가 자신의 머리를 잡는다.)
누군가가 슬프지? (비버리가 나를 밀친다.)
비버리: 당신은 나에게 무엇을 해야 할지 말했고, 나는 당신에게 그런 말을 전혀 안 했어요.

나를 계속 놀리고 있잖아요.

치료사: 내가 너를 계속 놀려서 화가 나니?

비버리: 나는 당신에게 아무 말도 안 했어요.

치료사: 나는 계속 무엇을 해야 하는지를 너에게 말하고 있었어.

비버리: 네, 그래요.

치료사: 그리고 너는 화가 났지…….

비버리: 네! 한 번만 더 그러면…… (위협적인 몸짓으로)

치료사: 그럼 이제 너는 정말로 나를 때리고 싶은 거로군.

비버리: 네! 한 번만 더 그러면 당신을 완전히 납작하게 되도록 두들겨 패 드리죠!

치료사: 그럼 이제 너는 정말로 반감을 느껴서 나를 향해 소리를 지르는구나.

비버리: 한 번만 더 그러면 주먹으로 당신을 완전히 날려 버리겠어요!

이 시점에서 비버리는 방에서 급히 나가지만, 나는 그녀를 다시 불러서 그녀의 말을 듣고 싶다고 말한다. 그러면 그녀는 계속 나를 완전히 두들겨 패서 창문으로 날려 버린다고 말한다. 그녀의 흥분에도 불구하고 그녀의 감정이 어떠할 거라고 계속 언어적으로 반영하면, 결국 그녀는 내가 자신의 말을 듣고 있다는 사실을 인정하는 듯하다. 그때 나에게 가까이 다가와서 자신의 머리핀을 뽑아서 내 머리에 꽂고는 이렇게 말한다. "우리 결혼할래요?" 그녀의 분위기는 공격에서 친밀함으로 바뀌어서 이전의 행동은 잊은 듯 금방 열광하며 소리를 지른다. "파티를 열어요!" 그리고 춤추기 시작한다. 이 시점에서 나는 그녀의 춤에 맞추어 음악을 연주한다. 이렇게 하며 함께 '굿바이' 노래를 부르게 된다. 휘저어진 모든 감정과 남겨져 있는 것들과 직면한 느낌이었다. 동시에 폭풍 같은 세션 끝에 음악을 함께 연주할 수 있음은 우리의 관계가 발전하고 있다는 사실에 대한 확증인 것이다.

Winnicott은 아동의 놀이가 '타고난 흥분성과 불확실함'이며 고도의 불안을 유발할 수 있다고 말한다. 그 불확실성은 "주관적인 아동의 마음으로 하는 상호작용(환상에 가까움)과 객관적으로 인지되는 상호작용(활동적 또는 공유된 현실)에서 생성된다."(Winnicott, 1999, p. 52) 여기서 '환상에 가까움'이란 현실 상황에서 갈등할 수 있는 꿈과 같은 아동의 놀이를 의미한다. 이 말은 비버리가 자신의 환상놀이에 깊이 몰두하게 된 경우를 표현하는 듯하다. 그녀의 불안은 명백하고, 음악이든 말이든 내가 그녀에게 제공하는 반영에 의한 끊임없는 기반잡기가 필요하다.

비버리의 환상놀이의 또 다른 특징은 그것의 징벌성이다. 특히 설교자는 피와 죽음을 주겠다고 협박하고 대부분의 성격이 공격적이고 폭력적이다. Kalsched (1996, p. 118)는 꿈에 전형적으로 나타나는 형상에 관하여 기록했다. 즉, 그는 '악의를 가진 파괴적인 성격과 자비롭고 보호적인 성격' 을 가진 '거대하고 환상적인 존재' 의 두 가지 형상이 있다고 주장한다. 구원을 약속하지만 벌과 죽음을 준다고 협박하는 사람이 확실히 이러한 예며, 단지 꿈이 아닌 놀이에서 표현되고 있다는 것이다. 내가 이러한 공격에 저항하되 보복하지 않으며 나 자신이 희생되지 않도록 견딜 수 있다는 것은 중요하다.

우리의 관계가 발전함에 따라 비버리는 치료가 중단되는 날(예정된 휴일, 병으로 빠진 세션 또는 학교 수송차량의 문제로 빠진 날)에 대하여 강한 감정적 반응을 나타내기 시작했다. 6개월간 치료가 끝나면 4주간 쉬기로 예정되어 있었다. 비버리는 "당신이 보고 싶었어요."라고 말하면서 치료실에 들어왔다. 시제를 혼동하여 말한 것 같았다(그 의미는 "당신이 보고 싶을 거예요."다). 나는 휴강에 대해 이야기를 시작했다. 그러나 비버리는 즉시 큰 소리의 드럼과 심벌즈를 연주하는 상황으로 몰아갔다. 나와 가까워진 상태이기 때문에 그녀가 자신의 감정을 직접적으로 반영한다는 것을 깨닫는다. 그때 그녀는 깊은 목소리로 반은 노래, 반은 구호로 선포하기 시작한다.

비버리: 나의 이름은 선카난이다. 성경에 너는 드럼을 믿어야 한다고 기록되어 있다. 나는 나의 어머니, 아내, 여동생, 헬렌, 모든 가족을 가르치고 싶다. 너는 오늘밤 그녀를 그리워할 것이다. 나는 내일 네가 보고 싶을 것이다.

치료사: (노래하면서) 나는 다음 주에 너를 그리워할 거야…….

비버리: 안녕, 다음에 만나요, 헬렌. 내일 당신을 그리워할 거예요. (방을 떠난다.)

그녀는 나가면서 밖에서 팝 스타일로 노래한다. 다시 그녀는 나에게 자신의 감정을 표현하는 것을 참지 못하는 듯 보였다.

치료사: (그녀를 부르며) 비버리, 너 어디에 있니?
비버리: (행진하는 걸음으로 들어오며) 운동하는 중이에요. 알렐루야! (행진곡에 맞추어 활기 있게 표현한다.)

그때 비버리는 드럼 채인 '마이크'를 집어올리고 다른 분위기로 바꾸어 노래하기 시작한다. 나는 피아노 반주로 맞추어 준다.

비버리: 당신은 나의 아내죠. 나는 어버이날에 노래를 부를 것이다.
[어버이날은 이미 지나갔다.]
너는 나를 만질 수 있어. 너는 나를 만질 수 없어.
너의 엄마는 돌아가셨어. 너의 할머니는 스스로를 위하여 울고 계셔.
그리고 나는 임신했어. 나는 임신했어.
치료사: 너의 엄마는 돌아가셨어. 너의 할머니는 울고 계시고, 너는 임신했어.
비버리: 나의 엄마는 돌아가셨어. 너는 오늘 밤 나를 그리워할 거야.
너는 오늘 밤 나를 위해 기도하고, 나에게 작별인사를 한다.
치료사: 어버이날에 슬픈 노래를 부른다. 너는 나를 그리워할 거야.
다음 주 월요일에 음악은 없어.

이 시점에서 비버리는 슬픔을 공유하는 분위기를 깨고 소리 지르며 돌아다닌다. 나는 가만히 있다가 그녀가 좀 더 조용해지면 나와 함께 피아노를 연주하지 않겠느냐고 묻는다. 보통 그녀는 동의한다. 그리고 우리는 친숙한 굿바이 노래를 하기 전에 간단하게 가사를 교환한다. 우리는 그 노래를 조용히 부른다. 비버리가 나에게 세 가지 질문을 남기고 떠난다.

"당신은 나의 친구인가요? 당신의 이름이 뭐죠? 당신의 본래의 마음을 볼게요."

이러한 질문은 그녀가 이 관계를 신뢰할 수 있고, 나는 진정한 인간이고 그녀처럼 강하며 나의 본심을 보여 준다고 인식하는 것의 반영이라 여겨진다. 그러나 휴강으로 인해 그녀를 버려 둠으로써 나 또한 부재한 어머니상 혹은 신뢰할 수 없는 사람같이 행동하고 있는 것이다.

치료 중기—학교놀이

휴강이 끝난 후, 비버리는 자신이 선생님이고 악기가 학생이라는 새로운 시나리오를 소개했다. 그녀는 학급의 아이들에게 이름을 지어 주었고, 이는 그들이 우리와 함께 참여한다는 것이며, 거의 그룹 음악치료로 돌아가려는 듯했다. '아이들' 은 여러 가지로 나쁜 행동을 했다. 그러므로 비버리는 그들에게 자신의 온갖 분노를 다 토해 내었다. 비버리의 전형적인 말들이 있다. "나에게 욕하지 마. 그렇게 하면 내가 너의 머리를 때릴 거야." "아무도 때리지 마." "난 그게 싫어."

1년간 치료를 받은 후 긴 여름방학이 끝나고 비버리는 학교놀이에 집중하면서 세션에 다시 참여했다. 첫 세션에서 쉬는 시간 후에 그녀는 내가 참여하도록 허용했고 나에게 '편안한' 음악을 연주하라고 말했다. 그리고 아이들에게 "너희들의 앙금이 자라는 동안 단지 이완을 하고 음악을 들어라."라고 명령했다. 여기에서 비록 그녀가 쉴 사이 없이 계속 아이들을 비난했고 조용한 분위기로 오랫동안 있을 수 없었지만, 그녀는 내가 음악을 통하여 그녀에게 줄 것이 있다는 것을 받아들였다.

악기의 특징을 구별할 때, 드럼은 주로 '가장 수행을 잘한' '일등 학생' 이었다. 반대로 윈드차임은 이상하고 통제하기 어려우며 말을 안 듣는 학생이었다. 심벌즈도 시끄럽다고 치료실 밖으로 추방되었다. 가끔 방에 악기가 하나도 남지 않은 상태에서 세션이 끝났다. 이로 인하여 유일한 존재가 되고자 하는 비버리의 욕구가 명백해졌다. 또한 그녀는 방에서 그것들을 내보내는 행동을 취하기보다는 이제는 상징물을 통하여 자신의 감정을 나타낼 수 있는 것으로 보였다. 자신이 관리하기 어렵다고 생각하는 그녀의 일부를 그 악기들이 상징했고, 우리의 세션으로 그 자아의 갈등을 끌어들인 것이다. 그녀는 우리가 함께 그 문제에 대해 작업을 할 수 있게 만들었다.

Klein은 그녀의 심리분석 놀이기법에 대하여 다음과 같이 주장한다.

> 놀이 활동으로 표현될 수 있는 다양한 감정 상태에 한계는 없다. 예를 들어, 욕구 불만과 거부당한 느낌, 부모 또는 형제자매에 대한 질투, 그러한 질투를 동반하는 공격성, 놀이동무와 부모에 대항할 협력자를 갖는 기쁨, 신생아 또는 태어날 아기에 대한 미움과 잇따르는 증오 또 죄와 보상을 하라는 강요가 있다. 또한 우리는 아동의 놀이에서 일상에 대한 실제 경험과 세부적 내용을 발견할 수 있다. 가끔 그 놀이에 자신의 환상이 섞여 있다(Klein, 1991, p. 43).

악기를 상징적으로 사용한 점은 비비리의 관계 탐구 중 일부다. 그녀의 모든 문제, 즉 낮은 자존심, 동료와의 경쟁, 자기통제력 결여, 공격적 폭발이 세션 중에 포함되고 수용될 수 있었다. 예를 들어, 나는 '착해지려고 노력하기, 그것은 정말 어려워' 에 관한 노래를 발전시키고 '다른 아이들' 의 갈등에 대하여 생각했다. 이 시기에 비록 출산 예정일이 언제인지는 몰랐지만 나는 비버리의 어머니가 임신했다는 사실을 알았다. 이로 인하여 비버리가 하는 놀이의 의미를 알게 되었다. 놀이 중에 그녀는 바닥에 쓰러져서 아기를 낳는 듯이 신음하고 있었다. 어머니의 이전 유산 때 그녀가 함께 있었는지 궁금했다. 그녀가 자주 질투심과 특별해지려는 욕구에 관련된 것들을 가져온 것은 더 중요한 의미가 담긴 행동이라고 여겨진다.

말기 세션 – 비버리 자아 찾기

점차 학교놀이는 전반적으로 조용하고 좀 더 건설적인 분위기로 발달했다. 비버리는 나를 포함한 각 사람이 부를 노래를 선택할 수 있도록 결정했다. 착한 사람은 상을 받았다(드럼 채 혹은 셰이커). 처음으로 비버리는 적극적으로 내가 그녀와 춤을 추길 원했다. 나를 통제하거나 나의 참여를 기다리기만 하지 않고 함께 노래를 부르면서 그렇게 하길 원했다. 그 노래들은 '맥도널드 영감은 농장을 가지고 있어요(Old MacDonald had a Farm)' '눈 먼 세 마리 쥐(Three Blind Mice)' 와 같은 유치원생의 노래부터 9세의 모든 아이가 즐겨 부르는 '내가 64세 때(When I' m 64)'와 '마틸다 왈츠(Waltzing Matilda)' 까지를 포함했다. 비버리는 자신이 학급 아동 중의 하나가 되는 것을 허용했다. 그리고 벌주는 초자아 모습의 교사가 나타나는 것을 허용했다. 동시에 그녀는 나를 자비로운 인물로 받아들일 수 있었다.

비버리는 또한 피아노나 드럼에 맞춰 나와 함께 춤을 추는 것을 즐거워하기 시작했다. 더 이상 나의 시선을 피하지 않고 나의 완전한 관심을 경험했다. 그녀는 이제 나의 칭찬을 받아서 자신의 가치를 평가할 수 있었다. 또한 내가 그녀에게 상을 주는 것을 원했다. 세션 초기의 강압적이고 귀에 거슬리는 소리와는 대조적으로 좀 더 아이다운 목소리가 되었다.

비버리는 자신의 음악적 재능을 개발하였다. 더 중요한 점은 그 재능을 사용하기 위하여 자기통제력을 가진 것이다. 나는 세션에 실로폰을 가져왔다. 그녀는 즉시 동요 '반짝반짝 작은 별' 을 선택했다. 그녀는 자신이 음표 치는 걸 놓치면 교정해 가며 연주하고 그 성취감에 기뻐하는 모습을 보였다. 지원 도구로서 음악을 사용하여 첫 18개월간 무의식적 수준에서 작업한 결과, 그녀는 이제 '지금-여기' 에서 그 감정을 경험할 수 있는 것으로 보였다. 자유연상과 꿈 같은 상태가 음악치료 세션 후 목적의식을 갖고 참여하는 상태로 바뀌었다.

비버리의 남동생은 그녀를 치료한 지 16개월 지나서 태어났다. 이 사건으로 그녀가 성큼 성장한 것 같았다. 그 직후에 그녀는 악기가 너무 작다고 말하면서 자신이 새로운 성숙의 단계로 이동하고 있다는 몇 가지 다른 조짐을 보였다. 나는 치료를 끝내고 그녀의 교사 피터와 말하면서 그녀가 집중력과 읽기와 쓰기가 좋아지고 모든 면에서 발전한다는 사실을 알게 되었다. 피터와 나는 치료가 끝날 때가 되었다고 생각했다. 최소한의 계획된 종결을 가질 시간인 것이다. 비버리는 종료가 다가옴을 잘 알고 있었다. 그리고 종료가 몇 주 남았는지 세어 보며 나와 함께할 수 있었다.

마지막 세션은 비버리의 전형적 스타일로 학교를 떠나는 내용으로 구성하였다. 그녀는 그녀의 스타일로 다른 학교로 갈 것이라고 말했다. 슬프지만 작별인사를 해야겠다고 말했다. 떠날 때 그녀는 "헬렌 선생님, 수고하셨어요." 라고 하면서 모든 아동에게 모두가 상을 탈 거라고 말했다. 그다음에 그녀는 '작별의 노래'

를 즉흥으로 부르면서 내가 그녀를 지켜보고 지원하고 함께 노래하는 것을 허용했다. 또한 우리 모두 작별의 슬픔을 표현했다. 그럼에도 이것이 중요한 성취감이었다는 것을 아는 듯, 그녀의 마지막 노래와 춤에는 경축하는 감정이 포함되어 있었다.

논 의

비버리의 치료에서 흥미로운 점은 그녀가 알려진 노래를 부르고 연주하면서 좀 더 의도적이고 집중적인 방식으로 자신의 음악적 능력을 사용하기 시작했다는 것이다. 그때가 치료 종결을 고려하기 시작했을 때였다. 노래 부르기, 춤추기 등의 활동을 통해 그녀의 창조적 능력이 더 개발되는 것은 나의 우선적인 과제가 아니라고 생각했다. 나의 희망은 그녀가 치료를 통해 얻은 통찰력으로 다른 환경에서 이러한 활동을 더 순조롭게 경험하는 것이다. 다음은 치료 중 내가 다른 아동과 함께한 상황이다. 한 예는 다른 부분에서 언급한 적이 있는 아스퍼거 증후군을 가진 12세 소년 조다. 음악치료 세션에서 격정적이고 빈번히 나타나는 혼란성은 결국 질서화되고 생산적인 것이 되었고 서로가 종결하는 것이 적당하다고 느꼈다. 조의 경우 치료를 마치면서 동시에 장난감을 남동생에게 주었다. 이제 치료 세션의 자유로운 음악놀이보다는 더 '적절한' 피아노 수업을 받기 시작했다. 그는 음악치료가 자기 안에 있는 유아적 분노, 공포를 나타낼 수 있도록 하였으며 그것을 통해 자신이 무엇이든 할 수 있다는 것을 인식하였다. 그래서 그것을 수용하고 다루어 나갈 수 있도록 도운 것이다. 이것은 마지막 세션에서 명백하게 드러났는데, 그는 나에게 그 개는 관리할 수가 없어서 나와 함께 살도록 그것을 보낼 수 있다고 하였다(Tyler, 1997, p. 231).

이런 사실을 보면 독자는 조와 비버리에게 한 세션의 심리치료 기능이 음악치료 차원을 능가한다는 결론을 내릴 수 있다. 그러나 이것은 Ansdell이 '음악치료사의 딜레마'라고 정의한 문제의 결과와 동일할 수 있다. 그는 다음과 같이 말한다. "음악가는 음악적 '대상'을 위한 언어적 기술에 한계가 있고 테크닉, 즉 음악적 경험에도 거의 아무것도 가진 게 없다는 한계가 있다—음악치료를 위한 출발점부터 논의해야 할 것이다." (Ansdell, 2001, p. 2) 비버리의 음악치료에 대해 기술하면서, 나는 음악적 상호작용적인 원래 성격을 전달하기보다 단어와 행동을 기록하는 것이 더 솔직하다는 점을 깨닫게 되었다. 그러나 이 치료에서 매 순간 나는 음악적 결정을 하고 '내 안에 있는 감독자' 와 함께 나의 반응을 모니터하고 있었다(Casement, 1985, p. 49). 나는 놀이를 할 것인가 말 것인가, 노래로 할 것인가 말로 할 것인가, 비버리의 음악에 맞출 것인가 따로 연주할 것인가 계속 더 증가시킬 것인가 감소시킬 것인가, 음악적 긴장을 증가시킬 것인가, 이완시킬 것인가와 같이 끊임없는 선택을 해야 했다. 악기, 조, 형식, 박, 템포, 모든 동적 사항에 대한 선택을 각 세션의 매 순간 결정해야만 했다. Pavlicevic(2001)은 다음과 같이 기록한다. "즉흥적인 임상음악의 미묘한 뉘앙스 변화와 효과적인 융통성은 아동의 전체성에 소리로서 공명될 수 있다." (p. 20) 이러한 일이 가능하려면 치료사가 모든 치료단계에서 아동에게 정교하게 맞추어야 한다.

이러한 과정에 도움이 된 것은 오디오나 비디오로 모든 세션을 녹음 및 녹화하여 그 테이프를 다시 듣는 훈련을 하고 Nordoff와 Robbins(1977, p. 92)가 주장하고 고안한 방법으로 세션의 '인덱스' 를 만들거나 자세히 기록하는 것이다. 이렇게 매주 세션 테이프를 세심하게 연구하면서 이런저런 여러 형태로 비버리가 나에게 제시한 복잡한 음악적 자화상을 이해할 수 있었다. 이렇게 많은 형태와 다각적인 면은 정기적인 슈퍼비전과 결합되어 비버리 본래의 참 목소리를 인지하여 발전하도록 할 수 있었다.

나는 혼란스럽고 고통을 당하는 아동의 치료와 돌봄에 관한 생각으로 이 장을 시작했다. 어머니 없는 아동의 통렬한 이미지는 빅토리아 시대의 작가들과 박애주의자들에 의해 일깨워졌는데, 그들은 그러한 아동의 처지를 인식하고 그들의 운명을 개선하기 위한 노력을 소망하였다. 비버리를 치료하는 동안 나는 그녀의 어머니를 만나지 않았고 그녀에 관한 최소한의 정보 외에 아무것도 받지 않았다. 비버리가 나에게 제시한 어머니의 모습은 일반적으로 약하고 병들고 임신하거나 약물을 남용하며 기도가 필요한 상태였다. 반면에 힘 있고 능력이 있는 모든 것은 남자 형상으로 드러났는데, 육체적 혹은 언어적으로 괴롭히는 위압적인 사람으로 세션에 나타났다. 나에 대해서는 강할 수 있는 사람이지만 학대하지 않고, 공격을 견디어 낼 수 있지만 권위적이거나 힘으로 누르는 관계가 아닌 사람으로 인식하였다. 교사 역할극에서 그녀는 통제와 권력 문제에 대하여 탐색했다. 그리고 학교놀이를 통하여 갑자기 처음으로 자신이 어린이 비버리로 변하도록 허용했다. 비버리는 자신의 자아를 찾아서 노래하고, 춤추고, 웃고, 울고, 사랑하고, 미워하고, 다른 인격 속에 숨으려는 욕구를 없앤 아이가 되었으며, 이렇게 치료는 달성되었다.

참고문헌

Alcott, L. M. (1994). *Good Wives.* (First Published 1869.) London: Penguin.

Ansdell, G. (2001). "Music Therapist' s Dilemma," *British Journal of Music Therapy*, 15(1), 2-4.

Axline, V. M. (1989). *Play Therapy.* Edinburgh: Churchill Livingstone.

Casement, P. (1985). *On Learning from the Patient.* London and New York: Routledge.

Docker-Drysdale, B. (1993). "Consultation in Child Care." In *Therapy and Consultation in Child Care.* London: Free Association Books.

Kalsched, D. (1996). *The Inner World of Trauma.* London and New York: Routledge.

Klein, M. (1991). "The Psychoanalytic Play Technique." In J. Mitchell (ed.), *Klein: Selected Letters.* Harmondsworth, UK: Penguin Books.

Nordoff, P., & Robbins, C. (1977). *Creative Music Therapy.* New York: John Day. (Out of print. New edition forthcoming: Gilsum, NH: Barcelona.)

Nordoff, P., & Robbins, C. (1992). *Therapy in Music for Handicapped Children.* (First published 1971.) London: Victor Gollancz Ltd.

Pavlicevic, M. (2001). "A Child in Time and Health," *British Journal of Music Therapy*, 15(1), 14-21.

Tyler, H. (1997). "Music Therapy for Children with Learning Difficulties. In M. Fawcus (ed.), *Children with Learning Difficulties–A Collaborative Approach to Their Education and Management.* London: Whurr Publishers Ltd.

Wagner, G. (1979). *Barnardo*. London: Weidenfeld and Nicholson.

Winnicott, D. W. (1984). "Ego Distortion in Terms of True and False Self." In *The Maturational Processes and the Facilitating Environment*. London: Karnac Books.

Winnicott, D. W. (1999). *Playing and Reality*. (First published 1971, London: Tavistock Publications.) London: Pelican Books.

3장 **세 번째 사례**

말이 없는 이야기:
선택적 함묵증 소년과 함께한 50회의 분석적 음악치료 세션*

Wolfgang Mahns

개 요

이 연구는 선택적 함묵증이 있는 8세 터키 소년을 대상으로 실시한 분석적 음악치료에 관한 것이다. 50회에 걸친 개별 세션, 부모님 및 선생님과의 정기적인 토론을 통하여 소년은 점차 목소리로 표현하게 되었다. 이 치료는 전반적인 범위의 상징적 상호작용(음악, 그림, 놀이)이 필요하다는 것을 보여 주고 있다. 교육적 측면(특수학교)과 문화적 측면에서 논의하고, 음악과 악기의 기능에 대해 고찰하면서 아동 치료를 위한 접근법의 일환으로 즉흥연주에 대해 논의한다.

* 이 논문은 Isabelle Frohne (ed.) (1999). *Musik und Gestalt-Klinische Musiktherapie als Integrative Psychotherapie*. Göttingen: Wandenhoeck & Ruprecht를 통해 처음 출판되었다. 독문판 원 제목은 "Die musiktherapeutische Behandlung eines achtjährigen mutischen Kindes."이다.

도 입

최근 학습과 행동 장애를 다루는 특별 프로그램은 전통적인 접근방법을 이용하여 시행하기 위해 독일의 함부르크에 있는 다양한 학교(일반학교, 특수학교, 일반적 초등학교)에서 치료학적인 치료법이 소개되었다. 여기에 놀이와 클라이언트 중심적인 음악치료법이 선택되었다. 이는 아동을 특수학교에 보내지 않고, 교육학과 치료학을 적절히 접목하여 심리적으로 필요로 하는 전 시간의 치료를 제공하기 위한 것이다. 여러 사례를 살펴본 결과, 한 가지 공통점이 도출될 수 있다. 즉, 방법적이고 교훈적인 교육의 질을 높이기 위함은 물론, 정서/행동 장애를 가진 아동을 더욱 정확히 진단하고 그들에게 양질의 치료책을 마련하기 위해, 또 학생들의 심리사회적 요구조건을 만족시키기 위해 미래의 교육기관은 좀 더 노력을 기울여 다양한 지식을 갖춰야 한다는 것이다.

학교에서 치료학적 치료를 실시한다는 것은 사회경제적으로 낮은 계층에게 의료보험 보장이나 지역 교육상담센터에서의 치료받을 기회 제공이 극히 드물거나 제때 이뤄지지 않았다는 것을 반증한다. 학교에 있는 상담교사나 양호교사 또는 치료사는 현장에 있기 때문에 더욱 신속하게 대처할 수 있다. 게다가 동료 치료전문가끼리의 상호작용이 오해 없이 원활하게 이루어질 수도 있다. 이런 오해는 교육적 환경에서 장애 아동과 청소년에게 심리사회적 치료를 제공하는 기타 치료전문가 사이에서는 흔히 일어날 수 있다.

수년간 나는 학습장애를 가진 아동을 위해 함부르크에 있는 학교에서 음악치료사로 일해 왔다. 음악수업뿐만 아니라 개인 음악치료를 하는 데에 일주일 중 몇 시간을 할애했다. 동료들과 연구과정을 준비하고 개별 세션에 적합한 아동을 선별하여 각각 다른 치료실에서 치료를 했다. 이 방은 프라이버시가 보장되었으며 큰 소리를 내도 되었다. 이 학교에서는 점차적으로 내 연구를 인정하고 이해했다.

나는 인지능력, 행동, 학교 출석 또는 신체적 행동에 장애를 겪은 아동과 청소년을 대상으로 심리분석적 측면에서 음악치료 방법을 사용한다. 나는 그들에게 치료를 위한 놀이와 토론을 통해 그들의 걱정거리와 요구사항을 표현할 수 있는 기회를 주려고 노력했다. 또한 나는 그들이 표현할 수 있는 능력을 갖게 하고, 그들이 미처 인식하지 못하는 동기를 부여하며 이를 이해하도록 도왔다.

음악은 이런 것을 이해할 수 있도록 도와준다. 아동은 노래와 동작, 즉흥연주뿐만 아니라 악기를 사용함으로써 다양하고 풍부한 경험과 감정 표현의 단계를 이해하게 된다. 즉흥연주가 무의식적이고 계획되지 않으며 예측할 수 없는 작품이라는 점은 음악치료가 가진 특별한 가치라 할 수 있다. 감정이 말로 표현되기 전에 반응은 이미 다른 매개체를 통해 드러나고 있다. 이것은 클라이언트가 언어로 표현할 수 없었던 감정을 다른 수단으로 표현한다는 것을 의미한다. 수업 시간에 상징적인 감정을 표현하기 위해 사용한 다른 방법은 미술, 꼭두각시놀이 및 기타 비슷한 활동이다.

아동과 실험할 때는 특별히 다음의 것을 고려해야 한다. 종종 다양한 종류의 신경증적 증세와 같은 상호작용 장애를 가진 아동은 내면과 외면 세계(공상과 현실)를 상이한 것으로 본다. 비록 가족 환경에서 심각한 문제점이 발견되기도 하지만, 가끔 이런 아동은 감정과 화합, 요구사항을 표현하기도 한다. 이런 표현은 고통을 완화하기 위한 중간 대상 역할을 한다(Winnicott, 1971, p. 13ff). 즉, 미술과 음악과 놀이를 통해서 아동이 사물에 상징적으로 의미를 부여하고 감정을 극복하게 한다. 예를 들어, 관계 상실을 경험하고 그 고통을 표현할 수 없는 아동은 심리적으로 끔찍한 상황에 놓이게 된다. 이 경우 한 가지 선택밖에 없다. 결국 심리 상태를 표현해야 하는 것이다. 그것은 흔히 말하는 신경증적 증상이다. 음악, 놀이, 미술을 사용하는 법, 목적을 요구하는 법을 다시 배워서 이런 증상을 상징화된 표현으로 변경시킨다. 이런 치료학적 치료법은 치료에 큰 도움이 되었다.

아동에게 음악치료를 실시한다는 것은 정해진 목적을 위해서 정해진 음악을 사용하는 것이 아니다. 음악과 음악치료를 이해함으로써 약물이나 수술을 대신할 수도 있다. 그것은 상징적인 행동을 위한 장을 마련하고, 사고와 행동의 엄격한 경계 대신 자유롭게 드나들 수 있게 한다. 오직 하나의 상징적인 표현방법, 예를 들어 즉흥연주만을 사용하는 것은 내 경험으로 볼 때 바람직하지 않다. 복잡한 감정단계를 위해 구체적인 치료 형태인 놀이나 미술을 사용하는 것이 더 효과적으로 보인다. 특별한 감정의 정도를 표현하기 위해 놀이와 예술 활동을 하거나 목판으로 탑 쌓기, 상상화 그리기 등 구체적인 활동을 통한 치료법이 더 효과적이다. 아동은 극복해야 할 필요가 있는 대상에 저항심을 갖고, 상대적으로 영원할 것 같은 완성 작품에 기뻐한다. 반면에 음악적 즉흥연주는 감정을 증대시키고 완벽한 성취감을 맛보게 한다. 그러므로 시간이 흐르면서 무의식적으로 뭔가를 느끼게 되는데, 이는 바람직한 현상이다. 작곡된 음악으로는 내면 상태과 모호한 심리 상태에 대해 연구할 수 있다. 이처럼 좀 더 많은 연구를 통해 음악과 심리 간의 연결고리를 형성 · 구체화할 수 있다. 또한 음악과 심리치료에 관한 다양한 자료도 문서로 보존되고 있다.

배경 정보

오스만

이 연구는 오스만[1]이라는 터키 소년에게 행해진 음악치료 활동에 관한 것이다. 나는 오스만이 우리 특수학교를 다녔던 2년 동안 그를 치료했다. 그는 전혀 말을 하지 않았다. 대학병원의 이비인후과에서 행해진 검사에서 신체적 결함은 없었다. 진단 결과, 선택적 함묵증이었다. 오스만의 부모님은 오스만이 안전하고 걱정 없는 환경을 갖춘 교육상담 센터에서 놀이치료를 받도록 권고받았다. 부모님은 이 제안을 거절했지만, 오스만의 사회복지사는 음악치료를 권유했다.

수업 진행방식을 구체적으로 논의하기에 앞서 선택적 함묵증의 증상과 사례력, 진단 그림을 설명하고자 한다. 또한 치료를 위한 대략적인 계획을 제시할 것이다. 마지막으로 음악치료를 기술한 후에 오스만이 음악치료를 통해 개선된 점을 조명하고 그 이유를 살펴볼 것이다.

1) 그의 이름은 비밀보장을 위해 가명으로 사용되었음을 밝힌다.

증 상

오스만은 말을 하지 않았다. 8세인 이 터키 소년은 말을 할 수 있었다. 그의 부모는 알고 있었지만, 오스만은 학교에서 전혀 말을 하지 않았다. 내가 오스만을 처음 본 것은 그가 1학년 음악수업을 듣고 있을 때였다. 오스만은 수업에 참여하는 동안 소리를 낼 필요가 전혀 없다는 듯 행동했다. 노래도 부르지 않았고, 악기 연주를 할 때도 노래를 부를 때처럼(마치 악기 연주를 노래 부르는 것과 같은 것으로 여기는 듯했다.) 어떠한 금관악기도 연주하지 않았다. 수업 시간에 노래를 부를 때마다 오스만의 눈과 입술이 씰룩거리기는 했지만 노래수업과는 무관한 것처럼 보였다. 다른 학생들이 수업 중에 웃는 것조차 오스만에게는 힘들어 보였다. 그가 울 때는 전혀 소리가 나지 않았다. 마치 그가 스스로에게 또는 주변 환경에 벌을 주는 듯했다.

오스만은 치료팀 회의의 핵심 안건이었다. 그는 사람들을 불안하고 슬프고 짜증나고 화나게 했다. 문제는 과연 오스만이 이 학교를 계속 다녀야 하는가, 아니면 언어장애 또는 발달장애 아동을 위한 특수학교를 가야 하는가 하는 것이었다. 오스만이 할 수 있는지 없는지, 수업을 따라올 수 있는지 없는지도 확실치 않았다. 학급 친구들도 오스만에게 무관심하거나 짜증을 내는 등 모호한 감정을 가지고 있었다. 그의 침묵은 상호작용의 원칙을 무시하는 듯했다. 학교생활에서 의사소통이 중요하지 않은 듯했다(질문과 대답, 격려와 질책, 칭찬과 처벌). 말하지 않는 증세는 학교에서의 사회생활에서만 관찰된 것이 아니었다. 이는 오스만의 사회, 교육 발달 측면에도 영향을 미쳤다.

사례력

다양한 출처를 통해 오스만의 삶에 대한 정보를 얻었다. 유치원과 특수학교의 기록사항, 함부르크에 있는 대학병원의 이비인후과 소견, 사회복지사와의 상담, 가족 방문 등이 그것이다. 첫 번째 면담은 보편적인 것을 물어보는 것이었는데(개인에 대한 대략적 정보), 이는 불가능했다. 오스만이 자신에 대해 한마디도 하지 않았기 때문이다.

오스만이 개인 음악치료 세션을 시작한 것은 8세 때였다. 오스만에게는 3세 연상과 4세 연상의 누나가 둘 있었다. 아버지는 50세, 어머니는 35세였다. 후일 터키로 돌아갔을 때 남매들이 더 좋은 환경에서 살기 위해 부모는 독일에 와서 일하고 돈을 벌었다. 아버지(Mr. G)는 위로 딸들만 낳아서 실망이 컸다. 그러나 둘째 딸을 낳고 3년 후에 아들이 태어나자 그는 매우 자랑스러워했다. 오스만이 태어나자마자 가족은 독일로 왔다. 오스만은 말하는 것을 꽤 늦은 4세 때에야 배웠다. 그는 주변 대부분의 아동이 다른 언어로 말하는 것을 깨달았다. 그는 그들과 대화하려고 노력했지만 매우 어려웠다. 심지어 오스만의 누나들도 전혀 도와주지 않았다. 왜냐하면 그들이 학교 갈 때를 제외하고는 집 밖으로 나가지 않았기 때문이다.

언어능력이 발달하는 시기 동안 충격적인 일이 생겼다. 그는 어지럼증과 갑작스러운 고열 때문에 6주 동안 병원에 입원했다. 병원은 집에서 상당히 멀었기 때문에 오스만을 방문하는 사람이 별로 없었다. 어머니에 따르면 오스만은 가족과 헤어져 있을 때마다 매우 힘들어했으며, 그가 입원한 이후에 매우 다르게 행동하기 시작했다고 한다. 따라서 이런 상황에서는 의료검사 결과도 불확실했다.

부모는 모두 일을 했지만 교대로 해서 한 명은 늘 집에 있었다. 아버지는 마음이 따뜻한 사람이었고 자녀와 가까웠으며 오스만에게는 특별히 더 그랬다. 그러나 그는 집에 자주 있지 않았다. 그는 교대조로 초과근무가 잦았다. 어머니는 완전히 대조적으로 거의 감정을 보이지 않았다. 어머니의 얼굴은 굳어 있었고 평생 일만 한 것처럼 보였다. 어머니가 오스만을 돌보는 동안 집안일은 두 누나가 거의 전담했다. 반면 오스만은 성차별이 심한 터키식 양육 환경에서 집안일을 하지 않아도 되는 특권을 누렸다. 그러나 오스만이 전통에 의해 대접을 받지 못한 경우가 있었다. 도가 지나쳤을 때, 그는 신체적이고 가학적인 처벌을 받았다. 더 이상한 것은 어머니가 그런 처벌을 했고 아버지는 이를 위로하고 보살폈다는 점이다.

두 개 반짜리 방이 딸린 아파트에서 다섯 식구가 살았다. 큰 방은 식당이었고, 작은 방은 거실로 두 딸들의 침실이었다. 그 옆의 반쪽짜리 방은 부모님의 침실로 오스만의 매트리스도 있었다. 주거 환경은 지극히 열악했다. 어떠한 사치품도 살 수 없었고, 대부분의 돈은 터키로 보냈다. 심지어 어디에서도 장난감이나 인형, 자동차 등을 찾아볼 수 없었다. 엄청난 부의 상징으로 구입한 커다란 컬러텔레비전, 비디오카메라, 다양한 전자제품이 있었다. 그것들은 오스만의 가족이 터키로 돌아갈 때 가져갈 것이다.

오스만의 침묵은 공립학교를 방문하면서부터 시작되었다. 정규 초등학교를 가기 전에 아동은 유치원에 간다. 그는 또 다른 '분리' 에 대해 공포스러워했다. 어머니가 오스만을 학교에 두고 떠날 때, 그는 온몸을 떨었다. 수줍음과 숨는 것으로 이 낯선 세계에 반응했다. 심지어 어머니가 떠날 때 어머니와 함께 집으로 돌아가려고까지 했다. 그럴 수 없다는 것을 깨닫고 나서야 오스만은 포기했다. 어머니는 항상 그를 학교에 데려다 줬지만, 학교에 들어가자마자 그는 말을 하지 않았다. 오스만은 아무에게도 말하지 않았다. 선생님에게도 친구들에게도 말하지 않았다. 오스만이 언어 그룹, 비언어 그룹의 학생들과 함께 어울리도록 하기 위해 여러 시도를 해 봤지만 완전히 실패했다. 오스만은 유치원을 다시 다녀야 했지만, 진전이 전혀 없어서 특수학교로 전학 갔다. 분위기도 온화하고 사회교사[2)]의 보살핌을 받는 열 명의 아동으로 구성된 소그룹에서 오스만은 좀 더 편안함을 느끼기 시작했다.

오스만은 이 새로운 학습 환경에서 비언어적인 의사소통을 잘 습득하고 터득했다. 노는 것을 좋아했고 이야기 듣는 것을 즐겼다. 그가 그린 그림은 뭔가를 말하듯 호소력이 있었다. 사회복지사의 도움으로 오스만은 재능을 키워 갔다. 그때부터 오스만은 그림을 그릴 때마다 상상력을 동원하여 분위기, 느낌, 두려움과 같은 자신의 감정을 그려 냈다.

오스만의 성장과정을 파악하는 과정에서 그에게 '나의 친구' ([그림 1] 참조)라는 주제로 그림을 그리도록 했다.

그림에는 오른손을 높게 든 어린 소년이 있는데 오른손에 칼을 들고 있다. 그 칼은 머리 위에 있는 구름을 가리키고 있다. 구름 안에는 그의 이름이 있다. 이 그림은 여러 가지로 해석할 수 있다. 오스만은 자기 위에 구름을 그렸는데, 이는 남들과 동등하게 자신을 보호하고 남들 사이에 서 있는 자기 자신을 표현한 것이다.

2) 독일에서 사회교사는 행정 의무에 더 충실한 사회복지사와는 역할이 다르다. 집, 학교 혹은 상담센터에서 정서장애 아동과 함께 다른 실제적인 활동을 한다.

그림 1

남근상으로서의 칼은 원망과 반항심을 나타낸다. 침묵을 뚫고 다른 사람들과 충돌하게 하는 것이다. 다른 세부적인 사항으로 다른 해석도 가능하다. 그의 입에서 나온 대사를 삽입한 말풍선에는 'call' 이라는 단어가 재미있는 글씨체로 쓰여 있었다. 그래서 우리는 오스만이 전화를 걸어 연락하고 싶은 친구가 있음을 추측할 수 있다. 현실적으로 가능성 있는 정의는 '나는 나의 가장 좋은 친구다.' 또는 '친구가 저기서 나를 부른다.' 의 두 가지다. 그의 침묵은 상반된 감정을 표현하는 듯하다. 나는 말을 하고 싶다. 그러나 그것은 불가능하다. 그러려면 내 이빨을 보여야 하기 때문이다. 그것은 위험하다.

진단 상태

함묵증 아동의 관련 기록에 의하면 초기에 일어나는 분리나 상실(애정결핍)은 아동을 불안정하게 만든다. 일차적으로는 외로움을 느끼지만, 이에 못지않게 다양한 이차 손상이 발생하기도 한다. 용기 부족으로 그들의 단어 습득 발달 속도는 더뎌지고, 반면 동생이나 형은 예쁨을 받으며 성장한다. 학교생활 중 생긴 요구와 같은 추가적인 요구사항은 사고 형성에 필요한 언어 발달을 저해한다. 이는 억압으로 나타날 수 있는데, 이로 인해 완전한 자아 발달이 이뤄지지 못하고 자아와 동화되지도 못하기 때문이다(Dührssen, 1982, p. 184ff). "자아 발달의 시작은 판단이 중지되는 현상과 정서적 의미가 있는 소리에서 시작하는 것이지 유아기와 환경을 연결하는 명확한 단어에 기인하는 것이 아니다." (Ibid, p. 189)

특별히 민감한 성격 구조를 가진 아동이 상실을 경험하거나 요구사항이 생기면 함묵증이 생길 수 있다. 때로는 갑작스럽고 확연하게, 때로는 점진적으로 모르는 사이에 생길 수 있다. 드물게는 완전한 침묵에 빠져들기도 한다. 대부분의 경우 언어를 이용한 의사소통은 중요한 집단 내에서 단절되며, 일반적으로 가족 내에서는 최소한의 의사소통이 유지된다(Ibid, p. 184). 여기서 나는 '선택적 함묵증' 또는 '부분적 함묵증'을 말하는 것이다. 때로 순환논법에 의해 잘못 해석된 것과는 달리, 함묵증은 결코 아동의 반항적인 반응이 아니다. 그렇지만 초기에는 '자신이 선택한 침묵'이라는 잘못된 개념이 생겼다. 태어날 때부터 있던 불리한 조건은 그다지 중요하게 작용하지 않는다. 오히려 말이 없는 아동은 다른 사람들과의 의사소통을 가로막는 여러 조건을 경험한다.

오스만의 경우도 함묵증이라는 장애에 대한 이런 일반적인 진술에 부합한다. 몇 가지 비우호적인 요소도 상호작용한다. 오스만의 어머니는 아이에게 필요한 사랑과 따뜻함을 주지 못했다. 혹자는 어머니가 오스만이 느끼는 외로움과 분리의 두려움을 이해하지 못했을 것이라고 말할 수도 있다. 나아가 어머니는 터키 가정의 아버지 역할까지 떠맡아야 했다. 하지만 외아들인 오스만에 대한 기대는 상반됐다. 오스만은 모두가 받드는 '왕자'인 반면에 그의 나이에 적절하게 행동하지 못했기 때문에 그의 가족에게 실망감을 안겨 주었다.

중요한 것은 독일에 사는 터키 가정이 직면한 어려운 상황을 잊어버리지 않는 것이다. 부모는 터키에서 그들의 뿌리를 찾는다. 그들은 터키에서 왔고 다시 돌아갈 것이다. 그래서 외국인에 대한 혐오감을 가지면서도 10년 이상을 전통과 문화적인 관습을 유지했다. 그러나 학교를 다니는 터키 아동은 자신들과 친구들의 차이를 이해할 수 있었다. 대체로 아동은 부모와의 차이점을 비교할 기회가 없었다. 그들은 독일 학교에 적응하기 위해 행동과 교육 내용, 언어 등을 독일어로 해야 했다. 때로 그들의 학교생활은 기대에 미치지 못했다. 부모는 자녀들이 이해할 수 있도록 도와주지 못했고, 결과적으로 자녀들에게 신체화 증상과 신경장애 증세가 나타났다.

어머니는 오스만이 수줍음 때문에 학교에서 말을 하지 않는다고 했지만, 함묵증은 자신이 주위에 적응하지 못하고 있다는 두려움을 암시할 수 있다. 그러나 문제는 더 깊은 곳에 있다. 오스만이 그의 선생님과 친구들을 침묵으로 '처벌' 했을 때, 그는 실제로는 그의 어머니를 벌주는 것이었다. 오스만은 자신에게 지나치게 공격적인 어머니와 자신의 요구를 해결할 수 없다는 점에 화가 났지만 직접적으로 어머니에게 화풀이를 할 수 없었다. '좋은 어머니' 라는 금기사항이 이를 저지하고 있었기 때문이다. 그래서 그는 자신에게 적대적인 학교와 자신을 화나게 한 친구들에게 그 나라 말이 아닌 다른 말로 매우 거칠게 화풀이를 했다. 명백한 사실은 이와 같은 화가 밖으로 표출된 것이 아니라 처음에는 함묵적으로 반응했다는 것이다.

치료 계획

언어가 아닌 다른 수단을 이용하여 감정을 표현하는 방법으로 음악치료를 들 수 있다. 음악치료는 말을 하지 않는 사람들에게 대안적인 치료방법을 제공한다. 단지 말을 안 하는 사람들에게 대안적인 언어를 제시하기 때문만은 아니다. 이것은 노래를 하려고 말을 더듬는 것과 같은 지속적인 결과를 가져오지는 않는다. 미술, 춤, 음악, 놀이 등을 통한 상징적 감정 표현은 내면과 외면 세계, 경험과 행동, 환상과 현실 사이의 다리 역할을 한다. Winnicott(1971, p. 12)은 이를 일시적인 현상이라 하면서 이것이 분리 경험을 극복하는 데 매우 중요하다고 말했다. 오스만의 음악치료는 다음의 지침을 포함해야만 한다.

1. 오스만은 개인 음악치료를 받아야 한다. 오직 일대일 상황에서 그가 두려움을 극복하고 불필요한 근심이나 지나친 걱정을 줄일 수 있다.
2. 음악을 이용한 감정 표현 등 아동용 장난감을 갖고 노는 것이 도움이 된다. 그리고 무엇보다 오스만의 그림에 대한 열정이 있어야 한다. 이런 방식으로 다양한 접근을 통해 변화되는 현상을 경험할 수 있다.
3. 최소 2~3년의 치료 기간은 필수적이다. 함묵증과 같이 오랜 시일에 걸쳐 생긴 장애는 단계적으로 치료해야 하기 때문이다.

4 명확히 학교 영역이 정해져 있고 교육 환경도 조성되어 있지만 학교 환경, 특히 특수학교의 환경이 항상 좋은 것은 아니다. 그러나 오스만의 경우 그의 침묵은 학교에서 일어났기 때문에 침묵의 의미가 무엇인지 정확히 파악할 수 있다. 학교에는 오스만의 교육 과정과 결과에 대한 기록도 있고, 또 선생님의 협조를 구할 수도 있다.

5 오스만이 적극적으로 치료에 전념할 수 있는, 하지만 이름이 붙어 있지 않은 치료실이 그에게는 꼭 필요하다. 오스만은 사람들과 조화를 이루지 못하지만 이와 같은 방식의 치료를 통해 개선될 수 있다.

나는 2년 동안 1주에 1회, 40분의 개별 세션을 계획했다. 교사와 부모와의 토론은 정기적으로 이뤄졌으며, 오스만에게 주변 인물과의 관계에 대해 알려 주었다. 음악치료실에 다양한 악기와 옷 입은 인형, 쌓기용 블록, 작은 오븐이 준비되어 있어서 아동이 가질 수 있는 추가적인 욕구를 만족시켰다. 특히 오스만의 경우, 다양한 그림 도구가 항상 준비되었다. 오스만의 선생님에게 양해를 구한 후, 처음에는 오스만을 교실에서 치료실로 데려왔다. 그리고 새로운 환경에 급격히 적응하는 방법을 택하지 않고 혼자서도 실천할 수 있도록 했다.

나는 함묵증이 있는 클라이언트를 만난 적이 없어서 모든 부분에 대해 크게 기대했다. 언제 오스만이 말을 시작할까? 비록 클라이언트가 모른다 해도 나는 단계별로 나타날 수 있는 사항에 대해서 명확히 인지해야 했다. 나는 오스만의 경우 '동질성의 원리' (Altschuler, 1948; Benenzon, 1983, p. 165)를 사용하는 것이 적절하다고 생각하지 않는다. 그것은 충격으로 말문이 막힌 것과 같은 경우이며, 그로 인해 보통의 외부세계를 있는 그대로 경험할 기회가 줄어들 수도 있다.

치 료

나는 거의 2년 동안 매주 1회씩 총 50여 차례의 세션을 하면서 오스만에게 음악치료를 실시했다. 치료의 시작은 치료실을 찾아보고 사용 가능한지를 알아보는

데 중점을 두었다. 오스만은 특히 악기에 관해서는 다소 수동적이었다. 그의 주요 초점은 여전히 그림 그리는 것이었고, 나는 피아노로 음악을 연주했다. 나는 오스만과 함께하면서 주로 음악치료실 안팎에서의 행동을 관찰했다. 나는 오스만에게 음악치료실에서는 하기 싫은 것을 억지로 할 필요가 없다는 것을 계속 확인시켰다. 나는 그가 말을 하지 않는다는 것을 알고는 이유가 있을 것이라고 생각했다. 가끔은 내 앞에서 말을 하지 않는 사람이 있다는 사실과 그에게 뭔가를 제안하고 알려 주고 보여 주어야 한다는 상황이 심난했다. 그러나 동시에 그의 내부에 화, 슬픔, 분노와 같은 강한 감정이 있음을 알 수 있었다. 나는 말을 하지 않아도 오스만이 원하는 것이 무엇인지를 이해하고자 했다. 나는 '예/아니요'를 제스처로 표현하는 것을 생각해 냈다. 그것은 엄지를 올리면 예, 내리면 아니요였다. 고맙게도 오스만은 재치 있게 새로운 방법을 고안했다. 두 표현을 합쳐서 '모르겠어요'라는 제스처를 만든 것이다.

3회 세션에서 오스만은 내가 축제 이벤트를 위해 캐비닛에 보관해 둔 양초와 성냥을 발견했다. 그는 성냥에 차례로 불을 붙였고, 불붙은 성냥을 로켓처럼 방에 날렸다. 다음 수업은 야외수업이어서 우리는 작은 횃불을 밝혔다. 이런 오스만의 의미 있는 행동으로 나는 그가 마음속에 얼마나 많은 열정을 지니고 있는지, 그리고 따뜻한 마음으로 자신을 이해해 주는 어머니를 얼마나 갈망하고 있는지를 알 수 있었다. 오스만과 불놀이를 하면서 또 하나의 풀리지 않은 오이디푸스 콤플렉스를 발견했다. 즉, 오스만이 계속 어머니에 대해 갈망하는 이유는 어머니가 오직 엄격한 모습만을 보여 줬기 때문이라는 것이다.

음악치료실에서 '때리고 맞기'라는 주제로 활동이 진행됐다. 4회 세션에서 오스만은 동물과 인형을 찾아서 던지고 밀고 급기야 때리기 시작했다. 오스만이 인형을 여기저기 흩뜨려 놓고 휴식을 취하고 있을 때, 나는 "오스만, 우리 곡을 만들어 볼래?"라고 물었다. 그는 고개를 끄덕이며 큰북과 작은북이 있는 곳으로 갔다. 나는 오스만을 데리고 피아노 쪽으로 가서 그가 분노를 폭발하는 동안 내가 느낀 고통을 피아노로 표현했다. 연주가 끝났을 때 나는 말했다. "네가 누군가를 때리는 것 같더구나." 오스만은 아무런 반응도 하지 않은 채 연필과 종이 한 장을 가지고 그림을 그리기 시작했다. 오스만은 울고 있는 사람을 그렸다([그림 2] 참조).

그림 2

오스만이 스트레스를 받은 상태에서 그림을 그릴 때는 하도 힘을 줘서 연필을 부러뜨릴 것만 같았다. 오스만의 그러한 행동을 보고 그가 어머니를 그린 것임을 알 수 있었다.

세 장면(인형을 치고, 드럼을 치고, 그의 어머니가 우는 것을 그린 것)을 종합적으로 검토하고 난 후, 나는 이것이 실제 경험을 표현한 것이라고 결론지었다. 오스만의 부모와 상담하면서 그가 공격적인 행동을 하거나 일시적으로 말을 하지 않을 때, 어머니가 신체적 처벌을 했음을 알았다. 따라서 오스만이 그린 어머니의 눈물은 해석이 모호하다. 하나는 자신이 어머니의 기대에 미치지 못하는 이유가 어머니의 무력감으로 인한 것임을 표현한 것이고, 다른 하나는 매를 맞은 자기 자신을 그림으로 표현한 것이다.

반 년 정도 지난 17회 세션에서, 오스만은 치료실에서 동굴을 짓기로 결심했다. 그는 이전에도 몇 번 이런 적이 있었다. 동굴 중심에 피아노를 두곤 했으며 식탁, 의자, 발판, 걸려 있는 담요들을 벽으로 사용했다. 오스만은 문을 세우지 않았다. 피아노 위에 몇 송이의 꽃을 놓았는데, 이로 인해 전반적으로 동굴의 분위기는 매우 편안했다. 나는 동굴에서 음악을 만들려고 했지만, 오스만은 '건넛방'으로 들어가고 싶어 하지 않았다. 대신에 그는 탁자 위 또는 마룻바닥에 도화지를 놓고 일련의 그림 몇 장을 그렸다. 나는 피아노를 연주하면서 오스만이 그린 그림에서 보고 느낀 점을 노래하며 설명했다. 오스만은 용, 뱀, 간혹 이 두 동물 사이에 작

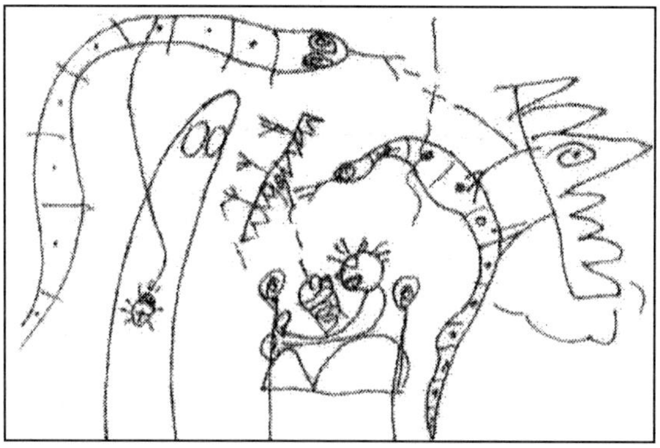

그림 3

은 아이를 그렸다([그림 3] 참조). 이번 수업에는 더 많은 테이블로 동굴을 꾸몄고 내부를 좀 더 어둡게 했다. 동굴 안에는 작은북 몇 개, 이동 가능한 카세트테이프 레코더, 종이, 필기구가 있었다. 나는 조심스럽게 물었다. "오스만, 내가 같이 동굴에 들어가도 될까?" 오스만은 잠시 생각하더니, 즐거워하며 손을 들어서 '예'라는 표시를 했다.

동굴 안에서 오스만은 그가 속으로 괴로워하는 바가 무엇인지를 알 수 있는 또 하나의 정보가 될 만한 그림을 그렸다. 작은북으로 우리는 때로는 신비롭게, 때로는 거칠게 음악을 연주했다. 나는 그의 그림에 대한 설명을 계속했고, 오스만은 내 의견에 동의하거나 이의를 제기했다.

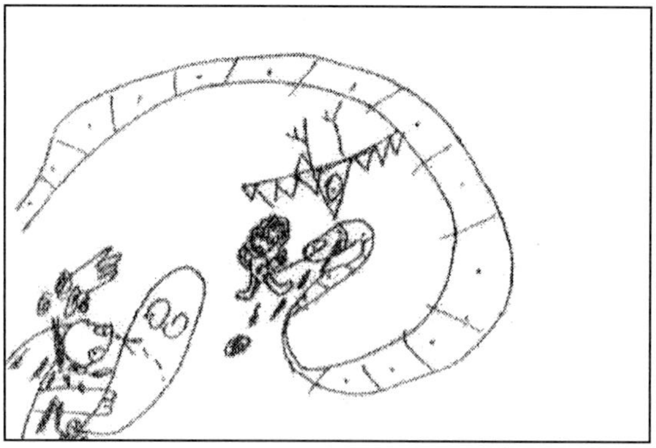

그림 4

이 첫 번째 그림([그림 3] 참조)에는 용, 뱀, 유령, 거미에 둘러싸인 침대에 아픈 사람이 그려져 있었다. 이 그림은 뱀들이 독을 어떻게 퍼뜨리는지에 대한 불길함을 표현하고 있는 듯했다. 두 마리 용은 발톱으로 뱀을 잡아서 그 사람이 빠져나오는 것을 도와주고 있었다.

두 번째 그림([그림 4] 참조)에서는 아이와 용에게 둘러싸인 거대한 뱀이 독으로 아이를 공격하지만 용에게 맞고 피를 흘리고 있었다.

세 번째 그림([그림 5] 참조)에서는 뱀이 자신의 피에 누워 있고 아이는 승리를 축하하며 걷고 있었다.

그림을 그린 후, 오스만은 '동굴' 에서 나와 캐비닛에서 심벌즈를 꺼내 연주하며 리듬을 타기 시작했다. 나는 딸랑이를 들고 오스만과 함께 노래했다. "우리는 축하한다. 왜냐하면 뱀이 맞았기 때문이다." 그는 바닥 위에 심벌즈를 던지고 그것을 걷어찼다.

뱀은 오스만의 어머니를 상징하는 것이었다. 오스만은 연주를 하면서 자신이 겪은 내면의 투쟁을 표현하고 극복하려는 듯했다. 오스만의 부모와 상담하면서 교사들은 그에게 말하는 것을 강요하지 않고 압박하지 않는 것이 중요하다고 말했지만, 어머니는 결코 이해하지 못하는 듯했다. 오스만의 어머니는 혀 교정 수술이나 처벌을 해서라도 가르치자는 끔찍한 제안을 했다. 나는 어머니가 느끼는 무력감을 이해하려고 했으나, 아들에 대해 인내심을 갖고 기다려 줄 것을 부탁했다.

그 이후의 수업 시간에 오스만은 매우 극단적인 감정을 표현했다. 한번은 물이

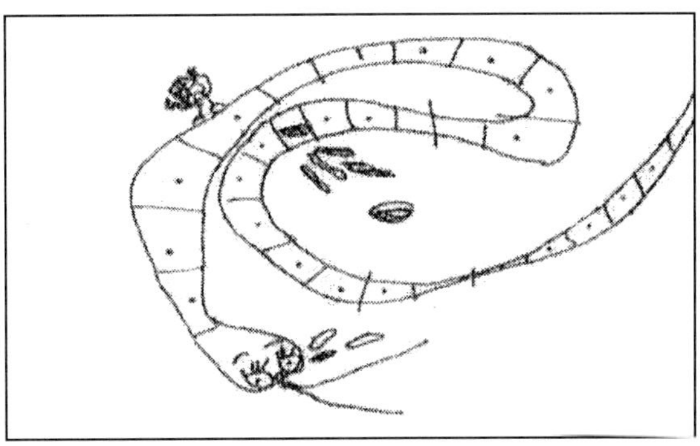

그림 5

담긴 용기에서 물이 넘치는 등 혼란스럽고 어수선한 치료실을 그대로 내버려 두고 있었다. 이는 오스만이 나를 처벌하는 것 같았다. 혹은 그가 나에 대해 갖고 있는 기대감을 그대로 반영하는 것도 같았다. 다음 19회 세션에서 나는 처음으로 오스만이 자신이 좋아하는 동물인 큰 원숭이를 상냥하게 포옹하는 것을 볼 수 있었다. 후에 오스만은 원숭이를 방 한쪽으로 던졌다. 나는 이에 어울리는 소절을 피아노로 연주하며 오스만의 행동을 지지하려고 했다. 나는 그가 원숭이를 때리거나 던질 때마다 "아이쿠, 아이쿠, 너는 나에게 상처를 줬어."라고 크게 울부짖었다. 오스만이 그 원숭이에게 했던 행동의 일부는 그가 겪은 일들이었다. 음악 묘사 놀이에서 나는 오스만이 표현할 수 없는 고통을 표현하는 '나를 대신하는 나(substitute-I)' 였다. 세션이 끝날 때 오스만은 악기를 넣어 두는 캐비닛에 올라가서 자기를 잡아 보라는 신호를 보냈다. 그는 이 게임을 너무 좋아해서 계속해서 하고 싶어 했다. 나는 오스만이 내가 그를 붙잡는 것(상징적인 의미에서도)을 신뢰할 만큼 그의 상태가 눈에 띄게 양호해졌다는 사실에 기뻤다.

최근 그의 그림에서 몇 가지 중요한 변화가 있었다. 슈퍼맨이 용을 대신해서 아이를 나쁜 뱀들로부터 보호하고 있었다. 아이는 침대에 누워 있거나 감옥 같은 곳에 있다. 오스만은 이를 표현하기 위해 악기를 사용하고 직접 말을 했다. 테이블 위에 마이크와 작은북을 올려두고, 전기를 이용해 음향을 더욱 풍부하고 크게 했다. 그는 자신을 더 크게 그렸고, 자기 목소리에 대한 두려움을 없앴다.

오스만을 치료한 지 8개월이 지나 가진 20회 세션은 중요한 전환점이 되었다. 나는 그날 오스만의 제안과 요구를 이해하기 어려웠다. "오스만, 가끔 네가 나에게 무엇을 원하는지 잘 이해가 안 돼. 네가 원하는 것이 뭔지 좀 더 쉽게 말해 줄래?" 오스만은 처음에는 반응하지 않았다. 우리는 즉흥연주를 했다. 연주는 처음에는 조용한 분위기에서 시작해서 이따금 거칠게 드럼을 치기도 했다. 연주가 끝나고 나는 오스만에게 그림을 그리고 싶은지 물었다. 그는 고개를 끄덕였다.

그림 중심에는 작고 큰 슈퍼맨들이 있었고, 이들은 뱀, 용, 유령과 싸우고 있었다([그림 6] 참조). 그 외에 무엇인가가 그려져 있었는데 그것이 무엇인지 알 수가 없었다. 오스만에게 질문을 해서 그것이 폭탄이라는 것을 알아냈다. "오스만, 너는 폭탄이 터지는 것 같은 위험한 일이 종종 일어날 것이라고 생각하니?" 그러자

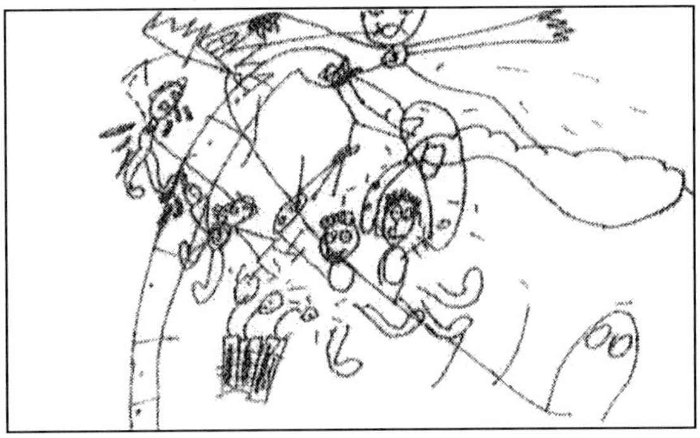

그림 6

그는 매우 충동적으로 반응했다. 자신의 그림을 짓밟았고 그것을 손에 들었다 놨다 했다. "저 그림을 어떻게 할까?" 오스만은 캐비닛에서 빈 커피 캔을 찾아와서 그 안에 그림을 넣었다. 나는 그것을 '비밀 캔' 이라고 불렀다. 오스만은 기뻐하는 듯했다. 그 후로 그는 자신의 모든 그림을 캔에 넣었다. 그는 자신이 가치 있다고 여기는 모든 것을 안전한 장소에 보관했다.

다음 21회 세션은 약간 색다르게 시작했다. 밖에는 규모가 큰 쓰레기장이 있었는데, 오스만은 환경미화원이 치워야 할 엄청난 양의 쓰레기를 봤다. 오스만은 문자 그대로 나를 끌고 나와서 자신이 쓰레기를 살펴보고 싶다고 했다. 그는 다른 쓰레기 더미를 살펴보고 자신이 발견한 것이 무엇인지를 조용히 속삭였다. 필기구, 분필, 만화책 같은 몇 가지를 가지고 왔다. 돌아오는 길에 나는 오스만이 전보다 좀 더 조용한 목소리로 속삭였다는 것을 알아차렸다. 학교와 가까워질수록 말수는 점차 줄어들었다. 치료실에 돌아와서 나는 보물을 이곳에 둘지 집에 가져갈지를 물었다. 오스만은 이곳에 둘 것이라고 했다.

다음 세션에서 오스만은 그의 행동에 약간의 변화된 모습을 보였다. 그림 활동은 줄었고 음악 활동은 늘었다. 그러나 명백히 이해할 수 있게 속삭이는 것 말고는 여전히 말을 하지 않았다. 나는 '말하기' 라는 엄청난 일을 오스만에게 결코 강요하지 않았다. 24회 세션이 시작되고 교실에서 치료실로 오는 길에 오스만은 사무실로 가서 전화를 걸고 싶어 했다. 그래서 그는 사무실 전화를 사용했고, 나는 교장실의 전화를 사용해서 대화했다. 수수께끼 또는 즐거운 성악 즉흥연주 등의 일상적인 대화를 했다. 무엇보다도 중요한 것은 전화를 끊고 다시 거는 행동이었다. 이 놀이에서 과연 나는 오스만의 첫 번째 그림에서 그에게 전화를 거는 친구였을까? 어떤 경우 오스만은 자신의 목소리를 용감하게 '공개적으로' 들려줬다.

이 일은 삽시간에 학교 전체에 퍼졌다. 마치 그것이 기적인 양 모든 이들의 관심 대상이 되었다. 중요한 것은 오스만이 현재 사람들의 관심에 대해 별로 괘념치 않는다는 점이다. 그렇지 않다면 지금까지 해 온 힘들었던 치료과정이 완전히 수포로 돌아갈 수도 있기 때문이다. 또한 오스만과 어머니의 관계도 향상되는 듯했다. 하루는 오스만이 어머니에게서 선물받은 따뜻하고 화려한 손으로 뜬 스웨터를 자랑했다. 어머니는 아들에게 추운 겨울 동안 따뜻하게 입을 수 있는 옷을 준 것이다.

오스만은 27회 세션에서 마지막 그림([그림 7] 참조)을 그렸다. 짚으로 만들어진 지붕과 연기가 나오는 굴뚝을 그렸다. 집 밖에서 오스만은 터키 국기를 게양하고 있었다. 처음으로 그림에 동물, 용, 뱀 또는 슈퍼맨이 없었다. 아마도 이것은 두려움이 감소하고 튼튼하고 강한 자아가 형성되었음을 뜻할 것이다. 또한 오스만은 모국 터키와 관련해서 이렇게 말해 왔을 수도 있다. "나는 집에 있다. 나는 독일 학교를 다닌다. 처음에는 위험하고 위협적이며 불안전한 환경에 있던 터키 사람이었지만, 나는 또한 '집' 에 있는 것 같은 감정을 느낄 수 있다." 나는 오스만에게 줄 터키 대중음악 카세트에 그의 마지막 그림을 붙였다. 이는 내가 외국 아동을 치료하기 위해 캐비닛에 준비해 둔 것이다. 오스만은 처음에는 놀랐으나 곧 웃었

그림 7

다. 그러고는 나에게 작은북을 주고 자신은 기타를 잡았다. 우리는 지금 터키 밴드가 됐다. 우리는 청중과 몇몇 밸리 댄서가 필요했다.

그때부터 오스만은 종종 그의 친구 올라프가 수업에 함께 참여할 수 있는지를 물었다. 이는 종종 아동을 치료할 때 중요한 역할을 하기도 한다. 때로는 치료사와 아이의 관계가 지나치게 돈독해지기 때문에 제3자의 등장은 그에 대비하기 위한 방어책이 되기도 한다. 누군가가 치료사와 환자 사이에 있어야 하는 것이다. 아마도 이것은 오스만의 경우에 해당되는 것인지도 모른다. 그러나 올라프가 음악치료 수업에 참여하는 것이 다음 치료단계의 성취도를 높이는 데 도움이 될 것임은 분명하다. 올라프는 오스만과 내가 경험한 모든 것을 증명해 줬다. 게다가 올라프는 오스만이 지배하고 명령하는 대상이었다. 올라프는 질문도 하지 않고 즉시 나의 지시와 제안을 따랐기 때문에 오스만도 똑같이 행동하도록 동기부여가 되었다. 특히 음악 활동 시간은 점점 길어졌다. 오스만이 슬퍼했을 때, 우리는 슬픈 음악을 연주했다. '집시' '말린 꽃' '젖은 꽃' '여행' 같은 단어를 언급할 때, 우리는 '연상 즉흥연주' 라는 치료기술을 사용하여 음악을 연주했다(Eschen, 1983, p. 41ff).

그 후 오스만의 가족이 터키로 돌아가기로 결정함으로써 오스만과의 음악치료 세션을 갑자기 중단해야 했다. 마지막 세션은 세 사람(오스만은 올라프를 초대했다.)만의 축하를 하느라 좀 길어졌다. 마지막 곡은 '벨라, 벨라, 벨라' 라는 단어로 오스만이 작곡한 곡을 바탕으로 한 꽤 긴 즉흥곡이었다. 오스만은 자신이 집시가 되어 세계를 여행하는 것을 상상했다. 이따금 집시들은 축제를 벌이고 그들의 '벨라, 벨라, 벨라' 를 노래했다. 오스만과 나는 가능한 한 큰 소리로 노래를 했다. 나는 피아노를 연주했고, 오스만은 드럼을 쳤다. 올라프는 딸랑이를 들고 뒤에서 연주했다. 나는 즉흥연주를 하는 동안 오스만이 그의 목소리를 사용하는 것에 매우 깊은 인상을 받았다. 나는 벨라라는 단어가 무슨 의미인지 몰랐다. 터키 사전을 보고서야 그 단어가 '불행, 악' 을 의미한다는 것을 알았다. 물론 '헤어짐' 이라는 것은 항상 슬프지만, 음악의 조성은 슬프지 않았다.

오스만과 함께한 음악치료는 가족의 마지막 방문으로 끝을 맺었다. 가족은 모두 상자와 여행 가방을 들고 있었다. 나는 저녁식사가 자축파티를 위해 3시간 동안 진행되었다는 사실에 놀랐다. 오스만의 부모는 나의 노고에 고마워하면서 터키 이즈미르에 있는 자신들의 아파트에 나와 나의 가족을 초대했다.

논의 및 결론

비록 지금도 제대로 표현하지는 못하지만, 50회의 세션을 진행하는 동안 오스만은 상황별로 느낀 감정을 상징적으로 표현할 수 있도록 다양한 방법을 경험하고 배웠다. 오스만의 가족을 처음 만났을 당시를 이야기하고자 한다. 첫 방문은 약간 어려웠다. 첫 번째 이유는 언어장벽이었다. 두 번째 이유는 오스만의 어머니가 언어장벽을 이해하지 못하고 그것을 감정과 연관 짓지도 못한 것이었다. 어머니는 오스만이 불량스러운 학생이기 때문에 터키에서 그랬듯 선생님들이 엄하게 하면 고쳐질 거라고 생각하고 있는 듯했다. 오스만의 어머니가 앨범을 가지고 왔을 때 분위기는 다소 편안해졌고 다른 것에 대해서도 얘기했다. 어머니는 오스만의 침묵이 학교생활에 당황해서 그런 것이라고 생각하는 듯했다. 다른 사진들은 오스만이 병원과 터키에서 찍은 사진이었다.

오스만은 대부분의 시간을 방에서 보냈다. 그가 들은 것에는 반응조차 하지 않고 대부분 조용히 있었다. 어머니와 누나들이 계속 말을 하도록 격려했지만 아무런 소용이 없었다. 그는 자기 내면의 감정 충돌에 갇혀 있었다. 오스만은 속으로만 얘기하고 있었다. 그에게 나는 '적' 중 하나였다. 한동안 오스만은 관심을 끌려고 했다. 차를 던지거나, 텔레비전을 껐다 켰다 하거나, 볼륨을 최고로 높이거나, 어머니 찻잔에 든 차가 넘쳐흐를 때까지 잔 안에 설탕을 넣었다. 어머니는 참을성이 없었다. 얼굴과 행동에서 화가 났음을 쉽게 알 수 있었지만 아들의 행동을 못 본 체했다. 이를 통해 나는 오스만이 침묵하게 된 이유를 알 수 있었다. 오스만은 자신이 화가 난 것을 표현하고 자신의 존재를 누군가가 알아주기를 너무나도 간절히 바라고 있었다. 오스만의 어머니에게 치료사들이 절대로 그에게 말을 하도록 강요하지 않을 것이라고 재차 강조했다. 어머니는 오스만이 나를 만난 것이 다행이라고 생각하는 것 같았다. 그녀는 나에게 "우리 오스만을 선생님 댁에 데리고 가서 좀 봐 주세요!" 라고 마지막으로 말했다. 어떻게 어머니가 자기 아들을 제발 데리고 가라고 할 수 있을까!

오스만은 몇 번의 '헤어짐' 으로 인해 괴로워했다. 어머니가 거의 대부분의 시간을 일하기 때문에 오스만은 병원에 있어야 했다. 그것은 독일 학교로 옮기고 나서도 마찬가지였다. 게다가 오스만과 같이 예민한 아동은 터키식의 가정과 독일식의 학교라는 두 가지 세계에 적응하는 것을 더 어려워했다. 또한 중요한 것은 오스만의 경우 이런 변화를 겪으면서 생기는 어려운 점을 집에서도 풀지 못했다는 것이다. 어머니는 아동이 무엇인가를 이해하기 위한 수단으로 장난감을 필요로 한다는 것을 이해하지 못했다. 그녀는 놀이라는 것은 단지 어른이 되기 전 단계일 뿐이라고 생각해서 아이에게 상처를 주더라도 이를 무시해 버려야 한다고 생각했다. 따라서 오스만이 집에서 장난감에 보인 반응이나 치료실에서 보인 행동이 이해가 갔다. 산만하고 변덕스러우며 파괴적이고 존경심도 없었다. 아마도 오스만은 그림을 그리는 것이 유일하게 자신의 감정을 표현하는 방법이라 생각했을 것이다. 불 지피기, 마이크 사용하기, 전화기 사용하기, 숨바꼭질 놀이, 동굴 만들기 등의 과정을 통해서도 사고의 관점을 환상에서 현실의 세계로 전환하곤 했다. 오스만이 개인 음악치료를 받는 것을 힘들어했음은 쉽게 짐작할 수 있었다. 그는 놀거나 상징적으로 자신의 감정을 표현하게 할수록 점차 나를 믿기 시작했다. 이런 방식으로 오스만은 점차 이야기하는 것에 자신감을 가지게 되었다.

나는 오스만에게 시행한 음악치료의 기능에 대해 설명하고자 한다. 처음에는 곡을 만든다는(작곡을 한다는) 생각이 오스만에게 너무 과한 것이 아닐까 하는 생각을 했다. 그래서 첫 번째 즉흥연주곡은 수업의 시작과 끝을 알릴 목적으로 만들었다. 또한 무엇인가를 하는 동안 배경음악으로 쓰인 음악 반주는 매우 중요했다. 이로 인해 오스만은 일종의 '음악 기초' 를 확립하고 존재감을 느꼈으며, 어떤 압력이나 기대감을 느끼지 않고 계속 뭔가에 집중했다. 오스만에게 그림은 자신의 환상을 탐구하고 표현하는 가장 구체적인 방법이었다. 즉흥연주곡과 같은 음악으로 감정 상태를 증대시켰고, 그림으로 자신의 감정을 완성시켰다.

오스만은 즉흥연주곡을 연주하면서 말로 표현하지 못하는 외부세계에 대한 자신의 감정을 표현했다. 내가 '두드리기' 라고 이름 붙인 즉흥연주곡에 쓰인 음은 상당히 극대화된 음이었고, 오스만의 그런 감정은 그림 속에서도 고스란히 드러났다. 음악은 용기를 북돋아 주고 고무시켜서 경험과 감정을 표현하도록 하는 효과가 있는 듯했지만, 오스만의 경우는 그림을 통해 감정이 표출되는 것 같았다. 음악치료의 다양한 접근법(음악–말하기–음악, 놀이–음악–그림 등)을 통해 변화단계에서 나타나는 유사점과 차이점을 관찰할 수 있었다. 그 예로 '교훈적인' 이야기를 들려주고 난 후 시끄럽고 소란스러운 음악을 들려주는 경우를 들 수 있다.

음악의 또 다른 기능은 저마다의 악기가 내는 특별한 소리다. 물론 오스만의 경우 금관악기를 선택하는 데 꽤 오랜 시간이 걸렸다. 반면 딸랑이, 작은북, 큰북과 같은 악기는 비교적 빨리 접했다. 딸랑이는 그가 걷고 싶은 생각이 들 때 선택했다. 그것은 오스만의 친구와 같은 존재였다. 작은북과 큰북은 그가 좀 더 과감해지고 내면에 있는 충동이나 화를 표현하는 데 사용됐다. 소리를 이용한 표현 시간은 매우 짧았지만 카타르시스를 느끼게 하는 것 이상의 효과를 가져왔다. 피아노로 장시간 연주하는 것은 오스만에게 어울리는 치료법이 아니었다.

아동을 상대로 한 음악치료에서 악기는 종종 장난감이 되기도 한다. 오스만도 마찬가지였다. 오스만은 톤 바(tone bar)를 종종 쌓기용 블록을 대신해서 썼고, 막대기는 단도나 긴 칼 또는 총으로 가지고 놀았다. 오스만은 테이블 위로 올라가서 마이크 대에 손을 뻗기도 했다. 하지만 무엇보다도 그는 장난감 같은 작은북을 좋아했다. 아마도 인형 같다고 느낀 것 같았다. 그는 작은북을 방 여기저기에 들고 다니면서 두드리거나 바닥에 던지고 또 줍고 부드럽게 어루만지기도 했다. 게다가 자신의 동굴에 갈 때 유일하게 작은북만 들고 갔다. 악기가 중요한 역할을 했다는 사실은 마이크를 이용해서 처음으로 오스만이 자신의 목소리를 내던 날 알 수 있었다.

악기를 통해 자신의 정체성과 악기 간의 연관성을 확립하는 동안, 자연적으로 적이 위협하고 있다고 생각해서 그와 싸워야 한다고 느끼는 경우가 생긴다. 한 예로 오스만의 상상 속에서 심벌즈는 뱀과 같아서 때려눕혀야 할 적으로 여겼다. 따라서 악기는 악기로서의 전형적인 역할 외에도 가지고 놀 수 있는 사물이 되기도 했다. 악기는 어떻게 생겼고 무엇으로 만들어졌는지에 따라 다른 생명체가 되기도 했다. 따라서 이런 경우 악기를 통해 소리를 경험한다는 것은 부수적인 것에 불과했다.

전반적인 범위의 상징적 상호작용(음악, 그림, 놀이) 중 소리는 제3자가 개입하더라도 그 후에 되찾을 수 있는 가장 좋은 중요한 마지막 형태이다. 나는 특히 그의 목소리가 점차적으로 개선되는 것을 보고 감동받았다. 처음에는 마이크를 가지고서 소리를 내야 했다. 하지만 점차적으로 전화를 하면서 속삭이는 듯한 소리를 낼 수 있었고, 나중에는 자신의 친구인 올라프에 큰 소리로 뭔가를 얘기하게 된 것이다. 결국 오스만의 노래하는 소리를 듣게 된 것은 엄청난 일이었다. 그는 장식적인 터키의 4분의 1 톤 음악을 이해하고 재해석했으며, 피아노의 음을 빌려 자신의 멜로디를 경쾌하고 맑은 음으로 채워 갔다.

오스만과 치료를 하는 동안 작곡이 점점 치료의 중심이 되었다. 요약을 위해 오스만의 치료과정에서 알게 된 음악의 여러 기능에 대한 사항을 나열한다. 오스만이 이미 말을 할 당시의 음악의 역할을 조명해 보는 것은 흥미로울 것이다.

- 세션을 구성한다.
- 소리로 포장되어 있다(음악적 육성).
- 경험한 순간의 감정을 극대화한다.
- 소리를 감정에 이입시킨다.
- 악기를 다루는 동안 정체성 확립이나 논쟁을 가능하게 한다(장난감 같은 역할).
- 상대와의 접촉이나 대화를 가능하게 한다.

나는 오스만의 음악치료의 결과에 대해 몇 가지를 언급하면서 이 사례연구에 대한 서술을 끝맺고자 한다. 오스만이 또래 아동과 접촉을 하는 것은 평범한 것으로 보인다. 그는 말을 하지 않는다거나 공격적인 태도를 보여서 다른 사람을 성가시게 한 일도 없다. 반면 자신의 한계력을 알지 못했기에 자기보다 힘이 센 학급 친구와 종종 싸우곤 했다. 오스만이 터키로 돌아가게 되어 음악치료를 갑작스럽게 끝내지 않았더라면 수업은 한동안 계속 진행되었을 것이다. 수업의 목표는 오스만의 상태를 안정시키고, 대립과 합의의 방법을 배워 그가 그룹 환경에 적응하도록 도와주는 것이었다.

터키에서의 새로운 환경과 다른 방식의 학생 지도법, 오스만의 이해 부족이 그의 발달에 어떤 영향을 미칠지는 예상하기 힘들다. 아마도 그는 스트레스를 받는 상황에서 최후의 수단으로 침묵할지도 모른다. 하지만 나는 오스만이 특수학교에서 받은 치료, 개인 음악치료 세션, 선생님에 대한 좀 더 폭넓은 이해력을 통해 충분히 마음의 안정을 되찾고 문제점을 더 잘 이해하기를 바란다. 음악치료를 통해 오스만은 빨리 개선되었는데, 이는 적절한 때에 그가 치료를 받았기 때문이라고 생각한다. 또한 오스만의 부모님도 이전보다는 긍정적인 태도로 오스만을 대한다. 그들은 떠나기 직전에 아들에게 자전거 한 대를 사 주었다. 오스만은 우리집에 올 때 그 자전거를 가지고 와서 보여 주었다. 오스만이 자전거를 타고 나와 어머니에게 손을 흔들고 웃을 때, 나는 처음으로 그의 어머니가 자신의 아들을 자랑스러워하는 것을 느낄 수 있었다.

참고문헌

Altschuler, I. M. (1948). “A Psychiatrist’s Experience with Music as a Therapeutic Agent.” In O. Sullivan & M. Schoen (eds.), *Music and Medicine*. New York: Schumann.

Benezon, R. O. (1983). *Einführung in die Musiktherapie*. München: Kösel.

Dührssen, A. (1982). *Psychogene Erkrankungen bei Kindern und Jugendlichen*. Göttingen, Zürich: Verlag für Medizinsche Psyhologie im Verlag Vandenboeck & Ruprecht.

Eschen, J. Th. (2002). “Analytical Music Therapy—Introduction.” In Johannes Th. Eschen (ed.), *Analytical Music Therapy*. London and Philadelphia: Jessica Kingsley Publisher.

Winnicott, D. W. (1971). *Playing and Reality*. London: Tavistock Publications Ltd.

4장 **네 번째 사례**

울음으로서의 멜로디적 노래/웃음으로서의 리듬적 노래: 자폐 아동과 함께한 성악 즉흥연주 사례연구

Gianluigi di Franco

개 요

이 사례연구를 통하여 자폐 아동에 대한 역동적 음악치료 접근법이 제시된다. 이 연구에서 정신역동 치료와 역동적 음악치료가 개념적으로 구분된다. 방법론적 관점을 기반으로 자폐행위에 대한 성악적 접근법과 클라이언트/치료사 관계의 내면에서 일어나는 감정적 측면에 대하여 집중적으로 분석된다.

도 입

이 책의 핵심인 '정신역동적 음악치료(psychodynamic music therapy)' 의 개념을 탐구하려고 한다. 정신역동적 음악치료는 내가 음악치료사로서 23년간 종사해 온 일에 기반을 두었다. 이 치료에 관한 종합적 논의에 도움이 되도록 이 탐구를 할 것이다. 용어의 사용에서 '정신역동적 음악치료' 와 '역동적 음악치료(dynamic music therapy)' 를 구별해서 사용하는 것이 유용하다고 생각한다.

분명히 '정신역동' 의 의미를 정의하는 것이 기본일 것이다. 일반적으로 '정신역동' 은 원래 Freud의 정신분석적 근원에서 나온 용어다. 이 정신분석적 근원에서 다양하게 용어가 변경되었다. 어떤 경우에는 Sigmind Freud가 만든 기본 개념이 변경되었다. 좀 더 엄격하게 기본 개념을 고수하는 경우도 있었다. 예를 들어, 후기 Freud 학파가 있지만 원래의 정신분석적 근원의 영향을 받은 정신분석학자도 있다. 그러나 정의에 관하여 방법론적 접근법을 변경하여 '새로운 정신치료(new psychotherapy)' 를 만들었다. 예를 들어, Carl Jung, Wilhelm Reich, Carl Rogers 등의 견해를 거론할 수 있다. 그렇기 때문에 '정신역동' 이라는 용어를 사용할 경우, 그 용어에 수많은 개념이 포함된다. 한편으로는 역사적인 Freud 정신분석 견해가 포함되고, 다른 한편으로는 Freud 정신분석 견해에서 파생된 견해가 무수히 많이 포함된다.

정신역동적 접근(psychodynamic approach)의 기본 개념은 다음과 같다.

a. 인격적 구조는 의식, 전의식 그리고 무의식 사이의 역동적인 관계를 알아본다.
b. 정신 구조(본능, 자아, 초자아)의 구조적인 면은 기본적으로 모든 내적 심리 구조의 결합과 인간 행동의 특성을 나타낸다.

이런 두 가지 전제는 음악치료에서 여러 가지 역동적인 관계를 나타낸다.

1 방어기제로서 '퇴행(regression)' 은 더 또는 덜 조직화될 수 있다. 이것은 감

정적인 기억을 함축하고 과거로 되돌아가기 위한 과정을 용이하게 한다. 음악을 통해 촉진된 이런 과정은 대부분 투사적 동일시가 중심이 된 심리학적 상호작용을 포함한다.

2 우리가 방법론적 접근의 중심 국면으로서 음악치료 관계의 내부에 퇴행을 놓는다면, 우리는 음악이 다른 내적 세계와 접촉하기 위한 방법이라고 말할 수 있다. 이때 치료사와 클라이언트의 감정적인 상호작용을 토의하는 것이 필요하다.

3 (연주하거나 듣는) 음악을 통해서 변화되고 클라이언트의 필요에 의해서 일어나는 클라이언트와 치료사 사이의 감정적 상호작용은 우리를 전이/역전이와 같은 정신역동적 개념에 대해 생각하도록 이끈다. 이후 전이/역전이의 개념은 언어적 정신치료의 관련성 내에서 창조되는 것이라기보다 음악을 통해서 변화되는 것이다. 나는 '역감정적인 측면(counteremotional aspects)' 으로서 클라이언트를 향한 치료사의 감정적 상호작용과 '감정적인 측면(emotional aspects)' 으로서 음악치료에서 치료사를 향한 클라이언트의 감정적인 투사에 대해서 얘기하는 것을 좋아한다.

나는 세 가지 주요한 점을 약술하기 위해 이 모든 것을 기술했다.

1 우리는 클라이언트의 필요를 다루기 위해 음악을 통해 무엇인가를 표현하는 정서적 '환경(milieu)' 에 중요성을 주는 작업에 관심을 기울일 필요가 있다. 이는 각 세션에서 발생하는 사건을 관찰하는 역동적인 방법의 종류를 내포한다. 차이니스 박스[크기에 따라 차례로 포개 넣도록 만든 상자-역주]에서의 한 상자 안의 또 다른 상자처럼 하나의 세션에서 또 다른 세션으로 발전해 가는 치료사와 클라이언트 간의 관계 내에서 발생하는 성장에 관심을 갖는 것은 필수적인 것이다.

2 우리는 다른 전문용어가 필요하다. 이미 명백히 정의된 정신역동적 방법과 기법은 실체가 다른 관련 분야에도 적용될 수 있다는 점을 보여 주기 위해 다소 편안한 거리를 유지하면서 정신역동적 틀과의 밀접한 관계를 보여 주

는 것이 그 용어체계로 가능하다. 내가 보기에는 이것이 바로 '언어적인 정신역동적 관점(verbal psychodynamic perspective)' 에서 나온 개념의 사용에 더 집중하는 것으로 여겨지는 '정신역동적 음악치료' 보다 왜 '역동적 음악치료' 가 음악을 가지고 또 음악을 통해 '음악치료 경험' 에 적용된 정신역동적 용어 및 개념의 사용을 정의하는 데 더 효과적인지를 보여 주는 것이다. 중요한 것은 정신역동적 관점의 개념적 가치와 음악치료 관계 내에서 발전된 특정 음악 내용 사이의 심도 깊은 관계에서 나온 방법적 관찰에 더 초점을 두는 것이다.

3 언어 정신치료 과정에서 치료사와 클라이언트 간에 존재하는 장막이 대개 해소되며, 이렇게 정의된 상황에서 클라이언트는 좀 더 안정적인 '계약(contractuality)' 을 얻기 위해 자신의 감정을 그대로 치료사에게 '전이(transfer)' 한다. 따라서 여기에서 우리는 정신역동적 용어인 '전이' 를 도출하게 된다는 점에 주목할 필요가 있다. 그러나 특히 의사소통 장애나 정신건강 문제를 지닌 환자와의 비언어적 관계에서 진행하는 음악치료의 경우, 환자는 치료를 직접 의식하지 못하고 자기가 그저 음악에 기반을 둔 어떤 행위를 하게 될 것이라고만 알게 된다. 이런 어떤 행위를 진행하면서 긍정적인 결과를 얻기 위한 목적으로 클라이언트의 표현방법을 사용하면서 환자의 문제점을 다루고자 우리의 음악치료 투사를 용이하게 할 '동맹(alliance)' 을 창조하는 것이 중요하다. 이런 특징을 갖는 음악치료 관계는 클라이언트에게 이미 정의되고 인정된 틀 내에 있는 자기 감정적 에너지를 주는 기회를 제공하는 것이 아니고, 현재 구축 중에 있는 것을 제공해 주어 클라이언트가 현재 성장 중에 있는 음악치료 관계 내에서 감정적 투입을 하는 것을 가능하게 한다. 우리는 이 과정을 '역동적 과정' 이라고 한다. 그런데 이런 투입은 치료사 내에서 직접 만들어지는가, 음악 내에서 만들어지는가, 아니면 치료사 내에서 이런 투입을 더 쉽게 만들기 위해 음악을 통해 만들어지는가? 나는 이런 투입을 '전이' 라고 부를 수 없다고 본다. 클라이언트는 정서적으로 투입을 하고 있지만, 그는 많은 다른 방법과 방향성으로 투입을 하고 있다. 이것이 내가 클라이언트가 치료사를 향해 만드는 이런 과정을 '감정적 투입(emotional investment)' 이

라고 부르고 치료사가 클라이언트를 향해 궁극적으로 만드는 과정을 '역감정적 투입(counteremotional investment)' 이라고 부르는 이유다. 이런 과정을 관찰하는 작업은 분명히 음악적 산물의 다양한 측면을 관리하는 법을 이해하는 데에서, 그리고 그 과정에서 클라이언트에 대한 치료사로서의 그 자신의 행동이라는 점에서 기초적인 것이 된다.

배경 정보

일반적인 정보

A는 자폐진단을 받은 8세 소년이다. 이 증상으로 인하여 음악치료를 포함하여 여러 가지 치료를 받았다. 클라이언트의 가족과의 인터뷰에서(1999년 2월 5일), 그 클라이언트와 가족의 환경에 관하여 좀 더 많은 사항을 알게 되었다.

- A는 독립적이지 않다(그는 혼자 먹을 수 없고 어른의 도움 없이는 화장실에 갈 수 없다 등).
- A는 단지 어떤 제스처를 통해서만 그 자신을 표현할 수 있고, 언어적으로는 표현할 수 없다.
- A는 마치 시간을 의식하지 않는 것처럼 보인다(예를 들면, 그는 지나간 일주일의 나날을 이해할 수 없다.).
- A는 또래 아동과 관계를 형성할 수 없다.
- A는 응급 제왕절개 수술로 태어났고 조금 조산이었다(8개월 10일).
- A는 6개월쯤에 '마-마', '라-라' 와 같은 음악적 옹알이를 만들기 시작했다.
- 생후 8개월에 A는 엄마 외에 다른 사람은 기억하지 못하는 것처럼 보였다. 엄마의 목소리에 의해 어루만져지는 고립된 행동은 그를 차분하게 만드는 효과가 있다.
- A는 밤에 2~3시간마다 깨는 습관이 있다.

- 13개월쯤에 A는 어떤 물건 주위를 돌기 시작했다.
- 처음 몇 달 동안 A의 부모는 그를 많이 안아 주고 그에게 자장가를 불러 주었다. 이때 그는 이상한 행동을 몸에 익혔고, 그의 부모와의 신체적 접촉도 거절하였다.
- A는 큰 소리를 좋아하지 않는다.
- 출생 이후에 A는 그의 방에 키보드, 봉고, 캐스터네츠, 마라카스와 같은 매우 다양한 악기를 가지고 있다.
- A는 두 가지 다른 종류의 음악을 좋아한다. 하나는 멜로디에 더 초점을 맞춘 것으로, 이런 종류의 음악을 듣는 동안 그는 슬퍼하고 때때로 울기 시작하였다. 다른 하나는 배경음악으로, 그가 듣는 더 구조화된 팝송이었다.
- A는 텔레비전에서의 딸랑딸랑 울리는 소리를 너무 좋아하였고, 이런 소리를 들을 때는 주위를 움직이기 시작하며 흥분하게 되었다.
- A는 면도 거품과 작은 인형을 싫어하였고, 소리 나는 물체로 건반 세트를 좋아하였다.
- A는 6개월 이후부터 psychomotoricity[1)]를 일주일에 2회 받고 있고 12개월부터는 언어치료를 받고 있다.

음악치료 평가

평가를 위해서 클라이언트와 진단평가를 실시할 영역은 다음과 같다.

- 다른 음악적 자극과의 상호작용
- 클라이언트가 접하게 될 다른 악기와의 상호작용
- 음악치료실에 관찰자로서 부모가 있을 경우와 없을 경우에 대한 반응
- 방에서 나의 존재와의 상호작용

1) 유럽에서 PSICOMOTORICITA는 프랑스인 개척자 Aucotourier에 의하여 개발된 방법이다. 그는 정신운동 성향을 평가하는 이러한 방법으로 아동을 연구했다.

- 그의 반응/반응의 부재에 나는 어떻게 반응할 것인가?
- 공간에서 어떻게 운동과 제스처 능력을 사용할 것이며, 그곳에 있는 사람들과 어떻게 관계를 맺을 것인가?

다음은 이러한 초기 평가의 결과들이다.

음악적인 면

1. A는 음악을 들을 때 표정을 통해서 반응을 나타냈다. 그러나 활동적으로 반응하지는 않았다.
2. A는 멜로디 부분을 듣는 동안 우는 이상한 감수성을 보였다.
3. 음악적 자극이 특별히 멜로디적이 아닐 때, A는 소리보다는 악기의 모양을 더 좋아하는 것처럼 그것들을 탐색하고 만지는 등 흥미를 보였다. 더욱이 그는 물건을 아래로 떨어뜨리는 것을 좋아하였다.
4. 키보드를 탐색하도록 요청받았을 때 A가 보인 한 가지 반응은 다른 음들의 단순한 연속과 어떤 음의 무리를 만드는 것이었다. 그것은 2음 또는 3음 이상은 아니었다. 이런 경험을 하는 동안 그는 이상한 음성적 소리를 만들기 시작하였다.

행동적인 면

1. 치료사가 그에게 지시를 주지 않을 때, A는 자동적으로 사물을 향해 움직였고(2개월 또는 3개월 된 아기처럼) 초기의 방법으로 사물을 탐색하였다.
2. A는 치료사의 지시에 전혀 반응하지 않았다.
3. A는 좀처럼 눈 맞춤이 이루어지지 않았다. 때때로 그가 몇 초 동안 치료사의 눈을 볼 때도 잠시 웃을 뿐이었다.
4. A는 공간에서 많이 움직였는데, 이 운동 활동은 어떤 틀에 박힌 형태(예: 나비와 같이 빨리 퍼덕이기)로 나타났다. 때로는 방을 떠나려고 하였다.
5. 때때로 치료사가 아주 단순한 자극을 만들 때, A는 의미 있는 관계가 되었을 경우 간접적인(정직하지 않은) 기질을 보여 주기 시작하였다.

이러한 관찰 후, 나는 작은 악기를 가지고 1주에 2회 개인적 음악 치료를 그에게 하기로 결정했다. 그러나 각각 다른 악기를 몇 가지 골라서 하기로 했다. 나의 치료계획을 부모에게 소개하고, 다음과 같은 말로 설명했다. A가 매우 심각한 문제를 갖고 있다고 진단이 되고, 그에 대한 평가가 이러한 현실을 확증하므로 음악 치료방법이 확실하게 지정될 수 없다. A가 평가에서 간접적 반응을 나타냈으므로, 그 계획은 3개월간 그를 만나고, 좀 더 안정적인 관계를 만들면서 발전과정을 평가하는 것이다.

치료 목표

1. 진단평가를 하는 동안 소개되는 아주 작은 형태(특히 멜로디적인 것)와 음악적 자극에 대한 A의 선택적인 민감성을 사용해서 참여시키기
2. 감정적인 관점으로부터 치료사와의 더 상호적인 관계를 발전시키기 위해서 A가 선호하는 음악적 패턴을 통해 그를 포함하기, 그가 제스처로 표현하고 의사소통하는 태도를 만드는 것을 통해서 그의 행동을 외적 환경에서 더 잘 이해할 수 있도록 하기

음악기법

1. 세션의 준비 기간에는 멜로디적 음악을 듣는 것에 바탕을 두었는데, 이것은 클라이언트의 감정적인 투자를 용이하게 하기 위해서다.
2. 클라이언트를 간접적으로 포함하기 위해서 치료사가 시작한 즉흥연주는 그의 음악적 민감성에 중심이 된 멜로디를 키보드로 연주하는 것을 더 쉽게 재현할 수 있었으며 결국에는 화음까지 더할 수 있었다. 이런 모든 것은 너무 복잡하게 관계를 만드는 것 없이 클라이언트의 단순한 표현 형태를 모방하고 재창조하기 위해 사용되었다. 하나의 음악적인 창작물에서 다른 것 사이의 공간을 고려하는 이 단계에서 음악적으로 제시되도록 시도한다.
3. 클라이언트에 대한 치료사의 접근은 반지시적이었다. 더 구체적으로는 치료사가 클라이언트를 모방하기 위한 시간이 허락되었고 이런 소재로 작업을 하였다는 것이다. 더욱이 치료사는 치료 상황에서 도피하려는 클라이언트의 시도를 부정적인 방법이 아닌 재미나는 비위협적인 방법으로 통제하였다.

치 료

나는 45분씩 일주일에 2회 클라이언트와 만남을 가지기 시작했다. 그러나 그는 처음 20회 세션 동안 계속적으로 치료실을 나가려고 시도했다. 그런 문제는 꾸준히 감소해서 마침내는 완전히 사라졌다.

진단평가를 한 다음, 주로 다음 사항에 기초하여 나는 클라이언트와 관계를 형성하고자 했다. 물론 그의 자폐증과 관련된 특이한 점을 유념했다.

- 클라이언트를 환영하기 위해 그를 음악치료실로 초대하였다.
- 키보드 가까이 있는 의자에 앉게 하기 위해, 진단평가 기간 동안 A의 대부분 관심이 이 악기에 끌리도록 하였다. 치료사의 이런 행위는 반드시 연주를 하라는 것을 암시하는 것은 아니었다. '관계적 시각(relational perspective)' 에서의 목표는 클라이언트가 자신의 실체(things) 놓기를 시작할 수 있도록 용기에 유사한 분위기를 생성하는 것이었다. 이 단계 동안 치료사의 불안은 클라이언트가 무엇을 할지 모르기 때문에 증가하게 되었다. 더 나아가 '방법론적 시각(methodological perspective)' 에서 치료사는 자기 자신에게 더 집중하려고 노력하였고, 클라이언트가 반향이 큰 음악적 표현을 만들어 낼 때 창조적으로 반응할 준비가 더 잘되었다. 만약 치료사의 관심이 클라이언트에게만 집중되어 있으면, 클라이언트는 치료사의 행위가 너무 강압적이라고 느끼게 될 것이고 결국 불필요한 것으로 가득 찬 관계를 형성하게 하여 클라이언트가 불안하고 초조하게 되었을 것이다. '역동적 시각(dynamic perspective)' 에서 클라이언트가 내게 접근하는 것을 용이하게 하기 위해 명백히 누군가(나 자신)를 기다리는 것이 아닌 사람(클라이언트)의 입장에 나 자신을 놓아 먼저 그를 기다리는 것을 내 목표로 삼은 것은 바로 이런 점 때문이었다.
- 클라이언트의 이상한 음악적 표현에 따라 상호작용하기 위해, 그가 도입한 패턴을 즉시 모방하거나 약간 변주를 해서 클라이언트의 행동을 강화시키려 하였다. 이것은 그를 강화시키기 위할 뿐만 아니라 그가 다른 사람에 의해 만

들어진 음악적 표현에 반응하는 관계성 안에서 어떻게 그 자신을 더 포함하게 되는지를 관찰하기 위한 것이다. 즉, 나의 답변에 대한 일종의 간접적인 답변이다. 이 단계에서 A가 그의 행동의 어떤 면을 다른 면으로 변환하고 있었는지(예컨대, 그가 짧은 기간 동안 나와 눈을 맞추기 시작할 때와 음악을 하는 동안 나의 일부 동작을 보고 때때로 웃었을 때 보인 것보다 그의 얼굴 표정이 덜 긴장되는 것과 같은 변환이 진행되고 있었는지)를 알아보기 위해 치료과정의 진보를 평가해 보는 것은 실제 유용하였다. 그는 상동적인 움직임(stereotypical movement)을 줄이고 더 분명한 행동을 만들어 내기 시작했다. 또한 그의 주변에서 일어나는 사건에 대해 더 많이 연계되기 시작했다. 이는 주로 그의 얼굴 표정이나 동작에서 알 수 있었다. 좀 더 구체적으로 그 과제는 클라이언트가 치료사가 도입한 짧은 변주를 어느 정도 감지했다는 점을 그의 답변에서 이해하는 것이다.

• 다른 멜로디적 패턴에서 즉흥연주를 시작하기 위해, 그것을 '지금-여기 노래' 의 작곡과정에 연결시켜 클라이언트가 치료사와 더 친밀하게 그 과정에 참여하도록 하고 노래 작곡이 완성되기를 점점 더 기다리게 하였다. 이 단계에서 그는 내게 그가 자기의 행동을 감정으로 아주 잘 변환시킬 수 있다는 점을 이해시킬 기회를 제공하였다. 그는 전개해 가는 단조 노래를 더욱더 감정적으로 들을 수 있는 것처럼 보였다. 더 나아가 나는 '역감정적 단계' 에서 어머니의 입장을 점차 더 느끼게 되었다. 내포된 시각에서 그는 포옹받기를 요구하고 있었기에 나는 상징적으로 그를 껴안는 중이었다. 나는 노래를 시작했고, 그는 내가 멜로디를 더욱 발전시켜 갈수록 20분 이상을 눈을 맞추면서 진정으로 관계를 더욱 확립시켜 나가게 되었다.

많은 흥미 있는 역동적 관계가 이 과정 내에서 발견된다. 나는 우리 세션 중 비디오로 촬영한 한 세션을 관찰한 후에 기록한 것을 사용해 이들 역동적 관계의 일부를 기술한다.

• 그가 내게 더 가까워졌을 때 '어머니' 역할이 나의 내부에서 나타나며, 동시

에 내가 노래할 때는 '아버지' 역할이 증가적으로 나타난다. 노래를 하면 할수록 나는 내 목소리 표현방식의 높고 낮은 주파수로 나가게 된다.

- 정서적 관점에서 클라이언트의 반응은 처음에는 조용히 울다가 일정 시간이 지난 후에는 마치 내게 무엇인가를 물어보듯이 울었다. 이는 마치 그가 오랜 꿈속에 있다가, 혹은 자기 기억력이 오랫동안 공백 상태에 있다가 깨어난 것처럼 보였다. 이것이 그가 자기 감정을 표현하려는 의지를 내게 보인 이유이며, 자기가 누구인지를 발견하기 위해 그의 비극 내에서 포옹받고자 하는 커다란 바람을 내게 보인 이유가 되는 것이었다.
- 행동적 관점에서 클라이언트의 반응은 자기의 제한된 울음 후에 관계 내에서 더욱 집중하게 되었다. 멜로디적으로 작곡된 노래가 그를 울게 한 후에 그가 치료실에서 나가거나 나에게서 떨어질 필요 없이, 나는 약간 멈추어 그가 다시 아주 안정되도록 했다. 잠시 후, 나는 불렀던 멜로디를 갖는 리듬적 패턴을 좀 더 세분화된 리듬적 패턴으로 소개하였다. 이것은 그가 강한 포옹력으로부터 서서히 벗어나게 하는 데 도움을 주었다. 그는 내가 그에게 준 지시를 따르기 시작했다. 예컨대, 나는 전에는 없었던 특별한 순간을 시작하기 위해 음악적 즉흥연주로 그에게 도전을 주기 시작했으며 또 언어적으로 지시를 주기 시작했다. 그 순간 그의 정서적 및 행동적 반응은 나의 코드에 멜로디적인 연결을 하는 데 음악적으로 주안점을 두게 하였다. 나는 그에게 물었다. "내게 대답해 줄 수 있나요?" 또는 "왜 멈추었나요? 계속 진행할 수 있지요?" 그는 항상 나의 질문에 대해 그에 관련되는 방향으로 반응했다. 이런 아주 중요한 세션의 마무리 단계에서, 그는 과정의 진행 중에 처음으로 나의 언어적 지시를 따랐다. "A, 이제 마칠 시간이다. 가야 해. 다음 주에 우린 다시 만날 거야!" 그는 내가 말한 것을 이해했다는 느낌을 내게 주었다. 내가 그에게 말하자마자, 그는 일어나서 나가 버렸다.

논의 및 결론

'방법론적인 시각' 으로 볼 때, 이 사례에서 나는 '닫힌' 아이의 행동에 대한 역동적 반응을 따르며 음악적 언어를 통해 역감정적 단계에 나 자신을 적응하려고 하면서 평가 기간에서 나온 요소에 기초하여 치료 계획을 따랐음을 보여 주었다. 이 임상적 사례연구에서 기술된 역동적 음악치료 접근방법 내에서 음악의 사용은 자폐증과 같은 의사소통 문제를 가지고 있는 클라이언트에게 접근해 가는 데 있어서 명백히 커다란 기회를 제공해 줄 수 있다.

이 사례에서 의학적 암시는 '극심한 비율(extrema ratio)' 기능을 함축했다(이런 유형의 클라이언트로부터 긍정적인 치료 결과를 가져올 가능성은 많지 않음을 의미하므로 우리는 마지막 수단으로 음악치료를 시도한 것이다.). 더 나아가 이 사례는 음악으로 치료하기 위해 훈련받는 몇몇 전문가가 심각한 언어적 문제를 갖는 클라이언트와 작업을 할 경우 이런 유형의 관계 상황에서 설립한 음악이 특별한 중요성을 갖는다는 것을 보여 준다. 이것은 언어적인 정신역동적 접근방법이 다양한 장애에 적용될 수 없음을 의미하는 것이 아니다. 오히려 이 단계에서 결과를 얻기 위해서 그것은 더 많은 시간을 요구할 수 있으므로 덜 효율적이라고 간주될 수 있다. 이런 관점에서 볼 때 클라이언트의 필요에 대한 음악적 접근방법 뒤에 있는 인식론과 방법론은 발전하는 하나의 과정으로서 치료를 의미하며, 치료사가 노출하는 인격 구조에 연결되는 삶의 선택을 포함하는 것으로 보인다.

이 단계에서 우리는 이런 유형의 치료사가 음악치료 과정에서 그에게 제공되는 '장막(screen)' 에 대해 자기 자신의 '투사적 동일시' 를 만들어 낸다고 볼 수 있다. 더 나아가 그는 다른 사람을 도와주는 과정을 넘어서서 더 점진적으로 자기 자신의 과정과 실제적 치료를 창조한다.

참고문헌

Anzieu, D. (1975). *Il lavoro psicoanalitico nei gruppi*. Roma: Armando.

Benenzon, R. O. (1977). *Musicoterapia en la psicosis infantile*. Buenos Aires: Padios.

Benenzon, R. O. (1981). *Music Therapy Manual*. Springfield, IL: Charles C. Thomas Publisher.

Bruscia, K. E. (1993). *Definire la Musicoterapia*. Roma: Ismez.

di Franco, G. (1995). "Il grido Universale." In G. di Franco & R. De Michele (eds.), *Musicoterapies in Italia*. Napoli Idelson.

di Franco, G. (1995). "Voices as Means to Express Emotions," *3rd European Arts Therapies Conference Proceedings*. Hartforshire University, Hatfield, UK.

di Franco, G. (1999). "Music and Autism: Vocal Improvisation as a Containment of Stereotypes." In T. Wigram & J. de Backer (eds.), *Clinical Applications of Music Therapy-Developmental Disability, Paediatrics and Neurology*. London: Jessica Kingsley Press.

di Franco, G. (1999). "Music Therapy: A Methodological Approach in Mental Health Field." In M. Heal & T. Wigram (eds.), *Music Therapy Health and Education*. London: Jessica Kingsley Press.

di Franco, G. (2001). "Le voci dell'emozione: verso una pragmatica della musica come terapia," *ISMEZ*, Roma.

Leourt, E. (1994). *L' experience musicale/Resonanes psychanalyique*. Parigi: L' Harmattan.

Segal, H. (1975). *Introduzione all' opera di Melanie Kleine*. Firenze: Martinelli.

Winnicott, D. W. (1990). *Gioco e realtà*. Roma: Armando.

5장 다섯 번째 사례

혼자 자라기: 마약과 약물 남용 프로그램 치료를 받는 부모의 자녀를 대상으로 한 분석적 음악치료

Juliane Kowski

개 요

이 사례연구에서 나는 뉴욕 브루클린에서 마약과 약물 남용 프로그램을 시행하는 가족건강 지원센터의 방과후 프로그램에 참석하는 8~12세 아동을 대상으로 분석적 음악치료사로서 치료한 것을 소개하고자 한다. 8개월 동안 일주일에 1회씩 45분간 치료를 받은 아동은 감정적인 동요와 행동적인 문제를 보이고 있었다. 몇몇 아동은 주의력결핍 장애나 외상 후 스트레스 장애를 보이고 있었다. 나는 이들에게 Mary Priestley가 개발한 분석적 음악치료 방법과 기법을 도입한 방식에 대해서 서술할 것이다. 나는 자유연상 즉흥연주와 구조의 틀을 적용한 방법과 기법을 설명하기 위해서 음악적인 예를 사용할 것이다. 더 나아가서 나는 '즉흥적 태도(improvisational attitude)' 에 대해서 설명할 것이며, 음악치료사에게 제기되는 결과적인 도전에 대해서도 논의할 것이다.

도 입

나는 뉴욕 브루클린의 마약과 약물남용치료센터 안에 있는 가족건강지원센터에서 음악치료를 개발할 목적으로 고용되었다. 아이들은 방과 후에 그들의 숙제를 감독하고 있는 카운슬러가 센터까지 데려다 주었고, 그들의 부모가 센터가 제공하는 치료나 다른 서비스를 받는 동안 그들은 댄스, 음악, 미술 치료 과목 등에 참여했다. 나는 아이들을 연령에 따라 두 그룹으로 나누었고, 일주일에 1회씩 45분간 총 27회의 세션을 하였다. 나는 연령이 더 높았던 8~12세의 아동과 진행한 집단 음악치료에 대해서 설명할 것이다. 8~10명 정도의 아동이 이 음악치료에 참석했다.

내 연구에 대해서 논의하기 전에 나의 이론적 배경에 대해서 설명해 보고자 한다. 나는 인본주의 중심의 음악치료사다. 그래서 클라이언트 중심적 접근을 하며, 이는 치료과정에서 아동의 요구에 의존하는 것을 의미한다. 나는 Carl Rogers와 Abraham Maslow의 저술에서 구체화된 개념인 자아실현(self-actualization)과 절정 경험(peak experience)의 개념을 믿고 있다. 분석적 음악치료사(analytical music therapy[AMT] music therapist)인 Mary Priestley와 Benedikte Scheiby는 내가 어떻게 분석적 음악치료를 이해하고 실행하는지에 가장 큰 영향을 주었다. 나는 지난 5년간 Benedikte Scheiby와 같이 훈련하고 슈퍼비전해 왔으며, 환경을 고려하여 전개해 가는 나만의 방법을 가능케 하는 절충적이고 역동적인 스타일을 개발해 왔다. 나는 개인, 집단, 가족과 음악치료를 해 왔으며, 늘 분석적 음악치료의 도전을 받아 왔다. 이 사례연구에서 나는 치료과정의 결과보다는 치료과정 자체와 그 안에서 내가 어떻게 진화했는지에 초점을 맞출 것이다.

Priestley의 글은 내가 아이들과 음악치료를 하는 데 많은 도움을 주었다. 비록 그녀 자신이 분석적 음악치료가 아이들에게 어떻게 작용하는지에 대해서 깊이 있게 쓰기에는 경험이 매우 부족하다고 주장하고는 있지만, Priestley는 「분석적 음악치료에 관한 에세이(Essays on Analytical Music Therapy)」에서 소위 '정상적인' 아이들과 함께 그녀가 '예비 음악(preliminary music)'이라고 부르는 몇몇 재미있는 생각을 제공했다.

> 아이들은 항상 자신들의 환상을 이런 방식으로 행동화하고 있으며, 놀이를 통해서 환상과 조우한다. 아이들은 환상 속에 사로잡혀서 더 이상 앞으로 발전할 수 없게 되어 학습과 행동에 문제가 생기게 되고 도움을 필요로 하게 된다. 그러므로 아이들을 다루는 분석적 음악치료사의 소임은 그들의 자연스러운 호기심과 창조성을 무한대로 사용해서 그들이 자기 자신으로 돌아오고, 자기 자신을 소개하고, 자기 치유 놀이인 중요한 '일' 에 관련되도록 하는 것이다(1994, pp. 275-276).

아이들과의 음악치료가 더 이상 분석적이지 않을 때를 Priestley는 다음과 같이 말했다.

> 그때는 아이가 정신적인 장애로 인해 이해력이 결여되어 단어를 사용하는 것이 완전히 부적절하게 될 때라고 이야기하겠다. 그러나 아이가 이미 스스로 치료하는 방식으로 작업하고 놀고 있기 때문에 음악치료사가 따로 해석할 필요가 없을지라도, 분석적 음악치료사의 탐구적 접근법은 치료의 방향을 정하는 데 도움이 되는 방법에 영향을 미칠 것이다. 이런 도움으로 아이는 창조적인 방식으로 자신의 환경을 통제하게 될 수 있을 것이다. Winnicott(1971)은 "바깥에 있는 것을 통제하기 위해서 사람들은 생각하거나 소망하는 것이 아니라 무엇인가를 행동으로 해야만 하며 시간을 가지고 해야 한다. 놀이는 하는 것이다."(p. 47)라고 말했다. 분석적 음악치료는 그런 놀이에 기회를 제공해 줄 수 있다(1994, p. 284).

분석적 음악치료에 기반을 두고 그런 기법들을 이 아이들의 요구에 맞게 적용시키는 것은 치료적인 잠재성을 극대화시키는 음악과 결합되어서 심층적이고 분석적인 연구에 토대를 마련해 주었다. 일반적인 환경에서 이 아이들은 그들의 생활을 거의 조절할 수 없다. 분석적 음악치료의 틀 안에서 나의 지도하에 그들은 창조적으로 작업하고 놀 수 있는 기회를 갖게 되며, 어떻게 그리고 어떤 일이 행해져야 하는지 조절할 수 있는 기회를 얻게 된다.

배경 정보

센터에 있는 90%의 아동이 흑인이었고, 10%는 히스패닉 계열이었다. 몇몇 아동은 부모와 함께 살고 있었으며, 다른 아동은 일시적으로 부모가 그 프로그램을 마칠 때까지 부모에게서 격리되어 있었다. 그리고 대부분의 아동은 양육기관을 드나들었으며 친척과 시간을 보냈다. 그들에게는 한 명 혹은 그 이상의 형제자매가 있었다. 마약과 약물 남용의 기록 때문에 그들의 부모는 자녀를 계속 기르기 위해서는 이 프로그램에 의무적으로 참여해야만 했다.

이런 아동은 부모나 가족에게서의 방치, 정서적 · 신체적 학대, 기나긴 격리와 같은 문제를 가지고 살아 왔고, 약물에 노출되어서 결과적으로 법의 간섭을 받게 되고 법률기관이 관여하게 되는 결과를 낳았다. 그들은 쉽게 타인을 신뢰하지 않았고, 낮은 의사소통 능력을 가졌으며, 많은 분노와 좌절을 품고 있었다. 그들이 종종 행하는 부적절한 행동은 학교와 프로그램 안에서 끊임없이 문제를 일으켰다.

나는 이런 아동을 대상으로 1년 동안(학기상 1년) 음악치료를 했다. 목표를 조정하고 치료과정에 대해서 생각을 공유하고 아이들의 진척 정도를 논의하기 위해서, 나는 정기적으로 그들의 프로그램 담당자, 댄스 치료사, 카운슬러와 만났다. 팀이 설정해 놓은 목표에 도달하게 하는 신뢰와 토대를 쌓는 데에는 시간이 걸렸다.

분석적 음악치료 안에서 이 아이들과 집단으로 작업을 하는 것에는 즉흥적 태도가 필요했다. 좀 더 전통적인 의미의 분석적 음악치료 기법을 적용하게 만드는 많은 도전이 생겨났으나, 이들과 음악치료를 하면서 음악과 말하기 과정에서 분석적 음악치료법이 나타나는 순간이 있었다.

치 료

이 사례연구에서 나는 아이들과 진행한 2회의 치료 세션을 묘사해 보고자 한다. 첫 번째 예는 치료를 시작한 지 얼마 안 되었을 때의 세션으로, 분석적 음악치료 기법이 사용되었다. 그것은 홀딩 기법(holding technique)과 중요성의 형태(patterns of significance)였다. 두 번째 예는 치료가 끝나기 얼마 전의 세션으로, 노래 만들기 치료기법이 사용되었다. 각각의 예에서 나는 전이, 역전이, 저항의 관점에서 내 치료를 설명해 보고자 한다.

치료 목표

이 그룹의 아이들과 작업하는 데 있어 주요 목표는 다음과 같다.

- 감정의 인식과 표현
- 분노 조절
- 자존감 향상
- 의사소통 기술 발달
- 갈등 해결을 도움

예시 1: 자유연상 즉흥연주

세션 5

설명

몇 곡의 크리스마스 캐럴을 부른 후에 나는 '우리의 크리스마스 소망은 무엇인가' 라는 주제를 주었다. 나는 이 주제가 좋은 결과를 가져올 수 있을지에 대해 의심하였다. 이 주제를 고른 것은 '중요성의 형태' 라는 분석적 음악치료 기법과 일맥상통했다. 이 기법은 치료사와 클라이언트가 자신의 삶에서 중요한 사건을 고르는 것을 특징으로 한다. 치료사와 클라이언트는 함께 즉흥연주를 하고 나중에 언어적 과정을 거친다. "이 기법은 삶에서 중요한 사건을 둘러싸고 있는 내면의 형태와 감정을 발견하는 데 사용되어 왔다."(Priestley, 1975, p. 141)

Priestley는 이 기법을 중년의 성인 개별 세션에서 사용하라고 제안하였다. 그러나 나는 이 기법을 아동에게 성공적으로 적용하였다. 이 기법을 적용하면서 나는 상호작용을 위한 공통의 음악적 기초를 제공하려고 했고, 집단적으로 치료적 음악과 언어적 중재를 발전시키고자 했다.

때때로 아이들이 혼란스러워했던 치료과정의 초반부에, 나는 아이들에게 시작 부분에 대해서 그들이 느낀 점과 어떻게 그것을 지각했는지에 대해서 자유롭게 연주해 보라고 지시했다. 아이들은 연주를 했고 그것을 '혼돈(choas)' 이라고 불렀다. 이것은 되풀이해서 발생하는 주제인데다 그들의 삶의 저변에 깔려 있는 주제였기에, 나는 내가 이 주제를 특정한 '중요한 사건' 과 대체할 수 있을 것이라고 느꼈다. 우리는 이것을 계속 시도했다. 이는 아이들을 진정시키는 데 도움을 주었고, 혼돈을 몰아내고 조직화하고 그들 자신을 참을 수 있도록 했다. 아이들은 이 '혼돈스러운' 음악적인 상호작용이 그들의 의사소통 능력을 제지하고 있는지 점점 더 잘 알게 되었다.

나는 '우리의 크리스마스 소망은 무엇인가' 라는 주제로 즉흥연주를 시작하였다. 나는 그룹 전반에 무거운 분위기가 흐르는 것을 느꼈고, 다른 가족이 크리스마스를 축하할 때 아이들이 놓쳤을 만한 것에 대해서 상상할 수 있었다. 이 주제를 선택하는 것은 그룹 안에서 소화하기 매우 어려운 무엇인가를 건드린다는 중요한 위험성을 내포하고 있었다. 그렇기에 나는 필요하다면 아이들이 혼자서 그 과정을 소화할 수 있도록 시간을 제공하였다. 크리스마스는 그들에게는 명백하게 매우 힘든 시간이었을 것이다. 이어지는 치료 세션에서 아이들은 더 주제적인 연주를 했다. 몇몇 아동은 혼자서 연주하고 싶어 하기도 했다. 방치, 외로움, 건강하고 조화를 이루는 가정에 대한 열망과 같은 주제가 표면화되었다.

7명의 아동—앤디(심벌즈), 버트(아동용 잠베이), 칼(스네어 드럼), 댄(트라이앵글), 에바(버팔로 드럼), 패니(작은 콩가 드럼), 글래디스(마림바폰)—은 악기를 골랐다. 나는 큰 플로어 드럼의 사용을 금지했는데, 그 큰북이 음악을 주도하고 지배할 것 같아서였다. 나는 모든 아동에게 자신들이 느끼고 있는 바를 표현하고 다른 아동이 연주하는 것을 들어 보라고 격려해 주었다.

글래디스는 마림바폰을 매우 조용히 연주하기 시작했다. 패니가 이에 응답하여 글래디스를 따라 자신의 작은 콩가 드럼을 연주하였는데, 시선은 글래디스를 가볍게 응시하다가 바닥 쪽으로 향하였다. 앤디는 처음에 씨익 웃다가 곧 칼을 안심시키듯 쳐다본 후에 심벌즈를 한 번 매우 세게 쳤다. 나는 기타를 연주하기 시작했고, D 마이너, A 마이너(마림바폰의 5음음계[F G A C D]를 택하여)를 쳐서 지지적인 분위기를 만들어 나갔다. 내가 거기 있는 이유는 분위기를 지지하고(분석적인 음악치료에서 '홀딩 기법'[1]) 그들을 보호하고 격려하기 위해서였는데, 이것은 누군가가 파괴적인 방식으로 행동하기까지 계속되었다.

에바는 다른 소녀들과 4분의 4박자의 리듬으로 버팔로 드럼을 연주하기 시작하였다. 나는 그들이 진정으로 함께하고 싶어 하고 서로를 지지해 주려고 한다는 것을 느꼈다. 버트는 조용히 앉아서 자신의 드럼을 긁고 있었다. 나는 아직까지 버트가 집단과 함께 있는 것인지 저항을 표출하는 것인지 알 수가 없었다. 앤디는 버트가 드럼을 긁고 있는 것을 받아서 심벌로 긁는 소리를 내였다. 칼이 웃었다. 에바는 칼에게 화난 표정을 지어 보였고 그녀의 연주는 점점 더 커졌다. 리듬은 점점 더 강렬해져서 마치 4분의 4박자의 강한 무거운 걸음걸이 같은 리듬이 더 긴장되었다. 나는 이 시점에서 개입을 해야 할지 혹은 그냥 이 역동적인 연주를 그대로 두어야 할지 확신이 서지 않았다. 칼은 에바의 강렬한 버팔로 드럼의 박을 받아서 자신의 스네어 드럼을 치기 시작했다. 글래디스는 멜로디를 만들어 낸 후

1) 아이들과 활동하면서 나는 '홀딩 기법(holding thechnique)'을 종종 사용했다. 이 기법은 Priestley에 의해서 다음과 같이 설명되었다. 이 기법은 또한 가끔씩 '담아내기(containing)'라고 불리기도 한다. 이 기법의 목적은 음악적인 모체를 가지고 있는 치료사에게 감정적으로 의존하면서, 클라이언트들이 감정적인 소리 표현을 통한 클라이맥스를 통해서 그들의 감정을 완전히 경험할 수 있도록 하는 것이다(1994, p. 38). 내가 초반에 D 마이너와 A 마이너를 연주한 이유는 음악적인 기반을 마련하기 위해서, 음악적으로 아이들을 주도하기 위해서, 그리고 아이들이 자신의 감정을 솔직히 드러낼 수 있도록 하기 위해서였다. 그러고 나서 나는 음악의 좀 더 혼란스러운 성격을 따라갈 뿐만 아니라 남자 아이들에게 안아주는 환경(holding environment)에서 그들의 감정을 표출할 수 있는 기회를 주기 위해서 긴상을 상징화하는 의미로 빈옴씩 움직이며 코드를 연주하는 것으로 바꾸었다. 나는 거의 모든 시간에 담아내기(containment)를 하기 위해서 '홀딩 기법'을 사용했다.

에 그것을 계속해서 반복했다.

사본

글래디스의 음악에서 하나의 이미지가 떠올랐다. 크리스마스 이브에 혼자 앉아서 그녀의 엄마를 위해 울고 있는 모습이었다. 나는 기타를 부드럽게 치면서 글래디스를 지지해 주었고, 그녀를 안심시키는 듯한 표정을 지었다. 버트는 글래디스의 멜로디 있는 리듬 패턴을 따라 하면서 마치 자신이 그녀와 함께하고 있는 것처럼 연주하였다. 비록 직접적으로 글래디스를 쳐다보는 것은 피했지만 말이다. 다른 아이들도 이 리듬을 따라 했다. 짧은 시간 동안 아이들은 강렬한 음악적인 메시지를 만들어 냈다. 나는 댄을 쳐다보았는데, 그는 거기에 앉아서 멍하니 트라이앵글을 쥐고서 앞뒤로 흔들기만 할 뿐 연주를 하지 않았다. 그는 어디에 있는가? 다른 아이들도 나도 댄에게 다가갈 수가 없었다. 반면에 칼이 자신의 심벌즈를 내리치기 전까지(이 행동은 통일된 것을 의도적으로 파괴하려는 행동이었다.) 다른 아이들의 연주는 마치 그들이 그들만의 작은 '클라젤리드'(울부짖는 노래라는 뜻의 독일어)를 작곡한 것처럼 들렸다. 여자 아이들은 연주를 멈추었고, 남자 아이들은 칼에게 합류해서 그룹은 분열되었다.

나는 기타로 코드를 반음씩 움직이며 남자 아이들의 세력에 동참하였다. 4분의 4박자 리듬은 무너졌다. 남자 아이들은 크고 분노에 찬 소리로 혼란스럽게 연주하였다. 남자 아이들은 웃고 있었고 안심시키려는 듯이 나를 쳐다보았다. 나는 계속 그 아이들을 따라가 주었고 혼란스러워도 괜찮다고 얘기해 주었다. 아마 크리스마스 때 그들이 경험했던 것은 혼돈이 아니었을까? 나는 아이들이 자신의 감정을 표출할 수 있도록 격려해 주었다. 아이들은 계속해서 웃어댔다. 나는 그들의 분노를 깊게 감지할 수 있었고, 그들의 저항도 감지할 수 있었다. 아이들은 음악적인 혼돈 뒤편으로 자신들을 감추고 있었다. 그들이 웃는 것은 자신들의 내면 깊숙이 있는 감정을 다치지 않게 하기 위해서인 것처럼 보였다. 여자 아이들은 움츠렸다.

나는 손을 들어 연주를 마치도록 하였다. 나는 남자 아이들에게 남성적인 에너지를 위한 공간을 주고자 하였으며, 여자 아이들에게는 남성적인 에너지와는 확실히 다른 여성적인 에너지를 발휘할 수 있도록 하고 싶었다. 나는 음악이 진정될 수 있도록 몇 초간 침묵이 흐르게 했지만 남자 아이들이 진정할 기미를 보이지 않았기에 언어적 과정으로 옮겼다. 이 2분 30초의 음악은 매우 빠르게 지나갔다.

나는 글래디스에게 그 음악에 대해서 어떻게 생각하느냐고 물었다. 글래디스는 첫 부분이 더 좋았다고 답했다. 나는 그녀에게 음악적으로 무엇을 그리고 왜 표현하려고 했는지 물어보았다. 글래디스는 아무도 쳐다보지 않은 채 그녀의 소망은 가족이 크리스마스 때 모두 함께하는 것이라고 대답하였다. 방 안에는 정적이 감돌았다. 나는 글래디스에게 그녀의 소망은 매우 정상적인 것이며, 크리스마스 때에는 온 가족이 모두 축하해야 한다고 말했다. 나는 그녀의 슬픈 감정을 인지할 수 있었고, 그녀의 소망이 실현될지에 대해서 매우 불확실해하고 있는 것도 느낄 수 있었다. 나는 또한 그녀가 많은 용기를 가지고 그녀의 감정을 음악적으로 그리고 언어적으로 공유했다는 점을 다른 아이들에게 알려 주었다.

나는 아이들에게 혹시 글래디스가 느꼈던 감정을 비슷하게 느꼈거나 그녀의 음악에서 그런 느낌을 받았는지를 물어보았다. 패니는 글래디스의 멜로디가 자신을 슬프게 만들어서 글래디스와 같이 연주하게 되었다고 말했다. 나는 패니에게 그녀가 말하고자 했던 것에 대해 물었고, 그녀는 그것이 무엇인지는 잘 모르겠지만 행복해지고 싶다고 했다. 남자 아이들은 킥킥거리며 웃기 시작했다. 나는 이 그룹이 다시 분리되고 있는 것을 느낄 수 있었다. 어떻게 하면 내가 이 그룹을 하나의 공동체로 계속 유지할 수 있을까?

나는 앤디에게 처음에 심벌즈를 긁으면서 소녀들과 함께 어울려서 연주하고 싶지 않아 했던 점을 언급했다. 앤디는 심벌즈가 여자 아이들이나 갖고 노는 것이지 자신이 갖고 노는 것은 아니라고 했다. 나는 그에게 어떠한 방식으로 크리스마스 소망을 표현했는지 물어보았다. 그는 크리스마스에 즐겁게 놀길 원했고, 나는 그것이 충분히 실행 가능한 소망이라고 얘기했다.

나는 아이들에게 짧게나마 그들이 모두 음악적으로 함께 어우러졌을 때 어떻게 느꼈고 어떤 식으로 그 음악이 들렸는지를 물어보았다. 패니는 그 음악이 슬프게 들렸다고 하면서 슬픈 크리스마스 캐럴 같았다고 했다. 에바는 고개를 끄덕이면서 패니의 말에 동조했다. 앤디와 칼은 킥킥거리면서 말을 하기 시작했다. 나는 그때 화가 났고, 내 안에 있는 '선생님' 역할이 꿈틀대기 시작했다. 나는 이 상황을 다루기에는 너무 무기력하다고 느꼈다. 우리가 어느 곳에 가든지 막혀 있는 것처럼 보였다.

나는 말썽부리는 소년들을 어느 정도 무시하기로 하고 댄에게 왜 그가 전혀 연주를 하지 않았는지를 물었다. 댄은 무엇을 연주해야 할지 몰랐다고 대답했다. 나는 댄에게 그가 크리스마스에 원하는 것이 무엇인지 물어보았다. 댄은 매우 조용하게 크리스마스에 나쁜 일이 일어나지 않았으면 좋겠다고 답했다. 버트와 칼은 크게 웃어댔다. 나는 댄이 말한 것에 대해서 왜 그런 반응을 보였는지 설명해 달라고 그들에게 부탁했다. 버트와 칼은 계속 웃어댔고, 자신들에게 주의가 집중되는 것을 즐겼다. 버트는 댄이 전혀 참여하지 않았다고 얘기했다. 나는 댄이 아마도 수줍음이 많기 때문에 그럴 거라고 말하면서 다른 아이들이 댄이 좀 더 안전한 느낌을 갖도록 도와줘야 한다고 얘기했다.

나는 음악에 관한 것으로 다시 돌아가기로 하고, 칼에게 여자 아이들이 연주를 멈추었던 음악의 두 번째 부분에 대해서 어떻게 느꼈는지 물어보았다. 칼은 그런 식으로 연주하는 것이 즐거웠다고 답했다. 나는 음악의 성격을 묘사하도록 칼에게 부탁하면서 좀 더 깊게 들어가 보고자 했다. 그러자 칼은 그 연주가 빠르고 행복했다고 했다. 나는 같은 질문을 앤디에게 해 보았다. 앤디는 그 음악이 매우 강렬하고 행복하고 야성적이었다고 답했다. 이 묘사에 동의하는 사람이 있는지 다른 아이들에게 묻자, 글래디스는 그 음악이 총소리처럼 들렸기 때문에 자신은 연주를 멈추었다고 답했다. 에바 또한 동의하는 듯한 표정을 지었다. 패니는 그 음악이 무서웠다고 답했다.

앤디와 칼은 다시 웃었다. 그들은 마치 자신들이 성취한 것에 대해서 매우 자랑스러워하는 듯한 태도를 보였다. 나는 이쯤에서 내가 반응을 해야 함을 느껴서 앤디와 칼에게 모든 사람이 자신의 감정을 표현할 권리가 있고 우리 모두는 다른 사람들의 감정을 존중해야 한다고 말해 주었다. 나는 또한 여자 아이들이 그 음악에 대해서 어떻게 느꼈고, 왜 연주를 멈추었는지를 알게 되었다. 나는 그 혼란스러운 연주에서 '분노'를 느꼈다고 언급하면서 다른 아이들도 혹시 그와 비슷한 것을 느꼈는지 물어보았다. 그때 내가 그들의 아픈 곳을 건드렸다고 말할 수 있을 것이다. 저항의 벽이 세워졌다. 나는 다시 한 번 반복해서 즐거운 크리스마스를 보내지 못했기 때문에 분노를 느끼는 것은 매우 당연하다고 생각한다고 얘기해 주었다. 남자 아이들은 북을 마음대로 치기 시작하였다. 그들은 나를 제지하려고 그런 행동을 하는 것이었을까? 나는 주의를 기울여 달라고 부탁했고, 그들의 마음이 떠났음을 느끼면서 매우 힘겨워했다. 아이들은 주의를 기울이길 거부했고, 나는 이쯤에서 그것을 덮어 두어야 함을 알고 있었다.

나는 모든 아동의 활발한 참여뿐만 아니라 듣기의 중요성도 인식할 수 있었다. 나는 오늘 치료가 단지 5회 세션에 불과하며, 이렇게 빠른 시간 내에 아이들에게서 너무 많은 것을 기대해서는 안 된다는 것을 깨달았다. 나는 아이들에게 겁을 주려고 한 것이 아니었다. 나는 그들에게 치료 시간을 끝내기 전에 개인적으로 소화할 수 있는 시간을 주고자 했기에, 다음 시간에도 크리스마스를 주제로 해서 치료를 계속할 것이라고 얘기해 주었다.

슬픔, 분노, 유기, 외로움과 같은 감정이 크리스마스와 관련된 치료 시간에 계속 표면화되었다. 나는 아이들에게서 크리스마스 때 아무런 선물도 받지 못한 이야기도 들었고, 슬픈 눈으로 잃어버린 가족이나 축하 파티 등에 관한 얘기를 하는 것도 들었다. 안타깝게도 나는 우리가 이 주제와 감정을 가지고 현실적이고 마음에서 우러나는 변화를 가져오도록 충분히 얘기하는 것이 불가능하다는 것을 알아차렸다. 단지 우리에게는 충분한 시간이 없었고, 너무 많은 아동이 너무 무거운 짐을 지고 있었으며, 몇몇 남자 아이가 강력하게 저항하는 것과 같은 지속적인 방해가 있었다.

5회 세션에 관한 논의

전이, 역전이, 저항은 나의 작업에서 통합적인 것이기에, 나는 먼저 내가 그것들을 이해한 대로 설명해 보도록 하겠다.

전이

Priestley는 전이를 다음과 같이 설명했다.

> Freud는 전이 현상을 '잘못된 결합'으로 일컬었으며, 그의 환자 중 몇 명이 그를 대할 때 예전의 자신의 삶 속의 관계(보통 부모와 관련된)와 관련된 감정을 가지고 대한다는 것을 알아차렸다. ……그러나 치료사는 예전의 그 사람—부모이건 부모를 대신하는 사람이건 간에—이 반응했던 방식으로 반응하지 않는다. 치료사의 반응과 해석은 환자가 지속된 강박 증세에서 해방되어 새로운 방식의 행동과 반응을 경험할 수 있도록 해 준다(1994, p. 77).

역전이

다음은 역전이에 대한 간단하고도 명확한 정의다. "전반적으로 말해서 역전이는 치료 기간 동안에 환자에 대한 반응으로 치료사가 환자에 대해서 느끼게 되는 감정이다."(Pavlicevic, 1997, p. 166)

Priestley는 역전이를 다음과 같이 설명한다.

> 치료사는 일하면서 점점 알게 되거나 혹은 그를 확 일깨우는 갑작스러움으로 깨닫게 되는데, 자신의 감정적이고 신체적인 자각을 통해서 환자의 감정에 대해서 동정적인 느낌을 갖게 된다. 종종 이런 감정은 억압된 것들이고, 아직은 환자의 의식 속에서는 가능하지 않은 것이며…… (1994, p. 87).

저항

Austin과 Dvorkin은 저항을 "……내면을 들여다보는 정신치료학의 과정에서 정기적으로 만나볼 수 있는 역설적인 현상"(1998, p. 423)이라고 정신분석학적 용어로 설명한다. 저항과 관련된 Priestley의 작업은 전통적인 정신분석학적 모델에 기초를 두고 있다. Priestley는 음악 속에서 어떻게 저항의 수위가 표면화되는지 설명하고, 어떻게 그 저항의 수위가 정신분열증을 가진 환자를 치료할 때 쓰이는지 설명하고 있다. 나는 다음의 Bruscia의 정의가 내 치료과정에서의 설명과 저항의 분석에 적합하다고 생각했다. "방어기제처럼 저항은 해롭거나 미숙하게 억압기제로부터 클라이언트를 보호하는 작용을 할 경우에 건강한 것이며, 클라이언트가 치료에서 이익을 얻거나 완전한 삶을 살아나가는 행위를 봉쇄하고 있다면 건강하지 못한 것이다." (Bruscia, 1998, p. 41)

5회 세션에서의 전이

전이는 아이들과 작업하면서 지속적으로 일어났다. 이들의 삶에서 방치와 학대가 정기적으로 일어났던 점이 무의식적으로 음악 속에서 반영되었고 계속해서 혼돈스러움을 표출했다. 그들은 혼란스러운 상황에서 치료실로 왔다. 그들은 삶에 있어서 일관성이나 한계점이 없었고 안정적인 부모의 사랑이 부재했다. 아이들은 학대를 당한 것이다. 그에 대한 보상으로 아이들은 다른 아이들에게 자신이 당한 것을 똑같이 해 주고 싶어 했고, 나에게도 마찬가지로 행동했다. 아마 이런 친숙한 형태는 그들을 안전하다고 느끼게 만들었던 것 같다. 음악은 이런 전이를 해석하는 데 도움을 주었고, 그것을 생생하게 전달해서 인식할 수 있게끔 했다.

이 사례연구에 대해서 논문을 쓰기 시작할 때 나는 내가 녹음해 놓았던 것들을 모두 한 번씩 다시 들어보았다. 나는 대부분의 치료 시간이 얼마나 소란스럽고 혼돈스러웠는지 깨닫고 매우 충격을 받았다. 많은 아동이 서로 고함을 지르고 웃고 욕설을 퍼붓고 있었다. 아이들의 주의를 끄는 데는 상당히 오랜 시간이 걸렸다. 나는 말벌들이 미친 듯이 방 안을 날아다니면서 서로를 쏘려고 하는 장면을 머리에 그려 보았다. 나는 이 저항과 혼돈을 깰 수 있는 방법을 찾아내야만 했고, 아이들에게 상호작용하는 다른 방법을 알려 주어야만 했으며, 혼돈 없이도 그들에게 편안한 환경을 만들어 주어야만 했다.

5회 세션에서 나의 역할은 바뀌거나 적어도 양면적이 되었다. 여자 아이들에게 나는 '좋은 어머니' 역할을 했고, 그들을 지탱해 줄 수 있는 어깨를 제공했으며, 그들의 슬픔을 포용하고 그 슬픔을 표출할 수 있도록 격려해 주었다. 나는 형태와 소리에서 부드러운 존재감을 표현하기 위해서 기타를 조화로운 악기로 선택했다. 나는 D 마이너와 A 마이너를 연주했으며, '좋은 어머니'를 나타내 주는 음악적 포용 자세를 보여 주었다. 나는 열려 있고 슬프게 들리는 멜로디에 대한 응답으로 마이너를 선택했다. 한편으로 남자 아이들에게 나는 종종 '나쁜 어머니'가

되었으며, 그들을 방치하고 그럼으로써 그들이 분노와 좌절을 표출할 수 있도록 했다.

나는 간섭하거나 명백한 저항이 있는 경우에 상당히 애를 먹었다. 나는 매우 무기력하게 느끼고 걱정되었으며 때때로 화가 나기도 했다. 내가 느낀 모든 분노가 이 아이들의 것이었을까, 아니면 치료해야 하는 그들로 인해서 내가 화가 난 것일까?

슈퍼비전을 하면서 나는 아이들이 음악적으로 혹은 언어적으로 분노를 표출했음을 경험할 수 있었다. 때때로 나는 신체적으로 긴장감을 느끼기도 했다. 나는 초점을 계속 맞추고 있어야만 했으며, 그 분노가 나의 것이 아니라는 것을 알아야 했으며, 깊이 숨을 들이마시고 내쉬었다가 다시 안정을 취한 후에 나아가야만 했다. 말하자면 아이들은, 특히 남자 아이들은 그들의 '학대'를 나에게 '전이'시켜야만 했는데, 그 이유는 그것만이 그들이 알고 이해하고 있는 것과 관련된 방법이기 때문이었다.

나는 나 자신의 과거 기억을 되돌아봐야 했다. 음악치료사로 일하기 전에 나는 학교 교사였으며 아이들을 훈련시켜야만 했다. 나는 무능하다고 느꼈던 것을 기억해 냈다. 나는 당시에 그들의 분노의 표현이 개인적으로 나에게 향한 것이 아니고, 나의 삶에서 내가 이 역동을 적절하게 평가해 낼 수 있는 훈련을 받지 못했다는 생각에 매우 힘들었다. 지금에 와서 나는 그것을 적절하게 이해할 수 있지만, 여전히 이 문제를 슈퍼비전에서 재조명해 보아야 한다.

여자 아이들은 자신들의 슬픔을 표현하기로 함으로써 다른 역학관계에 놓이게 되었다. 그들은 몇 번의 치료 세션에서 격려가 자주 필요했지만, 남자 아이들과 어울려서 음악으로 분노를 표출해 내기도 했다. 나는 그들에게 격려가 필요한 것은 그들이 자신들의 진실한 감정을 표현하고 나서 그 결과를 매우 두려워하고 있기 때문이라는 것을 알 수 있었다. 시간이 지나면서 나는 이 저항을 어떻게 순환시킬 것인지, 그리고 이들에게 저항이 무엇을 상징하는지 알게 되었다.

5회 세션에서의 역전이

나의 개인적인 역전이가 발현되었다. 때때로 나는 내가 그들에게 '충분히 좋은 어머니'가 될 수 있을까 궁금해했다. 이런 느낌은 내가 실제로 두 명의 어린 남자 아이의 어머니로서 개인적으로 겪는 어려움에 기인하는 것이었다. 나는 항상 완벽한 어머니가 되고자 했으나, 거기에는 한계가 존재하며 나의 약점을 받아들이고 너무 높은 기대치는 버려야 한다는 것을 깨닫게 되었다.

이 아이들의 언어적 또는 음악적 행동이 그들의 낮은 자존감과 무능력한 느낌을 반영할 때가 몇 번 있었다. 음악적으로 이런 것이 나타날 때, 음악치료사로서 나는 매우 무능함을 느꼈다. 나는 종종 이런 방식으로 감정을 어떻게 그리고 왜 끝맺어야 하는지 확신할 수가 없었다. 이런 설명이 독자에게 혼란을 불러일으키고 불만족스럽게 만들 수 있다는 것을 인식하고는 있지만, 역전이란 Priestley가 말하듯 알맞은 용어로 설명하거나 분석하는 것이 매우 어려운 것이다.

저항 다루기

이들과 작업을 하면서 저항은 언어적으로도 음악적으로도 나타났다. 이런 저항은 그들이 예전에 상처받은 곳을 다시 다치게 하는 것에서 그들을 보호했다(그러므로 이 저항은 건강한 의미의 저항이다.). 가족생활, 집, 휴일, 부모님의 사랑과 같은 주제에 대해서 이야기할 때 아이들이 웃고 간섭하고 반대하는 등의 언어적인 저항을 관찰할 수가 있었다. 음악적 · 언어적 중재가 그들의 연약함을 건드릴 때마다 아이들은 건강한 저항으로 응답했고 북, 심벌즈, 트라이앵글을 공격적으로 쳐댔다. 나에게는 이것이 순수한 고통인지 저항의 표현인지가 확실하지 않았다. 때때로 그들은 저항을 블루스와 랩으로 표현했으며 그 안에서 무겁고 슬픈 주제를 나타내기 위해서 재미있는 말이나 은유를 사용했다. 아이들이 보호받고 있다는 느낌을 주기 위해서 나는 이런 저항과 맞서는 방법을 찾아야만 했다. 때때로 나는 그들이 저항을 연주하거나 표출하도록 그냥 내버려 두었다. George J. Thompson (1983)에 의해서 고안된 방법인 '언어적인 유도(verbal judo)'를 내 치료과정에 도입하고자 했다. 이 방법은 저항을 깨뜨리기 위해서는 저항과 함께 가야 한다는 개념을 기본으로 하고 있다. 이것은 언어적으로도 가능하고 음악적으로도 가능하다. 나는 아이들이 '혼돈'을 연주할 수 있도록 내버려 두었다. 때때로 이것은 긴장을 불러일으키기도 했지만 그들에게 함께할 수 있는 길을 열어 주기도 했다.

치료과정의 초반부에 글래디스가 부드럽고 슬픈 멜로디를 마림바폰으로 연주한 후에 앤디가 심벌즈를 마치 경고처럼 침으로써 음악적인 저항을 시도했을 때, 앤디는 자신의 친구들에게서 안심해도 좋다는 확답을 얻고자 했다. 그는 버트와 짝을 지었고 나중에는 칼과 짝을 지었다. 앤디는 그의 음악 속에서 명백하게 '난 아냐! 난 거기에 가지 않을 거야!' 라고 외치고 있었다. 앤디는 자기 자신이나 자신의 감정을 노출할 준비가 되지 않았다. 그는 자기 자신을 보호하고 있었으며 건강한 저항을 보여 주었다. 아이들은 그들의 세계에서 살아남기 위해 이런 종류의 자기보호가 필요했다. 이런 저항을 없애기 위해서 아이들은 어떻게 자신들의 욕구를 충족시킬 것인지 배워야 하는 광범위한 학습과정을 거쳐야만 했다. 나는 앤디에게 하고 싶은 것을 하도록 내버려 둠으로써 연민의 메시지를 보냈고, 여자 아이들에게는 초반에 그들의 음악에 참여하고 머물러 있게 함으로써 연민의 메시지를 보냈다.

킥킥거리는 것과 웃는 것은 매우 흔한 저항행동이다. 안타깝게도 이런 행동은 집단적으로 갈등을 유발한다. 비웃음을 당했다고 느낀 아이들은 마음의 문을 닫아 버리고, 두 그룹 사이에 그들의 감정을 표현하도록 하려면 음악치료사에게 정말 많은 협상의 시간이 필요하다. 그러므로 나는 이를 건강하지 못한 저항으로 명명하고자 한다. 이런 행동은 개인을 위한 치료과정을 방해하고 전체로서의 집단 치료과정도 방해한다.

나는 이런 저항과 어떻게 맞서야 할까? 앤디의 '저항' 이 처음 표면화되었을 때, 나는 여자 아이들에 대한 나의 음악적인 반응에 초점을 맞추었고 그것이 오래가기를 기대했다. 얼굴 표정이나 몸동작을 통해서 아이들이 뒤로 물러서지 않도록 그들을 격려하려고 했다. 그 후에 앤디와 칼이 짝을 지었을 때, 나는 그들이 책임을 지도록 했다. 에바가 칼에게 화난 표정을 지어 보였을 때 나는 중재하지 않기로 결정했고, 주위의 모든 것이 음악적 · 감정적으로 합쳐질 때까지 그대로 흐르도록 내버려 두었다. 칼의 심벌즈가 저항의 신호를 보내며 '쾅' 하고 부딪쳤을 때 우리를 다시 한 번 방해했으며, 나는 무엇을 해야 할지 잘 모른 채 머뭇거렸다. 여자 아이들은 연주를 멈추었고, 남자 아이들은 계속 진행했다. 나는 음악을 완전히 끝내고 싶지는 않았다. 남자 아이들이 전달해야 할 다른 메시지가 있거나 그들의 저항을 좀 더 탐구해 보고자 하는 것 같다고 느꼈고, 그들이 계속하도록 내버려 두었다. 돌이켜 보았을 때, 만약 내가 그들을 제지했더라면 실수였을 것이라고 확신한다. 언어로 논의하는 과정에서 나는 건강하지 못한 저항이 얼마나 다른 사람의 감정을 해칠 수 있는지에 대해서 지적했고, 나중에 그런 것에 대해서 서로 공유하는 것도 제지시켰다.

아이들은 감정을 표현함으로써 음악 속에서 자신들의 저항을 표출했지만, 나중에 이런 표현과 자신들의 생각을 연결시키기란 거의 불가능했다. 아이들이 음악적으로 표현한 것과 말한 것 사이에는 상당한 불일치가 있었다. 몇몇 아이들은 저항을 표출하면서 매우 반복적인 모티브, 멜로디, 리듬을 연주했다. 다른 아이들은 경솔하게 연주를 멈추거나 아예 연주하기를 거부했다. 때때로 급격하게 바뀌는 템포 또한 저항을 나타내었다.

요약하자면, 아이들은 치료의 초반부에 미숙하거나 해롭게 억압을 해소하려고 하는 것에 대해서 건강한 저항을 표출한다. 건강하지 못한 저항은 아이들이 매우 파괴적으로 행동할 때 표출되는데, 이런 저항은 아이들이 생각이나 느낌을 교환하는 것조차 가로막는다. 때때로 건강하지 못한 저항은 나에게 짜증과 분노를 유발시켰다. 나는 슈퍼비전에서 나 자신의 분노를 주의 깊게 살피면서 이런 문제를 거듭해서 언급해야만 했다. 그때에 반응하는 것은 저항의 종류를 파악할 수 있는 능력과 적절한 중재를 적용하도록 하는 능력이 필요했다. 완전히 포위되었다고 느꼈을 때, 나는 깊게 숨을 들이마시고 나 자신에게 이야기하면서 치료를 계속해 나갔다. 저항은 이들과 작업을 하면서 나에게 매우 중요한 문제였으며 계속되는 전투의 장이기도 했다.

예시 2: 노래 만들기

세션 25

설명

이 세션에서 나는 종결에 관해 말하기 시작했다. 우리는 안녕이라고 말하는 데 관련된 감정적인 문제에 대해서 즉흥연주를 했다. 마지막 세션에 나는 아이들에게 '안녕' 이라는 제목으로 랩을 만들어 보도록 제안했다. 나는 아이들을 두 그룹으로 나누어서 몇 명의 남자 아이들에게 가사를 쓰도록 하고 나머지 아이들에게 음악을 만들어 보도록 했다.

한 남자 아이가 쓴 가사는 다음과 같다. 나는 그를 U라고 부르겠다. 내가 U의 가사를 고른 까닭은 그가 이 집단을 이끌고 있었으며 그의 가사가 가장 중요했기 때문이다.

안녕이라고 말하는 것은 어렵답니다

안녕이라고 말하는 것은 어렵답니다.
왜냐고요?
왜냐하면 당신이 안녕이라고 말하는 사람은
죽는 것처럼 여겨지기 때문이지요.
어떤 사람은 안녕이라고 말할 때 울 것입니다.
강해지고 '안녕' 이라고 말하세요.
나처럼 말이에요.
그리고 울지 마세요.
마치 그 사람을 다시 볼 수 있을 것처럼 행동하면서 안녕이라고 말하세요.

후렴구: 안녕이라고 말하는 것은 어렵답니다.

나중에야 나는 U가 자신의 생각과 감정을 리듬에 실어서 표현해 내는 능력과 용기를 깨닫게 되었다. 다른 아이들은 빠른 랩 리듬을 제공함으로써 U를 훌륭하게 지지했다. 아이들은 독립적으로 연주했지만, 전체적으로 하나의 음악이 그들의 생각을 소통시키고 있었다.

나는 아이들에게 U가 말한 것에 대해서 어떻게 생각하는지 물어보았다. 남자 아이 중 한 명(W라고 부름)은 "U가 말한 것이 옳아요. 우리는 안녕이라고 말하고 나중에 언젠가 그 사람을 다시 볼 수 있을 것이라는 것을 알아요."라고 말했다. 나는 내가 다시 돌아오지 않을 것이며, 우연히 가다가 만날 가능성밖에 없다는 것을 아이들에게 말해 주어야만 했다. 나는 이 시점에서 아이들이 이 만남이 끝이 아니라고 안심시켜 주길 원한다는 것을 알 수 있었다. 나는 안녕이라고 말하는 것에 대해서 내가 어떻게 느끼고 있는지를 아이들과 공유했고, 내가 그들을 그리워할 것이라고도 말했다. 아이들은 내가 왜 떠나야 하는지 정확히 그 이유를 알고 싶어 했고, 다시 한 번 분노의 역동성이 표면화되었다. 아이들은 웃고 서로에게 소리를 지르기 시작했다. 내가 나의 어린 두 아들 또한 어머니의 보살핌이 필요하다고 이야기했을 때, 몇몇 아이가 조용해졌다. 우리는 긴 '안녕' 노래로 치료 시간을 끝마쳤는데, 모두가 그 노래 안에 자신들이 해야 할 말을 표현하고 있었다. 나는 나중에서야 더욱 진실한 태도로 그들의 감정에 다가가기 위해 그들과 함께 신뢰와 관계를 구축하는 데 몇 년이 걸릴 거라는 사실을 깨달을 수 있었다.

25회 세션에 관한 논의

전이

나는 또다시 이 아이들의 삶에서 그들을 내팽개친 어른의 역할을 맡았다. 나는 그들이 느끼는 분노의 감정을 이해하고 받아들였다. 내가 생각하기에 두 아들의 엄마로서의 책임감에 대해서 언급한 것이 그들로 하여금 내가 떠나는 것을 받아들이는 데 도움을 주었을 것이라고 본다.

역전이

아이들이 랩을 연주하고 남자 아이들이 자신의 말을 랩으로 옮겼을 때, 내 눈에서는 눈물이 났다. 그들의 이별의 고통이 완전히 내 감정과 합쳐지게 되었다. 아이들이 안녕이라고 말하는 것의 고통에 대해서 느끼지 못하도록 얼마나 잘 훈련되어 있는지 놀라울 지경이었다. 여기서 나는 그들을 '내팽개쳤는데', 아마도 이것은 그들의 삶에서 반복되는 현상일 것이다. 나 또한 그들의 감정과 내 감정을 연결시킬 수 있었다. 나의 어머니는 내가 어렸을 때 전일제 직장에 다니고 있었으며, 나에게 있어 어머니는 알기 어려운 존재였다.

나는 또한 죄책감과 책임감을 느껴야만 했다. 나는 이런 감정을 완화시키기 위해서 나 자신을 위해 좋은 대안책을 찾아내려고 노력했다. 나는 과거에 이별을 할 때 매우 상쾌한 표정을 짓곤 했다. 나는 나의 가족에게서 떨어져 바다 멀리 살고 있었다. 아이들과 떨어지고 안녕이라고 말하는 것은 계속해서 나의 개인적 문제들의 총 집합체가 몰려오도록 만들었다. 나는 이 아이들을 '구출하려고' 하는 반면에 방치해 두었던 나의 어린 두 아들에게 주의를 기울일 필요가 있었으며, 치료과정에서 지속적으로 표면화되는 역전이를 이해하고 느낄 수 있도록 이런 문제에 집중해야만 했다.

저항

다시 아픔을 인식하게 되자, 아이들은 많은 분노와 슬픔 그리고 건강한 저항을 보였다. 몇몇 아이는 노래를 부르면서 역설적으로 웃어댔다. 몇몇 아이는 다소 슬픈 것처럼 보였다. 방안에는 이상한 역동이 형성되었다. 나는 아이들이 진정한 의미의 이별을 경험하도록 돕고 싶었으나, 그들은 스스로를 보호하기 위해서 이를 부인했고 나는 그것을 이해하고 받아들일 수 있었다.

다른 도전

마지막으로 나는 이 치료과정에서 제기되었던 다른 도전—아이들과 나의 문화 차이—에 대해서 얘기해 보고 싶다. 나는 그들의 가치관과 문화적인 교육에 대해서 알아야만 했고, 그것들은 내가 생각하는 것과는 많이 달랐다. 많은 아이가 종교적인 집안에서 자랐고, 그 집안에서 음악은 늘 그들의 삶에서 매우 중요한 요소였다. 대부분의 아동은 리듬에 대해서 타고난 감각이 있었으며, 블루스, 가스펠, 재즈, 랩 등에 대해서 기본적인 이해를 하고 있었다. 나는 내가 백인임에도 불구하고 음악을 제공하고 또 내가 그들의 음악을 알고 있는데도 아이들이 나에게 별로 저항감을 느끼지 않은 것에 대해서 의구심이 들었다. 그러나 내가 그들이 자라온 방식, 그들이 상호작용하는 방식을 이해하고 받아들였는지에 관한 기저에 깔려 있는 문제는 여전히 남아 있었다. 나는 다른 문화 집단 간에 음악이 멋진 다리 역할을 해 줄 수 있음을 느꼈다. 음악치료에서 이런 문화적인 문제가 갖는 함축성은 그 자체로 연구 주제가 될 수 있으며, 분리되어서 논의되고 연구되어야 할 것이다. 나는 단지 Joseph Moreno(1988)의 저술만 인용할 수 있는데, 그는 내가 아이들과 작업을 하면서 느꼈던 문화적인 문제를 이해할 수 있도록 공헌한 사람이다.

논 의

이 사례연구는 분석적 음악치료 기법이 아동 집단 세팅에 어떻게 적용될 수 있는지를 보여 준 것이다. 연구를 통해 깊이 있는 연구를 위한 음악치료에는 이런 기법이 필수적이라는 것이 나에게 명확해졌다. 분석적 음악치료 기법은 아이들이 자신들의 감정과 갈등에 대해서 좀 더 잘 인식할 수 있도록 도왔고, 아이들이 더 나은 의사소통 기술을 발전시키고 그들의 감정을 적절하게 표현할 수 있도록 도왔다.

나의 기법은 자유연상 즉흥연주(free-flowing improvisation)와 구조 사이를 오갔다. 구조는 절대적으로 이 작업에서 필요한 것이었다. 구조는 아이들에게 소속감, 수용감, 안전감을 주었다. 구조는 미리 작곡된 노래를 사용하는 것과 블루스와 랩을 창작하는 것으로부터 제공되었다. 또한 구조는 음악적인 '용기(container)'를 제공해서 아이들이 어떻게 자기 자신을 표현할지 배울 수 있도록 했다. 자유연상 즉흥연주 기법은 대체로 시작할 때 주제가 있었다. 구조가 적을 때는 그들 스스로 적절히 표현할 방법을 배우게 된다.

내가 이 작업을 하면서 맞닥뜨린 도전은 다양하다. 나는 먼저 '즉흥적 태도' 를 배워야만 했는데, 그것은 내가 융통성 없는 계획을 포기하고 좀 더 즉각적이고 임시변통적인 태도로 치료 시간에 임해야 하는 것을 의미했다. 모든 세션이 다 달랐고 자주 혼돈 속에서 시작되었다. 아이들은 학교에서 긴 시간을 보낸 후에 에너지가 완전히 충만한 채로 치료에 임했다. 그것은 마치 모든 것이 통제되지 않는 것처럼 보였다. 나는 통제되는 상황을 좋아했기 때문에 그 상황이 매우 힘들었다. 준비할 수 있는 방법도 없었고 계획을 짤 방법도 없었다. 나는 아이들을 진정시킬 수 있는 방법을 찾아야만 했다. 나는 치료 초반부에 북을 치고 찬트(chant)를 외침으로써 이 문제를 해결했는데, 그러고 나면 자연스럽게 그들의 일상 및 그날의 기분이 어떤지를 물어볼 수 있었다. 아이들은 종종 행복했다거나 슬펐다고 대꾸하곤 했다. 그들은 감정의 미묘한 그림자까지 아는 것 같지는 않았으며 음악이 그런 느낌을 좀 더 잘 표현할 수 있도록 아이들을 도와주었다고 나는 믿는다.

시간이 지나면서 나는 전형적인 세션 구조를 발전시켰는데, 그것은 (1) 인사하기, (2) 드럼 연주와 찬트, (3) 이전에 작곡된 노래와 가사를 사용하기(블루스와 랩), (4) 자유연상 즉흥연주, (5) 작별인사다.

나는 종종 아이들의 요구를 좀 더 효과적으로 충족시키기 위해 그들을 개별적으로 만나기를 바랐다. 집단 세팅에서는 음악적으로나 언어적으로 충분히 다룰 수 없는 많은 이슈가 발생하였다. 저항을 표출하는 것 역시 깊은 음악적 연결의 순간을 방해하기도 하였다. 집단의 역동이 늘 진정한 치료 결과를 지지해 준 것은 아니지만, 한편으로는 집단으로 음악치료를 한 것이 아이들을 과도하게 드러내는 것으로부터 보호해 준 부분도 있다. 아이들은 서로 모델이 되어 주기도 하고 다른 아이들에게서 배울 기회도 있었으며, 고통스럽고 외로운 순간에 도움이 될 수 있는 강한 유대감과 공동체를 발전시키기도 했다.

결 론

이제 나는 아이들과 나 자신을 위한 몇 가지 긍정적인 성과에 대한 생각과 결과를 밝히면서 끝맺고자 한다. 음악치료는 아이들에게 특별한 시간이 되었으며, 그들이 억누르고 있었던 감정을 자연스럽게 표출할 수 있는 안전한 장소가 되어 주었다. 아마 그들은 나에게 애정을 느꼈을 것인데, 내가 그들의 삶 속에서 소리 지르지 않고 그들을 존경과 사랑으로 대하는 몇 안 되는 어른 중에 한 명이었기 때문일 것이다. 아이들은 풍부하고 튼튼한 음악적인 배경을 갖고 있었기에 음악은 그들에게 명백히 유의미한 표현 매개체였다. 그들은 모두 재능이 있었으며, 음악은 그들에게 즉각적인 감사의 장을 열어 주었을 뿐만 아니라 그들의 의사소통 기술을 연습하는 기반이 되기도 했다.

이런 종류의 작업에서 나의 조직할 수 있는 능력과 통제에 대한 애정은 나에게 별로 도움이 되지 못했다. 나는 지속적으로 즉흥연주에 대해서 배워 나가야 했으며, 계획을 가지지 않고 나아가는 것에 대해서 편안하게 느끼고 그대로 허용하는 것을 배워야 했다. 나는 그런 스타일의 작업방식도 즐길 수 있게 되었다. 아이들의 즉각성을 경험하는 것은 매우 기쁜 일이다. 나는 천천히 '흐름에 맡기면서 가기' 를 할 수 있게 되었고, 신체적 언어를 읽을 수 있게 되었다. 그리고 매우 미묘한 표현에 재빠르게 반응할 수 있게 되었고, 그런 것을 유의미한 치료 사건으로 전환할 수 있게 되었다.

이들은 내가 어떻게 분석적 음악치료가 작용하는지 이해하는 데 매우 크게 공헌을 했다. 나는 청소년기에 접어든 아이들과 음악치료를 하는 것을 단 번도 원한 적이 없다. 그 이유는 내가 도전을 무서워했기 때문이다. 그렇지만 이번 사례는 매우 감사하고 즐거운 과정이었다고 확신하게 되었다. 아이들이 자라고 변화하는 것을 보는 것은 나에게 큰 즐거움이었으며, 내가 가까운 미래에 공립학교 체계에서 그 나이 또래의 아이들에게 음악치료를 하도록 동기부여를 해 주었다.

참고문헌

Austin, D., & Dvorkin, J. M. (1998). "Resistance in Individual Music Therapy." In K. E. Bruscia (ed.), *The Dynamics of Music Psychotherapy*. Gilsum, NH: Barcelona Publishers.

Bruscia, K. E. (1998). "The Dynamic of Transference." In K. E. Bruscia (ed.), *The Dynamics of Music Psychotherapy*. Gilsum, NH: Barcelona Publishers.

Kowski, J. (2002). " 'The Sound of Silence' −The Use of AMT-Techniques with a Non-Verbal Client." In J. Th. Eschen (ed.), *Analytical Music Therapy*. London: Jessica Kingsley Publishers.

Moreno, J. (1988). "Multicultural Music Therapy: The World Connection," *Journal of Music Therapy*, 25(1), 17-27.

Pavlicevic, M. (1997). *Music Therapy in Context*. London: Jessica Kingsley Publishers.

Priestley, M. (1975). *Music Therapy in Action*. St. Louis, MO: MMB Music.

Priestley, M. (1994). *Essays on Analytical Music Therapy*. Phoenixville, PA: Barcelona Publishers.

Robbins, A. (1994). *A Multi-Modal Approach to Creative Art Therapy*. London: Jessica Kingsley Publishers.

Scheiby, B (1998). "The Role of Musical Countertransference in Analytical Music Therapy." In K. E. Bruscia (ed.), *The Dynamics of Music Psychotherapy*. Gilsum, NH: Barcelona Publishers.

Thompson, G. J. (1983). *Verval Judo: Words as a Fore Option*. Springfield, IL: Charles C. Thomas Publisher.

Wigram, T., & De Backer, J. (eds.). (1999). *Clinical Applications of Music Therapy in Psychiatry*. London: Jessica Kingsley Publishers.

Winnicott, D. W. (1971). *Playing and Reality*. London: Tavistock Publications.

Yalisove, D. L. (1997). *Essential Papers on Addiction*. New York: New York University Press.

6장 여섯 번째 사례

고치 속에서의 목소리: 정신적 외상을 가진 아동을 치료하기 위한 노래와 심상

Susan Bray Wesley

개 요

이 사례는 일생 동안 육체적, 정서적, 성적 학대를 받아 온 10세 소년을 대상으로 한 4개월 과정의 치료를 기술한 것이다. 이 치료는 Bonny의 '심상유도 음악치료(Guided Imagery and Music)'의 변형 형태를 바탕으로 한 것으로 노래 부르기, 음악 긴장 이완 경험이 포함된다. 자기 자신의 목소리를 사용하는 것과 심상을 생성하기 위한 몇몇 레퍼토리를 제공하는 것에 의해 환자는 폭발적인 행동에 대한 자기 감시 및 자기 조절의 초기 신호를 증명할 수 있다.

도 입

이 장은 음악치료가 정신적 스트레스의 원인이 되는 주변 소리를 포함하여 정신병원 입원 아동 환자에 대해 치료 효과가 있는지를 조사하는 프로젝트에 포함된 한 사례에 대해 기술한 것이다. 정신병원의 목적은 행동을 안정시키고 조절하고 통제하고 변화시키는 데 있다. 다음 사례에서 논의된 중재는 이러한 병원의 목적과 부합했지만 전통적인 중재와는 다른 것이었다. 노래와 Bonny의 '심상유도 음악치료(Guided Imagery and Music)' 활용을 통해, 환자는 그의 정신적 외상(trauma)의 역사와 청각적 자극과 관련된 신체 신호에 주의함으로써 행동 조절의 기본적인 습득을 증명하였다.

배경 정보

장 소

이 연구의 장소는 메인 주 뱅거에 있는 아카디아(Acadia) 병원이었다. 병원은 외래 환자와 입원 환자의 치료 프로그램에 참여하는 아동에게 음악치료를 6시간 제공하기로 계약했다. 이들 아동을 대상으로 한 음악치료 기법은 음악/동작의 큰 그룹(large group music/movement), 작은 즉흥연주 그룹(small group improvisation) 그리고 자장가 시간(입원 환자만을 위한)을 포함한다.

주변의 소리 환경

정신적 외상에 대한 연구에는 무엇이 환각 유발 및 공격적 또는 철퇴 행위를 유발할 수 있는지에 대한 정보로 가득하다. 대부분의 유발은 감각적이다. 18개월 동안 병원에서 일하면서 문을 쾅 닫는 소리, 조용한 가운데 높은 곳의 책이 떨어지는 소리, 카펫 수세미 소리, 진공청소기 소리, 전동 회전식 카펫 건조 팬 소리, 고통과 분노로 울거나 소리 지르는 것과 같은 청각적인 자극을 경험하였기 때문에, 나는 이 연구를 청각 자극에 초점을 맞추는 것이 논리적인 것으로 느껴졌다. 나는 많은 아동(병원 직원도 또한)이 긴장 상태에 있고 거의 깜짝 놀라 행동하는 것을 보고 주위 소리가 환자 행동에 어떠한 영향을 미치는지에 대해 호기심을 갖게 되었다.

나는 건강관리 시설의 설계가 환자에게 미치는 영향과 관련된 소리/음향에 관해 언급한 연구 논문과 그것이 중요함에도 언급하지 않은 연구 논문에 대해 추가적으로 연구하면서 나의 연구 방향이 옳다는 것을 알게 되었다. 특히 건강관리 설계 센터(Center for Healthcare Design)가 수행한 건강관리 시설의 설계에 관한 1998년의 메타분석(meta-analysis) 연구에서, 소음 및 음악에 관련된 연구는 단지 25개에 불과하다는 것을 알아냈다. 그 밖의 7만 8,761개 논문의 제목은 방법 찾기(way-finding)와 색상과 같은 다른 설계 개념에 대해 조사한 것이었다(Rubin, Owens, & Golden, 1999).

그러나 내가 가장 큰 확신을 가지게 된 것은 정신적 외상과 관련된 일부 신경학적 연구 문헌을 통해서였다. 뇌세포는 강한 상호작용 경험의 결과로서 특별한 목적을 위해 '사용' 될 수 있음을 일부 연구자가 발표했다. 달리 이야기하면, 추가적인 세포가 시각능력보다는 오히려 청각능력을 위해 사용될 수 있다는 것이다. 더욱이 필요한 경험의 상실 또는 변질은 결함을 낳을 수도 있다는 것이다. 정신적 외상은 정서 발달을 중단시켜(즉, 차단시켜) 감각적 경험의 상실 또는 변경으로 이어질 수 있다. 그러므로 일부 환자의 경우 청각 자극이 환각 상태를 유발시켰다면 미발달 또는 발달지체 행위가 초래될 수 있다. 이는 내가 몇몇 아동에게서 본 것이며, 특히 다음 사례의 아동에게서 그러했다.

환 자

브루스는 10세 된 소년으로 입원이 허락되었다. 그는 심각한 신체적 · 정서적 학대와 방치 때문에 어렸을 때부터 부모에게서 격리되었다. 그는 또한 반복적인 성적 학대를 당하였다. 한 양육원에 있을 때, 그는 다시 다른 양육자에 의해 성적 학대를 받게 되었다. 브루스의 행동은 점차적으로 통제 불능이 되었고, 공격적이며 파괴적으로 되어 갔다.

그는 입원할 때 정신분열 증상을 가진 외상 후 스트레스 장애(post-traumatic stress disorder)라고 진단을 받았다. 시설에서 브루스는 곧 '매서운 눈초리(that look)' 로 알려졌다. 직원의 표현에 따르면 '사납게 위협하는 눈' 이었다. 이것은 결국 파국의 신호가 되었고, 그는 종종 침상에 밧줄로 묶이게 되어서 젖먹이처럼 약물치료를 받게 되었다.

브루스는 늦여름에 도착해서 나머지 사람들과 매주 음악/동작의 큰 그룹에 참석했다. 세션은 큰 그룹의 구성으로 45분 동안 이루어졌다. 모든 아동(20명)은 방문객이 있거나 의료진과 있거나 안전한 상태가 아닌 경우를 제외하고는 참석하기로 되어 있다. 브루스는 태도 및 마음가짐은 매우 조용하고 엄격했으나, 노래하기 시작했을 때는 정서가 부드러워졌다. 그는 거칠었으나 잠재적으로 강한 보이 소프라노 목소리를 가졌다. 브루스는 그의 첫 번째 세션 이후 2개 세션에 참석하지 않았다. 왜냐하면 약물 때문에 잠들었거나 억류 상태에 있었기 때문이다. 그다음 시간에 그는 참석하였고, 단지 짧은 시간 동안은 적절한 행동을 유지할 수 있었지만 그의 어리석음 때문에 떠나야만 했다. 나는 그를 작은 즉흥연주 그룹에 포함시키려 했으나, 그의 참여는 극히 적었다. 그날의 공격적인 행동 때문에 그는 약을 먹고 잠을 자거나 감금되거나 또는 방에서만 지내었다. 이런 여러 경우에서 그의 정신적 외상은 심한 학대와 방치의 역사에 기인한 것이다. 브루스는 시설의 많은 아동의 전형이었다.

나는 브루스가 청각 자극 본질에 근거한 청각 처방으로 가장 많은 혜택을 본 환자 중의 하나라는 생각이 들었다. '매서운 눈초리' 라는 것은 그가 공격적이고 위험한 행위를 한 차례 할 경우 이를 알 수 있는 징후라는 의료진의 보고에 내 가설은 근거를 둔다. 그들은 또한 보상 작용이 상실되었을 때 '병실 내에서는 아무것도 진행하지 않았기' 때문에 그의 자극은 시각적이 아니며 적어도 볼 수 있는 것은 아니라고 하였다. 아울러 그는 노래 부르기를 좋아했고 능숙하게 노래를 불렀는데, 나는 아마도 그의 정신적 외상이 청각 관련성뿐만 아니라 가능한 치료적 행위와 관련이 있다는 것을 주목했다.

치 료

브루스의 치료는 그의 음악치료 진단평가 후에 두 단계로 구성되었다. 첫 번째 단계에서는 저녁에 45분 세션이 12주 동안 있었다. 이런 세션은 긴장 이완 기술(skill)을 발달시키고 자아존중감을 향상시키고 에너지를 발산시키기 위해 활동적인 음악 구성에 초점이 맞추어졌다. 두 번째 단계에서는 낮에 20~30분 세션이 8주 동안 계획되었다. 이런 세션의 초점은 시설 환경에서 발생되는 소리에 의해 자극되는 자신의 행동에 대한 브루스의 인식을 증가시키는 것이었다. 더불어 브루스가 그의 불안이 유발되는 것을 인식하였을 때 독립적으로 사용할 수 있는 치료적 음악 활동의 경험을 증가시키는 것이었다.

음악치료 진단평가

브루스의 공식적 진단평가는 Cassity와 Cassity(1998)에 의한 복합 모델 음악치료 진단평가의 수정된 모델에 기초한 것이다. 이에 따라 그에게 일련의 음악 활동이 제공되었다. 공식적 진단평가 후의 활동은 다이내믹, 템포, 멜로디의 경향과 같은 음악 요소의 이해, 기본적인 리듬악기의 확인, 규칙 박을 유지하는 능력과 같은 기술을 평가하기 위해서 브루스의 다양한 타악기 경험 및 노래 부르기가 포함되었다. 브루스는 일주일에 1회씩 계속 나를 만나서 '그의 어리석음에서 벗어나기 위해' 그리고 긴장 이완 기법을 위해 음악을 사용하는 것에 동의하였다.

치료 계획 및 과정: 1단계

브루스의 치료는 저녁 5~7시 사이에 일주일에 1회씩 45분 동안 하도록 계획하였으며, 그의 음악치료 진단평가 후 그 주부터 시작하였다. 브루스의 치료 목적은 노래 부르는 것에 자신감을 보여 주고, 악기의 선택과 연주를 통해 특정 정서 및 감정을 확인하고, 음악과 심상을 사용해 긴장을 이완시키는 것이다. 이들 목적은 브루스가 청각 자극을 인식하고 그 자극에서 기인한 폭력적 사고 진행과정을 중단하기 위해 음악을 어떻게 사용해야 하는지를 알도록 도와주는 데 있다. 이 치료계획은 12주간 연속적으로 진행되었다. 브루스에 대한 각 세션 진행 시 그가 전반적으로 감정의 변동이 심하므로 해당 일의 낮 시간이나 저녁 시간에 그의 심리적 · 정서적 상태에 따라 접근방식을 달리했다.

세션 1 브루스는 제일 먼저 노래의 목록을 만들었고, 그가 만든 목록대로 노래를 불렀다. 브루스는 '이 땅은 너의 땅(This Land is Your Land)' '노인(This Old Man)' '빙고(Bingo)' 와 같은 전통적인 아동 노래를 선택하였다. 그는 그가 노래를 부르는 중에 '실없는' 이란 단어에 웃었고 긴장이 이완되었다. 나는 그에게 '돈 가토(Don Gato)' 라는 노래를 소개하였다. 이 노래는 단조이며 고양이 한 마리가 지붕에서 떨어져서 죽게 되는 상황이었으나 생선 시장에 이르자 다시 살아난다는 내용이다. 이 노래는 보통 빠르게 부른다. 그러나 브루스는 노래를 천천히 불러주도록 요구했고, 그의 정서는 슬픔에 잠기게 되었다. 나는 브루스에게 어떤 느낌인지를 말하도록 요구하였고, 그는 슬픔, 동요, 분노, 혼란이라고 말했다. 그다음에 나는 그가 그런 감정을 느낄 때 무엇을 했는지에 대해 물었다. 그는 그의 행동은 아니지만, 대처기술(coping skill)에 대해 설명하였다. 그는 당황함을 느낄 경우 혼자 있는 시간을 없애고, 분노에 대해서는 관절을 깊게 압박하고, 혼란의 경우는 담요로 감싼다고 말했다. 그리고 슬픔에 대해서는 말할 것이 없다고 하였다. 나는 그의 모든 대처기술이 그를 다른 사람에게서 고립시킨다는 것과 동요, 분노 또는 혼란에서 나온 어떤 잠재적인 폭발이 '억압을 통해서 억누르기' 에 초점이 맞추어져 있다는 것을 알았다. 아마 그가 거론한 어떤 감정을 느끼는 것에 대해 명확하게 그가 말할 수 없는 것이 방어일 것이었다. 그러하다면 그것은 무의식에 있는 것이었다. 그가 공격적인 발작에 들어갈 때 보이는 '난폭한 눈' 과 공포를 느끼는 표정을 관찰해 보아, 그는 당시 실제 그에게서 일어나는 것을 설명하기 위한 단어를 거의 가지고 있지 않은 것이 확실했다.

브루스는 아주 의욕적으로 나의 작업에 참여했다. 시작부터 그가 나와의 만남에서 저항이 적었던 것은 조용한 공간에서 행해졌고 일대일 상호작용이었기 때문일 것이다. 우리는 복도 끝에 있으며 여러 개의 창문이 있어서 빛이 잘 들어오는 방을 사용하였다. 그곳은 카펫이 깔려 있었고 혼잡하지 않았다. 나는 브루스가 흥미를 가질 수 있도록 많은 악기를 가까이에 놓았다.

세션 2 브루스는 나와 함께 큰 고무 밴드를 사용할 것을 요청하였다. 그는 너무 많은 에너지를 가지고 있으니 '잡아당기고 끌어당기기' 를 하길 원한다고 말하였다. 그래서 우리는 그것을 했다. 그리고 덜시머 채로 어떤 것을 두드렸다. 그 다음 그는 드럼을 요구했고 '두드렸다.' 이 시점에서 브루스는 음악을 통해 긴장 이완이 되는지, 그리고 이를 시도해 볼 수 있는지에 대해 물어보았다. 나는 그에게 많은 색깔의 스카프가 가득 찬 가방을 보여 주었고, 그가 담요, 베개 또는 덮개로 그것을 사용하기를 원하는지 물어보았다. 그는 빨간색과 초록색을 선택하였다. 호흡 활동 후에 나는 해설이 있는 Respighi의 '나이팅게일(The Nightingale)' 을 들려주었는데, 그것은 구름, 새, 큰 나무, 브루스가 앉아 있을 큰 바위를 포함하였다. 나는 브루스에게 친숙하고 그와 관계되는 상황을 선택하였다. 그는 야외에 있는 것을 좋아하였고, 때때로 그의 뒷마당에 대하여 이야기하였다. 세션이 끝날 때 그는 자신이 더 안정된 것을 느꼈고, 색깔과 음악을 사용한 것이 좋았다고 하였다.

브루스는 빨간색과 초록색을 선택하였는데, 이 색깔들은 '멈춤과 가다' 또는 '열정과 성장' 의 색이다. 그는 자발적으로 긴장 이완을 시도하려고 요청하였다.

세션 3 브루스는 단지 긴장 이완 활동만 할 것을 요청하였다. 그는 빨간색 스카프를 선택하였고, 그것이 그의 망토가 될 것이라고 설명하였다. 나는 새와 시냇물의 소리가 들어 있는 뉴에이지 음악을 사용하였다. 그리고 그가 다시 그의 뒷마당에서 시작할 것을 제시하였으며, 음악을 통해 그의 심상을 배회하였다. 음악을 듣는 동안 그는 "곰이 새끼와 함께 주위를 돌아다니며 놀고 있고 개울에서 무엇인가를 잡았어요."라고 말하였다. 그의 설명 사이에는 틈이 있었는데, 그때 그는 '새 한 쌍(푸른 어치)' 을 보고는 아무 말도 하지 않았다.

브루스는 나의 안내가 없어도 어려움 없이 상상을 위해 음악을 사용하였다. 그는 다시 빨간색을 선택하였고, 단지 음악과 심상 활동을 가지고 긴장을 이완하길 원하였다. 새끼 곰들(형제)은 엄마 곰과 함께 있었고, 모두 잘 놀고 있었으며, 개울에서 어떤 것을 또 잡았다. 아마 그것은 그들의 양식이었을 것이다. 브루스가 일정 단계에서 자기가 양육되는 것과 같은 것을 느낄 가능성이 있음이 간단히 나에게 떠올랐으나, 처음 대화에서 자기 형제를 잃은 일에 대한 언급은 그가 형제들과 재미있게 놀던 때를 회상하였다는 것을 이상하게 여기도록 하였다.

세션 4 브루스는 즉흥연주를 위해 핸드 드럼과 탬버린을 선택한 후에 노래 부르기를 원하였다. 나는 브루스에게 그 자신이 노래 부르는 것을 들어 본 적이 있는지를 물어보았다. 그는 그런 적이 없다고 대답하고는 자신이 노래를 잘 부르는 사람이라고 생각하지 않았다고 덧붙였다. 나는 브루스가 좋은 목소리를 가졌다는 것을 알지 못한다는 것에 슬픔을 느꼈다. 나는 이것이 그가 슬픔에 대한 대처기술 또는 지정된 행동을 가지고 있지 않는 이유가 될 수 있지 않을까 하고 생각했다. 노래를 부를 때 그의 감정은 항상 유쾌해졌는데, 이는 그가 연결하는 법을 알게 되는 깊은 내면의 안전한 느낌에 대한 단서같이 보였다. 나는 브루스가 시설에서 선택할 수 있는 대처기술을 배웠다는 것을 더욱 강하게 느꼈다. 그러나 그가 누군가에게 말을 하지 않는 한 어느 누구도 그의 슬픔이나 자기 위안을 다루는 방법을 설명해 주지 못했다.

세션 5 브루스는 녹음된 음악에 광선 막대로 반주를 넣기 시작했고 노래를 했다. 그는 옴니코드를 연주하였다. 그는 긴장 이완을 할 것을 요청했고, 그다음 고무 밴드 활동을 했다. 하지만 긴장 이완에 들어가기 전에 그가 저녁 약을 먹기 위해 중단하였다. 나는 간호사가 떠난 후에 곧 그의 얼굴이 매우 쌀쌀하게 보인다는 것을 알아차렸고, 복도에서 어떤 소동을 인식하게 되었다. 그때 그는 나를 똑바로 보고는 그의 방에서 대처기술을 사용하기 위해 그가 떠날 수 있는지 물어보았다. '나는 불안함을 느꼈다.' 이 세션에 대한 나의 반응은 확인과 분노였다. 나는 중단한 것에 대해서 화가 났다. 그러나 브루스의 관심과 정서의 완전한 이동에 대한 관찰을 통해 그의 청각체계가 아주 예민하며 우리의 안전한 용기가 쉽게 침입될 수 있다는 것을 더욱 확실히 알게 되었다.

세션 *6* 브루스는 어떤 활동을 시작할지 결정하는 데 어려움을 가졌을 때 기분이 우울하고 산만했다. 방에서 배회한 후, 그는 노래 부르기를 요구하였다. 그가 처음 선택한 것은 '돈 가토' 였고 그다음은 '고요한 밤(Silent Night)' 이었다. 그러고 나서 크리스마스 캐럴을 두 곡 더 불렀다(크리스마스까지는 2주가 남았다.). 그 후 브루스는 고무 밴드 활동을 하기를 원하였다. 우리는 상당히 강하게 끌어당기기를 하였다. 내가 어떤 상상을 하겠느냐고 물었을 때, 그는 매우 상반되는 감정을 가지고 "아니요."라고 말했다. 이 세션은 세션 5에 대한 반동과 같았으며, 우리는 '자신을 신뢰하는 단계' 로 되돌아갔다. 노래 부르기와 잡아당기기/끌어당기기를 선택한 점을 고려해 보면 이것이 브루스가 상실 때문에 몸부림치는 것임을 느낄 수 있었다.

세션 *7* 나는 브루스에게 가사를 만드는 것을 그가 직접 하도록 제안하였다. 나는 그의 이야기 경향을 통해서 그의 감정 또는 기분을 평가하기를 원하였다. 그는 그 대상으로 공룡을 선택하였다. 원시적이고 잠재적으로는 공격적인 대상이지만, 브루스의 공룡은 스티비라는 이름을 가진 여러 색깔(보라색, 초록색, 파란색, 노란색)을 띤 초식동물이었다. 그는 "스티비는 키가 크고요, 잎과 담쟁이덩굴을 먹는 걸 좋아해요."라고 말하였다. 내가 "그렇지만 그는 개미를 먹지?"라고 육식성의 공룡을 생각하도록 유도하였을 때, 브루스는 매우 쾌활하게 되면서 "아니요, 내가 식물을 먹는다고 말했잖아요."라고 소리쳤다. 나는 보라색이 파란색과 빨간색이 '혼합된' 색깔이라는 데 주목하였다. 때때로 '공룡의 싸움' 의 색깔 또는 부모로부터 분리된 색깔로 생각되었다. 초록색은 아마 '회복' 또는 봄과 같은 잠재력 또는 교통신호의 '초록불' 과 같은 의미로 다시 포함되었다. 따라서 파란색과 노란색이 혼합되어 만들어진 초록색은 분리되어서 지명되었다. 파란색의 어두운 부분에 의존하여, 그것은 어머니와의 관계를 집어삼키는 것을 나타낼 수 있다. 노란색은 태양 또는 남성적인 것과 관련해서 해석될 수 있다. 나의 진단평가는 브루스가 음악적 경험을 통해서 무의식적이지만 의미 있는 표현과 의사소통을 통해 연결되기 시작하였다는 것이었다. 색깔에 대한 해석은 나의 다양한 훈련에 의한 것인데, 나의 해석은 남성적인 노란색이 어머니적인 파란색과 혼합된 것은 브루스의 용기가 나와 함께하는 음악의 양육적인 환경 내에서 자연스럽게 그 자신의 어린 남성성과 결합하도록 성장시켰다는 것이다.

세션 8 세션의 20분 동안 드럼, 벨 그리고 트라이앵글을 연주한 후에 브루스는 갑자기 대처기술을 사용하기 위해 그의 방으로 갈 것을 요청하였다. 이때는 크리스마스 3일 후로 환경이 혼란스러운 때였다. 브루스의 정서는 밤에는 침체되고 낮에는 평온하게 되었다. 세션에 대한 그의 흥미가 부족한 것에 대해 묘한 느낌이 들었다. 그러나 이것은 그가 그의 안전을 유지하기 위해 선택하는 대처기술에 대한 의사결정 과정을 격려하기 위해 나에게 주어진 다른 기회였다. 또한 브루스가 극도의 자극적인 환경(휴일 방문, 장난, 즐거움, '휴일과 같은' 일정)에서 짧은 세션 동안뿐만 아니라 그의 악기 선택에 대해 덜 자극적인 것을 찾고 있었다는 것을 관찰할 수 있는 또 다른 기회였다.

세션 9 휴일이 끝난 후 브루스는 심상 세션을 요구하였고, 청명한 푸른색 스카프를 선택하였다. 그는 '담요로 감싸는 대처기술' 처럼 그것으로 감싸달라고 요구하였다. 나는 그것을 그의 고치(cocoon)[자기만의 공간-역주]라고 불렀으며, 큰 나무 가지에 단단하게 연결되어서 그것에 싸여 안전하게 매달려 있으며 햇볕으로 따뜻하게 된 고치의 심상에 대해 해설(voice-over)을 사용하였다. 음악은 자연의 소리가 담긴 뉴에이지 피아노곡이었다. 이것은 안전함과 상냥함의 개념을 제공하였다. 브루스는 그의 고치 그림을 그렸다. 이 세션부터 브루스는 좋아하는 장소로 '고치에 감싸는 것' 을 언급하였다. 이런 설명으로 그가 또 하나의 관계를 만든 것처럼 느껴졌다. 그는 '고치에 감싸는 것' 과 같은 하나의 기술, 안전한 심상, 음악의 사용을 통합하였다. 그리고 그것은 완전히 그의 것이었다. 청명한 푸른색의 선택은 부드러운 엄마의 형상과 다정한 팔과 같은 휴식처로 해석될 수 있다.

세션 10 브루스는 경쾌하게 녹음된 곡에 맞추어 광선 막대로 연주를 하기 시작하였다. 그다음 음악과 심상 긴장 이완을 요구하였다. 그가 선택한 색은 파란색과 초록색이었다. 그는 '잔디' 위에 누워 있길 원했는데, 그의 위에는 '하늘'이 있었다. 나는 밝고 푸른 하늘을 바라보며 그의 풀이 있는 곳이 대지에 의해 떠받쳐지고 있는 것 같은 안정감을 북돋아 주는 해설이 들어 있는 미니멀아트 뉴에이지 CD(바람 소리가 포함된)에서 10분 분량만 잘라 사용하였다. 그는 심상 상태에 그대로 있었고, '잔디와 하늘' 그림을 그렸다. 밝은 초록색과 청명한 파란색은 건강한 선택이며 브루스가 잔디와 하늘이 되도록 그것들을 선정했다는 사실과 그가 잔디 위에 누워 있다는 사실은 지지받기 위한 선택으로 해석될 수 있었다. 그의 심상을 그림으로 그린 것은 그가 긍정적인 심상에 10분 이상 참여했다는 것을 보여 주는 것이었다. 그의 정서는 세션을 통해서 긍정적이고 즐거운 것이 되었다.

세션 11 브루스는 '내가 지난주에 사용했던 음악'을 가지고 음악과 심상을 하기를 요구하였다. 그는 청명한 푸른색 스카프를 선택하였고, 나에게 그를 고치처럼 둥글게 말아 줄 것을 요구한 후 10분 동안 음악을 들었다. 음악이 끝났을 때 그는 바로 그림을 그리러 갔다. 나는 이 세션을 위해 검은색 종이를 가져왔으며, 어두움 속에 더욱 밝음의 개념을 소개하려고 하였다. 브루스는 그에 대해 질문하지 않았다. 그는 하늘에 별, 나무, 고치에서 나오는 생물을 그렸다. 그의 고치와 거기서 나오는 동물은 녹슨 갈색을 띠었다. 그렇지만 검은색 종이에 그것은 빨간색으로 보였다. 이것은 그를 혼란스럽게 하지 않는 것 같다. 그의 정서는 긍정적이었고, 그의 태도는 차분하였다. 그는 불안하거나 긴장한 신호를 보이지 않았다. 파란색 천으로 둘러싸이는 선택과 빨간색 고치와 동물은 그의 내적 싸움에 대한 나의 느낌과 일치하는 것이었다. 빨간색은 때때로 분노를 나타내는 것이었다. 그의 무의식적 분노/흥분에 대한 그의 인식은 의식적으로 되어 가는 것 같았다. 약간의 별빛은 그것이 밤하늘에서 흘러나오는 것처럼 고치에서 빛나고 있었다. 그 나무는 단지 윤곽이었으며, 땅이 부풀어 올라 있기 때문에 비록 그 나무의 뿌리가 중요하게 보일지라도 그 줄기는 간단하게 녹색 붓칠이 된 나무 끝에서 나오는 뾰족한 머리털 같은 덮개로 나무 끝을 가로지르며 그어진 선으로 분명하게 끝이 났다. 하늘의 성장은 최소한 지체되거나 위축된 것처럼 보였다.

나는 브루스가 내게 가졌을지도 모르는 의존의 가능성과 횟수에 대해 관심을 가졌다. 나는 호흡 활동과 특정 심상을 제시하고 음악을 제공하였다. 나는 이것이 그가 노래 부를 때 목소리를 사용하고 그의 인식을 격려하며 안내에서 나의 노력을 향상시킬 시간이라고 결심하였다. 나의 가장 큰 관심은 브루스가 '일상적인' 삶에서 덜 또는 더 상처받기 쉬운 청각적 공격이 있을 때 곧바로 배출할 수 있는가였다. 청각적 자극제에 그가 관심을 보일 때 '어떤 대가를 치르더라도 살아남아라.' 하고 말하는 그의 내적 목소리에서 배우게 된 공격적인 반응 대신, 그는 아마 자신을 차분하게 만들기 위해 노래를 부를 수 있을 것이다.

세션 12 나는 브루스에게 그가 선택한 노래들을 언제든지 '따라 부를 수' 있도록 테이프를 만들자고 제안하였다. 그는 좋은 생각이라고 했으며, 우리는 곡을 선택하기 위해 그의 노래 목록을 사용하였다. 그 자신의 목소리에 대한 그의 반응은 "이게 나예요?" 였다. 그는 매우 만족스러워했고, 그의 노래에 단순한 타악기 연주를 더하기를 원했다. 자신의 테이프를 만든다는 자긍심에 대한 브루스의 느낌과 반응은 굉장한 것이었다. 그는 의기양양하게 미소를 띠며 앉아 있었고, 카세트 플레이어를 작동하도록 요구하였다. 이 세션의 끝에 나는 그의 치료 계획과 과정을 다시 설계하기로 결정하였다.

치료 계획 및 과정: 2단계

브루스의 정신과 의사와 의료진은 음악치료 세션을 늘리는 데 전적으로 동의하였다. 일정은 첫 번째 주 금요일부터 시작해서 8주 동안 매일 30분씩이었다. 브루스의 새로운 목적은 음악 활동을 통해 자기 확신과 변함없는 지지를 실행하는 것이었다. 그는 거주지를 배정받았으며 4주 후에 떠났다.

세션의 목표는 (1) 그의 테이프로 노래 부르기, (2) 음악과 심상을 사용해 긴장 이완하기, (3) 구체화를 위해 그의 이미지를 그림으로 그리기로서 그의 능력을 증명하는 것이었다. 세션의 시간과 장소는 정오에 브루스의 방에서 하기로 했다. 브루스는 공격적인 행동 때문에 가능한 16회의 세션 중에 단지 3회만 하지 못하였고 4주 후에 끝냈다.

세션 13 브루스는 처음 10분 동안은 그의 테이프로 노래를 불렀고, 그의 심상을 위해 파란색과 초록색 천을 선택하였다. 음악 감상이 끝났을 때, 브루스는 그가 선택한 파란색과 초록색 사이에 그가 있는 것을 그렸다. 그는 그림 제목을 '고치' 라고 붙였다. 이것은 세션 9와 세션 10이 강화되어서 나타난 것이었다. 그러나 그림은 외관상 더 무질서하고 휘갈겨진 것처럼 보였다. 우리가 세션을 하는 동안 브루스의 방문은 닫혀 있었지만, 시설에서 일반적인 활동을 할 때보다 그의 방에서는 더 근접하게 되기에 소리의 전달이 치료실에서보다 더 컸다.

세션 14 브루스는 그의 헤드폰과 테이프를 사용해 노래를 불렀지만, 단지 몇 분만이었고 그다음 나에게 함께 노래를 부르도록 요구하였다. 두 가지 노래를 부른 후, 그는 긴장 이완 활동을 시작하였다. 그가 그린 '꿈의 세계' 라는 그림에는 나무와 유사한 것이 있었지만 같은 것은 아니었다. 이것은 초기의 고치 그림에서 만들어진 것이었다. 이 나무는 튼튼하고 더 단단하게 심어진 것처럼 나타났다. 여전히 성장을 방해하는 덮개는 더 자신감을 주는 색깔을 띠었다. 두 마리 새는 가까이서 날았고, 둥근 파란색 고치는 공간에 매달려 있었다. 이것은 브루스가 자기가 가게 되는 곳에 대한 불안한 느낌을 나타내는 것이었다. 하지만 고치의 편안한 파란색은 긍정적으로 받아들일 수 있다. 그러나 고치가 공중에 있고 매어 있지 않다는 사실은 확신에 대한 결여와 지지받고 있지 못하다는 것을 전해 주는 것이었다. 시간과 장소의 변화가 그의 그림에 반영된 것으로 보였다.

세션 15 브루스는 단지 노래 세 곡을 부르고 나서 긴장 이완을 하기를 요구하였다. 나는 바다와 모래사장의 매우 촉각적인 심상을 제시하였다. 브루스는 그가 물속에서 놀고 모래 위를 걷는 것과 같은 느낌을 알고 있다고 말하였다. 또한 햇빛이 물 위에 비치면 얼마나 밝은지에 대해서도 말하였다. 이것은 그가 '지지받고 있음' 과 같은 다음의 긍정적인 심상으로 이어질 수 있는 것처럼 보였다. 브루스는 그의 심상을 통해 그의 경험을 구체화하거나 더 지지할 수 있었다. 그리고 그는 덜 분리되는 것처럼 보였다. 나는 햇빛이 물에 비치는 것처럼, 투사로 해석될 수 있는 소리를 제공할 Respighi의 '나이팅게일' 을 선택하였다. 브루스는 그날 그가 그린 그림에서 자신이 서 있는 곳 옆에 야자수 나무를 그렸기 때문에 적절하게 이동하였다는 것을 보여 주었다. 그는 그 그림을 '야자수 나무' 라고 불렀다. 그의 야자수 나무는 다른 아이들이 그리는 것같이 코코넛이 없었다. 그것은 단순히 '야자수' 나무였다. 덮개는 그의 고치 그림의 나무보다 방어/슬픔을 더 많이 제공하였는데, 이것은 브루스가 자신을 그린 단지 세 개의 그림 중 하나였다. 그리고 초상은 막대 형태였지만, 이것은 그의 그림에서 인간의 형태로 초상을 그린 첫 번째였다.

세션 16 세션에 앞서 브루스의 전담 직원이 나에게 다가와서 브루스가 가족 방문(후원 가족)을 하기로 되어 있다고 알려 주었으며, 그의 직원에게 그의 세션이 조정될 수 있는지를 나에게 물어봐 달라고 부탁했다고 하였다. 나는 동의하였다. 브루스는 두 가지 노래를 부른 다음 긴장 이완을 요청하였다. 그는 '수면 아래가 될 수 있는' 진보라색 스카프를 선택하였다. 그는 복도에서 나는 소음이 증가하자 카세트 플레이어 대신에 헤드폰을 요구하였다. (나는 시간에 대해서 상기시켜 주었지만, 그는 가족 방문 때문에 세션이 끝나는 것을 원치 않았다.) 이 심상을 위한 음악은 Respighi의 '비너스(Venus)' 였다. 브루스의 그림은 물 아래 거북이였고, 그의 심상에 대한 줄거리는 그가 물 위 보트에 있었고 잠수를 했다는 것이었다. 그는 각기 흰색과 보라색인 게와 바다가재를 보았다. 그는 수영을 했는데, 그의 위에 서너 마리의 바다거북이 있다는 것을 알았다. 그래서 그는 그들과 함께 수영을 했다. 그는 물은 좋은 느낌이었지만 보트 위에 올라갔을 때는 뜨거웠다고 말하였다. 또한 모래와 몇 개의 조개를 가졌다고 말하였다. 그는 어두운 푸른빛 물 아래 초록색 거북을 그렸다. 그림은 원근 처리를 하여 마치 물 아래를 보는 것 같았다. 그는 그림 제목을 '바다거북' 이라고 붙였으며 거북을 해리라고 불렀다. 그 환경에 적절한 생물의 여러 영상과 브루스의 설명은 그의 편안한 심상을 전달해 주었다. 나는 그가 보트에 올라오는 것을 덥다고 설명했을 때 '그것은 마치 물에서 나온 물고기' 와 같은 것이 아닐까 하는 생각을 해 봤다. 그의 방문은 그에게는

'예외적인 사건' 이었다. 특별히 그가 매우 촉각적인 심상인 조개와 모래를 상기시킨 것은 음악치료 세션을 짧게 마치는 것보다 원래 계획대로 계속하고자 하는 그의 바람으로서 그 자신을 환경에 적응하는 수단처럼 느껴졌다.

세션 17 브루스는 함께 노래할 것을 요구하였고, 내가 몇 곡의 노래를 불러 그의 테이프에 추가하기를 요구하면서도 단지 '마이클, 보트를 물가로 저어라(Michael, Row the Boat Ashore)' 만을 선택하였다. 브루스는 '시계만 바라보는' 형태로 안절부절못함을 나타내었다. 그는 다시 파란색 스카프를 선택하였고, 긴장 이완을 위해 헤드폰을 사용하였다. 음악은 자연의 소리를 담은 뉴에이지 곡이었다. 그의 그림은 물 위로 뛰어오르는 고래였다. 그가 그린 바다의 색깔은 놀랄 만한 것은 아니었지만, 고래가 뛰어오르는 것과 그가 안절부절못하는 것은 공격적이고 빠르게 표면적으로 어떤 것을 필요로 하고 있다는 가능성을 내포하고 있는 것이었다. 2시간 뒤에 나는 그의 방으로 갔고, 그가 감금되어 있는 것을 보았다. 그는 나에게 그의 노래 테이프를 가져다줄 것을 요구하였고, 나는 그의 가까이에 있는 책상에 카세트 플레이어를 놓았다. 직원은 그가 어떤 노래를 따라 부른 것이 그에게 긍정적인 효과를 주어서 그가 안정되었다고 보고하였다. 세션 전날 그가 안절부절못하는 행동을 보였고 특별히 힘든 아침이어서 약물이 투여되고 그가 감금된 것으로 인해 세션이 취소되었다. 나는 그의 가족의 방문에 대한 영향에 관심이 가게 되었다. 그 자신을 지탱하기 위한 그의 많은 노력은 나에게 가족이 방문하는 날에도 세션을 계속하려는 그의 욕구가 어떤 것이었는지를 다시금 생각하게 하였다. 그러나 그는 지금 물고기가 잡히듯이 '그물(감금)' 에 있고, 나는 그의 '뛰어오르는 고래' 와 '물 밖의 물고기' 를 회상했다.

세션 18 "내 테이프를 들려줄 수 있나요?" 브루스는 내가 도착하였을 때 감금되어 있었다. 그는 매우 공격적인 아침을 보냈다. 그러나 15분 동안 노래를 부른 후에 나에게 감금 상태에서 풀어 줄 수 있는지 물어보았다. 나는 직원을 불렀고, 브루스의 안전이 검토된 후에 그는 감금 상태에서 풀려났다. 세션에서 긴장 이완이 계속되었지만, 색깔 스카프도 선택하지 않았고 그림도 그리지 않았다. 그는 그의 심상에 대한 모양과 색상은 갈색, 파란색, 흰색의 타원형, 삼각형, 직사각형이라고 설명하였다. 그는 이전에 그가 그렸던 '뛰어오르는 고래'의 반영이 모양으로 사용되었다고 이 세션에서 보고하였다(고래에 대한 타원형, 삼각형, 흰색; 바다에 대한 파란색, 직사각형). 나는 고래의 모양이 부숴지거나 조각난 것 같은 느낌을 받았다. 삼각형/꼬리, 타원형/몸통 그리고 물의 파란색-초록색, 바다의 직사각형 모양. 그의 태양은 지금까지 그가 그린 유일한 태양이었기 때문에 나를 놀라게 하였다. 색깔의 혼합은 노란색 그리고 오염과 악영향으로 해석될 수 있는 갈색 또는 황토색이었다. 브루스는 갈색에 대해서 얘기하였는데, 나의 느낌은 그의 초기 공격성과 감금의 결과가 전날의 내적 사건의 연장이었다는 것이다. 배설물, 땅, 문제의 악화를 나타내는 갈색은 깊은 무의식에서 어떤 것을 배출하려는 시도였을 것이다.

세션 19 (감금과 약물로 브루스가 자고 있어서 그다음 날로 다시 계획하였다.) 다음 날 오후 내가 브루스의 방에 도착했을 때 가슴이 사무쳤다. 브루스가 그의 안전하지 못한 행동으로 직원에게서 지적을 받고 있었다. 전문가 중 한 사람이 PRN의 가능성에 관한 확인을 위해서 브루스의 차트를 가지러 홀로 내려간 사이, 내가 직원에게 내가 개입할 수 있는지를 묻자 그들은 허용했다. 나는 출입구로 다가가 약간 몸을 구부렸다. 그러고는 '블루테일 플라이(Blue-Tail Fly)'라는 노래를 부르기 시작하였다. 내가 노래를 끝낼 때까지 그는 노래를 함께 불렀다. 후렴이 끝났을 때, 그는 나의 '도구(stuff)'를 가져올 것을 요구하였고 더 노래를 부르려고 하였다. 브루스는 그의 테이프에 세 개의 노래를 넣을 것에 동의한 다음 '다른' 음악을 원하였다. 이때 브루스는 빨간색과 파란색 스카프를 선택하였다. 음악은 다시 Respighi의 '나이팅게일'이었다. 나는 그에게 그의 발가락 사이에 모래가 느껴지는 해안에 서 있는 것과 바다를 바라보는 것을 상상하도록 요구하였다. 브루스는 물 밖으로 뛰어오르는 두 마리의 고래를 그렸다. 고래는 황토색으로 윤곽이 그려져 있었고, 꼬리는 푸른 바다 색깔로 채워져 있었다. 브루스는 그림에 '뛰어오르는 고래'라고 제목을 붙였다. 그러나 '두 마리 고래의 만남'에 대해서는 얘기하지 않았다. 이 세션과 이 그림에 대한 나의 해석은 부모나 권위에서 분리된 그 자신을 감싸기 위해 선택했던 색깔—빨간색과 파란색, 즉 때로는 '용의 싸움' 의 색깔로 해석될 수 있는—을 기초로 하였다. '고래의 만남' 에 대한 언급은 브루스 원부모의 기나긴 학대와 그의 초기에 주어진 성생활과의 싸움에 대한 의문이 떠오르도록 하였다.

세션 20 금요일이어서 나는 주말 동안 그가 사용할 긴장 이완 테이프와 그의 노래 테이프를 만들 작정이었다. 그래서 이 세션의 초점은 헤드폰과 카세트 플레이어를 작동시킬 수 있는 그의 능력을 평가하고 대처기술로서 이런 것을 요구해야 되는 때를 확인하는 것이었다. 그는 카세트 플레이어를 적절하게 작동시킬 수 있다는 것을 증명하였고, 그가 바보가 된 듯한 느낌과 두려움을 가질 때가 이 테이프를 요구해야 되는 때라는 것을 확인하였다. 덧붙여 그는 긴장 이완 테이프를 사용한다면 해변 장면을 선택할 것이라고 하였다. 우리는 해변 장면에 강화를 주기 위해 긴장 이완 세션을 하였고, 브루스는 자신이 해안에 누워 있는 그림을 그렸다. 그림은 물이 반이었고, 하늘의 세 마리 새와 큰 미소를 가진 모래가 반이었다. 바다는 하늘색이었고, 모래는 다시 황토색이었다. 황토색의 사용은 모래의 원색이므로 적절하게 보였다. 그러나 비유적으로 그는 '그의 발가락 사이의 모래' 는 지탱이 없으며, 그가 바다거북과 함께 수영한 바다를 붙잡고 있다는 것을 보여 주었다. 또 다른 해석은 물은 사람 몸의 절반 아랫부분의 무의식을 나타내며 사람 몸의 절반 윗부분과 머리는 모래 위에서 쉬고 있다는 것이었다.

세션 21 (직원은 그가 주말 동안 테이프와 카세트 플레이어를 성공적으로 사용하였다고 보고하였지만, 세션은 월요일의 약물 투여로 화요일로 재조정되었다.) 내가 도착하였을 때, 나는 그가 나를 만나기를 원하는지 물었다. 브루스는 '네' 라고 대답하였다. (그는 막 감금으로부터 풀려났다.) 그는 즉시 세션을 감당해 내었고, 세 가지 노래를 선택하였다. 그리고 긴장 이완 테이프의 사용을 요구하였다. 그는 색깔 스카프를 원하지 않았고, 그의 도입을 위해 바다의 사용을 요구하였다. 음악이 끝났을 때, 그는 요트에서 그 자신이 낚시를 하고 있는 그림을 그렸다. 세 마리의 새는 파란색–초록색 하늘 위에 날고 있었고, 그의 형상은 요트 뒤에서 낚싯대를 잡고 웃고 있었다. 그는 그림에 '햇빛 비치는 날-농어를 잡다' 라고 제목을 붙였다. 브루스는 이 세션에서 자기 확신을 나타내었다. 우리가 이 테이프의 사용에 대해 토의할 때, 그는 주말 내내 테이프를 사용하였다고 자랑스럽게 말하였다. 나는 그에게 내가 다음 날 잠시 동안 떠날 수 있다는 것과 그가 그동안 이전 주말에 했었던 것처럼 아무 거리낌없이 테이프들을 틀고 녹음기를 작동해야 한다는 것을 상기시켜 줬다.

세션 22 악천후로 내가 다시 가는 것이 지연되었으며, 마침내 내가 브루스를 만났을 때는 저녁이었다. 그는 몇몇 노래에 흥미를 보였으나 졸린 것 같았다. 하지만 그의 정서는 청중(직원)이 듣고 있다는 것을 알았을 때 바뀌게 되었고 매우 밝아졌다.

세션 23 "세션을 짧게 할 수 있나요?" 브루스는 동료와의 체스 게임 때문에 매우 흥분하였다. 하지만 내가 그의 요구를 받아들일 수 없다고 말하자, 이전 세션처럼 짧게 해 달라고 다시 요구하였고, 우리는 세션을 시작하였다. 브루스는 시간에 대해 잊었고 세션은 평소 때처럼 진행되었다. 그는 두 개의 노래를 선택하였고 다음 심상으로 들어갔다. 그는 음악을 듣는 동안 불안을 나타내었다. 그의 그림은 물 위를 떠돌고 있는 거북이었다. 물과 하늘은 같은 하늘색이었고, 초록색 거북은 가득 채워진 것은 아니지만 샌드위치처럼 가운데 있었다. 그 색깔은 나에게 고치를 연상시켰다. 위와 아래에 같은 색깔을 사용한 형태는 브루스 그림의 주제였다. 그는 그림을 '수영하는 시간' 이라고 불렀다. 마치려고 할 때 브루스는 다음 주 월요일에 퇴원한다고 말하였다. 이것은 새로운 사실이었다. 나는 놀랐으나 그의 불안한 행동에 대해서 이해할 수 있었다. 브루스는 내가 그를 위해 자연의 소리가 든 더 많은 테이프를 만들어 줄 수 있는지 물어보았다.

세션 24 브루스는 내가 도착했을 때 특별히 슬퍼 보였으나 그의 음악 시간을 요청했다. "'지미 크랙콘(Jimmie Crack-Corn)' 먼저 노래해!" 하고 말하면서 그는 밝아졌다. 다음 곡은 '고요한 밤(Sileat Night)' 이었고, 그다음은 긴장 이완 테이프였다. 그는 7분짜리 음악을 듣는 동안 그의 세팅을 위해 야외/자연의 장면을 사용하였다. 이것이 끝났을 때, 그는 그가 본 것에 대해 나에게 얘기하기를 요구하였고 그림은 그리지 않았다. 그는 '타이타닉(Titanic)' 이라고 묘사하였으며, 물 아래의 선실에 독수리와 바다거북이 있었다고 하였다. 내가 그에게 "배가 거기에 있었니?"라고 물었을 때, 그는 단순하게 "당신은 타이타닉이 침몰하였다는 것을 알잖아요."라고 대답하였다. 브루스는 물 아래로 가라앉은 배에 있었지만 독수리와 바다거북을 보았다. 하늘과 바다 사이의 분리는 처음으로 내게 불안을 일으키는 것이었다. 물 아래와 물 위 어디에도 땅은 없었지만, 두 가지 창조물은 그들 자신의 환경에서 강하고 영향력이 있는 것으로 보였다. 브루스는 이전의 세션에 보였던 독수리의 심상은 사용하지 않았다. 단지 첫 번째 세션에서만 어떤 형태의 새를 보았다. 하지만 그는 그의 그림의 두 군데에 그것을 그렸다. 독수리는 또한 상상의 형태였다. 나는 그것이 브루스의 통찰력이 집단무의식에 잠겨 있는 것이라고 해석하고 싶었다. 하지만 그 주어진 시간과 계속되는 깊이 있는 작업은 우리가 해 왔었던 것처럼 그의 목소리와 상상력을 연결시켰을 때 그의 독수리는 고치에서 나온 나비와 같이 나타날 것이었다.

세션 25 다음 날은 금요일로 마지막 세션이 있었다. 브루스는 월요일 오전 6시에 떠나도록 예정되었다. 그는 그가 동료와 레고 놀이를 하는 동안 세 곡의 노래를 선택해서 불렀다. 그는 선택하는 데 매우 익숙해졌고 긴장 이완 세션을 위해 그의 음악을 골랐다. 브루스는 그림을 그리지 않겠다고 하였으며, 나는 그가 가지고 갈 더 많은 테이프를 원한다고 생각되었다. 나는 그에게 헤드폰과 카세트 플레이어 그리고 테이프를 주겠다고 안심시켰다. 브루스는 동료와 함께 노래를 나누기를 선택하였고, 심상을 위해 그의 음악을 선택하였다. 첨가된 음악 테이프를 가져가고 싶다는 그의 소망이 되풀이되었다. 나는 그가 곧 떠나야 한다는 것을 느꼈지만, 그가 선택할 수 있는 기술을 증명하였다는 것과 때때로 그의 부정적인 행동을 고쳐 나가기 위한 목적으로 노래와 긴장 이완을 위한 음악을 사용할 수 있다는 것을 알게 되었다.

논 의

심층심리 접근방법의 중요성

1998년 Beech Brook의 연구는 「거주용 치료 환경에서 심한 정서적 장애를 가진 아동과의 음악치료」를 보고하였다. 연구는 정서적으로 혼란된 아동과의 음악치료 중재에는 이득이 많다는 것과 그럼에도 특히 거주용 치료 환경에 있는 매우 혼란된 아동을 위한 음악치료 중재에 대한 문헌이 부족하다고 밝혔다(Hong, Hussey, & Heng, 1998). 정신병원은 거주용 치료 센터로 고려되지 않지만, 메인 주에서는 공무원의 문서 업무에 몰아넣어지는 경우 또는 거주지의 부족으로 아동 시설에서 90일 이상을 지내는 환자가 많이 있다. 어떤 아동은 보통 6~8개월간 입원을 하며 여러 이유로 재입원되기도 한다.

브루스의 세션에서 설명되거나 해석된 음악, 기술, 그림, 심상은 그의 행동을 중재하기 위한 방침과 자극제로서 청각적 기능에 집중되어 있으며, 나는 브루스의 '목소리'가 그의 의식을 증가시키는 그의 치료에 중요한 요소였다는 믿음에 대한 나의 합리성을 간결하게 논의할 것이다.

나는 거주용 보호소와 병원에서의 정신과 치료를 위한 초기 방법이 언어였다는 것을 인정한다. 쓰는 것이든 말하는 것이든, 언어는 미국인의 의사소통에 있어 주된 지지로 되어 온 반면에 이런 언어 형태는 그들의 목소리를 통제할 수 있는 감각을 가지지 못한 사람에게는 중대한 장애가 될 수 있다. 정신적 외상에 대한 문헌은 정신적 외상 생존자에게 부정적 반응을 유발할 수 있는 감각의 입력에 대한 예로 가득하다. 대화치료는 개인을 위한 목적을 제공하기 위해서 분류되고 명명될 수 있지만, 특히 언어를 이해하기 전에 정신적 외상을 경험한 아동은 감각적, 상징적, 원시적 상태로 남아 있게 된다. 브루스가 특별히 이와 같은 경우였다. 용해가 시작될 때 보이는 그의 거칠고 무시무시한 눈초리, 공격적으로 되는 그의 어리석음, 그리고 그의 그림 모두는 말이 담을 수 없는 중요한 정보를 전달해 주었다. 음악 활동에 대한 그의 선택과 특히 테이프에 있는 그 자신과 노래 부르는 그의 관계성은 그가 그의 내적 '목소리'와 '말하게 되었다'는 나의 생각을 증명해 주었다. 그러나 내적 목소리에 사용된 언어는 태고적인 것이었고, 브루스는 바깥세상에서 그에게 요구되는 성인에 대한 반응과 요구에 이것을 교환할 수 없었다. 브루스가 10년간의 그의 삶의 경험을 더욱 따르려고 하자, 그의 행동/내적 목소리는 그가 입원할 때까지 더 많은 폭행을 일어나게 하였다.

브루스와의 작업은 4개월 동안 진전되었고, 그는 그의 내적 목소리와 다르게 말하기 시작하였다. 그는 그의 자기 가치감과 안전에 대한 욕구를 증명하기 시작하였다. 브루스는 병이 낫지 않았으며 통제하는 것이 완전하지 않았다. 그러나 그는 그의 내적 목소리와 대화할 수 있는 인식이 성장하였고, 그의 행동은 그의 귀에서 지각되는 것에 자동적이거나 반사적인 반응이 아니라 의식적으로 선택된 것이었다.

브루스의 원가족사는 학대와 방치로 일관된 것으로 보였다. 그는 확실히 '배양된 공포'로서 그의 태아적 목소리와 태어나면서부터 학습된 목소리에 따라 살았다. 과잉변환 감각 시스템과 근본적으로 분노, 두려움, 슬픔을 알려 주는 원시적인 방법은 그의 행동을 공격적이고 어리석고 자기 파괴적인 것으로 만들었다. 브루스가 그의 청각적 입력에 대한 그의 반응을 지각하기 시작하면서, 그는 그런 감정을 지원적인 음악으로 심상하기, 악기 연주하기, 노래 부르기를 통해 표현하기 시작하였다. 그는 또한 의사소통하는 다른 방법을 직접 경험하고 해방되기 시작하였다.

결 론

다음의 결론은 브루스의 새로운 정신과 의사의 메모에 포함되어 있던 것이다.

- 브루스는 공격적인 행동과 위험을 전달할 때 중단하기 위한 목적의 음악과 선택된 심상으로 긴장 이완 기법과 노래 부르기의 두 활동을 통해 음악치료에 잘 반응하였다.

- 브루스의 노래 부르기 테이프는 그가 선택하고 부른 노래가 포함되었고 '노래 따라 부르기' 대처기술로서 유용하게 사용되었다.
- 브루스는 몇몇 경우에 직원과 함께 노래를 부름으로써 그의 잠재적 공격성을 단계적으로 완화시킬 수 있었다.
- 브루스는 그의 긴장 이완 작업을 위해 고치와 해변에 대한 심상을 사용하였다.
- 브루스는 긴장 이완 후에 심상을 구체화시키기 위해 그림을 그렸다.
- 브루스는 대처기술로 사용하기 위해 긴장 이완 테이프와 노래의 수집물을 가졌다.
- 브루스는 한두 사람의 동료와 비공식적으로 노래를 부름으로써 자아존중감과 자기 확신에 대한 그의 능력이 성장하였음을 증명하였다.
- 브루스는 '노래교육' 또는 '음악교육' 이 아닌 음악치료를 받았다.
- 브루스는 방법에 있어서 협력적으로 논리적인 접근을 가지고 세션에 잘 참여하였다.

운명적으로 브루스는 퇴원을 위해 테이프와 카세트 플레이어를 챙겼지만, 직원이 적절한 장소를 찾지 못해 그가 새로운 곳으로 가는 6시간의 도로여행 동안 음악이 없었다. 나는 3일 후에 그의 새로운 정신과 의사에게서 전화를 받았는데, 그녀는 나의 메모와 그의 서류를 읽은 후에 그의 테이프를 요구하였다. 나는 그녀에게 그것을 보내 주겠다고 안심시켰다. 한 달쯤 후에 나는 다시 그녀에게서 소식을 들었다. 그녀는 무심결에 내 사무실로 전화를 잘못 걸었다고 사과하고는 브루스가 잘하고 있으며 그 테이프가 매우 유용하게 사용되고 있다고 하였다. 그녀는 '잘못된 전화번호' 로 전화를 걸었다고 의식적으로 생각하겠지만, 나는 그것이 결코 우연이 아니라고 믿는다.

참고문헌

Cassidy, J. W., & Ditty, K. M. (1998). "Presentation of Aural Stimuli to Newborns and Premature Infants: An Audiological Perspective," *Journal of Music Therapy*, 35(1), 70-87.

Cassity, M., & Cassity, J. (1998). *Multimodal Psychiaric Music Therapy for Adults, Adolescents, and Chilren: A Clinical Manual.* St. Louis, MO: MMB Music, Inc.

Greenspan, S. I. (1997). *The Growth of the Mind.* Reading, MA: Perseus Books.

Hong, M., Hussey, D., & Heng, M. (1998). "Music Therapy with Children with Severe Emotional Disturbances in a Residential Treatment Setting," *Music Therapy Perspectives*, 16, 61-66.

Rubin, H. R., Owens, A. J., & Golden, G. (1999). *Status Report (1998): An Investigation to Determine whether the Built Environment Affects Patients' Medical Outcomes.* Lafayette, CA: Center for Healthcare Design.

7장 일곱 번째 사례

제니와의 음악치료: 성, 권력 그리고 학대

Penny J. Rogers

개 요

이 장은 제니*와의 음악치료에 관해 기술한 것이다. 제니는 11세로 아버지에 의한 성적 학대 경험이 있으며 정서적 학대와 방치에 관한 경험도 있다. 이 사례연구에서 나는 법적 아동보호 시스템에서 치료하는 것의 제약에 대해서 생각하게 되었다. 나는 특히 성(gender), 권력, 학대 문제를 많이 생각했는데, 그것은 치료사 또한 학대자와 같은 성을 가졌기 때문이다.

* 제니라는 이름은 실제 음악치료 대상자의 이름이 아니다. '제니' 의 신분을 드러낼 수 있는 모든 요소는 그녀의 신분을 보호하기 위해서 바꾸었음을 밝힌다.

도 입

배경 맥락

이 장에서 서술되는 사례연구는 영국에서 행해진 지역 아동 성적 학대 프로젝트 내에서 진행된 것이다. 이 프로젝트는 국립 아동 자선단체 두 곳과 지역 의료단체의 기금을 받아서 이루어졌다. 프로젝트팀은 소규모였으며 6명의 전문 임상학자로 이루어졌다. 그러나 그 팀은 자신들의 지식을 발전시키거나 연구를 하기 원하는 임상가를 채용함으로써 그 규모가 커지게 되었다. 음악치료 지원은 후반부에 있었으며, 음악치료 자선단체(Music Therapy Charity)의 자금을 지원받았다.

이 프로젝트는 성적 학대를 당한 아동과 그들의 형제자매를 포함한 가족에게 치료를 제공했다. 개인, 그룹 및 가족 치료가 제공되었다. 모든 치료는 법정 감독의 감시하에 제공되었으므로 치료에 참여한 많은 아동이 아동보호 계획의 대상자였으며, 몇몇 아동은 그들을 학대한 사람에 대해서 법정에서 증거 진술을 경험했던 정신적 외상을 갖고 있었다. 법적인 상황 때문에 승낙과 기밀성의 문제에서 특히 제약이 많았다.

이런 아동에 대한 치료는 다양한 기관에서 이루어졌는데, 그 기관들은 '학대'에 대해서 다른 주제, 이야기, 믿음, 권력, 가치 및 언어를 사용하는 곳이었다. 종종 그 시스템 내의 개인을 다른 구성원에게서 분리시켜 놓는 관계 부처 간의 역학관계 안에서 어떻게 가족의 학대 이야기가 비춰지는지 되돌아보는 것은 꼭 필요한 일이며, 어떻게 다른 기관들이 우리의 치료에 영향을 미치는지에 대해서도 되돌아봐야 한다(Furniss, 1991; Rogers, in Press: Summitt, 1986).

클라이언트 위탁

제니는 그녀의 사회복지사에 의해서 프로젝트에 참여하게 되었다. 사회복지사는 제니를 지원하기 위해서 아동보호 계획에 참여시키는 것을 책임지고 있었다. 그 목적은 제니의 과거의 성적 학대 경험, 그에 수반해서 일어나는 폭로, 법정에서의 경험, 가족에게서 분리되어 양육되고 있는 충격 등에 대한 치료를 승인받기 위한 것이었다. 성적 학대자로 추정되는 사람은 제니의 아버지였다. 외설적인 성폭력, 강간이 수년 동안 지속된 것으로 추정되었다. 제니가 성적으로 학대당했다는 신체적인 증거는 있었지만, 이 성적 학대가 제니의 아버지와 관련되어 있다는 법의학적 증거가 없었기에 제니의 아버지는 기소당하지 않았다. 법정에서는 제니가 성적으로 학대당했고, 그 개연성에 비추어 볼 때 성적 학대자는 그녀의 아버지라고 결론을 내렸다. 제니의 생물학적 부모는 제니가 그 누구에게도 학대를 당한 적이 없다고 진술했다. 제니의 어머니가 딸을 보호할 수 있는 정도에 대해서 다양한 기관의 이해관계가 얽히게 되었다. 제니의 친부모의 경우 아버지와 어머니 쪽 모두 세대에 걸쳐서 성적 학대가 이루어져 왔다. 이러한 어려움은 아버지의 알코올중독과 어머니의 우울증 및 가정 폭력과도 얽혀 있었다. 그러므로 제니의 가족은 다양한 기관을 통해 이미 그 사정이 알려져 있었다. 많은 전문가가 제니의 형제자매에 대해서 걱정하고 있음에도 불구하고, 제니의 가족은 제니가 보호기관으로 보내진 후에도 계속 같이 살고 있었다. 위탁 자료에는 제니가 성적인 행동을 보이고 있다고 쓰여 있었다. 제니는 취약한 아이였다.

제니가 이 프로젝트에 참여하게 되었을 때 그녀는 보호기관에 9개월 동안 있었는데, 이 장소는 안정적이고 안전한 곳으로 여겨졌다. 제니는 처음에 청소년 이전기의 성적 학대 경험이 있는 소녀들을 위한 10주간의 그룹 프로그램에 참가했다. 이 프로그램은 학대 경험이 있는 아동과 그들을 돌보는 사람들을 대상으로 한 것이었다. 제니의 수양 보호자들은 10주간의 보호자 프로젝트에 초청받아서 참석하도록 권유받았지만, 그들은 프로그램의 처음 5주 동안만 참석했으며 제니의 성적 학대 경험이 진실이라고 받아들이는 데 상당한 어려움을 겪었다.

제니가 그룹 프로그램에 참여한 이후에 그녀의 그룹치료사는 그녀가 개인 음악치료를 받는 것이 좋겠다고 권유했다. 치료사가 관찰한 것에 따르면 그룹 프로그램 안에서 제니는 매우 상처받기 쉬운 아이이고, 또래보다 상당히 어렸다. 또 성적 문제에 관해서 아는 바가 거의 없으며, 난잡한 행동(touching muddles)[1]을 하기도 했다. 제니의 그룹치료사는 제니가 안전한 환경에서 자신의 정체성, 부모에게서 떨어지게 된 문제들과 같은 과거의 이야기를 가능하게 하는 음악치료를 해 볼 것을 제안했다.

위탁자에 따르면 제니는 학습장애도 가진 것으로 알려졌다. 이러한 것의 본질을 결정하는 데에는 특정한 심리학적 평가가 필요할 것이다. 그러나 나는 제니의 현저한 학습장애가 그녀의 외상 경험과 관련이 있는지, 그리고 학습장애가 제니의 감정적인 건강이 호전됨에 따라 변화를 보일 것인지에 대해 많은 관심을 두었다(Sinason, 1992).[2)]

기밀성과 법적인 관계

제니의 치료는 다음과 같은 법적인 맥락하에 진행되었다. 양육 책임이 사회복지사업(Social Service)에 주어졌으며, 제니는 또한 아동보호 계획의 대상이기도 했다. 치료과정 동안, 법정에서는 제니를 친부모(제니의 친부모는 그녀가 집으로 돌아오길 바라고 있었다.)와 만나게 할 것인지에 대한 결정을 내리기 위해 보고서를 요청했다. 그리고 사회복지사업 또한 제니를 계속 그곳에 둘 것인지, 아동보호 계획과의 관계에 대해서 어떻게 할 것인지 재고해 보기 위해서 보고서를 요청했다. 이러한 제약하에서 제니가 치료 중에 알아야 하는 새로운 정보에 관한 기밀성 문제 또한 제한될 수밖에 없었다(Department of Health Children Act, 1989). 이러한 제약의 의미와 충격에 대한 조사는 종종 제니의 치료에서 그리고 다른 기관 모두에게서 조사되었다.

1) 'touching muddles' 라는 용어는 이 프로젝트에서 쓰인 것으로, 아동이 경멸적인 표현을 하지 않고 성적인 행동을 하는 것을 일컫는다.

2) 제니의 치료과정 동안 (법적 기록 맥락에서) 나는 특별히 제니의 인지능력에 관해서 언급하도록 되어 있었다. 나는 이러한 점이 오로지 임상심리학자에 의해서만 평가될 수 있을 것이라고 생각했지만, 그녀는 11세 소녀라기보다는 7~8세 정도의 소녀로 보였다.

초기 진단평가

제니에 대한 나의 첫인상은 명랑하고, 애교 있고, 수다스럽고, 상냥한 남을 기쁘게 하려는 소녀였다. 제니는 작고 말랐으며 신체 발육 상태는 좋은 것으로 보였다. 정신이상 증세나 우울증 징후는 전혀 찾아볼 수 없었다. 때때로 불안하고 산만하기도 했지만 제니의 집중 정도는 분명히 변화되었으며, 음악적 즉흥연주에 적극적으로 참여하는 것이 그녀에게 매우 좋을 것 같았다. 제니는 눈을 잘 마주쳤으며 적절하게 말을 하기도 했다. 제니는 자신이 특정 분야에 대해서 얘기하고 싶지 않을 때 그 주제를 바꾸는 데 능숙했다. 제니는 학대에 따른 악몽과 환각에 시달리고 있다고 말했다. 제니가 음악치료에 참여할 의사를 보인 반면, 나는 그녀가 거절하고 싶을 경우 어떻게 치료의 참여를 거절하는지가 궁금했다.

초기 진단평가 후에 나는 제니가 친부모와 만났을 때 있었던 갈등에 대해서 그녀가 얼마나 빨리 표현하는지를 주목했다. 제니는 "때때로 저는 부모님과 말하고 싶지 않아요."라고 했다. 나는 또한 제니가 감정과 이슈들을 말하기 위해서 은유적으로 비유해서 말하는 능력이 있다는 것도 알게 되었다. 제니의 언어적 표현(표면적으로 남을 기쁘게 하려 하고 공손하며 조심스러웠다.)과 음악적 표현(상당한 수준의 화와 분노를 나타냈으며, 시종일관 강압적이었고, 음악적으로 욕지거리를 퍼부었다.)에는 상당한 차이가 있었다. 이러한 차이는 그녀가 느끼는 혼란과 상처를 표현하는 데 있어서 제니의 내면 세계와 외면세계가 다르다는 점을 시사하고 있었다.

제니의 초기 진단평가에 따라, 나는 음악치료가 다음과 같은 환경에서 제니에게 적절하게 제공할 것이라고 결론지었다.

- 친부모와의 만남에 관해서 혼란스럽고 갈등이 되는 감정을 탐구해 본다.
- 다른 사람(예: 양부모와 학교 친구들)과의 관계에 대해서 탐구해 본다.
- 성적 학대의 과거 경험을 포함하여 아주 어릴 적의 기억과 감정에 대해서 표현하고 탐구해 본다.
- 해를 끼치지 않는 접촉과 수용할 수 있거나 수용할 수 없는 행동과 같은 문제에 대해서 얘기해 본다.

치료적 접근법

나는 원래 1983년에 영국에서 음악치료사로 훈련을 받았다. 나의 접근법은 자유로운 임상적 즉흥연주(free clinical improvisation)를 사용하는 것에 기반을 두고 있다. 자유로운 임상적 즉흥연주란 음정이 있는 타악기와 음정이 없는 타악기를 사용해서 전이와 역전이 과정에 관해 연구하는 것이다. 권력의 이슈를 처리하는 것은 내 접근법에 근간을 이루고 있다. 내가 믿고 있는 암시적인 치료의 힘을 알려 줌으로써 클라이언트에게 안전함과 믿음이 생길 수 있게 환경을 조성하도록 노력하고 있다. 주의 깊고 감정이입적인 경청, 남을 비판하지 않는 태도, 존경, 시간과 공간에 대한 안전함을 제공하고, 클라이언트가 문제의 해결점을 탐구할 수 있도록 안전한 토대를 제공하는 협력적인 접근법을 택하는 것이 핵심 치료 과제다.

나의 접근법은 인지신경심리학에서 아동보호(타비스톡 병원)와 체계적인 신경치료법(가족치료기관)과 같은 부가적인 훈련(석사과정에서), 그리고 오랜 기간 동안의 선두적인 아동 정신치료학자들의 슈퍼비전, 아동과 청소년의 정신건강 치료를 통해서도 알려져 있다. 나의 연구는 음악치료를 정신분석학적으로 접근하는 방법(예: Priestley, 1994; Odell-Miller; Robarts, 1994; Bruscia; Drorkin; Austin)에서 촉발되었으며, 더불어 사회구성주의 학자, 화술, 포스트모던 학자, 페미니스트적 접근 또한 치료법에 영향을 끼쳤다. 연구와 경험에 근거한 임상 실험을 통해 보건법 구조 안에서 타당성을 확보하기 위한 음악치료의 필요성은 나 자신의 개인적인 발달에 크게 영향을 미치게 된 또 다른 부분이다. '암시적인' 이란 말은 나의 신념인데, 그 어떤 치료적 교과서도 '진리' 만을 제공해 주지는 않는다는 생각이 그것이다(Rogers, in press). 여전히 남아 있는 궁금증은 치료사의 주요 과제가 되며, 동시에 자신의 편견과 믿음을 인정하게 한다. 이 사례연구의 맥락에서 그 예시는 성 학대가 될 것인데, 성 학대는 절대로 용서될 수 없는 것이다. 개인적으로 가장 중요한 논문들은 치료관계와 치료의 기능에 더 중요하게 작용하고 그것들의 변화를 이끌어 낸다. 이러한 전체적인 틀 안에서 나의 치료방법은 일반적으로 반영적(reflexive; Tomm, 1987, 1988)이라고 규정될 수 있는 질문을 사용하는 것을 포함한다. 또한 나의 치료방법은 확장하고 증폭하고 질문하고, 클라이언트 자신의 믿음, 이야기, 가정을 발달시키는 익숙한 형태에 관해서 새로운 맥락을 창조하도록 하고 있다.

음악치료는 클라이언트와 치료사 사이에 일어나는 대화(음악적인 것, 언어로 된 것, 비언어적인 것)를 포함한다. 암시적으로 그러한 대화는 일종의 주고받음을 포함하며, 어머니와 아이 간의 상호작용(Stern, 1985; Trevarthen, 1993)에서 연결 고리를 찾는다. 좀 더 계층적인(전문가/비전문가) 상호작용에 따르는 제약은 정신분석학에서 일어나도록 되어 있다(Hoffman, 1985).

음악치료는 특별히 성폭행을 당한 클라이언트에게 유용한 치료방법이다. 그것은 음악치료가 특별히 말로써 표현할 수 없거나 어려움이 있는 아동에게 느낌을 표현하고 탐구할 수 있는 기회를 제공하기 때문이다. 음악치료는 비밀을 보장해주며, 성폭행에 관한 이야기를 말로 하는 데에 두려움을 갖고 있을지도 모르거나 그들의 인지능력이 말로 표현하기에는 어려움을 느끼거나 하는 클라이언트가 작업하기에는 안전한 환경이다.

과정 내에서의 치료적 접근법에 대한 기술

치료과정은 사전에 계획되지 않았지만, 제니의 치료에서 다음과 같은 치료 틀이 사용되었다. 이 틀은 치료가 진행되는 동안 안전한 환경과 구조를 제공해 주었다.

초기 대화: 이전 주에 대해서 언어로 표현하기
학교나 양부모의 집에서 겪고 있는 문제에 관해서 먼저 얘기해 본다. 제니는 집에서 온 '메세지' 에 관해 얘기할 수 있는데, 그 메시지들은 '양부모님은 제가 여기에 와야 한다고 생각하지 않으세요.' 혹은 '전 거짓말을 하기 때문에 나쁜 아이에요.' 등과 같은 것이다.

즉흥연주(이것은 지시적일 수도 있고 자유롭게 할 수도 있다.)
대체로 제니는 나에게 키보드를 배정해 주고 자신은 방 안을 빠르게 돌아다니며 자리에 앉기 전에 모든 종류의 악기를 연주한다.

언어적 반영
제니는 방금 일어났던 즉흥연주에 대해서 묘사한다. 나는 제니가 말한 것을 반영하거나 달라진 점, 변화된 점을 기록해 둔다. 질문과 반영이 사용될 수 있다.

더 발전되고 전형적으로 좀 더 본질적인 즉흥연주
제니는 지시를 내리고 통제하는데, 이것은 음악 콘서트나 오케스트라와 비슷한 상황이다. 여기서 은유와 상징을 사용하는 것이 종종 필수 요소가 되곤 한다.

최종적인 언어 반영
과거의 경험과 현재의 경험을 연결시키고, 예외적인 것과 독특한 결과를 언급하며, 우회적인 질문을 사용하고, 기억에 남아 있는 이야기와 들은 이야기 간의 연결 고리를 만들 수 있다.

치료 환경은 늘 일정했다. 치료는 매주 동일한 시간과 장소에서 이루어지며 이용할 수 있는 악기도 동일했다(Bion, 1959). 세션은 50분 동안 이루어졌고 주로 비지시적이었다. 몇몇 더 전통적인 정신분석학적 접근법과는 달리, 학대 아동을 다루는 나의 연구에서 나는 침묵이 잠재적으로 괴롭히는 효과를 가져올 수도 있다는 사실에 민감하고, 그런 것의 잠재적인 의미에 대해서 얘기해 보고자 한다. 치료 세션 동안에 휴식 시간은 미리 계획되어 있었다.

치료가 그 권력을 남용하지 않고 있다는 것을 확신시키기 위해서 주의를 많이 기울였다(Gorell-Barnes, 1998).

치 료

세션 1~15

많은 주제가 치료를 통해 나타났다. 제니는 처음에 자신이 학대받은 적이 없다고 말로써 부인했으며, 계속해서 자신이 거짓말을 하는 나쁜 아이라고 말했다. 음악적으로 제니는 음악 소곡, 자장가 운율을 연상시키는 짧은 멜로디 소절을 실로폰으로 연주하면서 호감을 사려고 애쓰거나, 내가 무엇을 연주하든 제니가 그것을 따라 하려고 하는 주고받기(turn-taking) 패턴을 보였다. 음악적으로 제니는 자신만의 목소리를 낼 수 없는 것처럼 보였다. 이 과정에서 나는 제니가 '틀린' 음을 낼까 봐 지나치게 걱정하고 있으며, 제니가 생각하기에 내가 듣고 싶을 거라고 생각하는 것을 연주함으로써 나를 기쁘게 하거나 달래려고 매우 노력하고 있다는 것을 느낄 수 있었다.

제니가 말을 하거나 악기를 연주하거나 혹은 둘을 동시에 하는 데에 있어 무언가를 떠오르게 할 여유가 별로 없었다. 제니는 사고를 억제하려고 하고 있었으며, 나는 그것이 음악을 통해 표출될 수 있는 감정적이고 고통스러운 감정에 대한 일종의 방어 작용으로 사용되었다고 추측할 수 있었다(Sinason, 1992). 나는 또한 제니가 날 기쁘게 하려는 시도는 불안한 집착(Bowlby, 1973)과 어른을 화나게 하거나 짜증나게 하는 것에 대한 두려움을 동시에 나타내고 있다고 믿었다. Gorell-Barnes(1998)는 "어린 나이에서 나오는 복종과 순종은 그렇게 하지 않으면 어떤 일이 발생할 것임을 아는 맥락에서 남을 기쁘게 하려는 내재적인 소망에 따라서 행동하는 것으로 종종 성적으로 학대를 당한 관계의 특징이다."(p. 176)라고 말했다.

5회 세션 즈음에서 분명한 변화가 나타났으며, 제니는 어느 정도 자신감을 얻은 것처럼 보였다. 제니는 더 이상 남을 기쁘게 하려고만 하지 않았고, 오히려 그 세션의 내용을 통제하려고 했다. 음악은 좀 더 두드러졌다. 제니의 음악은 종종 공격적이었으며, 태도는 상당히 독재적이었다. 그녀는 내가 피아노를 연주하도록 했고, 연주 방식에 대해서도 지시했다. 그녀는 나에게 피아노 외에 다른 악기를 연주할 수 있도록 허락해 주지 않았고, 내가 피아노에서 좀 떨어지면 난폭하게 소리를 질러댔다(발달적으로는 2세경 아이가 짜증을 내는 정도다.). 나는 제니가 상당히 큰 소리로 악기를 연주할 때에 종종 음악적으로 학대를 당하고 있는 것처럼 느꼈고, 50분 내내 제니와 함께 방 안에 있는 것이 종종 고통스럽게 느껴졌다. 나는 역전이 반응으로 충격을 받거나 무기력하고 학대당하고 통제당했다고 느꼈고, 나의 역할은 이러한 감정을 반영하고 보유하는 것이었다(슈퍼비전을 통해서). 그리고 나는 제니가 자신이 경험했던 충격과 분노로 나를 괴롭히고 더 학대하고 있음을 알아챘다(Winnicott, 1965). 나는 제니가 자신의 의견을 주장하거나 환경을 통제할 수 있는 다른 상황이 있었는지 궁금해졌고, 이 상황(음악치료를 받는 상황)이 제니가 어른을 통제할 수 있는 유일한 상황일 것이라고 추측했다. 제니는 이를 알아차릴 수 있었다. 제니는 남들이 자신을 통제하는 것에 대해서 어떻게 느꼈을까? 그녀가 날 파괴하는 것이 그녀 자신이 파괴당하던 과거 경험의 반영물이었을까(Udwin, 1993)?

초기 제니의 몇몇 세션 동안, 나는 제니의 친부모가 그녀에게 예행 연습을 시켰거나 준비시켰음을 느꼈다(이 관점은 나의 슈퍼비전과 그 이후에 공유한 것이다.). 제니는 치료실에 들어와서 조심스럽게 말을 했다. 두 번째 치료 세션에서 제니는 전화로 자신의 부모와 통화를 했다고 말하면서 나에게 "저는 학대당한 적이 없어요." "저는 거짓말을 했고 나쁜 아이이기 때문에 안나와 잭(제니의 양부모)과 살고 있어요."라고 얘기했다. 그 이후에 나는 치료 도중 제니에게 다른 사람들이 그녀가 뭐라고 말하길 원하냐고 물어볼 수 있었고, 제니는 자신만의 목소리를 내기 힘들었음을 얘기할 수 있었다(음악적인 목소리도 처음에 내기 힘들었음을 돌이켜 보면서). 나는 또한 제니가 거절당할 것을 예상하고 나에게 학대적인 반응을 불러일으키도록 했음을 느꼈다. 제니는 나의 의도에 전혀 신뢰감을 가지고 있지 않았다. 그러므로 치료과정이 더 천천히 진행되어야 하며, 나와 신뢰감 있는 관계를 만드는 것이 시간이 걸리고 노력이 필요하다는 것을 일깨워 주었다.

5~14회 세션까지 제니는 치료 기간 동안 작은 오페레타를 즉흥적으로 만들었다. 음악적인 형태와 연주 둘 다 제니에 의해서 통제되었으며, 제니는 자신의 이

야기를 연주하고 노래하는 도중에 나에게 소리 질러 가면서 지시를 내렸다. 오페레타의 구조는 견제되었다(Winnicott, 1961). 오페레타는 아홉 번의 세션 동안 매주 반복되었고 점점 더 정교해지고 확장되었으며, 제니가 묘사한 학대의 세부 사항이 점점 더 생생해지고 듣기에 고통스러워졌다. 오페레타의 내용은 '강도' 에 관한 것인데, 이 강도는 제니가 자고 있을 동안에 침실에 들어와서 소중한 보석을 훔쳐 간다. 강도는 제니가 다른 사람들에게 소중한 보석을 도둑맞았다고 얘기하면 매우 화를 냈다. 이것은 분명히 제니의 성적 학대 사건을 비유하는 것이었다. 강도는 그녀의 아버지였고, 남들에게 얘기하는 것은 아동기관에 폭로하는 것이었으며, 소중한 보석은 제니의 처녀성이나 순결성을 의미하는 것이었다. 제니는 이 치료 기간 동안에 통제적인 태도를 보였다. 이야기가 점점 확장되고 구체화됨에 따라서, 나는 제니가 내가 그녀의 이야기를 야단치거나 비난하는 태도를 보이지 않고 구체적인 학대 사실을 잘 들을 수 있는지를 시험하고 있다는 것을 느낄 수 있었다. 이러한 암시적 행동은 초기에 음란한 성적인 공격과 강간이라는 고통스러운 이야기에서 분리되고 거리를 둘 수 있도록 작용했다. 그 이후의 치료과정 중 제니는 오페레타에서 자신이 납치되어 정신적으로, 신체적으로 강간당했음을 노래하는 자신만의 목소리를 냈다. 나는 제니가 그녀의 상처를 비난없이 이해하는 누군가를 필요로 하고 있음을 깨달을 수 있었으며, 이러한 필요성에 대해서 침묵하거나 억압하는 것은 상처를 줄 수 있다고 느꼈다. 나는 그 이상의 이야기가 진전될 것이라고 느꼈으며, 나의 역전이는 내가 음악적으로 폭력적인 반응으로 유도되고 있음을 느꼈다. 나는 다른 이들이 어떻게 반응했는지, 내가 제니를 위해서 누구를 연기해 줘야 하는지 궁금하지 않을 수 없었다.

오페레타를 통해 그녀의 학대 사실을 언어화하는 데 있어서, 제니는 자신의 경험을 자기 자신과 타인 모두에게 이해될 수 있도록 했다. 제니는 자신의 이야기를 오페레타를 통해서 얘기했으며, 경험을 언어화하고 그 과정에서 자신의 경험에 의미를 부여했다(Anderson & Goolishian, 1988).

세션 15~30

이 치료과정은 제니가 환경이 종종 변화하는 것에 의해 영향을 받았으며, 제니의 상처와 분노는 안나와 잭[3]이 있는 양부모의 집에서 폭력적인 행동을 하는 것으로 나타났다. 이 사건은 법원이 나로 하여금 법정에서 진술하도록 만들었다. 나는 적절하지 못한 전문적인 보호체계에 대해서 걱정과 분노를 경험했으며, 이것이 제니의 걱정과 분노를 반영했음은 두말할 나위가 없다. 나는 제니의 양부모인 안나와 잭이 한계를 느끼고 있다는 것에 대해서 점점 걱정하기 시작했다. 제니는 더 큰 외상을 경험하고 있었으며, 반복되어 바뀌는 일시적인 거주 환경에 대한 또 다른 상실감을 느끼고 있었다. 불충분하고 불안전하고 일시적인 환경에서 불충분하지만 안전하고 영구적인 거주 환경으로 바뀌었다. 제니처럼 나 또한 그녀를 학대한 사람에 대해서 희생당한 느낌과 화난 감정을 경험했다(Kraemer, 1988). 나의 슈퍼비전이나 프로젝트팀의 도움 없이는 나의 치료능력은 손상을 입을 수도 있었다. 성적 학대는 힘과 기밀성의 증후군이며 대리권(성적 학대를 당한 아이를 누가 돌봐야 하는가에 대한)을 결정하고 서로 갈등을 일으키도록 한다(Summitt, 1986). 제니와 다른 기관들과 대화하면서 나는 내가 '좋은' 전문가이고 사회복지사가 '나쁜' 보호자라는 느낌을 주지 않도록 신경을 많이 썼다. 이것은 나중에 우리가 함께 일할 수 있도록 하는 데에 도움이 되었다(Department of Health, 1999).

제니가 자신의 집안 환경에 대해서 상당한 불안정성을 느끼는 동안에는 음악치료에서 덜 통제적이 되었으며(음악적으로 그리고 비음악적으로) 점점 더 주저하기 시작했다. 즉흥연주에서 학대적인 기질이 줄어들었다. 제니는 더 이상 외적으로 안전한 토대를 가지고 있지 않았다. 제니는 수양 보호자 사이에서 빈번하게 옮겨 다녀야 하고 학교가 바뀌고 사회복지사가 가끔 안 오기도 하는 상황에 있었고(많은 변화가 여름에 일어났으며, 사회복지사는 휴가로 4주 동안 자리를 비웠다.), 오로지 제니 자신과 나의 관계만 그녀의 삶에서 지속적인 것이 되었다.

3) 안나와 잭은 제니의 양부모의 이름이 아니다. 그들의 신분을 보호하고 비밀보장을 위해서 이름이 바꾸었음을 밝힌다.

제니의 치료사로서 나는 다른 기관들에게 제니의 요구를 대변할 수 있었고, 그녀의 미래를 결정하는 다른 기관의 영향력 있는 목소리와 더불어서 그녀의 목소리, 의견, 공포에 대해서 주장할 수 있었다. 그러한 문제에서 제니의 목소리를 내는 것은 치료과정에 영향을 끼치고, 추후에 제니의 친부모와 만난다거나 양부모와의 진행 중인 변화에 있어 그녀의 생각과 믿음을 확인하는 것이 필요하기 때문이다. 제니처럼 나도 좀 더 강력한 기관과 그러한 문제에 대해서 논쟁을 할 때 무력감을 느꼈다. 내가 경험한 학대와 무기력감은 제니의 그것을 반영했을 수 있다.

제니는 계속해서 즉흥적으로 강도에 관한 오페레타를 노래했다(아마도 오페레타는 치료 기간 동안에 안정함과 친밀감을 제공했을 것이다.). 오페레타의 틀 안에서 나는 아동을 강간하는 것에 대해서 반대하는 입장을 취하는 것이 필요했고, 제니가 그것을 탐색할 수 있도록 해야 했다(Sinason, 1992, p. 169). 그리고 그녀가 더 이상 견딜 수 없었던 끔찍한 경험에 대해서 투사된 감정을 경험하도록 해야 했다(Sinason, 1992, p. 175). 이 구조 안에서 맨 끝에는 항상 강도가 이기기 때문에 제니는 학대에 대해서 폭로하는 것보다 '침묵하는 것' 이 더 낫다는 자신의 믿음을 재확인했다. 몇 번의 치료 기간 동안 제니는 소녀가 입을 연 대가로 강도에게서 죽임을 당하고, 소녀의 어머니는 소녀가 그렇게 행동했기 때문에 멀리 그녀를 보내 버린다고 노래했다. 이와 같은 세션 중에 내가 음악적으로 그 강도가 소녀를 죽이기 전에 소녀를 구해 주었을 때, 제니는 병원에서 의사들, 간호사들, 치료사들이 그 소녀를 낫게 만들기 위해서 노력하고 있을 때 결국에는 "강도가 소녀를 다시 차지하기 때문에" 소용이 없게 된다고 얘기했으며(22회 세션), "그 강도가 아무도 그녀를 보호할 수 없을 거라고 말했다."라고 슬픔에 잠겨서 말했다(22, 23, 24회 세션).

이것은 현실을 정확하게 반영하는 것이었다. 제니는 적절하게 기관의 보호를 받지 못했으며, 나는 제니가 불충분한 임시 거처에서 종종 옮겨 다니면서 제대로 보호를 받았는지 확신할 수가 없었다. 또한 제니의 친부모는 계속해서 학대적인 전화를 했다. 제니의 학습장애 때문에 증거와 관련성이 부족하고 제니가 법정에서 제대로 진술을 못해 그 '강도' (제니의 친아버지)가 성적 학대 혐의로 처벌을 받지 않게 되면서, 제니는 더 이상 안전한 토대를 제공받지 못했다. 이러한 맥락 안에서 음악치료는 제니가 안전하다고 여기는 유일한 것이었을 것이다.

'안전에 대한 불확실성' (Mason, 1993)의 맥락에서 제니는 치료과정 안에서 새로운 이야기를 표현할 수 있는 기회가 있었다. 제니는 그녀의 엄마가 공범인 동시에 그녀의 성적 학대과정에 상당히 많이 연루되어 있음을 폭로했다. 엄마의 학대에 대한 폭로는 (음악적으로) 제니를 학대하도록 하는 나의 역전이 경험과 일치했고, 제니의 성적인 행동이 성에 무차별적이라는 것을 알게 해 주었다. 엄마의 학대에 대한 제니의 폭로에 대해서 기관이 모두 알게 되었으며(under the Children Act, 1989) 더 많은 조사가 경찰에 의해서 진행되었다. Kraemer(1988)는 치료사가 성적인 학대에 대해서 폭로하는 것은 치료사 자신이 비난을 받거나 희생양이 될 위험성이 존재한다고 말했다. 그러므로 다른 기관들과 긴밀하게 함께 작업하면서 그러한 일이 일어날 수 있는 가능성을 일깨워야 한다. 그러한 문제에 대해서 적극적으로 언급하는 것은 함께 일하는 것에 대해서 새로운 이야기가 형성될 수 있도록 하였다(Department of Health, 1999). 엄마의 학대에 대한 제니의 폭로는 여자로서 같은 성을 가진 사람이 제니의 성적 학대 혐의자 중 한 명이라는 것과 치료과정에 있어 제한된 기밀성에 관한 문제의 이슈를 불러일으켰다. 그것은 감정적으로 롤러코스터를 탄 것과 같은 기분을 느끼게 했다(Chu, 1992).

이 치료과정에서 때때로 나의 주요 과제는 즉흥연주와 모든 다른 치료 공간의 양상 속에서 새로운 이야기가 발전될 수 있도록 굳건한 토대를 제공해 줄 수 있게 늘 일관되게 행동하고 관심을 가져 주는 일이었다. 이러한 즉흥연주를 자세하게 분석함으로써, 나는 특정한 음악적인 셀(cell, 세 개의 진동 코드 중)이 안전한 토대를 제공하는 데 쓰였음을 알 수 있었다. 이 셀은 제니가 걱정을 하거나 내가 걱정을 할 때 즉흥연주에서 나타났다. 그러므로 그것은 전이와 역전이에 대한 불안이나 걱정에 모두 관련되어 있는 것으로 보였다. 오랜 시간 동안 수많은 즉흥연주를 음악적으로 분석한 결과, 이 셀이 내가 제니와 처음으로 즉흥연주를 시작했을 때 있었고, 그것이 오랜 시간 진보하고 발전하는 동안에도 그 후에 일어나는 즉흥연주에서 계속 존재해 왔음이 분명해졌다. 처음에 나는 이 음악적 모티프의 중요성에 대해서 인식하지 못했지만, 치료가 진행되면서 이 생각은 변하게 되었다. 이 세 가지 진동 코드의 반복진행은 내가 제니와 함께 즉흥연주를 할 때만 나타나는 매우 독특한 현상으로 보였다. 다른 클라이언트와의 즉흥연주를 분석하는 것 또한 비슷하게 독특한 음악적인 모티프를 찾을 수 있고, 그것이 즉흥연주를 할 때 음악적으로 안전한 토대를 제공하는 것과 연결되어 있을 것이라고 가정할 수 있다. 이 셀은 완벽한 멜로디가 아니며(Carter, 1990) 화성적이고 리드미컬했다. 따라서 Lee(1990)의 연구와 비슷한 점을 찾을 수 있을 것이다. 다른 음악적인 주제는 다른 역동과 관련되어 있었다.

이 기간 동안 제니는 신뢰감을 쌓고 발전시키는 데 어려움이 있음을 보여 주었다. 음악적으로 제니는 단지 자신이 먼저 제안했을 때에만 음악적인 연결성을 허용했다. 초기 치료과정에서 제니는 나의 연주에서 심하게 분리되고 음악적으로 접촉하지 않으려 했다. 예를 들어, 우리의 리듬이 어느 정도 일치가 되면 제니는 재빨리 자신의 리듬에 당김음을 넣어서 안 어울리는 효과를 만들어 냈으며, 마치 리듬이 너무 많이 일치되면 두려운 것처럼 보였다. 그러나 이후의 치료에서는 중요한 순간에 리듬, 박자 혹은 하모니의 중심끼리 연결되어 있는 것을 허용할 수 있었다.

세션 30~55

제니는 자신이 성인이 될 때까지(18세가 될 때까지) 맡아서 길러 주겠다는 경험이 풍부한 양부모를 만나서 장기적이고 안전한 새로운 거처를 갖게 되었다. 그들은 제니가 치료받는 것을 상당히 지지해 주었으며, 그 프로젝트가 진행된 장소에서 1시간 30분이나 걸리는 거리에 살고 있음에도 제니를 매주 나에게 데려다 주었다. 이 기간 동안 제니의 즉흥연주는 더 활발해졌으며 내가 다양한 방식으로 위치할 수 있도록 허용했다. 나는 더 이상 피아노에만 혼자 남아 있지 않아도 되었다. 제니가 치료관계에서 신뢰감을 획득해 감에 따라서 그녀는 더 이상 우리의 음악적, 언어적 대화를 통제할 필요가 없었다. 제니의 음악적인 이야기들은 새로운 해결책을 찾아냈고, 그녀의 경험에 대해서 다른 의미를 만들어 내기 시작했다(Anderson & Goolishian, 1988). 제니는 '지금-여기'의 딜레마에 대해서 탐구하기 시작했고, 그녀의 과거 경험이 새로운 관계에서 어떻게 작용했는지(예: 양아버지와 신뢰를 쌓는 방법) 탐구하기 시작했다. 제니는 질문을 하기 시작했으며 조금씩 과거의 학대가 그녀의 책임이 아니었음을 받아들이기 시작했다. 그리고 더 이상 비밀 때문에 짐을 진 듯한 기분을 느끼지 않아도 되었고, 다른 사람이 그녀의 과거 경험에 대해서 알게 될지라도 그녀를 거부하거나 비난하지 않을 것임을 알게 되었다. 우리의 치료 대부분은 이제 제니 자신의 성적인 행동을 치료하는 데 초점을 맞추게 되었는데, 그것은 제니가 치료실 안에서 하는 행동이나 밖에서 하는 행동 모두를 포함했다. 나는 그 행동을 '학대 반응적인' 행동이라고 보았다. 나의 임무는 제니가 그런 행동을 할 때 다른 사람이 느끼는 충격에 대해서 그녀가 인식하도록 하는 것이었다. 제니는 자신의 행동에 책임감을 느끼기 시작했고, 몇 번 계속되는 대화에서 그녀가 난잡한 행위(각주 1. 참조)를 하는 아동을 위한 소규모 집단 프로그램에 참가하기로 동의했다.

초기에는 음악적인 표현이 단지 분노와 화로 가득했던 것과는 대조적으로, 제니는 이제 세션에서 슬픔에서부터 기쁨까지, 절망에서부터 환호와 같은 다양한 범위의 감정까지 표현하게 되었다. 음악적인 춤은 즉흥연주에서 다양한 형태로 나타났으며, 제니는 더 명랑해지고 창조적이 되어 갔다. 더 이상 제니는 정해진 리듬과 협화음의 조화로운 구조 안에서만 연주하려고 하지 않았으며, 더 개인화된 자기 표현을 발달시켰고 새로운 자아, 창조성, 자율성을 발전시켰다.

이 시기에 제니는 학습장애 아동을 위한 학교에서 일반학교로 전학을 가게 되었다. 제니의 학습장애의 많은 부분이 그녀의 정서적인 건강 상태가 호전되면서 함께 해결되었다고 전문가들은 보고 있다.

치료는 상호 동의하에 조심스럽게 계획된 방식으로 종결을 하게 되었다. 치료의 종결은 3개월 전에 미리 계획되었으며, 제니는 자신이 추후 도움이 필요하다고 느끼면 프로젝트에 다시 참여를 요청할 수 있다는 것을 충분히 인식했다. 마지막 치료에서 나는 제니에게 우리 치료 중 어떤 부분이 도움이 되었고 또 도움이 되지 않았는지를 물어보았다. 제니는 내가 그녀의 눈물을 빨리 그치게 하려고 하지 않고 맘껏 괴로워하고 화를 내게끔 해 준 유일한 사람이었다고 말했다. Segal (1986), Sgroi(1981)는 학대받은 아동만이 유일하게 그들의 치료사가 듣는 것을 허용하기 위해서 무엇을 참아 낼지 너무 잘 안다고 말했다. 제니는 자신이 치료받는 동안 안전하다고 느꼈으며, 나 또한 안전함을 느낄 수 있었다. 학대와 같은 문제를 다룰 때 치료사에게는 그들 자신 또한 잠재적인 학대 혐의를 받지 않기 위해서 개인적인 안정성을 도모하도록 주의를 기울이는 것이 필수적이다(Rogers, 2000). 나는 제니가 악기를 다루는 것을 즐거워했다는 사실에 흥미를 가졌는데, 이것이 결국 제니가 자신의 이야기를 하고 언어 없이도(혹은 말로써) 자신의 감정을 표현하도록 했기 때문이다. 제니는 또한 내가 다른 젊은 환자들도 치료한다는 사실을 알았을 때 내가 완전히 그녀의 것이 아니라는 사실이 너무 싫었고, 내가 그녀의 믿음에 자꾸 도전장을 내미는 것도 싫었다고 말했다.

논의 및 결론

이 연구의 제한은 제니의 치료에 대한 모든 양상을 세부적으로 들여다보는 것을 어렵게 한다. 힘과 무기력함에 대한 중요한 이야기는 간단하게 언급되었다.

학대는 본질적으로 권력에 관한 것이며, 그것은 한쪽(주로 더 크고 힘세고 좀 더 권위가 있는)이 그들의 권력을 이용해 다른 한쪽(주로 더 작고 힘없고 권위가 없는)을 부당하게 이용하는 것이다. 치료 또한 권력의 관계를 포함하고 있기 때문에 치료사가 클라이언트에 대해서 권위를 갖고 있으며, 그것이 대개 그렇게 여겨지므로(종종 치료사와 클라이언트 둘 다에게 권위가 있기도 하다.) 치료과정 안에서 어떤 일이 일어나는지와 치료실 밖에서 무엇을 얘기할 것인지의 문제는 치료사에게 달려 있다. 치료는 기밀을 요하는 과정으로 구성될 수도 있으며 또 비밀이 될 수도 있다(분명히 학대와 유사하며, 동등하지 않은 양자 간의 비밀로 유지되어야 한다.).

동등하지 않은 관계는 음악치료 내에서 더 중요하게 간주되어야 한다. 즉, 클라이언트(제니의 경우처럼)가 음악적인 훈련을 거의 받지 않고 음악으로 자신의 이야기를 표현하기 어려운 반면, 치료사는 상당한 수준의 음악적 능력과 지식을 갖고 있는 점이다. 게다가 클라이언트에게는 음정이 있는 타악기와 음정이 없는 타악기만이 제공되는 반면, 치료사는 피아노(좀 더 힘 있고 크고 풍부한 화음을 낼 수 있는 훨씬 더 복잡한 악기)를 사용한다.

제니의 경우 자기 결정력이나 자기통제가 결여되어 있었고, 타인에 의해 좌지우지되었으며, 결과적으로 타인 때문에 고통을 받았다. 제니가 치료과정에 깊숙이 들어오기 위해서는 세션에서 그녀 자신이 힘을 가지고 있으며 권위와 자기 결정력을 가지고 있다고 느끼는 것이 필요했다. 제니는 자신이 안전하다고 느낌으로서 감정적으로 스스로를 탐구해 보고, 특히 학대 사실과 관련된 감정을 탐구해 볼 수 있도록 자신을 무기력하게 만들지 않는 성인과의 관계를 경험하는 것이 반드시 필요했다. 세부 사항을 분석해 보면 대부분의 시간 동안 제니는 통제하는 입장이나 권력 있는 입장이었을 뿐만 아니라 나에게서 힘을 뺏기 위해서 적극적으로 행동했으며, 제니의 대부분의 음악은 공격적이고 학대적이었다. 그것은 때때로 극단적으로 파괴적이었으며, 비록 그 안에서라도 제니가 어느 정도 통제력을 가지고 있고 나는 절대로 조정하거나 중재할 수 없었다. 또한 제니는 악기 중 그 어느 것도 부숴지지 않도록 주의를 기울이지 않았다. 자신이 경험했던 무기력함과 학대를 나에게 불러일으키는 것이 제니에게는 꼭 필요했다.

성에 관한 문제도 매우 중요했다. 나는 성적 학대를 공모하고 적극적으로 그 학대에 관여한 혐의를 받고 있는(치료 안에서) 제니의 어머니와 같은 성(여성)을 가지고 있었다. 치료사로서 우리가 성을 고려 대상에 넣지 않는 반면에, 성에 관한 우리 사회의 구조와 우리가 포용하는 성에 관한 이론들과 연결시켜서 우리가 성을 어떻게 생각하느냐 하는 문제는 많은 형태를 취할 수 있다. 슈퍼비전은 치료 안에서 내 성이 학대를 어떻게 재현하도록 이끄는지 볼 수 있는 필수적인 공간을 마련해 주었다. 그것은 제니가 나에게 역전이된 감정을 불러일으켜서 내가 그녀를 음악적으로 학대하도록 만드는 것, 우리의 음악적 대화를 성적으로 만들려고 하는 것, 남을 기쁘게 하려고 너무 노력하는 것 등과 같은 나를 불편하게 만드는 행동을 할 때 내가 반발할 수 있도록 도와주었다. 슈퍼비전은 또한 내가 전이-역전이 과정을 탐구할 수 있도록 도왔으며, 다른 잠재적인 이야기를 반영하고 이 치료를 특징짓는 새로운 가정을 촉발시킬 수 있도록 도왔다. 치료 동안에 제니가 성적인 행동에 대해서 되돌아보고 그 의미를 탐색하도록 하는 공간을 축소시키지 않고 제니의 부적절한 성적인 행동에 대해서 정확한 범주와 분명한 메시지를 주는 것은 중요한 일이었다. 궁극적으로 제니는 자신의 학대 경험에 대해서 더 많은 이야기를 폭로했고, 성적 학대에서 제니의 친어머니의 공모[4] 또한 폭로했다.

제니는 자신이 가지고 있는 권력이 제한되어 있다는 것을 잘 알고 있었다. 이것은 그녀가 치료과정과 자신의 생각과 관련된 기밀성의 범주(예: 자신이 새로운 정보를 폭로하게 되면 치료사가 타인들에게 그것을 알려서 친부모가 곤란한 상황이 되는 것)에 대해 질문하는 것을 통해서 나타났다. 이는 친부모에게만 관련이 있는 것이 아니라 제니의 형제자매에게도 관련이 있는 것이다. 마음속으로는 제니와 나는 둘 다 음악적으로 내가 그녀보다 우위에 있다는 것을 알고 있었다. 나는 음악적인 기교를 통해서 효과적으로 그녀를 현혹시키고, 음악적인 대화를 지배하기 위해서 피아노를 가지고 그녀의 위치를 깎아 내릴 수도 있었다. 그러나 나는 그렇게 하지 않았으며, 그것은 협력적이고 존중하는 접근법에 대한 나의 믿음을 반영한 것이었다.

권력에 관한 문제는 양육 책임을 가지고 있는 사회복지사업 등의 다른 기관들과 나의 관계를 통해서도 탐구해 볼 수 있다(Summitt, 1986).

결 론

음악치료는 제니가 과거의 학대 경험을 탐구해 볼 수 있도록 했으며 새로운 의미를 만들기 위해서 자신의 경험을 말하도록 했다. 음악치료의 방법은 언어적인 치료와 반대되며, 제니가 자신이 통제하고 있다고 느끼고 안전함을 느낄 수 있도록 해 주었다. 제니는 자신이 해야 할 이야기에 대해서 치료사에 대한 반응으로 증언할 수 있었으며, 그녀의 경험에 대해서 새로운 의미를 만들어 가는 음악적인 오페레타를 통해서 그 이야기들의 다른 결과를 탐구해 보고 진보할 수 있었다.

4) 이 새로운 혐의에 대해서 경찰과 대치할 때 제니의 어머니는 완전히 무너졌으며, 제니의 아버지가 성적으로 학대했다는 점과 자신이 그에 적극적으로 참여했다는 점 모두를 인정했음을 밝힌다.

참고문헌

Anderson, H., & Goolishian, H. (1988). "Human Systems as Linguistic Systems: Preliminary and Evolving Ideas about the Implications for Clinical Theory," *Family Process*, 27(4), 371-393.

Anderson, H., & Goolishian, H. (1992). "The Client Is the Expert: A Not-Knowing Approach to Therapy." In S. McNamee & K. Gergen (eds.), *Therapy as Social Construction*. London: Sage.

Bion, W. (1959). "Attacks on Linking," *International Journal of Psychoanalysis*, 40, 308-315.

Bion, W. (1962). "A Theory of Thinking," *International Journal of Psychoanalysis*, 43, 306-310.

Bowlby, J. (1973). *Attachment and Loss, Vol. 2: Separation, Anxiety and Anger*. London: Hogarth Press.

Bowlby, J. (1979). "On Knowing What You Are Not Supposed to Know and Feeling What You Are Not Supposed to Feel," *Canadian Journal of Psychiatry*, 24, 403-408.

Carter, A. (1990). "The Role of Leitmotif in Music Therapy." Unpublished master's thesis, City University, London.

Chu, J. (1992). "The Therapeutic Roller Coaster: Dilemmas in the Treatment of Child Sexual Abuse Survivors," *Journal of Psychotherapy Practice and Research*, 1(4), 351-370.

Department of Health. (1989). "Children Act" HMSO.

Department of Health. (1999). "Working Together" HMSO.

Furniss, T. (1991). *The Multi-Professional Handbook of Child Sexual Abuse*. London: Routledge.

Gorell-Barnes, G. (1998). "Sexual Abuse in Childhood," in *Family Therapy in Changing Times*. London: Macmillan Press.

Hoffman, L. (1985). "Beyond Power and Control: Towards a 'Second Order' Family Systems Therapy," *Family Systems Medicine*, 3(4), 381-396.

Kraemer, S. (1988). "Splitting and Stupidity in Child Sexual Abuse," *Psychoanalytic*

8장 **여덟 번째 사례**

초기 외상과 성적 학대를 당한 아동과의 음악치료에서 즉흥 노래의 치유 기능*

Jacqueline Z. Robarts

개 요

이 사례연구는 초기 외상과 성적 학대를 당한 11세 소녀와의 음악치료에서 즉흥 노래-시의 사용을 보여 주며, 즉흥적으로 작곡된 노래의 통합과 치유 가능성을 보여 주고 있다. 이 사례는 아동과 청소년을 위한 정신병원에 입원하고 있는 아동과의 14개월에 걸친 개인 음악치료에서 나온 것이다. 이 연구는 저자의 모델인 '음악치료 안에서의 창조적 과정'의 종합적인 임상적 견해를 가지고 담아내기(containment)와 변형(transformation)의 음악적이고 정신역동적인 과정에 초점을 두고 있다. 또한 이 사례연구는 아동의 표현에서 방어적 모드가 더 감정적으로 표현되고 진실된 자아감을 갖도록 어떻게 음악적으로 그리고 정신역동적으로 작업되었는지를 보여 주고 있다.

* 감사의 글: 내가 어떻게 내담자를 도울 수 있는지 지속적으로 배우게 해 준 젊거나 나이 든 내 클라이언트에게 감사하고 싶다. 또한 이 사례를 상세히 제시할 수 있도록 도와준 Susan Hadley에게 감사한다.

도 입

레나는 말을 빠르게 내뱉으며 "음악치료가 도대체 무엇이지요? 행복하지 않을 때 기쁘게 해 주는 건가요, 아니면 행복한 아이인지를 알아보려는 것인가요?"라고 물었다. 음악치료실과 나를 불안하게 훑어보면서 그녀의 뺨은 빨갛게 되었고 눈은 반짝 빛났다. 나는 느린 속도로 "그렇게 느껴질 수 있어, 그렇잖니. 그게 네가 생각하는 것이니?"라고 물어보았다. 생각에 잠겨 레나는 "아니요, 내 생각에는 불행한지 혹은 행복한지 알려는 것일 수 있고……."라고 말했다. 그녀는 가까운 베이스 메탈로폰에서 꿈꾸듯이 연주하면서 조용히 생각에 잠겼다. 나는 부드러운 박을 가진 음조 있는 화음으로 반주하였다. 나는 "어떤 때는 우리가 행복하고…… 어떤 때는 우리가 불행하고."라고 노래하였다. 레나는 같이 부르기 시작하며 점차 자신의 감정을 표현하면서 노래를 끌어 나가기 시작하였다. 노래는 레나가 행복할 수 있다는 것을 확신시켰으며, 간접적으로는 그녀의 처음 질문에 내재되었던 슬픔을 그녀가 표현하도록 하였다. 우리의 노래는 우리의 음악에 모든 종류의 감정을 표현할 수 있는 공간이 있다는 것을 보여 주었다. 이것은 우리가 같이하는 여행, 즉 음악여행의 시작이 되었다. 파괴, 부활, 재탄생에 대한 은유와 이야기를 사용하면서, 그녀의 노래-시(song-poem)는 일상생활에서 견디기 힘든 어려운 감정을 탐구하기 시작하였으며 그녀의 나이를 뛰어넘는 직관적인 지혜를 나타내었다. 음악치료적 관계에서의 안전함 속에서 절망, 분노, 자기혐오가 표면에 떠오르면서, 레나는 점차 더 나은 삶에 대한 희망을 가진 더 확신적인 자아상을 보여 주었다.

노래가 음악치료에서 태어날 때 우리는 특별한 무언가를 듣는다. 노래는 순간순간 새롭고 상쾌하게 우리의 구체화된 자기인 존재의 가장 깊은 뿌리에서 나오며 삶의 창조적 흐름으로 들어간다. 사람(person)이란 문자 그대로는 '소리가 통과하다(sound through)' 라는 의미가 있다. 그래서 목소리는 억양, 리듬적 흐름, 강도, 구조의 미묘한 차이로 사람의 개성을 보여 준다. 노래는 우리의 외적, 내적 세계를 연결시켜 주며 의식과 무의식의 경계에서 우리의 가장 내면적인 감정과 교류할 수 있다. 기쁨 혹은 분노의 솟구침에서든, 불안의 소란 속에서든, 혹은 명상과 반영의 평온 속에서든 노래가 즉흥적으로 표현된 감정으로부터 자라날 때, 노래는 새로운 의미가 점진적으로 자라나는 감정을 담아내거나 변화시키는 것이 된다. 노래는 중요하고 근본적인 것과 교류하도록 계획되었으며 삶의 경험에서 끌어올 때 가장 강력하다. 음악치료에서 노래는 과거와 현재를 다루고 내담자가 미래를 바라보도록 돕는 경험적 통합의 수단이 될 수 있다. 이것은 여러 연령대의 많은 클라이언트와 함께한 나의 작업에서 일어났으며, 그 대표적인 사례로 이 장에서 내가 기술하는 음악치료를 한 레나[1]라는 아동의 경우를 들 수 있다. 레나의 즉흥적인 노래-시는 초기 외상과 성적 학대에 의해 왜곡되었던 자아상의 진실한 발달과 무의식적 감정을 위한 출구가 되었다(Young, 1992). 레나의 사례는 노래[2] 속에서 사고와 감정이 표현되는 은유와 음악적 형식을 통해 작업하면서 어떻게 아동이 필요로 하는 담아내기(containing)와 변형적 기능(transforming function)을 제공하는지를 보여 준다. 이것은 아동의 무의식적 측면이 음악치료적인 관계에서 음악적으로 그리고 언어적으로 일어나는 은유를 통해 표현되었다는 것을 말하고 있다. 이것은 모든 자기 보호적 방어를 과도하게 문자 그대로 해석하거나 '의식으

1) 아동의 이름과 치료에 관련된 자세한 가족사의 부분들과 사건들은 개인 비밀보장을 위해 바뀌었으나 치료과정에서 중요한 특징들은 유지되었다.

2) 나는 문헌 고찰을 포함시키지 않았는데, 그런 것들이 이 사례연구의 목적을 너무 확산시킬 수 있기 때문이다. 음악치료에서 노래의 사용은 여러 다른 치료적 모델을 통하여, 여러 치료사의 개인적·문화적·음악적 배경에 의해 보고되어 다양한 임상적·사회적 배경에서 소개되었다(Bruscia, 1987, 1991, 1998). 그들은 자유 즉흥 목소리 연주와 자작된(self-composed) 노래의 설명 등을 포함시켰다(Aigen, 1997; Austin, 1998, 2001; Irgens-Möller, 1999; Montello, 1998; Nordoff & Robbins, 1971, 1977; Robarts, 1999; Scheiby, 1998; Tyler, 1997). 미리 작곡된 노래와 노래 짓기는 Diaz de Chumaceiro(1995, 1998), Lindenberg(1995), Martin(1996), Nordoff와 Robbins(1977, 1977), Robb(1996)에 의하여 보고되었다. 아동·청소년 정신병 환자들을 포함하여 많은 다양한 범위에서 임상적·교육적·사회적 구조 안에서의 노래들은 Irgens-Möller(1999), Nordoff와 Robbins(1971, 1977), Robarts(2000), Tervo(2001)에 의하여 묘사되었으며, 여러 다른 병원 환경과 장기 입원 상황(Aasgaard, 2000; Christenberry, 1979; Pavlicevic, 1999; Robb, 1996; Turry, 1999)에서의 예들이 있다. 즉흥 노래의 사용에 대한 치료적 과정의 상세한 임상적 설명은 Austin(2001), Dvorkin(1991), Elkin(1999), Terry(1999), Tyler(1997)에 의해 보고되었다.

로 불러들임' 에 의해 너무 일찍 '깨뜨리는' 일이 없이 은유와 음악 안에서 치료적으로 작업하도록 한다.[3)]

음악치료 과정에서 음악적 수용성과 표현성 그리고 발달적이며 정신역동적인 사고는 나의 의식의 전경에 다양하게 나타나는 여러 견해의 합성에서 나왔다. 언어적 · 전언어적 아동과 청소년, 성인 환자들과 진행한 나의 작업에서, 나는 음악역동적 현상과 정신역동적 과정의 합성이 음악 만들기에 내재하는 분할할 수 없는 하나의 '창조적' 혹은 창조 건설적 과정에서 음악역동과 정신역동이 명료화되도록 같이 사용되는 것이 필요하다는 것을 발견하였다(Robarts, 2000).

이런 이론적이고 임상적인 고려를 더 자세히 토론하기 전에 나는 레나를 소개하고 그녀의 초기 아동기를 기술하겠다.

배경 정보

적갈색의 고불거리는 머리를 한 매력적이고 활발한 레나는 3남매 중 막내로 백인 가정에서 태어난 하나밖에 없는 딸이었다. 그녀의 부모는 공공기관에서 다른 직업을 가지고 일하고 있었다. 레나는 어릴 때 감정을 원활하게 다루지 못하였고 감정적 행동장애가 점차 증가하게 되었다. 레나의 어머니는 세 번째 아이를 원하지 않았다. 그녀는 아이에게 5개월간 성공적으로 모유를 먹였는데, 5개월 후부터 레나는 가끔 울거나 낮에 잠을 적절히 자지 않는 등 '까다로운 아이' 였다고 한다. 그때 레나는 어머니가 어루만지거나 노래를 불러서 달랠 수 있었다. 발달적 단계는 정상이었다. 그러나 1세가 되었을 때 레나는 심한 열성 경련이 있었고, 그 후 그녀는 밤과 낮에 잠들기가 어려웠다. 2세가 되었을 때, 레나의 어머니는 어떤 의학적 검사를 위해 입원하여야 했고, 레나는 2개월 동안 어머니와 떨어지게 되는

3) 나는 Bruscia가 말한 "치료에서 언어 교류를 분석하는 전통적 정신분석 방법은 치료 세션에서 벌어지는 음악적 교류에 항상 적절하거나 들어맞는 것이 아니라는 것" (Bruscia, 1998, p. 389)에 동의한다. 이것은 특별히 감정적으로 매우 혼란스러운 아동과 자아상의 발달에서 약한 핵심을 가진 사람들과 일할 때 중요하게 기억하여야 할 것이다.

외상을 입었다. 친조부모와 아버지에 의해 돌봄을 받으면서, 레나는 이 시기에 어머니를 만나지 못하였다. 그녀의 아버지는 엄하였으며 어머니와 만나기 위해 이 '까다로운 아이'를 병원에 데리고 가는 혼란을 초래하기보다는 집에서 그녀를 돌보는 것을 선호하였다. 그는 규율이 엄한 사람이었으며 딸에게 애정을 보이지 않았다. 어머니가 돌아오자 레나는 어머니에게 매달렸으며, 어머니와 계속 떨어지게 될까 봐 매우 심한 불안을 보였다. 어머니가 병원에서 집으로 돌아와서 가족이 다시 결합한 지 몇 달이 지나 레나가 2.5세가 되었을 때, 레나의 아버지는 자살을 하였다. 아버지 가계에는 우울과 자살의 가족력이 있었다. 아버지의 죽음에 관한 사실은 아이들에게 비밀로 붙여졌고, 레나가 아동과 청소년을 위한 정신병원에서 치료를 받을 때에야 밝혀지게 되었다. 4세 때 레나의 행동은 매우 문제가 있고 과다행동이 많았다고 기록되었으며, 그녀는 교육심리학자에게 의뢰되었다. 또한 레나는 학교의 또래에게서 고립되었고 신체적 접촉을 싫어한다고 기록되었다. 그녀는 때때로 어른들에게 껴안아 달라고 고집을 부렸으나 친근감을 느끼지 못할 경우에는 어떤 것이든 밀어내 버렸다. 그녀는 쓰고 읽는 것을 배우는 것에 어려움이 있었다. 레나는 검사 결과 중간 정도의 지능을 가진 것으로 밝혀졌는데, 교육적으로 매우 취약한 성취를 하였고 낮은 자존감으로 고통을 받고 있었다. 학교에서 레나는 특별한 도움을 받았다. 집에서는 항상 주목받기 원하며 항상 매달리려고 하는 '까다로운' 아이였다. 레나는 주로 집에서 키우는 여러 작은 애완동물에게서 위로를 받았다. 그녀는 야생이든 집에서 키우는 것이든 모든 동물을 사랑하였다.

레나가 9세가 되었을 때, 그녀의 행동은 점점 더 혼란스러워졌다. 학교에서나 다른 공공장소에서 그녀는 성적 언어를 노골적으로 외치면서 가구나 장난감 동물을 향하거나 혹은 걸터앉아서 자위행위를 하였다. 또한 학교와 집의 부적절한 장소에서 대변이나 소변을 누었다. 그녀는 개와 고양이의 먹이를 먹기 시작하였으며 동물처럼 손과 발로 기어다니는 것이 목격되었다. 그녀의 기괴하고 성적인 행동은 학교에서 받아들일 수 없는 것이었고, 또 하루 종일 보호자 없이 집에 있다는 것도 걱정스러운 것이었다. 그다음 해에 레나는 그녀의 어머니에게 자신이 성폭행당했다고 털어놓았으나, 어머니는 어떤 즉각적인 도움도 주지 않았다. 11세에 레나는 아동과 청소년을 위한 정신병원에 입원하였다. 그녀가 병원에 의뢰된 이유는 심각한 감정적 행동장애와 성적으로 자제하지 못하는 행동 때문이었다. 레나는 그녀의 오빠와 그의 한 친구에게서 성적 학대를 당했으며, 아마도 이러한 학대는 그녀의 어머니가 병원에 입원하였을 때 친할아버지에 의한 초기 성적 학대에서 시작된 것으로 보였다. 심리학자들과 교사들은 레나가 고통스러운 사건을 이야기할 때 거의 감정을 보이지 않으며, 그녀의 태도가 무관심하거나 '성인' 같다고 표현하였다. 레나에게 울었느냐고 물었을 때 그녀는 속으로 울었다고 대답하였다. 그녀의 아버지의 죽음에 대해 이야기할 때 레나는 고통스러울 때도 전혀 울지 않았다고 말하였다. 레나의 오빠와 나머지 가족 또한 치료 프로그램에 참여하게 되었다.

이 시점에서 레나의 문제에 기여하는 모든 요소, 즉 빈약한 감정적 애착을 초래한 어머니의 양가감정, 유아기의 열성 경련, 초기 분리 외상, 어린 나이의 성적 학대, 자살을 일으키는 우울의 가족력을 고려하는 것이 가치 있는 것으로 보였다. 특별히 가족관계에서 보이는 약한 경계감(sense of relationship boundaries)과 함께 감정 표현의 어려움 같은 여러 세대에 걸친 양육과정의 결핍이 뚜렷이 존재하였다. 성적이고 괴상한 행동, 낮은 자존감과 교육적 발달에서의 낮은 성취 외에도 레나는 외상 후 스트레스 장애의 많은 증상을 보이고 있었다.

초기 아동기의 성적 학대와 외상 후 스트레스 장애

초기 아동기의 성적 학대는 발달하는 아동에게 지속적으로 전반적인 영향을 주는 외상이다. 레나는 해리된 상태, 지속적으로 증가하는 흥분 증세, 낮은 자기 조절 능력, 자아감의 왜곡된 발달, 외상과 관련된 자극에 대한 지속적인 도피, 무감정, 사건의 반복적인 재경험과 같은 외상 후 스트레스 장애(DSM-IV, 1994)의 모든 주요한 증상을 보였다(Herman, 1992).

임상적-이론적 견해

심리 구조에 대한 음악적, 발달적, 정신역동적 견해

나는 (1) Nordoff와 Robbins의 음악치료, (2) 유아발달심리학, (3) 대상관계 이론에서 임상적-이론적 영향을 받았는데, 특히 정신분석적 아동 심리치료사인 Anne Alvarez(1992, 1999), Wilfred Bion(1962a, 1962b), Donald Winnicott (1965/1990, 1971)에 의해 영향을 받았다. 이 모든 이론은 자기 구조 혹은 심리 내면적 구조의 역동적인 '기본 원칙' 으로서 대인관계 경험을 강조한 관계적 모델이다. 그들은 Freud의 욕동이론에 기초한 학자들과는 이론적 적용이 다르다. 음악치료는 관계의 원초적인 도구로 음악을 사용함으로써 역동적 관계과정을 확대시킨다. 간단하게 말한다면, 내 사고는 다음의 세 가지 요소를 고려한다고 할 수 있다. 첫째, '음악 아동' (Nordoff & Robbins, 1977)의 개념과 아동의 내면적인 음악성이 정신병리적인 요인에 의해, 혹은 약하거나 피폐하게 된 중심 자아에 의해 제한된 아동(성인)을 얼마나 강화시킬 수 있는가를 나타내는 '조건적 아동' (Robbins & Robbins, 1991)에서의 음악 아동의 확장이다. 분명히 Nordoff와 Robbins는 음악의 관계역동적 관점을 가지고 작업하였는데, 이것은 '음악 안에 있는 치료' 를 최대한도로 이용하는 견해다(Aigen, 1997, 1999; Nordoff & Robbins, 1971; Terry, 1998). 내 견해로는 Nordoff와 Robbins의 음악적 관계에서 상호 교류적이거나 저항적인(방어적) 측면에 대한 설명은 음악적 전이와 역전이란 용어를 실제로 사용하지 않지만 그 같은 내면적 작업의 측면을 드러낸다(Robarts, 1994; Turry, 1998). 둘째, 발달적 견해로는 심리학자이며 유아 연구가인 Colwyn Trevarthen이 명명한 '내면적 동기 맥박(intrinsic motive pulse)' 과 음악을 관련지을 수 있는데 여기서 음악은 자기의 중심 동기(core motivations)며 상호 주관성, 감정적, 문화적 학습의 내적 조절과정의 뿌리다(Trevarthen, 1999; Trevarthen & Malloch, 2000). Trevarthen의 아이디어는 Nordoff와 Robbins의 음악 아동 개념과 음악치료에 대한 여러 접근법의 기본 전제인 선천적인 음악성에 대한 원칙을 보여 준다. 인간의 음악성에 대한 심리생리학적, 발달적 이해에서 우리는 자기 경험하기와 자기와 다른 사람과 관련되어 자기 구조화를 위해 필요한 내면 조절적인 과정을 지지하고 확장하는 데 있어서 음악적 대화의 중요성을 경험하였다. 셋째, 음악치료적 관계는 연주를 내담자와 치료사의 내면적이고 음악적인 세계로 인도한다. 정신역동적 이해는 전이와 역전이를 통해서 이해될 수 있는 음악과 음악치료 관계 안에서 일어나는 복잡한 심리적 현상을 '구조화하는(map)' 것을 돕는다. 또한 치료적 관계는 자기와 다른 사람 간의 관계 속에서 자기의 생생한 삶의 의미가 자라나는 상징화의 과정이다. 어떤 아동과의 임상적 작업은 다른 사람보다도 이 수준의 이해를 더 많이 필요로 한다. 불안과 강한 감정을 치료사, 악기, 음악 공간에 투사하는 아동 혹은 그 반대로 접촉할 수 없거나 냉담한 아동과 함께하면서 나는 이런 임상적-이론적 견해를 가진 상호작용이 유용하다는 것을 발견하였다. 이것은 클라이언트에게서 배우면서 여러 해 동안 나의 임상 작업에서 자연스럽게 나왔으며 아동심리학자들과의 연구와 슈퍼비전을 통하여 발전되었다.

음악치료에서의 창조적 과정: 음악적, 발달적, 정신역동적 현상의 합성

'만들다' 혹은 '구성하다' 라는 의미를 가진 그리스어 동사 'poiein' 에서 나온 'poietic' 은 레나의 음악치료에서 창조적-구성적 과정을 표현한다(Robarts, 2000). 그 같은 '만들기(building)' 는 신체적, 심리적, 정신역동적, 예술적 과정이다. 나의 임상적 작업에서 이 '창조적 과정' 모델은 창조적 즉흥 음악에서 발달에 관심을 둔 대상관계 이론과 더불어 Trevarthen의 개념인 상호 주관성과 문화적 학습에 근거를 두고 있다([그림 1]과 [그림 2] 참조). 이 이론적 견해들은 모든 연령대에 걸쳐 정서적으로 장애를 가진 환자, 신경성 무식욕증 환자, 자폐증 환자를 대상으로 20년 동안 점차적으로 성장하여 왔다(Robarts, 1994, 1998, 2000; Robarts & Sloboda, 1994). 간단히 말한다면, 이 창조적 과정 모델은 반응의 세 '영역' 혹은 수준을 다룬다. 그것은 경험이 '절차적 기억' (뒤에서 논의됨)으로 구체화되는 영역 1에서 음-리듬적 공감적 공명의 신경생리학적 수준에서 시작한다. 이는 영역 2에

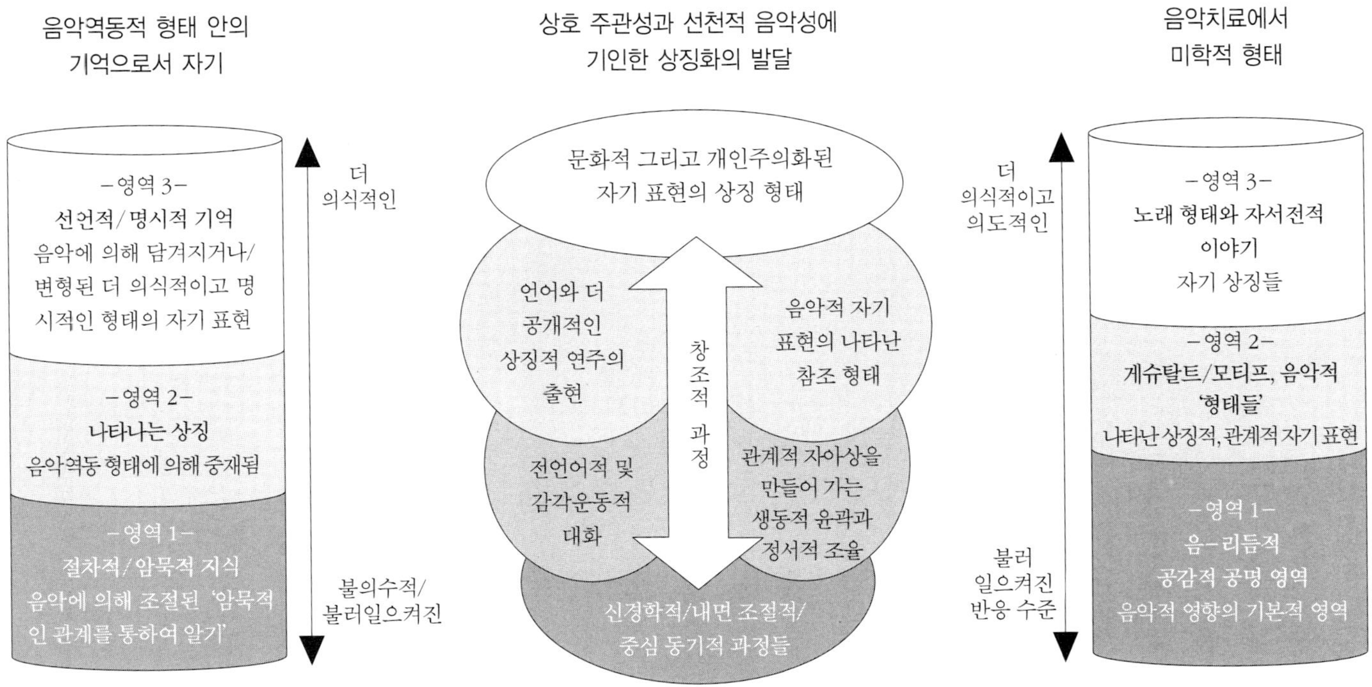

[그림 1] 음악치료의 창조적 과정: 음악 미학적 형태에서의 경험적 통합(측면 1): 측면 1과 2([그림 2] 참조)는 음악적 및 정신역동적 현상의 임상적 과정에서 서로 겹쳐지고 정보를 제공한다. 창조적 과정은 음악적–미학적 형태, 발달적 및 정신역동적 현상의 공간과 시간 안에서 나타난다.

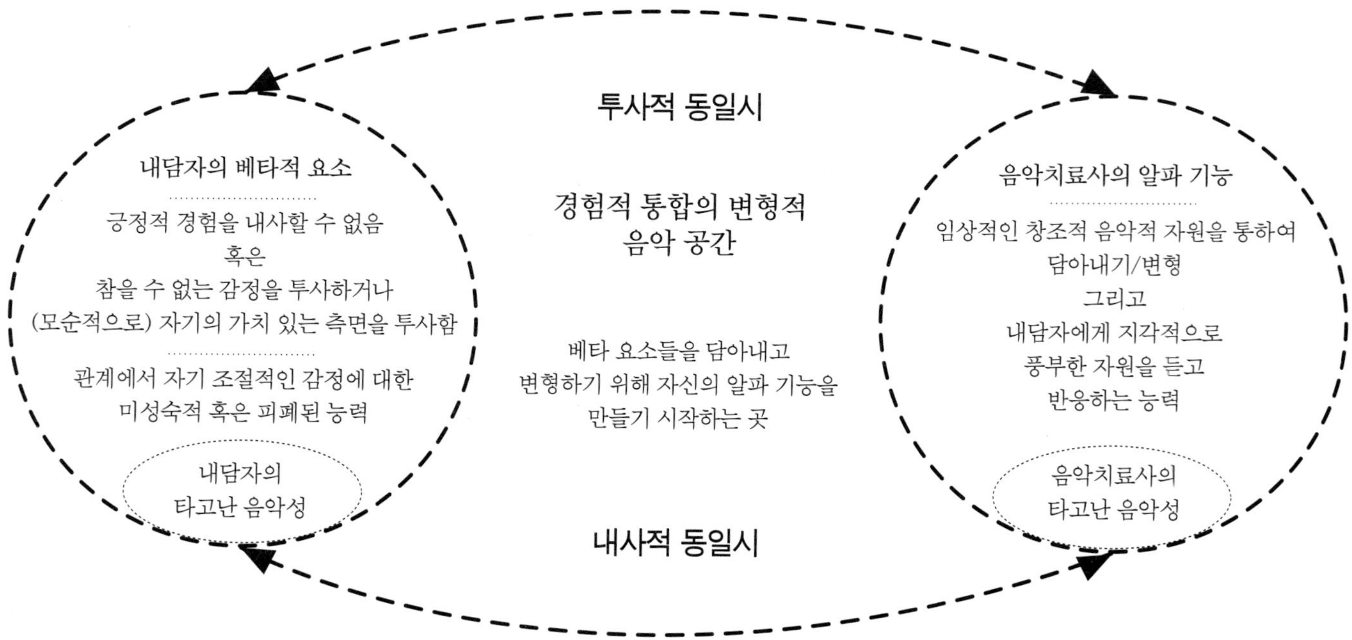

[그림 2] **음악치료의 창조적 과정: 대상관계적 견해에 의한 음악 미학적 형태 안에서의 경험적 통합**(Alvarez, 1992; Bion, 1962a, 1962b; Robarts, 1994)은 전이와 투사, 내사의 '양방향적인' 성격을 보여 준다. 음악치료에서 이런 과정은 전이에서의 담아내기와 변형의 음악적 수단을 강조한다. 이런 타고난 음악성과 음악역동적 영역의 현상은 음악치료 모델에서 측면 1과 2를 연결한다. ※이 모델은 좋은 임상실습을 위하여 자기 자신을 위한 치료를 갖고 슈퍼비전을 받는 것(개별적 기능에서)이 치료사로서 유익하다는 것을 설명한다.

서의 음악적–미학적 형태(혹은 게슈탈트) 안에서 점층적으로 정의되는 자기 표현으로 이끌며, 영역 3에서의 음악치료적 관계 안에서 아동의 자서전적 자기에 대한 은유로 절정에 이르며 끝이 난다. 또한 상징화의 과정이 반대로 작동하여, 영역 3에서부터 심상 혹은 은유를 자기가 나타난 구조화된 수준의 자발성을 향하는 작업을 위한 '용기(container)'로서 활용할 수 있다(영역 1과 2). 이것은 영역 1에서 나타난 반응/감정은 직접적으로 작업하는 것에 대해 매우 심하게 방어할 때 유용할 수 있다. 구조 혹은 심상을 제공하는 것(영역 3)은 진실하게 나타난 자기의 구조(영역 1) 내의 자발성에 접근하는 데 필요한 안전을 제공할 수 있다. 더 나아가서 이런 창조적 현상은 음악적 재료나 역전이에서 느껴진 심상 혹은 감각으로서 일어날 수 있다. 나는 나의 듣기와 역전이를 음악적 · 언어적으로 레나의 노래에서 나타난 은유들과 작업하는 데, 그리고 그녀의 방어가 은유 안에서 직접적으로 작업되어야 하는지 간접적으로 작업되어야 하는지를 느끼는 데 사용하였다. 이 사례에서 보게 되듯이, 나는 항상 후자를 선택한다.

전언어적 자기의 노래와 절차적 영역

노래는 의식과 언어적 회상을 넘어서 전언어적이며 본능적인 수준에서의 감정과 심상을 끌어낸다. 전언어적 자기는 절차적 기억(procedural memory)의 영역에 있는데, 그곳은 Freud에 의해 '육체적 자아(bodily ego)'라고 묘사된 첫 번째 자아상이 있는 곳이다(Freud, 1923/1961). 유아–부모 관계의 초기 애착 안에서 발달된 전언어적 자기는 내재적 관계 정보(implicit relational knowing)를 나타내는 사회적 구조다(Emde et al., 1991). 그것은 생활 경험에 따라서 수정을 거치며 일생을 통하여 진행된다. 전언어적 자기가 초기 발달에서 외상을 입게 되면 자아감과 관계에서의 자기(self-in-relation)의 신경적 '형틀'은 손상을 입게 되며, 지속적으로 손상된 상태에 놓이게 된다. 가끔 언어적 기억을 넘어서 정신 신체적 영역에서 구현되는 초기 외상으로 고통을 받는 사람에게 음악과 노래하기의 힘은 치유적 과정일 수 있다(Austin, 2001). 전언어적 자기(혹은 내재적 관계 정보)는 의식적으로 찾고 회상할 수 있는 우리 경험의 저장고인 언어적 자기와 선언적 기억과는 매우 다른 방법으로 기능하는 것으로 생각된다(Stern et al., 1998). 그러나 나의 임상 경험에서 암묵 혹은 외향의 두 형태의 기억이나 자기 경험은 전언어적 자기의 '언어를 말하는' 예술 형태에 의하여 연결된다. 이런 경우에 있어서 음악은 음악 역동적 상호 연주 안에서 경험의 절차적 영역에 접근하는 것뿐 아니라 그 수준에서 새로운 관계적 경험으로 전진하는 데 창조적으로 사용될 수 있다. 이런 경험은 일반적으로 계획되지 않으며 자발적으로 일어난다. 이와 같은 경험적 통합의 음악적 모델은 가끔 음악치료에 응용되는 내적 갈등과 억압의 고전적 정신분석적 모델의 '의식으로 가져오는 것' 과는 매우 다르다.

아동의 재외상화를 피하기

학대를 당한 아동 혹은 초기 외상으로 고통을 당하는 아동을 대상으로 음악치료를 할 때, 치료사는 음악적 관계의 친숙함이 가져올 수 있는 영향과 아주 작은 공감을 주어도 일어날 수 있는 아동 안에서의 모순적인 감정의 영향을 인식하여야 한다. 자주 학대받은 아동은 위협을 당하고 외상을 입은 자기 투사로 치료사를 학대하였던 사람 중의 하나로 느끼도록 할 수 있다(Rogers, 1992, 1995). 이것은 나와 레나의 작업에서도 그러하였다. 레나를 재외상화하는 것을 피하기 위하여, 나는 전이에서 일어나는 것을 정신역동적으로 이해하는 것과 함께 나의 음악적 자원들에 의존하여 그녀의 불안과 투사를 담으려 하였다. 그녀의 실제 감정과 다른 그녀의 방어와 결탁하여 레나의 기분을 북돋아 주기 위하여 그녀와 '즐거운' 노래를 부르는 것은 쉬운 일일 것이다. 그녀의 성적이고 잔인하였던 경험의 투사와 함께 강한 전이적 감정을 받고 유지하는 나의 능력은 음악치료 세션에서 그녀의 행동이 성적으로 자극되었을 때 더 시험대에 올랐다. 성적 이상으로 인한 투사는 혼자서 작업하기 쉬운 영역이 아니다. 나는 격주로 받는 슈퍼비전을 기쁘게 받았다. 또한 학제 간 팀 작업은 내가 레나와의 작업을 치료 프로그램의 더 넓은 구조 속에서 보도록 하였고, 손상을 입은 아동에 대하여 전문가에게서 배울 수 있게 하였다.

이 시점에서 지금까지 참조한 정신역동적 개념을 더 상세히 고려하는 것이 유용할 것 같다.

담아내기와 변형: 정신역동적 및 발달적 견해와 음악치료의 응용[4)]

담아내기의 개념은 전이와 그에 관련된 투사, 내사, 투사적 · 내사적 동일시의 심리 내면적 과정에 대한 Melanie Klein의 아이디어로부터 나왔으며, Wilfrid Bion(1962a, 1962b)이 발전시켰다. 그녀는 담아내기의 개념에 어머니/치료사가 유아/내담자의 투사를 받고 그것을 이해하고 생각하였을 때 무엇이 일어나는가를 묘사하면서 변형에 대한 생각을 첨가하였다(그녀는 이것을 '모성적 몽상[maternal reverie]' 이라고 불렀다.). 그런 후 유용한 형태로 다시 돌려주는데, 이것은 불안을 적게 느끼게 되거나 아마도 그에 대해 생각을 할 수 있게 한다(알맞은 시간에). 이것은 이 사례에서 묘사하는 음악치료 과정 안에서 미학적 형태의 기능과 병행한다. '담아내기' 는 Donald Winnicott이 또한 '안아주는 환경(holding environment)' 이라고 묘사한 용어다. 그러나 Bion과 Winnicott의 '안아주기(holding)' 와 '담아내기(containing)' 사이에는 중요한 차이가 있다. Winnicott의 개념이 아동이 그 속에서 창조적이 되는 안전한 환경(중간 공간)을 창조하는 어머니[5)]의 '충분히 좋은' 돌봄을 제공하며 그것을 강조하는 것에 비해, Bion의 개념은 공간 개념을 포함하며 더 내면적이고 교류적이다. Bion은 아동의 불안에 대한 어머니의 수용성만 강조한 것이 아니라 유아의 참을 수 없는 감정을 이해하며 아동이 받아들일 수 있는 방법으로 표현하는 어머니의 능력을 강조한다. 만일 유아의 경험이 그의 미숙한 체제에 참을 수 없는 것이라면 그는 이런 감정(Bion의 용어로는 '베타

4) 이론적이고 임상적인 견해에 대한 이 풍부한 영역의 충분한 토의를 위하여, 나는 독자에게 Kenneth Bruscia가 편집한 『음악 심리치료의 역동성(*The Dynamics of Music Psychotherapy*)』(1998)을 추천한다. 그런데 이 훌륭한 책은 이 사례연구와 관련된 초기 대상관계적 견해로 아동과 청소년과의 작업을 다루지 않는다.

5) 나는 요즈음의 많은 아버지가 자녀의 초기 유아기에서 원초적인 보호자 역할을 하거나 동등한 역할을 한다고 인식하지만, 여기서는 유아와 9개월의 임신 기간에 일어나는 가장 즉각적 유대를 가지고 있는 어머니에 대해 말하고 있다.

요소')을 어머니에게 심리적으로 투사하는데, 어머니는 그런 아동의 감정 상태를 동일시하고 마음/감정에 유지하고 이해하며 아동의 감정을 그녀의 '이해적인' 반응(Bion의 용어로는 '알파 기능')으로 변형하여 되돌려 준다. 이러한 이해는 매우 직관적이며, 또 전언어적 수준에서 일어나는 '변형'은 형태와 내용 면에서 과장된 리듬과 선율적 특징을 가진 목소리와 제스처일 수 있다. Bion은 초기의 정신적 과정들을 받아들이고 뱉어 내는 소화기 계통과 유사하게 사용하여 묘사하였다. 나는 이 유추가 치료적 작업을 고려하는 데 도움이 된다는 것을 발견하였다. 음악을 받아들이고 밖으로 내어 주는 방법, 공간과 평온 및 안정을 창조하는 음악치료 과정의 미학적인 역동적 형태, 감정과 사고하기 위한 올바른 조건들이 그러하였다. 다른 곳에서 나는 음악적 내사와 상징화에 관하여 초기 대상관계를 서술하였다(Robarts, 1994, p. 234). 음악에서의 조절적인 과정은 생각할 공간에서 행해진 미학적 창조이며, 그렇기 때문에 담아내기와 변형의 한 형태로 볼 수 있다. 즉, 담아내기와 변형의 음악적 측면은 프레이즈 길이, 화성적 조직, 속도 혹은 빠르기를 포함할 수 있다. 음악이 너무 '흥취가 있는가 혹은 무감동적인가?' 아동이 4박의 프레이즈에 반응하는가 혹은 이를 받아들이기 어려운가? 그리고 하나의 3음으로 구성된 동기가 아동이 더 쉽게 받아들일 수 있는 것인가? 전이의 음악 정신역동적 측면과 특히 방어적 현상은 시간과 공간, 강도; 맞춰 주기와 맞춰 주지 않기(matching or not matching); 전경과 배경; 기다리기와 듣기; 교류적인 연주와 창조로 경험될 수 있다.[6]

치료사의 역전이와 아동의 불안을 지지하는 치료사의 능력, 대화의 초기 혹은 파편적인 형태에 관하여 내가 이미 시사한 것에 대해 고려해야 할 또 다른 중요한 것이 있다. 그것은 자기의 약한 중심 감각을 가진 혼란스러운 아동과 작업하는 것에서 치료사가 더 강한 자아 기능을 가진 클라이언트보다 더 길게 이런 투사된 불안을 담아야 할 필요가 있다는 것이다(Alvarez, 1992). 나는 이것이 아동과 성인

6) 즉흥음악치료의 내면적 작업을 더 탐구하기 위해서는 Bruscia의 『음악치료의 즉흥연주 모델(*Improvisational Models of Music Therapy*)』(1987), Nordoff와 Robbins의 『창조적 음악치료(*Creative Music Therapy*)』(1977)를 참조할 수 있다. 이 책들은 체계화된 임상적이고 지각적인 음악 관찰을 위한 고전적 교재다.

내담자에게 다 진실이라는 것을 발견하였다. 결핍과 '교화(reclamation)'의 Alvarez 이론은 사고하는 자기인 환자의 자아가 자신을 위해 스스로 할 수 있도록 충분히 자랄 때까지 치료사가 '경고자, 자극자, 생기를 주는 자'가 되고, 더불어 자신의 환자를 위해 '그 환자에 대해 충분히 느낄 수 있을 정도로 혼란스러워질 수 있으며 동시에 그 환자와 함께 생각할 수 있도록 충분히 건강할 필요가 있다는 것'을 강조하였다(Alvarez, 1992, p. ix).

더 나아가서 Alvarez는 심각한 장애가 있는 아동(그녀는 경계선적, 정신병적, 학대받은, 자폐적 아동을 언급하였다.)은 거의 '방어'를 발달시키지 않으며, 그래서 방어가 나타났을 때는 '긍정적인' 발달로 생각할 수 있다는 통찰을 얻었다. 이것은 학대와 외상을 받은 아동과 작업할 때 매우 중요하며, 이런 아동의 자기 보호적인 방어가 치료사에 의해 존중되고 예민하게 작업되어야 한다. 많은 양의 치료라도 성적 학대를 '다시 원상태로 돌릴' 수 없으나, 손상된 자기를 어느 정도 치유할 수 있도록 새로운 의미를 만들고 학대와 연관된 새로운 구조를 만들어 나갈 수 있다. 레나의 노래 속의 은유를 가지고 작업하는 것은 그녀에게 매우 필요한 방어를 유지하도록 하며, 동시에 그녀의 불안을 다루기 위해 그런 방어를 신중하게 넘을 수 있고 그녀의 창조적 능력을 양육할 수 있다. 이런 방법으로 음악치료는 초기 학대와 계속되는 어려움을 다루는 동시에 자기와 새로운 방법으로 관계하고 경험하도록 할 수 있다.

치 료

입원치료 프로그램

아동 외래 정신병동에서 레나의 가족이 여러 도움을 받은 것처럼 레나도 입원병동에서 여러 치료적 도움을 받았지만, 이런 두 다른 상황에서의 한 가족 구성원에 대한 치료는 불행하게도 레나에게 자신이 거부되었다고 더욱더 느끼게 하였다. 그녀는 가족치료, 간호사 치료사/주작업자와의 개인치료, 그 병동에서의 특수학교와 음악치료에 정기적으로 참여하였으며, 그 외에 여러 아동 집단과 병동에서 하는 구조적인 활동에 참여하고 있었다. 매주 병동 회진은 치료진 사이에 효과적인 대화를 갖도록 하였다. 이것은 모든 주어진 기회에 도전적이며, 자신을 돕고자 하는 모든 프로그램에 관여한 직원을 '분리' 시키는 레나에게 매우 중요한 것이었다. 그녀는 자신의 고통스러운 감정을 참을 수 없기 때문에 돌보는 사람에게 쉽게 자신의 감정을 투사하며 치료진 사이에서 그런 감정을 이리저리 옮기는 매우 불안하고 불안을 일으키는 아동이었다. 우리는 이런 현상을 인식하지 못하였다. 그런 까닭에 팀 작업에서 슈퍼비전은 매우 중요하였다.[7] 아동을 돌보는 전일제 아동 심리치료사가 전혀 없기 때문에 간호사가 아동 심리치료사와 가족치료사에게 슈퍼비전을 받았다. 나는 아동 정신분석적 심리치료사에게 개인적으로 슈퍼비전을 받았으며 경험 많은 음악치료사와 상담을 하였다.

음악치료는 아동 입원 정신병동이 아닌 거기서 가까운 건물에서 행해졌다. 음악치료실에는 그랜드 피아노와 여러 다양한 타악기, 새잡이 호루라기 같은 작고 단순한 관악기를 포함한 크고 작은 악기가 있다. 가능하다면 아동의 허락과 함께 부모 혹은 보호자의 허락을 얻어 세션들이 음성녹음기에 녹음되었다. 이 테이프는 비밀이 지켜지는 임상 기록이 되었는데, 앞으로의 진전을 위해 그리고 필요할 때마다 매주 세션의 음악적이거나 그 외의 다른 내용을 검토할 수 있었다(Nordoff & Robbins, 1971). 그 외에도 아동이 테이프를 듣기 원하거나 혹은 자신이 특별한 방법으로 녹음되기를 원할 수가 있다.

나는 아동이 어떻게 세션을 해 나가는가에 따라서 음악치료에서의 나의 접근들에 그림 그리기, 색칠하기, 인형놀이, 춤, 드라마 등의 다른 예술적 요소를 더하였는데, 이 사례의 경우는 이런 것을 사용하지 않았다. 음악치료에서 다른 표현적 예술 형태의 사용은 일반적으로 아동의 자발적인 상상적 반응을 일깨웠으며 음악에 기초한 치료과정(아동의 감정과 상상적 놀이를 음악적으로 지지하고 발달시키는 데에 중요한 연결이 되는 관계에서의 음악적 영역) 안에서 발달하였다.

7) 슈퍼비전을 자세히 논의한 근래의 기사로는 성적 학대를 받은 아동과의 작업과 관련한 Brown(1997), Dvorkin(1999), Frohne-Hagemann(1999), Rogers(1992, 1995)가 있다.

레나의 음악치료

레나의 음악치료 세션은 그녀가 병동에 입원한 조금 직후부터 시작하였으며, 일주일에 1회씩 세션당 45분 동안 진행되었고 1개월 후부터는 일주일에 2회씩으로 세션이 증가하였다. 우리의 음악을 적절히 기술하는 것은 목소리, 타악기, 피아노 악보 기보가 필요하기 때문에, 여기에 나는 가사를 제시하고 치료적 과정에서 음악의 몇몇 특징만을 제시하겠다. 창조적 과정 모델은 전체 사례 재료를 통하여 내재되어 있다. 치료적 과정의 기본적인 원칙을 상기하기 위하여 [그림 1]과 [그림 2]를 참조하는 것이 도움이 될 것이다. 14개월간의 레나의 음악치료는 대개 3단계로 나누어질 수 있다. 1단계는 듣기로 특징지어지는데, 노래를 발달시키는 관계와 신뢰, 이상화와 자기 보호적인 방어, 악기의 상징적 사용을 하는 세션 1, 3, 4, 11의 예를 들었다. 2단계는 세션 15, 37의 예를 들었는데, 초기에는 노래-시에 불안을 표현하며 그 후에는 혼란스럽고 성적으로 자극적인 연주를 하게 된다. 이 단계는 노래에서 일어나는 무의식과 의식의 경계에서의 은유와 악기의 상징적 사용으로 특징지어진다. 3단계는 세션 40, 43~47, 63의 예를 들었는데, 통합의 시작, 헤어짐에 대한 슬픔의 표현과 미래에 대한 희망, 변형에 대한 은유로 특징지어질 수 있다.

단계 1

레나의 첫 세션은 활동이 중심이 되는 우리의 초기 전형적인 것이라고 할 수 있다. 그녀의 불안은 그녀의 기분에서, 그리고 같이하는 연주와 침묵에 대한 거부에서 드러났다. 이 세션의 자세한 사항은 활동으로 '홍수'가 된 느낌, 불안, 기분 전환, 전반적으로 산발적인 나의 느낌을 전달하는데, 이것은 표면 밑에 어떤 중요한 것이 끓어오르기 직전의 망설이고 있는 느낌이었다.

세션 1: 불안을 담아내기—자기 보호적 방어에 의해 흐트러진 연주, 더 깊은 감정의 짧은 표현

레나는 방 주위를 재빨리 둘러보았으며 모든 것을 점검하였으나 연주를 하지는 않았다. 그녀는 너무 빨리 말하여서 나는 조금밖에 알아듣지 못하였다. "왜 음악치료지요? 행복하기 위한 것인가요, 아니면 슬픈 것인가요?" 나는 음악은 모든 종류의 감정, 즉 행복, 슬픔, 분노를 위한 것이라고 답하였다. 나는 현재의 우리 관계의 초기 단계에서 그녀가 슬픈 감정이 있을 수 있다는 것을 전하지 않으려고 하였다. 내가 말할 때 레나는 이미 뒤돌아서 악기들을 이것저것 집기 시작하였다. 나는 그녀가 내가 말한 것을 조금이라도 받아들였는지 확신할 수 없었다. 그녀는 한 악기에서 다른 악기로 이것저것 연주하였다. 피아노에서 나는 꾸준한 배경을 제공하기 위하여 베이스 음역에서 장10도의 조용한 박을 연주하였다. 레나는 호루라기를 발견하고는 그것으로 올라가고 내려가는 글리산도를 불었다. 그녀는 내가 그녀에 맞춰 반주하고 있다는 것을 빨리 눈치챘다. 그리고 나에게 연주를 중단하고 자신의 연주를 들으라고 명령하였다. 그녀는 나에게 어머니의 나누어지지 않은 관심을 받고 싶어 하는 어린아이를 연상시켰다. 만일 나의 관심이 조금이라도 흔들리면, 그녀는 전보다 더 강하게 나에게 위압을 가하였다. 나는 어떤 면에서는 레나에 의해 조작되는 꼭두각시 인형처럼 느껴졌고, 한편으로는 레나가 나에게 혹은 그녀에게조차 밖으로 교류하고 있지 않는 감정을 담는 용기인 쓰레기통으로 느껴졌다. 레나의 연주와 나의 역전이에서 나는 '상실'과 '만족할 수 있는 어떤 것도 찾지 못함'을 느꼈다. 나는 그녀가 응집적인 연주 형태가 유지된 곳에서 자신을 찾도록 도우면서 이런 감정에 집중하였다. 그녀의 주의와 초점을 잡기 위하여 내가 그녀에게 귀 기울이고 있다는 것을 말하는 것이 도움이 되었다. "그 음악은 어떤 음악이니?" "그 음악을 다시 연주할 수 있겠니?" 이보다 더 효과적인 것은 내가 갑작스럽게 숨을 들이쉬면서 흥미를 표현하는 것이었다. 이것은 그녀가 연주에 더 머물도록 하였고, 어떤 형식을 가진 요소를 반복하도록 하였고, 마침내 안정이(그리고 담아내기) 되도록 할 수 있었다.

조금 후에 레나는 피아노에 있는 나에게 다가왔지만 조금 불안해 보였다. 그녀는 내가 그녀와 멀리 떨어진 자리로 옮기기까지는 앉지 않았다. 그녀는 내가 자신

의 연주를 듣기를 원하였으나, 전과 같이 내가 같이 치는 것을 허용하지 않았다. 그러나 지금은 전보다 더 침착해졌으며 경계를 늦추었다. 이것은 이전의 혼란스러운 '파편적인 것' 보다는 더 건강한 '혼자 있기' 로 보였다. 나는 이를 아동의 혼자 있는 능력에 의해 나타나는 통합 혹은 '자아 관계성(ego-relatedness)' 의 긍정적인 표시로 생각하였다(Winnicott, 1965/1990). 레나는 Grieg의 페르귄트 조곡 중 잘 알려진 주제를 검은건반으로(솔미레 도레미, 솔미레 도레미) 연주하였으나 단지 처음 프레이즈를 끊임없이 반복하는 것이었다. 그 후 그것을 흰 건반으로 연주하려 하였으나 그 전보다는 성공적이지 않았다. 그녀는 이 끊임없는 음의 연결에 몰두하였다. 나는 그녀의 어머니와의 오랜 동안의 분리 기간을 생각하였다. 예견할 수 있고 끝날 것 같지 않은 음악적 구조임에도 불구하고, 도피, 공간에 대한 두려움, 그 분리 기간을 메우려는 것이 있었다. 그래서 참을 수 없는 감정에 대해 공간이 없는 것 같았다. 장기간 독주를 한 후, 그녀는 갑자기 타악기 있는 곳으로 장난스럽게 뛰어가면서 나에게 피아노를 치라고 말하였다. 나는 그 혼란을 맞추려고 하며 그녀의 극도의 흥분적인 드럼과 심벌즈, 메탈로폰 연주를 반주하면서 그녀의 연주를 안정화시키기 위해 음악적 구조를 가져오려고 하였다. 마침내 우리는 기운찬 행진의 기본 박을 공유하게 되었다. 레나는 한 번에 그녀가 할 수 있는 모든 악기를 연주하려고 노력하였다. 이 행진은 그녀의 발이 연주할 때 바닥을 치는 조화적 리듬 경험 속에서 그녀의 휘두르는 움직임을 잘 지지하는 것 같았다. 그녀는 감정이 깊어지면서 기분이 변화하였다. 즉흥 행진곡은 레나가 찬송가를 부르면서 느려졌다. 나는 이따금씩 몇 개의 화음을 가지고 그녀의 선율에 화음을 넣었다. 몇 초간 이 음악을 참고 듣던 레나는 나에게 음악을 멈추라고 요구하였다. 그러고는 빠른 속도로 그리고 매우 즐겁게 그녀의 두 애완동물이 오늘 죽었다고 밝혔다. 쉬지 않고 그녀는 자신이 노래를 잘한다는 것을 내게 알려 주었고, 그녀가 여러 천사 중 한 명 역할을 하였던 학교에서의 크리스마스 연극에서 부른 노래를 즉각적으로 불렀다. 레나는 내가 그녀에게 '재능' 이 있다고 생각하는지 알기를 원하였다. 그녀는 지금 너무 흥분되어서 피아노를 포함하여 모든 것의 안을 보기 원하였다. 나는 그녀가 물건의 내부에 흥미가 있어 보인다고 (노래로) 말하였다. (나는 우리가 결국 그녀 애완동물의 죽음에 관한 내면의 감정을 탐색할 수 있으며 이것이 그녀가 음악을 멈춘 것과 관계가 있을 것이라 생각하면서 애완동물의 죽음에 대한 그녀의 즐거운 발표에 주의하였다.) 나는 그녀가 음악치료 세션 초기에 했던 질문을 그녀에게 상기시켰는데, 이것은 한 노래로 나타나기 시작하였다. "우리는 때로는 행복하고 때로는 슬퍼요." 이런 방법으로 그 노래는 '행복' 하고 '슬픈' 감정이 참을 수 있는 방법으로 직면될 수 있는 용기로 작용하였다. 그녀는 처음으로 그녀의 애완동물의 죽음에 대한 슬픔을 표현하면서 그녀 내면의 감정을 탐색하기 시작하였다.

이 첫 세션에서 박자, 모티브, 친숙한 주제, '그 안에 있는 모든 것을 받아들이려는' 나의 그녀에 대한 경청은 레나의 불안을 담고 우리의 음악적 관계에서 신뢰를 쌓는 데 기본적인 것이 되었다. 모든 것이 나비가 이 꽃에서 저 꽃으로 날아다니는 것같이 빠르게 연속적으로 일어났다. 레나는 그녀의 진실한 감정을 접촉하기 시작하였는데, 이는 가사의 감정적인 내용을 더 깊이 있게 하고 그렇게 하려는 박자와 화음이 깔린 노래 형태로 지지되었다. 그녀는 (그녀가 '완전함' 에 못 미치기 때문에 거부되었다고 느끼면서) 다소 이상화된 좋은 자아상으로 나에게 자신을 보여주었다(마지막 단계까지 그녀의 거의 모든 노래에 이 주제가 반복되었다.). 한편 그녀의 연주에서 때때로 나를 제외시키도록 한 분노 혹은 불안의 감정에 대한 방어를 하면서도, 그녀가 피아노 연주를 할 때에 나에 대한 투사적 동일시의 증후가 있었다. 나를 제외시키는 것에는 레나가 어린 소녀였을 때에 느꼈을 유기와 관련된 가능성이 있다. 나는 이 세션이 매우 혼란스럽고 압도적이라고 느꼈고, 음악이 나의 존재와 사고, 레나를 지지할 수 있어서 기뻤다. 나는 그녀가 이것을 생활의 대부분에서 느꼈을 것이고 또 지금 느끼고 있다는 것을 인식하면서, 이 불안의 모든 것을 목격하고 담으려고 하였다. 나는 또한 레나와의 음악치료에서 여러 수준에서 많은 작업이 행해져야 할 것이라고 깨달았다.

세션 3: 동요 '음악의 집'—용기로서 악기의 상징적 사용[8)]

오늘 레나는 내가 인지하기로는 습관적이고 피상적인 '행복한' 분위기로 시작

8) 악기의 상징적 사용은 음악치료의 측면이다. 이는 병리적, 발달적, 심리역동적 특징을 보여 주며, 연상(형태, 음색, 색 및 다른 특징)을 일으키고, 다른 종류의 악기로부터 이야기와 성격 묘사를 불러일

하였다. 페르귄트 조곡의 음을 다소 기계적으로 연주한 후, 레나는 피아노를 뒤로 하고 그녀 자신을 악기에 둘러싸이게 하여서 그 방의 한쪽을 '음악집'으로 만들었다. 이 악기의 상징적 사용은 나중의 세션까지 확대되는데, 이 세션에서 악기는 '용기' 만큼이나 신체적 경계를 형성하였다. 그녀는 다시 한 번 내가 연주에 참여하지 않고 그녀의 연주를 주의 깊게 들어야 한다고 요구하였다. 그러나 그녀는 자신의 바리게이트 안에서 친숙한 자장가로 음악적 교류를 허용하기 시작하였다. 그녀는 '훽 달아나는 족제비(Pop Goes the Weasel)' '틱 택 톡(Hickory Dickory Dock)' '장미꽃 주위를 돌라(Ring a Ring of Roses)'를 요청하였다. 이 노래들은 세션 2에서 나타났고 비슷한 구조를 가졌으며, 처음 두 곡은 그녀가 사랑하였던 동물의 특징을 가졌다(비록 이 노래에서는 'weasel[족제비]'이 실제로 동물이 아니지만). 레나는 그녀의 음악집 속에서 특별히 노래의 극적인 순간을 즐기면서 연주하며 3세짜리 아이처럼 위아래로 뛰었다. 그녀의 음악에 대한 신체적 반응은 연주를 같이할 때 음악이 그녀의 과도하게 흥분하는 경향을 얼마나 효과적으로 조절하는가를 보여 주었다. 그녀의 기분과 잘 맞는 음악으로 명확한 프레이즈를 즉흥 연주하면서, 나는 그녀의 감정을 음악적으로 정상적인 흥분과 쾌락으로 변형하며 '지지' 할 수 있었다. 나는 변화된 온음계를 사용하였는데, 그것은 전통적인 협화음적 팔레트에 감정적 날카로움을 가져왔다. 동요 구조들은 그녀에게 어떤 예견할 수 있는 것을 제공하면서 그녀가 우리의 관계를 신뢰할 수 있도록 하였다. 그럼에도 불구하고 그녀의 노래 사용은 매우 방어적이었으며 조절적이었다. 나는 그녀가 만든 음악집 안에서 안전감에 대해 노래하였다. 나는 자유스러운 목소리 연주와 즉흥적 대화를 교류할 수 있는 안전한 기초로 친숙한 노래를 사용하여 론도 형식(ABACAD 등)을 가지고 왔다. 이 후렴과 에피소드 풍인 즉흥연주 형태는 이후의 세션들에서도 발달하였다.

으킬 수 있다. Winnicott의 의미에서 전이적 특질은 Bruscia(1987)에 의해 음악치료에서 묘사되었는데, Nolan(1989)은 대식증 내담자와의 작업에서, Rogers(1992)는 성적 학대를 당한 아동과의 작업에서 언급하였다.

세션 4: 행복한/슬픈 노래가 레나의 진실한 감정에 접촉하고 더욱 신뢰 있는 작업관계를 가져오게 하기

레나는 그 방을 다소 혼란스럽게 돌아다녔다. 나는 아동적 음조(솔미라솔미)을 단선율로 연주하였고 밀집된 온음계적 화음을 때때로 주었다. 레나는 세션 1에서 했던 그녀의 질문을 계속하였다. "음악치료는 무엇 때문에 하는 것이지요?" 나는 부드러운 I Ib IV V 반주로 이끌며 음악치료에 대한 그녀의 깊은 생각에 답하였다. 이 반주는 예상할 수 있으면서 평범하였지만 치료적 가치를 가지고 있었다. 감정 표현의 음악적 발달이 레나가 참을 수 있는 것 이상으로 되었을 때, 그것은 서로 주고받는 반복구가 되었다.

우리는 행복한 노래를 할 수 있어요,
우리를 힘내게 해요, 힘내게
오늘 우리를 힘내게 하기 위해,
우리는 행복한 노래를 할 수 있어요.

레나는 각 종지에서 직관적으로 멈추면서 메탈로폰에서 대선율을 쳤다. 나는 노래의 첫 프레이즈를 반복하였다.

우리는 행복한 노래를 할 수 있어요,
우리를 힘내게 해요, 힘내게

레나는 합류하여 노래를 불렀고 콩가 드럼과 심벌즈를 혼란스럽게 쳤는데, 그녀의 노래는 잘 들리지 않았다. 나는 그녀의 연주를 안정시키기 위하여 대조적인 아이디어(언어적으로, 음악적으로)를 제공하였고 그녀의 슬픔에 접촉하려고 하였다.

우리가 슬프다면 우리는 노래할 수 있어요.

나는 의도적으로 '우리'를 사용하였다. 그것은 '행복하지 않은 감정'을 공유할 다른 사람이 있다는 것을 알려 주며, 직접적으로 그녀를 지적하는 것을 피하고 그녀의 슬픔에 대한 방어를 자극하려는 것이었다. 이전에 올라가는 음정의 특징을 가졌던 선율은 지금 내려가는 것으로 바뀌었으며 단조의 조금 느린 템포로 바뀌었다. 레나가 반응하지 않았기에 나는 다른 프레이즈를 노래하였다.

우리가 슬–프–다면 우리는–노래–할 수–있어요.

이번에는 레나가 화답하였다: 우리가 슬–프다면 우리는– 노래–할 수–있어요.

레나의 노래하기는 그녀의 선율의 반영을 더하면서 지금 음악의 더 슬픈 분위기로 온전히 들어가도록 하였다. 나는 계속 노래하고 반주하면서 이 기분을 유지하도록 하였다: 어떤 때 우리는 슬프고

레나는 빨리 끼어들었다: ……혹은 행복하고……

자발적으로 그녀는 계속하였다.

어떤 때 우리는 매우 슬–프–고 하늘은 멋있고 밝으며
어떤 때 우리는 온전한 기쁨으로 기쁨을 가지고 웃으며 공기 중에는 행복이 있어요.

내 음악은 피아노의 높은 음역에서 연속적인 물결치는 음계를 가지고 이 생각을 반영하였다. 나는 레나가 표현한 두 개의 대조적인 기분을 포함한 조금 증가된 화음적 긴장을 가진 나의 음악 속에서 부드러운 슬픔을 들었다. 레나는 갑자기 그녀의 노래와 연주를 멈추더니 지저귀듯이 이야기하였다. "당신이 1분 전에 하던 것을 가지고 우리 같이 시작해 보죠!"

나는 내가 음악 속에서 반영하였던 그녀의 드러난 감정에 대해 레나가 방어하는 것을 느꼈다. 나는 우리의 예견적이고 다소 진부한 '행복한' 합창의 안전함으로 다시 한 번 돌아가기로 결정하였다. 이 기분의 변화로 레나는 노래하기에 다시 참여할 수 있었다. 이 슬픔은 그녀가 접촉하기에 너무 참기 어려운 것이었다. 그녀는 다소 병약하게 노래를 불렀다: 우리는 너무 행복할 수 있어요……

그녀는 '행복한 연주로 다시 돌아가기' 를 원한다는 것을 제외하고 내가 어떠한 것도 이해할 수 없는 속도로 하였던 노래하기와 말하기를 멈추었다. 그녀의 다른 감정에 대한 언어적 방어는 뚜렷하였고, 그녀의 진실한 감정을 생각하기보다는 행복한 것에 대한 간구가 특별히 마음을 아프게 하였다. 나는 '행복' 에 대한 구절을 같이하면서, 레나의 감정에 대한 언어적 방어를 하기보다는 그녀가 노래하기와 느끼기에 다시 참여하기를 바랐다.

나는 노래하였다: 행복, 행복한 날

나는 역전이를 통해 지금 매우 강하게 느끼는 레나가 벗어난 '분리시킨' 감정을 다시 소개하면서 노래의 연결 부분을 단조로 계속하였다: 어떤 때…… 우리는 슬프고……

이번에 레나는 외롭고 화가 난 아동의 이미지를 가지고 그녀의 감정을 더 진실하게 표현하면서 다시 그 노래를 받았다.

어떤 때 우리는 느껴요……
우리는 작고 세계는 우리에게 대항한다고,
어떤 날 우리는 매우 즐겁고
행복은 사방에 있어요

그리고 사랑스럽게 빛난 얼굴들……
행복하고 즐겁게
아이들은 밖에서 놀고,
어떤 이는 혼자 앉아서 화가 나 서 있네.

레나는 심벌즈와 드럼을 스포르찬도로 두드렸다. 그녀는 시작할 때처럼 갑작스럽게 끝내면서 '행복함' 의 아이디어를 뒤엎는 그녀의 노래를 계속하였다. 그녀는 지금 나의 미묘하고 거의 지각할 수 없는 반주에 반응하면서 깊이 생각에 잠기어 노래를 불렀다. 나는 레나가 노래할 때 E장조에서 B단조로 변화시켰다.

우리 생일 때 우리는 매우 행복해요
그들은 '해피 버스데이' 혹은 '메리 크리스마스' 를 불러요.
신년이 와서 '축배' 를 드는 것은 보기 좋아요

그리고 성탄절은 좋은 날이어요.

나는 짧게 캐럴의 주제를 연주하였다. 그러나 이것은 레나가 나를 그녀의 즉흥 노래로 인도하면서 사라졌다. 그녀는 "우리가 그것을 다시 할 수 있는지 봐요! 나는 어떤 것을 만드는 것을 좋아해요!"라고 열정적으로 이야기하였다. 나는 그녀의 걱정을 반영하면서 음악적으로 따랐다: 어떤 때 우리는 행복하고……

레나는 그 문구 끝에 참여하였다: 복하고……

그녀는 내가 그녀에 맞춰 반주하는 동안 감동적인 서정성을 가지고 계속 노래하면서 감정적 문구에 박과 화음적인 색채를 넣었다.

어떤 때 우리는 슬프고
어떤 때 우리는 중간이고
어떤 때 우리는 화가 나고
어떤 때 우리는 기쁘고
우리가 행한 일로
어떤 때 우리는 기쁘고

우리 친구와 함께……
그리고 우리의 동물들……
당신이 말을 듣지 않을 때
당신은 좋은 것을 갖지 못하고
만일 당신이 좋은 사람이면, 당신은 좋은 것을 갖게 되지요
왜냐면 말을 듣지 않은 것은 나쁘기 때문이에요.

레나는 그녀의 노래를 부드럽게 계속하기 전에 드럼, 심벌즈, 메탈로폰을 스포르찬도로 연주한 뒤 이어서 마지막 줄을 반복하였다.

그러나 만일 당신이 천사 같다면, 당신은 더 좋은 것을 갖게 되지요
그리고 당신은 사람들이 많이 껴안아 주는 그런 비슷한 일을 당하지요.

이 종지에서 레나는 드럼과 심벌즈를 흥분하면서 두드리고는 '행복한 노래'를 반복할 것을 요구하였으며, 이번에는 더 표현적으로 발날시켰다. 나는 레나가 노래를 계속할 때에 노래에서 그녀의 감정을 이완시키고 깊이를 주기 위한 공간을

더 창조하기 위하여 그녀의 노래에서 모음을 끌어내면서 약간 알라르간도[크레센도로 점점 느리게-역주]로 반주하였다.

어떤 때 우리는 행복하고, 어떤 때 우리는 슬프고
어떤 때 우리는 기뻐하고,
어떤 때 우리는 감사치 않으며
어떤 때 우리는 웃고, 어떤 때 우리는 슬프고
[여기서 그녀는 형용사를 동사처럼 사용하였다.]
어떤 때 우리는 웃고, 어떤 때 기침하며
어떤 때 우리는 웃으며, 어떤 때 우리는
……불평하며
어떤 때 우리는 뽀로통하며, 어떤 때
우리는 슬프고
어떤 때 우리는 다시 슬픔으로 가득 찬다.

마지막 종지에서 숨쉬기 위해 멈추기 어려워하며 그녀는 "우리 다른 것 해요……. 예수님에 대해서…… 내가 만들었어요!"라고 요청하였다.

그것은 그녀의 상상력을 사로잡았던 것으로 그녀가 이미 아는 노래인 것 같았다. 그녀는 그녀가 기억하는 대로 똑같이 내가 그 곡조를 알 수 있도록 시간을 주지 않았다. 레나는 그녀 자신의 감정을 표현하는 노래를 사용하면서 가사 변조를 하는 것이 확실한 것 같았다.

메리를 위한 방이 없었어요
옛날에 두 이방인이 도시에 왔어요.
그들은 어린 아기 예수를 위한
좋은 곳을 찾기를 원했지요.
옛날 두 이방인이 도시에 왔을 때
그들은 어떤 곳을 찾아야 하였어요.
예수라고 불리는 사랑스러운 아기를
찾아내고 따뜻하게 할 장소
메리를 위한 방이 없었어요, 전혀.
그러나 세상은 마구간에서 태어난
위로부터 온 아기를
사랑하게 되었어요.

레나는 계속하기 전에 후렴을 허밍하였다.

그때 그는 베들레헴에서 태어났고,
아무도 믿을 수 없었고……

마구간 밖에는
많은 사람들이 있었어요.
예수는 그의 이름이었어요.
그는 항상 거기 있었고, 크게 크게 자랐지요.

메리를 위한 방이 없었어요, 전혀.
그러나 세상은 마구간에서 태어난
위로부터 온 아기를
사랑하게 되었어요.

레나는 이번에는 나의 피아노 반주를 따라 문구들을 교환하면서 후렴을 다시 허밍하였다. 그녀는 매우 만족스럽게 보였으며, 내가 이제까지 그녀를 본 중 제일 안정되어 보였다. 그녀는 노래 안에서, 노래에 의해, 그리고 매우 자연스럽게 발달된 대화적인 노래하기 안에서 지지를 받았다. 두 노래에 있는 노래 형식 자체는 레나의 감정을 포용하고 통합하는 수단을 제공하였으며 그녀가 진정한 감정에 들어가도록 하였다. 이것은 그녀의 감정을 더 깊이 나누도록 이끌었다. 이 두 번째 노래의 상징성은 그녀의 거부당한 감정과 자신이 사랑스럽지 않다는 감정과 강하게 연결되어 있는 것 같았다. 이 노래에서 레나의 밑바탕을 이루는 감정은 거짓된 '완벽한' 자기로부터 나타나기 시작하였다.

세션 11: '내 영혼을 축복하소서' / '내 손의 행복'—자발성이 자라남과 함께 신뢰를 공고히 하는 노래와 피아노 이중주

아직도 레나는 노래 외에 함께 연주를 하면서 음악적으로 참여하는 것이 어려웠으며, 그녀의 습관적인 '끝이 없는' 모티브에서도 필요한 것처럼 예견할 수 있는 화성적 구조가 필요하다는 것을 그녀 스스로 보여 주었다. 이런 것은 가끔 레나에 의해 덜 통제되면서 더 대화적인 즉흥적 삽입곡을 하는 것일 수 있다. 그녀의 노래에서 그녀가 일반적으로 이끄는 것처럼, 레나는 지금 몇몇 아동이 병동에서 연주하는 잘 알려진 피아노 이중주을 배우겠다고 요구하였다. 여기에는 그녀의 고독감과 다른 아동에 의해 쉽게 함께하거나 수용될 수 없다는 생각이 있었다. 대체로 C장조로 연주하면서 내가 소리하기(voicing)와 '즉석 반주(vamp)' 중 리듬적 움직임에서만 변화를 주는 I-VI-IV-V-I로 된 확고한 기본적 화음 진행 위에 선율이 '순환적' 으로 다시 나타났다. 이 이중주는 내가 생각할 때 모든 아동의 흥미를 끄는 반복적인 구조 안에서 예측성이 있었다. 레나는 그녀가 연주할 수 있게 내가 손으로 음을 가리키도록 하였으며, 많은 반복 후에 그 선율을 거의 비슷하게 해 나갈 수 있었으나 화를 내거나 실망하기도 하였다. 나는 그녀에 맞춰 반주하면서 같은 화성적 구조를 사용하여 그녀가 그 음에 따라 노래를 만들 것을 제안하였다. 그녀는 '자신의 손재주' 를 축하하면서 자신에 대해 노래를 하였다. 여기에는 확실한 나와의 동일시가 있었으며, 그녀의 음악 만들기 경험에 대한 신뢰성이 내재되어 있음을 보여 주었다. 그녀는 자신에 대해 좋게 느꼈는데, 그것은 학대받은 자기에 대한 후기 작업을 하도록 통로를 만들어 주었다.

나의 영혼을 축복하소서—그녀는 행운의 소녀
그녀는 피아노로부터, 머리로부터,
손으로부터 선물을 받아서
재능을 가지고 연주할 수 있네
그녀의 손으로 연주할 수 있네
그녀의 손에 있는 재능을 가지고.

그녀는 너무 행복해서 연주할 수 있으며……
그녀는 어떠한 곡이라도 연주할 수 있네
지금, 지금, 지금……
그러나 연주할 수 있네
나의 영혼을 축복하소서, 지금 나는 행복
하지 않은가

그녀는 나의 빠르기를 따라 높은 음역에서 자유롭게 연주하면서 물었다. "어떻게 그것들을 만들 수 있지요?" (내가 어떻게 반주를 할 수 있는가를 의미하였다.) "내가 낮은 부분을 연주하면서 나 혼자 노래할 수 있나요?" 나의 대답을 기다리지 않고 그녀는 계속 노래하였다.

나는 노래할 수 있어요, 얼마나 행운인지요, 얼마나 행운인지요!
나는 노래할 수 있어요, 나는 연주할 수 있어요, 나는 연주할 수 있어요

나와 피아노를 연주하면서 그녀는 흥분하면서도 만족한 곡조로 '두-두' 를 불렀다. 나는 그녀와 함께 축하하였다.

오, 그녀는 오늘 운 좋은 소녀예요.
그녀는 연주를 매우 잘해요. 오……

레나는 시작하였다: ……그녀는 운이 좋지요, 나는 운이 좋지요, 그러나……

내가 연-주를 할 수 없을 때
무슨 이유인지 나의 손가락에 재능이 없었어요.
어떻게 그들은 연-주할 수 있지요?
내 손에 재능을 갖게 되었지요.
그리고 내가 처음에 왔을 때
나는 어떻게 연주할지 몰랐지요.

지금 나는 나의 유능한 손으로 피아노를
칠 수 있어요.
(그녀는 연주하였다.)
내 손으로 나는 연주할 수 있어요.
연주는 '내 영혼을 축복하고 내 손에
행복이 있게 하소서' 였어요.
내 손이 영리해 보이지 않아요, 보세요!

우리 둘은 허밍을 하면서 대화를 발달시켰는데, 그녀는 처음에는 즐기다가 의식을 하게 되자 갑자기 멈추었다. '좋은' 경험이라도 익숙하지 않았을 때는 '나쁜' 경험처럼 고통스러울 수 있다. 허밍을 교류하는 경험에서 느끼는 가까움은 갑자기 '너무 부담스러운' 것이 될 수 있다. 나는 빨리 "오 영리한 손들, 행복……" 이라고 노래하면서 친숙함에서 벗어나 그녀의 손을 축하하는 것으로 바꾸었다.

레나는 갑자기 두 살짜리처럼 흥분하여 소리를 지르면서 강아지처럼 손을 위로 잡고 빠르게 아래위로 뛰었다. "내 손에 키스하고 내 손을 껴안아 주어요! 나는 내가 절대로 연주할 수 없을 거라고 생각했어요!"

나는 그녀가 '내 영혼을 축복하소서' 라는 노래를 시작하기 전에 그녀의 어린아이 같은 몸의 움직임에 따라 그 손을 부드럽게 잡고 박자에 맞추어 흔들었다. 코다가 나왔는데, 그 부분에서 레나는 그녀의 새롭게 발견한 연주능력을 축하하였다. 그리고 행복한 생각이 그러하듯 참을 수 있을 정도의 '무서운' 느낌에 대한 생각을 전달하였다. 그녀의 손에 대해 노래하는 것은 그녀에게서 자신이 만든 나비를 생각나도록 하였다. 이 변화의 상징은 다소 적절한 것 같았다.

나는 오늘 연-주할 수 있어요.
지금 비가 내리고 있고 무섭지만,
나는 연주할 수 있어요.

예술을 만들고 하는 것
나는 어제 나비를
만들었어요.

나는 날씨가 어떤지에 대해 상관하지 않아요.
내가 관심 있는 것은 단지 재능을 갖는 거예요.
내가 오늘 무엇을 할 수 있을까요……?
내 작은 손으로?
그들이 연주할 수 있는 것을 기뻐하기를 바라요.
만일 내가 손이 없다면,
어떻게 연주할 수 있을까요?
내가 손이 없다면
어떻게 연주할 수 있나요?
당신이 알다시피 손은 필요해요.

푸르고…… 진한 초록

만일 내가 손이 없다면
내가 어떻게 일하고 손뼉칠까요?
내가 어떻게 피아노를 칠 수 있을까요?
내가 어떻게 예술을 하고, 수학을 하고,
영어를 하고 읽을 수 있나요?
내가 무엇을 할 수 있나요,
만일 내가 손이 없다면?
내가 어떻게 당신에게 노래를 불러 줄 수 있나요……?

나는 그녀의 자기 표현을 깊이 있게 확장시키기 위하여 몇 개의 부드러운 7도 화음을 가지고 쉬는 부분을 찍는 듯이 연주하였으나, 그녀는 즉각적으로 '내 영혼을 축복하소서' 의 후렴 부분으로 돌아갔다. 나를 자극하듯이 '두-두-두-두' 를 허밍으로 반주하면서, 그녀는 마지막 절로 쉼 없이 들어갔다.

손은 연주할 수 있어요, 손은 연-주할 수 있어요.
손은 연주할 수 있어요, 당신이 ……할 때(불분명)
손은……

만일 그들이 재능을 가진다면,
만일 그들이 재능을 가진다면,
만일 그들이 재능을 가진다면,

기쁨으로 넘쳐서 레나는 음악적 형태에 대한 그녀의 특출한 감각을 가지고 장엄하게 종지를 만들었다. 종지가 끝나자마자, 그녀는 자신이 학교에서 만든 나비에 대해 나에게 말하면서 넘쳐흐르는 재잘거림으로 흘러 들어갔다.

이것은 레나가 나와 음악 안에서 자신의 감정을 자유롭게 더 쉽게 표현한 중요한 세션이었다. 그녀는 자신의 재능을 축하하면서 연주에 더 전심으로 참여하였다. 자신에 대해 좋은 감정을 통합하며 학교에서 그녀의 성취를 축하하는 데에 있어서 '내가 그것을 하였다.' 는 자신의 행동에 대한 그녀의 긍정적인 느낌이 있었다. 나는 Winnicott의 말을 생각하였다.

> 아동이 창조적일 수 있고 전체적인 자신의 성격을 사용할 수 있는 것은 놀이, 오직 놀이일 뿐이며, 한 사람이 자기를 발견할 수 있는 것은 창조적인 때일 뿐이다 (Winnicott, 1971).

레나는 지금 나를 그녀의 손 안에서 이런 재능을 풀어 놓은 마술적인 음악인으로 생각하였다. 나는 레나에 의해 점점 더 이상화되었으나, 이것은 변화를 할 즈음에 있었다. 계속되는 세션에서 레나의 분노가 나타나기 시작한 것이다.

단계 2

세션 15: 병적인 유아적 감정을 표현하기—성적으로 자극적인 연주 안에서 악기를 상징적으로 사용하기

레나는 세션에서 더욱더 도전적이 되었다. 그녀는 자신의 분노, 자기혐오로 나를 직면하였고, 그녀의 유아적 방법으로 나에게 충격을 주려고 하였다. 음악 안에서의 우리의 작업관계에서 자라나는 진지함과 신뢰는 앞으로의 긴 시간에서 매우 중요한 것이었다. 나의 그녀에게 경청하기, 그녀의 노래에 반주하기는 그녀에게 아주 중요한 것이었다. 다음은 그녀가 자신을 대변, 동물과 동일시하거나 자신이 돼지 우리에서 왔다고 말하는 이 시기의 그녀의 전형적인 노래다. 노래는 유머러스하고 자기 비하적이며 분노와 실망으로 가득 차 있었다.

똥

어느 옛날 화장실(loo)에 똥(poo)이 있었어요,
갈색과 초콜릿색이며 그 입이 당신을 보고 있었지요.
그것은 화장지로 뛰어올랐어요.
그녀가 일어섰을 때, 그녀는 그것을 바닥에서 발견했지요.

변기 주위를 돌고 돌고 돌고 있어요.
그녀는 걸을 수 있는 똥이 신기하다고 생각했지요.
그것은 옷도 있고 신발도 신었어요.
그녀는 똥처럼 그 주위를 돌고 돌았어요.

쉬(wee)는 아무도 훈련시키지 않은 비 같아요.
어떤 사람도 쉬를 보고, 그러면 그것은 가로지를 수 있지요.
사람들은 변기에 똥을 누고 똥은 변기에 있고
똥-변기-변기-똥-똥-변기……(poo-loo-loo-poo-poo-loo……)

행복하지 않은 아기 소리를 내면서 레나는 점점 더 불편해하며 화를 내었다. 그녀는 거친 풍자를 강조하면서 동요를 소란스럽게 내뱉었다.

계단을 내려오는 파자마를 입은 바나나.

나를 꾸준히 쳐다보며 낄낄거리면서, 레나는 파자마 속에 있는 소시지와 다른 종류의 음식에 대해 노래를 불렀다. 그녀의 이중적 의미는 의도적이었다. 나는 그녀의 노래에 대위선율(countermelody)로 대응하였는데, 반은 노래며 반은 말로 하였다(일종의 낭송조로).

당신은 당신이 어떻게 느끼는지 내가 알기 원해요.
내가 진정으로 알지 못할 때까지도
얼마나 기분이 나쁜지, 얼마나 슬픈지,
얼마나 화가 나는지

당신이 똥처럼 느낄 때
이곳저곳에 소변을 보지요.
두-두-두-두……

나는 그녀의 유아적 말하기인 'poo-loo'에 대위선율로 유아적 말하기를 하였고, 그녀의 원시적 분노의 깊은 감정을 유지하기 위해서 온음계적 진부함에 불협화음을 사용하면서 마르카토 형식으로 피아노 반주를 하였다. 레나의 노래에서는 난잡하고 분노가 있어도 어린아이처럼 보살핌을 받고 싶어 하는 강한 요소가 있었다. 그러므로 유아적 대화하기는 여러 목적으로 사용되었고 유아적이면서 스캣 스타일로 노래 부르기의 성격을 가지고 있었는데, 이 방법에서 그녀의 유아적인 면과 더 나이 든 아동적인 면의 두 요소를 만날 수 있었다. 레나의 '퇴행' 이라기보다는 유아적이고 더 나이 든 자기는 하나되어 음악에서 만났고, 서로 간에 다른 측면을 수용하며 이런 면에서 두 감정적 현실이 통합하였다.

더 적은 노래들: 더 원시적이고 성적인 감정, 분리에 대한 두려움

그다음 세션에서 레나는 우리 관계의 모든 경계를 시험하였다. 경계를 세우고 그녀의 행동과 세션을 하는 방법에 한계를 짓는 것은 세션에서 주요한 작업이 되었다. 나에게는 단호함과 그녀에게 자발성과 표현의 자유를 주는 것 사이에 균형을 갖는 것에 대한 끊임없는 도전이 있었다. 나는 그녀가 혼란스럽고 공격을 당했다고 느끼는 정도까지 나를 혼란스럽게 하고 공격하며 그녀가 할 수 있는 모든 방법으로 나를 시험하기 위해 그녀의 분노와 경멸을 쏟을 필요가 있다고 느꼈다. 내가 그것을 참을 수 있을까? 내가 그 모든 것을 받아들일 수 있을까? 나를 시험해 보기 위하여 레나는 또한 그녀의 학대자, 어머니 및 그녀 자신에 도전하였다. 그녀의 노래는 파편적이고 혼란스럽고 분노적인 연주를 하도록 하였다. 악기들은 쓰다듬고, 찌르고, 공기로 부풀리고, 입에 물고, 그것에 침을 묻히는 등 여러 종류의 성적으로 자극적인 연주에 사용되었다. 그것은 내가 그 모욕을 거의 신체적으로 느낄 수 있을 정도로 매우 혐오스럽고 변질적으로 보였다. 그녀의 분노와 나를 모욕하고 충격을 주려는 시도는 전체 세션에 걸쳐 나타났고, 임상적, 실제적(세션 안에서 행동의 참을 수 있는 한계를 유지하기), 감정적으로 다루기 매우 힘들었다. 나의 주기능은 거기에 앉아서 '받아들이는 것' 이었는데, 그것은 '뒤죽박죽' 이며 '망쳐진/더럽힌' 아동기에 대한 그녀의 투사를 뜻한다. 그녀에게 조용히 이야기하는 잠깐잠깐의 음악적 순간으로 그녀의 연주를 만나는 것은 '지금-여기' 의 맥락에서 그녀를 지지하는 데 효과적이었다. 특별히 레나는 내가 그것/그녀가 어떻게 느꼈는지 인식하였다는 것을 알 수 있었고, 그녀가 느꼈던 만큼 나도 분노하고 절망하도록 나를 이끌어 갔다. 세션을 끝내기 위해 세션의 후반부터 그녀가 이 작업을 준비하도록 하는 세심한 관리가 필요하였다. 그녀는 악기들을 여기저기에 던지지 않고 나에게 공격적이거나 언어적으로 더 학대적이지 않고서는 떠나는 것을 어렵게 느꼈다. 그리하여 나는 내가 치료실에서 허용하는 정도에 대해 강한 경계를 정하였으며, 한편으로는 그녀를 끌고 가는 감정과 사고에 관한 그녀의 행동을 해석하였다.

세션 37: '유령의 집'—레나 자신과 가족에 대해 그녀의 직관(혹은 절차적 지식)과 대화하는 것처럼 보이는 노래

점차적으로 레나는 다시 노래를 하기 원하였다. 그녀의 노래들은 깊은 심중에서 나오는 것 같은 직관적 지혜가 있었다. 이 심한 장애를 가진 아동이 음악적 감각과 거의 종교에 가까운 감정을 가지고 노래하고 있었다. 이 세션은 레나의 특징인 방을 급하게 둘러보는 것으로 시작하였다. 나는 그녀가 안정되었는지 궁금하였다. 나는 반음계적으로 움직인 후 그녀가 교묘한 솜씨로 한 악기에서 다른 악기로 움직일 때 딸림음을 지속적으로 꾸준하게 눌러 반복적인 박을 만들면서 약간의 아르페지오 화음을 가지고 총총거리는 움직임을 찍듯이 연주하였다. 레나는 나이팅게일 새소리 악기를 가지고 짧게 즉흥연주를 한 후 큰 금색의 심벌즈로 옮기기 전에 새소리 악기를 나에게 단지 짧은 시간 동안만 연주하도록 주었다. 그녀는 심벌즈를 느리고 의도적으로 한 손으로 두드렸으며 다른 손으로는 나를 지휘하였다. 나는 그녀의 완전한 집중에 반응하여 그녀의 박과 지휘를 따랐는데, 어떤 중요한 것이 나타날 것임을 느끼면서 F단조에서 내려가는 옥타브의 동음적(unison) 베이스 영역 모티브를 '따라갔다.' 그녀의 노래가 발달하자 나는 기분, 목소리 억양, 나타나는 심상의 화음적 변화를 증가시키고 꾸준한 박을 유지하면서 그녀에 맞춰 반주하였다. 음악이 예측할 수 있도록 하는 것은 레나가 세션에 참여하는 데 충분히 안전감을 느끼도록 하는 중요한 것이었으나, 음악적 관계가 정체되거나 피상적이 되지 않도록 하는 것 또한 중요하였다. 나는 레나가 가끔 언어를 개발해 내거나 정상적 통사론에서 사용하지 않은 말을 사용하여서 그녀를 잘못 이해하였다. 그 음악은 우리 사이의 창조적 연결을 유지하였다. 레나는 그녀가 원하는 효과를 내가 만들지 못하였을 때 "지금 친 것이 내가 좋아하는 것이에요! 계속 낮은

음을 치세요!" 하면서 나를 자극하거나 고치려 하였다. 그리고 그녀는 우리의 세션에서 이전에 존재하지 않던 분명한 목적을 가지고 노래하였다.

어두운 숲속에서 나무를 따라 안개가 함께 있네,
좋은 소식이 올 때……
어두움 속에서 하늘이 어둡고,
하늘에서 올빼미와 마녀들은
하늘에서 점점 더 높이
어둡고 안개가 끼었으며,
아무도 기쁨이 가득한지 모르며
박쥐는 공기 중을 날며
그들은 절망 속에 있는 것 같으며
그들은 오-늘 공기 중을 나네.

레나는 "계속하세요."라면서 나를 재촉하였다. 그녀는 내가 화성적이고 리듬적으로 긴장을 증가시키는 것을 듣고 있었다. 박은 마디의 첫 번째와 세 번째 박에 불협화음을 주는 4/4를 유지하였다. 그녀의 창조적 표현의 계속성은 유지되었는데, 질주하거나 과도히 흥분되는 대신에 그녀가 안정되도록 지지하는 '그 자리에 있으면서 진행하기(going-on-being)'가 되었다. 다음 시의 3행에서 레나는 '완전할 수 없는' 귀신을 언급하였다. 나는 그녀가 완전함에 못 미치는 귀신으로 자신을 동일시하는 것을 느꼈는데, 이것은 아마도 가족 중에 귀신으로 돌아다니는 그녀의 할아버지 혹은 죽은 아버지와 동일시하는 것을 나타내는 것 같았다. 극적인 이야기가 계속되었다.

공기 중에 귀신이 있는데,
그들은 거의 모든 것이 될 수 있어요.
그런데 한 가지 그들이 될 수 없는 것은
완-전할 수 없다는 것이에요.
귀신은 공기 중에 높이 있어요,
그들은 절망 중에 있는 것 같으며
그들은 정말로…… 당신이 알지 못하는
절망 속에…… 있어요.

노래에서의 쉼은 "낮은 음 다시요!"라는 레나의 명령에 의해 나타났다. 내가 시작으로 사용한 하향하는 옥타브를 반복할 때 그녀는 내게 맞다는 듯이 고개를 끄덕였으며, 그녀의 운율 구조에 어울리게 단어를 만들면서 낭송조 형식으로 노래를 시작하였다.

그 집에 유령이 있어요
귀신과 고환이 거기에 있어요
거기에 악귀도 있어요
숙녀가 재채기하고 악귀가 여기저기에 있을 때
구더기들와 벌레……
집 안을 꿈틀거리며 다니고
모든 썩은 나무들을 먹고
모든 썩은 치즈를 먹으며…… 윽!
거기는 위험해요!
(그녀는 목에서 나는 소리를 내며
드럼을 불안하게 두드렸다.)

오, 신이시여!
바닥에 떨어졌지요……
나는 끝까지 떨어졌어요!
도와주세요! 도와주세요!
오! 그녀는 다리가 부러졌어요.
병원에 갔어요!
그녀는 거기에 가지 말았어야 해요,
그렇지 않나요 ?
아무도 그 집에 들어가지 않아요!
그 안에 들어가는 것은 위험해요.
박쥐! 귀신! 고환! 다른 것들……

그 후 그녀는 내가 예상치 못하였던 변화를 시작하였다.

아침이에요. 아직 태양은 맑고 사랑스러우며
딱 맞는 (가벼운?) 음악이 연주되며
(레나는 내게 부드러운 분위기로 하라고 지휘하였다.)
하늘은 유령의 집을 비추며
집에 모든 것이 삐꺽대기 시작할 때

그것은 계속적으로 삐걱대고요……
악령의 영과 행복의 영과 함께
낮에도 그것은 밝히 비춰요.
그리고그것은매우힘들게되는데……

이것은 숨을 내쉬면서 끝을 내었는데 거의 한숨과 같았다. 여기서 약간의 쉼 동안 나는 박을 계속 쳤으며 장엄하고 찬송가 같은 반주를 하였다. 레나의 다음 시와 나의 찬송가 같은 음악은 다시 합쳐지게 되었다.

이 세상이 흘러가면서 집은 계속 썩어 가고
그 집은 자꾸 흉측하고 소름끼치고,
귀신 나오는 것 같으며
그 집을 더럽힌 사람은 아무 의욕이 없고

몇 년 안에 완전히 쓰러질 거예요.
영원히 계속적으로
어느 날 매우 심한 바람이 불어와—슈!
그 집을 산산조각 내었고…… 바로 그 음들은

사람들이 그 집에 대해 알게 되었는데
그 집은 거기에 이전부터 있었기 때문이지요.
다음날을 조용하게 하지요.

레나는 나에게 다른 기분의 변화를 가지도록 다시 지휘하였는데, 이번에는 천상적인(ethereal) 분위기였다. 나는 오직 삶의 표상으로서 새가 노래 부르는 장면을 전달하려고 높은 영역에서 섬세하면서 날카로운 음악으로 반응하였다.

아무것도 남아 있지 않고—굴뚝과 문 반쪽만 있네
거기 남겨진 것들 위에 쉬고 있는 새
집이 없어지고
아무도 그 속에는 없네.
몇 년 안에 빌딩 안에는
가게와 아파트와 집이 있네
언제까지나…… 언제까지나……
끝…… 끝을 내!

그녀는 열정적으로 말하였다. "좋아요! 당신에게 그것이 좋다고 말했잖아요!" 레나가 노래하는 것을 멈추자, 그녀의 언어는 버려진 집에 대해 이야기하려고—나는 그것이 사실이라고 믿었다—하면서 잠시 빠른 재잘거림으로 응집성을 잃었다. 신체적 · 심리적 현실에서 그 은유는 매우 강력하게 표현되었다. 몇 개의 시구를 만드는 과정에서 그녀의 심상은 집의 물건들과 사람에게 구더기들이 돌아다니고 구더기들은 그 썩은 것들을 소비하는 썩은 내적 세계 안으로 끌어들이며 공기 중에서 귀신들의 절망적이고 불완전한 것으로부터 바뀌었다. 그녀의 노래는 썩고 유령이 있는 집, 그 썩은 바닥으로 떨어짐(그녀의 자기감/자아와 더불어 가족의 타락), 병원 입원으로 이끌어 가는 것 사이의 무의식적 연결을 나타내었다. 평범하지 않은 강력한 은유가 나타난 것은 그녀뿐 아니라— "바닥으로 떨어졌는데, 그것은 그녀의 잘못일 뿐이다."라고 말하는—썩은 것으로 가득 차고 어떠한 것도 의지할 수 없는 손상된 용기인 그녀의 전 가족을 상징하는 것 같았다. 사랑받지 못했다는 그녀의 느낌과 함께, 많은 학대받은 아동처럼 그녀는 학대가 자신의 잘못이라고 추측하였다. 평범한 삶으로 이끄는 평범한 세계에 사는 것은 학대받은 아동이 소원하는 것이다.

'유령의 집'에 대한 코다

첫 프레이즈를 허밍하면서 레나는 그녀가 좋아하는 선율을 나에게 가르쳤다. 그 자리에서 음악을 알아듣는 것이 중요하였으나, 그녀의 선율은 한 음조에서 다른 음조로 옮기며 따라 하기 쉽지 않아서 그녀가 생각하고 있는 형태를 잘 재현하지 못하였다. 실수와 재시도를 여러 차례 하면서 나는 조금 약박(upbeat)과 당김음으로 반주하면서 그녀가 수용하기에 '충분히 좋은' 정도를 만들어 내었다. 그녀는 노래하였다.

집은 영원히 가 버렸고
집은 영원히 영원히 가 버렸고
위험은 이 세상 어디라도 없고
보기 마티안스[9]는
모두 가 버렸고

우리는 태양의 즐거움을 가졌고
이 땅에 더 나쁜 일은 없네.
오늘 안녕을 하며
태양이 있고 오며 나쁜 것을 모두 없애네.

그녀는 끝내기 전에 그다음 프레이즈를 허밍하였다.

악은 가 버렸고……
집이 바람에 날렸을 때……
바람은 가 버렸고……

악은 버려진 집으로부터 멀리 가 버렸고
바로 그거야. 그리고 그것은 가 버렸고……
그것은 가 버렸어!

'오늘 안녕을 하며' 부터 마지막 줄까지 그녀는 장례식 속도로 느려졌으며, 그녀의 목소리는 프레이즈마다 올라가서 '그리고 그것은 가 버렸고……' 의 끝에는 숨을 못 쉴 정도가 되었다. 참으로 세션을 끝내야 하는 시간이 되었다. 나는 레나의 마지막 종지를 반영해 주면서 그것을 "우리가 갈 시간이에요."라고 확장해서 활용하였다. 레나는 방을 만족한 듯이 떠났다. 이 노래는 레나에게 깊은 무의식 수준으로 특별한 중요성을 가지는 경험이었다. 커다란 자기 투자를 가지고 창조

9) 역주: Bogey Martians. 못된 귀신을 나타내는 말이다.

하였던 노래는 그녀를 사로잡았던 그녀의 자전적 자기, 그녀의 과거, 가족 비밀을 일련의 은유 안에서 제시하였다. 가장 중요하게는 압도적인 악의 사라짐과 그녀가 동일시한다고 느끼는 그림자가 드리워진 추함의 변형이 정상적이고 평범한 삶과 흡족함의 심상인 더 깊은 땅까지 내려가고 평범한 가게와 집의 현실적 미래로 가는 길을 내어 준 것이다.

단계 3

세션 40: 귀신, 통합, 변형에 대한 노래

세션 37부터 '귀신' 은 레나의 노래에 지배적인 주제가 되었다. 이것은 부분적으로 정상적 아동의 '무서운 것' , 위협적인 이야기에 대한 흥미를 나타내지만, 더불어 그녀가 의식적으로 인식할 수 없었던 그녀 삶의 유년 초기와 직접적으로 관련이 있었다. 나는 아동이 세션에 가지고 온 모든 것이 중요하다고 믿는다. 그렇기 때문에 나는 레나가 귀신에 몰두하는 것을 피상적으로 처리하지 않고 경청하고 음악 안에서 반응하였다. 자주 나타나는 노래는 그녀가 자신의 귀신, 아마도 아버지를 알게 되었다는 것을 뜻할 수 있다. 그러나 특별히 한 사람일 필요는 없으며, 그보다는 많은 것에 대해 오랫동안 지녔던 그녀의 불편한 감정으로 보인다.

집의 귀신

집에 한 귀신이 있는데
참으로 친구 같은 귀신인데
그는 나의 집에 여러 해, 여러 해,
여러 해 살았지요.

네, 네, 그는 나의 친구예요.
옛날에……
그는 우리 집에 살았고 지금도 그래요.
그 집은 귀신의 집이에요!

노래는 이 지점에서 끊어졌다. 나는 레나가 그녀의 아버지, 그의 죽음과 그녀의 학대자들을 생각해 내었다고 느꼈다. 이것은 강한 역전이적 느낌을 가져와서, 나는 거의 그들이 방 안에 있는 것처럼 느꼈다. 레나는 음조에서 벗어난 꾸며진 '행복' 으로 방향을 바꾸었다. 그녀는 내 연주가 '행복한 곡조' 이기를 강요하였으며, 거기에 '6개의 발가락을 가진 나쁜 한 남자' 귀신에 대하여 위협적인 찬트를 시작하였다. 그녀는 점점 더 긴장하고 혼란스럽게 되었으며, 그 노래는 그녀의 학대자 중의 하나에 대해 조롱하는 것으로 바뀌었다. "변태! 변태! 그는 나를 성적으로 학대하였어요! 성적 미치광이!" 그녀의 다소 성인 같은 문구와는 대조적으로, 그녀는 템플블록이 마치 학대자인 것처럼 악기의 '입 부분' 을 채들로 반복적으로 찌르듯이 폭발적으로 두드렸다. 나는 스타카토, 폐쇄적 구조를 가진, 불협적인, 이중 음조적인 화음으로 그녀의 기분을 지지하고 강화하고 안정시켰다. 나는 그녀의 분노에 찬 찌르는 움직임을 보조하기 위하여 귀에 거친 효과를 주는 반주를 만들었다. 나는 불협화음과 번갈아 가며 옥타브 안에서 선명한 5개의 음으로 이루어진 레가토 모티프를 소개하였다. 나는 동음의 단순성이 지금-여기의 음악적 관계에 그녀를 있게 하고, 그럼으로써 원시적이고 성적인 감정을 담을 수 있기를 바랐다. 조금 지나 레나는 연주를 쉬고는 나에게 그녀에게 일어났던 것을 친구들이 아는 것을 그녀가 얼마나 싫어하는가에 대하여 거의 소근거리듯 안정되고 조용하게 말하였다(그녀의 특징적인 빠른 재잘거림과 다르게). 그녀는 그녀 가족의 집, 비밀과 근래에 있었던 그녀의 애완동물의 죽음을 회상하기 시작하였다. 그녀는 병원 땅에서 죽은 여우 한 마리를 발견하고는 음악치료실의 건물 기반 밑에 집을 만들어 주었다고 하였다. 이 단계의 우리 작업에서 죽음은 반복되는 주제로 나타났다. 그녀는 죽음에 대하여 연주하였다. 나는 그녀의 안전에 대하여 불안함을 느꼈다. 이런 걱정은 팀 동료에게 전해졌다. 레나의 '귀신' 은 그녀를 매우 깊이 힘들게 하였으며, 그녀는 그들보다 더 강력하다는 것을 느끼고자 방법을 찾으려고 하였고, 음악치료 안에서 반복적으로 그들을 때려눕히는 작업을 하였다. 그러나 힘 실어주기는 그녀가 자신의 감정을 반영하는 방법을 발견하기까지 진정으로 발달하지 못하였다. 나는 그녀를 어두운 심연에서 부르면서 우리가 이런 감정에 대하여 반영할 수 있는 음악적 공간을 창조하며 음악적으로, 언어적으로 그녀를 지지하였다. 점차적으로 그녀의 연주에서 안정된 목적성이 나타나기 시작하였다. 그녀는 동굴 속 빛에 대한 노래를 즉흥적으로 만들었다. 주제는 그녀의 마지막 세션에서 다시 나타났다.

세션 43~57과 63(마지막): '해변의 이방인'

치유적인 은유가 레나의 평범하지 않은 심상에서 지속적으로 발달하였으며, 음악과 음악적 관계에 의해 지지되었다. '해변의 이방인' 은 '즐거운 집' 이라는 노래 곡조와 유사한 레나가 자신이 안다고 주장하는 곡조로 불려졌다. 그러나 레나는 그 음들을 자기 마음대로 불렀다. 노래는 레나의 마음속에 있는 명확한 그림에서 나왔다. 그 이방인은 그녀의 아버지일까, 귀신 중의 하나일까, 혹은 위협적인 심상이지만 동정과 수용을 그녀에게서 받고 있는 바닷가에 있는 그녀의 할아버지일까?

이방인이 바닷가를 따라 걷고 있는데
아무도 그가 거기 있다는 것을 모르지요.
자기는 남에게 보이지 않으면서
아이들이 노는 것을 바라보네요.

바다가 격렬하게 두드릴 때
그가 천천히 지나갈 때
"왜 나예요, 왜 나예요, 왜 나예요?" 하고 그가 말했어요.
내가 거의 죽은 사람과 다름없는 이방인이란 것을 아무도 모르죠.
"무엇이든 될 것은 되지요."

이것은 더 열광적인 노래 '밑으로, 밑으로, 밑으로, 밑으로, 광산 속으로' 로 이어졌는데, 이는 자신의 길을 환히 밝히기 위해 그녀의 헬멧에 불을 밝히고 광산 밑을 탐험하였던 그녀의 학교 여행에 대한 꿈에 의하여 영감을 얻었다. 나는 그녀가 소개하는 은유들을 음악적 · 언어적으로 반응하였다. 나는 그녀가 '밑으로, 밑으로, 광산으로 내려갈 때' 지금은 어두운 곳을 볼 수 있도록 불을 가지고 있다고 이야기하였다. 광산의 상징은 확실히 땅속 에너지의 근원을 나타내며 자아/자기/소유권(ownership)의 의미를 가진 무의식 속으로 들어가는 것에 대해 우리가 노래를 같이하는 것으로 이끌었다. 레나의 얼굴에는 새로운 안도와 즐거움의 표현이 살짝 드러났다. 그녀는 자신을 다치게 하지 않고 '광산' 으로 갈 수 있으며 다시 돌아올 수 있었고, 그녀의 헬멧을 벗고 새로 사귄 친구들과 함께 뛰어놀 수 있었다.

치료적 작업은 그녀의 불안과 방어를 과도하게 증가시키지 않고 그녀의 감정을 허용하는 은유들 안에서 머물렀다. 이제는 잠깐이지만 그녀의 아버지와 그의 죽음을 둘러싼 상황에 대한 양가감정에 대하여 이야기할 수 있었다. 그녀는 자기 자신, 그녀의 오빠, 그 외 가족에 대하여 그녀의 분노와 슬픔을 언어와 음악으로 표현하면서 말하기 시작하였다.

세션 63(마지막 세션): 개인적 슬픔, 상실, 수용에 대한 노래—새로워짐, 부활, 재탄생의 은유

이 세션은 우리의 마지막 세션이었다. 레나는 매우 심한 감기에 걸렸다. '해변의 이방인' 을 마지막으로 부른 후에 레나는 그녀의 아버지에게 안녕 노래를 하였다. 그녀는 그 노래를 감기에 대한 것으로 재빨리 옮겼다. 나는 그녀가 아직도 아버지에 대해 얼마나 어렵고 혼란스럽게 느끼는지 이해한다. 그녀의 감정은 근래에 병동을 나간 친구를 잃은 것으로 옮겨갔다. 이 사건은 그녀의 슬픔을 현재 상황으로 옮기도록 도왔다. 그녀는 나에게 안녕이라고 말하였다. 그녀가 나를 그리워할 것이라는 것에 대해 어떻게 말할지 잘 알지 못한 채, 그녀의 노래는 가장 쓸쓸한 것 중 하나가 되었다.

당신이 감기에 걸리게 되면
당신은 춥게 되지요……
그것은 끔찍하지요. 네, 그래요.
당신이 오늘까지 기분이 좋지 않으면
당신이 감기에 걸리면
웃으세요, 당신의 모든…… 것으로
당신은 얼마나 그 감기에 걸리지 않길 바라겠어요.
그 끔찍한 감기를 생각해 보세요.
행복하도록 해 보세요.
당신이 감기에 걸리면.

레나는 '반향(echo)' 를 요구하였다. 그녀는 내가 울리는 페달을 사용하고 흐르는 듯한 아르페지오 반주를 연주하도록 지시하였다(그녀는 이를 그녀의 팔을 이리저리 키보드 위로 움직이는 제스처로 지시하였다.). 아마도 그녀는 나의 음악적 반영과 그녀와의 감정 나눔을 그리워할 것이다. 그러나 이번에 나는 확실히 그것을 올바르게 따르지 못하였다. 그녀는 내가 '다른 곡조' 로 연주한다고 불평하였다. 그녀는 우리가 다시 시도하는데, 이번에는 '서주' 를 첨가하도록 '올바른' 곡조로 하

도록 요구하였다. 내가 그 곡조를 듣지 않고서도 그 노래를 알도록 기대되었기 때문에 다소 어려웠다. 이는 나의 부족함을 인식하는 좋은 기회가 되는 것 같았다. 나는 레나에게 우리가 더 이상 보지 못하게 되는 것과 내가 그녀가 하기 원하는 음악을 알지 못한다는 것이 매우 화나는 것이 될 것임에 틀림없다고 하였다. 그러고는 그 음악이 '충분히 좋기' 를 원한다고 하였다. 그녀는 "그게 아니에요…… 네, 바로 그것이에요!" 라고 이해되었다는 듯이 끄덕였다.

그녀는 계속해서 노래하였다.

태양이 모든 곳에 비치게 될 때
태양은 비치며, 그것은 비치며
태양이 비칠 때……

부활절이 다시 돌아오고
아이들은 달걀을 깨며……

부활의 심상, 새로운 시작 그리고 희망이 나타났다.

부활절이 올 때
아기들은 부활절 달걀을 먹는데
특별한 미소를 지으면서 달걀을 깨지요.
안락의자 뒤에 발견된
모든 초콜릿은 다 먹어서 없어지고
아이들이 웃으며 그들의 얼굴은 웃고 있고
부활절이 왔어요.

병아리들, 암탉들, 그들의 달걀들
부활절이 다시 오며
아이들이 웃을 때 달걀들이 깨지네.

부활절 달걀을 먹는,
부활절의 아이들
특별한 미소를 지어요.

일요일 그는 일어났고,
부활절 일요일 아이들은 일어나고
주위를 돌아보네.
그들은 발견해야 하는 것을 알지요,
부활절 달걀이 있는 곳을.
부활절 병아리, 부활절 달걀,
부활절의 행복.

레나는 그 후 자기 친구를 병동에서 잃어버렸다는 것을 말하기 전에 '당신이 감기에 걸렸을 때' 라는 노래를 점점 더 불쌍하게 하여 그녀의 처음의 비통한 노래 구절을 더 진전시키려고 하였다. 그녀의 친구에 대한 슬픔을 표현하는 것이 또한 우리가 헤어지는 것에 대한 그녀의 슬픔을 그녀의 방법대로 표현하는 것인 것 같았다. 그녀의 퇴원 날짜를 처음으로 알게 된 이후, 나는 지난 2개월 동안 우리의 세션이 끝날 것이라는 것을 이야기해 왔다. 나는 그녀에게 종결, 음악 세션의 종결과 내가 그것을 얼마나 슬프게 느끼는지를 이야기하였으나, 그녀의 노래는 노래가 말하듯 어떤 것이 끝이 나면 어떤 것이 시작된다는 중요한 것을 말해 주었다. 레나는 그녀가 자신의 노래를 좋아하였다는 것과 음악치료를 그리워할 것임을 확고히 말하였다. 그녀는 어머니가 그녀에게 피아노를 사주려 한다고 덧붙였다. 슬픈 이별이었으나, 그녀가 떠날 때 나는 레나 안에서 희망과 만족감을 느꼈다. 레나는 지금 병원을 나갈 것이라고 하면서, "내가 나 자신에 대해 더 확신감을 느끼기 때문이에요."라며 자신의 진전을 종합하였다.

병동을 떠난 후

레나는 병동에서 제공되는 다양한 형태의 지속적인 치료적 도움과 그 치료의 '담아내기' 에 매우 잘 반응하였다. 그러나 그녀는 구조화되지 않은 더 넓은 사회적 환경인 가정에 대해서는 아직 준비되지 못하였다. 그녀의 불안은 증가하였으며 성적 행동의 부활로 이끌었다. 그녀는 다시 한 번 전일 감독이 필요하였는데, 그것은 어머니가 제공하기 불가능한 것이었다. 레나의 가족은 병원에서 제공되는 외래치료를 더 이상 지속하는 것을 거절하였다. 레나는 이후 6개월 동안 아동보호위원단(child protection panel)의 위기 등록에 등록되어 있었으며, 결국 그녀에게 필요한 교육적 · 치료적으로 구조화된 사회적 상황을 제공하는 기숙학교에 있게 되었다. 그녀의 음악적 활동은 비록 개인치료는 아니지만 거기서도 계속되었다. 삶은 레나에게 절대로 쉽지 않았지만, 그녀는 지금 더욱 자신감과 자기 가치감을 가지게 되고, 그녀의 새 학교의 지지 속에서 자기 삶의 다른 영역에서 잘 반응하였다.

논 의

음악의 즉시성과 우리 모두의 안에 있는 그 근원은 오래된 것을 바꾸고 새로운 것을 중재하는 치유적 가능성을 가진 신체적, 감정적, 정신적, 영적 자기 표현을 끌어낸다. 이 방법에서 삶의 새로운 의미가 나타나게 된다. 레나의 즉흥적인 노래들은 그녀의 초기에 있었던 사건들에 대한 그녀의 감정을 표현하였다. 삶과 관계를 어렵다고 생각한 외로운 아이 레나는 자신이 가치 없고 사랑을 받지 못한다고 느꼈다. 레나에게 노래는 그녀의 음악치료 과정에서 중요한 특징이 되었으며 그녀가 가치를 느끼는 그녀의 단 하나의 측면이었다. 그녀가 학교 혹은 시설에서 이런 노래를 만든 것이 아니었기에, 그 노래는 지지와 사적 자유를 제공하는 음악적 관계가 필요한 혹은 필요한 것처럼 보이는 음악치료에서만 있었던 유일한 것이었다.

자아감의 용기-변형을 만드는 것으로서의 노래

레나의 자발적인 노래-시는 대부분 그녀의 의식적 회상을 넘어서는 감정과 심상이 표현된 은유를 사용한다. 노래-시는 음악치료사가 아동이 느끼는 것을 '소화하고' 감정 표현으로 표출되는 아동의 감각을 위한 안전한 '수단'이 되는 구조를 조성하고 형성하는 방법을 제공하는 특별한 반주자이며 청취자이기 때문에 표현으로 나타나게 된다. 이것은 동기에서 의미로 가는 음악-정신 역동적 통로다 (Robarts, 2000). 이 방법으로 그녀의 음악이 그녀가 미래를 직면하는 자신감을 발달시키는 새로운 자아감을 나타나게 하면서, 레나의 노래는 그녀의 슬픔과 외로움, 분노, 기쁨을 그녀가 인정할 수 있도록 하였다.

그럼으로써 노래 형식은 두 '용기' 인 노래 형식과 음악치료적 관계에서 창조된 중간 공간인 우리의 음악적 관계 안에서 발달된 그녀의 자아감, 즉 레나의 감정을 위한 창조적인 '용기-변형을 만드는 것(container-transformer)' 을 제공하였다. 나의 음악적 반주 혹은 교제는 언어가 부정하려 하거나 사세히 설명할 수 없는 감정과 만나서 그녀의 기분과 공명하도록 하였다.

즉흥음악을 사용하는 음악치료에서 음악은 무의식과 의식적 감정 사이의 통로로, 존재의 모순적 상태와 만날 수 있는 매개체로 작용한다. 음악은 많은 수준의 경험에 참여하며 전이와 역전이의 소리내기 안에서 특별히 나타난다. Paul Nolan은 이것을 매우 정교하게 표현하였다.

> 음악은 같은 경험적 시간 구조 안에서 죽음과 재탄생같이 말로 표현할 수 없거나 외관상 양극적이며 비논리적인 것을 병행하는 인간 경험의 모든 범주를 반영하고 상징화하는 능력을 가진 것 같다. ……치료에서 투사는 내담자로부터의 전이적 반응을 유도하고 지지하는데, 그것은 다시 치료사의 역전이적 반응을 유도하고 지지한다. 이런 방법으로 노래는 내담자와 치료사 사이의 무의식적 과정과 교류하는 수단이 쉽게 될 수 있다. 이 무의식적 교환은 노래가 내담자와 치료사에 의한 동시적인 음악 만들기를 포함할 때 더 깊어진다(Nolan, 1998, pp. 388-389).

레나의 전언어적인 무의식적 측면이 음악치료 안에서 표현 수단을 찾는 방법은 어머니와의 분리에서 온 초기 외상, 연속적인 성적 학대, 아버지의 죽음, 그리고 가족 안에서의 근친상관적 경계가 없는 관계에서 특별한 중요성을 갖는다. 여기서 우리는 특별히 음악과 노래의 가치를 보는데, 이 둘 다 손상되었지만 자기의 중심 속 가장 깊은 표현을 활성화하고 담아낸다. 반면에 이것은 문자 그대로의 해석인 들려지거나 태어날 준비가 되지 않은 아동을 재외상화하는 것을 피하게 한다.

음악치료에서의 초기 대상관계: 담아내기와 변형의 상호 규제적 측면

레나와의 음악 즉흥적 관계의 담아내기-변형 활동은 관계의 '생동적 정서(vitality affects)' [역동적, 운동적 정서-역주]를 상호 규제적으로 조율하는 것으로 나타났다. 음악적 표현과 연주에서 나타난 그녀의 개인성에 반응하여, 나는 발전하는 자기감과 관계 안의 자기를 '지지하는' 음악적 구조를 제공하였다(Stern, 1985/2000). '같은 파장 안'에서 음악적 존재라는 것은 레나의 연주에서 일어나는 빠른 이어 가기 안에서 자주 드러나는 미묘한 감정의 차이와 변화를 따를 수 있는 것을 의미한다. 이와 같이 나는 나의 차분한 동조를 통하여 의미 있고 담아내는 구조를 그녀에게 제공할 수 있었다. 이는 초기 대화/대상관계의 음악역동적 현상을 만드는데, 이것을 나는 자기의 나타난 구조 안에서의 음악적 내사로서 묘사하였다(Robarts, 1994, p. 234). 초기 감정적 교류의 담아내는/규제적인 기능은 역시 이미 논의된 정신역동적 개념인 '담아내기' 혹은 '안아주는 환경' 과 유사한 발달주의적인 개념인 '구성적 이야기 담기(proto-narrative envelope)' [인지적이기보다는 감성적인 이야기. lived story라고도 함-역주](Stern, 1977) 혹은 '상호관계적 담기(reciprocity envelope)' (Brazelton & Cramer, 1991; Brazelton et al., 1974)에서도 나타난다.

변형적 (치유)과정 안에서 나와 그녀의 진정한 감정을 탐구할 수 있는 안전하고 창조적인 공간인 '지지적 공간' 을 창조하며 레나의 과도한 흥분과 주의 부족 상태를 '규제하는' 음악과 음악적 관계의 다른 많은 측면이 있다. 나는 서로 다른 조성, 화음적 구조, 관용적인 스타일, 고상함과 함께 음악적 접촉의 직접성의 사용에 대해 서술하였는데, 이런 모든 것이 언어로 적합하게 서술되기 어려운 것이다. 나는 즉흥적 노래의 사용 안에서 정신역동적 과정을 묘사하였다. 나는 독자들을 이런 음악치료적 경험의 내면적 작업으로 이끌려고 시도하였다. 이런 음악적이고 정신역동적인 현상은 음악치료의 중심에 있다. 레나와 작업할 시기는 그녀의 심상에 열린 통로를 유지하는 한편 음악적 표현에서 우리의 감정이 뿌리 내리도록 돕는 나로서는 임상적으로 복잡한 여러 측면을 구조화한다는 초기 시기였다. 레나의 노래는 그녀의 창조성을 통하여 그녀의 현재를 계속 사로잡는 과거의 귀신을 만나고 작별인사를 할 수 있도록 힘을 부여하는 근원이 되었다.

결 론

치료에서 음악이 창조적이며 임상적으로 사용될 때, 음악은 의식적으로 회상할 수 있는 전언어적(함축적) 기억에서 일어나는 감정을 활성화하거나 지지하기 위하여 독특하게 사용될 수 있다. 레나의 노래들은 그녀의 이야기를 말한다.

> 예술적 구조나 형태 없이 언어만으로는 우리의 매우 충격적이고 고통스러운 경험을 담고 표현하는 이 역설적인 두 개의 작업을 성취할 수 없다(Jennings & Minde, 1993, p. 154).

이 장에서 나는 창조적 과정의 모델 안에서 함께하는 임상적-이론적 견해의 통합을 제시하였다. 이 모델은 음악적 형태와 감정 및 사고가 그녀의 깊은 존재로부터 안전하지만 풍부하게 표현적으로 일어나는 음악치료적 관계 안에서, 음악 형태와 그 발전 형태의 도움을 통해 노래가 어떻게 용기로 사용되는가를 보여 주는 레나의 음악치료를 소개한다. 이 방법으로 노래는 강력한 은유 속에 있는 그녀의 내면적 세계를 표현하며, 전언어적 수준에 있는 감정과 경험을 더 큰 인식으로 가져오며, 깊은 감정적 장애를 촉진시키는 고통스러운 감정을 통합하는 레나를 위해 치유적 수단을 제공하였다. 그녀의 노래는 그 은유가 그녀를 압도하려고 위협하는 불안, 분노와 절망감을 포함하여, 그녀가 더 건강한 자기감을 향하여 여행을 떠나도록 하였다. 그녀의 노래 속에서 일어나는 투사된 감정과 상징적 재료를 담아내기 위해 음악적으로, 정신역동적으로 작업하는 나의 능력은 그녀의 창조적 잠재력을 경험하는 방법을 찾으려는 우리를 도와 레나의 음악치료 과정을 발달시켰다. 그리고 그것은 레나의 개인성이 꽃피도록 하였다.

> 노래는 인간이 감정을 탐구하는 방법이다. 그것은 우리가 누구이고 어떻게 느끼는가를 표현하며, 우리가 다른 사람들과 더 가까워지도록 하며, 우리가 외로울 때 동행한다. 그것은 우리의 신념과 가치를 상술한다. 여러 해가 지나면서 노래는 우리의 삶에 목격한 것을 담는다. 그것은 우리가 과거에 다시 살도록 하며 현재를 점검하고 우리의 꿈이 미래를 위해 말하도록 한다. ……그것은 우리의 음악적 일기며 우리 삶의 이야기다. 그리고 우리의 개인적 발전의 소리들이다(Bruscia, 1998, p. 9).

레나는 그녀의 더 확고하고 건전한 자기감을 공고히 하도록 오랜 기간이 필요하였다. 그녀는 지금 성인이 되어 가정을 이루었고 한 아이의 어머니가 되었다. 나는 레나와 그녀의 아이가 그들의 노래를 부를 수 있게 되기를 희망한다.

참고문헌

Aasgaard, T. (2000). "'A Suspiciously Cheerful Lady': A Study of a song's life in the paediatric oncology ward, and beyond," *British Journal of Music Therapy,* 14(2), 70-82.

Aigen, K. (1997). *Here We Are in Music: One Year with an Adolescent Creative Music Therapy Group.* St. Louis, MO: MMB Music.

Aigen, K. (1999). "The True Nature of Music-Centred Music Therapy Theory," *British Journal of Music Therapy,* 13(2), 77-82.

Alvarez, A. (1992). Live Company: *Psychoanalytic Psychotherapy with Autistic, Borderline, Deprived and Abused Children.* London: Routledge.

Alvarez, A. (1999). "Addressing the Deficit: Developmentally Informed Psychotherapy with Passive, 'Undrawn' Children." In A. Alvarez & S. Reid (eds.), *Autism and Personality: Findings from the Tavistock Autism Workshop.* London: Routledge.

Austin, D. S. (2001). "In Search of the Self: The Use of Vocal Holding Techniques with Adults Traumatized as Children," *Music Therapy Perspectives*, 19, 22-30.

Austin, D. S. (1998). "When the Psyche Sings: Transference and Countertransference in Improvised Singing with Individual Adults." In K. E. Brusia (ed.), *The Dynamics of Music Psychotherapy.* Gilsum, NH: Barcelona Publishers.

Bion, W. R. (1962a). "A Therapy of Thinking," *International Journal of Psychoanalysis*, 43, 306-310.

Bion, W. R. (1962b). *Learning from Experience.* London: Heinemann.

Brazelton, T. B., & Cramer, B. G. (1991). *The Earliest Relationship: Parents, Infants and the Drama of Early Attachment.* London: Karnac.

Brazelton, T. B., Koslowski, B., & Main, M. (1974). "Origins of Reciprocity." In M. Lewis & L. Rosenblem (eds.), *The Effects of the Infant on Its Caregiver.* New York: Human Science Press.

Browns, S. (1997). "Supervision in Context: A Balancing Act," *British Journal of Music Therapy*, 11(1), 4-12.

Bruscia, K. E. (1987). *Improvisational Models of Music Therapy*. Springfield, IL: Charles C. Thomas.

Bruscia, K. E. (1991). *Case Studies in Music Therapy*. Phoenixville, PA: Barcelona Publishers.

Bruscia, K. E. (1998). *The Dynamics of Music Psychotherapy*. Gilsum, NH: Barcelona Publishers.

Christenberry, E. B. (1979). "The Use of Music Therapy with Burn Patients," *Journal of Music Theray*, 16(3), 138-148.

Diaz de Chumaceiro, C. L. (1995). "Lullabies Aare 'Transferential Transitional Songs': Further Considerations on Resistance in Music Therapy," *The Arts in Psycho-therapy*. Gilsum, NH: Barcelona Publishers.

Diaz de Chumaceiro, C. L. (1998). "Unconsciously Induced Song Recall: A Historical Perspective." In K. E. Bruscia (ed.), *The Dynamics of Music Psychotherapy*. Gilsum, NH: Barcelona Publishers.

DSM-IV. (1994). *Diagnostic and Statistical Manual of Mental Disorders*. Fourth edition. Washington, DC: American Psychiatric Association.

Dvorkin, J. M. (1991). "Individual Music Therapy for an Adolescent with Boderline Personality Disorder: An Object Relations Approach." In K. E. Bruscia (ed.), *Case Studies in Music Therapy*. Phoenixville, PA: Barcelona Publishers.

Dvorkin, J. M. (1999). "Psychoanalytically Oriened Music Therapy Supervision." In T. Wigram & J. De Backer (eds.), *Clinical Applications of Music Therapy in Developmental Disability, Paediatrics and Neurology*. London: Jessica Kingsley Publishers.

Emde, R. N., Biringen, Z., Clyman, R. B., & Oppenheim, D. (1991). "The Moral Self of Infancy: Affective Core and Procedural Knowledge," *Developmental Review*, 11, 251-270.

Etkin, P. (1999). "The Use of Creative Improvisation and Psychodynamic Insights in Music Therapy with an Abused Child." In T. Wigram & J. De Backer (eds.), *Clinical Applications of Music Therapy in Developmental Disability, Paediatrics and Neurology*. London: Jessica Kingsley Publishers.

Freud, S. (1923/1961). "The Ego and the Id." In J. Strachey (ed./trans.), *The Standard Edition of the Complete Psychological Works of Sigmund Freud, XIX*.

London: Hogarth Press.

Frohne-Hagemann, I. (1999). "Integrative Supervision for Music Therapists." In T. Wigram & J. De Backer (eds.), *Clinical Applications of Music Therapy in Developmental Disability, Paediatrics and Neurology*. London: Jessica Kingsley Publishers.

Herman, J. (1992). *Trauma and Recovery: The Aftermath of Violence–From Domestic Abuse to Political Terror*. New York: Basic Books.

Irgen-Möller, I. (1999). "Music Therapy in Child Psychiatry–A Two-Year Projet on a Psychiatric Unit for Pre-School Children," *Nordic Journal of Music Therapy*, 8 (1), 72-75.

Jennings, S. & Minde, A. (1993). *Art Therapy and Dramatherapy: Masks of the Soul*. London: Jessica Kingsley Publishers.

Lindenberg, K. A. (1995). "Songs of Healing: Songwriting with an Abused Adolsecent," *Music Therapy*, 13(1), 261-268.

Martin, S. A. (1996). "I Voice, Therefore I Know I Am," *The Arts in Psychotherapy*, 23(1), 261-268.

Montello, L. (1998). "Relational Issues in Psychoanalytic Music Therapy with Traumatized Individuals." In K. E. Bruscia (ed.), *The Dynamics of Music Psychotherapy*. Gilsum, NH: Barcelona Publishers.

Nolan, P. (1989). "Music Therapy Improvisation Techniques with Bulimic Patient." In L. M. Hornyak & E. K. Baker (eds.), *Experiential Therapies for Eating Disorders*. New York and London: Guilford Press.

Nolan, P. (1998). "Coutertransference in Clinical Song-Writing." In K. E. Bruscia (ed.), *The Dynamics of Music Psychotherapy*. Gilsum, NH: Barcelona Publishers.

Nordoff, P., & Robbins, C. (1971). *Therapy in Music for Handicapped Children*. London: Gollancz.

Nordoff, P., & Robbins, C. (1977). *Creative Music Therapy: Individualized Treatment for the Handicapped Child*. New York: John Day.

Pavlicevic, M. (1999). *Music Therapy–Intimate Notes*. London: Jessica Kingsley Publishers.

Robarts, J., & Sloboda, A (1994). "Perspectives on Music Therapy with People

Suffering from Anorexia Nervosa," *Journal of British Music Therapy*, 8(1), 9-15.

Robarts, J. Z. (1994). "Towards Autonomy and A Sense of Self: Music Therapy with Children and Adolescents Suffering from Early Onset Anorexia Nervosa." In D. Dokter (ed.), *Arts Therapies and Clients with Eating Disorders*. London: Jessica Kingsley Publishers.

Robarts, J. Z. (1998). "Music Therapy and Children with Autism." In C. Trevarthen, K. Aitken, D. Papoudi, & J. Robarts (eds.), *Children with Autism: Diagnosis and Interventions to Meet Their Needs*. 2nd edition. London: Jessica Kingsley Publishers.

Robarts, J. Z. (1999). "Clinical and Theoretical Perspectives on Poietic Processes in Music Therapy with Reference to the Nordoff and Robbins' study of Edward," *Nordic Journal of Music Therapy*, 8(2), 192-199.

Robarts, J. Z. (2000). "Music Therapy and Adolescents with Anorexia Nervosa," *Nordic Journal of Music Therapy*, 9, 3-12.

Robb, S. L. (1996). "Techniques in Song Writing: Restoring Emotional and Physical Well Being in Adolesents who have been Traumatically Injured," *Music Therapy Perspectives*, 14(1), 30-37.

Robbins, C., & Robbins, C. (1991). "Self-Communications in Creative Music Therapy." In K. E. Bruscia (ed.), *Case Studies in Music Therapy*. Phoenixville, PA: Barecelona Publishers.

Rogers, P. (1992). "Issues in Working with Sexually Abused Clients in Music Therapy," *Journal of British Music Therapy*, 6(2), 5-15.

Rogers, P. (1995). "Childhood Sexual Abuse: Dilemmas in Therapeutic Practice," *Music Therapy Perspectives*, 13(1), 24-30.

Scheiby, B. B. (1998). "The Role of Musical Countertransference in Analytical Music Therapy." In K. E. Bruscia (ed.), *The Dynamics of Music Psyhotherapy*. Gilsum, NH: Barelona Publishers.

Stern, D. (1977). *The First Relationship: Infant and Mother*. Cambridge, Mass.: Harvard University Press.

Stern, D. (1985/2000). *The Interpersonal World of the Infant: A View from Psychoanalysis and Developmental Psychology*. Second edition with new Introduction. New York: Basic Books.

Stern, D. N., Sander, L. W., Nahum, J. P., Harrison, A. M., Lyons-Ruth, K., Morgan, A. C., Bruschweiler-Stern, N., & Tronick, E. Z. (1998). "Non-interpretive Mechanisms in Psychoanalytic Therapy: The 'Something More' Than Inerpretation," *International Journal of Psycho-Analysis*, 49, 903-921.

Tervo, J. (2001). "Music Therapy for Adolescents," *Clinical Child Psychology and Psychiatry*, 6(1), 79-91.

Trevarthen, C. (1999). "Musicality and the Intrinsic Motive Pulse: Evidence from Human Psychobiology and Infant Communication," *Musicae Scientiae August Special Issue*, 155-215.

Trevarthen, C., & Malloch, S. N. (2000). "The Dance of Well Being: Defining the Musical Therapeutic Effect," *Nordic Journal of Music Therapy*, 9(2), 3-17.

Turry, Ann (1999). "A Song of Life: Improvised Songs with Children with Cancer and Serious Blood Disorders." In T. Wigram & J. De Backer (eds.), *Clinical Applications in Developmental Disability, Paediatrics and Neurology*. London: Jessica Kingsley Press.

Turry, Alan (1998). "Transference and Countertransferene in Nordoff-Robbins Music Therapy." In K. E. Bruscia (ed.), *The Dynamics of Music Psychotherapy*. Gilsum, NH: Bacelona Publishers.

Tyler, H. (1997). "Music Therapy for Children with Learning Difficulties." In M. Fawcus (ed.), *Children with Learning Difficulties: A Collaborative Approach to their Education and Management*. London: Whurr Publishers.

Winnicott, D. W. (1965/1990). *The Maturational Processes and the Facilitating Environment (Collected Papers)*. London: Karnac Books.

Winnicott, D. W. (1971). *Playing and Reality*. Harmondsworth, UK: Penguin.

Young, L. (1992). "Sexual Abuse and the Problem of Embodiment," *Child Abuse and Neglect*, 16, 89-100.

9장 **아홉 번째 사례**

짖는 소녀:
11세 자폐증 여아의 대상관계 음악치료

Janice M. Dvorkin and Misty D. Erlund

개 요

엘레나는 집 밖에서 생활하다가 자주 '짖는' 듯한 소리를 내는데, 그녀의 부모는 이를 치료하기 위해서 외래 음악치료를 선택했다. 자신이 느끼는 감정이 어떤 것인지를 인지하고 표현하는 방법을 아는 것이 중요하다고 판단하고 대상과의 관계를 바탕으로 한 음악치료를 기본 치료법으로 선택했다. 2년 넘게(일주일에 1회, 30~60분 세션) 엘레나는 상징적인 단어를 개발하고 습득하여 자신이 인지하고 있는 바를 의사소통하고, 공생관계인 엄마에게서 독립하고자 노력했다. 또한 습득한 상징적인 언어를 바탕으로 음악 구조를 의식적으로 사용하여 궁극적으로 언어를 통한 의사소통과 감정 표현을 가능하게 하려고 했다. 정신분석학적 관점에서 봤을 때, 이런 종류의 접근은 대개 성공하지 못한다. 그러나 음악을 촉매제로 사용했을 때 자폐증 진단을 받은 아이들의 상황이 어떻게 개선되는지를 엘레나의 사례를 통해 살펴보고자 한다.

도 입

몇 년간 몇몇 음악치료사는 분석적인 틀과 기준에서 심리치료에 대해 서술했다. Edith Lecourt, Mary Priestly, Rolando Benezon 같은 음악치료사는 분석적인 치료 용어를 사용하여 자신의 연구 과정과 결과를 기록했다. Edith는 자폐 아동을 정신역동적으로 연구했고, 자폐 아동과 어머니의 관계에 관련된 이슈도 연구 대상에 포함시켰다(Lecourt, 1991). 그러나 이 사례는 대상관계 심리치료 모델을 연구하기 위한 것이고, 청소년기 이전(9~11세)의 자폐 아동이 첫 번째 분리/개별화 경험을 하는 것에 초점을 두고 있다.

전문가들은 주위에서 자폐증을 진단받은 아이들의 행동을 제지할 것을 권고한다. 이 사례연구는 대상관계 접근법이 자폐증 환자에게 어떻게 실행 가능한지를 보여 준다. 대상관계 이론은 자신의 주위 환경과 주변의 중요한 사람과 상호관계를 맺는 개인의 능력에 초점을 맞추기 때문에, 자폐 아동에게 표현언어 기술을 가르칠 뿐 아니라 감정을 풍부하게 하는 방법도 알려 준다. 대상관계 이론을 치료법으로 사용하는 치료사는 환자의 활동 정도를 다른 측면에서도 관찰한다. 즉, 환자와 타인의 관계, 특히 치료사와의 관계를 관찰한다. 또한 환자가 치료사를 설득하는 법, 치료사의 행동과 반응을 인식하는 법, 자신들이 이전에 타인에게 가진 믿음과 행동이 보편적인 것이 아니었음을 깨닫는 과정 등이 관찰 범위에 포함된다. Donald Winnicott은 '충분히 좋은 어머니(good enough mother)' (Abram, 1996, pp. 190-216)의 개념을 사용하여 환자가 자신의 요구사항을 어느 정도 만족하여 좀 더 성숙한 단계로 개선될 수 있도록 도와준 대상(중요한 의미를 갖는 타인)과의 독특한 경험에 대해 서술했다. 감정과 심리 발달의 장애 요인으로는 아동이 성취감을 느끼는 데 도움을 주지 못한 부모의 무능력을 들 수 있다. 하지만 자폐증과 같이 신경증적인 장애는 아동의 감정 발달에 중요한 장애 요인이 될 수 있다.

치료에서 음악은 뇌의 다양한 부분의 기능을 활성화시켜 의사소통과 감정 발달을 도와준다. 음악은 언어적 표현을 조직화하는 데 필요한 비언어적 구조를 형성하도록 도와준다. 대뇌 변연계 시스템과 대뇌피질은 뇌가 자폐증 환자의 미손상된 좌측 측두엽(베르니케 영역)의 활동을 활발하게 하여 타인에 대한 개인의 행동과 인식을 변하게 한다(예를 들어, 자폐 환자는 아이들에게는 다르게 행동한다.). 음악을 함께 들으면 친밀감이 생기는데, 이는 공간적 친밀감 없이도 친밀감을 느낄 수 있다. 따라서 자폐증 환자가 치료 중에 음악을 듣는 것을 좋아하는 것은 당연하다. 자폐증은 심리적 질병으로 여겨 왔다. 하지만 원활한 의사소통과 표현 능력을 키우기 위해 음악을 들으면, 언어분석학적인 치료를 받으며 자유롭게 의사소통한 경우와 크게 다르지 않은 실험 결과를 얻을 수 있다.

배경 정보

엘레나는 11세의 라틴계 소녀로 자폐 환자다. 자폐증에 관한 회의가 끝나고 엘레나의 어머니는 중상류층이 사는 남서부 교외 지역에 위치한 집으로 돌아와서 음악치료사를 찾았다(자폐증을 주제로 한 회의 발표자가 추천하였다.). 엘레나의 어머니는 당시 9세였던 딸이 친구나 가족이 모인 생일파티나 가족 기념일 때 손과 무릎으로 앉아 짖는 소리를 내는 경향을 보여 이를 치료하기 위해 음악치료를 선택했다.

음악치료 세션은 엘레나의 집에서 진행되었다. 음악치료뿐 아니라 기타 치료법도 이 지역에서는 생소한 것이었다. 음악에 대한 흥미, 소질, 반응 정도를 측정한 후, 엘레나에게 음악치료가 적합하다고 결정했다. 엘레나에 대한 평가 결과, 음악치료에 대한 몇 가지 긍정적인 결과를 예측할 수 있었다. 그녀는 다양한 악기를 가지고 다양한 소리를 내려고 했고 세션 중에 자신의 악기를 가지고 연주하기도 했다. 엘레나는 치료사가 알려 준 악기에 대해 숙지한 후, 자신이 알고 있는 가장 기본적인 관계들을 표현하기 위해 여러 물체(새 인형, 달걀, 셰이커, 플루트)를 사용했다.

음악치료사와 슈퍼바이저는 엘레나에게 정신역동적 접근법을 사용하기로 결정했다. 그 이유는 첫 세션에서 음악과 사물을 상징적으로 이용하여 현재 자신의 대상관계 상태 및 어머니와 자신의 관계를 표현하려 했기 때문이다. 예를 들어, 두 마리의 새 중 한 마리를 어미 새라고 하면서 그것을 어머니라고 불렀다. Scharff와

Scharff(1995)에 따르면 이것은 내면의 대상이 외부의 대상—새 인형, 다른 움직이지 않는 인형, 그녀가 만나는 다른 사람들—이 초기의 외부 대상에 의해 형성된 초기 관계의 인지를 반영한다는 대상관계 이론과 일치한다. 첫 세션 중에 보인 상호관계는 치료과정 내내 지속되었다.

발달력

엘레나는 두 아이 중 원치 않은 임신으로 태어난 첫째 아이였다. 가족 이외의 사람들은 엘레나를 '행동이 바른' '꼭 끌어안는' '자신의 세계에 있는' 아이로 생각했다. 생후 6개월쯤에 엘레나의 어머니는 엘레나가 아이들의 발달단계에 나타나야 하는 행동이 거의 나타나지 않는 것에 대해 걱정했다. 엘레나는 생후 18개월에 혼자 걸었다. 화장실에 가서 배변하는 훈련은 2세 때 시작되었지만, 7세가 되었을 때 소변을 보고 9세가 되어서야 대변을 보는 법을 배웠다.

엘레나는 9개월 동안 개인 가정에서 돌보아졌다. 3세 때 공립학교를 다녔는데 그곳에서 장애아를 위한 수업 프로그램에 참여했다. 엘레나는 학교에서 아무런 행동상의 문제는 없었지만 학습에서 '심각하게 늦은' 아이였다(정신지체 진단을 받은 것이 아님에도 불구하고). 그녀의 특별교육 프로그램 중 '친구 그룹 형성' 이 있었고, 이 그룹에서 구성원들과 '실제 생활' 에서 경험할 수 있는 역할놀이를 했다.

행동에 대한 요약

엘레나는 친구를 사귀기도 어려웠고 친구들과의 우정을 유지하는 것도 쉽지 않았다. 엘레나는 자신의 세계에 있는 것 같았고, 어머니의 말에 따르면 상태가 점점 악화되고 있었다. 그녀는 간질 때문에 테그레톨(Tegretol)을 복용하고 있었다. 엘레나는 자신이 동물에 가하는 힘의 정도를 파악할 수 있는 능력이 없어서 의도하지 않게 작은 동물들을 다치게 했다. 다치게 한 후 그녀는 '매우 미안해했다.' 엘레나는 고양이들이 싸우는 것과 같은 상황에서 재미있어 했다. 과거에는 자기를 향해 달리는 차를 무서워하지 않았기 때문에 도로로 뛰어들곤 했다. 이제는 그런 행동을 통제할 수 있기 때문에 길을 건널 때 부모 곁에서 함께 건널 것이다.

치 료

우리는 이제 정신분석적 치료이론과 관련해서 (1) 관계 형성, (2) 진행 경과, (3) 결과의 세 가지 측면에서 치료과정을 기술할 것이다.

관계 형성

관계 형성 단계에서는 Erickson의 접근(Santrock, 2000, p. 35)에 따라 엘레나의 심리사회적인 발달 정도를 평가하고, 언어와 음악을 이용한 의사소통 과정에서 나타나는 진보 및 퇴보 사항을 바탕으로 엘레나의 관계 형성 능력을 파악한다. 엘레나와 치료사의 관계를 지속적으로 살펴보면서 초기에 자신을 돌봐 준 사람과의 관계가 어떠했는지를 파악할 수 있다. 대상관계 모델에서는 환자와 치료사의 관계에 초점을 두고 있다. 환자에 대한 정보를 수집하여 무엇인가를 할 수 있는 환자의 능력을 높이고 간결한 의사소통을 가능하게 한다. 치료받은 분야에서는 문제가 발생할 경우 이를 해결할 수 있기 위해 참고 자료로 쓰인다. 이런 능력이 정신역동적 치료를 적용하기 위한 최소한의 조건이라고 여겨졌고, 첫 치료 세션에서 환자들은 치료의 초점이 무엇인가를 주요 주제로 이야기했다.

엘레나가 첫 세션에 한 대화 내용이다(구어).

엘레나: 생일 축하해요.

치료사: 생일 축하해.

엘레나: 모두를 위해?

치료사: 생일파티 때 뭘 하지?

엘레나: ……모든 사람이 촛불을 꺼요.

치료사: 초가 왜 있지?

엘레나: 불려고……

치료사: 그래, 불기 위해서……

치료사: 생일 파티가 뭘까?

엘레나: 음……

치료사: 아무도 듣지 못하게 하려고 오늘은 조용히 얘기하는 거니?

엘레나: ……고양이. (하품하면서 졸린 듯이)

치료사: 고양이가 어떤 소리를 내지?

치료사: (노래로) 엘레나, 일어나야지.

엘레나: (노래로) ……산타클로스가 왔어요.

치료사: 산타클로스가 왔네.

엘레나: ('내 멍멍이 어디로 갔나' 를 부르며)
너 어디에 있을래?

치료사: 너 어디에 있을래?

엘레나: 호, 호, 호…… 기어요. 당신은 특별하니까요.

치료사: 산타클로스가 너에게 특별하니?

이 대화는 엘레나가 특별하다고 생각하는 대상이 계속해서 달라지고 있음을 보여 준다. 흥미로운 사실은 엘레나가 짖는 대다수의 경우는 다른 사람의 기념일에 참석해서 어머니와 떨어져 있을 때라는 점이다. 이를 통해 가능한 해석은 엘레나는 자신이 가족과 사회적 그룹 안에서 특별하다고 생각하고 있다는 것이다.

음성, 악기, 인형의 상징적 사용

치료의 첫 단계에서 엘레나는 목소리, 악기, 인형들의 다양한 상징적인 물건을 사용했다.

엘레나는 세션 중에 음악의 첫 음으로 음성을 만들어 치료사에게 뭔가를 말하고자 했다. 그녀의 말은 대부분 이해할 수 없었고, 때로는 발음이 또렷하지 않거나 너무 빨리 말해서 이해하기 어려웠다. 엘레나는 목소리 톤을 높여 치료사가 한 말을 따라 하거나, 치료사의 질문에 '예' 라는 대답을 하려는 듯했다. 이는 엘레나가 말이나 음성에 비슷하게 반응한 것이다. '아니요' 라는 대답을 하고자 할 때는 일단 "아니요."라고 말하고 자신의 감정을 확실히 표현했다. 처음에 엘레나는 차이를 이해하지 못하는 듯했지만, 치료를 계속하면서 좀 더 정확하게 행동했다. 엘레나의 기분을 묻는 어머니의 질문에도 더욱 일관성 있게 대답했다. 그 대답은 '아니요' 였으나 말투에서 엘레나의 솔직한 반응이 드러났다. 예를 들어, 어머니가 "화났니?"라고 물었을 때, 엘레나는 강하게 "아니요."라고 부인했지만 말투와 목소리는 거의 고함 수준이었다.

첫 세션은 치료사가 가져오는 다양한 악기의 차이점을 살펴보는 것이었다. 수업은 엘레나가 자신의 악기를 연주하는 것으로 시작되었고, 치료사는 그녀의 악기와 치료사의 악기의 유사점을 지적했다. 세 번째 세션을 시작할 때, 엘레나는 치료사의 허락 없이 치료사의 악기 가방을 뒤졌다. 이는 그녀가 타인과의 공생관계를 발전시키려고 노력한 일례다. 다시 말해, '네 것, 내 것' 의 개념이 없다는 말이다. 타인과 접촉할 때, 두려움이 엄습할 때, 직면 상황을 피하고 싶을 때, 고민거리가 있을 때 '짖는 소리' 를 내는 것도 엘레나의 유아적인 성향을 보여 주는 또 다른 예다. 엘레나가 이와 같이 행동하는 이유는 어머니가 그 소리를 이해할 것이라고 믿기 때문이다. 이런 경우 어머니는 엘레나를 데리고 나가기 때문에 정말로 어머니가 그 소리의 의미를 이해하는 것처럼 보인다. 엘레나는 자신이 원하는 바를 어머니가 들어주기 때문에 어머니에게는 이런 행동을 해도 된다고 생각했다.

엘레나는 가족 구성원을 표현하기 위해 악기를 상징적으로 사용했다. 한 예로 그녀는 다양한 악기를 연주하면서 '엄마, 아빠' 에 대한 얘기를 했다. 대부분의 단어는 알아들을 수 없는데 엄마, 아빠라는 단어는 명확히 발음했다. 엘레나가 말하고자 하는 바를 좀 더 잘 이해하기 위해 치료사가 "엄마, 아빠가 누구니?" 하고 묻자, 약간 큰북을 가볍게 두드리면서 엄마라고 했고 좀 더 큰 버팔로 북을 아빠라고 했다. 그리고 작은북을 '누나' (자기 자신을 의미)라고 했다. 치료사가 남동생은 어디 있냐고 묻자, 에그 셰이커 몇 개를 내밀면서 '미키' 라고 했다. 흥미롭게도 엘레나는 크기가 다른 북을 각각 어머니와 자신이라고 칭하면서 어머니와 자신 간의 관계를 설명했다. 다음 세션에서는 다른 악기를 사용해서 부모를 표현했다. 커다란 두 개의 마라카스를 '엄마와 아빠' , 작은 두 개를 '아기들' 이라고 했다.

엘레나는 또한 수업 초기에 인형을 상징적으로 사용했다. 한 번은 치료사가 기타를 연주하는 것을 응원하기 위해 "힘내요!"라고 말했다. 잠시 후 치료사가 기타를 연주하자 엘레나는 새 두 마리가 든 새장을 가져왔다. 그러고는 거실로 가서 인형을 가져왔다. 인형 두 개는 새장의 새를 닮았는데, 하나는 초록색이고 다른 하나는 파란색이었다. 또 다른 장난감은 청중처럼 의자에 앉혀 놓았다. 먼저 그녀는 새 모양 인형 두 개를 양손에 하나씩 올려놓았다. 마치 새 인형이 날기라도 하듯, 엘레나는 새장으로 그 인형들을 가지고 갔다. 그런 다음 치료사에게 인형을 주었다(애니미즘은 자폐 환자의 특징이지만, 이어진 행동은 모성 본능이 전이된 예다.). 엘레나는 어머니가 음악치료에 오도록 하기 위해 치료실을 나갔다. 어머니는 엘레나만 음악치료 세션에 참가하게 하려고 했지만 이내 함께 치료실로 돌아왔다. 엘레나는 치료사 대신에 어머니에게 인형 옷을 입혀 달라고 했다. 이러한 '바통 교환' 현상은 진짜 어머니가 등장하기 전까지 치료사의 어머니 역할이 어떠한지를 보여 주는 예다. 엘레나는 두 마리의 새를 가지고 어머니와 이야기하면서 세션을 계속했다.

때때로 엘레나는 상징적으로 인형과 악기를 함께 사용하여 어머니와 떨어졌을 때의 감정을 드러냈다. 예를 들어, 세션 기간 동안 어머니와 멀리 떨어져 있으면 엘레나는 악기로 '싸움' 장면을 연출했다. 악기들, 플루트와 치료사의 기타로 키보드를 마구 두드리면서 '싸우는' 소리를 냈다. 음악은 불협화음이었고 악기들의 부딪치는 소리와 비슷했다. 치료사가 격앙된 감정을 누그러뜨리는 음을 즉흥적으로 연주하려고 하면, 엘레나는 "더 빨리요!"라고 정확한 발음으로 말했다. 엘레나는 이런 식으로 자신의 격앙되고 공격적인 감정을 드러내는 것에 꽤 익숙했다. 그녀의 공격적인 행동은 아무도 제지하지 않았고 점점 심각하고 거칠어졌다. 엘레나는 키보드로 키를 맞추며 기타 연주를 하다가 이내 기타를 먼발치에 던져 버렸다. 그리고 치료사에게 어머니가 수업에 없다는 것을 신호음으로 말했다. 엘레나는 "엄마…… 엄마 눈을 봐요."라고 말했다. 치료사가 음악으로 이 상황을 표현하려고 하자, 엘레나는 손으로 귀를 막아 버렸다. 계속해서 어머니가 없다고 얘기했다. 엘레나는 일방적으로 얘기한 후에 새장과 새 인형 쪽으로 갔다. 치료사가 수업을 마치는 노래를 부르는 동안 엘레나는 자신이 '어미 새' 라고 부르는 인형을 새장에 뒀다. 치료사가 노래 가사에 엘레나의 이름을 넣어 노래하자, 그녀는 치료사와 노래를 부르긴 했지만 자신의 이름은 빼 버렸다. 치료사는 자신들이 부르는 노래 중 ('어미' 새 인형이 부르는 것처럼) 어머니가 부를 만한 소절을 엘레나에게 부르도록 용기를 북돋아 주었다. 아무런 반응이 없자 치료사는 "세션 끝나고 잠깐 보자."라고 말했다. 즉흥연주와 세션을 마치는 노래를 부르는 동안, 엘레나는 어머니와 있을 때처럼 치료 세션 시간과 치료사의 도움을 받아 문제를 해결하고자 하는 듯했다.

엘레나와 어머니의 관계는 치료과정에 중요한 요소였다. 처음 몇 달간 엘레나는 어머니를 만나기 위해 치료실을 나갔다 들어왔다. 어머니가 수업에 참여할 때, 치료사는 어머니에게 엘레나가 자율적인 존재이고 독특한 사고방식을 가진 어머니와는 분리된 존재라는 것을 깨닫도록 그녀를 도와달라고 부탁했다. 또한 엘레나가 부모와 떨어지는 것을 준비하긴 하지만 그에 대해 확실한 개념이 없기 때문에 세션 시간 중에 계속해서 가르쳤다고 전하였다. 실제로 엘레나가 처음으로 어머니와 떨어졌을 때, 다른 사람이 말하는 것보다 더 그 상황을 잘 참았고 잘 이해했다.

엘레나는 스스로를 달래고 어머니와의 연결성을 유지하기 위해 자장가를 불렀다(Diaz de Chumaciero, 1992). 초기 세션에서 엘레나는 치료사에게 그녀의 짖는 행동과 이 행동을 어머니가 싫어한다는 것에 대해 말하려는 것처럼 보였다. 치료사는 음악을 접목시켜 그 문장을 또박또박한 발음으로 재차 들려주었다. 그러자 엘레나는 치료사에게서 멀리 떨어진 곳에서 쪼그린 자세로 바닥에 누워 벽에 기대 있었다. 이때 엘레나의 어머니가 들어와서 "왜 그러니, 엘레나?" 하고 물었다. 엘레나는 어머니 무릎으로 기어가서 아기처럼 안긴 후 '아가야, 잘자라' 를 계속 불렀다.

치료를 시작하고 첫 여름이 지나갔다. 엘레나의 어머니는 엘레나가 주중에 받은 음악치료 세션에 대해 "음악은 싫어."라고 말하며 거부감을 나타냈다고 치료사에게 알려 주었다. 그러나 그 후로는 그런 일이 없었다. 치료를 시작한 지 약 7개월 정도가 되자 엘레나의 어머니는 엘레나의 짖는 행동이 많이 줄었고 말로 표현하려는 사례가 늘었다고 했다.

진행 경과

지난 6개월간 엘레나의 근심거리에 대해 점차 파악하면서 치료사는 엘레나가 무슨 일을 겪었고 무슨 생각을 하는지를 알고자 했다. 그래서 어머니에게 엘레나가 생일파티나 기타 축하에 대해 과연 현실적인 생각을 하고 있는지를 질문하곤 했다. 치료사는 엘레나의 생일파티가 종종 발렌타인데이(이날에도 사람들은 선물을 받는다.)와 겹친다는 것을 알았다. 엘레나는 크리스마스 캐럴이 계속해서 나오는 것이 자신을 축하해 주기 위한 것이 아니라고 생각한 듯했다. 어머니가 딸의 생각을 안 후에는 캐럴을 트는 횟수를 현격히 줄였다. 자기를 깨닫지 못하거나 자기에 대해 불안감을 가질 때, 엘레나는 캐럴 음악을 세션 시간에 가지고 오곤 했다.

엘레나는 생일파티나 축하받아야 하는 자리에서 관심을 받지 못한다고 걱정했다. 그래서 생일이 다가올 때 치료사에게 생일선물을 사 달라고 졸랐다. 이는 엘레나가 주관적으로 자신의 정체성을 드러내고자 한 경우다. 이 일로 치료사는 특별하게 대우받고 싶어 하는 엘레나의 감정을 이해할 수 있었다. 그녀는 선물과 같은 구체적인 방법으로 자신의 소원이 이뤄지길 원했다. 그녀가 요구하는 것이 워낙 많았기 때문에 언어나 음악을 통한 축하는 성에 차지도 않았다. 치료사는 엘레나의 요구 조건을 만족시키는 것보다 가족에게 자신이 필요한 것이 무엇인지를 표현하도록 가르쳐 주는 것이 바람직하다고 생각했다.

치료 8개월째에 엘레나는 열 번째 생일을 맞았다. 생일 일주일 전에 어머니는 엘레나에게 나무 플루트, 리코더를 선물로 주었다. 다음 주 자신의 생일에 엘레나는 치료사의 악기 가방을 열어 자신을 위한 새로운 플루트를 찾고자 했다. 그러나 세션 중 플루트를 찾지 못했다.

몇 달 동안 그녀는 다양한 물체를 찾으려고 했다. 한 번은 엘레나가 '수지'라는 인형을 못 찾았다. 그녀는 레인스틱을 집어 들고 그것을 '눈'이라 불렀다(치료사는 기타를 가볍게 연주하면서 레인스틱의 소리를 흉내 냈다.).

엘레나: ……산타클로스가 썰매를 타……

치료사: 사람들이 산타클로스에게 썰매를 타라고 하니?

엘레나: 연…… 주할 수 있어요?…… (평소와 다르게 높은 목소리로)
엄마…… 엄마…… 이야기……
치료사: 크리스마스에 산타클로스가 너에게 뭘 주셨어?
엘레나: 음…… 크리스마스 아침, 수지는 아니야……
그러나 수지는 안전해. 수지는…… (속삭이며)
(엘레나는 치료실을 떠나 침실로 갔다.)
치료사: 수지 데리러 가니?
수지가 음악 세션에 오는 동안은……
치료사: ('내 멍멍이 어디로 갔나?' 를 부르며)
오, 어디에, 오, 어디에, 수지는 어디에?
엘레나: 오, 어디에, 오, 어디에, 그녀는 어디에?
그녀는 갔어.
치료사: 뭘 찾니?

치료사는 문에 서서 엘레나가 침실과 다른 쪽으로 가는 것을 지켜봤다. 엘레나는 일부러 발음을 불분명하게 하는 듯했다.

치료사: (말로) 네가 쓰는 단어가 바뀌었구나. 무슨 뜻이지?
엘레나: (그녀는 치료사의 제안과 상관없이 이 노래를 부를 것을 제안했다. '엄지손가락이 어디 있나요?' 를 부르는 장단으로[Hart, 1982, p. 29])
수지는 어디 있지? 수지는 어디에? 난 여기에. 수지는 할 수 있기 때문이지.
엘레나: (말로) 수지는 어디 있어?
치료사: 몰라, 모두가 음악에 참여하면 좋을 텐데.
오늘 너무 많이 생각하는 것 같아.
치료사: ('내 멍멍이 어디로 갔나?' 를 부르는 장단으로)
오, 어디에, 오, 엘레나는 어디에 있니?
엘레나가 멀리 가 버린 것 같아.

오, 어디에, 오, 엘레나는 어디에 있니?
오, 어디에, 오 , 그녀는 어디에 있는 걸까?

엘레나는 치료실로 돌아와서 세션을 계속했다. 그 후에 엘레나는 위의 대화에서 보듯 상실의 감정을 다른 물체에 이입했다. 그녀는 침실에서 돌아왔을 때 공룡 몇 개를 가지고 왔다. 얼굴은 무척 슬퍼 보였다. 그녀는 새장과 치료사 사이에서 치료사와 가까운 곳에 공룡을 두었다.

치료사: 뭐가 잘못됐지?
엘레나: (고음의 공룡 우는 소리로) 우리는 슬퍼.
치료사: (A단조로 기타 연주를 하며) 그들은 슬퍼.
치료사: (말로) 그들이 왜 슬프지?
엘레나: (높은 목소리로) 우리는 플루트를 잃어버렸어.

치료사는 엘레나의 생각을 노래에 담았다. 이 즉흥곡의 조성은 A단조에서 E단조로 바뀠지만, 나머지는 A단조의 풍으로 두었다. 합창 부분은 '그들은 슬펐다.'로 비교적 간단했다. 수업이 끝날 때쯤 엘레나는 공룡에게 행복한 감정을 표현했다. 그래서 조성도 A장조에서 D장조로 바뀠다. 슬픔에서 행복으로 감정이 변하는 동안, 치료사는 장조와 단조로 조성을 변경하면서 엘레나의 감정의 변화 중 부족한 부분을 곡으로 표현했다.

2주 후에 엘레나는 치료사가 가르쳐 준 노래('내 멍멍이 어디로 갔나?')의 가사를 바꿔 곡을 의인화한 후, 상징적으로 어머니와 플루트를 같은 존재로 표현했다.

엘레나: ……엄마…… 중요해요.
오, 어디에, 오, 그녀는 어디에 있을까?
그리고 난 엄마, 아빠가 있다는 걸 알아.
떠난다는 것…… 난 알아, 나의…… 그들의 눈을 봐……
오, 어디에, 오, 넌 어디에 있니……

엘레나: (말로) 들어봐!

치료사: 듣고 있어. 그런데 때로는 이해하기 어려워.
오, 어디에, 오, 어디에 무엇이 있는데?

엘레나: (플루트 소리를 흉내 내며 다른 목소리로)
……그리운 엄마…… 오, 그것 봐, 그럴 줄 알았어……

치료사: 그들이 누구를 그리워하니?

엘레나: 그들의 엄마.

치료사: 플루트는 누구를 그리워하니?

엘레나: 커다란 엄마.

엘레나는 어머니, 아버지가 떠나가고 있다고 노래했다. 그러고는 치료사를 지목하며 노래하라고 했다.

치료사: 내 차례?

엘레나: 네.

치료사: (위의 조성으로 노래하며)
오, 어디에, 오, 엄마 플루트는 어디로 갔을까?

엘레나가 노래에 참여했다.

엘레나: (위의 조성으로 자기만의 언어 표현으로)
우리는 원해…… 내 엄마……

치료사: 엄마 플루트 연주자……

엘레나는 조성이 단조로 바뀔 때 레인스틱을 사용했다. 치료사도 엘레나의 감정에 따라 단조로 음을 바꿔 노래했다.

치료사: 오, 어디에, 내 플루트는 어디에 있나? (합창 부분)

이때 치료사는 엘레나와 얘기할 때 반복적으로 사용하는 모음을 써서 노래했다. 음악은 점차 역동적으로 변했다. 치료사는 기타 연주를 하면서 곡이 연주되는 소리와 강도를 점점 세게 했다. 엘레나는 드럼을 더욱 크게 쳤다. 치료사는 합창 부분을 계속 불렀다. 엘레나는 곡을 큰소리로 연주하면서 자신만의 시적 표현을 가사에 추가했다. 엘레나는 '오, 크리스마스트리' (Traditional, 1992)를 연주하기 위해 키보드로 돌아갔다. 캐럴을 부르며 동시에 심리적으로도 편안해했다.

그다음 세션은 세션을 시작한 지 10개월 째였다. 엘레나는 다양한 플루트와 과일 셰이커를 포함한 다양한 악기를 연주했다. 엘레나는 바나나 셰이커를 연주하면서 원숭이와 그들의 음식에 대해 노래했다('충분히 좋은 어머니' 처럼).

엘레나: (노래로) 난…… 원숭이.
('오늘이 바로 그날이야' 를 부르며[Garrett, 1992, p. 27])
이것은 드럼
이것은 드럼…… (텅!)…… (텅!)…… (텅!)……
치료사: 오늘이 그날 (반복)
엘레나: ……(높게)…… 하루 종일……
이건 드럼.
이건 드럼.
……하루 종일……
치료사: 뭐라고 했니?
뭐라고 했어?
이건 드럼.
이건 드럼.
엘레나: (말로 고함치듯이) 엄마?!
치료사: 왜 엄마라고 생각하니?
엘레나: ('내 멍멍이 어디로 갔나?' 를 부르며)
오, 어디에, 오, 그녀는 어디에 갔지?
오, 그녀는 아니야……

치료사: (말로) 그녀가 뭐가 아니야?

엘레나: 그녀는……

치료사: 게임?

엘레나: (노래로) 그 게임…… 그녀는 오직…… 난 알아……

치료사: 오, 어디에, 엄마~

엘레나: 난 그녀를 알아…… 그는 알아…… 오, 어디에 있을까?
오, 어디에 울 엄만 있을까?
오, 어디에 그녀는 있을까? 아~ 아~ 아~ (하모니로)

엘레나는 어머니가 생각나기 전까지는 상징적인 표현을 줄여 가며 분명한 발음으로 다른 사물에 대해 이야기하고 노래했다.

엘레나: 엄마, 엄마가 그리워.

치료사는 이 말을 곡으로 표현하기 위해 A단조로 바꿨다.

치료사: (노래로) 난 네가 그리워.

엘레나: (노래) 엄마!!
그녀가 어디 있을까요?

치료사: 그녀가 어디 있을까요?
그녀가 그리워, 그녀가 보고 싶어.

엘레나는 드럼을 사용하여 치료사와 연주했다.

엘레나: (말로) 엄마?

엘레나는 플루트를 연주했고 나중에 드럼을 쳤다. 치료사는 엘레나의 감정을 곡으로 표현하기 위해 단조로 바꿨다.

치료사: (노래로) 엄마가 네 울음 때문에 오지 않을까?
괜찮을 거야.
(이전 세션에 엘레나가 한 말을 사용하여)
엘레나: (말로) 난 엄마가 보고 싶어!
치료사: (노래로) 엄마가 멀리 가셨니?
엘레나: (말로) 엄마, 난 엄마가 보고 싶어!
치료사: (노래로) 난 엄마가 보고 싶어요. 엄마, 제발 이리 와요.

엘레나는 현관 쪽으로 갔지만 이번에는 즉시 치료실을 떠나지 않았다. 대신 치료실에서 어머니를 불렀다. 어머니는 엘레나의 요구대로 수업에 참석하였다. 엘레나는 이 세션 후 몇 개월간 음악 소절을 사용했고, 결국 음악 소절은 말로 바뀌었다. 엘레나는 계속해서 자신의 감정을 단조의 음악으로 표현했다.

어머니와 떨어진다는 것은 엘레나에게 계속해서 큰 문제였다. 그녀는 계속해서 처음에 어머니와 떨어지는 것을 힘들어했기 때문에 아직 초기 발달단계에 머물러 있었다. 이는 그녀가 두려움을 표현할 때 잘 드러난다. 예를 들어, 엘레나가 처음 학교를 가던 날 두려움을 느꼈고 어머니와 헤어질 때도 불안함을 느꼈다는 점을 통해 쉽게 알 수 있다. 세션은 사람들이 떠나고 '다시 돌아온다'에 초점을 맞춰 진행했다. 치료사는 날아가는 것(떠남)과 돌아오는 것(귀환)을 주제로 한 노래를 불렀다. 개인적으로 엘레나와 관련된 단어를 사용해서 '나는 멀리 날아갈 거예요' (Brumley, 1992, p. 40)라는 노래를 불러 줬다. 그러나 이러한 상황에 대한 두려움을 갖고 있기 때문에 엘레나는 치료사가 '사람들이 되돌아오는 부분'은 부르지 못하게 했다.

치료사: 엘레나와 함께 여기에 있자, (반복)
그녀는 특별하기 때문이지,
여기에 머물자,
정말이야, 엘레나? (반복)
여기 머물자.

왜냐하면 넌 특별하니까.
어디 가지 마.

엘레나: 그리고~
언제 넌~
그리고 엄마, 아빠는~
그리고 그것이 아이들이~
하루 종일 행복할 이유야.

치료사: (치터를 연주하며 노래한다.)
떠나지마, 오, 사라.
떠나지마, 예쁜 새야.
엘레나가 연주하는 것을 봐.
떠나지마, 오, 사라.
떠나지마, 예쁜 새야.
여기 머물러서 그녀가 연주하는 것을 봐.
떠나지마.

엘레나: 그들이 돌아올 때~
특별한 친구들은~

치료사: 만일 네가 머무르면, 오, 사라
아이들은 행복할 거야.
정말?

엘레나: 그리고 엄마~ 그들을 사랑해.

치료사: 만일 네가 머무르면, 오, 사라
너도 그들을 사랑할 거야. (반복)
그걸 네가 알아야 해.
정말? (말로) 정말?

엘레나: (말로) 크리스마스 캐럴 부르자.

치료사: 크리스마스 캐럴 부르고 싶니?

엘레나: 엄마, 같이 있을 거죠?

엄 마: (부드럽게) 그럼.

치료사: 엄마는 먼저 하셔야 할 일이 있어. 엄마는 가셨다가 다시 돌아오실 거야, 그치?

엘레나: (근심이 묻어난 목소리로) 난 엄마가 돌아오셨으면 좋겠어.

이 대화를 통해 엘레나는 자신의 혼란스러운 감정을 표현했다. 그리고 엘레나는 다른 감정을 표현하기 시작했다. 그녀는 어떤 생각을 완결 짓지 못했다. 엘레나와 치료사가 노래를 매개체로 적극적으로 서로 간의 관계를 돈독히 하고 있었지만, 어머니는 상호관계에 대해 듣고만 있었다. 엘레나는 점차 주변 상황에 대해 걱정이 되자 세션을 그만하자고 졸랐다.

엘레나는 대상자에게 자신이 느끼는 정서적 불안감을 노래로 표현함으로써 점점 자신의 의사를 명확하게 밝혔다. 예를 들어, 안녕 노래에 나오는 '엄마' 라는 단어를 명확하고 정확하게 발음했다. 치료사와 슈퍼바이저는 이와 같은 변화를 엘레나가 어머니와 떨어지는 것을 이해하고 참을 수 있게 된 것으로 분석했다.

결 과

엘레나의 치료가 3년째에 접어들었지만 최종 단계에 가지는 못했다. 엘레나가 다시 어머니와 같이 있으려고 하기보다 상실감, 포기, 자율성에 대한 자신의 걱정거리를 표현할 때, 비로소 음악치료 세션은 끝날 것이다. 엘레나는 매주 진행되는 세션을 즐거워하고 기대하는 것 같다. 치료사의 이름을 부르며 '안녕' 이라고 인사한다. 그리고 세션 중에는 치료사에게 자신이 하고 싶은 얘기를 한다(직접적이거나 상징적인 방법으로).

최근에 엘레나는 새 학교를 다니게 되었고 음악치료 세션에 결석했다. 어머니는 다음 주 수업 시간표를 짜기 위해 전화를 했다. 어머니가 최근의 집안 분위기를 설명하는 동안, 엘레나가 뒤뜰에서 노래하는 것을 들을 수 있었다. 어머니가 엘레나에게 치료사와 얘기하고 싶냐고 묻자, 엘레나는 그렇다고 대답했다. 엘레나는 노래를 멈추고 수화기를 들었다. 그녀는 쓸데없는 말을 하고 중간 중간 표현이 끊기기는 했지만 '어렵다' 는 의사를 표현했다.

논 의

정신분석 이론에서 증상이란 극도의 불안으로 야기된 불편한 심기를 달래기 위한 수단이라고 정의된다. 엘레나는 사회 모임에서 느끼는 불안감을 진정시키기 위해 '짖었다'. 엘레나는 자신이 짖을 때, 어머니가 그곳에서 자신을 데리고 나와 집으로 갈 거라고 믿었다. 엘레나가 짖을 때면 어머니는 즉시 딸에게 와서 그녀를 데리고 그곳을 나왔다. 이를 통해 치료사는 엘레나가 자신이 알고 있는 사람들과 함께 있을 때 왜 그렇게 괴로워하는지를 이해할 수 있었다. 항상 어머니가 그렇게 해 주었기 때문에 엘레나는 자신이 '짖을' 때 일관성 있게 대처해 준 어머니에게 의지하려고 했다. 따라서 심리적으로 원하는 바를 얻는 법을 터득하거나 자신과 자신의 세계를 독립적으로 보는 법을 배운 후에는 더 이상 짖지 않았다.

음악적 표현으로, 결국에는 언어적 표현을 통해 엘레나는 다양한 관심사에 대해 얘기할 수 있었고 더 성숙한 행동을 할 수 있는 단계가 되었다. 음악은 이러한 변화가 더 빨리 일어나게 한다. 음악 심리치료사는 자폐 환자들이 말로 의사표현을 하기 전까지 사용하는 음악 표현을 해석하기 위해 특별 훈련을 받은 사람들이다. 치료사들은 음악치료 과정상의 전이 또는 역전이 현상에 대해서는 훈련을 통해 이해하고 음악적, 언어적 수단으로 대처하는 법을 배운다.

음악적 의사소통에서의 전이 및 역전이 현상

대상관계 이론은 전이를 "치료관계의 상황에서 외부 체험에 대한 내부 대상관계의 반응" 으로 정의 내렸다(Scharff & Scharff, 1995, p. 52). 따라서 모성 전이란 치료과정 동안의 치료사나 음악의 역할 유형과 관련이 있다. 모성 전이의 한 예로 엘레나가 새 인형 중 하나를 '어미 새' 로 불렀지만, 자신의 어머니가 나타났을 때는 어머니 역할이 다시 '자신의' 어머니에게로 전이되었다.

역전이 현상은 치료사와 엘레나 사이에 있었던 일을 엘레나가 비언어적 수단으로 얘기할 때 치료사가 점차 그 의미를 파악하게 되는 현상이라고 할 수 있다. 엘레나가 어머니를 찾고자 계속해서 치료실을 나가는 행동도 초기 역전이 현상 중 하나다. 그녀는 치료사가 자신의 욕구를 채워 주지 못할 때마다 어머니를 찾으러 나갔다. 엘레나가 장난감을 고치는 데 치료사에게 도움을 요청하는 것을 보고 그러한 가정에 확신을 가졌다. 치료사는 엘레나에게 먼저 자신의 악기를 가지고 오라고 했지만, 엘레나의 어머니가 와서 고장 난 장난감을 고쳐 주었다. 다른 비슷한 상황에서도 치료사는 엘레나의 어머니와 비교해서 자신이 엘레나의 욕구를 만족시키지 못한다는 사실을 알았다. 엘레나가 치료사와 인형 세션(상호작용을 배움)을 마친 후에는 그 인형을 치료사에게서 받아서 어머니에게 전했다. 이는 일종의 여운으로 엘레나가 찾고자 했던 반응을 만족시키지 못했을 때 나타난 감정이었다. 치료사는 엘레나와의 경험을 통해 모성애를 발휘해야 한다는 다소 과장된 생각을 하기도 했지만, 결국 엘레나를 위한 '충분히 좋은 어머니' 가 될 가능성을 비쳤다. 이는 엘레나가 어머니를 필요로 하고 어머니에게 의존하려는 성향을 반영한 것이었다.

중요한 전이-역전이 문제는 엘레나의 집에서 행해지는 음악치료 세션의 구성과 주변 환경과 연관이 있다. 가족 구성원의 참여에 제한을 두고 세션 진행을 위해 공간을 차단함으로써 일관된 치료 기본 틀(Lang, 1973)을 마련하는 과정에서 발생할 수 있는 몇 가지 문제점을 해결하고자 했다. 이런 문제들은 치료사와 어머니 사이에(모성 전이) 예기치 못한 마찰을 빚었고, 나쁜 어머니와 좋은 어머니의 역할이 바뀌었다. 이런 상황은 치료사와 지속적인 관계를 형성하거나 세션 방식을 계획하는 데에도 방해가 되었다. 역전이적으로 치료사의 역할은 양육의 역할에서 치료의 전반적인 목표나 공간을 보호하는 역할로 전이된 것이다. 물론 치료 과정에서 목표를 달성할 수 있을지 우려가 되기도 하고 가족관계에서 개인적인 문제를 초래할 수도 있다.

음악을 이용한 대상관계 묘사

초기에 생일파티에 대한 대화를 나누는 동안 엘레나가 생각하는 '특별하다'의 의미는 계속 달라졌다. 이는 엘레나가 자신이 '분리'에 대해 걱정하고 있으며, 이 우려감 때문에 자신이 특별하고(자율, 자아 기능) 유일무이한 존재(산타클로스와 같이 모든 이에게 특별한 사람을 예로 들거나, 모든 사람이 생일과 같이 유일무이한 그들의 존재를 축하하는 날을 예로 드는 것)가 되어야 한다고 생각한 바를 상징적으로 언급한 경우다. 눈여겨볼 만한 부분은 엘레나가 다른 사람의 파티에 가서 어머니와 떨어져 있을 때 주로 짖었다는 점이다.

일단 관계가 성립된 후에는 치료사가 자신의 상징적인 행동의 연결관계를 이해하고 그 의미를 적절히 해석할 수 있게 될 때까지 종종 상징적으로 행동했다. 치료사가 이를 이해하면 자신이 갖고 있던 실질적인 문제는 즉시 해결된 것이다. 또한 분리와 자율의 문제를 해결해야 하는 상황이 아니면 상징적인 행동을 하지 않았다.

엘레나는 자신과 세계의 관계를 탐험하고 감정을 표현하기 위해 노래를 사용했다. 특별히 자신의 생일파티에서 자신이 원하는 만큼 축하를 받지 못한다는 점과 특별해지고 싶은 욕구(사람들은 자신이 관심받기 위해 생일파티를 열고, 애정 표현을 받을 만큼 자신이 소중한 존재임을 확인하고 싶어 한다.)에 초점을 맞췄다. 엘레나는 '아가야, 잘자라' '자장가' '첫 번째 크리스마스' '왕이 되기를 기다릴 수 없어' [라이언킹 주제가-역주](Fox, 1985a, p. 229; Fox, 1985b, p. 221; Traditional, 1962; and Disney, 1996, band 9)와 같은 노래들을 불러서 자신의 강렬한 희망사항을 표출했다. 또는 '브람스 자장가' '구유에 나신 예수님' '고요한 밤' (Dallin & Dallin, 1966, p. 222; Anonymous & McFarland, 1962; Gruber & Mohr, 1962)과 같은 모음 노래도 불렀다. 후자의 노래 가사에는 관심의 초점이 되고 있는 잠자는 아이가 집중적으로 언급된다. 전자의 노래 가사도 이런 생각이 내재하고 있음은 물론, 왕과 같이 주변인에게 중요하고 특별하다고 인식되는 사람에도 초점을 두고 있다. 엘레나는 치료 기간 중 6개월 동안 이 노래들을 불러 달라고 했다. 주로 그 음악은 크리스마스 전에 불렀지만, 엘레나가 원하는 바를 알지 못했다. 내재된 의미는 크리스마스가 지나고도 지속적으로 그 노래를 부른 후에야 알 수 있었다. 그녀는 치료사에게 캐럴 책을 가져와서 "같이 불러."라며 졸랐다. 엘레나는 노래를 부르지도 않으면서 종종 노래책을 펴거나 거꾸로 들고 있곤 했다. 이는 책 안에 노래가 있다는 것은 알지만 가사를 읽을 수 없다는 것을 뜻한다. 처음에는 엘레나가 그 음악을 좋아한다고 생각했다. 그러나 세션을 할 때마다 계속 노래를 부르자고 했기 때문에 치료사와 슈퍼바이저는 내면의 의미를 파악하고자 했다. 엘레나는 크리스마스에 생일 축하를 받는 아이만큼 자신도 소중한 존재로 관심받고자 하는 욕구를 다양하게 표현했다. 크리스마스가 지나고 가진 한 세션 시간에 엘레나는 영화에서 여왕이 앉은 왕좌처럼 생긴 의자에 앉았다. 이를 통해 엘레나는 실제로 여왕이 됐다.

특히 엘레나는 대상관계에서 대상에 대해 갖는 인식의 변화가 있을 때마다 새장 안의 새를 사용해서 표현했다. 엘레나는 '예쁜 새와 귀여운 새' 처럼 커플로 이름을 지었다. 치료 2년차에 '귀여운 새' 가 날아가서 대신 '사라' 라는 이름의 새를 사용했다. 사라는 친구 가족 중 막내의 이름이었다. 엘레나는 사라가 유아라는 것을 알았다. 이는 다른 사람들에게서 많은 관심을 받는 아이를 상징적인 표현으로 넌지시 말할 수 있는 엘레나의 능력이 향상된 것으로 해석된다. 그녀는 친구들, 어머니와 아이, 부모와 같이 양자관계에 있는 또 다른 관계를 표현하고자 할 때 종종 새를 사용했다. 새들은 양자관계라는 특별한 관계에 대한 그녀의 생각을 좀 더 얘기하고자 할 때 주로 사용된 것이다.

중간 대상으로서의 음악

아동은 어머니와 처음 떨어질 때 어머니를 대체하여 마음을 안정시킬 수 있는 중간 대상을 필요로 한다. 엘레나는 어머니에 대한 감정과 현재의 감정 상태를 표현하고자 악기, 음악적 대화와 노래를 사용하였고, 이것이 엘레나에게는 중간 대상이었다. 빈번하게 어머니와 떨어져 상실감이 커지자, 엘레나는 이런 상황을 나름대로 준비하기 위해 음악을 중간 대상으로 생각했다.

언어치료에서 치료사는 때때로 중간 대상의 역할을 한다. 그리하여 모성 전이 현상이 증가하고 있다. 음악치료에서는 음악이 중간 대상(예: 자장가)이며, 이 과정에서 치료사는 그다지 필요하지 않다. 따라서 환자는 항상 우려하던 부분인 대상에 대한 상실감을 느끼지 않아도 되고, 치료사는 지지자 또는 대결자로서 환자와 상호관계를 형성하지 않아도 된다.

엘레나는 생일에 플루트를 사용해서 단어를 배웠고, 어머니에게 '그립다' 는 말을 했다. 먼저 공룡은 플루트를 그리워했고, 그다음에는 어머니를 그리워했다. 엘레나는 공룡과 플루트를 사용해서 플루트를 그리워했고, 그런 다음 어머니 플루트에 대한 그리움을 표현했다. 마침내 엘레나는 "엄마, 그리워." 라고 자신의 감정을 정확히 표현했다. 이것은 치료사보다는 음악으로 전이된 경우다.

음악적 안아주기와 담아내기

세션의 시작 노래와 끝마침 노래를 부르는 것은 확실하고 확고한 세션 환경을 조성한 예다. 일관성 있는 세션 형태는 아이에게 친근함과 안전함을 느끼게 한다. 아이는 편안한 마음을 갖게 될 때 두려움 없이 자신의 감정을 표현한다. 이는 엘레나가 자신의 걱정거리를 얘기하고자 할 때 음악 세션 시간에는 짖지 않았다는 예를 통해서도 알 수 있다. 치료사가 엘레나에게 짖는 행동을 하게끔 유도하려 했지만, 가사 중에 개가 들어간 노래를 부르는 중에도 그녀는 짖지 않았다. 이것은 엘레나가 그런 소리와 행동 없이도 자신의 감정을 잘 표현할 수 있음을 뜻한다.

감정이 상했을 경우, 엘레나는 키보드와 같은 악기를 사용해서 '싸움' 과 같은 전쟁터를 표현했다. 세션이 거의 끝나 갈 무렵, 치료사는 "이제 우리가 세션 끝마침 노래를 해야 할 시간이야." 라고 말했다. 엘레나는 악기를 내려놓고 끝마침 노래를 함께 불렀다. 세션을 통해 엘레나는 격한 감정이 들 경우 다음에 이를 표현할 기회가 주어질 때까지 감정과 행동을 통제하고 조절하는 법을 배웠다. 또한 어머니 역할을 대신할 수 있는 사람과 경험을 쌓아 가면서 점차 '분리' 에 대한 참을성을 갖게 되었다. '끝마침 노래' 로는 자신에게 의미 있는 것과 헤어지는 방법과 참을성을 배웠다. 주목할 만한 사항은 엘레나가 작별을 의미하는 노래를 부르며 이제는 힘들지 않게 어머니에게 '안녕' 이라고 말할 수 있다는 것이다.

결 론

이것은 한 가지 예에 불과하지만, 우리는 다른 자폐 환자의 경우에도 이와 비슷한 결과가 나타남을 관찰했다. 이러한 접근이 개인 음악치료에 적용될 뿐 아니라 그룹 혹은 가족 치료에도 유용하다고 생각한다. 우리는 이 사례연구가 자폐로 고통받는 아동에게 음악치료 접근법이 실행 가능하다는 것을 증명할 수 있길 바란다.

참고문헌

Abram, J. (1996). *The Language of Winnicott*. Northvale, NJ: Jason Aronson.

Anonymous, & McFarland, J. T. (1962). "Away in a Manager." In R. Olson (ed.), *Hymns and Songs for Church Schools*. Minneapolis: Augsburg Publishing House.

Benezon, R. (1991). *Music Therapy Mannual*. Springfeild, IL: Charles Thomas Publisher.

Brumley, A. E. (1992). "I' ll Fly Away." In Y. Anderson (ed.), *Songs*. San Anselmo, CA: Songs and Creations.

Butcher, J. N., Carson, R. C., & Mineka, S. (1998). Abnormal Psychology and Modern Life (10th ed.). New York: Addison Wesley Longman, Inc.

Dallin, L., & Dallin, L. (1966). *Heritage Songster*. Dubuque, Iowa: Wm. C. Brown.

Diaz de Chumaciero, C. (1995). "Lullabies are 'Transferential Transitional Songs' : Further Consideration on Resistance in Music Therapy," *The Arts in Psychotherapy*, 22(4), 353-358.

Diaz de Chumaciero, C. (1992). "What Song Comes to Mind? Induced Song Recall: Transference/Countertransference in Dyadic Music Associations in Treatment and Supervision," *The Arts in Psychotherapy*, 19(5), 325-332.

Disney, W. records (1996). *Hero Songs*, Volume 3. ABC Records Inc.

Epstein, S. (ed.). (2000). *Psychoanalytic Inquiry: Autistic Spectrum Disorders and Psychoanalytic Ideas: Reassessing the Fit*. Vol. 20, No. 6. Hillsdale, NJ: The Analytic Press.

Fox, D. (1985a). "Old King Cole." In W. L. Simon (ed.), *The Reader' s Digest Children' s Songbook*. Pleasantville, NY: The Reader' s Digest Association, Inc.

Fox, D. (1985b). "Rock-A-Bye." In W. L. Simon (ed.), *The Reader' s Digest Children' s Songbook*. Pleasantville, NY: The Reader' s Digest Association, Inc.

Fox, D. (1985c). "Oh Where, Oh Where Has My Little Dog Gone?" In W. L. Simon (ed.), *The Reader' s Digest Children' s Songbook*. Pleasantville, NY: The Reader' s Digest Association, Inc.

Garrett, L. (1992). "This Is the Day." In Y. Anderson (ed.), *Songs*. San Anselmo, CA: Songs and Creations, Inc.

Gruber, F., & Mohr, J. (1962). "Silent Night." In R. Olson (ed.), *Hymns and Songs for Church Schools*. Mineapolis: Augsburg Publishing House.

Hart, J. (ed.) (1982). "Where Is Thumbkin?" in *Singing Bee!* New York: Lothrop, Lee & Shepard Books.

Langs, R. (1973). *The Technique of Psychoanalytic Psychotherapy, Vol. I & II*. Nortvale, NJ: Jason Aderson, Inc.

Lecourt, E. (1991). "Off-Beat Music Therapy: A Psychoanalytic Approach To Autism." In K. E. Bruscia (ed.), *Case Studies in Music Therapy*. Gilsum, NH: Barcelona Publishers.

Priestley, M. (1994). *Essays on Analytical Music Therapy*. Gilsum, NH: Barcelona Publishers.

Santrock, J. (2000). *Children*, 6th edition. New York: McGraw-Hill.

Scharff, D. E. & Scharff, J. S. (1995). *The Primer of Object Relations Therapy*. Northvale, NJ: Jason Aronson.

Schore, A. (1994). *Affect Regulation and the Origin of the Self*. Hillsdale, NJ: Lawrence Erlbaum Associates.

Traditional (1962). "The First Noel." In R. Olson (ed.), *Hymns and Songs for Church Schools*. Minneapolis: Augsburg Publishing House.

Traditional (1992). "O Christmas Tree." In Y. Anderson (ed.), *Songs*. San Anselmo, CA: Songs and Creations, Inc.

Winnicott, D. W. (1971). *Therapeutic Consultations in Child Psychiatry*. New York: Basic Books.

Winnicott, D. W. (1972). *Holding and Interpretation*. New York: Grove Press.

제2부

청소년

10장 열 번째 사례

"이걸 잘 돌봐 주겠다고 약속해 주세요!": 아이라와의 치료

Viola Schönfeld

개 요

이 사례연구는 한 입양 아동의 6년 동안에 걸쳐 이루어진 음악치료 과정을 기술한 것이다. 치료는 삶을 위협하는 심각한 신체적 질병 단계에서 시작되었다. 그리고 근친상간과 방치에 의한 어린 아동의 정신적 외상을 치료하는 데 초점을 맞추었다. 치료 과정에서 음악에 대한 저항이 나타났다. 그럼에도 불구하고 주목할 만한 수준의 성숙과 치유되는 과정들이 나타났다.

도 입

나는 음악치료사이고, 음악은 나에게 있어 가장 중요한 치료적 도구다. 나는 나에게 들리는 소리를 통해서 클라이언트와 조화를 이루려 하며, 그들의 개인적인 음악, 자아, 취약성, 생각 등에 대해서 알게 된다. 음악 안에서 나는 클라이언트의 창조성 안으로 이끌려지며, 나의 응답은 내 영감에 의해서 이루어진다. 이러한 형태의 대화는 클라이언트의 심리학적인 상태를 나타내고, 또 그들과 음악치료사인 나와의 관계를 반영한다. 몇몇 경우에서 이것은 전반적인 클라이언트의 사회적 관계 중 한 모형으로 인식될 수도 있고, 묘사로 여겨질 수도 있으며, 과거 관계의 재구성이 될 수도 있다. 음악은 새로운 인간관계를 여는 방법을 보여 줄 수 있다. 즉흥연주는 항상 마음의 상태를 묘사한다. 그 어떤 경우에도 이러한 경험이 치료과정 속에 포함된다.

이런 까닭에 나는 책을 손에 쥔 채로 내가 왜 위에 나열한 생각들을 분명하게 입증해 줄 수 없는 이 사례연구에 대해 논문을 쓰려고 마음먹었는지 스스로에게 계속 되물었다. 이런 사례연구에서 때때로 음악은 보편적이 아닌 좀 다른 방법으로 사용되고, 심지어 보조적인 방법으로 보이기까지 한다. 의심할 여지없이 나의 음악치료사로서의 전문가적 자격은 이 아이의 치료사가 되는 것을 피할 수 없게 하지만, 나의 특별한 요소인 음악을 거의 필요로 하지 않는다는 사실을 받아들이기가 매우 힘들었다. 나는 9세 때 음악치료를 시작한 한 소녀의 사례에 대해서 기술했다. 그녀는 초기부터 스스로 자신을 치료하는 과정으로 날 이끌었으며, 자신이 어떻게 하면 회복될 수 있는지를 알고 있다며 나를 설득했다. 그곳에서의 나의 역할은 음악가로서 훈련된 귀를 이용하고 나의 치료능력을 사용해서 그 과정에 함께해 주고 그녀로 하여금 심리적인 발달을 할 수 있도록 돕는 것이었지만, 궁극적으로 나는 그녀의 생각을 따라야만 했다. 음악치료사로서의 나의 능력 안에서, 나는 나의 특수한 음악적 능력이 더 요구되건 덜 요구되건 간에 한 사례에 관해서 논문을 쓴다. 그러나 극도로 병약한 클라이언트가 그들 자신의 마음 문을 열 때, 게다가 그들 스스로 터득한 방법을 우리가 함께 처리해 나갈 때, 우리는 치료사로서 매우 행운이라는 것을 깨달았다. 이 사례는 아마 우리에게 잘 알려져 있지 않은 도구를 사용하는데, 그것은 인형을 갖고 하는 치료적 역할극(role-playing)이다. 이 아이는 만약 음악이 그 개별 사례에서 다른 치료 도구보다 이점이 없다면 음악치료사에게 익숙한 치료방법과 즉흥연주가 가져다주는 현상적인 가능성에서 벗어날 수도 있다는 것(혹은 벗어나야만 한다는 것)을 깨닫게 해 주었다. 그러나 그렇다 할지라도 우리의 청각과 직감에 대한 민감성이 각성되거나 나타나는 현상에 대해 유연하고 창조적인 방법으로 반응할 수 있고 클라이언트가 무엇을 말했는지 알 수 있다면, 우리는 어떠한 방법으로든 도움을 줄 수 있을 것이다.

배경 정보

아이라의 일대기

아이라의 생물학적 아버지는 그의 의붓딸을 임신시켜 손녀를 낳았으며 그 손녀 또한 임신을 시켰다. 그 손녀가 낳은 증손녀가 바로 나의 클라이언트였다.

1985년–출생
정신적으로 문제가 있는 아이의 어머니는 그녀의 할아버지가 자기 아이의 생물학적 아버지이고 그가 자신을 강간했다고 청소년 복지사무소에 증언을 한 후에 조부모의 집을 떠나야만 했다. 어머니는 생물학적 아버지가 3년형을 구형받고 감옥에서 복역하는 동안 반 년이 지나 조부모의 집으로 돌아왔다.

1987년–20개월이 되었을 때
계속되는 피가 섞인 설사 때문에 아이는 병원에 가야 했다. 심한 궤양성 대장염으로 진단되었다. 병원에서 3개월 동안 있은 후에 수술로 결장을 완전히 제거하고 외부로 작은 구멍(복부 바깥쪽으로 연결되어 있는 인공적인 장)을 만들었다. 아이의 건강 상태는 매우 심각했다.

1988년–3세 반이 되었을 때
아이는 유치원에서 이상한 이야기를 들었다. 감옥에서 풀려난 그녀의 증조부/아버지는 아이를 성적으로 학대한 혐의를 받았다.

1989년–4세가 되었을 때
양부모를 맞게 되는데, 양부모는 아이를 1993년에 입양하게 되었다.

1994년–9세가 되었을 때
수술을 통해서 일레오아날 주머니(V자 모양으로 된 소장과 항문에 연결되어 있는 장 저장 장치)가 생겼다. 이 주머니 사용법에 대해서 수개월 동안 집에서 훈련을 했고, 어느 정도의 물이 구멍이나 항문을 통해서 주머니에 들어가게 되어 괄약근 특수 훈련이 실시되었다. 이것은 나중에 구멍을 다른 쪽으로 옮기게 될 가능성을 열어 놓았다.

1994년 후반부
상처가 난 조직 때문에 장에 폐색증이 생겼고, 이것은 즉시 긴급 수술을 요했다. 이때 음악치료가 시작된다.

병원에서의 첫 만남–1994년 11월

1994년 11월에 나는 9세 반 된 여자 아이 아이라를 소개받았다. 음악치료는 아이라가 장 수술로부터 회복하기 위해 병원에 입원해 있는 첫 주에 시작되었다. 수술은 하노버 의학병원에서 이루어졌는데, 수술 후 생긴 일그러진 상처 조직(예전의 장 절제술로 인한)에 의해서 발생한 장의 폐색을 제거하는 것이었다. 일레오아날 주머니는 1994년 6월부터 수술을 통해서 부착되어 있었다. 수술이 아이라에게 정신적으로 매우 큰 영향을 끼쳤으리라는 것을 추측할 수 있다. 첫 번째로는 정상적으로 기능하는 장이 아이라의 몸에서 가장 취약한 부분과 연결되어 있었다. 두 번째로는 몇 대에 걸쳐서 내려온 가족 내의 근친상간 문제와 4세 때 그녀의 증조부가 성적 학대를 한 경험을 꼽을 수 있다. 당시에 아이라는 어릴 때부터 사용해 온 기저귀를 차고 있었다. 아이라는 좀 더 종합적인 병원 진료를 받았다. 양부모와 간호사 모두 아이라의 신체 상태에 대해서 걱정하는 동시에 그녀를 다루는 데에 있어서 무기력과 분노와 같은 어려움을 느끼고 있었다.

나는 아동 병동에서 그녀의 양부모와 함께 그녀와의 첫 만남을 갖게 되었다. 나는 아이라를 만나는 동안 아이라가 나와의 거리를 두기 위해서 무제한적으로 행동하는 것을 느꼈다. 그녀는 크고 빠르게 날카로운 목소리로 말했고 동시에 소리를 질러댔다. 명령, 불평, 몰두, 파괴적인 행동이 찢어진 옷과 배설물을 통해 드러나 있었다. 그리고 입으로 음식을 먹는 것에 대해서 화를 내고 거부했으며, 가까운 가족에게 날카로운 말을 해대고 낯선 이들에게는 친절하고 호감 가는 말투를 사용했다. 양어머니에 대해서는 억압된 욕구의 표현과 거칠게 거부하는 행동 등을 변덕스럽게 해대는 것이 놀라웠다. 동시에 효과적인 표현이 가능한 것처럼 보였으며, 외부 관찰자들은 그녀에게 공포나 우울한 감정이 있는 것 같지는 않다고 했다. 그러나 다른 사람들은 이러한 감정을 표현했다.

아이라는 양어머니의 무릎에 명랑하게 앉았으며, 관심을 받으면 받을수록 사회적으로 적응하려는 자세가 별로 없어 보였다. 당시에 모든 사람은 그녀를 사랑하는 데 어려움을 겪고 있었다. 일주일에 3회씩 개인 음악치료가 계획되었으며, 나는 매번 음악치료가 시작될 때마다 악기를 재배치하곤 해야 했다. 치료실은 별로 안락하지 않았으며 피아노가 없었다. 아이라가 겪고 있는 감정적인 혼란과 그녀와 관계된 어른들이 느끼는 혼란으로 음악치료사인 나에 대한 기대가 매우 높았다. 심지어 나는 음악치료를 시작하기도 전에 피로를 느꼈다. 나는 대답할 수 없는 수많은 질문이 있다는 것도 느꼈다. 나는 그녀를 좀 더 이해하고자 하는 소망이 컸으며, 일을 제대로 하기 위한 방법을 찾고자 했다. 이 극도로 다루기 어려운 아이를 개선시키는 것에 대해서 아동 병동의 일부 사람은 나에게 특별한 기대감을 가졌다. 새로 고용된 음악치료사로서 나의 위치는 내가 그 사례를 거절할 수 없도록 만들었다. 그러나 이러한 상황은 나에게 매우 곤란한 입장을 만들어 냈으며, 또 그것이 초기에 이 일을 임하는 나의 자세가 매우 조심스러울 수밖에 없었던 까닭이기도 하다.

치 료

음악치료가 시작되다

아이라는 악기들을 적극적으로 탐색해 보고 그것들을 자신의 주변에 재배열해 놓았다. 그런 다음 각각의 악기를 조금씩 연주했다. 아이라는 모든 악기로 소리를 내 보았다. 그녀는 내가 악기를 만져서는 안 된다는 꽤 노골적인 신호를 보냈다. 나는 그냥 듣고 지켜보았다. 아이라는 손 인형을 발견했는데, 그것은 나중에 자신의 내적 심리 문제를 표현할 수 있는 도구로 사용되었다. 처음에 아이라는 혼자 놀았지만, 그녀는 나의 내적 존재를 어떻게 다룰 수 있는지 정확하게 알게 되었고, 어떻게 하면 그녀가 하고 있는 놀이에 내 주목을 끌지도 알았다. 초기 세션에서는 오랫동안 우리와 함께했던 많은 주제가 극도로 간결하고 매우 구분되는 순서로 나타났다. 혼돈과 무척이나 노력을 요하는 이러한 환경 속에서 우리의 치료과정이 계획되었다.

악기의 단순함과 배제에 관한 이유는 아이라의 관점에서 보았을 때 그 악기들이 직접적으로 혹은 현실적으로 그녀가 즉시 무엇을 표현하고 싶어 하는지 얘기하기에 충분하지 않았으며 신체적 · 심리적 활력에 즉각적인 방해가 될 수 있다고 개인적으로 판단했기 때문이다. 게다가 그녀는 악기를 다룰 때는 아마도 매우 유능하고 원숙하게 다룰 수 있다는 것—이는 그녀의 소망과 정확히 반대된다—을 느꼈을지도 모른다. 따라서 그녀가 인형을 가지고 놀 때에 나는 아이라에게 경청하는 매우 신뢰할 수 있는 파트너가 되어 주었을 것이다. (예전에 아이라가 20개월에 피가 섞인 설사를 해서 병원에 실려 왔을 때, 그녀의 조모와 어머니는 그녀에게 제대로 영양을 공급하지 않았다. 영양을 제대로 공급받지 못한 것은 수술 후에도 계속되었다.) 음악은 종종 입으로 하는 행동이며 먹는 것으로 경험되곤 한다. 아이라는 내가 침묵을 지키길 바랐고, 갓난아기가 그러한 것처럼 동조하고 지지해 주는 환경을 만들어 주길 바랐다. 아이라의 심리학적 발달과정에서 그녀는 맨 처음부터 다시 시작했고 그녀가 필요한 방식대로(혹은 필요했을 거라고 생각한 방식대로) 정확하게 모든 것이 되기를 바랐다. 아이라는 음식과 의사소통에 관해서 통제권을 가져갔다. 아이라는 내 무릎에 앉았을 때는 젖병을 빠는 시늉을 하며 놀았으며, 가까운 사람들의 접촉에서 좋은 면만 모두 골라서 자신이 이상적이라고 생각하는 어머니의 역할을 했다. 2월과 3월에 장 수술이 두 번 더 있었다.

인형놀이를 할 때 다음과 같은 시나리오가 구성되었다.

시나리오 1

- 남자 의사들은 파괴적으로 거세당한다.
- 남자들에게 도뇨관을 꼽는다.
- 남자들을 거세시킨다.
- 남자 아이들이 죽임을 당한다.

인형놀이를 할 때 아이라는 남자를 괴롭히고 거세시켜서 그들을 불임으로 만들었으며, 모든 남아를 죽임으로써 잠재적인 남성을 모두 제거해 나갔다.

음악 아이라는 매우 날카롭고 높고 딱딱한 목소리로 즉흥적으로 노래를 불렀다. 아이라의 가사는 수많은 맹세를 포함하는 조소적인 내용이었다. 그녀는 기쁨에 차서 노래를 했기에 전체 시나리오는 다소 괴이했다.

시나리오 2

인형들은 좋은 어머니와 나쁜 어머니를 나타낸다. 아이라는 그 인형들을 재조정하고 분류한다. 그녀는 하나의 좋은 어머니를 동일시하고 그 인형을 다른 것에서 분리시킨다. 다른 인형들은 집이나 병원에 갇히게 된다. 단기간 동안 아이라는 하나의 인형으로 무기력하고 약한 성격을 가지고 있는 정신장애가 있는 어머니를 연기한다. 돌보지 않고 무관심한 조모 또한 표현한다.

음악 다시 아이라는 즉흥적으로 노래를 하지만, 이번에는 매우 부드럽고 높은 목소리로 불렀고 어머니에 대한 아기의 사랑을 보여 주며 부드러운 음색을 냈다.

시나리오 3
새로 태어나서 새로운 삶을 시작하고 더 좋은 환경에서 성장한다.

시나리오 4
1995년 2, 3월에 있었던 두 번의 장 수술 동안에 아이라는 인형을 사용하지 않고 역할극에서 자신의 피할 수 없는 죽음을 반영했다. 아이라는 산타클로스나 하나님과 같은 더 권위 있는 존재를 포함했다. 그녀 자신의 죽음이 주제가 되었으며, 하늘에 계신 하나님이 강력한 힘으로 그녀를 죽지 않게 하거나 혹은 그녀가 죽을 때가 되었다고 명령을 내리곤 했다. 1995년 3월에 아이라는 주입 장치를 단 채 병원에서 퇴원했다. 이 장치를 통해서 아이라는 더 많은 음식을 섭취할 수 있었으며, 그녀의 음식 섭취는 정확하게 통제될 수 있었다.

이 기간 동안 나의 치료 활동은 아이라가 하고자 하는 것을 그대로 따라가 주고 그녀를 보살펴 주는 상대방이 되는 것이었다. 그리고 나는 그녀의 자아를 지지해 주고, 인형놀이와 역할극에서 나타난 모든 끔찍한 사건들의 확고한 증언자가 되어 주었다. 이 기간 동안에 심하게 대상에 집착하는 공격성이 나에게 전이됨을 뚜렷하게 느낄 수 있어서 나는 치료사로서 시험을 당하고 있다고 느낄 지경이었다. 내가 만약에 이 시험을 통과한다면 장기간 동안 그녀의 치료사가 될 수 있으며, 그녀와 함께 길고 종종 힘들고 고통스러운 여정에 동참할 수 있으리라고 생각했다.

외래 환자 치료－1995년 3월

이 기간에는 입원 환자였던 아이라가 외래 환자가 되어 치료의 형태가 바뀌게 되었다. 그때부터 음악치료는 나의 개인 치료실에서 이루어졌다. 아이라의 신체적인 상태는 안정화되어 갔으나 집에서 그녀를 돌보는 것은 상당히 어려웠다. 구멍을 관리하고 그녀의 음식 섭취를 통제하는 것은 온 가족의 일상을 완전히 엉망으로 만들어 버렸다. 학교에서 4시간을 보낼 때에는 이 상황이 더욱더 힘들어졌다. 양어머니와 아이라 사이에 끊임없는 힘겨루기가 계속되었다. 그때부터 양어머니와 나는 정기적으로 만나서 그녀가 겪고 있는 어려움에 대해서 정확히 이야기하고 그것을 견딜 수 있도록 도왔다. 우리는 아이라와 양어머니가 잘 지낼 수 있는 방법을 찾으려고 노력했다. 이렇게 대화를 한 것은 아이라의 양어머니에게 힘을 실어 주어서 이 극도로 까다로운 아이를 크나큰 관심으로 돌봐 주게 했다.

치료 장소의 변화는 치료 자체의 변화이기도 하다.

첫 번째 외래 음악치료 시간

아이라는 몇몇 악기를 연주했으며 나도 똑같이 연주하기를 원했다. 마치 그녀는 악기를 기계적인 장난감으로 보는 것 같았으며 악기를 경험하기보다는 그것의 기계적인 사용방법을 즐기는 것 같았다. 음악치료사로서 나의 역할을 좀 더 적극적으로 하려는 나의 시도(그리고 약간의 희망)는 금기시되고 거부되었다.

죽음에 대한 주제는 계속되었다. 역할극에서 우리는 아이라의 죽음을 애도했다. 그녀는 자신이 건강하며 행복하고 사랑을 듬뿍 주는 부모 밑에서 새로 태어나는 역할을 맡았다. 그렇게 하는 동안 그녀는 내가 어떤 역할을 해야 하는지(어머니, 조모, 아버지)를 정확히 지정해 주었고, 내가 어떻게 느끼고 말해야 하는지까지도 지시했다. 그녀의 생각과 내가 하는 말이 너무 차이가 있으면 아이라는 그것을 정정해 주었다. 그녀는 찬송가 책을 치료 시간에 가져왔다. 우리는 종교적인 의식을 행했으며, 나는 피아노를 치면서 장례 예배를 치렀다. 아이라는 찬송가를 폈고 우리는 각각 한 소절씩 나누어 불렀다. 아이라는 매우 균형이 잘 잡히고 엄숙한 목소리로 노래를 했다. 그녀는 종교적인 관심이 있는 아이였다. 아이라는 삶을 주기도 하고 앗아가기도 하는 하늘에 계신 아버지와 그녀만의 관계를 창조해 냈다. 하나님은 늘 치료 안에서 중요한 것은 아니었지만, 다른 권위적인 존재와는 달리 한 번도 역할극 동안 퇴출된 적이 없다. 지금 이 상황에서 아이라는 자신이 고통받았던 것들을 그녀만의 작은 세계에서 표현하고 있으며, 아기 역할을 하면서 자신의 경험을 더 큰 상황 속으로 가지고 가려 하고 있음이 분명히 관찰되었다. 나는 계속 경청했고 그 상황을 지지하였다. 피아노 반주를 할 때, 나는 일시적으로 그녀의 도구가 된 것처럼 행동했다. 치료 기간이 끝나고 나서 그녀는 매우 편해지고 긴장을 푼 것처럼 보였다.

손 인형

손 인형이 주어졌고, 꽤 오랫동안 인형들은 동일한 역할을 맡았다. 이 역할은 아이라의 심리학적 발달에 따라서 오랜 시간에 걸쳐 변화되었다.

아이라는 애너그랫 역할을 했는데, 애너그랫은 상냥하고 사랑스러운 존재로 아이라 자신을 대변한다. 그녀는 또한 권위적인 아버지 같고 할아버지 같으며 침략자 같은 경찰 역할을 하였다.

나는 펀치의 역할을 맡았는데, 권위가 없는 남자 역할이면서 아버지의 공격 성향을 받아내기에 적격인 힘없는 남자 형제 역할이었다. 게다가 펀치는 애너그랫/아이라에게 전혀 위협적이지 않은 존재였다. 더 나아가서 나는 애너그랫의 어머니면서 조모 그리고 펀치의 역할을 동시에 맡았다. 나는 조모/어머니의 역할을 할 때 인정 많은 어머니로서의 경청자 역할을 해내고자 했다. 나는 지지하고 안정감을 주었으며 늘 그 자리에 함께 있었다. 때때로 나는 애너그랫의 편을 들어주었으며, 가끔은 펀치의 편을 들어주기도 했다. 때때로 상황은 애너그랫에게 힘들 때도 있어서 그녀의 질투를 불러일으켰다.

1995년 여름

이 기간 동안 아이라는 역할극에서 어머니/조모와 딸의 관계에 집중하고 있었다. 몇 주 동안 새로운 음악적 부분이 우리 치료에 소개되었는데, 그것은 맨 마지막에 명상적 음악감상(Klangbad, sound bath)을 하는 것이었다. 치료가 시작될 때, 우리는 새로운 소식이나 일상적으로 일어났던 일을 간단하게 서로 말하기로 했다. 나의 치료사적 관점에서 보았을 때, 이 방법은 현실을 지각하는 것을 배우고 두 개의 분리된 개체—일반적인 아이라와 특수하게 치료 상황에 있는 아이라—로 활동할 수 있도록 해 준다. 처음 치료를 시작할 때 아이라는 주저하는 듯했지만, 마지막에 명상적 음악감상을 할 때는 매우 편안한 자세로 있었다. 아이라는 나의 즉흥연주가 괜찮다고 느낀 경우 눈을 감고 경청했다. 그 음악은 차분한 리듬이었고 명상적이었다. 그 후에 때때로 아이라는 음악이 연주되는 동안 상상되는 것들을 그림으로 표현하곤 했다. 아이라는 명상적 음악감상을 무척이나 좋아했다. 그녀는 전에는 인식하지 못했던 소리에 대한 경험 속으로 들어가게 된 것이다. 이것이 바로 내가 그녀에게 주려고 했던 것이었다. 현실에 존재하는 사람으로서 나는 좋은 어머니가 될 수 있었고, 그녀에게 뭔가 현실적인 것을 줄 수 있었다. 이를 통해서 아이라는 다음 단계로 가게 된다.

공생단계와 단계적으로 분리되기

아이라는 치료를 받으러 올 때 인형을 가지고 온다. 우리는 꽤 안락한 환경에서 그녀가 나의 아이인 것처럼 내가 그녀를 돌볼 수 있게 하거나, 그녀가 어머니 역할을 맡아서 자신의 인형에게 극진한 관심을 쏟아부었다. 아이라는 상황을 만들어 내고 나에게 지시를 내렸다. 그러므로 나는 잘못한 것, 실망시키는 것, 상처를 입히는 것, 아이를 방치하는 것을 전혀 한 적이 없는 그런 어머니가 되었다. 자기애적 성격 발달의 관점에서 아이라는 자신과의 의사소통(auto-communication)에서 의사소통(communication)으로 점점 변해 갔다. 마치 아기 우유의 달콤한 냄새처럼 부드러고 좋은 공생관계는 바깥세상의 '타인' 들을 향해서 시선을 돌리게 했다. 그리고 그것은 점점 확장되어 갔다. 나와 상호작용하면서 아이라는 그녀 자신을 분리된 개체로 인식하는 내성과 타인을 인식하는 것을 구분하기 시작했으며 두 가지 인식을 과도적으로 훈련하기 시작했다.

아이라의 양어머니는 아이라가 집에서 노는 것을 예전보다 훨씬 좋아하게 되었으며, 읽기에 대해서 스스로 흥미를 갖기 시작했다고 말해 주었다. 전체적으로 아이라는 새로운 경험에 대해서 훨씬 더 열려 있는 자세를 가진 듯했다. 오로지 식습관에만 여전히 문제가 있어서 아이라는 먹는 것에 흥미를 느끼지 못했다. 주머니(인공 장)에 관해서 훈련하는 것은 그와 관련된 모두에게 매우 힘든 일이었다.

이때 우리는 역할극과 인형놀이를 모두 하고 있었으며, 아이라는 새로운 경험을 내면화하고 시험하기 위해서 역할극에서 아이라 자신을 맡았다. 그러나 복수와 사랑, 죽음에 대한 갈망과 같은 더 강한 반대 감정이 관련되었을 경우나 그 역할극이 아이라가 원하는 환상을 포함하고 있을 경우에 아이라는 도구로서 인형을 대신 사용하기를 원했다. 예를 들어, 죽이고 죽는 장면에서 아이라는 아기이고 나는 그녀를 매우 사랑하고 돌봐 주길 원하는 어머니의 역할을 맡았을 때, 그녀는 새롭고 더 좋은 삶을 시작했으며 초기 발달단계와 심리단계에 머물러 있었다. 아이라가 인간으로서 더 잘 살기 위해서는 마치 아버지/조부/증조부의 존재를 계속해서 거부해야 하는 것처럼 보였다. 긍정적인 태도를 갖고 자신이 자라는 것을 방해받지 않고 재경험하기 위해서, 아이라는 계속해서 복잡하고 다양한 아버지의 형상들을 없애야만 했다. 이 단계의 치료에서 아이라는 악기에 대해서 새로운 관심을 보이기 시작했다. 이전에 악기들이 완전히 금지되었기 때문에, 나는 왜 그녀가 마음을 바꾸었는지 계속 궁금해했다. 이에 대해서는 아이라는 병원에서 퇴원하는 것이 자신의 죽음으로부터 승리하는 것으로 생각했을 수 있다는 설명이 가능하다. 아이라는 가족과 함께 집에 있거나 학교에 갔는데(가족과 선생님이 그녀를 보러 병원에 오는 대신에), 이것은 아이라에게 좀 더 높은 수준의 자율성을 느끼게 해 주었다. 아이라는 치료에 올 때 스스로 자전거를 탔으며, 치료에서 안정적인 관계를 경험했다. 그러므로 그녀는 스스로 보호할 수 있다고 느끼고 자신감을 가지게 되었다. 그렇게 해서 그녀가 새로운 것에 호기심을 가진 것 같다. 아이라는 예전보다 훨씬 위협을 덜 느끼게 되었다. 아이라는 스스로 노래를 불렀으며 그녀 자신과만 의사소통을 했는데, 이 단계는 자신과의 의사소통 단계에 해당한다. 그 후에 아이라는 노래에 가사를 포함시켰는데, 그 가사는 나를 위해서 쓰인 것이었다. 그리하여 그녀는 '타인'들과 의사소통하기 시작한 것이다.

1995년 12월

아이라는 약한 소화능력 때문에 다시 병원에 입원해야 했다. 구멍을 통해서 박테리아가 침투한 것이 패혈증이 되었다.

1996년 1월에 그 구멍은 수술로 제거되었으며 다른 쪽으로 구멍을 옮기는 수술이 이루어졌다. 이때부터 아이라는 제대로 소화를 할 수 있게 되었다.

놀라운 선물

정상적으로 소화를 시킬 수 있는 능력과 주머니를 바꾸는 대신 화장실을 사용하게 된 것은 외부 관찰자에게도 놀라운 치료과정으로 보였음이 틀림없다. 그리고 아이라의 일대기를 살펴보았을 때 이 일은 기적과 같은 일이었음에 틀림없다. 아이라는 이제부터 복부 기능을 제대로 살릴 수 있도록 노력해야 했고, 몇 대에 걸친 근친상간(그녀는 이를 통해서 태어났다.)에 대해서 타협해야만 했다. 아이라가 태어난 지 20개월이 되던 때부터 창자를 통해서 수동적으로 통제된 것은 궤양성 대장염이었으며, 지금 그녀는 그것을 위협보다는 좀 해로운 것으로 받아들이고 있다. 그리고 여느 아이들처럼 항문으로 배설이 가능한 단계에서 아이라는 '인공장 열기' 를 했으므로 배변 훈련이나 항문애를 경험하지 않았다. 그래서 지금 아이라는 일상생활과 치료과정 안에서 놓쳤던 이 항문기를 거쳐야 했다.

가족은 집에서 일어나는 혼란스러운 분위기에 대해서 얘기했다. 아이라는 배설물을 여기저기 늘어놓았다. 그녀는 심하게 염증이 난 항문과 더러운 기저귀를 다루는 것을 거부했다. 아이라는 자신의 신체 기능과 식이, 청결, 위생, 학교, 일반적인 업무에 대해서 스스로 책임을 지는 것을 거부했다. 한계와 규칙을 가지고 싸우는 것은 일상생활의 일부가 되어 갔다. 아이라의 양어머니는 다시 주도적이고 책임감이 있는 어머니다운 모습을 보였다. 이 기간 동안에 아이라와 함께 극도로 힘든 일상생활을 해내기 위해서는 그녀 자신의 건강이 중요하다고 생각했으며 끊임없는 지지가 필요했다. 우리는 함께 많은 얘기를 나누었다.

왕과 왕비—전능함과 무기력함

왕과 왕비의 역할에서 아이라는 자기 자신을 전능한 위치에 놓았으며, 그것은 나중에 왕과 왕비의 역할을 동시에 맡으면서 더해 갔다. 그녀는 나에게 하인들과 다른 신하들의 역할을 맡겼다. 왕이 있는 공간에는 모든 것이 매우 풍부했다. 많은 방, 시종 수천 명, 군인 수십만 명, 큰 정원, 장미꽃 몇 백만 송이, 요리사가 많은 커다란 주방 등등. 왕을 둘러싸고 있는 멋지고 전능한 배경은 왕비의 무능함과 무기력함을 막아 주었다. 아이라는 왕과 왕비 역할을 둘 다 했으며, 처음에는 왕에게 더 많은 힘을 부여하는 것을 당연하게 여겼다. 대부분의 시간 동안 왕은 독재적이었고 부당하게 사람들을 모욕했으며 남을 공격했다. 왕은 아주 가끔씩만 공정하게 굴었다. 사람들과 신하들은 신경질적이 되어 갔으며, 왕비는 왕이 불공정하게 해 놓은 것들에 대해서 거부하기 시작했다. 귀족 사이에는 갈등이 깊어 갔다. 왕비는 다른 사람들과 자신을 보호하고 싶어 했다. 약자 편에 서서 좀 더 좋은 환경을 만들고자 하는 그녀의 노력을 증명하듯이, 왕비의 권위와 그녀에 대한 존경심은 점점 높아져 갔다. 공주의 역할이 추가되고 귀족이 형성되었을 때, 아이라는 왕의 역할을 나에게 넘겼다. 그때부터 그녀는 왕비와 공주의 역할을 했는데, 그 공주는 아이라와 같은 나이였다. 물질적인 관점에서 보았을 때, 공주는 자신이 원하는 것을 모두 가지고 있었다. 공주는 가난한 사람들의 집을 부수라고 왕비가 명령을 내렸을 때 중재 역할을 했다. 왕비는 계속 강력하게 굴었다. 왕으로서의 나의 역할은 거부당하고 위엄이 떨어진 남자의 역할이었다. 왕비의 지위는 역할극 안에서 어머니이기도 했으며, 아이라의 심리 상태와 비슷하게 그녀의 상상력 속에서 왕비의 역할은 바뀌어야 했다. 어머니가 강하고 무능하지 않을 때만 아이라는 자신을 어머니와 동일시했다. 그 후에 왕비는 가난한 사람들이 지닌 것들을 모조리 빼앗아 가는 공격자로 나타나게 되었다. 왕비는 가난한 사람들의 집을 무너뜨리고 보금자리를 빼앗아 갔다. 이 부분은 아이라가 자신의 초기 정신적 외상에 대해서 생각하고 있는 부분이다. 즉, 폭력적인 아버지/왕이 신과 같은 존재로서 삶을 앗아가고(강간의 결과로서 나온 삼촌이 자살을 시도해서 죽게 되는 것), 어머니/왕비는 외관상으로는 가능해 보였는데 결국 아이가 학대받는 것을 막지 못하고 아이를 잘 양육하지도 못했다. 상상 속에서 놀이를 했기에 아이라는 이성적인 왕비/어머니를 통해서 공격자인 왕/아버지의 공격성을 줄일 수 있었다. 그때부터 왕은 아이라를 위협하지 못했으며, 나는 왕의 역할을 하면서 매우 잘 통제되도록 했다. 그리고 왕비/어머니의 진짜 성격이 드러났는데 그들은 악한 존재라고 말할 수 있다. 왕비의 아이는 지금은 나이가 더 들었으며 독립적으로 생각하고 행동할 기회가 있었다. 그 아이는 사람들을 납득시킬 수 있었으며 자신의 관심사를 가질 수도 있었다. 동시에 아이는 성숙하게 발전하고 합리적인 관점을 지니게 되었다. 수많은 역할을 열심히 해 본 것은 아이라가 옳고 그름에 대한 생각을 구체화하는 데 도움을 주었다.

이 기간 동안 음악적인 요소는 세션 중에 금지되었다. 아이라는 노래도 부르지 않았다. 아이라는 점토를 가지고 노는 것을 좋아했는데 매우 많은 사람을 위해서 연회에 쓰일 음식을 점토로 만드는 것을 좋아했다. 그것은 마치 아이라가 수년 동안 충족되지 못했고 지금까지도 행복하게 즐기지 못하는 구강기 욕구(oral need)를 채우려고 하는 것처럼 보였다.

스스로 소화할 수 있는 능력을 얻은 후에 아이라는 사회 환경에서 좀 더 높은 기대를 나타내기 시작했다. 그것은 학교에서의 생활과 친어머니와의 만남을 유지하는 것 등이었다. 때때로 친어머니와 만나는 것은 아이라에게는 매우 노력이 필요한 일이었다. 포용적이고 적극적인 양어머니는 아이라의 친어머니가 자신의 가정을 방문하는 것을 허용했으며, 친어머니는 마치 자신이 새로 입양된 아이이고 일시적으로 새 가정을 얻게 된 것처럼 환영을 받았다. 내 생각에 이 상황은 상당히 아이라를 화나게 했으며 그녀가 스스로 과거를 분석하는 것을 방해했기 때문에 일어나지 말았어야 했다. 아이라에게서 고의적으로 분리해야만 했던 그러한 예전 생활 환경을 다시 그녀가 경험하지 않도록 하는 것이 중요했다. 양어머니와 몇 번 얘기를 한 후, 우리는 친어머니와 만나는 것이 집 밖에서 이루어져야 하고 이에 아이라가 동의해야 한다고 논의했다. 또한 우리는 아이라의 학교생활이 극단적으로 변하는 것을 아이라의 정신 상태의 척도로 삼는 것이 좋을 것이라고 동의하고, 아이라가 지나친 기대에 직면하지 않도록 했다.

1997/1998년

아이라는 12세가 되었고, 나는 치료실을 이전하게 되었다.

이 기간 동안 아이라는 인형놀이보다 역할극을 더 좋아하게 되었다. 대부분의 치료 시간에 아이라는 자신에게 매우 중요한 주제들을 가지고 왔으며 스스로 어떻게 놀 것인지에 대해서도 계획을 세워 가지고 왔다. 그러고 나서 나에게 역할극을 하자고 졸랐다.

역할극의 배경

아이라는 요즘 종종 다른 여성 역할을 고르고 남성, 할머니의 역할을 모두 나에게 맡겼다. 역할극을 하는 동안 내가 독립적으로 행동할 수 있는 기회는 점점 증가했다. 우리는 논쟁을 하고 때때로 해결책을 위해서 언쟁을 하기도 했다. 치료 시간이 끝나갈 즈음으로 갈수록 상황은 극단적으로 확대되었다. 그리고 아이라는 냉정하게 결론은 내려야만 했으며, 이때 종종 그녀는 다른 역할들의 영역을 무시하곤 했다. 적을 용서하고, 수용하고, 자비를 보여 주고, 누군가를 죽음에서 구해 주는 것은 치료 시간이 끝나기 전에 아이라가 짧게 개발해 낸 전형적인 시나리오였다. 이러한 장면은 전에 아이라에게 흔치 않은 행동 패턴이었다. 주제는 종종 갈등에서 빠져나와서 육체적인 징후를 보였다. 역할극에서 나의 자율성은 점점 늘어갔다. 유기적인 징후 뒤에 숨겨져 있는 심리학적 경험에 대해서 아이라와 이야기하며 작업할 수 있었으며, 이러한 경험과 우리 자신을 직면할 수 있게 되었다. 이 놀이를 하면서 관계의 정도가 시험 대상이 되었는데, 거대한 압력과 드라마틱한 신체적인 장애에도 불구하고 나는 엄격하게 어떻게 관계가 형성되어야 하는지에 대한 개인적인 생각을 지켜 나갔다. 긍정적인 전이와 안정적인 효과를 가져다주는 오랜 치료과정 덕택에 나는 좀 더 직접적인 접근을 해 보기로 했다. 투쟁할 것인가 참을 것인가를 결정하는 것이 우리 사이—치료사와 아이라 사이—에 생긴 새로운 상황이었다. 아이라에게 이것은 친밀성과 거리감의 문제로 다가와야 한다는 것을 의미했다. 치료는 아이라에게 매우 힘겨운 것이 되어 갔으며, 그녀는 실망감과 내가 더 이상 이상적인 사람이 아니라는 것을 알게 되었다. 가끔 치료 시간은 종종 열기를 띠고 생생해졌으며, 아이라는 거대한 양의 에너지를 사용했다. 가끔 나에게 그 치료 시간은 올림픽 같았으며, 올림픽에서 단 하나의 훈련도 놓치지 않고 다 해낸 것 같았다.

음악 아이라가 치료 시간에 와서 노래를 부르고 싶어 했던 적이 있었다. 아이라는 스스로 노래책에서 노래를 찾아냈다. 그녀는 전통적인 민속노래를 좋아했다. 때때로 다음과 같은 노래는 아이라에게 매우 중요했다. "나는 그 이유에 대해서 헛되이 바라봅니다/나는 너무 슬프고 고통스러워요. 수많은 계절 동안 알려져 있던 이야기/나에게 휴식을 허락하지 않네요."[1)]

1) 역자 주: 유명한 독일 민속노래 '로렐라이(Die Loreley)'다. 가사는 Heinrich Heine의 시에 기초하고 있으며, 음악은 1838년 Friedrich Silcher와 1841년 Franz Liszt의 것이다.

그 기간 동안 아이라는 덜 수선스러웠으며, 심지어 진지하고 조용한 상태였다. 아이라의 목소리는 중심이 잘 잡혀 있었으며 울림과 열정으로 풍부하게 들렸다. 과거에는 아이라가 선택했던 음조가 너무 높고 목소리가 덜 안정적이었지만, 지금은 정말 그녀가 노래하는 것으로 보였다. 내가 반주하는 것이 그녀에게 영감을 불러일으켰고, 그녀는 기쁨을 나타냈다. 노래를 부를 때 아이라의 억양은 절대적으로 완벽했으며 리듬도 정확했다. 내 마음속에 있는 음악가는 기쁨과 슬픔을 동시에 느꼈다. 왜냐하면 이 같은 음악적 재능을 가진 아이와 음악 경험을 하는 즐거운 순간이 매우 드물기 때문이었다.

더 어려운 주제—정신장애를 가진 친어머니

정신장애를 가진 친어머니에 대해서 얘기할 때 역할극은 조용하고 사실적인 분위기에서 진행되었다. 아이라는 은퇴한 사람들이 모여 사는 곳에서 일하는 사람의 역할을 했는데, 그곳에는 정신장애인도 있었다. 아이라는 나에게 나이 많은 사람들의 역할을 하라고 했다. 몇 번 시도해 본 후에 아이라는 정신장애를 가진 사람들의 역할을 나에게서 앗아갔다. (아마 내가 너무 그 역할을 잘 해냈을 수도 있다.) 이렇게 돌봐 주고 돕는 역할을 하면서 아이라는 매우 확신을 가지게 되었고 극도로 전문적으로 보였다. 나는 아이라가 정신장애를 가지고 있는 친어머니를 '나이 든 사람'으로 분류하는 것에 매우 놀랐다. 아마 이러한 방식으로 아이라는 친어머니가 자신을 돌봐야 할 일반적인 책임감(딸을 돌봐야 하는 것)을 갖지 않아도 된다고 생각하는 것 같았다(나이 든 사람들은 다른 사람들을 정상적으로 돌볼 수 없으니까). 아이라는 자신의 어머니를 아무도 그녀에게서 무엇인가를 기대하지 않고, 행동하지 않는 것으로 인해 비난을 받지 않는 사람으로 설정해 놓았다. 한마디로 나이 든 사람으로 간주한 것이다. 이러한 방식으로 아이라는 자기애적으로 정신장애를 가진 어머니의 아이로 태어난 고통스러운 사실을 숨길 수 있었을 것이다(나이 든 사람들은 자신의 나이와 건강 상태 때문에 종종 스스로에 대해서 책임을 질 수 없다.). 아이라는 그녀의 어머니에 대해서 거의 얘기하지 않았으며, 현실에서 어머니에 대한 책임감을 가지지도 않았으며, 어머니와 자신을 동일시하지도 않았다.

아이라가 13세 때 월경이 시작되었다.

1999/2000년

이제 14세가 된 아이라는 극도로 스트레스 받는 상황(예를 들어, 학교에서 소풍을 갔는데 혼자 남겨지고 버려질 가능성이 커졌을 때)에서만 장에 대한 조절을 할 수 없었다. 양어머니는 아이라가 감정 기복이 매우 심한 것처럼 보인다고 말했다. 아이라는 1분 동안 점잖고 예민하다가 이내 극도로 공격적이고 파괴적이 되었다. 무의식적으로 아이라는 보호해 놓고 성취한 것들과 예전의 욕망, 공포, 공격성과 같은 것에 의해서 아직까지 위협을 받고 있는 긍정적 자기를 분리해 놓으려고 하는데 많은 심리적 에너지를 소모했다. 비록 아이라의 발전이 좋은 것이고 그녀의 심리학적 불안정성 때문에 실제로 성취된 것보다 그녀의 지적 능력이 더 많은 것을 기대할 수 있도록 했지만, 그녀에게 학교를 끝내도록 하고 학위 받는 것을 강요하지 않는 것이 올바른 결정으로 보였다. 일반적으로 아이라의 심리학적 안정성은 상황이 더 쉽게 형성되었을 때 발전을 보였다.

마지막 역할극과 인형놀이—형성하고 유지하기

아이라는 상급 경찰관 역할을 했고 나에게는 그녀의 동료 역할을 하게 했다. 일이 하나씩 우리에게 주어졌으며, 우리는 여성과 아이가 희생양이 된 다양한 종류의 범죄를 분류해야 했다. 모든 범죄자는 잡혀서 즉시 처벌을 받게 되었다. 타협의 여지가 없이 엄격한 판결이 내려졌다. 우리의 임무는 세상에서 모든 범죄자를 제거하고 세상이 살기 좋은 곳이 되도록 하는 것이었다. 우리는 악에 대해서 복수를 했으며 사람들이 질서를 지키도록 유지했다. 역할극을 하는 동안 동료/파트너로서의 우리의 관계에서 아이라는 나와 동등한 입장에 서고 싶어 했지만, 그녀를 누군가가 돌봐 주는 것을 재확인하려는 욕구가 더 컸다. 경찰관으로서의 역할에서 아이라는 종종 지쳤고 나에게 도움을 요청했다. 그러나 동시에 아이라는 없어서는 안 될 법의 집행자로서의 위치(전지전능함을 요구하는 것—통제를 잃는 것을 두려워하는 것)를 포기할 생각이 없었다. 아이라의 심리학적 발달단계를 고려해 보았을 때, 우리는 '분리(detachment)' 단계를 경험하고 있었다. 예를 들어, 경찰관 역할극의 맥락에서 나는 분명 아이라와는 다른 관심을 가지고 있었다. 나는 잘 지켜지는 휴가를 원했고 일 때문에 나 자신을 희생할 마음이 없었다. 그 후에 나는 경찰에서 나와 일종의 생존자가 된 반면, 아이라는 남편과 아이를 가진 '정상적인' 경찰관이 되었다. 아이라는 집에서는 맘대로 했으며 엄격하게 자신의 근무 시간을 준수했다. 이 단계의 역할극에서 우리는 우리의 이별을 준비했다. 예전 동료였던 경찰관들이 때때로 만나는 것은 친밀한 제스처와 친숙함을 교환할 공간을 주었을 뿐만 아니라 다른 것들에 대해서 불평을 하고 혼자 남겨지는 것에 대한 두려움에 대해서 얘기할 수 있는 기회도 제공했다. 매우 오랜 기간 동안 아이라는 자신의 일상생활에서 실제로 필요한 시나리오들을 장난스럽게 만들어 낼 수 있게 되었다. 아이라는 스스로 자신의 각 발달단계에서 무엇이 가장 중요한지 언제나 알고 있었다. 그녀는 사건들에 대해 합리적인 연대순 배열을 제안하고 그렇게 행했다.

음악 거의 1년 동안 우리는 세션에 음악적인 요소를 포함시키지 않았다. 아이라는 음악 감상이나 즉흥연주 같은 것을 원하지 않았다. 혼자 하기도 원하지 않았고 나와 함께하는 것을 원하지도 않았다. 아이라는 자신의 내부에서 무엇이 일어나고 있는지 상징적으로 표현하기 위해서 소리를 사용할 필요를 느끼지 못했다. 스스로에게 무슨 일이 일어나고 있는지 직접적으로 언어로 표현하기 위해서 역할극에 참여하는 것과 말하는 것을 훨씬 더 좋아했다. 아이라는 민속음악 수업에 참여했다. 그녀의 부모는 아이라가 교회에 가서 매우 크게 노래를 부른다고 말해 주었다.

이별

우리에게 이별까지는 20시간이 남아 있었다. 치료 시간은 종종 아이라가 자신의 일상생활에 대해서 얘기하는 긴 대화로 시작되었다. 이러한 대화는 치료 시간에 몇 차례 주요 부분을 차지했다. 그녀의 심리학적 발달 측면에서 보았을 때, 아이라는 '언어적 자기(verbal self)'에 도달한 것 같았다. 이러한 성장된 언어적 자기 인식은 그녀의 현재 일상에 관해 이야기함으로써 그녀 스스로를 직면하게 하는 것을 가능케 했다. 아이라는 더 이상 예전의 정신적 외상에 사로잡혀 있지 않았다.

아이라는 치료실까지 오는 데에 걸리는 긴 시간과 노력에 대해 귀찮아했으며, 치료 시간 사이의 간격을 좀 더 늘리자고 제안했다. 때때로 아이라는 경찰에 관한 주제를 꺼냈지만 상황은 훨씬 덜 극적이었다. 아이라는 베이비시터로서의 자신의 직업에 대해서 얘기했는데 그 일을 상당히 즐기는 것 같았다. 아이라는 그녀가 좀 있으면 숙모가 된다고 얘기해 주었다.

아이라가 나에게 종종 한 질문들 중 하나는 "제가 이 음악치료에 몇 번이나 더 올 수 있나요?" 였고, 나의 대답은 항상 "네가 원할 때까지!" 였다. 그리고 또 다른 질문은 "제가 성인이 되고도 선생님을 보러 와도 될까요?" 였고, 나는 계속 "물론이지!"라고 답했다. 나는 이러한 확신이 아이라에게 매우 좋았을 것이라고 믿는다. 아이라는 모든 것을 다 이해하기 위한 충분한 시간이 있는지를 끊임없이 확인했다. 자신이 원하는 만큼 자신을 성장시킬 충분한 시간과 나에게 가능한 정도의 충분한 시간 말이다. 마침내 아이라는 음악치료를 종결할 만큼 스스로를 성숙하고 큰 존재로 인식하게 되었으며, 음악치료사인 나와 이별하겠다고 말했다.

마지막 치료 시간에 아이라는 도자기에 심어진 화분을 가져와서는 투덜거리며 그것을 케틀드럼(반구형의 큰북, 그것은 그 당시 고장 나 있었다.) 위에 올려놓았다. 아이라는 나에게 그것을 건네 주면서 "이걸 잘 돌봐 주겠다고 약속해 주세요!"라고 말했다. 작은 장미가 그 도자기 화분에서 꽃을 막 피우고 있었다.

논의 및 결론

클라이언트와의 치료과정에서 치료가 의도와는 다른 방향으로 가고 있을 경우에 음악치료사로서 어떻게 해야 할까? 원래의 치료가 음악치료였던 것이 역할극 치료로 바뀌었을 경우에 음악치료사는 어떻게 반응해야 할까? 이 사례연구에서 음악치료는 처음 치료를 시작할 때 보조치료로 사용될 수 있었다. 음악치료는 질병으로 생사를 넘나드는 단계에 있는 육체적으로 아픈 아이를 돌봐 주고 안정시키도록 계획되어 있었다. 그러나 아이라는 자신이 스스로 초기 정신적 외상을 먼저 해결하고, 신체적으로 회복되기 전에 자신이 경험해 보지 못했던 지연된 발달

단계를 거쳐 가야 한다는 사실을 알고 있었다. 6년 동안 지속된 치료는 이 과정을 이루기 위해서 필요했다. 아이가 모든 심리학적 단계를 거의 끊임없이 경험해 가야 하는 상황에서 이 치료를 중단하는 것은 치명적이었을 수 있다. 구강기부터 항문기까지, 정신세계가 '없었던' 상태에서 분리까지 이른 지점에서의 청소년기에 이르기까지 의사소통은 열려 있었으며, 아이라 스스로가 음악치료를 언제 끝낼 것인지 결정할 수 있었다. 만약 내가 이 과정 중에 치료를 그만두기로 결정했다면, 그 과정은 그냥 정지되었을 것이고 아마도 반복적인 퇴행을 일으켰을 것이다. 정지되었다는 것은 이 아이에게 삶의 위협이 될 수 있었을 것이다. 질병을 가지고 있는 사람으로서, 극도로 약하고 치료 목적으로 훈련된 장을 가지고 있는 아이라는 더 큰 정신신체적인 스트레스를 견디지 못했을 것이다.

아마도 아이라가 오늘 듣는 기타수업은 음악치료가 될 수 있을 것이다. 우리가 했던 경험은 사실 놀이치료로 음악 자체에 많은 중점을 주지 않았는데, 나는 아이라가 자신만의 길을 개척하도록 이끌어 주기 위해 음악치료에서 음악적 요소를 충분히 버릴 용의가 있었다.

참고문헌

Asper, K. (1991). *Verlassenheit und Selbstentfremdung*. Munich: DTV.

Canacakis, J. (1991). *Ich sehe deine Tränen-Trauern, Klagen, Lebenkönnen*. Stuttgart, Germany: Kreuzverlag.

Decker-Voight, H. H. (1991). *Spiele der Seele-Traum, Imagination und künstlerisches Tun*. Bremen, Germany: Trialog Verlag.

Decker-Voight, H. H. (1992). *Aus der Seele gespielt-Eine Einführung in die Musiktherapie*. Munich, Germany: Goldmann-Verlag.

Decker-Voight, H. H. (1993). *Pummel-Entwicklungpsychologie am Beispiel einer Nilpferd-Kindheit*. Bremen, Germany: Trialog Verlag Liliental.

Decker-Voight, H. H., Knill, P., & Weymann, E. (1996). *Lexikon der Musiktherapie*. Göttingen, Germany: Hogrefe.

Freud, A. (1983). *Einführung in die Technik der Kinderanalyse*. Frankfurt am Main, Germany.

Hoffmann/Hochapfel. (1991). *Einführung in die Neurosenlehre und psychosomatische Medizin*. Stuttgart, Germany: UTB Schattauer.

Klein, M. (1972). *Das Seelenleben des Kleinkindes*. Reinbeck, Germany: Rowohalt.

Kohut, H. (1990). *Narzismus-eine Theorie der psychoanalytischen Behandlung narzisstischer Persönlichkeitsstörungen*. Frankfurt am Main, Germany: Suhrkamp Verlag.

Niedecken, D. (1988). *Einsätze*. Hamburg, Germany: VSA.

Niedecken, D. (1989). *Namenlos, Geistig Behinderte Verstenhen*. Munich, Germany: Piper.

Priestley, M. (1983). *Analytische Musiktherapie*. Stuttgart, Germany: Klett-Cotta.

Stern, D. N. (1992). *Die Lebenserfahrung des Säuglings*. Stuttgart, Germany: Klett-Cotta.

Winnicott, D. W. (1973). *Vom Spiel zur Kreativität*. Stuttgart, Germany: Klett-Cotta.

Winnicott, D. W. (1983). *Die therapeutische Arbeit mit Kindern*. Munich, Germany: Kindler.

11장 열한 번째 사례

갑옷 차림의 기사: 가난한 십대와의 음악치료

Simona Katz Nirensztein

개 요

엘리는 자살 시도 이후 환경에 적응을 하지 못하는 십대를 위한 기숙학교에 입학한 14세 소년이다. 입학한 당시 그는 어느 누구와도 말하기를 거부하였다. 조산과 빈곤한 가정 환경 때문에 엘리의 자아는 허약하고 일관성이 없었다. 또한 불안, 분열, 정서적 고립으로 인하여 일상생활에 적응할 수 없었다. 이 장에서는 엘리의 자아가 기숙학교에 다니는 동안 받은 음악치료 과정 속에서 어떻게 회복되었는지를 기술하고 있다. 엘리는 안아주는 환경(holding environment)에서 즉흥연주를 하고 치료사와 함께 계속 '감정 조절'을 경험했다. 그리고 공감하는 방식을 사용하여 그의 자아가 거울에 비추어 보듯 드러났다. 이로 인하여 엘리는 자신의 느낌과 접촉하고 음악과 언어 안에서 그 느낌을 표현하며 생생한 감각을 인지할 수 있었다. 결국 그런 제한된 환경에서 이와 같은 종류의 개입이 이루어질 경우, 이 정도의 깊이로 개입을 해도 되는가에 대한 찬반에 관한 도덕적/이론적 문제가 고려되었다.

도 입

내가 기술하려는 이 사례연구에는 어느 추운 12월에 내가 일하던 기숙학교에 입학한 14세 소년이 주인공으로 등장한다. 그곳은 환경에 적응하지 못하는 십대들을 위한 합숙소다. 즉, 그곳에 있는 14~18세의 소년들은 불우하고 반사회적 경향을 가지고 있다고 분류될 수 있다. 이들 소년들의 삶은 물질적 · 정서적인 면에서 빈곤하다고 간주된다. 그들의 부모들은 그들에게 적절한 안아주는 환경(holding environment)에서 성장하는 경험을 제공하는 법을 모르거나 제공할 수 없었다. 또한 물질적 가난, 추방, 약물, 폭력 혹은 성적 학대와 관련된 마음의 상처를 받지 않도록 자녀를 보호할 수 없었다. 상당수의 소년은 심각한 학습 문제를 가지고 있고, 그들 중 일부는 정신병력을 가지고 있다. 그들의 다른 사람과 자신의 환경에 대한 태도는 폭력적이거나 현실 도피적이다.

D. W. Winnicott(1956)은 반사회적 경향에 대한 그의 논문에서, 반사회적 행동은 부족한 점을 채워 달라고 하는 환경에 대한 항변이며 그런 점이 채워지길 바라는 소망의 표현이라는 사실을 강조했다. 그러나 그는 이런 빈곤에 대한 치료적 반응을 제공하는 역할을 시작하기가 어렵다고 주장했다. 창문으로 돌을 던지거나 북을 찢거나 치료사의 고막이 터지게 하는 폭력으로 저항하는 아동이 폭력행위를 중단하고 모든 공허함을 표현하는 끝없는 침묵에 직면하기는 쉽지 않다.

그러나 이 사례연구의 주인공인 엘리는 학교 내에서 전혀 전형적인 성격이 아니었다. 그의 허약하고 내성적인 외양 때문에 그가 친구들보다 더 어리고 허약하게 보였다. 그는 폭력적인 환경으로 인하여 그의 모습이 한층 더 위협적이었다. 학교에 도착하면 자신을 내부로 닫아걸고 함께하는 친구 혹은 성인에게 맘을 열지 않겠다고 결심한 것처럼 보였다.

배경 정보

엘리는 자살 시도 때문에 정신과 주간병원에 입원했고, 6개월 후 기숙학교로 왔다. 그는 그보다 두 살 어린 남동생과 함께 집에 있으면서 4층에서 뛰어내리겠다고 위협했다. 경찰이 참극을 막기 위해 왔다. 병원에서 엘리는 '주된 특징으로 기분저하증이 초기 발병' 되어 고통받는 것으로 진단되었다.

가족은 엘리를 위한 적당한 환경을 제공하지 못했다. 그래서 정신과와 사회복지 서비스 기관은 가족에게서 그를 영구히 분리시키기로 결정했다. 엘리의 아버지는 심각한 진행성 근위축증을 앓고 있었는데, 이로 인하여 엘리의 정서가 불안정하게 되었다. 심리학적 관점에서 보더라도 엘리는 잦은 분노와 폭력으로 인해 영향을 받았다. 발병 전에도 엘리의 아버지는 영구적인 직업이 없었다. 그는 과거에 다른 가족이 있었는데, 그 아내와 아이들에게 전혀 연락하지 않았다. 나약한 성격과 허약한 몸의 엘리의 어머니는 청소회사에서 일하며 가족에 대한 경제적, 현실적 부담을 졌다. 엘리는 두 명의 누나와 두 살 어린 남동생이 있었는데, 그들 모두 심각한 행동 문제가 있었다. 가족은 경제적으로 많이 궁핍한 생활을 하며 사회복지 서비스의 도움이 필요한 상태다.

엘리를 임신한 동안 그의 어머니는 임신중독을 겪었다. 엘리는 7개월에 2kg의 조산아로 태어났고 죽을 위험에 처해 있었다. 엘리가 인큐베이터 속에 있는 동안 그의 어머니는 계속 기도했다고 말한다. 그녀는 그에게 히브리어로 '신이 도왔다.' 라는 뜻의 이름을 짓기로 서약했다. 그녀는 그 순간부터 엘리가 그녀에게는 유일한 희망이었지만 그 희망만으로는 아이에게 행복한 어린 시절을 주기에 부족했다고 말한다.

부모는 엘리의 생후 첫해에 대한 정보를 제공하지 않았다. 그의 발달은 일반적 관점에서 정상이라고 규정되었다. 시간이 상당히 흐른 후 그의 학교와 사회복지 서비스는 엘리가 학교에서 따돌림을 당했고, 광적이고 몸을 가만히 두지 못하며, 안면경련의 문제로 고통을 당했다는 사실을 알았다. 입원하기 1년 전에 그는 학업 수행이 현저하게 악화되었다. 몇 차례의 노력 끝에 그는 가족과 분리되었으나 어머니와 연결된 상호 의존성이라는 복잡한 끈이 이를 불가능하게 만들었다.

정서적 관계를 가지려는 욕구가 있는 경우, 현실에 대한 판단력을 상실할 가능성은 줄어든다. 우울, 분노, 권태와 같은 고통스러운 정서는 죽음에 대한 생각과 연결되고 억제를 위한 엄청난 노력을 하게 만든다. 그리고 그런 정서는 그를 압도하기 위해 위협하며 불안에 의한 공격을 하도록 유도한다. 그 자신을 지키기 위한 노력으로 엘리는 부정, 억압, 정서적 고립, 분리 및 분열과 같은 원시적인 방어 시스템을 사용한다. 그래서 정신과 병원의 보고에서 엘리는 심각한 정서적 문제를 가진 소년으로 규정되었다.

입원 그리고 환경에 적응하지 못하는 소년들을 위한 기숙학교 입학은 그의 의지와는 반대로 실행되었다. 심리치료사의 앞에서 말문을 열지 않으려고 해서 엘리는 음악치료를 받도록 권장되었다. 심리치료사는 걱정하면서 나에게 도움을 요청했다. 그러나 동시에 그는 내게 "매우 신중해야 합니다. 그의 방어는 고집스럽고 힘들어요. 그러나 마치 도자기 타일처럼 약해서 당신이 그것을 만진다면 그것이 깨지는 것을 각오해야 해요."라고 말했다.

이론, 방법론 및 기법

삶이 심각하게 박탈되는 경험을 한 청소년과 일하는 것은 자아의 초기 발달 시기에 부모와의 관계에서 결여된 사항으로 인하여 어떤 영향이 생기는지를 내가 규명하는 데 도움이 되었다. 특별히 나는 음악치료 환경에서 정신분석적 접근법에 의해 많은 것이 이루어질 수 있다는 것을 확신했다. 사실 음악은 일련의 특성을 갖고 있는데, 그 특성으로 인하여 치료관계 유형을 만들 경우 유동성 있게 음악을 변경할 수 있다. 이러한 음악으로 인하여 클라이언트는 자신의 욕구를 표현할 수 있고, 쇠약해졌거나 존재하지 않았던 심리적 패턴을 사용하여 잃어버린 것을 최소한 일부라도 되찾을 수 있다. Winnicott은 "가장 첫 단계에서 충분히 좋은 환경 조건으로 인하여 유아가 생존을 시작하고, 경험을 하고, 개인적 자아를 키우고, 본능을 따르고, 삶에 선천적으로 부여된 모든 어려움에 대면할 수 있다."(1956, p. 304)

고 하였다. 기숙학교에서 소년에게 결여된 점은 우선 '충분히 좋은 환경' 이다.

Winnicott이 표현한 바와 같이(1960; 1971), '반영해주기(mirroring)' 와 '안아주기(holding)' 개념은 나의 접근법에서 도구 역할을 한다. 엘리의 경우 모든 치료과정에 이런 개념이 포함되었다. 엘리의 이야기에서는 안아주기가 육체적 의미에서뿐만 아니라 정신적인 의미에서도 결여되었다. 그 원인은 조산과 극도로 어려운 가정 환경이다.

우리는 이 사례에서 소유욕이 어떻게 충족되는지를 알 수 있을 것이다. 엘리는 역전이의 통합 부분이었고, 그의 안기고 보이려는 욕구는 전이에 의하여 만들어졌다. 육체에서 사용되는 '팔과 눈' 과 마찬가지로 음악도 '팔과 눈' 을 만들었다. 심지어는 말없이 들려지거나 듣고 이해하고 표현하는 것이 치료과정의 핵심이다. 음악과 침묵은 전이의 대안이며 전이를 담는 용기로서, 이것들을 이용하여 치료과정 내에서 엘리의 발달과정 중 다양한 단계에서 적용 가능한 무조건적인 안아주기를 창조할 수 있었다. 어머니상과 융합시키는 경험은 '변화하는 공간' 을 창조하기 위한 기본 작업이다(Winnicott, 1971). 이 공간에서 엘리는 창조력과 무한한 능력을 체험할 수 있었다. 여기서 치료사의 도움으로 그는 자아가 실존적이고 중요하고 가치 있는 실체임을 느낄 수 있었다.

Daniel Stern의 이론에 따르면(1985), 삶의 첫날부터 대인관계에 참여하는 유아의 능력은 그것의 아주 본질적인 무형(구조 없음)에 의한 것이다. 아이의 개인적 경험과 그를 돌보는 사람 사이의 의사소통 채널을 만드는 경우에는 모든 감각이 관련된다.

음악의 비언어적 특성인 그 구성 요소의 복잡성(그들의 원초적 특성 안에서 통합된), 불가피한 신체적 대응부와 여러 감각으로 동시에 전달하는 능력은 자아를 만들어 나가는 경험에 해당되는 조건을 재창조하기 위한 이상적 매개체가 된다. 음악을 이용하여 치료사는 클라이언트에게 주어진 경험의 순간에 상징화 과정을 거치지 않고 적합한 친밀감을 제공할 수 있다. 그리고 어떤 면에서 언어화에서 본질적으로 있는 소외가 음악을 완전히 경험하는 과정에서는 소외되지 않는다. 그런데 그런 소외는 언어 표현에 의한 경험인 경우에는 어쩔 수 없이 존재한다.

Stern의 이론은 관계 창출에서의 기본적 요소로서 비언어적 의사소통을 중요시

한다. '출현하는 자아의식' 의 영역에서 생후 2개월에 타인과의 접촉을 통해 유발되는 정서적 경험의 질인 '생동적 정서(vitality affect)' 의 기본 개념은(Stern, 1985) 음악심리치료적 접근을 사용하기 위한 기초를 제공한다. 특히 그것은 치료적인 타당성과 정당성을 얻기 위해 언어화하거나 특징지을 수 없는 느낌을 표현했기 때문이다. 반면에 음악치료사의 기능은 아동의 숨은 감정을 전적으로 조율하는 것은 아니나 비모방적 행동인 '감정적 조절' 을 이룰 수 있는 사람으로 정의함을 통해서 강조된다. 이 과정으로 인하여 아기의 감정 상태를 공유할 수 있고 결국 상호 주관적인 교환을 하는데, 이 교환이 '주관적 자기' 를 만드는 데 필수적인 요소다. 박탈당한 십대의 경우, 성인의 측면에서 하는 감정 조절 경험이 전체 일생 과정 동안 매우 흔하게 결여되어 있다는 점을 기억해야 한다.

작업 가운데 나는 자아심리학(Kohut, 1984)과 상호 주관적 접근법(Atwood & Stolorow, 1979)을 점점 더 받아들이게 되었으며 그 원리를 따랐다. 치료과정에서 변화하는 요소는 치료사와의 관계다. 즉, 말로 하는 해석보다 치료사의 행동이 더 중요한 변화 요인이다. 무의식적인 의식을 만든다는 의미에서 해석보다 "'더 중요한 어떤 것' 이 필요하다." (Stern et al., 1998) 내가 이해하고 있는 바로는 그 '더 중요한 어떤 것' 에 해당되는 매개물을 만들기 위한 모든 특성을 음악이 갖고 있다. 나는 '바로 이 순간(now monentc)' 의 중요성에 대한 개념을 발견했다(Stern et al., 1998). 이런 인증된 만남의 순간이 치료사의 인생 경험과 연관된 것처럼, 동일하게 클라이언트가 만나는 순간에도 경험이 연관되어 있다. 그리고 그런 만남의 순간이 '클라이언트와 치료사 간에 드러나지 않는 관계의 인식 구조를 변경' 할 수 있고 그 순간이 자세히 설명될 수 있다. 다시 말해, 이것은 '타인과 함께 존재하는 방법, 즉 과정 중에 클라이언트의 내면에서 하는 인식' 을 변경할 수 있는 경험이다(Ibid., p. 903).

이것은 치료사가 자신의 역전이 반응, 특히 치료사가 클라이언트의 음악에 개입하는 방식으로 과정을 지나가며 자신을 표현하는 역전이 반응과 깊이 접촉을 유지해야 되는 상황이다(Bruscia, 1998, pp. 51-120).

따라서 나의 접근법은 지금 여기서 에너지를 최대한 클라이언트에게 맞추는 데 초점을 두고 있다. 이렇게 집중하는 방식에 의하여 클라이언트가 자신의 경험을 통합하여 과거와 현재를 묶는 보다 복잡한 연결 기반 속에 자신의 경험을 입력할 수 있게 만드는 것이 내가 의도하는 바다.

따라서 이 사례연구에서 사용되는 방법은 절대적으로 비지시적이고, 상호 주관적 대면에서 연주되는 엘리의 즉흥곡에서 결여되어 있는 경험을 하도록 허용된 관계의 구조에 집중했다. 자유로운 즉흥연주는 주된 음악적 전달 수단이었으나 다른 경험으로 음악 청취와 춤이 포함되었다. 말과 음악은 자연스러운 방법으로 번갈아 선택되었다. 그리고 가능한 한 클라이언트의 요구에 맞추는 방법으로 선택되었다. 만남은 주 1회에 50분씩 계속되었으며, 전체 치료 기간은 1년 7개월이었다.

치료과정

'타인' 의 입장에 서 보기

나는 심리치료사의 경고가 나를 놀라게 했다는 것을 인정해야만 했다. 나는 모호한 임무를 맡았다. 즉, 접촉은 하되 연약한 도자기 표면에 금이 가지 않도록 하는 임무다. 그 도자기 표면으로 인하여 엘리가 모든 관계에 어쩔 수 없이 포함된 위험에서 벗어날 수 있었다. 그에게 손을 대지 않고 접촉하는 모호한 임무…… 그러나 엘리는 나를 도왔다. 첫 세션부터 그는 자기방어를 하면서 동시에 자신을 개방했다.

엘리는 항상 나를 보지 않고 인사말을 중얼거리며 방으로 들어왔다. 그리고 전자 오르간에 앉아서 연주하기 시작했다. 그의 뼈만 앙상한 손, 날카로운 얼굴 인상에서 나오는 소리가 집중적으로 강렬하게 흘러나와 그의 몸은 형체 없는 외투에 둘러싸였다. 그의 손을 통해 빠른 속도로 연결되는 멜로디가 나와서 차례로 계속 진행되었다. 그는 높은 음에서 시작하기를 좋아했고, 세 번째와 네 번째에서 점차적으로 내려가 낮은 음에 도달하기를 좋아했다. 곧 그는 피아노로 자리를 옮겼다. 그는 형상이 만들어지고 있는 멜로디적 생각의 한계를 흐리고 가늘고 약하게 하면서 오른편 페달을 계속 누르고 있었다. 가끔 그는 양손으로 연주를 하면서

폴리포니 화성으로 대화를 암시하였다. 나는 그의 연주를 절대적으로 집중하여 듣고 보았다. 감각을 통해서 나는 그의 실존을 인식할 수 있었다. 불분명하고 혼란스럽고 고통스러운 마음속 깊숙한 곳에서 음악이 터져 흘러나왔다. 텅 빈 공간을 인식할 수 있었다. 그의 자기 핵심에 도달하려는 노력을 하면서 아무도 그를 이런 방식으로 바라보는 사람이 없었다는 것을 느낄 수 있었다. 나는 음악이 아주 진실하고 깊은 어떤 중요한 것을 표현했음을 인식했다. 어두우면서 강한 색채가 희미하게 움직이는 이미지가 나에게 떠올랐다. '통합되지 않은' 이라는 단어가 떠올랐다. 발달의 첫 단계에 대하여 언급하면서 Winnicott(1945)은 우선 통합과정에 대하여 다음과 같이 주장했다. "두 가지 경험 환경으로 인하여 더욱 용이하게 통합되는 경향이 나타난다. 즉, 아기 보는 기술로 유아를 따뜻하게 보호 및 취급하고, 목욕시키고, 흔들어 움직이며, 이름을 지어 주게 된다. 다른 하나는 예리한 본능적 경험인데, 이 경험은 여러 가지 경험에서 나온 인성을 모으는 경향이 있다." (p. 150)

엘리의 음악이 통합단계와 연결되었다고 인지하면서, 나는 내가 보고 들음으로써 상징적인 '유아 돌보기' 를 그에게 제공하고 있음을 느꼈다. 반면에 그는 자신의 '예리한 본능적 경험' 을 실험하고 표현했다. 나는 나의 역할이 활동적이지 않아야 한다는 것, 그리고 내가 듣고 그 자리에 있음으로써 엘리에게 어떠한 변화나 적응을 강요하지 않는 환경에 존재하게 하고 또 자신이 그런 곳에 존재함을 엘리가 느끼기 시작할 수 있었다는 것을 분명하게 판단하였다. 엘리는 또한 어떤 방법으로도 그를 위협하지 않는 환경에 자신이 있음을 느낄 수 있었을 것이다. 음악의 흐름에 따라갈 준비를 하는 그의 태도는 그 자신의 생활력을 드러내는 것이며 그가 어렴풋이 나타나는 분열에 굴복하지 않겠다는 의지를 표명한 것이라고 판단할 수 있다.

두 번째 세션 동안, 나는 내가 경청하는 중 더욱더 고집 세게 돌아가려는 것을 유지하려는 멜로디 곡조를 들었다. 나는 종이를 가져와 멜로디를 기록했다. 엘리는 머리를 돌렸고 설명을 요구했다. 나는 내가 어떤 모양을 가진 어떤 것을 느꼈고 그것이 사라지는 것을 원치 않는다고 설명했다. 그는 고개를 끄덕였고 만족해했다. 엘리를 통하여 완전히 알게 된 점은 반영해주기였다. 나는 너를 보고, 따라서 너는 존재한다. 너의 음악은 나에 의해 기록된다. 나는 그것을 이해하고 기억하길 원한다. 그러므로 너는 존재한다. 어떤 의미에서 나는 그에게 거울을 제공했다. 엘리는 나의 시선이 계속 그를 향하고 있는지 점검하기 시작했다.

"어머니의 얼굴을 볼 때 아기는 무엇을 보는가? 나는 보통 아기가 보는 대상이 그 혹은 그녀 자신이라고 주장한다." (Winnicott, 1971, p. 112)

'타인'과 공존하기

멜로디 곡조가 사실적인 주요 동기로 발전했다. 그 구조에 거울과 같은 어떤 것이 있었다. 혹은 일정 정도로 대화의 특성이 리듬과 멜로디 구조 속에 포함되어 있었다. 주제의 기반은 3도 하강음, 그다음에 3도 상승음이 응답했다. 높은 C에 대해 낮은 C가 응답하며 점차 올라갔고 높은 C에 도달했다. 완전히 심연의 바닥과 같은 키보드의 끝에서 이 모든 멜로디 음을 시작하여 가장 높은 음을 향하여 가거나 혹은 더욱 드물게 가장 낮은 파트에서 계속 음을 연주한다. 엘리가 멜로디 구조를 통해 반영해주기와 관계에 대한 욕구를 표현하고 있다고 생각할 수 있다. 또한 자신의 심연에 숨어 있는 불안을 치료에 가져오려는 욕구를 표현한다고 생각할 수도 있다. 확실한 점은 그의 멜로디는 우리가 함께 노는 운동장이 되었다는 것이다. 주요 동기 구조와 계속해서 같은 파트가 정기적으로 나타남으로 인하여, 엘리는 관계 속에서 이미 다시 태어났고 음악적 상호작용을 할 수 있을 정도로 발전했다는 생각이 들었다. 조심스럽게 나는 그의 음악에 대한 일종의 역대응 멜로디를 연주하기 시작했다. 그리고 모방하지 않고 나의 응답을 그의 제안에 맞추면서 그에게 감정 조절 경험을 제공하려고 노력했다. 그는 나에게 응답했다. 감정의 물결이 우리를 덮쳤다. 엘리는 자신의 멜로디로 말하던 것을 단어로 혼자서 설명하거나 그가 표현하는 감정을 분류하려고 시도하지 않았다. 나는 그의 멜로디에 '맞추려고' 노력했지만, 우선 그 멜로디 뒤에 숨은 감정에 맞추려고 했다. 우리는 우리의 음악 대화에서 그 대화를 하는 순간부터 양측에 더 많은 자유가 제공된 상태에서 매 순간 발전했고, '생동적 정서'로 Stern이 정의한 방대한 전체 음역의 범위를 통과했다. "다른 사람과 직접 대면하는 순간부터 바로 생기는 경험의 질…… 밀어닥치는, 사라지는…… 격정적인, 크레센도, 데크레센도, 폭발적인…… 역동적, 운동적 관점에 의해 이렇게 파악하기 어려운 질을 보다 많이 포함한다."(Stern, 1985, p. 54) 엘리가 '실존의식'을 가질 뿐만 아니라 이 실존의식에 누군가와 함께 있다는 '공존의식'이 더해졌다. 그리고 그 누군가는 그 자신의 생동감 경험을 그의 경험에 맞춘다. 그의 어둡고 큰 소용돌이 안에서 그와 함께 있는 누군가는 어둡고 큰 소용돌이를 점차 직면하게 될 것이다. 도자기 타일[심리치료사가 엘리를 표현한 말-역주]은 더 이상 이해할 수 없는 존재가 아니다.

'타인'과 의사소통하기

어느 날 함께 어떤 즉흥연주를 한 후 엘리는 스테레오를 향해 몸을 돌려 디스크를 보고 모차르트 심포니를 듣자고 했다. 그러고는 말하기 시작했는데, 그의 말은 '낮은 프레스티시모'로 홍수처럼 쏟아졌다. 그의 말을 알아듣기가 어려워서 나는 그의 입 가까이에 내 귀를 대어야 했고, 때때로 그에게 되풀이해 달라고 부탁했다. 나는 매우 감동했다. 나의 경청 자질과 마음 상태가 음악에 의해 한층 더 보완되었다. 그러나 우리의 공간 안에 말이 도입됨으로 인하여 '공존'을 향한 다른 단계가 드러났다. "사실 모든 말은 두 개의 정신을 하나의 공통된 상징체계 안에서 통합한 후 만들어진 결과물이다. 즉, 공유된 의미로 만들어진 생산품이다." (Stern, 1985, p. 170) 그때부터 우리의 세션 구조가 형성되었다. 엘리는 연주하기 시작했고, 때로는 내가 공유 즉흥연주를 그와 함께했다. 그의 주요 동기는 항상 나타났고, 여기에서 때때로 발전과 변화가 진행되었다. 음악은 그가 자신과 접촉하고 우리의 전이 공간에 설정된 안전선을 재설정하도록 도왔다. 나의 음악적 '팔'은 그가 자신의 생각과 느낌에 의해 일어나는 분열의 위협을 받지 않도록 따뜻하고 안전하게 그를 보호했다. 그러나 음악은 중요한 다른 기능을 가졌다. 즉, 엘리의 감정적 경험을 완벽하게 보호하는 것이다. 음악에는 언어가 감정적 경험과 함께 밖으로 나올 경우 어쩔 수 없이 쪼개져 전달되는 상황이 없다. Stern(1985)에 따르면, "언어는 양날이 선 검이다. 그것은 동시에 형성되는 두 가지 형태의 상호 경험 사이에 쐐기를 박는다. 언어는 생동하며 말로 표현되기 때문이다."(Ibid.,

p. 162) 또한 음악이 세션의 끝에서 다시 나타났다. 말이 터져 나온 중간에 엘리는 그의 실존을 더 객관적으로, 더 명확하게 알리기 위하여 나를 초대했다. 그의 삶이 철저히 두 개의 각으로 나눠져 드러났다. 한편에는 온갖 종류의 좋은 물질과 부모의 제한을 받지 않는 감정, 항상 덕으로 가득한 집과 아주 이상적으로 그려진 가족이 있었다. 그 가정은 의지와 반대로 그들이 사랑하는 아들을 떠나 보내야 했다. 이러한 이상화는 현실을 견딜 만하게 만들었다. 이상화로 인하여 현실이 많이 바뀌었고, 또 엘리의 발달 동안 해결되지 않고 남아 있던 욕구들이 표현되었다. 다른 한편으로 포기, 외로움, 지루함, 성취되지 않은 희망과 실현할 수 없는 꿈의 느낌에 대해 말하는 작은 일화가 나타났다. 나는 짧게 상호작용했다. 설명을 요구하고, 연결을 지적하고, 대조를 만들고, 결국 확실하면서 지각되는 나의 존재를 표현하는 짧은 상호작용을 했다.

경청하는 나의 존재는 엘리에게 그의 다른 자아 부분을 감싸고 통합하는 '봉투' 와 같은 용기(container)를 제공했다(Anzieu, 1989, p. 157). 거짓말과 함께하는 진실, 실망과 함께하는 희망, 생각과 이야기 등의 방법으로 나는 나 자신이 그의 말과 소리를 받아들일 준비가 된 용기가 되는 것을 느꼈다.

그는 그의 몸에 항상 걸치고 있던 분리할 수 없는 외투를 벗기 시작했다. 그 옷을 입고 그의 몸은 항상 숨어 있었다. 이제는 좀 더 상징적으로 나아갔고 더 가볍고 위압적이지 않은 보호를 하였다. 즉, 이제는 그의 허리에 주머니가 달려 있었다.

'타인' 에게 자신을 나타내기

우리는 학년 말로 다가서고 있었다. 치료를 시작한 지 7개월이 지났다. 휴가를 떠나기 전 네 번 만났을 때, 어느 더운 날 우리는 메탈로폰으로 느리게 즉흥연주를 함께하면서 우리의 세션을 시작했다. 그의 움직임은 놀랍게 결정적이고 격렬하며 날카로웠다. 분명히 어느 정도의 기술이 요구되는 규칙적이고 매우 빠른 연속이었다. 그는 고도의 리듬 음악을 찾았고 새로이 몇 차례 춤추기가 시작되었다. 때때로 그는 내가 인정한다는 것을 확인하기 위하여 나의 눈치를 보았다. 나는 무엇보다도 아연실색하게 되었다. 그의 춤은 내가 그날까지 엘리와 공유했던 어떤 것과도 유사하지 않았다. 어떤 관점에서 나는 그것을 새로운 중요한 단계로 보았다. 나는 협동이 나타나서 놀랐고 치료에서 갑자기 신체가 관련되어 기뻤다. 반면에 아주 걱정되었다. 거기에는 어떤 괴상하고 과장된 면이 있었고 생동과 유연성이 부족했다. 그를 관찰하면서 나는 수치심과 유사한 감정을 느꼈다. 그는 내게 텔레비전 앞에서 여러 시간 노력해 이런 춤을 출 수 있게 되었다고 자신 있게 말했다. 그는 7세부터 그것을 연습해 왔다. 나는 아무런 판단도 하지 않고 그것을 반복하도록 격려했다. 나는 그가 가장 적당한 음악을 찾도록 도왔다. 그러나 나는 나중에 슈퍼비전을 통해 그것의 중요성을 알았다. 7개월간의 치료 후, 엘리는 그의 '미성숙한', '적응력이 부족한' 신체를 감싼 외투를 벗었다. 마치 태내에 7개월간 머물렀다가, 자신의 실존을 시작했던 유해한 자궁에서 나온 것 같았다. 수줍어하는 나의 태도는 그의 부적절한 겉모습에 대한 반응이었다. 그러나 동시에 나는 마음속으로 즐거웠고 그의 현 상태를 기꺼이 인정했다. 다른 차원에서 엘리는 매우 친숙한 면을 나에게 보였다. 그것은 아이와 같은 모습이었다. 따를 모델을 박탈당한 상태에서 엘리는 텔레비전 화면을 통해 배우고 세상에 직면할 어떤 것을 찾았다. '어떤 것' 이 괴상하다는 사실이 놀랍지 않았다. 이미 청소년기에 들어선 그 깡마른 신체가 지금 그것을 수행했다는 사실이 특별히 놀라웠다. 비록 무의식적이긴 해도 그것을 처음 느낀 사람은 아마 엘리 자신이었을 것이다. 어떤 의미에서 나는 그에 대하여 수치심을 느꼈다. 다른 이론 배경에서 이것은 투사적 동일시로 불리는데, 나는 여기에서 '그의 무의식적 느낌이 포함된 공명(resonance)' 이라고 정의한다. 그의 내부세계와 다른 인간 존재와의 관계가 중도에 중지되는 우리의 전이 공간에서만 춤추는 엘리가 자신을 나타내고 생존할 수 있었다.

방학 전 마지막 세션이 끝날 무렵, 엘리는 또한 그의 허리에서 주머니를 제거했고 방에서 그것을 잊었다. 후에 그는 감탄과 놀라움을 보이는 그의 동료들에게 그의 춤을 보여 줬다.

화내기

여름 동안 나는 자주 엘리에 관해 생각했고, 우리의 특별한 분위기가 분리를 압도할 수 있을지 궁금하게 생각했다. 우리가 두 달의 휴가 이후 만났을 때 나는 안도감을 느꼈다. 그는 우리가 마치 전날 헤어졌던 것처럼 연주하기 시작했다.

그는 자신의 주요 동기로 즉시 돌아갔다. 그러나 분리가 흔적을 남겼다는 사실이 곧 분명해졌다. 부드러운 단3도는 날카로운 3전음(증4도)으로 바뀌었다. 감싸는 소리가 나오다가 충격적인 소리로 변했다. 나의 모든 개입이 거부되었고 그의 음악에서 제외되었다. 나의 질문에 대한 그의 대답은 없었다. 첫 세션의 끝에 그는 내게 단순하고 명확하게 "나 화났어요."라고 말했다. 그 자신이 분노한 첫 대상이 2개월간 그를 지옥에 남겨 둔 나 자신이었다는 것이 너무도 분명한 설명은 말로는 거부되었으나 음악을 통해서 모두 탐색되었다. 즉, 충격적인 주제와 정기적으로 일어나는 3전음이 그 시기에 대한 주요 모티브가 되었다. 곧 분노한 다른 이유가 더해졌다. 두 살 위의 그의 누나가 같은 기숙학교에 보내졌다. 엘리는 당황했고 정신적 부담을 느꼈다. 그는 책임감과 상처받기 쉬움을 느꼈다. 특히 그는 그의 식구가 그를 뒤따라 여기에 왔다는 것이 걱정되었고, 그로 인해 우리의 개인적인 공간이 침입당할 수 있다는 위협을 느꼈다. 이런 느낌 중 일부는 말로 표현되었고, 일부는 선율과 음들 사이에서 내가 느낄 수 있었다. 사실 이상화된 가족의 모습이 깨졌다.

도자기 타일에 금이 갔다. 어느 날 엘리는 1분이 지체된 이유로 방에서 나를 찾지 않았다. 그의 분노는 내면을 향하여 터졌다. 나의 사과를 거절하는 그는 춤을 연습하기 시작했다. 그러나 그는 줄 잘린 꼭두각시 인형처럼 두 걸음마다 멈췄다. 그것은 절망적인 장면이었다. 젖은 새끼고양이처럼 나를 보며 그는 말했다. "어떻게 춤을 추는지 잊어버렸어요." 나의 지각이 그의 기분에 불을 지른 셈이 되어, 그의 기분에 접근하면 그에게 분열에 가까운 감정이 일어났다. 한 가지 차이점은 이제 그가 치료에서 위협감을 표현한다는 사실이다. 치료 면에서는 발전이지만, 거기에 퇴행적 성격이 포함되었다. 여러 해 동안 형성된 겉모습을 망각한 것이다. 그는 시도하고 또 시도했다. 또한 자신이 음악을 찾아서 춤을 다시 출 수 있도록 도와달라고 요청했다. 나는 그가 존재할 수 있도록 도와달라고 내게 요청하고 있음을 느꼈고 그는 곧 그의 방어가 힘없이 무너지고 있음을 느꼈다. 나는 그런 귀중한 것을 찾지 못하는 상태에서 고민을 반영해 주었다. 나는 엘리가 찾고 있을 때 그와 함께 있으려고 노력했으며, 현재의 그에게 적당한 새로운 춤을 찾으라고 그를 격려했다. 그가 그렇게 할 수 있다고 깊이 신뢰하면서 그를 북돋아 주려고 했다. 그러나 우리는 이것이 옳지 않다는 사실에 부딪혔다. 엘리의 춤을 위한 음악은 존재하지 않았다. 그는 준비되지 않았다.

결석 중의 접촉

엘리는 다음 세션에 오지 않았다. 그리고 다음 주 또 그다음 주에도 오지 않았다. 그는 학교에도 가지 않았으며 학교로 돌아오는 것을 거부했다. 나는 가정 상황이 악화된 이야기와 학교에서 그의 또래들과 관련된 부정적 사건에 대하여 사회복지사가 전하는 말을 들었다. 학교로 돌아가도록 부모가 그를 강요할 수 없었고, 그와 남동생을 돌볼 수 없었기 때문에 긴장은 극적이었다. 가정 폭력 사건은 날마다 발생했다. 동시에 집에서 강제로 이동하라고 요구하는 법원의 명령이 그에게 내려져 있었는데, 그것은 소년원에 그가 억류될 가능성을 의미했다. 그러나 엘리는 법원의 명령에 저항하고 있다고 판단되었고, 학교를 감옥이라고 계속 말했다. 나는 고통스러웠고 혼란스러웠다. 나는 그의 결석 때문에 공허함을 느꼈고, 여기에 나를 위한 메시지가 있음을 깨달았다. 즉, 엘리가 치료에서 직면했던 변화도 외부 현실과 엘리의 관계를 위협했다. 자기보호를 향한 그의 경향은 그에게 속도를 늦추도록 강요했다. 내가 만일 엘리에게 그의 결석에도 불구하고 우리의 관계가 존재한다는 암시를 주고 싶다면, 이 환경 밖으로 나가서 집에 있는 그를 부르는 것이 그를 도울 유일한 길이었다. 의사소통을 위해 그에게 우리 관계가 존재한다는 신호를 주고, 심지어 음악으로 제공된 전이 대상을 포기하기까지 했다. 나는 그렇게 하기로 결정했다. 집에 있는 그에게 전화 거는 것은 나에게 중요한 소리 입력을 제공했다. 그에게 전화를 거는 동안 나는 그의 집에서 음악 소리를 들었으며, 그의 엄마의 날카로운 목소리, 지배적인 텔레비전 소음, 교양 없고 공격적인 대화의 일부를 들었다. 나는 엘리와 같은 음악적인 영혼의 피부에 닿는 이런 종류의 '소리 포장'에 대해 느껴질 불쾌함을 상상했다. 우리의 대화에서 그는 나에게 많은 말을 하지 않았다. 엘리는 통화할 때 당황하고 침착성이 없었다. 나는 그에게 기대를 걸고 있고 그가 다시 오기를 바라면서 그에게 자유 시간을 준다는 점을 확실하게 밝혔다. 그는 슬프게도 내가 아팠던 때인 그다음 주에 왔다. 그가 나의 닫힌 방 앞에서 오래도록 앉아 있었다고 내게 말했다. 그 주 이후 나는 다시 전화를 걸었는데 이번은 사태가 달랐다. 엘리는 "나에게 어려운 것은 기숙학교에서 많이 직면하지 않는 생활을 하고 있고 그것은 결국 집에 있는 것처럼 그렇게 즐겁지 않다는 거예요. 내가 마음대로 할 수 없는 것은 여기에서 도망치는 거예요." 라고 말했다. 나는 해소해야 될 불안이 분리의 행동 뒤에 숨겨져 있었고 그가 엄마와 자신의 유대관계에 대한 어떤 중요한 것을 내게 말하고 있다고 느꼈다. 물과 같은 이미지가 떠올라서 나는 그것에 대해, "그것은 열이 떨어질 것을 알면서 차가운 물에 뛰어들려 하는 것과 같아. 결국 그것은 너를 견딜 수 없는 추위에 떨게 하지." 라고 그에게 말했다. 이해받고 있어서 엘리가 안심한다는 느낌이 수화기를 통해 전해졌다. 아마도 연상이 주관적 인생 경험(내 신체, 차가운 물을 내가 싫어함/좋아함)에서 나오기 때문에, 이것이 변화연구 그룹의 진보(The Process of Change Study Group; Stern et al., 1998, p. 903)에 의하여 정의된 '바로 이 순간' 이었다고 생각한다.

한 주 후에 엘리는 틀림없이 기숙학교로 돌아왔다.

복귀: 관계 속에 '실재' 하기

우리의 전화 만남들은 우리의 만남 분위기에 영향을 미쳤다. 그 만남으로 인하여 현실과 연결된 점을 인식하게 되었다. 그 만남은 우리의 만남을 더 중요하게 만들었고 동시에 마술적 성격을 감소시켰다. "결국 당신의 직업이 무엇이죠? 당신은 음악으로 작업하는 심리치료사예요." 라고 엘리는 말했다. 그는 내 현실의 정체성을 폭로했을 뿐 아니라 그의 집의 진실한 단면을 내게 드러냈다.

그러나 음악은 계속해서 우리가 만나는 기반이었다. 우선 즉흥연주를 통해 엘리는 치료실에서 그의 존재를 재확립했고, 자신의 기분과 가장 깊은 느낌을 나에게 이해시켰다. '생동적 정서' 가 그의 음에 의해 방출되었다. 리듬, 날카로움, 강박적인 반복, 분노의 폭발, 감소 그리고 우울한 생각이라고 지적된 단조, 반면 애정으로 가득 찬 대화를 열망한다고 나에게 말하는 두 손의 합류, 또한 가끔 빠르게 속삭였던 말이 음악의 흐름 속에 도입되었다. 학교의 냉대에 대해 이야기하면서, 엘리는 학교에 있으면 현실의 집에 있는 느낌이 들어서 적응을 못한다고 말했다. 죽음을 둘러싼 갑작스러운 환상에 대해서, 엘리는 때리려고 환자용 지팡이를 들어올리는 아버지와 아버지를 조롱하는 괴상한 리골레토와 같은 아이가 차례로 그를 공격하기 위해 그로부터 지팡이를 훔쳐 간다고 묘사했다. 때때로 생동적 정서의 특징이 포함된다.

> "너의 음악에 대한 오늘 네 느낌은 어떠니?"
>
> "나는 분노, 슬픔, 지루함을 느껴요."
>
> "누구를 향한 분노?"
>
> "어머니요. 결코 멈추지 않고 나에게 평화를 주지 않고 언제 어디서나 나를 따라다니는 그녀의 목소리."

그리고 다시 우리가 직면할 수밖에 없는 대상을 함께 보기 위하여 음들의 강으로 들어갔다.

우리는 함께 치료한 지 16개월이 되었다. 분노는 타악기 형태를 취했다. 그는 다보카를 연주하고 나중에 드럼을 치려고 피아노를 중단했다. 내 방에 두 개의 드럼이 있었는데, 하나는 아름다운 새 것이고 다른 하나는 오래되고 불완전했다. 그는 어떤 때는 이 북으로, 또 어떤 때는 저 북으로 연주했다. 때로는 나에게 함께 연주하는 역할을 시키고, 때로는 그를 이끌고 가거나 혹은 그의 위치, 충만함, 힘, 분노에 대한 고민, 커다란 방어 외투에 갖힌 억압된 에너지를 표현하는 역할까지 시켰다. 낡은 드럼은 그 자신을 표현하기 위해 누군가 다른 사람에게 기대선 어리고 부적절하며 너무 마른 작은 엘리였다. 반면 새 드럼은 자신의 감정에 직면할 힘을 가진 성인이 되어 가는 과정에 있는 큰 엘리였다.

너무 빨리 학교의 마지막 달이 왔다. 이후에 우리는 헤어져야 했다. 우리는 기숙학교라는 '감옥'에서 출소하는 이 오랫동안 바라던 날에 음악이라는 품도 함께 떠나야 함을 깨달았다. 처음에 엘리는 이를 부정했다. 그것은 그에게 불가능하다고 판단되었다. 그러나 그것은 너무 빨리 왔고, 그가 이해했을 때는 자신의 방법으로 방어했다. 그는 낮은 소리로 돌아가고 그의 외투의 단추를 하나씩 끼워 천천히 잠갔다. 그는 연주할 시간을 갖지 않기 위해 함께 들을 카세트를 내게 가져왔다. 2년 만에 처음으로 그는 늦게 왔고, 심지어는 우리의 다음 마지막 세션을 잊었다. 마지막 만나기로 한 날에 그는 학교에 오지 않은 것이다. 우리의 실제적인 작별인사는 감정적이고 대체로 디미뉴엔도, 피아니시모로 조용하게 전화를 통해서 이루어졌다.

나 자신의 분리행위는 후에 고통스러웠고 치료 환경 밖에서 일어났다. 나는 엘리를 위하여 치료를 받을 수 있도록 연결해 주는 것에 대한 긴급한 필요성을 강조하기 위해 그의 거주지를 관할하는 사회복지사를 만났다. 엘리에게 자아를 계속 재구성할 기회는 학교 밖에 있었고, 그와 같은 문제를 가진 아이들과 함께 치료를 받을 것을 강조했다. 엘리는 태어났으나 그의 성장을 계속할 수 있도록 안아 주는 팔이 그에게 필요했다. 그 후에 나는 텅 빈 용기처럼 공허한 느낌을 받았지만 내가 옳은 일을 했다는 감정을 가지고 있었다.

논의 및 결론

치료과정은 그렇게 연결되었고 피아니시모로 끝났다! 24박의 압도적이고 흥을 돋우는 코드로 이루어진 아름다운 종지를 드럼 몇 개와 트럼펫을 가지고 연주한 것이 더욱 만족스러웠다.

피아노시모로 끝낸 것이 때때로 모렌도(점점 느리고 사라지는)로 표시되면서 함께 연주됨을 잘 알고 있다. 한편 때로는 영혼을 어루만지는 어떤 것과 불확실하고 미래 속에 숨은 결과를 상징하는 감동적 느낌으로 끝나기도 한다. 우리 자신에게 이 이야기의 마지막이 어떤 연주 형식에 속하는가에 대하여 질문한다면, 타당성과 치료과정의 윤리성에 대한 질문이 제기될 수 있다. 즉, 어떤 의미에서 이 치료과정은 클라이언트에게 퇴행을 가져다주고 자기 안에 한정된 성격에 포함된 관계에 의존했다.

어떤 사람은 그런 친밀관계를 만들어 엘리가 방어벽을 낮추게 하고 결국 자신의 운명을 포기하게 만든 것은 역효과를 주었다고 주장할 수 있다. 또한 그에게 포기감과 분열적인 외로움을 다시 생성시켰다고 주장할 수 있다. 이 질문에 대해서는 우선 치료의 끝에 연결된 역전이 느낌으로 응답할 수밖에 없다. 주관적인 견해로, 이 분리는 내 입장에서 무한한 능력의 부재를 인식하면서 현실에서 충돌한 것이다. 더 깊이 설명하자면, 실제로 나의 무능력이 존재한 것이다. 스스로 나 자신과 수행해야 하는 협상에서 나는 비관하는 순간을 경험했다. 그때 나는 죄의식에 경계를 그었다. 그러고 나서 선택에 대한 환상을 자세히 설명했다. 내가 도달한 결론이 나와야 하는 곳은 바로 이런 견해에서다. 내가 매우 나쁘게 원한 것이지만, 나는 엘리의 치료를 위하여 앞으로의 계획을 포기해야 했다. 그리고 덜 위협받는 환경에서 더 포용적인 동행을 그에게 제공하려고 노력했다.

동시에 내가 했던 일을 다시 할 것인지에 관한 질문을 나 스스로에게 한다면 나의 대답은 명백한 '예' 다. 처음으로 진실하게 이 일 외에 다른 일을 할 수 없었다는 단순한 이유에서 그렇다. 엘리와 나 두 사람 사이의 특별한 관계, 우리의 특별한 음악과 함께 그 특별한 시공적인 환경에서 그 상태 그대로 있을 수밖에 없었고 그 외에 아무것도 될 수 없었다. 그리고 이것은 다른 무엇도 아닌 바로 엘리가 접촉할 수 있었고 인간으로서 그의 본성을 위협했던 그 어두운 큰 소용돌이를 공유하는 환경이었다. 내가 이해하고 있는 바로는 이런 유형의 관계 경험으로 인하여 엘리는 자신의 힘과 재결합하고 심리적 발달이 차단되거나 쇠약해진 메커니즘을 설정하기 위한 필수불가결한 기초로 볼 수 있다. 오로지 그 자체로 인정받고 받아들여지며 소위 말하는 사랑받는 존재로 살기 원하는 엘리와 같이 상처 입은 인간을 우리가 데려오고 그 자신의 어두운 감정 또한 직면할 수 있었다.

자신의 존재의 연속성을 관계 안에서 경험하는 것은 어쩔 수 없이 그 관계의 분열로 인하여 고통받을 위험에 자신을 노출함을 의미하지만, 대신 존재하지 않음, 우울, 공허감 중 하나를 선택할 수 있는 것이 사실이다. 자신의 힘으로 재관계를 맺은 첫 표시는 점차적 방식으로 나타난다. 그런 방식으로 엘리는 나에게서 등을 돌릴 수 있었다. 드럼 혹은 트럼펫 없이, 그리고 여러 번의 박탈로 인하여 그의 방어력이 견딜 수 있는 한도 이상으로 그는 충격을 받았다.

적절한 관련 상황에서 인간이 자신을 개발하고 보호하는 타고난 능력을 갖고 있다고 믿기 때문에, 나는 가장 변화된 이론 중 한 가지를 찾았다. Heinz Kohut는 그의 자기이론의 핵심 가운데 하나로 다음을 주장하였다. 정신분석 치료에서 필수 요소는 "자기와 자기 대상(self-object) 사이에 공감대를 여는 일이다. 특히 성숙한 성인단계에서 자기와 자기 대상 간 감정이입에 의한 조절을 완성하는 일이 필수적이다."(Kohut, 1984, pp. 65-66) 자아 형성에서 어머니상에 대한 애착의 핵심적 역할을 재검토하는 John Bowlby의 애착이론에서는 자기의 표현과 관계 모델을 재구성하기 위한 필수불가결한 시작점으로서 안전한 기반을 구성하는 관계를 치료에서 제공하는 것의 중요성을 재차 강조한다(Bowlby, 1988, ch. 8). 그다음에 무조건적인 존재의 치료적 가치를 강조하는 초개인적 접근법(transpersonal approach)이 있다(Welwood, 2000). 다른 관점에서 Nordoff와 Robbins의 '음악 아동' 도 적절한 음악적 환경 안에서 가장 심각한 장애에도 불구하고 자아 기능의 반응을 통해 자기실현을 향하는 경향을 표현한다(Bruscia, 1987, p. 57).

엘리의 사례로 다시 돌아와서, 위에 차례로 열거한 과정이 그에게 다음을 제공할 수 있었다. 소위 '충분히 좋은 환경' '공감적 반응' '안전한 기반' 또는 '무조건적 존재' 다. 즉, 상처받은 자아는 이런 것 없이는 치유될 수 없다. 이는 마치 바이러스 차단 및 영양 보급과 같은 기본적 조건이 있을 경우에만 우리의 몸이 상처를 아물게 할 수 있는 것과 같다. 무엇보다도 엘리에게는 이런 기본적인 조건 중 하나가 음악에 의해 다시금 제공되었다. 엘리가 자신의 중간 대상으로서 음악의 힘을 발견하고 자신의 내부세계를 통합할 뿐만 아니라 다른 인간과 연결하는 의사소통의 다리로서 음악의 힘이 작용할 수 있었다는 사실에 고유한 중요성이 있음을 강조하고 싶다. 그의 음악과 우리의 음악이 그와 함께 있고, 서로 이해하는 감정도 함께 있다.

내 생각의 요점은 David Grossman의 『말의 육체화(*Words into Flesh*)』(1988)에서 인용한 다음 문장에 잘 요약되어 있다. "아무도 그에게 이런 식으로 이제까지 말을 걸지 않았다. 기록으로 그에게 의사 전달을 하고, 그 방식으로 성공적 결과를 얻었다. 이 아이는 주목의 대상이었기 때문에 모성적 돌봄과 친절을 또한 받았다. 그러나 그는 이해받는 존재와 같은 이런 기쁨을 경험하는 것이 드물었다.

천만다행이다. 갑옷을 벗기면 그 안에 여전히 살아 있는 기사가 나타난다." (8월 5일자 편지)

참고문헌

Anzieu, D. (1989). *The Skin Ego*. New Haven and London: Yale University Press.

Atwood, E., & Stolorow, R. (1979). "Faces in a Cloud: Intersubjectivity." In *Personality Theory*. Northvale, NJ: Jason Aronson.

Baker, S., & Baker, N. (1987). "Heinz Kohut' s Self-Psychology: An Overview," *The American Journal of Psychiatry*, 144, 1.

Bowlby, J. (1988). *A Secure Base*. London: Routledge.

Bruscia, K. E. (1987). *Improvisational Models of Music Therapy*. Springfield, IL: Charles C. Thomas Publisher.

Bruscia, K. E. (1998). *The Dynamics of Music Therapy*. Gilsum, NH: Barcelona Publishers.

Grossman, D. (1998). *Shetehi Li Hasakin* (Words into Flesh). Tel Aviv: haKibbutz haMeuchad.

Kohut, H. (1984). *How Does Analysis Cure?* (Edited by A. Goldberg in collaboration with P. Stepanky). Chicago: University of Chicago Press.

Stern, D. N. (1985). *The Interpersonal World of the Infant: A View from Psycho-Analysis & Developmental Psychology*. New York: Books.

Stern, D. N., Sander, L. W., Nahum, J. P., Harrison, A. M., Lyons-Ruth, K., Morgan, A. C., Bruschweiler-Stern, N., & Tronick, E. Z. (The Process of Change Study Group) (1998). "Non Interpretive Mechanisms in Psychoanalytic Therapy," *International Journal of Psychoanalysis*, 79, 903.

Welwood, J. (2000). *Towards a Psychology of Awakening*. London: Shambhala.

Winnicott, D. W. (1956a). "The Antisocial Tendency." In *Through Pediatrics to Psychoanalysis: Collected Papers*. New York: Basic Books.

Winnicott, D. W. (1956b). "Primary Maternal Preoccupation." In *Through Pediatrics to Psychoanalysis: Collected Papers*. New York: Basic Books.

Winnicott, D. W. (1960). "The Theory of the Parent-Infant Relationship." In *The Maturational Processes and the Facilitating Environment: Studies in the Theory of Emotional Development*. London: The Hogarth Press and the Institute of Psychoanalysis.

Winnicott, D. W. (1971). *Playing and Reality*. London: Tavistock Publications.

12장 열두 번째 사례

"음악은 나의 내면을 이야기해요": 한 청년의 목소리 세계

Gabrielle Fruchard and Edith Lecourt

개 요

이 사례연구는 사회 적응에 어려움을 보이는 십대 청소년을 위한 파리의 특별 보호기관에서 이루어진 것이다. 에티엔느는 기타 연주를 즐긴다. 그러나 치료 형태는 수용적 음악치료가 적용되었다. 수용적 음악치료에서 사용되는 음악작품은 치료사와 클라이언트에게는 외적인 것으로, 음악이 관계(성인과 청소년, 치료사와 클라이언트 사이)를 중재하는 지원책으로 제공된다는 사실은 일찍이 안정된 환경을 제공받지 못한 경우에 특별히 유용하게 여겨진다. 에티엔느는 세션 동안 직접적으로 자신의 이야기를 하지 않고 음악적 담화를 사용하는 방식으로 '음악은 나의 내면을 이야기해요'로 나타냈다.

또한 이것은 사례연구의 전형적인 방법론적 경험분석이다. 이것은 슈퍼비전이 아니고 임상자료의 이중적 분석이다. 즉, 하나는 청소년 음악치료사로부터이고, 다른 하나는 연구자(음악치료사이며 정신분석가)로부터다.

도 입

수용적 음악치료(receptive music therapy)에서 악기보다 목소리에 대한 반응은 매우 직접적이고 감정적이며 개인적이다. 우리는 일반적으로 목소리의 음색에 민감하다. 우리 각자에게 어떤 목소리는 참을 수가 없고 또 어떤 목소리는 매우 깊은 감동을 준다. 이러한 특별한 감성은 수용적 음악치료에서 음악작품을 선택할 때 어려움을 줄 수 있기 때문에 아주 전통적인 형식(고전음악 또는 낭만주의 음악)에 머무르려는 경향이 있다. 그러나 이 사례에서 소개할 청소년 에티엔느의 경우는 역동적인 관계를 보여 준다.

이 사례연구는 사회 적응에 어려움을 보이는 파리의 십대 청소년을 위한 특별보호기관에서 이루어진다. 24명의 소년이 그곳에서 생활하고 있는데, 그들의 개인 경험담은 자포자기를 비롯한 단절의 연속이었다. 이러한 상황의 결과는 그들이 의사소통하려는 방식에서 매일의 일상적 관계행동을 보면 관찰된다.

이 소년들은 교육을 제대로 받지 못하여 고통을 받았고 의사소통을 진행할 도구로서 언어적 소통을 무시했다. 말로 하는 언어 사용이 감소한 것이다. 결국 언어치료를 받아들이고 진행하기가 어려워서 그들을 돕기 위한 다른 치료법이 사용되었다. 음악치료는 질적 관계(예: 신뢰, 책임 등)를 통하여 소년들을 정신분석 작업으로 초대하는 데 사용되는 일종의 '중재' 의 하나가 된다.

음악은 집단에서 혹은 개인이 자발적으로 자신들을 표현하는 것으로 택하였다. 이 사례에서 에티엔느는 기타 연주를 즐긴다. 그러나 치료 형태는 수용적 음악치료가 적용되었다. 수용적 음악치료에서 사용된 음악작품은 치료사와 클라이언트에게는 외적인 것으로, 이러한 치료에서 음악이 관계를 중재하는 지원책(성인과 청소년, 치료사와 클라이언트 사이)으로 제공된다는 사실은 일찍이 안정된 환경을 제공받지 못한 경우에 특별히 유용하다. 음악은 감정과 신체적 반응, 생각, 이미지 등의 공통적 공간을 만든다. 이 공통적 공간에서 정신적 고통은 직접적으로 초점이 되어 드러나지 않는다. 즉, 그 고통이 현존하면서 인식되지만 배경 속에 남아 있다. 우리는 음악이 클라이언트를 치료과정으로 도입하기 위한 '우회도로' 로서 작용하는지 논의해 볼 수 있다. 이 우회도로 안에서 에티엔느는 목소리에 대한 중요한 장소로 의미를 두게 된다.

배경 정보

에티엔느는 늘 혼자 있는 조용한 소년으로 변화를 갈구하는 우호적인 성격을 가졌다. 1998년 9월에 보호기관에 들어왔으며 그 당시 16세였다. 에티엔느는 그가 영아기 이후부터 같이 살아 온 두 살 연상의 형 마틴이 있는 양육가족과는 함께 지낼 수 없었다.

사회보장 서비스의 도움까지 받았지만 그들의 젊은 어머니는 자녀들을 돌보지 못했기 때문에 두 남자 아이를 위한 양육가족을 찾기로 결정하였다. 입양되었을 당시 에티엔느는 4개월 된 아기였다. 두 소년의 아버지는 독일인이었다. 그는 큰 아이의 이름을 '마틴' 이라고 짓고, 에티엔느는 어머니가 잊었다고 생각하는 남자 친구 중 한 명의 이름을 받았다. 에티엔느가 태어나자 아버지는 곧 독일로 돌아갔고, 그 이후로 어머니는 그와 연락을 끊었다. 그녀가 갖고 있던 유일한 정보는 독일인 할머니의 주소였다. 그래서 에티엔느는 자신의 아버지에 대한 정보가 거의 없었다. 에티엔느는 자신의 아버지가 이제 '누군가와 깊고 안정된 관계' 를 갖고 있을 거라고 말한다. 아버지는 이제 새 가정을 갖고 잘 유지하고 있다고 상상한다. 그래서 아버지와 연락하는 것으로 아버지를 방해하지 않기로 결심한다. "아버지는 과거에 상처를 받았으니까, 제가 아버지의 인생을 복잡하게 만들 거예요……." (에티엔느는 주위 사람들이 하는 충고를 받아들인 것 같다.)

어머니하고는 별로 규칙적으로 연락하는 관계는 아니었다. 그러나 시간이 지날수록 계속 유지되었고, 어머니가 가정 없이 어린아이를 돌보기(즉, 자녀의 요구를 들어주기)가 특별히 어려웠다고 말하지만, 에티엔느는 그녀에게 애착되어 있었다. '소년의 집' 에서 생활한 후, 그는 자신의 공부를 마치는 동안 그녀와 살려고 돌아왔다.

양육가정에서는 양어머니가 아이들에게 관심을 기울였지만, 양아버지는 가족

융합에 특별히 관심을 갖는 것으로 보였다. 그러니까 질서와 전통적 방식으로 이루어진 생활 말이다. 에티엔느는 이러한 환경을 한마디로 요약한다. “양아버지는 양아버지일 뿐이에요.” 이러한 맥락에서 사춘기로 인한 에티엔느의 변화는 허용되지 않았다. 양육가족은 에티엔느에게 외모에 신경 쓰지 말라고 했고, 그의 예술적 관심은 이 환경에서 이해되지 않았다. 반대로 형 마틴은 잘 적응하고 자신을 잘 관리하였으며 과학에 관심을 가졌다. 에티엔느는 “그는 제 형이죠. 전 마틴을 잃을 수 없어요. 하지만 우리는 각자가 외로웠어요.”라고 말했다. 오랫동안 이 아이들을 알고 지내 온 한 교육자가 그들은 매우 다르고 연관된 점이 나타나지 않지만 서로에게 책임감을 드러낸다고 말했다. 에티엔느는 소년의 집에 있는 동안 형의 방문을 받았다. 그러나 마틴과 비교되는 것이 항상 나빴다. 마틴은 지적이고 진지하며 잘 적응하고 인정받는 모델로 보였기 때문이다.

평가 양육가정에서 흔히 나타나는 바와 같이, 청소년기의 징후들은 원가정에서 양육되는 경우보다 훨씬 지지하기 어렵다. 이 통로를 도울 자연적이고 혈연적인 자녀관계다운 것이 없기 때문이다. 수많은 사례에서 그것은 단절되는 순간이다. 에티엔느의 사례에서 이러한 상황은 아버지의 인정을 못 받는 상황이 반복되고, ‘질서가 잘 잡힌 상황’에서 자신이 혼란을 느끼는 감정이 강화되고, 그 상황으로 인하여 자신을 아버지상과 결합시키지 못하게 된다. 투사형 테스트(Murray의 주제통각검사)에서 인정을 받고 싶은 욕구, 자신을 표현하기 위하여 남을 유혹하는 경향이 나타났다. 그러나 전반적으로 그의 수행은 논리적이고 충분히 구조적이었다.

집에서 허락을 받고 에티엔느는 그래픽아트를 공부하기 시작했다. 그러나 최종시험에서 합격하지 못했고, 2000년 9월에 직업을 원예로 바꾸었다. 원예는 자연과 꽃에 관련된 사항이 포함되어 그래픽아트, 꽃, 음악을 통한 미적 관심과 특별한 연관성이 관찰된다. 에티엔느는 음악을 좋아한다. 기타를 연주하고 형과 함께 즐긴다. 그는 1년간 기타수업을 받았다. 집에서 교사의 도움으로 기타 연주를 하면서 샹송을 불렀다. 에티엔느는 자신의 음악에 대한 욕구를 마약중독에 비유하면서 말했다. “제가 음악을 연주하지 않는다면 미쳐 버릴 겁니다!”(프랑스어로 “Si je ne jouais pas de musique, je pèterais les plombs!”, 나는 화가 날 것입니다!) 질문을 받았을 때, 그는 음악에서 자신이 '많은 것' 을 찾는다고 말했다. 즉, 소리로 말하고 한정 짓지 않으며 모든 것에 접근한다는 것이다. 그는 '자각의 일종으로' '음악을 통하여 매일 자신의 생을 재발견한다는 것' 을 알게 된다.

방법 및 기법

여기에서는 음악치료 세션과 이 사례를 준비하는 데 사용된 연구방법에 대해 설명할 것이다.

음악치료 세션

1998년 11월(시작한 지 2개월 후), 에티엔느의 음악에 대한 욕구에 부응하여 치료팀은 그에게 개별적인 치료를 받을 것을 권했다. 치료는 2년간의 학교생활 동안 계속되었으며 총 45회 세션이었다.

요청을 받았을 때, 에티엔느는 주당 45분 세션의 음악치료를 받으라는 권유에 동의했다. 음악치료사 Gabrielle은 그에게 3개월마다 공통적 평가를 받으라고 요청했다. 그 평가로 새로운 기간을 가져야 할지 중단해야 할지를 결정할 수 있었다. (그는 2년간 매번 연장했다.) 이러한 유형의 계약은 치료에서 경험하는 첫 좌절감으로 인해 충동적으로 종결짓고자 하는 데 대한 좋은 예방책이 된다.

세션은 세 부분으로 구성된다. 자유롭게 얘기한 결과, 각각 다음과 같이 하였다. 첫 번째와 세 번째는 수용적 방법이다. 즉, 녹음된 작품을 감상하는 것이다. 두 번째 부분은 첫 청취에 대한 적극적인 음악적 답의 가능성을 제공하는 것이다. 그것은 자유로운 즉흥연주를 통해서 이루어진다. 세 번째 부분은 이렇게 녹음된 즉흥연주를 듣는 것이다.

우리의 연구는 첫 번째 부분에 중점을 두었다. 첫 세션에서 음악치료사는 3~5분 길이의 음악작품을 선택한다. 치료사는 클라이언트에게 음악을 들으면서 '생각, 이미지, 기억, 감정적 · 신체적 반응 같은 것이 일어나는 것에 대해 이야기할 것'

을 요청한다.

첫 번째 목적은 치료관계를 용이하게 만드는 것이다. 두 번째는 외부와 내부 세계, 정신, 의식, 전의식, 무의식을 구분하도록 돕는 것이다. 이 작업으로 인하여 전의식 '공간'(환상, 꿈 등을 위한 공간)이 발달된다. 수용적 음악치료에서는 음악치료사에 의한 음악작품의 선택과 감상(최소한 치료의 첫 단계)이 특별히 중요하다. 이러한 선택을 위한 방향을 정하는 데 도움이 될 또 다른 방법으로는 다양한 유형의 음악에 대한 반응을 통계에 의하여 연구한 자료 참조, 주제 선택, 각 악곡의 음악적 구조에 관한 세밀한 측면을 참조한 선택 등이 있다(이 주제에 대한 Gabrielle Fruchard의 음악치료[1994]를 보라.). 이 사례연구에서 음악치료사 Gabrielle은 개인적으로 한 세션에서 다른 세션까지 자신의 직감을 따르는 개인적인 선택을 한다. 그녀의 음악적 선택은 그 관계(그녀가 좋아하는 작품과 그녀가 인지한 것을 연합)를 이해하면서 역전이가 의식적으로 되는 과정이 반영된다.

사례연구에 사용된 방법론

우리는 두 차례에 걸쳐 두 단계로 나누어 작업했다. 에티엔느의 치료사인 Gabrielle Fruchard는 45회 세션에 수집된 임상적 자료를 모았다. Edith Lecourt는 이 자료를 따로 읽도록 하였다. 최종적으로 두 사람은 자료를 재검토했다.

첫 단계는 임상적 자료 선택이다. 자신의 기록을 읽으면서 Gabrielle은 이번 치료 전반에서 목소리가 매우 중요함을 발견했다. 이렇게 관찰한 후 그녀는 세션에서 목소리 자료가 공통적으로 나타난 점에 집중하기로 결정했다. 이 자료를 수집하여 세 가지 주요 범주로 분류하여 구성했다. 그것은 합창에 대한 에티엔느의 반응, 남성의 목소리와 여성의 목소리에 대한 에티엔느의 반응이다. 그녀의 연구는 정체성 질문에 주로 초점을 두었다. 이 세 범주에서 그녀는 다양한 주제, 즉 차이, 이상함, 한계, 신체적 반응 등을 관찰했다. 이러한 임상적 작업에 대한 분석을 통하여 목소리와 관련된 자신의 역전이 부분을 발견하게 되었다(그녀의 음악적 도구가 목소리인 경우).

두 번째 단계는 이 임상적 자료를 연상한 자료로 사용한 Edith Lecourt와 이 자료에 대해 의견을 나누는 것이다. 그녀는 음악치료사와 클라이언트 간의 관계에 관하여 어떤 말이 (추측으로서) 나오더라도 당연한 일로 생각하였다.

이러한 견해에서 볼 때, 이 치료 작업에서는 음악치료사와 에티엔느 사이에 공통적인 공간 창조에 대해 기본적으로 동의하는 것이 나타났다. 즉, 개인적 면대면 관계는 제3의 요소인 음악으로 열리게 되었다. 음악은 문화의 일부이므로 치료사와 클라이언트의 공통적 외부 배경이다. 게다가 성악곡은 공통적인 대상으로서 부분적으로 내적이며 외적인 것이다. 그것은 Gabrielle과 에티엔느가 노래 부르는 것을 좋아하기 때문이다. 이 두 가지 사항으로 인하여 전이 공간과 대상에 대한 Winnicott의 개념을 떠올리게 된다. 이 두 사항은 의식 수준에 존재하며 세팅의 일부가 된다.

그러나 자료를 다시 별도로 읽은 후에 다른 두 가지 관점이 드러났다.

- Gabrielle은 자신이 선택한 음악작품에서 목소리가 점점 더 중요해진다는 점과 관련하여 자신의 역전이가 사용되는 범위를 발견하였다(45개 작품 중 28개 작품은 그녀가 임상적으로 잘 활용하지 않는 성악작품). 게다가 그녀는 에티엔느의 목소리(부드럽고, 미묘한, 풍부한 하모니)가 그녀에게 민감하게 느껴지는 것을 알았다. 이것은 이러한 관계의 유혹적인 부분으로 보였다.
- 개인적 자료를 통하여 Edith는 그의 이야기와 기원에 관해 전심으로 열중하는 공간에 대하여 Gabrielle과 에티엔느 사이에서 '무의식적인 조정' 이 나타난다는 가설을 세웠다. 이런 '무의식적 조정' 은 한마디로 요약될 수 있다. "우리는 그것에 대해서 말하지 않는 것이 좋겠다."

사실상 Gabrielle은 청소년기의 사례에서 음악치료는 언어적 치료에 비하여 일종의 '우회도로' 라고 생각한다. 다시 말해서, 음악치료는 에티엔느가 자신의 이야기에 집중하지 않고 다른 차원의 표현을 사용하여 자신에 대한 이야기를 하는 간접적 방법이라고 생각한다. 이 사례에서 음악치료를 선택한다는 것은 실제로 좋은 논의거리가 된다. 또한 에티엔느가 자신의 아버지에 대해 말하면서 아버지에게 아들의 존재를 상기시켜 아버지의 '잘 정리된' 새 인생에 피해를 주지 않는 것이 낫다고 생각한 점을 관찰했다.

프랑스의 정신분석학자인 René Kaës는 개인 및 집단 관계는 주로 무의식 차원의 '금지적인 협의' 에 바탕을 두며 관계가 결속되도록 한다고 하였다. 이는 부인에 관한 무의식적인 협의다. 이러한 협약의 내용은 금지적이다. 그것은 말해지거나 행해지지 않아야 할 사항 또는 방해받지 않아야 할 사항에 대한 협의다. 이 무의식적 과정의 긍정적인 측면은 에티엔느의 사례에서 미지의 '수수께끼' 로 남는 것을 인정하는 데 대한 지원이다. 그러나 또 다른 측면은 아버지의 삶에 관한 이상화 과정을 강화한 점이다. 음악은 이중과정, 즉 에티엔느의 이야기에 대한 불가사의한 메시지와 이상화에서 생긴다. 에티엔느는 음악적으로 이상화된 목소리 자화상을 만든 것으로 판단되었다.

결국 이렇게 나타난 양상으로 우리는 다음과 같은 다섯 가지 항목으로 임상적 자료를 분류할 수 있었다.

1 음악에 관하여: 접근—거리감
2 목소리와 성적 정체성
3 목소리와 기원
4 '음악으로 이야기를 전하다'
5 이상화

치 료

세션에서 사용된 음악은 이 사례연구의 말미에 해당 세션 번호와 더불어 소개된다.

음악에 관하여: 접근—거리감

음악에 대한 에티엔느의 반응은 목소리/악기 그리고 동작/동작 없음의 두 가지로 구별하여 자신의 특별한 관심을 표현한다.

목소리/악기

에티엔느는 우선 성악곡에 반응한다. 그리고 성악에서 그가 묘사하는 한 목소리(남성 또는 여성)에 주로 집중한다. 성악곡에서 에티엔느는 악기와는 연상 작용을 하지 않는다(이러한 작품의 많은 부분에서 나타남). 그는 단어를 이해하려고 노력하지 않는다. 비록 학교에서 배운 영어로 되어 있어도 그에게는 '낯선' 소리일 뿐이다. 단어에 관심이 없고 목소리의 질과 멜로디만 선호하는 것 같았다.

동작/동작 없음

일반적으로 에티엔느의 음악세계에는 두 가지 종류가 있다. 동작이 있는 것과 동작이 없는 것이다. 축제 분위기의 대중음악과 춤을 추기 위한 음악은 전자에 속한다. 그 음악은 여성의 목소리(세션 8)라기보다 남성의 목소리(세션 4와 9)다. 그러나 그 음악들은 그가 어린 시절에 어머니와 참여한 켈트 축제에 대한 기억과 연관되어 있다. 이러한 음악을 선택함으로써 직접적이고 전체적인 반응을 한다. 그러한 선택은 참여를 유도한다. 한편 종교음악(혹은 일부 고전음악)은 주로 '평탄하고' '동작이 없다.' 비록 이러한 음악이 에티엔느의 인식과 기분을 바꾸어도, 세션 37에서와 같이 '어두운 분위기'가 발생하면 음악적 기쁨이 상실된다. 그리고 '무언가를 말하고 있는 완전히 공감하는 남성의 목소리' 조차 이 새로운 분위기에 덮여 버린다. '이 음악은 좋은 분위기를 깬다.'

'중장년' 또는 '청소년' 음악이 존재한다면 에티엔느의 경우는 음악이 세대와 관련되지 않는다. 그것은 세대를 초월한 표현 수단이고 많은 다른 요구에 응답한다. 그의 형 마틴은 그 음악에 대한 모델이다. 그가 고전 및 신세대 음악을 모두 좋아하기 때문이다.

목소리와 성적 정체성

개별적 목소리에 집중하여 에티엔느는 그것들을 표현해 내려고 한다. 이러한 관심은 자신의 성정체감에 몰두하면서 나타난다. 흔히 성적 기관을 암시하는 용

어로는 남근: 힘(force, 그러한 힘을 얻는 것에 대한 불안감), 힘(power, 힘을 갖고 있지 않은 사람은 '우습다'), 목소리를 가지고 있거나 가지고 있지 않음(여자와 같은 남자), 크기('큰 목소리') 등이 있다. 그는 가수가 목소리를 크게 내려고 하는 방법에 호기심을 갖고 있다. 예를 들어, 세션 36에서 에티엔느는 남성의 목소리에 대해 언급한다. 즉, 그것은 '찢는다', '어디에 들어간다', 그런 다음 '귀 속으로 흐른다.' 이러한 성적 몰두는 청소년에게 당연하고, 더 세밀하게 말해서 성악적 '우회도로'는 성적 몰두를 공유할 좋은 방법이다. 이러한 견해에서 보면 악기에 관한 침묵이 너무 위험하게 성과 관련된 환상으로 연결되지는 않는지에 대하여 관찰할 수 있다.

세션 중 음악에 다른 목소리와 악기가 있을지라도, 에티엔느는 가끔 여성의 목소리에 집중했다가 남성의 목소리에 집중했다. 여성의 목소리는 크게 '날카로움'과 '큰 소리'의 두 가지 범주로 분류된다. 세션 2에서 그는 매우 날카로운 여성의 목소리에 천국을 연상시켰다. 세션 11에서는 '심오한 여성의 목소리'로 인식된 것을 제공했는데, 그것은 전체적으로 신체 반응의 전율을 느끼는 상태를 불러일으켰다. 한편으로는 '날카롭고 강렬하며 잘 조율된 여성의 목소리'로 그에게 감성을 자극했다. 이것들은 두 가지 양극적 상황이다. 바이킹 노래(세션 8)를 들으면서 그는 힘, 의지, 열정으로 여성 자신을 위압하는 목소리라고 말했다. "그녀는 남성만큼 큰 목소리를 내네요." …… "인상적이에요." 그것은 그에게 어머니와 켈트의 기원을 상기시켰다.

여성의 목소리와 마찬가지로 남성의 목소리는 세션 4에 나온 바와 같이 두 개의 범주로 인식되었다. 하나는 기본적인 것이고, 다른 하나는 더 멜로디적이고 아름다운 것이다. 다른 세션(세션 9)에서 아름답고 큰 목소리를 가진 한 남자가 홀로 동작의 음악을 포함시켜 축제 분위기를 만들었다. 에티엔느가 판단하기에 남성의 목소리는 움직임이 없는 상태에서 동작을 이끌어 낸다고 생각하는 것 같았다.

남성 목소리와 마찬가지로 여성 목소리는 단어가 이해되지 않을 경우일지라도 '이야기를 전하는' 느낌을 준다. 언어의 어려움은 어떤 여성 목소리의 경우에 주목된다(이상함을 유발하면서). 그러나 남성의 목소리는 결코 그런 이상함 없이 본질적으로 음악적 질에 대해 감상을 하는 것으로 여겨진다.

치료의 마지막 단계에서 에티엔느는 남녀 간의 차이에 대하여 주의를 집중한다(세션 31, 35, 36 등). 예를 들면, "나는 남자 목소리를 좋아하지 않아요. 여자로 계속 노래가 진행되는 것을 좋아하지요. 게다가 남자는 아니에요. 여자 목소리는 아름답지만……. 가끔 남자 목소리로 시작되었을 때 무언가 망쳐 버리고…… 끝에 가서…… 우스꽝스럽게 되어 버려요." 에티엔느는 계속 말했다. "항상 이렇게 중요한 것을 진부하고 평범하게 처리하고 있어…… 모든 것을. 남자는 무의미하고…… 그래서 여자예요!" 그러면서도(세션 36) 에티엔느는 남성의 목소리 모델이 '대단하고 멋지고' '힘 있게 움직인다' 는 점을 발견했다. 그러나 이러한 음악에 '큰소리를 내는 여성 음성' 이 빠졌다고 생각한다. 이러한 반영은 우리가 다음 주제로 넘어가도록 이끌었다.

목소리의 기원

이 주제에 대하여 세 가지 종류의 반응이 있다. 즉, 전체와 혼란, 과거에 대한 기억 그리고 '여성의 큰 목소리' 다.

전체와 혼란

에티엔느의 연상된 자료에서 합창은 매우 낮은 자리를 차지하고 있다. 목소리에 대한 말을 꺼내지 않고, '소리' 에 대한 말을 하면서 6분 이상 지속된 합창(세션 42)에 대하여 이야기했다. 그가 합창의 진행 상태에 대하여 언급하지 않을 경우는 마치 목소리가 홀로 존재하는 것처럼 하나의 목소리에 대하여 관심을 집중했다.

종교적 합창은 상투스 '글로리아 미사곡(Missa di Gloria)' (Puccini)을 제외하고는 '평탄하고 움직임이 없다.' 이 음악에 많은 평을 하였는데, '땅의 위대함, 인간의 운명, 우주와 우리의 영혼을 불러일으키는 어떤 것, 꿈을 꾸는 우리의 능력, 수많은 다른 것들' 이 그것이다. 이러한 종류의 음악을 들으면서 그는 전체를 찾고 있다고 말한다.

앞에서 언급한 바와 같이, 17회 세션에서 나타난 기악곡은 일종의 무관심한 들러리 같았다. 그는 파트, 멜로디 등을 구분할 수 없다. 이미 우리는 방어기제에 관한 가설을 만들어 성적 환상을 피했다. 같은 식으로 그것은 또한 퇴행에 대한 열망일 수 있다.

그러나 세션을 통하여 에티엔느는 목소리 차이에 점점 관심을 갖게 되었고 개별적 특성을 찾게 되었다. 마지막 2회 세션에 기악곡이 포함되었는데, 에티엔느는 그것들 자체의 가치를 높이 평가하였다.

기원

앞에서 살펴본 바와 같이, 에티엔느는 음악이 세대를 초월한다고 생각한다. 그러므로 기원에 대한 질문을 논의하기에 음악은 좋은 매개물인 것이다. 비록 종교음악에 대해 그는 '움직임 없고 슬프다.' 고 주로 인식하지만, 그것은 또한 '답이 나오지 않은 질문' 이라고 말한다. 세션 2에서 남성 및 여성 목소리의 합창에 대한 반응으로 죽음, 지옥, 천국(여성의 목소리)를 연상하면서, 에티엔느는 '우리가 접촉할 수 없는 것에 대해 이야기하는 음악' , 종교, 내세와 관련된 죽음에 대하여 말하였다.

'여성의 큰 목소리'

이 사례는 에티엔느가 반복적으로 집중하는 이상한 '여성의 큰 목소리' 로 돌아가는 것으로 우리를 초대한다. 이러한 '큰' 중후한 목소리는 그의 어머니가 켈트족 출신임을 상기시킨다. 그리고 에티엔느에게는 그의 어머니와 기원(그의 생모 및 그를 교육시킨 양어머니)이 원형으로 나타나는 것 같았다. 또한 목소리의 질과 계속 연관시키는 것은 치료관계의 전이 측면일 것이다. Gabrielle의 목소리는 어머니와 기원에 특별히 연관성을 나타내면서 지지하고 표상될 수 있다. 프랑스의 정신분석학자 M. F. Castarède(2000)는 다음과 같이 기술했다. "목소리의 기원은 상실된 것이다. 분명히 상실된 객체인데, 사랑과 음악적 즐거움을 통하여 연장된 경험을 탐색한다."

'음악으로 이야기를 전하다'

에티엔느는 접근하기 어려운 이야기로 자신을 나타낸다. 그것은 마치 자신의 존재가 가족의 단절, 아버지의 유기, 무언가 잘못된 것, 문제의 발단인 것 같다. 그 이후 아버지는 새로운 생활에 순응했고 진정한 생활을 시작했다. 그리고 양가족이라는 새로운 가정이 제공되었다. 그러나 '그때'는 어떠한가? 단절 이전에는 어떠했는가? 어떤 단일함 및 완전함이 존재했는가? 양육가족은 '그러한 것'에 대해 말하지 않았다. 그들은 '그러한 것'을 몰랐고, '그러한 것' 때문에 근심을 갖기를 원하지 않았다. 그의 양어머니는 그러한 것은 잊혀진다고 말했다. 모두가 그에게 묻지 말라고 하고, 아버지를 찾으려고 하지 말고, 사회를 어지럽히지 말라고 명령하는 것 같았다. 그의 형 마틴은 순종하는 모델이었다.

음악은 어떤가? 음악은 '그 이야기를 말한다.' 이것은 에티엔느의 연상 작용에서 반복적으로 나타났다. 우리가 정확히 이해할 수 없는(마치 외국어처럼) 어떤 이상한 것일지라도 음악은 소리를 가진 다른 언어였다. 그것은 우리가 말할 수 없는 '그것'을 말하였다. 즉, 기분, 기원, 죽음, 낙원, 완전한 느낌에 대하여 말한다. 음악은 단어를 사용하지 않고 그 이야기의 느낌을 제공했다. 음악은 폭로되지 않는다는 것을 보장하며, 다른 사람을 방해하지 않으며, 폭로된 사실에 의하여 혼란되지 않음이 보장된 상태에서 이야기에 접근할 수 있는 방법이다. 예를 들어, 한 여성이 부른 세션 3의 영어 노래는 이상한 감정을 유발시킨다. "우리 앞에 우리가 이해하지 못하는 누군가가 있는 것처럼 그녀는 확실히 여러 가지를 말한다. 그것은 어떤 이야기를 말하고 있다." 에티엔느는 학교에서 영어를 배웠고, 그의 아버지의 언어는 독일어였다. 그는 이상한 감정으로 이 두 언어에 특별히 반응했다. (음악치료사 Gabrielle이 관심을 갖고 가끔 혼란을 느꼈음을 주목하게 되는데, 그것은 에티엔느의 연상들이 '보호기관'의 청소년과 다르게 음악적 재료에 중점화된 것이다.) 직접적인 단어로 말하는 곳에는 그에게 미칠 위험이 있고, 그의 환경에도 (혼란을 줄) 위험이 있다. 음악은 이 이야기와 접촉하고 지지하는 유일한 길이었으며 그의 내적인 인생이었다. 그리고 음악은 아버지에게서 유래한 독일문화의 일부였으며 두 형제가 공유한 우선적인 도구였다.

이상화

이상적 통합, 완전성, 하모니는 에티엔느가 실제 아버지를 상상한 삶을 묘사한 방법이다. 그리고 마틴은 그 모델로 보였다. 음악은 공통적인 것, 의사소통적인 것, 인정되고 가치를 평가받는 표현 공간을 제공했다. 음악은 에티엔느에게 '가정' 내에서 가치를 평가받는 공간을 제공했다. 음악의 문화적이고 미적인 차원은 그의 직업 선택과 관련이 있다. 그것은 그래픽아트와 꽃이다. 미, 좋은 형상, 조화에 대한 이러한 요구는 적응(아버지, 형, 양육가족을 통한 이상적 일치)이라는 접근할 수 없는 모델을 미적으로 전환하고 대체하는 것이다. 동시에 앞에 나온 바와 같이 음악은 그를 자신의 실제 이야기로부터 보호한다. 이 사례에서 이상화는 상실한 사랑의 객체인 기원을 회복하려는 시도이고, 상상 속의 기원이 되는 완전성에 도달하려는 시도다. 그러나 우리는 또한 그가 고통을 겪어야 했던 것에 대한 억눌린 공격성의 강도를 상상할 수 있다. 그 이상화는 파괴에 대한 방어기제다.

음악치료는 이러한 방어기제를 강화할 수 있었으며, 분쟁과 억압적 감정을 피할 수 있었다(Lecourt, 1998). 그러나 그가 성장하는 이 순간에 오로지 가능하게 한 것은 나누고 분석하는 공간을 열어 둔 것이다.

결국 이 연구를 에티엔느가 받아들이면서(그의 동의서) 인정할 만한 가치를 갖게 한 것이다.

결 론

이 수용적 음악치료 사례는 청소년을 위해 음악은 서로 공유될 수 있고, 성인과 새로이 신뢰성 있는 관계를 만드는 방법이며, 방어기제가 존중된다는 것을 보여준다. 동시에 '그의 이야기를 말하는' 모든 세션은 성적 변형에 대한 불안감, 성적 동일시, 그의 이야기에 대해 알려지지 않은 기묘한 것 그리고 자신의 정체성에 대한 문제들이다. 우리는 '금지적인 협의' 에 기반을 둔 치료적 관계의 방법을 택하였다. 그것은 에티엔느의 이야기에서 '우리는 실제 이야기를 전하는 데 동의하지 않는다.' 는 것이다. 또한 다른 음악작품에 대한 에티엔느의 연상 작용의 모든 경우에서 이러한 협약이 다시 등장하는 것을 발견했다. 음악은 '우회도로' 와 같은 방법이다. 즉, 말로 표현할 수 없는 것을 '전하는' 방법이었다. 그리고 이 역시 협약의 일부였다.

세션에 사용된 음악작품

세션 2: Vivaldi, Magnificat: Et misericordia, 4:00

세션 3: Laurie Anderson, Strange Angels: Strange Angels, 3:51

세션 4: Musique du monde, Les Nyamokala du Fouta Djallon: Munny'ré, 4:11

세션 7: Puccini, Messa di gloria: Sanctus, 3:14

세션 8: Garmana, Le mystère des chants vikings: Herr Holger, 4:30

세션 9: Iggy Pop, Brick by Brick: Home, 4:00

세션 31: Musique du monde, La squadra, chansons génoisess: Strasetti d'Arba, 4:02

세션 35: Stravinsky, Le Rossignol: Rossignol et le Pécheur, 4:15

세션 36: Brahms, Un requiem allemand: 1ére partie du "Denn wir haben die keine bleibende Staat," 6:30

세션 37: Britten, Curlew River: Near the black mountains there l dwelt, 5:52

세션 43: Couperin, Leéons de Tènébres pour le mercredi: beginning of the third Lesson, 4:00

참고문헌

Castarède, M. F. (2000). "Voix de la passion et passion de la voix." In Vrait F.X. Dire la voix, *approche transversale des phénomènes vocaux*, Paris: L' Harmattan.

Fruchard, G. (1994). "Enregistrer des cassettes, outil thèrapeutique auprés d'adolescents, mèmoire du D.U." *Art en thérapie et en psychopédagogie*, Universitè Paris 5.

Kaës, R. (1989). "Alliances inconscientes et pactes dènègatifs dans les institutions," *Revue de Psychothérapie Psychanalytique de Group*, 13, 27-38.

Lecourt, E. (1998). "The Role of Aesthetic in Countertrasference: A Comparison of Active Versus Receptive Music Therapy." In K. E. Bruscia (ed.), *The Dynamics of Music Psychotherapy*. Gilsum, NH: Barcelona Publishers.

Winnicott, D. W. (1971). *Playing and Reality*. London: Tavistock Publications Ltd.

제3부

성 인

13장 **열세 번째 사례**

정신병동에 있으며 정신장애로 치료를 받고 있는 환자들에게서 삼자 구조의 중요성

Susanne Metzner

개 요

삼자 구조의 중요성은 정신역동적 치료과정을 겪고 있는 젊은 정신분열증 환자의 예에서 볼 수 있다. 저자는 정신 병동의 여러 전문 분야에 걸친 치료팀에서의 다변적 전이(multilateral transference) 상황을 반영하는 이론적 토대가 되는 삼자 구조 모형(triadic structure model)을 제시한다.

도 입

정신역동적 심리치료에서 음악치료는 환자 개인의 개별적인 요구를 포용할 수 있는 임상치료 방법의 한 요소다. 이런 조정은 여러 전문 분야에 걸친 치료팀이 제공하는 치료와 이 치료를 통해 자신의 치료 환경을 조성하고 치료관계를 형성하는 환자 자신 간의 상호작용 안에서 일어난다. 정신역동적 접근을 따랐을 때, 치료는 이 상호관계에 특별히 주목하며 정신병동 안에서 사회적 네트워크를 일으키게 된다. 그것은 환자의 정신 내적 상태와 실제 삶의 대인관계에 있어 통찰할 수 있게 해 주는 재현으로 보이기 때문이다. 이를 이해하는 것은 질병을 치료하는 것처럼 잠재된 능력(정신적 재능, 소질)을 찾아내고 활성화하는 데 도움이 된다.

양자 구조(dyadic structures)와 삼자 구조(triadic structures)는 이 복잡한 사회적인 네트워크의 가장 작은 요소로 작용한다. 이 장에서 나는 정신장애를 가지고 있는 개인의 치료에서 삼자 구조의 중요성에 대해서 초점을 맞추고 삽화(vignette) 사례의 도움을 받아서 삼자 구조를 조명해 볼 생각이다.

나의 논문은 이 환자와의 첫 만남을 설명하는 것으로 시작된다. 이후에 내가 개발한 삼자 구조 모형에 대해서 이론적으로 소개할 것이다. 마지막으로 나는 병동에 있으면서 이 환자를 음악치료 한 상황 중에 환자의 일대기와 현재 삶의 상황 및 정신이상의 징후의 관계에 있어서 중요한 음악적 현상에 대해서 분석할 것이다. 나의 설명과 해석은 다소 주관적일 수 있는데 그 부분을 별개의 서체로 구별해 두었다.

배경 정보

억지: K씨와의 첫 대면

나는 K씨와 약속을 했다. 내가 기록해 놓은 바에 따르면 K씨는 23세로 나이보다 훨씬 어려 보이며 소녀처럼 보이는 긴 금발머리를 가진 아가씨였다. 그날은 금요일이었다. 10일 전에 K씨는 우리 정신병동에 입원했으며, 명확한 정신이상 증세를 보였다. K씨는 몇 주 전에 헤어진 예전 남자친구가 자신의 아버지를 쏘아 죽였다는 과대망상 증세에 시달리고 있었다. 그녀가 입원한 후 처음 며칠 동안 그녀의 상태는 이전에 쓰던 용어인 '정신착란(mentally deranged)'으로 가장 잘 묘사될 수 있었다. 신경이완제 치료의 도움으로 4~5일이 지난 지금 그녀는 더 잘 적응하였다. 그 사이에 K씨는 정신병동의 일상적인 일들에 참여하게 되었다. 그녀는 개인 음악치료를 통해 더 많은 정신치료적 도움이 필요하다는 제안을 받았다. 나는 그때 환자를 한 명 더 볼 수 있는 상황이었는데, 이 젊은 아가씨에 대한 나의 호기심은 그녀를 내 환자로 택하도록 했다.

나는 호기심을 가지고 금요일에 환자의 방으로 들어섰는데, K씨의 어머니는 K씨로부터 재빠르게 물러나며 말했다. "아, 음악치료, 그건 아마 착오였던 것 같아요." 모든 일이 너무 빨리 일어났기 때문에 나는 인사조차 할 겨를이 없었다.

내가 보기에 K씨는 자신의 침대에서 튕겨지듯 벌떡 일어나 나를 따라 음악치료실로 갈 기세였다. 음악치료실은 건물의 1층에 위치해 있었다. 나는 그녀가 매우 창백해 보였기 때문에 K씨의 혈액 순환에 대해서 걱정했다. 그러나 K씨는 모든 것이 괜찮다고 얘기하며 걷기 시작했다.

K씨는 우리가 지나가야 하는 모든 문 앞에서 머뭇거렸다. 병동 문 앞에서 그녀는 이것은 착오인 것 같다며 자신은 음악치료를 전혀 원하지 않는다고 말했다. 나는 당황했고, 잠시 멈추었다가 침묵을 지킨 후에 K씨가 치료실 방향 혹은 그녀의 병실 방향 중 어느 쪽으로 움직일지 기다려 보았다. 앞으로 갈까, 뒤로 갈까? K씨는 앞으로 전진해서 나와 함께 음악치료실로 들어섰다.

음악치료 첫 세션에 나는 K씨에게 음악치료에 대한 정보를 주는 것으로 제한했다. 아직도 퇴행의 위험성이 있고 머뭇거리는 이 환자에게 가장 좋은 도움은 다소 객관적인 수준의 의사소통을 하게 하는 것이라고 판단했기 때문이다. 비록 내가 매우 조심스럽게 행동했지만, 우리 둘 사이의 상황은 암울하게도 불투명했다. K씨는 그녀의 표정과 동작처럼 말이 느렸으며, 나는 내가 마치 모든 것을 삼켜 버리는 심한 안개 속에 있는 듯한 느낌이었다. 단 하나 확실했던 것은 K씨가 자신은 약물치료 외에 그 어떤 다른 치료도 원하지 않는다고 선언한 것이다. 나는 그녀의 결정을 존중한다고 말하고, 다음 주에 혹시 그녀가 마음이 바뀔 수도 있으니 다시 한 번 물어보겠다고 했다. 그러고 나니 우리 사이에는 더 이상 의논할 만한 것이 남아 있지 않았으며 헤어질 시간이 되었다. 그런데 갑자기 치료 시간을 마무리 짓기가 어려웠다. 이 환자는 이별하는 것이 어렵다고 생각할까? 그녀 자신으로부터 분리되는 것이라고 생각할까? 그리고 나는 무언가를 억지로 깨어 버려야 하는 듯한 느낌을 받았다.

치료가 끝나고 나서 나는 매우 불쾌하고 복합적인 감정을 느꼈는데 그것을 말로 옮기는 것은 쉽지가 않았다. 내 생각 밖으로 나오는 일이 쉽지가 않은 것이다.

다음 주 초가 되어서 나는 약속한 대로 음악치료에 대해서 다시 한 번 얘기하고 싶었다. 그러나 의사가 회진하는 동안 K씨가 너무 졸려 해서 내가 그녀에게 가까이 갈 수 없었을 뿐만 아니라 그 후로도 두 번이나 시도했지만 그녀에게 접근할 수가 없었다. 며칠이 지난 후에 나의 학생 중 하나가 실습을 하면서 우연히 K씨의 아버지를 병동에서 만나게 되었다. 그는 나의 학생을 음악치료사로 착각해서 자신의 딸의 음악치료에 대해서 그녀에게 물어보았다. 그 학생은 K씨의 현재 상태에 대해서 아는 바가 없었기 때문에 어떻게 반응해야 할지 몰랐고, 특히 자신이 하고 있는 실습에만 관심이 있는 상태였다. 그녀는 대답을 뒤로 미루었으며, K씨의 아버지는 전혀 만족스러워 보이지 않았다.

그 어떤 것도 제자리인 것처럼 보이지 않았다. 어느 누구도 누가 뭘 원하는지 알 수가 없었고, 나는 처음부터 다시 시작하길 간절히 소망하고 있었다. 치료가 진전되자, K씨는 음악치료를 시작하고 싶어 하였다.

만약 우리가 만나지 못했다면 어디서 만났을까? 이런 모호한 질문을 가지고 Deuter(1995)는 정신이상 환자의 치료에서 매우 전형적으로 보이는 그 상태를 정확히 꼬집어 얘기한다. 이는 단지 환자와 치료자의 만남에 국한되는 것이 아니라, 서로 감정적인 수준에서 만나지 못하거나 너무 상처받기 쉬운 상태에 있어서 공포와 방어 작용을 낳게 되는 상호 접촉에서 일어나는 방해까지를 포함하는 것이다. 우리의 경우에 이런 문제는 환자와 치료사 두 사람을 넘어서는 문제였다. 예를 들면, 치료팀의 다른 사람들이나 환자 가족까지를 포함하고 있었다.

모든 사례가 K씨의 경우처럼 다른 사람들이 많이 관여하고 있는 것은 아니다. 우리는 K씨의 가족에게서 좋은 정보를 얻게 되었는데, 그 일부는 의도적으로 주어졌으며 일부는 의도하지 않았음에도 주어졌다. 그 정보는 가족 구조에 관한 것으로 나중에 그에 대해 언급하고자 한다. 이것은 치료 작업에서 흔히 일어나는 것은 아니다. 더 자주 일어나는 것은 정신역동적 이해뿐만 아니라 우리가 치료하면서 무엇을 하는지가 병동에서 재현하는 것으로 도출되거나 우리의 역전이 현상에서 도출되는 결론에 달려 있다는 것이다.

치 료

여담: 여러 전문 분야에 걸친 팀치료

정신과 환자를 치료할 때 여러 전문 분야에 걸친 정신역동적인 팀치료는 일반적이며, 특히 정신과 환자를 치료할 때 각각의 팀 구성원들은 환자에만 국한되는 치료를 하는 것이 아니라 동등한 권리를 가지고 있는 다른 팀 구성원들과도 연계되는 치료를 하게 된다. 그러므로 여러 전문 분야에 걸친 팀치료는 단지 다른 치료과정의 총체가 아니라 특정 분야를 강조하는 특정한 방법을 사용하는 것이며 관련된 팀원의 관계까지를 포함하는 것이다.

비록 위에서 '동등한 권리' 라는 말을 썼지만, 나는 병원 진료에서 축적된 계급적인 구조에 대해서 부인하는 것이 아니다. 또한 나는 팀원 사이에 자격 요건이나 경쟁력 등에서 차이가 있다는 말도 부인하고 싶지 않다. 정신역동 치료 관점에서 각 구성원이 동등한 권리를 지니는 여러 전문 분야에 걸친 팀치료는 누군가가 자신이 가진 힘을 사용하는 것에 우선해서 반드시 팀 전체의 관계를 고려해야만 한다는 것을 의미한다.

그러므로 정신병원에서 환자를 여러 전문 분야에 걸쳐 치료하는 것은 다양한 치료과정의 종합 이상이다. 그것은 치료 자체와 전문가 집단의 관계를 포함한다.

그러므로 전문가들의 상호 임무는 환자와의 다원적인 관계에서 새롭게 생겨나는 것을 조사해 보는 것이다. 이런 맥락에서 환자와 팀 구성원 개인 사이에서 일어나는 전이관계에만 주의를 기울여서는 안 되고 다른 팀 구성원에게 전이된 관계까지 신경을 써야 한다. 이 관점에서 매우 특별한 것은 팀에서 치료사 간에 어떤 일이 일어나든 간에, 다른 치료 시간에 어떤 일이 일어나는지 관심을 가지고 있는 정도와 동일하게 타인이 한 치료를 고려해야 한다는 점이다. 좀 더 강력한 용어로 말해 본다면, 이것은 그 팀이 환자에게 팀 구성원 간의 관계에 영향을 끼칠 수 있도록 허락한다는 것을 의미한다.

좀 더 설명하자면, 나는 임상 음악치료사로서 환자와만 연결되어 있는 것이 아니라 그 환자를 치료하고 있는 다른 팀 동료들과도 연결되어 있는 것이다. 이런 과정에서 나는 전문적인 관계가 환자를 상호 치료하는 과정에서 어떻게 영향을 끼치는지 특별히 관심을 기울였다. 이 접근은 삼자 구조 모형(triadic structure model)에 기반을 두고 있다. 이 모형은 내가 다양한 사람들의 관계를 체계적으로 분석해 놓은 것이다. 재현을 통해서 환자의 방해받은 삼자 구조의 경험에 대한 가정을 형성하는 것은 우리로 하여금 이런 문제가 있는 경험에 대해서 타협이 이루어지도록 도움을 요청하고 있었다.

삼자 구조

삼자 구조를 이해하려면 제일 먼저 이원적(dyads) 사고에서 벗어나야 한다. 예를 들면, 삼자 구조를 양자 구조 더하기 다른 상호작용 파트너로 생각하거나(AB + C) 혹은 세 가지의 양자 구조로 생각하는(AB, BC, CA) 것이다. 삼자 구조는 세 가지의 상호작용에 의해서 형성되는 구조를 가지고 있다. 비록 그런 상호작용 형태의 다수가 이미 존재하고 있지만, 그 상호작용은 3개의 삼자 상호작용 구조로 축소시켜 볼 수 있다. 이런 3개의 상호작용 구조는 삼자 구조의 내적인 구조를 형성한다. 그러므로 정신 내적인 것과 대인관계의 삼자 형성과정 둘 다를 포함하는 삼각 측량은 양자 구조를 제3의 상호작용 파트너까지 연장시키거나 양자 구조 하나를 더 편입시키는 것과는 다른 것이다. 그것은 다양한 상호관계에서 세 가지의 상호작용 파트너끼리의 작용을 일컫는다. 다음에서 나는 세 가지의 주요 삼자 상호 구조 형태를 좀 더 자세히 설명해 보겠다.

삼자 상호 구조 형태

삼자 상호 구조 형태 Ⅰ

◆ 각각의 상호작용 파트너가 두 명의 대상과 연결되어 있다.

이 상호작용 형태는 유아기 때 형성되며 다양한 요소로 구성되어 있다. 이 상호작용 형태의 전제 조건은 주체(subject)가 구별 가능한 2명의 대상(two distinguishable objects)에 관련될 수 있어야 한다는 것이다. 갓 태어난 아기는 어머니와 다른 사람을 구분할 줄 알게 된다. 이 관련성을 표현하기라도 하듯 아기는 눈운동을 하게 된다. 이것은 한 사람을 쳐다보고 다른 사람은 쳐다보지 않는 것과 관련되어 있으며, 전경과 배경을 바꿀 때도 나타난다. 시간이 지남에 따라 대상이 정말로 없어지는 것이 아니라 순간적으로 자기의 시야에서 사라진다는 경험을 기초하여 개념이 형성된다. 이 상호작용 형태는 예를 들어서 음성이나 혹은 나중에 단어가 쓰이게 될 때 다르다. 아이들의 상상 속에서 그 대상은 동시에 둘이나 그 이상이 될 수 있고 그들을 연결시키고 그들과 함께 결합될 수 있다. 세 사람 간의 대화는 매우 복잡한 현상이다. 각 사람이 서로 연관되어 있기 때문이고, 관련된 사람들끼리의 모습과 대화가 앞뒤로 왔다 갔다 하며 서로 겹치고 때때로 반대 방향으로 진행되기도 하기 때문이다. 이에 대한 기초는 '둘 중 하나' 와 '양쪽 다' 를 구성하는 정신적 구조다.

삼자 상호 구조 형태 Ⅱ

◆ 두 대상은 항상 함께 세 번째 대상과 연결되어 있다.

이는 위에서 이미 얘기했던 바를 확장시키는 것이며 요소들의 상관성(자신과 타인)과 그 반대 관계(자신 대 타인)가 서로 혼합되어 있는 삼자 상호 구조 형태를 묘사하는 것이다.

상관성의 경험은 타인이 자신의 감정을 공유하는 개인의 주관적인 경험을 포함한다. Stern(1986, p. 179)은 아동의 발달과정에서 이 능력의 첫 번째 신호가 7개월째에 명백해진다고 믿는다. 만약 한 사람이 주어진 시간 동안에 다른 사람이 느끼고 생각하고 행동하는 바가 자신과 동일하다고 확신한다면, 그 사람은 자신을 인식 개체로 경험하면서 '우리' 또한 그런 개체로 인식한다. 삼자 상호 구조에서 '우리'로 통일된 두 사람은 제3자와 연결되어 있다. 통일된 두 사람은 성숙한(이미 관계를 경험해 보는 것에서 비롯되는) 상태에서 자신들과 반대되는 입장에 혼자서 있는 제3자와 만나게 되고, 이 제3자는 상호작용 과정을 결정지으며 다른 두 명의 성숙함에 영향을 끼치게 된다. 제대로 기능을 하는 삼자 구조 형태에서 제3자에 대한 두 명의 성숙함은 구조적으로 고정되어 있지 않다. 그러나 이 두 번째 상호작용 형태가 형성되기까지 시간이 좀 걸리기 때문에 변화가 빠르게 일어나지는 않는다. 사회연구의 결과에서 입증되었듯, 이 관계는 그 자체로 영속하는 특성을 지닌다.

삼자 상호 구조 형태 Ⅲ

◆관련된 각자는 다른 둘 간의 관계에 연결되어 있다.

이는 삼자 구조 상호작용 형태를 일컫는 것으로 이미 성숙한 두 사람의 관계에 제3자가 미치는 영향과 관련 지어서 언급되었다. 두 명의 관계가 성숙함의 양상을 넘어서는 개념을 포함하고 있기 때문에 이 개념은 확장되어서 좀 더 구체적인 용어로 표현되었다. 두 대상의 관계의 종류는 제3자가 전진할 수 있는 위치에 영향을 미친다. Abelin(1975)은 어린아이가 최초로 자신이 부모 사이에 존재하게 되는 것을 경험하고 부모들과의 관계를 개인화 과정 안에서 내면화한다고 설명하고 있다.

두 사람 간의 관계가 방해를 받게 되면, 제3자는 전진할 수 있는 가능성이 그만큼 적어지게 되고 제한을 받게 된다. 제3자가 시도하는 반응을 이끌어 내지 못하는 상호작용은 분명히 막히게 될 것이다. 결과적으로 그런 상호작용 형태는 대안책으로 나타나게 될 것이며, 그 대안책은 방어 작용을 유지시키기 위한 것일 것이다.

발달심리학적 필수 요소에 대해

아버지, 어머니 그리고 아이의 세 용어는 첫째로 삼각형 안에서의 생물학적 위치를 나타낸다. 삼자 구조와 양자 구조는 원래 부모와 아이의 관계의 생물학적인 기본 원형으로부터 발전되어 왔다. 양자 구조의 형성은 임신하는 동안 어머니와 아이의 신체적인 연결성이 선행되어 있다. 반면 삼자 구조는 출산이 됨과 동시에 시작하게 되고, 남성과 여성은 부모가 되는 첫 시발점이기도 하다. 아이가 태어나기 전에 아이와 부모 간의 관계의 구조적 예비 형성은 이미 존재하고 있다. 그러나 세 명의 위치의 각각의 발달과정은 무의식적인 환상, 미리 규정된 역할에 대한 기대, 사회적으로 결정된 평가와 뗄 수 없게 연결되어 있다. 만약 아이가 전통적인 핵가족(요즘 대부분의 가정 형태) 안에서 자라지 않는다면 삼자 구조는 또한 상대적이다.

그러나 부모나 부모에 준하는 중요한 성인은 삼자 구조에 대한 그들의 능력을 처음부터 아이와 관계를 맺을 때 사용하고, 아이는 그 능력을 자신이 발달해 가면서만 발전시킬 수 있다. 이는 아이가 이미 존재하고 있는 구조 안으로 들어가서 성장한다는 것이다. 이 과정 안에서 양자 구조와 삼자 구조는 하나가 더 추가된 것이며 서로에게 영향을 미치게 된다.

삶의 첫해에 이미 두 사람이 관련되어 있는 상태에서 어떻게 자신이 경험을 해야 하는지 성장하는 아이는 알아차린다. 자신과 다른 사람의 발달과정 안에서 중간 대상(via transitional objects; Winnicott, 1971)인 아이는 또한 제3자가 그와 다른 사람의 관계 안에 끼어들게 되는 것을 경험하게 된다. 아이가 '우리 둘 다'라는 느낌이 어떤 것인지 이해할 때, 아이는 또한 양자 구조의 경계를 인식하게 된다. 결과적으로 양자관계의 발달은 제3자와의 친밀한 상호작용에 달려 있다. 다른 말로 하면, 양자 구조와 반대 위치이거나 처음에 양자 구조를 둘러싸고 있는 제3자의 존재와 연결성은 양자 구조의 대인능력의 발전을 야기한다. 이 접근법은 소위 '초기 장애(early disorder)'라는 개념과 그 치료법에 직접적으로 영향을 미친다. 잘못된 초기 관계에 기인하고 있는 장애의 경우에 어머니의 영향만이 단 하나의 주된 힘이라고 간주할 수는 없으며 삼자 구조의 맥락 안에서 바라보고 해석해야 한다.

정신분열증의 발달 안에서 삼자 구조의 장애

자아심리학과 대상관계 이론의 관점에서 보면, 정신분열증은 삶의 초기에서 경험한 상황적 열세와 불안한 상호작용의 탓으로 돌릴 수 있다. 임상 징후는 거의 모든 경우에 삼자 구조화를 이루지 못하는 것으로 나타나는데, 이것은 삼자 구조나 삼자 구조가 쪼개진 특정한 형태의 분열에서 기인한다. 항상 가족 상황이 극도로 힘든 것은 아니며, 아이가 정신적, 신체적, 사회적 건강에 대해서 방치된 상태에서 결손된 특징을 보이는데, 그것은 무기력함이 될 수도 있다. 심지어 외관상으로 아무 문제가 없어 보이는 정신분열 환자의 가정 안에서도, 아이에게 전혀 끼어들 여지를 주지 않는 부모의 관계로 특징지어지는 삼자 구조 형태를 종종 발견할 수 있다. 그러한 부모는 아이와 상호적으로 연결될 수 없는 관계 안에서 살고 있는 것이다. 한 예는 극도로 의존된 관계다. 만약 부모가 끊임없이 싸운다면, 그들은 두 대상을 동시에 연관시킬 수 없으며 아이를 다소 방치하게 되는 결과를 불러올 수 있다. 만약 부모가 공생적인 관계에서 살고 있다면, 그들은 동등하게 자신들의 의존 욕구를 충족시키고 자신들 간의 관계에서 냉담해질 수 있는 부분을 아이와의 관계로 넘겨 버리게 된다. 그런 환경 안에서 양자 구조의 어머니-아이 관계의 발달과 아버지-아이 관계의 발달은 방해를 받을 수밖에 없다.

삼자 구조 모형은 방해의 정도에 관한 정보를 제공한다. 아이는 두 사람이 충분히 구분되게 보이지도 않거나 서로 모순되고 있기 때문에 두 사람을 연결시킬 수가 없다. 부모는 대부분의 경우에서 두 사람(즉, 상대방과 아이)을 연관시키지 않는다. 게다가 부모는 상호적으로 아이를 연관시키지 않는다. 반면 성인끼리의 관계를 심각하게 위협하지 않으면서 부모 중 아무도 아이와 상호관계를 맺으려고 하지 않기 때문에 아이는 어느 한쪽 부모와도 상호적인 연관성을 경험할 수 없다.

결과적으로 아이는 성숙한 부모와의 관계를 정립할 수 없게 된다. 아이는 의존성과 개방적, 잠재적 파괴성으로 특징지어질 수 있는 부모와의 관계를 내면화하도록 강요당한다.

때때로 가정에서의 이런 병리학적 구조는 아이의 추후 발달에 매우 치명적인 것이 된다. 나는 지금 주요 관점이 오로지 아이의 욕구와 그들의 만족에 있지 않을 때(삶의 초기 단계에서처럼), 그리고 아이들의 의지가 발현되기 시작할 때, 말하자면 아이들이 자신의 장대한 야망을 현실세계의 한계 및 자신과 자신을 둘러싸고 있는 대상들과 맞추어야 할 때에 관해서 얘기하는 것이다. '화해단계' (Mahler, 1975)의 위기에 놓여 있는 완고한 아이들은 남에게 의존하는 동시에 횡포를 부리게 되고 자기 자신이나 부모의 이상을 전혀 충족시켜 주지 않는다. 이것은 차례로 모호한 감정을 가지고 아이들을 다루는 것을 책망하도록 한다. 관계 안에서 이런 갈등을 원만하게 해결해 나가지 못하고 자신들의 아이의 정신건강에 대해서 자신감을 덜 가지는 부모일수록 아이와 계속해서 위기에 빠지게 된다. 만약 그 부모들이 자기애적인 패배를 받아들일 수 없고, 완벽한 아이를 가지지 못한 것에 대한 실망감을 감출 수 없고, 자신을 위해 완벽한 환경을 만들 수 없다면, 전지전능함과 무력감을 합친 데에서 대인관계 배열이 만들어지고 더 성숙한 대상관계의 발달이 제한된다.

특히 부모 두 사람의 관계가 공격성은 파괴적이라는 신화에 의해서 지배되고 있는 경우 보복이 무의식적으로 아이에게 요구된다. 이 위치에 있는 아이는 자신의 발달학적인 요구가 파괴적인 것이라고 결론을 내리게 되고, 보복하고자 하는 마음을 상쇄시키려고 하면서 자신이 자기 자신이나 부모의 감정적인 좌절을 막는 데 책임을 지게 될 것이다(Benjamin, 1990). 극단적인 경우, 아이들은 자기의 존재에 대한 정당화를 필요로 하기도 한다.

초기 아동기의 개별화 과정의 실패는 청소년기에 재가동되고, 청소년기에는 이미 존재하는 정신 구조가 다시 한 번 재조직된다. 특히 기말고사, 이사와 같은 비슷한 경험은 정신적인 안정성에 지대한 타격을 주게 되고, 이것은 정신분열의 초기 증상을 야기할 수 있다.

궤변: 삼자 구조 안에서 여러 전문 분야에 걸친 정신역학적 치료

치료에서 정신역학적 접근은 그 목적을 환자의 증상과 재현에 책임이 있는 방해 요소를 재구성하고 상호작용 형태를 회복하는 데 둔다. 만약 이 과정에서 삼자 구조가 고려된다면, 상상 속에서 환자와 관련이 있는 제3자를 위한 여지를 남겨 놓는 특정한 치료학적인 관점이 도출될 것이다. 이것은 앞서 설명되었던 것처럼, 관련된 개인의 관계를 주의 깊게 관찰해 보려는 의지와 역전이적 분석에서 제3자와 관련 지어서 개개인의 감정을 고려해 보려는 것이다.

K씨 치료의 예를 바탕으로, 음악치료자로서 나는 환자가 주변에 구축해 놓은 사회적인 네트워크 안으로 들어가 환자를 이해하기 위해서 음악치료적 요소가 어떤 가치를 가지는지를 조명해 보고자 한다. 여기서 나는 K씨가 치료를 중단했기 때문에 치료를 만족할 만큼 충분히 할 수 없었다는 것을 미리 밝혀 둔다.

K씨와의 음악치료 과정의 한 장면

음악치료에서 나는 자유즉흥연주와 언어적 토의를 했다. 우리가 음악을 연주하는 것은 세 번째 치료 시간 단 한 번뿐이었다(총 5회의 치료 가운데). 그때 나는 다음과 같이 기록해 두었다.

……우리는 음악치료실에서 곧바로 연주를 시작했다. 환자는 하나의 현으로 된 인디언 악기 고피챈트를 용기 있게 건드려 보았다. 잠시 후에 나는 낮은 음역에서 중심박(heartbeat)을 알아차리고 그녀와 나를 위한 조심스러운 지원을 하게 된 것에 대해 내심 기뻐하였다. 그러나 갑자기 상황이 바뀌고, 나는 중심박이 없어진 것을 느끼게 되었다. 그것은 불쾌하기도 하고 설명할 수도 없는 기분이었다. 어떻게 중심박이 없어지게 되었을까?

그러고 나서 우리의 상호적 연주에서 나는 마치 병아리가 껍질을 깨고 나오는 것 같은 느낌을 가지게 되었다. 엄마 닭이 달걀 껍질 바깥에서 묻는다. 그러나 짧은 대화는 곧바로 중단되었다. 그런 다음 환자는 나에게 그때에 자신이 무엇인가 잘못할까 봐 매우 두려워하고 있었다고 말했다.

K씨는 다른 현악기를 연주해 보려 했으나 결국 고피챈트로 돌아가게 되었다. 그녀는 한 줄의 현에서 음을 어떻게 조절하는지를 알아내지 못하였다. 나는 첼로를 연주하고 있었다. 부드럽고 매력적이지만 냉랭한 음악이 계속 흘렀고, 나는 그것이 매혹적이라고 느꼈다. 마치 창문에 서리가 내린 것 같았다.

한 사람이 양자관계의 혼란에서 정신분열증이 나타났다고 가정한다면, 그 사람은 위에 언급한 음악적 상호관계에서 삼자 혼란이 나타났다는 것을 무의식적으로 생각하지 못할 것이다. 그러나 '중심박이 그녀와 내게 지원적인 역할을 했다.'는 표현은 그것이 사라지지 않았을 경우에 우리 두 사람에게 도움을 주는 제3의 개체가 존재한다는 것을 암시한다. 전체적인 것들은 그 표현에서 성숙한 표현이 아직 형성되지 않았고, '다른 사람'들이 살아 있는 개체로 인식되기보다는 그냥 주변에 존재하는 대상으로 여겨지는 초기 발달학적인 단계를 일컫는다고 상상할 경우에 더 명확해진다. 이런 살아 있는 존재가 붕괴되었다. 다른 말로 하면, Stern(1986)이 설명한 유대감이 생기거나 심지어 더 핵심적인 유대감이 생기고, 그것은 다시 한 번 사라지게 된다. 이 과정 후에 얼마 동안은 부화되지 않은 병아리와 닭 사이에 일어나는 상호작용과 같은 맥락에서 환자와 치료사는 좀 더 용기를 북돋우는 태도를 가지게 된다. 그러나 짧은 시간이 지난 후에 서로 연결해 보려던 시도는 실패하게 된다. 그리하여 환자는 공포감을 느끼게 된다.

이 장면을 정말 공포스럽게 만드는 것은 무엇일까? 명백하게 달걀 껍데기는 그 다음의 발달을 위해서 어떤 보호막도 제공해 주지 않는다. 더 나아가서 그것은 닭과 병아리의 관계에서 안정화시키는 제3의 존재를 상징하지도 않는다. 차라리 달걀 껍데기는 적어도 자신이 사라지거나 붕괴되는 것에서 연약한 자기를 보호할 수 있는 공포감이다. 자기감정을 지키는 데 지불해야 할 대가는 상호작용과 더 나은 발전 그리고 동결(즉, 멈춤)이다.

이렇게 그 자리에 멈추었음에도 나는 치료사로서 K씨의 치료에서 제대로 된 방향으로 가고 있다고 확신하게 되었다. 나의 동료들도 같은 생각을 공유했다. 부의료부장과 병동 의사는 환자와 그의 부모도 같이 참여시킨 가족 상담을 하였다. 이

상담은 가족관계에서 수많은 역동성을 야기하였다. 대다수의 간호사가 환자에게 많은 주의를 기울였다. 한 간호사는 환자가 여러 장으로 된 커리큘럼 이력서를 쓰는 것을 도와주었다. 미술치료에서 수많은 흥미로운 작품이 만들어졌는데, 연약하고 지쳐 보이는 점토로 만든 닭과 환자의 이름이 들어간 그림, 소용돌이가 배경이 되어서 거의 알아볼 수 없는 그림, 뻗어 퍼지고 넝쿨을 타고 올라가는 식물의 꽃 패턴이 그려진 그림과 같은 것들은 귀중한 정보를 제공해 주었다.

모든 직원은 환자에게 특별히 흥미를 가지고 K씨를 친구로 받아들였으며 자신들의 일을 매우 잘 해내고 있다고 느꼈다. 그것은 우리 팀에서 자연스럽게 서로 경쟁을 불러일으킬 수도 있는 상황이었다. 그러나 경쟁은 일어나지 않았고, 우리는 타인을 거의 의식하지 않았다. 관계 상황은 경쟁이 완전히 사라지고 서로 정보를 주고받지 않은 채 기록으로 상세한 보고서를 작성하는데, 대체로 만족하는 상태로 발전되었다. 우리는 개인적으로 서로 만나지 않았으며, 구체적이거나 비유적인 범위에서도 만나지 않았다. 환자의 일대기에 관한 지식과 치료 상황에 대한 주의 깊은 분석은 우리가 환자의 재현과 우리의 역전이를 이해하는 데 도움을 주었다.

K씨의 일대기: 사실과 해석

K씨는 입양된 아이였다. 그녀의 생물학적 어머니는 20세였고 임신했을 당시 결혼한 상태가 아니었다. 임신 7개월이 되어서야 그녀는 자신이 임신한 사실을 알게 되었다. 그녀는 얼마나 몸에 대해 혼란스러운 감정을 느꼈을까? 여기서 오로지 가능한 설명은 아기의 태동을 소화의 문제로 잘못 인식했다는 것밖에 없다. 음악치료 상황을 돌이켜 보았을 때, '껍질 안에 있는 병아리는 원하는 만큼 신호를 보낼 수 있었지만 존재에 대한 이런 표현은 잘못 인식되었다.' 고 얘기할 수 있다. 생물학적 어머니는 자신의 직업 훈련이 끝나지 않았기 때문에 그녀의 어머니에게서 아이를 입양시키라고 압력을 받게 되었다. 태어난 지 1주일 후에 아기는 K씨의 집에 입양되었는데, 이것은 독일법에 비추어 보았을 때 이례적으로 신속한 일이었다.

K씨의 부모는 둘 다 교사였으며 이미 친자녀가 있었으나, 이 세상에 원하지 않는 아이들이 많기 때문에 자신들이 한 아이를 입양하고 싶어 했다. 치료팀에서 우리 행동의 유사점은 명백했다. 역전이의 관점에서 입양한 부모들은 자신들이 할 수 있는 한 다른 사람의 운명을 개선시켜 주고자 하는 희망이 있다는 것을 가정할 수 있으며, 잘 개선시켜 줄수록 자신들이 좋은 부모가 되는 것이라 믿는다.

이 아이는 처음부터 어려운 아이였다. 아기일 때 몇 시간이나 울어댔고, 그녀를 달래는 것은 불가능했다. 말하게 되면서부터 아이는 부모에게 그들이 자신을 진짜로 사랑하느냐고 물어보기 시작했다. 학교에 들어갈 때까지 침대에 오줌을 싸기도 했다. 이런 어려움에도 불구하고 그녀의 부모는 자신들이 할 수 있는 최선을 다하고자 했고 도움을 받을 수 있는 치료를 찾아다녔다. 부모는 자신들이 아이를 위하여 완벽한 환경을 만들어 주지 못했다는 자기애적 실패(narcissistic defeat)를 인정하지 않으려고 최선을 다했음을 알 수 있었다. 그러므로 모호한 감정은 이 상황에서 부모에게 이해되기보다 분리되어야 했다. 이것은 필연적으로 부모가 K씨에게 자신이 속해 있다는 안정감을 주지 못하는 결과를 낳은 것처럼 보였다. K씨는 자신의 존재를 모두 합쳐서 큰 실수라고 보았고, 어린 소녀로서 자신의 부모에게 진정으로 자신을 사랑하는지 끊임없이 물어볼 수밖에 없었다. 이 질문은 진정으로 그녀를 사랑하고 있는 부모의 마음에 상처를 주었음에 틀림없다. 그러나 자신들이 생각하는 이상적인 양부모의 관점에서 그들은 이 질문에 맞서는 것이 어려웠을 것이다. 어린 소녀는 부모의 사랑의 진실성을 깨닫지 못했고 그 때문에 죄책감을 느끼게 되었다.

학교를 졸업하고 나서 K씨는 친어머니의 주소를 찾기 위해서 입양기관을 방문했고 거기서 주소를 얻을 수 있었다. K씨는 친어머니를 만나게 되었고, 친어머니와 좋은 친구가 되기를 바랐다. 그러나 K씨는 친어머니가 자신을 유산된 아이로 생각하고 있다는 것을 깨닫게 되었고, 친어머니는 K씨를 자신과 매우 가깝게 묶으려고 하는 늦은 시도를 감행했다. K씨는 이 상황에서 벗어나고 싶어 했지만 친어머니의 감정을 상하게 하는 것을 두려워했기에 그 관계를 좋게 하거나 악화시키는 등의 아무런 결정도 내리지 못했다. 이때가 바로 치료가 시작된 시점이었다. 그러나 첫 정신이상 징후가 나타난 지 이미 2년이 지난 후였다. 이 기간 동안 환자는 부모의 직업을 물려받기 위해서 교육학을 공부하기 시작했다. K씨는 또한 독립하여 아파트로 이사를 갔지만, 혼자서 스스로 잘 해내지 못하고 계속해서 자신을 방치하고 고립시켰다.

논의 및 결론

나는 이미 K씨의 여러 전문 분야에 걸친 치료과정에서 서로 경쟁하지 않았다는 놀라운 사실에 대해서 언급했다. 가족과 대화해 보면서 양부모 사이에도 경쟁관계 같은 것이 존재하지 않다는 것이 명백해졌다. 양부모는 조화를 이루면서 살아가는 부부라는 느낌을 주었고, 같은 직업을 가졌을 뿐만 아니라 좋은 양부모가 되기 위해서 자신들의 삶을 헌신하고자 하는 사람들이었다. 제3자의 관점에서 그들은 하나의 통합체를 이루고 있었으며, 다른 것이 끼어들 만한 여지가 없어 보였다.

특히 입양된 딸인 K씨는 이질적인 사람으로서 자신의 정체성을 찾는 것이 분명히 어려웠을 것이다. K씨는 양부모에게는 계획된 아기였고, 반면 친어머니에게는 기대되지 않은 아이였다. 친어머니는 K씨가 세상에 존재한다는 사실조차 알지 못했고, 이례적으로 빠르게 K씨를 입양하는 것에 동의를 표했다. 그러므로 양부모는 자신들이 훨씬 더 나은 부모라고 느낄 만한 이유가 충분히 있었다. 시작부터 친어머니와 양부모 사이에 있는 의심, 모순, 잠재적인 라이벌 의식이 K씨 주변을 떠돌았다. 이 모든 것은 K씨가 자라서 자신의 친어머니를 만나 보고 싶다는 소망을 내비쳤을 때 더 구체화되지는 않고 사라졌다. 양부모는 친어머니를 만나 보게 하는 것을 허용했을 뿐만 아니라 자신들이 스스로 친어머니를 만나 보기도 했다. 양부모는 이를 조화로운 만남이라고 표현했지만, 이 조화로움은 상당히 냉랭한 것이었다. 우리는 그 안에서 환자가 관계의 현실성에 대해서 자각하는 것에 계속해서 실패하고 있음을 느낄 수 있었다. 음악치료 과정에서처럼 대화는 멈춰졌고 모든 것이 결정되지 않은 채 남아 있었다. 부모 세대의 관계는 사춘기에 접어든 K씨에게 적절한 도움을 주지 못했으며, K씨가 개인화할 수 있도록 중요한 걸음을 내딛는 데 발판 역할을 하지도 못했다. K씨로서는 개인적 삶을 만들어 내는 것이 불가능했으며, 음악치료 시간에도 고피팬트의 줄을 가지고 어떻게 조율해야 하는지 몰랐다.

남자친구와의 이별로 특징지어진 상황에서 K씨는 정신분열 증세를 보였다. 다양한 것이 합쳐져서 자신의 예전 남자친구가 아버지를 쏘아 죽였다는 망상을 불러일으키게 되었다. 여기서 K씨는 아버지를 애타게 찾았으며, 제3자의 도움으로 풀리지 않는 이 상황을 빠져나가고 싶어 했다. 그리고 자신의 파괴적인 분노에 대해서 잠재적인 공포를 느끼고 있었다.

여기까지가 우리가 이 환자의 정신역동적인 것을 이해한 부분이다. 우리는 약물치료와 사회치료의 일방적인 성공에 의문을 가지기 시작했으며, 팀 내에서 상호작용 과정에 대한 우리의 생각을 교환하기 시작했다. 이것은 환자의 저항을 불러일으켰다. 이 딜레마에서 빠져나오기 위해서 그녀는 공격이 방어하는 데 최고의 수단이라고 생각하여 그 전략을 따랐다. 2개월에서 2개월 반 정도가 지나고 나서 K씨는 의사의 지시에 맞서 병원에서 퇴원할 수 있을 정도로 충분히 자신을 단련시켰다. K씨는 낮병동에서 치료를 계속하는 것이 자신을 위해서 훨씬 나을 것이라고 우겨댔다. 아쉽게도 그녀는 낮병동에 단 한 번도 나타나지 않았다.

비록 치료를 끝내기 전에 음악치료가 끝나 버리게 되었지만, 나는 다른 해석을 내려 보고 싶다(환자와 그녀의 추후 발달에 대한 정보 없이 이 해석에 대해서 확신을 가질 수는 없지만). 팀을 이루어서 분석 작업을 한 것은 시작한 지 얼마 되지 않았지만 빠르게 그 집중도를 높여 갔고, 관계의 현실성을 이용했으며, 환자가 그것을 자신만의 길을 찾아내는 데 발판으로 이용할 수 있도록 해 주었다. K씨에 의해 그녀의 부모 역할을 하도록 이용되었던 우리는 그 자리에 남아서 그 관계를 지속시키고 있다.

참고문헌

Abelin, E. L. (1975). "Some Further Observations and Comments on the Earliest Role of the Father," *International Journal of Psychoanalysis*, 293-302.

Benjain, J. (1990/1993). *Die Fesseln der Liebe*. Frankfurt, Germany: Fischer TB-Verlag.

Buchholz, M. B. (1993). *Dreiecksgeschichten*. Göttingen, Germany: Venden-hoek & Rupprecht.

Deuter, M. (1995). "Beziehunhsformen in der musiktherapeutischen Albeit mit psychotischen Patienten," Unveröffentl. Manuskript, 22 Seiten.

Heltzel, R. (1996). "Der psychoanalytische Beitrag zur stationär-psychiatrischen Versorgung," Vortrag vom 27.1.1996 in Berlin, unveröffentl. Manuskript.

Lempa, Günther (1995). "Zur psychoanalytischen Behandlungstechnik bei schizophrenen Psychosen," *Forum der Psychoanalyse* 11, 133-149.

Mahler, M. S., Pine, F., & Bergman, A. (1975/1996). *Die psychische Geburt des Menschen*. Frankfurt, Germany: Fischer TB-Verlag.

Metzner, S. (1999). *Tabu und Turbulenz Musiktherapie mit psychiatrischen Patienten*. Göttingen, Germany: Vandenhoeck & Ruprecht.

Stern, D. N. (1986/1992). *Die Lebenserfahrung des Säuglings*. Stuttgart, Germany: Klett-Cotta.

Winnicott, D. W. (1971/1985). *Vom Spiel zur Kreativität*. Third edition. Stuttgart, Germany: Klett-Cotta.

14장 열네 번째 사례

마리안느의 사례: 정신질환 상태에서 반복과 음악의 형식*

Jos De Backer and Jan Van Camp

개 요

우리의 작업에서 중요한 측면은 정신과 환자에 대한 치료에서 음악이 정신적 공간의 생성에 특별히 관련이 있다는 것을 발견한 것이다. 정신적 공간은 감각적 느낌이 변화하면서 시작되어 형식 또는 표상이 되었다. 우리는 표상을 만드는 능력이 정신질환에 깊은 영향을 미치는 것을 알기 때문에 어떤 수단으로 이 능력이 재창조될 수 있는지 알 필요가 있다. 음악치료 환경에서 환자와 작업할 때, 우리는 환자들이 같은 음악적 패턴을 반복하는 현상을 만난다. 음악 즉흥연주를 하면서 그들은 항상 특별한 리듬을 반복하거나 작은 멜로디 진행을 반복한다. 이것은 음악적 진동(rocking)의 종류로 끝없이 반복되는 연주가 된다. 우리의 연구를 근거로 하여 말하자면, 이런 반복은 세계에 대한 정신질환적 '경험'의 겉모습이라고 할 수 있다. 병리학적 진보가 나타나면서부터 정신과 환자는 상징화에 도달할 정신적 공간을 배치하지 않는다. 이것은 음악치료 조건 내에서 그들이 주체로서 존재할 수 있는 음악 형식을 창작할 수 없음을 의미한다. 그러므로 감각적 표현부터 음악적 형식(원형적 상징화, protosymbolization)까지 치료적 전이는 정신과 환자의 치료를 위한 기본적인 조건이다. 음악치료에 참여한 정신과 여성 환자의 사례연구에서, 우리는 음악치료 과정의 세 가지 중요한 단계 또는 순간(동시성, 음악적 형식 발전, 즉흥연주의 음악적 종결)을 찾아내고 설명할 것이다.

* 본문은 확장된 조사연구(Ph.D. Program: Aalborg University, Denmark)에 기반을 두었다. 저자들은 Pr. Dr. Tony Wigram의 연구 슈퍼비전을 인정한다.

도 입

정신질환과 음악

정신과 환자의 세계는 많이 알려지지 않았고 접근할 수 없다. 정신과 환자를 대상으로 작업한 여러 경험을 통해, 우리는 음악으로 정신과 환자의 경이로운 세계로 갈 수 있는 통로를 발견할 수는 없지만 분열되고 무한한 정신적 세계의 확실한 형태를 나타내는 수단을 개발할 수 있다는 것을 확신하게 되었다. 정신질환의 핵심적 문제가 있는 곳과 동일한 차원에서 음악이 진행된다는 사실이 나타난 경우는 이번이 처음이 아니다. 음악과 정신질환의 관계로 인하여 정신질환 치료에서 음악치료와 '음악에 기반을 둔 사고'[1]는 중요해진다.

정신과 환자는 무엇인가 마음속에 떠오르는 세계에 살고 있다. 그는 사고와 감각적 느낌을 방어하지 못하고 그것들에 사로잡혀 있다. 이런 사고와 감각적 느낌은 끊임없이 그를 쫓아다닌다. 내면세계와 외면세계의 경계선은 너무 불안정하고 투명하여, 환자의 심리는 내면에서보다 외면에서 발견된다고 판단된다. 그 세계와 충동의 내면적 변화 상태는 내면의 공간 안에서 표현되지 않지만, 겉으로 드러나는 행동은 즉각적이고 난폭하다. 환자가 더 이상 의사표현이 제대로 되는 행동을 할 수 없기 때문에 단어는 의미 없이 단지 단순한 소리를 의미할 뿐이다

정신과 환자가 완전히 음악의 세계에 산다고 주장하는 것은 은유 이상이다. 목소리에 의미가 빠진 경우 음악적 요소가 목소리에 남아 있다고 가정하면, 사람들은 다양한 방법으로 음악에 대한 우리의 관계를 세계에 대한 정신과 환자의 관계에 흡수시킬 수 있다. 목소리와 음악 중 어느 것도 환자의 내면이나 외면에서 발견된다고 말할 수 없다. 마음속에 떠오르는 어떤 것은 특정 부분에 고정되어 위치할 수 없으므로 그 내면에 떠오르는 것으로 인하여 음악이나 음성은 용해의 대상

1) 음악과 정신질환 사이의 관계를 다룬 연구는 음악치료 학위과정(stricto sensu)에 관련될 뿐만 아니라 일반적으로 정신질환의 폭넓은 이해와 적절한 접근에 기여할 수 있다고 생각한다.

(fusional object)이 된다. 이 말의 의미는 처음에 아기가 어머니의 목소리에 대해서 갖는 관계와 같이 우리가 음악에 대해 갖는 관계를 갖고 있다는 것이다. 어머니의 목소리는 중요성을 잃고 사라지지 않는다는 사실로 인하여 아이에게 즉각적인 영향을 준다. 마치 무용가가 음악 소리에 즉각적으로 움직이는 것처럼, 아이는 어머니의 목소리에 즉시 반응한다. 어머니의 목소리에 포함된 운율이 나타날 때, 그 순간 의미를 파악하지 않고 있었던 아이가 긍정적 표시(signifier)를 가장 먼저 하는 것이다.

표시자와 정신질환자의 근본적으로 조화되지 않는 관계 때문에, 정신분석 이론에서는 정신질환의 문제는 표시자의 동시적(synchronic) 확증 또는 Freud의 견해로 근본적 억압(Urver-drängung)에 의하여 처리되어야 한다고 주장한다. 후자는—억압의 정확한 원리 형성 또는 억압을 할 수 있는 범위에 대한 정확한 원리 형성으로서—무의식의 구조 형성이다. 그런데 이 무의식의 구조 형성은 노이로제 증상의 형성에 대해 설명하는 원리로서 기능을 하지만, 인간 욕망의 표출에 대하여 설명할 책임을 지고 있는 인류학적인 범주로서 훨씬 더 많이 작용한다. 정신질환 현상은 주로 억압 작업을 하지 못한 데 원인이 있으므로, 심리치료는 억압을 조장하는 그 상태에 집중해야 한다. 정신과 환자와 관련된 음악치료를 임상적으로 관찰해 보면, 치료의 첫 단계에서 환자가 음악적 동시성(synchronicity)에 대해 엄청나게 저항한다는 사실이 나타난다.

음악은 몸이 자발적이고 즉각적인 반응을 일으키게 만드는 융합적 대상일 뿐만 아니라 몸이 음악과 합의하여 동작이 나타나도록 만든다. 계속 특정한 음악적 특성이 진행됨에 따라 음악도 일직선의 서술 형태를 갖는다. 음악적으로 표현하는 사건은 끝없이 반복적인 연주에 머무르지 않고 전체적, 종합적 반복과 변주를 거쳐서 발전한다. 이렇게 발전되는 환경 내에서 음악적으로 표현하는 사건이 계속 진행되면 그 사건의 독립성을 잃고 음악적 사건이 기능 면에서 하나로 통합된다. 각 소리와 움직임은 어떤 사건이 앞에서 진행되고 있었는지, 그리고 다음에 어떤 사건이 일어날지를 의미한다. 그러나 아무도 그다음이 어떻게 계속될지 모른다.

기본적으로 음악적 형태로 발전하는 것은 상실을 표현하여 새로운 형태로 상실을 다시 드러내는 연주라고 간주할 수 있다. 그것은 어떤 공간 내에서 일어나는 지속적 대체과정이다. Winnicott은 이 과정을 '전이 공간(transitional space)' 이라고 불렀다. 그는 이 공간 내에서 하는 연주가 말의 전체 의미에 대한 상징화가 아니고 상징화 앞에 있는 '전이' 라고 주장했다. 음악에서와 동일하게 구체적이고 불변하는 중간 대상 맨 앞에 남아 있기 때문이다. 그 중간 대상은 진정한 표시자이지만 '개방된' 표시자는 아니다. 그 의미는 대상에 고정되어 있고, 중간 대상은 다른 의미로 변경되도록 개방되지 않는다. 그런 의미에서 중간 대상보다 상징화 과정에서 음악적 형태의 발전이 더 많이 이루어진다. 음악을 통해 드러나는 사건이 구체적이고 불변함에도 불구하고—음악으로 표현하는 사건의 무의미에 대하여 언급해야 할 것이다—시간에 제한된 과정 속에서 그 의미는 여전히 통합되어 있다. 그리고 그 과정은 어쩔 수 없이 끝없이 변형이 가능하도록 만든다. 결국 구체적인 대상이 언어 속에서 완전히 상실된 순간에 상징화 과정이 완전히 형성된다.

그러므로 정신질환 치료를 할 경우 음악이 사용되는 특별한 근거는 상징화 과정에서 두 개의 논리적 시간을 음악이 제공한다는 사실이다. 또한 그 논리적 시간은 정신과의 정신병리학을 구성하는 데 있어서 매우 중요하다. 알기 어려운 말로 진행되는 정신치료 환경에서는 훨씬 직접적이지 않게 그 논리적 시간에 치료사 및 환자가 접근할 수 있다. 그럼에도 불구하고 우리는 '음악을 기반으로 생각하기' 가 (음악치료실 밖에서도) 정신질환적 현상을 이해하고 치료하기 위하여 중요하다고 생각한다.

다음의 사례는 우리의 이론적 근거를 밝힌다. 그러나 당연한 사실이지만 다른 치료 경험과 마찬가지로 이 사례는 이론에 대하여 생각할 수 있는 기본 자료다.

정신질환에 대하여 울려퍼지는 대상을 이용한 임상치료

마리안느는 25세의 젊은 여성 정신과 환자로 자신이 선택한 메탈로폰을 연주했다. 그녀는 움직이지 않고 앉아서 얼굴 표정 없이 열중하였고 그녀의 팔을 그녀의 몸에 바싹 붙여 짓누르고는 자동으로 팔을 번갈아 가며 움직였다. 그녀는 메탈로폰을 연주하면서 여러 소리가 만들어지는 것을 인식했을까? 음악은 계속적으로 반복되고 경계가 없었으며, 프레이즈도 없고 다이내믹과 뉘앙스의 어떤 형태도 없었다. 그리고 그녀 자신 또는 치료사와의 상호작용도 없었다. 치료사는 그녀의 음악에서 무감각과 모래의 낱알이 그녀의 손가락을 통해서 미끄러져 나가는 듯한 느낌을 경험했다. 치료사는 환자인 그녀의 음악적 연주를 함께하지 못했다. 마리안느는 치료사가 그녀의 감각운동적인(sensorimotor) 음악에 참여하도록 허락하지 않았다.

마리안느는 완전히 자기 자신으로부터 등을 돌린 채 연주했다. 그녀 음악의 자폐적, 자동적 특징은 치료사를 차단한다. 그러므로 치료사가 자발적으로 그 자신에게 연주를 들려주며 자유롭게 음악 연주를 하는 데 성공할 방법은 없었다. 반복적인 소리는 움직이지 않는 죽은 것으로 나타나고 아무 곳에 적응하지 못한다. 고립된 대상으로서 어느 누구의 것도 아니다. 환자는 자신의 연주 안에 없다. 비록 그녀가 동작을 하면서 메탈로폰을 연주하지만, 그 소리는 마치 그녀가 울려퍼지는 대상(sonorous object)과 분리된 듯 전체적으로 계속 어색하다. 그 울려퍼지는 대상은 그녀의 기능이 주체임을 확인시키지 않는다. 하지만 주체가 대상 안에서 사라진 형식인 '대상과 주체가 분리된' 것으로 취급된다. 전형적 연주는 확신을 주면서 감각을 재현시키는 재생 효과를 갖고 있다. 그러나 상상의 세계를 창조하지는 않는다.

이런 음악 연주를 할 경우 가장 먼저 우리가 부딪히는 것은 굉장한 반복이다. 그러나 반복음악은 자발적으로 최면, 황홀경, 능력 수행과 연관된다는 점에 유의해야 한다. 예를 들어, 우리는 하우스 뮤직, 뉴웨이브 또는 의식에 연주되는 음악의 휘핑 리듬에서 발견하는 비정상적 반복으로 인하여 마리안느의 연주에서와 같이 주체의 기능이 뒷전에 밀려나고 정체성을 잃는다. 여전히 정신병적 울려퍼지는 대상과 음악 연주에서 들리는 소리의 차이가 있지만, 특별히 역전이를 경험하는 경우에도 차이가 있다. 환자와 함께 치료사가 공명(resonance)을 내지 못할 경우, 겉으로 잘 드러나지 않는 부인(contradiction)으로서 즉각적으로 억제할 수 없는 끌림(appeal)이 나타난다. 그런 끌림의 원인은 최면적 리듬이다. 정신과 환자와의 접촉에서 치료사는 변치 않는 미묘한 방어적 리듬이나 환자와 함께하는 연주에서 자신을 분리하는 '불협화음'을 경험한다. 때로는 이런 분열이 거의 객관적으로 탐지되지 않으므로 그들이 거의 동화되지 않는다.

그러므로 우리는 이 울려퍼지는 대상이 성욕을 자극하지 않고(erogeniezed) 서로 교환되는 관계를 갖지 않는다고 주장할 수 있다. 울려퍼지는 대상은 자기 혼자의 성욕을 자극하는 회로 내에 계속 머물러 있다. 이는 무의식적 육체의 이미지가 몰락하는 구조라는 의미다. 그 원인은 정신과 환자의 일차적 나르시시즘이 결여된 것이다. 일차적 나르시시즘은 표상 작업을 통해서만 발달한다. 그런데 이 작업에서 육체 영역의 성욕을 자극함으로써 결과가 나타난다. 또한 육체 영역은 처음에 욕구 충족과 관련된다. 이 단계에서 욕구 충족의 감각적 차원을 능가하여, 단순한 반복이 깨어짐으로써 생기는 중요성에 대해 언급하는 것이 중요하다. 어머니가 아기와 동등하지 않고 아기의 요구에 부합하는 방식으로 온갖 종류의 변화(박탈)를 제공할 경우, 어머니는 아기에게 한 접촉과 교환을 한다. 현존(만족)과 부재(박탈)가 리듬적으로 작용하면 감각적 표현이 충동으로 변하고, 그렇게 하여 정신화(mentalization)가 이루어진다. 정신질환적 울려퍼지는 대상에 대해 언급하면서 '감각적 대상(sensorial objet)' '감각적 연주(sensorial play)' 라는 용어를 사용하여 이 대상이 충동과 성욕의 움직임으로 통합되지 않음을 표시할 것이다. 울려퍼지는 대상은 사실적이고 상상할 수 없으며 눈에 보이지 않는 실체의 특성을 유지하고 있다. 그러나 울려퍼지는 대상은 정신과 환자의 정신 속에 있는 일부가 아니므로 고립될 수 있다. 울려퍼지는 대상이 다른 사람의 정신, 즉 부모 중의 한 명 또는 모두의 정신을 확장하므로 그것이 고립될 수 있다. 이런 맥락에서 통합된 대상(incorporated object), 즉 Abraham과 Torok(1978)의 용어에서 내사되지(introjected) 않지만 '포함된(included)' 대상에 대해 언급하고자 한다. 대상이 이전 세대와 맞지 않아서 다음 세대로 옮겨 올 경우, 이 대상의 상태에서 외상을 경험할 수밖에 없는 원인과 과정이 드러난다. 이 대상은 상상이 불가능하므로 ('사물의 표상[thing-presentation]' 이 주체에 없다.) 반복 원리에 따를 수밖에 없다. 이 말의 의미는 대상은 가장 구체적인 방식으로, 즉 통합적-감각적 방식으로 드러나게 될 경우에만 계속 현존한다는 것이다. 이 대상에서 특별한 점은 단순한 감각적 대상과 반대로 그것이 (세대 전이에 따른) 전치(displacement)의 영향을 받았고, 이 때문에 심리적 특성이 대상에 필요하다는 것이다. 그러므로 형태도 필요하다.

치료사는 자신에게 의미 있는 음악적 형태의 겉모습에 대해 황홀해한다. 그러나 환자에게 그 음악은 의미가 없고 형태에 의하여 심리적으로 통합될 수 없다(Van Camp, 1999). 음악의 반복 진행과 그 특성(종종 환자의 생소한 경험)을 보면 울려퍼지는 대상이 유지할 수 있는 정신적 상태를 치료사가 판단할 수 있다. 여기에서 음악적 생각을 하면서 반복이 진행되지 못하면 단순한 감각적 연주에서도 마찬가지다.

때때로 정신질환적 울려퍼지는 대상은 '열정적' 인 형태를 가진 대상이다. 가끔 우리는 정신과 환자가 열정적으로 음악 즉흥연주 또는 음악 감상에 매료되는 경우를 음악치료 세션에서 보았다. 심지어는 그들이 완전히 자신을 망각하고 혼란스러워져서 정신질환적 보상 작용의 상실(decompensation)에 이르게 되는 정도까지 매료되는 경우도 있었다. 그 대상은 매우 현저하게 맨 앞으로 나와서 환자가 방어력을 잃는 상태가 된다. 그리고 대상이 환자에게 보내진 후 환자는 그 대상에게 소유당하여 주체와 대상 간 경계가 완전히 없어지는 정도까지 된다. 신경증 환자의 과도한 투자 또는 대상의 이상화와 반대로, 환자가 알고 싶지 않은 것과 관련된 증상은 없다. 그러므로 대상이 이전에 억압을 받은 정신적 요소를 포함하는 대상 대신 들어선다. 이 경우에 환자는 열정적으로 참여한다. 정신질환에서 그런 전치(Verschiebung)는 발생하지 않는데, 그것은 알고 싶어 하지 않는 것이 없기 때문이다. 그러므로 환자가 투자함으로써 최대한 포용적인 독단성으로 모든 것이 결정된다. 음악에 대한 열정 또는 구체적인 음악적 대상에 대한 열정이 이런 열정보다 크다. 이것은 음악 연주 외에 다른 대상을 제공할 수 있다는 것이 아니며 또 그렇게 할 수도 없다.

마지막으로 음악적 대상은 망상의 일부가 될 수 있거나 망상에 해당되는 것을 만들 수 있다. Freud는 망상이 치유하기 위한 시도(Heilungsversuch)이고 이러한 망상의 가장 명백한 모델은 청각적 환각이라고 주장한다.[2] 상상이나 회상에 의해

2) 우리는 망상과 환상이란 용어를 구분 없이 사용했기 때문에 이 글에서 두 용어는 공통적인 것이 강조된다. 즉, 처음의 주체와 분리되어 어떤 사건이 발생하는 것을 경험하는 것이다. 그러나 이는 외부세계의 인간과 어쩔 수 없는 조건의 지배를 받는다. 이런 사건은 항상 주체를 포함한다고 판단된다.

서가 아니라 그 환각이 '발생하게' 만들어서 그 대상이 존재하게 된다. 또한 원래의 방식으로 그 대상이 스스로 어떤 작용을 하도록 만들어서 존재하게 된다. 우리가 음악의 형태 또는 그 '생각'을 박탈할 경우, 이 현상은 음악에서 나타나는 특성과 가장 가깝다. 음악은 소리, 강도, 조화가 계속 발생하는 특정한 양식에서만 존재할 수 있다. 그러므로 음악은 기억될 수 없고 반복될 수 있을 뿐이다. 망상에 사건의 많은 특성이 동일하게 포함되어 있고, 동시에 주체와 관련된 사건이 단순히 새로 발생하는 경우보다 망상이 생길 때 더 표류하는 성향이 있다. 이러한 사건은 서로 인과관계에 의하여 연결되어 있다. 이 인과관계에 의하여 주체는 대체할 이야기를 만들어서 본래 이야기에게 제공한다. 종합적인 이야기의 발전에 의하여 정신질환적 감정 차원을 넘어서면, 왜 Freud가 환각이 '치유하기 위한 시도'라고 판단할 수 있는지를 우리가 이해할 수 있다. 새로운 사실의 개념과 현재 진행되고 있는 사실에 대한 논리에 맞는 이야기 서술로 인하여 대상은 정신적 고립에서 벗어날 수 있다. 그러나 동시에 다른 개념 및 사실과 대상을 교환할 수는 없다.

음악적 대상은 해독이 불가능한 그림문자와 같다. 즉, 사실로서 다른 대상과 공유될 수 없는 확고함이 그 대상에 포함되어 있다.[3] 음악적 대상이 환각적 특성을 포함하고 있는 경우, 똑같이 그것은 내면적 주체(intrasubjective)에게 압도되어 버린다. 그것이 어떤 형태를 갖고 있다는 사실에도 불구하고, 그리고 그 형태가 단순한 반복으로 인하여 생성되지만, 그것은 여전히 하나의 특성으로서 작용한다. 그리고 그 특성은 음악 연주에 통합될 수 없다. 치료사가 이런 망상적 특성을 완전히 이해하지 못하고, 상상이 없는 감각적 차원에 환자의 정신질환이 머물러 있는 상태에서 환자가 음악치료를 받으면, 음악의 형태에도 불구하고 음악 연주가 계속 목적 없이 맴돌게 된다. 실제로 완전히 명료하면서 새로운 의미나 발전을 허용하지 않는 것이 전형적 망상이다.

음악적 대상이 정신질환에 나타나는 다른 양상의 공통적 특성은 반복이다. 음

3) Lacan(1981)은 '확실성'과 '진실'의 차이를 명확히 구분했다. 그 진실은 (원리에서) 항상 다른 것과 공유될 수 있다. 그러나 정신질환의 '확실성'은 주체에 따라 달라진다. 그 주체는 자신의 진실을 입증할 필요가 없다.

악적 결과물이 현상적으로 드러나는 차원에서 반복은 즉시 구별되지 않지만, 정신질환에 관련된 대상 기준에서 반복은 항상 원리로서 존재한다. 반복에 앞서 정신병적 대상이 고립되며, 상상이 불가능하며, 환자가 상징화할 수 없다는 증거가 있다.

정신질환에 관한 음악치료 기준에 따라 작업하면서 우리는 동일한 음악 패턴에 접하게 된다. 수많은 정신질환 환자는 리듬 또는 작은 멜로디 음절을 계속 반복하면서 음악 즉흥연주를 시작한다. 그것은 끝없이 연주가 반복되는 일종의 진동이다. Ogden(1986, 1992, 1994), Tustin(1981, 1986, 1990), Van Camp(2000, 2001)의 임상적 슈퍼비전 및 논문에 이런 종류의 연주는 정신과 환자가 감각을 표현하는 형태라고 명백히 설명되어 있다. 정신과 환자들은 음악을 자신들의 내면에서 나오는 어떤 중요한 것으로 경험할 수 없다. 그들과 관계없는 울림소리만 있을 뿐이다. 그들은 음악에 의하여 '영감'을 받지 않는다. 이것이 의미하는 바는 음악 연주가 그들에게 '경험'이 아니라는 것이다. 정신과 환자는 현재 앓고 있는 질환 때문에 음악적 대상에 적응할 수 있도록 해 주는 상징화를 위한 정신적 공간이 없는 경향이 있다. 음악치료적 용어로 말하자면, 이는 환자가 음악적 형태에 도달할 수 없다는 것이다.

경험할 수 있는 범위는 매우 불분명했고 심지어 정신병리학에서 파괴되기도 했다. 그러므로 음악치료사가 감각적 형태에서 음악적 형태로 어떻게 하면 변화할 수 있는지 아는 것은 매우 중요하다. 결국 음악적 차원에서 명백하고 경험적인 변화 간에 일치하는 점과 환자의 주관적 경험의 범위를 증명하는 것이 필수적이다.

치료의 기본 원리

음악치료는 젊은 정신과 환자를 위한 거주시설(정신분석 지향)에서 제공되는 심리치료의 일부다. 그들 대부분은 정신분열의 진단기준(DSM-IV R)에 맞다. 양극성 기분의 심리적 문제, 정신분열-정서병리 등 심각한 성격장애가 발생한다. 증상으로는 망상, 사고 및 지각 장애, 심기증(hypochondriac), 괴이한 해석, 신체기능 장애, 자폐형, 극도의 퇴행적 행동 및 심각한 대면장애가 생긴다.

치료사가 하는 언어 및 비언어를 이용한 치료 접근으로 시설 내에서 하는 음악치료에서는 개인치료 환경에 비해 음악치료사의 과정에 있어 완전히 다른 요건이 필요하다. 부인 기제와 환자의 분리로 인하여 환자와 다른 팀원들의 경험 간에는 공존할 수 없는 대립이 생기고, 치료사 측에서 계속 통합을 시켜 주어야 한다. 또한 정신병리학의 특성 때문에 '음악에 기반을 둔 사고' 가 이 통합 작업에서 가장 핵심적이다. 음악은 능력을 갖게 되어서 외상적 감각 차원에 직접 접촉할 수 있다. 동시에 형식을 찾으면서 표상이 생기게 한다.

이와 같이 정신질환적 세계에 특별히 접촉하기 때문에 음악치료사는 환자가 언어적 심리치료에서 제시된 요소(즉, 대상)의 가능성을 계속 탐색하도록 제안할 의무를 갖고 있다.

배경 정보

병 력

환자의 말에 따르면 그녀는 약 5년 동안 동일한 공포에 직면했다. 그러나 입원하게 된 원인은 치명적인 우울증이다. 그녀는 의사소통의 문제를 가지고 있었고 약간의 사회적 접촉을 하면서 매우 고립적인 삶을 살았다고 설명했다. 마리안느는 자신의 부모에 대해 의심이 많았다. 급성 정신질환 상태 동안 그녀는 어머니가 그녀를 지속적으로 학대했다고 굳게 확신하고 어머니와의 접촉을 더욱 거절했다. 그러나 이런 지속적인 배척의 결과로 만성적 극단 상황을 경험하게 될 뿐이었는데, 여기에서 어머니는 그녀의 발달을 지나치게 통제하고 가로막는 존재로 인식되었다.

환자는 3남매 중 막내다. 아버지는 은퇴했고, 환자의 진술에 의하면 가족의 삶에 관련된 문제에 관심을 갖지 않고 있다. 어머니는 주부다.

그녀는 고등학교를 졸업하고 대학에서 문학을 공부했는데 문학에 관하여 열정이 있었고 시와 이야기를 매우 많이 썼다. 술집 안에서 '문학적 만남' 이 많았기 때문에 그녀는 자신의 공부에 거의 집중하지 못했고 성공하지 못했다. 이 해가 지나고 그녀는 한 남자와 짧지만 강렬한 관계를 가졌다. 그녀는 최종적으로 다른 공부를 선택했지만 2년 후에 중단했다. 그 당시 취업이 되지 않았다.

20세쯤 문제가 시작되었다고 환자는 말했다. 그녀는 점점 공포감으로 고통받기 시작했다. 공포감 때문에 자신의 인생을 독립적으로 꾸려 나갈 수 없었다. 그녀는 점점 어머니에 의해 통제되었고 그녀를 통제하기 위하여 어머니가 다른 사람을 고용했다고 확신했다.

입원 당시의 상황

환자는 접촉을 끊었다. 그녀의 얼굴은 무표정했고 얼굴에 노려보는 인상이 감돌았다. 환자는 감정적으로 단절된 것 같았다. 약간 우울증적 분위기가 있었다. 슬픈 기분, 활력 없음, 식욕부진, 수면장애, '무쾌감증(anhedony)', 공포 분출이 있었다. 그녀는 죽음에 대한 소극적 동경을 표현했고 자기 탄식적 방법으로 자신을 표현했다. 또 우울증 발작에 사로잡혀서 자신이 얼마나 퇴행적 경향을 가졌는지에 대해 말했다. 환자는 환상에 대한 보고는 전혀 하지 않았고 사고장애는 없었다. 그러나 과거에 한 번 환청이 들린 적이 있었다.

결 론

극심한 우울증 때문에 입원했던 25세 여성은 정신질환적 상태에 놓여 있었다. 우울증적 증상은 항우울증 치료를 받으면서 점차 사라졌다. 환자는 젊은 정신과 환자를 담당하는 우리 부서에 정신질환적 문제를 치료 받도록 권유받았다.

심리 진단에 관한 조사

마리안느는 IQ 126(W.A.I.S. 테스트)인데 언어성 지능은 133, 동작성 지능은 112로 언어성 지능과 동작성 지능 사이에 큰 차이를 보인다. 기질성 검사에서는 저하된 것으로 나타났다.

환자는 불평을 거의 하지 않으며 도움을 요청하지 않았다. 앞서 살펴본 바와 같이, 특히 그녀의 감정적 삶의 측면에는 보호막이 존재했다. 그녀는 접촉을 허락하지 않았다. 그녀는 진실을 털어놓는 답을 하는 것을 격렬하게 거부했다.

그녀 관계의 중심은 받는 것(receiving)이다. 여기에는 많은 충돌과 불화가 존재한다. 공격과 성적인 관심은 그녀의 삶 안에 특별히 자리 잡고 있지 않다. 그녀는 정신질환과 유사한 차원에서 생활하는 매우 독립적인 여성이다. 정신질환처럼 보이는 점은 아무것도 없다. 그러나 부정적인 증상으로 중단하는 것과 무관심이 드러날 수 있다. 환자는 주로 소비자의 질문을 갖고 있다. 그녀는 정보를 원한다. 그녀는 비현실적인 목적을 갖고 있고 자신을 거의 나타내지 않는다.

치 료

마리안느와 집단 음악치료

마리안느는 8개월 동안 정기적으로 1주에 2회씩 집단 음악치료에 참석했다는 위축된 여성의 이미지였다. 그녀는 같은 악기, 즉 메탈로폰을 선택하여 계속 반복해서 연주했으며 동일한 자세를 유지했다. 그녀는 노려보듯 힐끗 보면서 몸이 앞으로 굽어져 있었고, 수줍어하며 늘 감각운동 방식으로 연주했고 팔을 몸에 바싹 붙여 누르고 있었다. 그녀는 다른 그룹원이나 음악치료사와 접촉하지 않았다. 말하자면 그녀는 정신적 공간을 창조할 수 없다고 할 수 있다.

언어적 심리치료를 받으면서 그녀는 개인 음악치료를 원한다고 말했으며 2주 후부터 시작되었다. 그녀는 그 후로 집단 음악치료를 하지 않았다. 그러나 집단 음악치료와 개인 음악치료의 결합이 임상적 심리치료에서 허락되었다. 여기서 복합적 차원의 치료는 여러 분야로 이루어진 치료의 일부다.

마리안느는 다음과 같은 방식으로 개인 음악치료를 받으려는 의사를 표현했다. “나는 창조적 가능성이 막혀 있어요.” “나의 내부에 부글부글 끓어 올라오는 감정이 있지만, 그것을 표현하고 싶은 순간 그렇게 할 수 없어요. 내가 뭘 할 수 있죠? 나는 그 문제에 관해 작업하고 싶어요." 그녀는 입원 전에 시를 썼으며 아마추어로서 기타를 연주하곤 했다.

마리안느는 집단 음악치료 세션에서 어떻게 자신을 음악적으로 표현했을까? 그녀는 일종의 오스티나토를 계속 반복하면서 완전히 물리적으로 연주했다. 비록 그녀는 의식이 나타나는 방식으로 표현했지만 자신의 차단에서 벗어나기를 원한다. 오스티나토는 그녀의 정신적 삶에 대한 무기력의 증거다. 이것은 음악적 구상주의(concretism)의 형식이다. 음악적 요소는 전치와 대치(substitution) 상태에서 생성될 수 없는데, 그녀의 정신적 삶이 어떤 전치도 허락하지 않았기 때문이다. 이런 오스티나토 연주가 의미하는 바를 경험하고 접촉하는 것은 치료사의 과제다.

개인 음악치료

첫 번째 세션: 음악을 연주하지 못함

최초의 상황 마리안느는 음악치료실에 들어올 때 슬리퍼를 끌면서 걸었다. 그녀는 개인적인 소장품을 넣은 플라스틱 가방을 가져왔다. 마리안느는 시간을 엄수하여 도착했다. 그녀는 진부한 인상을 주었다. 그녀는 완전하게 기진맥진하여 더 이상 아무 말도 하지 않았다. 치료사는 그녀에게 인사하고 악수할 때 확실히 무미건조하고 공허한 경험을 했다. 그녀의 악수는 어떤 압력이나 역동성 없는 접촉을 만들었다. 치료사는 그냥 고무손을 잡고 악수하는 듯한 느낌이 들었다. 그녀의 목소리는 억양이 없었다. 치료사는 음악치료의 기본 원리에 대해 설명했다. 세션은 45분 동안 적극적인 즉흥연주로 진행되었다. 그녀는 말로 세션을 시작할 것인지, 즉흥연주로 시작할 것인지를 결정했다. 이후에 각각의 자유 즉흥연주는 언어로 표현될 수 있었다. 또한 그녀는 자신의 악기와 치료사의 악기를 선택했고, 혼자 연주할지 함께 연주할지를 결정했다. 그녀가 스스로 선택하는 그런 기회는 전이와 역전이 환경에서 중요하다. (어떤 치료 환경에서 투사적 동일시를 통하여 치료사는 악기를 선택했고 정신위생적 특징 때문에 세션 2에서와 같이 혼자서 연주한다.)

세션의 진보 마리안느는 메탈로폰을 선택했는데 집단 음악치료에서 8개월 동안 동일한 악기로 연주했다. 이 선택에서 그녀는 공허, 방어의 필요, 자신 또는 치료사와의 접촉에서 변화를 유발할 수 없음을 보여 준다. 그녀는 또한 치료사가 연주할 악기로 메탈로폰을 선택했다.

마리안느는 다른 사람과 마주 보도록 두 개의 메탈로폰을 놓았다. 마리안느는 즉시 연주를 시작했다. 음악은 집단 음악치료를 받은 지난 8개월 동안 한 것처럼 감각운동적이었다.

끝없이 교차되는 운동신경의 움직임으로 그녀의 팔은 메탈로폰을 따라 위아래로 움직였다. 음악적으로 프레이즈도 없었고 다이내믹과 악센트도 없었다. 그녀의 즉흥연주는 '음악적 진동(musical rocking)' 에 해당되었다.

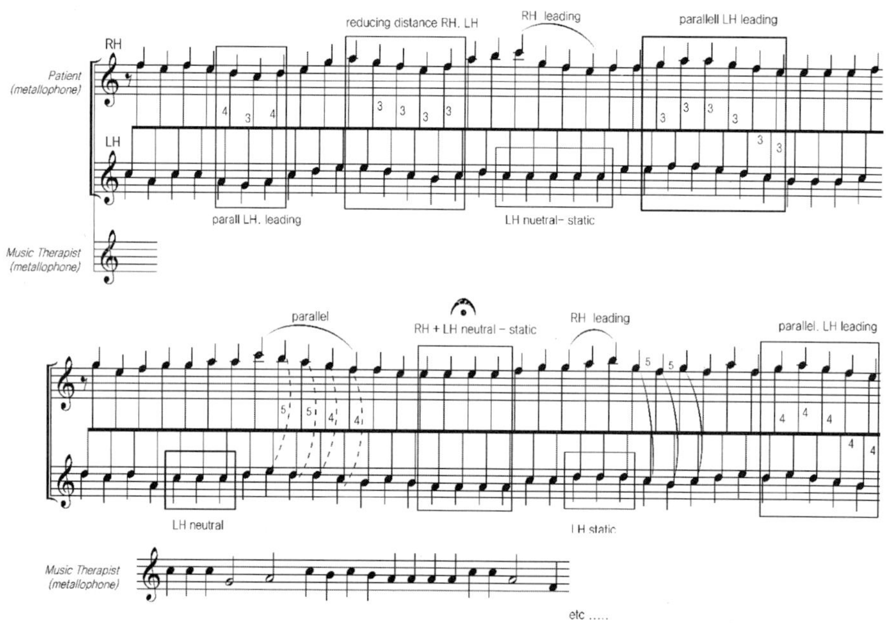

위의 악보는 정신질환 환자가 표현하는 무형식으로 된 한 가지 흥미로운 예다. 이것을 분석하면 다음과 같은 점이 명백히 드러난다. 첫 부분에서 연속된 음을 연구해 보면, 멜로디의 이동 방향이 제멋대로인 것으로 나타난다. 직접적으로 패턴을 인식할 수 없다. 그렇지만 병행 3, 4, 5도의 연속과 같이 음악적 구조가 많이 있다. 게다가 음악적 지속음(pedal point)도 있다. 그러나 어떤 지점에서 양손이 교대로 같은 음에 머물러 있음을 발견할 수 있다. 다른 손(특히 왼손)이 연주를 더 조정하는 동안 한 손은 같은 음에 머물러 있었다. 그러나 한 지점은 양손이 같은 음에 머물러 있다. 같은 바/막대를 네 차례 치는 것이다. 이것은 쉼표이고 아직 목소리를 내는 악구가 아니다. 우리는 이런 구조를 아무 생각 없이 만들었다고 생각할 수 있다. 그것은 다소 우연히 만들어진 것이다.

우리는 음악이 스스로 구조를 찾는다고 결론을 내릴 수 있다. 치료사의 공감하며 경청하는 모습은 환자가 연주함으로써 나타나는데, 이렇게 환자가 연주할 때 치료사는 환자의 베이스 라인에 맞춰 거의 동일한 멜로디 라인을 연주한다. 이 연주는 직관에 따라 이루어지고, 이 연주에서 분명히 무의식을 비춰 볼 수 있다. 악기가 서로 맞은편에 있어서 손을 직접 모방하는지는 알 수 없다.

처음에 치료사는 그녀의 박자를 탐색하면서 그녀와 접촉을 하려고 노력했다. 하지만 문제는 환자의 음악이 어느 누구에게도 전달되지 않았다는 것이다. 시간만 계속 흘렀고, 전형적으로 정신질환 환자의 경우처럼 그 접촉을 허용하지 않았다. 의사소통을 하지 않는 그녀의 연주는 반복의 비주체적 성격을 의미한다. 그러므로 치료사에게 더 이상 아무도 없다. 처음에 음악이 있을 뿐이다. 치료사는 음악적 부분인 소리에 집중한다.

직관적으로 치료사는 그가 단지 이 정신적 공간이 존재할 때만 의사소통을 할 수 있다는 것을 알았다. 그런 공간을 만들기 위하여 치료사는 '부르동(broudon)' 이라는 음악적 형식을 도입했고 그 후에는 멜로디를 몇 번 반복하였다.

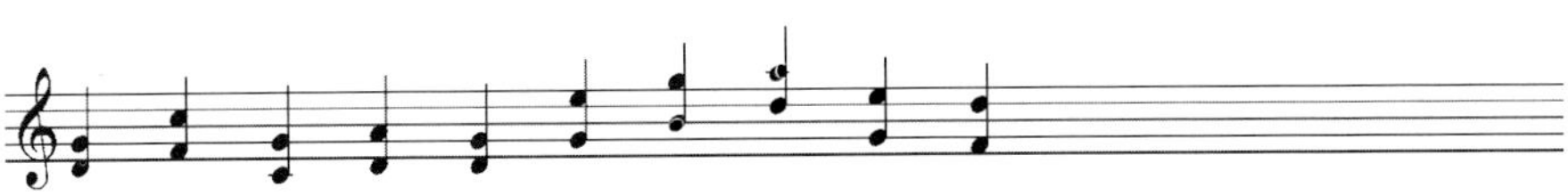

음 되찾기의 의미는 기억을 할 가능성을 만든다는 것이다. 반복은 어떤 것을 다시 잡고 변형한 후, 그것과 관계를 맺고 그에 집중함을 의미한다. 아무것도 기억할 수 없으면, 아무것도 상상할 수 없다. 어떤 것을 기억하려면 상상에 필요한 정신적 공간이 만들어져야 한다. 치료사는 이 단순한 반복에서 벗어나 그녀와 함께 일종의 정신적 공간으로 가려고 한다.

이 정신적 공간에서 치료사는 혼자서 다른 것을 상상한다. 이렇게 해서 그는 외상의 증거를 볼 수 있는 위치에서 연주한다. 음악적 형식을 도입하여 끝을 알리고 치료사는 끝없는 연주를 끝내려고 노력한다. 그러나 환자는 이를 모르는 것 같았고, 계속 반복하는 방식으로 연주했다. 언어적 중재를 하면서 치료사는 그녀에게 음악을 중단하라고 이야기한다. 그녀는 즉시 중단하고 메탈로폰 위를 전속력으로 연달아 쳤다.

약 25분간 즉흥연주가 계속되었다. 전체 시간 동안 접촉이 단 한 번도 없었다. 치료사에게 그것은 극적이었다. 그것은 치료사를 즉흥연주할 수 없는 단계까지 몰고 갔다.

그래서 음악만큼 퇴행적인 침묵이 시작되었다. 다시 치료사는 그녀의 공허함을 경험한다. 그는 그녀에게 어떤 것을 말로 표현할 기회를 주었다. 그러나 그녀는 '예/아니요' 로 치료사의 질문에 계속 대답할 뿐이었다. 우리는 다음 약속을 했다. 약속 시간이 지난 후, 그녀는 아무런 감정도 보이지 않은 채 플라스틱 가방을 챙겨서 그녀가 치료실에 들어올 때처럼 신발을 질질 끌면서 치료실을 떠났다. 세션의 45분 동안 아무 일도 없던 것처럼, 치료사가 그녀를 위하여 존재하지 않는 것처럼 느껴졌다. 어떠한 공명도 찾을 수 없었다. 울리는 소리는 거의 없는 것과 같았고, 마치 안개로 덮인 풍경과 유사했다. 그 안개 속에서는 아무런 윤곽, 기준점, 색깔을 볼 수 없다. 보이지 않는 그 뒤에 무엇이 있는 것일까?

치료사의 청취 태도 첫 세션의 녹화 비디오 일부를 보는 동안 우리가 느낀 것은 치료사가 앉아 있는 방식은 물론 매우 잘 경청하는 태도를 보여 주었다는 것이다. 치료사는 환자의 자세를 따라서 가장했다. 구부리고 손이 몸에 달라붙어 짓눌려 있고 다소 우울한 표정을 짓고 있는 치료사는 환자처럼 우울하게 보인다. 이것은 경청하는 방법 중 완전히 공감하는 방식의 실례다. 몸의 상태에 음악적 상황은 감각적이다. 청자의 몸의 자세는 음악에 적응한다. 이런 청취는 대화에 매우 민감한 정신과 환자와 대화하는 방법의 일종이다.

환자의 태도 환자가 연주하는 음악은 우연성(aleatoric)의 반복적인 소리인 것이 특징이다. 표현도 없고 음악적 형식도 없다. 또한 기억과 정신적 공간에서 시작되는 표현을 할 준비를 할 의도도 없다. 모든 것은 정신적 외상 수준에서 이동하고 있었다. 우리가 환자에게서 얻은 이미지는 학대당하고 정신적인 충격을 받은 여성이다.

두 번째 세션: 외상적 악기, 새 멜로디

마리안느는 시간을 지켜 방에 들어왔고 다시 발을 질질 끌었다. 바로 이전 세션과 같이 그녀는 자신의 플라스틱 가방을 가져왔다. 이번에는 뜨개질을 하였다. 마리안느는 자신이 음악치료에 높은 기대를 하고 있으며 뜨개질을 시작했다고 말했다. 뜨개질과 음악적으로 발생한 것의 공통점을 아는 것은 흥미롭다. 뜨개질은 자기 발정적(autoerotic)이고, 계속 반복하며, 그 가운데 방해하는 대상이 등장하지 않는다. 그러므로 뜨개질을 시작하면 음악적으로 어떤 현상이 생기는지에 대한 확인이 가능하다. 그녀의 전체 존재는 오스티나토로 통합된다. 다시 뜨개질을 시작하는 것을 보면 그녀의 공허함이 확인된다.

세션의 진보 마리안느는 다시 메탈로폰을 선택했다. 치료사의 악기 선택은 더욱 어려워졌다. 그녀는 치료사를 위한 악기 선택에 완전히 무관심해 보였다. 치료사는 자신을 위한 악기 선택을 하도록 권했고 그녀에게 선택할 수 있겠는지 물어보았다. 현악기, 관악기, 혹은 타악기? 마침내 그녀가 선택한 악기는 음악치료에서 알게 된 칼림바[줄을 튕겨서 소리를 내는 손가락 피아노-역주]였는데 그것을 연주하지는 않았다. 칼림바는 다소 거칠고 물리적 소리를 가진 고대 악기다. 첫 번째 세션과 비교하여 변주가 발견되었다. 신중하게 치료사가 변주했다. 치료사는 떠들썩하게 연주해야 했다. 그녀는 메탈로폰을 여전히 선택했다.

마리안느는 다시 감각적 음악을 시작한다. 치료사는 그녀와의 접촉을 얻기 위해 시도하지만 그녀의 공허한 존재 안에서 다시 거절당하는 느낌이다. 무엇을 하려고 노력하든지, 치료사는 혼자서 고립된 연주를 했다. 그에게 여러 가지 생각이 떠올랐다. 왜 아직까지 그녀와 접촉을 하려고 시도하는가? 아마도 그녀는 누구도 허락하지 않고 자신의 퇴행적인 음악을 유지하기를 원했을 것이다. 아마도 그녀는 단지 그녀가 말하는 것을 수용적으로 듣기를 원할 것이다. 그는 직관적으로 그녀와 연주하지 않고 오직 그녀의 음악을 들었고, 그녀에게 일어난 사건의 원인이 무엇인지 알려고 기다렸다.

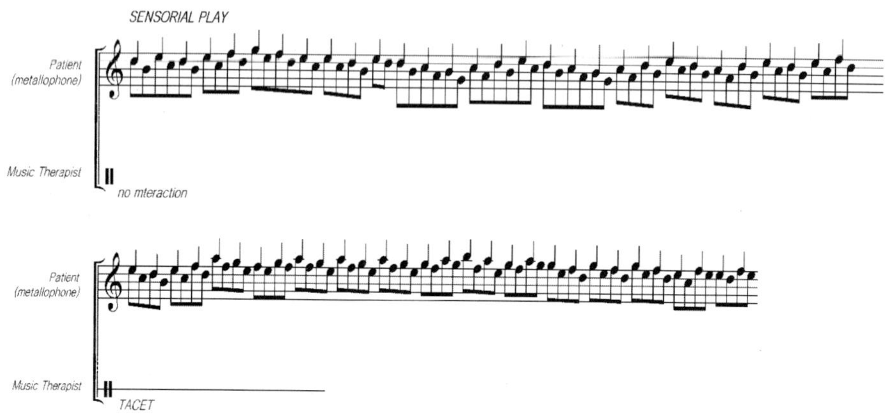

하지만 마리안느는 끝까지 비슷한 패턴을 연주하였다. 그 스타일은 단순히 막연한 것이었다. 예를 들면, 그녀는 높은 음을 연주하지만 그것을 반복하지 않았다. 구조도, 프레이즈도 없었다. 그녀가 어떤 것도 발전시키지 않았으므로 재현부에서 어떤 것도 반복할 수 없었다. 그녀는 대체로 멜로디가 발생하기를 원했지만 발생하지 않았다. 또한 그녀는 이전 세션에서 나온 어떤 것도 자신의 음악과 통합하지 않았다. 예를 들어, 그녀는 치료사의 부르동을 통합할 수 있었을지도 모른다. 그러나 분명히 그녀는 그것을 할 수 없었다. 유일한 변화는 템포가 빨라지는 것이었다. 그러나 끝에서는 아무런 변화도 일어나지 않았다.

마리안느의 아첼레란도를 통하여 연주에 긴장이 생겼다. '당신은 제가 스스로 하도록 내버려 두었어요.' 하는 문구가 공중에 걸려 있었다. 마리안느는 치료사에게 변론하는 것처럼 보였다. 치료사는 공간을 창조해야 되었다. 그녀는 아직 혼자 이런 공간을 창조할 수 없다. 그것은 단지 치료사에게서만 나올 수 있었다. 그녀는 완전히 치료사에게 의존한다.

치료사는 소리가 완전하게 그에게 오도록 했다. 그는 참을 수 없는 어떤 것을 경험했다. 어떤 일이 일어나야 했다. 그녀는 그에게 요청했다. 환자는 치료사가 직관적으로 그의 왼쪽 끝에 있는 피아노로 이동하기 전의 약 8분 동안 연주했다. 의자의 움직임 없이 치료사는 간단한 멜로디를 연주했다. 음색과 크기는 메탈로폰과 놀랄 정도로 동일했다. 음색, 템포, 크기에 관해서 그녀의 멜로디와 치료사의 멜로디는 거의 구별되지 않았다. 그들은 완전하게 같은 수준이었다. 치료사는 환자의 정신에 치료사의 정신을 담았다.

시작은 거의 충격이었다. 갑자기 이런 멜로디가 존재한다. 누군가 "여기 나 있어요." 하는 것이다. '참을 수 없는' 부재가 끝났다. 갑자기 치료사는 주체를 불러일으켰다. 갑자기 명백한 멜로디 라인이 발생했다. 일종의 해독제다. 멜로디는 조화롭고 완전한 합창곡으로 발전했다. 치료사는 비록 그녀와 접촉을 얻는 경험을 하지 못했지만 환자의 감각적 음악을 받아들인다. 그는 주체로서 들리기를 원하기 때문에 계속적으로 연주했다. 5분 후 치료사는 명확한 종지를 연주했지만, 환자가 상호작용하지 않았다.

그녀는 혼자서 계속 연주했다. 다시 약간의 잠재 언어적 개입(in tervention) 후 그녀는 음악을 멈추었다. 즉흥연주에 따르는 짧은 언어적 반영을 보면, 음악적 부분은 그녀에게 강한 인상을 주지 못한 것이 명백했다. 그녀는 치료사의 피아노 연주를 주목하지 않았다. 바로 이전 세션처럼 그녀는 다시 발을 질질 끌며 음악치료실을 떠났다.

음악적 연주가 합당한가? 이 순간 사람들은 연주가 합당한지 궁금하게 생각할 수 있다. 이 치료 환경에서 그것이 어떤 점에서 중요한가? 진단해 볼 경우 이것은 명백히 중요하다. 이 연주는 음악이 어떻게 정신과 환자의 손상된 단계에 들어가는지를 완벽하게 나타내는 실례다. 음악적 연주는 어떤 형식도 없이 연속되기만 하는 소리다. 재현 없이 반복만 있는 것이다.

피아노(치료사가 가장 좋아하는 악기) 연주의 선택은 역전이를 통하여 치료사에게 명백해졌다. 환자가 치료사를 위해 선택해 주었던 악기(칼림바)를 연주하지 않는 것은 치료사의 음악치료 태도에 위반된다. 마리안느에게 주체로서 존재할 수 있기를 바라는 욕구가 있었다. 그리고 직관적으로 치료사는 음악적 형식인 멜로디를 통해서만 이 욕구를 표현할 수 있다고 생각했다. 이런 점에서 보면, 칼림바는 치료사에게 충분히 형태를 제공하는 것이 아니다. 리듬을 통해서만 치료사가 사건을 일으킬 형태를 제공할 수 있겠지만, 그것은 마리안느의 연속적 소리와 너무나 동떨어져 있으며 치료사의 소리와도 거리가 멀다.

세 번째 세션: 투사적 자극(projected provocation)

마리안느는 다시 발을 질질 끌면서 음악치료실에 들어온다.

첫 번째 즉흥연주 마리안느는 메탈로폰을 놓고는 치료사에게 칼림바를 다시 연주하고 싶은지 물었다. 이것은 그녀가 의식적으로 처음 치료사를 위하여 악기를 지적한 것이고 그녀의 음악에 주체로서 치료사를 포함한 것이다. 그녀는 천사 같고 신성한 소리를 가지고 있는 것 같은 악기를 갖고 음악치료사에게는 거칠고 병적인(traumatic) 칼림바 소리를 전하는 것을 주목하는 것은 흥미로운 일이다.

환자는 어떤 역동성도 없이 감각적이고 단조로운 음악을 다시 연주한다. 치료사는 지원과 구조를 제공하면서 동시에 환자가 리듬감을 느끼게 만들려고 노력한다. 그녀가 매우 '명료하게' 연주하는 동안, 치료사는 더 '멜리스마적으로' 연주하기 시작한다. 마리안느는 어떠한 자극도 받지 않는다. 변화조차 없다. 그녀는 결코 프레이즈를 사용하지 않는다.

치료사는 투사적 동일시(projective identification)를 경험한다. 마리안느가 참을 수 없는 것을 치료사에게 보낸다. 칼림바를 연주하는 사람이 치료사이기 때문에 그 힘든 점을 참아야 하는 사람 또한 치료사다. 환자에게는 편한 상황이다. 마리안느는 치료사에게 그녀의 외상적 정신을 표현한다. 그녀는 아무것도 일어나지 않았다는 듯이 계속해서 행동할 수 있다. 치료사는 자신이 계속해서 연주를 한다.

잠시 마리안느가 좀 더 가까이 온다. 가끔 그녀는 템포나 역동성이 드러나는 어떤 것을 하도록 유혹당한다. 그러나 탐색단계를 벗어나지 않는다.

어느 시점에 그녀는 방어적인 경향을 보이기도 한다. 그녀는 다시 훨씬 더 큰 거리감을 만든다. 그리고 다시 투사의 필요성이 증가한다. 약간 멜로디적인 곡을 연주한 후, 그녀는 매우 신성하고 감각적인 방식으로 연주를 계속한다. 때때로 치료사가 마리안느를 자극하기도 하지만, 그녀는 이런 자극을 동정심으로 생각하여 무시한다. 아무것도 마리안느에게 일어나지 않는다.

마리안느는 치료사가 종지를 연주할 때 헛기침을 한다. 어쨌든 그녀는 치료사와 동시에 연주를 종료하지 않는다. 단지 치료사가 중단하라는 말을 하기 때문에 갑자기 종료한다.

마리안느는 그의 중단시키려는 의도에 대한 반응으로 헛기침을 한다. 치료사는 즉흥연주를 종료하기 위한 신호인 이 헛기침에 관심이 있다. 그래서 그녀는 치료사가 중단하려는 것을 눈치챈다. 그러나 그것과 관련된 아무런 행동도 하지 않는다. 그녀는 어떤 자율적인 행동을 하지 않는다. 그녀는 스스로 음악치료를 중단할 결정을 내릴 수 없다. 그러므로 그녀에게는 즉흥적으로 하는 말이 필요하다. 그녀는 완전히 방어적이다. 마리안느와 치료사 사이에 '융합된' 연결 고리가 있으나 아직 대화는 없다. 마리안느의 무방비로 인하여 치료사는 식사를 마치고 요람으로 들어가는 아기에 대하여 생각하게 된다.

여기에는 이상한 어떤 것이 있다. 환자는 충격을 받았기 때문에 치료를 받는다. 그러나 단지 음악을 감미롭게 연주할 뿐이고 그 음악을 치료사에게 넘겨 주어 치료사가 정신질환적 부분을 떠맡는다. 어떤 면에서 마리안느는 약간 치료를 따르고 그것을 수용한다. 그리고 유혹 때문에 환자가 변화하기 시작하면 투사에 크게 성공하지 못했다고 판단한다. 그러나 그때 그녀는 다시 철퇴한다.

치료사는 중단하지 않고 프레이즈를 연주하거나 음악에서 공간을 만드는 경험을 한다. 마치 이것은 아직까지는 불가능한 것처럼 보인다. 진정한 대화가 이루어질 경우, 후에 그 문제가 다루어질 것이다.

여전히 마리안느는 그녀와 동떨어진 어떤 것으로서 음악을 경험한다. 그럼에도 불구하고 마리안느는 칼림바로 연주하는 치료사의 음악에서 이전에 그녀가 가졌던 공격적인 면을 인식한다. 칼림바의 리듬은 마리안느가 아프기 전에 썼던 시의 운율과 잘 맞다. 그녀는 세상에 대한 공격으로서의 리듬을 직접적으로 표현하지 못했다. 왜냐하면 그녀가 그런 공격성을 나타낼 것으로 예상되지 않고 허락되지도 않으며 그녀의 가족조차 거부하기 때문이다. 그녀가 쓴 시의 운율에서 그녀는 외부세계에 충격을 주려고 시도하였다. 이전에는 그녀가 그 희생자였던 공격적인 행동을 되풀이하는 것은 어떤 사람들에게는 정신적으로 충격이다. 동시에 치료사에게 이런 것은 피학대아(battered child)의 이미지를 떠올리게 한다. 이와 같이 자극적인 연주에서 그 이미지는 무의식적으로 나타난다.

비록 그녀가 이 시점에 할 수 없다는 것을 알지만, 그녀는 리듬을 가지고 이런 실험을 계속해서 하기를 원했다.

두 번째 즉흥연주 나중에 우리가 '독립적이 되기 위한 준비(The preparation to become autonomous)'라고 부른 두 번째 즉흥연주에서, 치료사는 이런 주제에 따라 마리안느가 즉흥연주를 하도록 유도했다. 그녀는 의식적으로 칼림바를 선택하고, 치료사에게 이 악기도 연주하라고 요청하여 치료사를 놀라게 한다. 마리안느와 치료사가 같은 악기로 연주하고, 이렇게 연주함으로써 마리안느가 점점 자신을 위한 공간을 더 많이 갖는다고 느끼는 것은 흥미로운 일이다.

칼림바를 이용한 음악치료에서 매우 흥미로운 변화가 생긴다. 약간 수줍은 방식으로 마리안느는 그녀가 메탈로폰을 연주했을 때처럼 동일한 동작을 번갈아 하는 연주를 시작한다. 치료사는 음악적 진동을 받아들인다. 마리안느에 대한 깊은 성찰로 치료사는 '반영'을 할 가능성을 창조한다. 치료사는 여기서 어떤 이미지가 나올 수 있기를 바란다. 그러나 마치 어머니와 아이의 관계(어머니가 아이의 우는 리듬에 맞춰 아이를 흔드는 경우)와 같이, 치료사와 환자의 관계는 융합되어 있다. 단지 아기가 울면 달래는 어머니와 아기의 관계처럼 단순히 용해되어 남는다.

치료사는 강세를 붙이지 않은 오프비트를 연주하기 시작한다. 이 경우 치료사는 마리안느를 차별하기 시작한다. 그들은 하나가 아닌 둘이다. 이것은 개인화의 일종으로 대화에 기초를 두고 있다. 이런 복합적 상황은 두 사람 간에도 존재한다. 투사적 동일시를 하면서 치료사는 동시에 상대편 환자에게 소리를 전한다. 치료사는 환자의 역할을 한다. 반투사적인(deprojective) 움직임을 하면 서로 분리된다. 그래서 마리안느는 다시 분리된다. 치료사는 마리안느의 음악에서 역동적인 움직임을 계속하여 경험한다. 치료사는 리듬을 갖다 주고, 마리안느는 변화시키려고 노력한다. 마리안느는 밝고 신성한 음악에서 멀어져 거칠고 리듬이 있는 음악으로 계속하여 변한다.

즉흥연주에서 카타르시스적 요소가 더 많이 존재한다. 마리안느는 더 참을 수 없는 어떤 것을 제시할 수 있다. 치료사는 마리안느가 주도권을 가지기 시작한다는 것을 경험한다. 그녀는 아직까지는 얼마 동안 개념을 포착할 수 없는 분해된(fragmented) 리듬을 연주한다. 세션에서 마리안느는 리듬을 갑자기 마친다. 그녀는 음악적인 발전을 허락하지 않는다. 그렇기 때문에 치료사는 진정한 대화가 아직까지는 불가능하다는 것을 계속 느낀다.

같은 악기 연주를 선택함에 따라 마리안느는 치료사와 환자 사이에 마치 차이가 없다는 듯이 융합된 결속을 선택한다. 역설적이게도 이런 상황에서 치료사와 환자의 차이는 더 쉽게 드러나고 차별화가 시작된다. 그리고 환자가 공격성을 가지고 접촉하기가 더 쉬워진다.

또한 마리안느는 특별히 칼림바를 선택한다. 이 악기는 그녀가 치료사를 위하여 처음에 선택한 악기다. 치료사는 칼림바를 연주하여 그녀의 공격성을 표현했다. 또한 부인된 감정을 투사했다. 마리안느는 이 악기를 선택함으로써 치료사의 영역을 차지한다. 이런 선택으로 그녀는 치료사와 일체감을 느끼거나 그 이상을 얻는다. 마리안느는 지금 더 쉽고 거칠게 공격적으로 연주할 수 있다. 이때 환자는 투사를 하며, 결과적으로 자율적으로 연주한다. 마리안느는 혼자서 이렇게 할 수 없었을 것이다.

이와 같이 치료사가 두 개의 분리된 부분으로 동일시를 하는 것은 주목할 만한 정신적 현상이다. 환자는 치료사에게서 환자 자신의 공격적 표현을 받는다. 이런 방식으로 치료사는 자율적이 되고 자유를 가진다. 그러나 동시에 투사는 계속해서 존재해야만 한다. 오직 이런 투사 때문에 마리안느는 그녀 자신의 일부와 접촉할 수 있다.

치료사는 자율적이다. 그러나 동시에 그렇지 않다. 치료사는 환자와 새로운 약속을 한다. 이때 마리안느는 치료사에게 강한 악수를 하고 음악치료실에 더 많은 역동성을 남겨 둔다.

네 번째 세션: 음악적 형식 '무언가(Lieder ohne Worte)'4)

마리안느는 더욱 활력적이고 역동적으로 보였다. 그녀의 눈은 생기를 띠기 시작했고 더 이상 멍한 시선을 보이지 않는다. 또한 그녀는 칙칙한 색깔의 평이한 셔츠를 입지 않고 색깔이 화려한 것을 입었다. 이것은 치료를 위한 갈망이었는데 치료사는 이해할 수 없는 것이었다. 그래서 치료사가 더욱 호기심을 갖도록 만들었다.

마리안느는 앉자마자 말하기 시작했다. 그녀는 지난주 동안 몇 개의 리듬과 일련의 음악에 시달렸다고 말했다. "소리들이 계속해서 떠올랐지만, 나는 그 소리를 없애기 위해 아무것도 할 수 없었어요. 나는 그 소리들에서 어떤 단어도 발견할 수 없었고 또…… 소리를 글로 쓰기 어려웠어요. 쓰려고 했지만……"

치 료 사: 리듬과 소리…… 당신이 그것을 쓰려고 시도했다고요?

마리안느: 맞아요, 그건 불규칙한 리듬이고 우리가 언어 안에서 발견한 리듬이에요.

치 료 사: 그것을 가지고 어떤 것을 할 수 있었어요?

마리안느: 내가 할 수 있었는지 모르겠어요. 어제 그것은 사라졌고 오늘은 아직 돌아오지 않았어요. 어제 이후 나는 긴장을 느껴요.

치 료 사: 그 리듬을 연주할 수 있어요?

마리안느: 우리는 시도했었어요.

치 료 사: 그 리듬을 무슨 악기로 연주했는지 생각할 수 있어요?

마리안느: (칼림바를 지적하며) 아마 지난 시간의 저것이었을 걸요.

4) 'Lieder ohne Worte'는 독일어로 무언가라는 뜻이다.

이 새로운 즉흥연주를 후에 우리는 '무언가' 라고 불렀고, 마리안느와 치료사는 같은 칼림바로 연주했다. 조용하게 즉흥연주가 선행되고 치료사는 확실히 마리안느에게서 자율성을 경험했다.

그녀의 첫 음에서 치료사는 이미 즉흥연주가 어떤 방향으로 발전했는지 알았다. 그녀는 이전 세션에서 치료사가 직접 인식한 리듬 형태를 연주했다. 무의식적으로 그녀는 그것을 반복하고 통합했다. 즉각적으로 치료사는 음악적 형식으로서의 마리안느의 리듬을 경험했다. 프레아징이 두드러지고 긴장이 쌓였다. 그것은 정격(authentic) 음악이다. 그것은 그녀의 시다. 즉시 '무언가' 라는 생각이 들었다. 그것은 이야기다. 치료사가 지켜볼 수 있도록 허용된 이미지다. 비록 그는 동시에 중립적 청자가 되지만 적극적 방식으로 그가 함께 있을 수 있도록 허용하는 박자를 찾고 있었다. 즉흥연주는 상호 교류하며 발전했다. 그래서 리듬적 테마는 발전하고 통합되었다. 각자의 공간에 '자율적인 만들기(making autonomous)'를 처음 넣는다. 치료사는 그녀의 리듬적 제안이 독창적으로 발휘됨을 보며 완전한 자유를 느낀다. 칼림바의 특별한 음색은 최대한 좋게 나타났다.

마리안느의 악곡 형식
'무언가'

마리안느: 이것은 이처럼 어떤 것을 하기 위한 이상적인 악기네요. 이전에 들었던 리듬에 가까워요.

치 료 사: 매우 역동적인 리듬이고 조용하지 않아요.

마리안느: 그것은 매우 활동적인 것처럼 경험하게 되네요.

치 료 사: 당신이 연주한 리듬에서 어떤 경험을 했나요?

마리안느: 어떤 경험을 했냐면…… 내가 여기 올 때 항상 무엇을 경험했어요. 그것은 나 자신의 많은 것이 외부로 드러나는 것이고, 그렇지 않으면 덮인 채로 머무는 것이었어요.

치 료 사: 그것은 당신의 음악이에요.

마리안느: 그래요. 그것은 단지 바(bar)만 친 것이 아니죠. 그것은…… 나의 내면에 살고 있는 어떤 것을 이미 외부에 드러나도록…… 나는 나 자신이 들은 어떤 것을 허락했어요.

치 료 사: 즉흥연주 안에서 대화를 경험했나요? 그것은 새로운 어떤 것이죠. 그렇죠? 이번에 경험한 것을 처음 경험하는 거죠?

마리안느: 그것은 확실하게 의미가 있어요. 있잖아요, 그건…… 삶과 생존의 방법이에요. 한편은 사회에 속하고 다른 한편은 시인으로 사회에 속하지는 않지만 사회에 반응해요. 때문에 시인은 사회에 속하지 않고 대부분 시인으로서의 운명지어지지만 사회에 그가 시인이라는 것을 감사하는 거예요. 그리고 나는 일종의 지진계(두 측면을 감지하는)로써 두 측면에 반응할 수 있어요.

치 료 사: 당신은 스스로 말하는 것을 허락했어요.

마리안느: 맞아요. 내 안의 삶은 더욱 불안했고 공격성은 내 안에 있었어요. 그리고…… 느낌, 모순된 느낌…… 그것은 내 안에 있었지만…… 느낌은 내 안에서 철퇴되고 난 내향적이게 되었어요.

마리안느가 그녀의 음악적 형식에 도달하자마자 전반적 관계와 우리의 위치가 변화되었다. 전이는 더욱 많이 나타났다. 그녀의 문제를 경감하기 위하여 필요한 다음의 단계는 분명했다. 상징화가 얼마나 중요한지, 즉 그녀의 음악적 표현양식이 어떤지는 나중에 한 모든 즉흥연주에서 이 음악적 형식을 이용하여 그녀가 통합했다는 사실에서 드러났다. 그녀는 이것들을 변화시켜 자신이 핵심 형태에서 추출하여 선택한 것으로 시작하면서 통합한 일부분에서 다른 음악 형태를 발전시켰다. 음악적, 치료적 개입은 가끔 매우 역동적이고 과격하며 감정이입적이었다.

마리안느는 개인 음악치료 세션이 시작하고 약 4개월 후 퇴원했다. 그녀는 치료사에게 진한 감동을 남겼다. 그녀는 아직 떠날 준비가 되지 않았다는 것을 알았지만 정신과 센터에서 퇴원해야 되어서 개인 음악치료를 지속하는 것이 불가능해졌다.

결 론

우리는 마리안느의 음악치료 과정에서 다음과 같은 세 가지 측면을 관찰하였다.

1. 환자와 치료사 사이의 동시성 또는 공명의 순간이다. 이것은 특별하고 때로는 힘들게 성취한 순간이다. 바로 음악을 함께 만든 것이다. 치료사는 환자와 함께 음악을 자유롭게 만들 수 있다는 느낌이 드러남으로써 이 순간의 사건을 인지한다. 이 순간에 처음 환자의 실제적 또는 외상적 부분에 나타났던 소리를 치료사가 찾았다. 갑자기 자유로워진 태도로 음악이 진행됨이 명백해졌다. 같은 리듬으로 춤을 추는 두 몸은 자발적으로 예기치 않았던 음악이 나타나자 움직였다. 이 순간에 나타나는 겉모습에 대한 저항을 다루는 것이 치료에서 중요한 부분이다. 음악의 '영(spirit)' 에 의해 사로잡히는 데 대한 불안을 분석하는 작업이 음악치료사를 위한 결정적인 과제다.
2. 두 번째 순간은 음악적 형식이 발전하는 순간이다. 음악 안에서 자신의 정체성을 상실하기에 이르는 경우는 대상에 따라 달라진다. 동시성 환경 내에 있으면서 그에게 가져온 프레이즈를 포기하고 자신을 잃어버린다. 유아가 모성의 결핍에 의하여 충동이 중단되는 것과 같은 식으로, 음악을 만드는 환자는 단순하게 반복되거나 프레이즈가 순환되는 것에서 벗어나도록 강요당한

다. 이때 치료사는 일종의 Winnicott 방식의 '충분히 좋은 어머니'가 된다. 어머니의 젖가슴은 항상 부드럽거나 딱딱하지 않고, 어머니의 시선은 가끔 아이를 향해 있고 때로 그 밖의 어떤 것에 주의를 돌린다. 어머니의 목소리는 때로는 달콤하고 위안을 주기도 한다. 그다음 다시 걱정스럽고 슬픔이 가득하다. 이렇게 항상 비슷한 것만은 아닌 어머니의 변형된 모습으로 인하여 아이는 모든 다른 모습 속에서 동일한 어머니를 인식하는 능력이 발전한다. 이러한 전언어적 이미지의 내면화 작업(소위 '인지')은 원래 환각과 유사하다. 환각은 연주의 변화와 외부세계에서 대상의 동질성을 보장하는 방식으로 구성된다. 반대로 인지는 원래의 내부 공간이 구성됨으로 인하여 외부세계의 변화를 받아들일 수 있다. 결국 환각과 인지 사이에 여전히 전이 공간이 존재한다. 이 공간에서 사람은 여전히 음악적 프레이즈에 빈번하게 집착한다. 그러나 동시에 더 이상 일치하게 활동하지 않는다. 프레이즈의 무조건적 반복에 관한 다른 선법(mode)은 다른 형태의 대중음악 및 예술음악의 형태 속에서 인지된다. 반복의 무아경(ecstasy)을 포기하고 그림에 대한 저항의 분석을 포기하는 능력은 우리의 견해로는 비록 음악치료 작업에서는 거의 다루기 힘들지만 가장 필수적인 것이다.

3 변화(variation)와 발달의 작업—최초의 슬픔의 형식으로 간주될 수 있는—이 완성될 경우, 환자는 또한 음악 즉흥연주를 종결할 수 있다. 만약 모든 일이 잘 된다면 외상적 감정과 말하기는 더 이상 관련이 없다. 그의 말에서 감정이 나올 수 있다. 비극배우처럼 환자는 이제 무의식적인 디오니소스적 합창에서 벗어나 지금 그 자신에 대해 말할 수 있다.

참고문헌

Abraham, N., & Torok, M. (1978). *L'Ecorce et le Noyau*. Paris: Aubeir-Flammarion.

De Backer, J. (1993). "Containment in Music Therapy." In T. Wigram & M. Heal (eds.), *Music Therapy in Health and Education*. London: Jessica Kingsley Publishers.

De Backer, J. (1996). "Regression in Music Therapy with Psychotic Patients," *Nordisk Tidsskrift for Musikkterapi*, 5(1), 24-30.

De Backer, J., & Van Camp, J. (1996). "Muziektherapie in de behandeling van psychotische patiënten." In M. De Hert, en E. Thys (eds.), *Zin in waanzin. De wereld van schizofrenie*, Amsterdam: uitgeverij EPO.

De Backer, J., & Van Camp, J. (1999). "Specific Aspects of the Music Therapy Relationship to Psychiatry." In T. Wigram & J. De Backer (eds.), *Clinical Applications in Music Therapy in Psychiatry*. London: Jessica Kingsley Publishers.

Lacan, J. (1981). *Le Séminaire, Livre III, Les Psychoses (1955-1956)*. Paris: Texte établi par J.-A.Miller, Seuil.

Ogden, T. H. (1992). *The Primitive Edge of Experiences*. London: Karnac Books.

Ogden, T. H. (1994). *Subjects of Analysis*. Exeter, U.K.: PBC Wheatons Ltd.

Ogden, T. H. (1986). *The Matrix of the Mind: Object Relations and the Psychoanalytic Dialogue*. Northvale, NJ: Jason Aronson Inc.

Tustin, F. (1981). *Autistic States in Children*. London: Routledge.

Tustin, F. (1986). *Autistic Barriers in Neurotic Patients*. London: Karnac Books.

Tustin, F. (1990). *The Projective Shell in Children and Adults*. London: Karnac Books.

Van Camp, J. (1999). "Musique, répétition et affect," *La Revue de Musicothérapie*, 4, Nov. 1999, Association Française de Musicothérapie, Paris.

Van Camp, J. (2000). "Musik, Wiederholung und Ritual," *Musiktherapeutische Umschau, Band 21*.

Van Camp, J. (2001). "De musikale vorm," *Tijdschrift Beroepsvereniging Muziektherapie*, Leuven.

15장 열다섯 번째 사례

이 아이를 보호하라: 천부적 재능을 가진 음악가에 대한 정신분석적 음악치료

Louise Montello

개 요

아동기에 학대의 역사를 가진 천부적인 음악가(과거의 신동)는 정신분석 음악치료에 참여하는 4년 동안 자신의 필수적인 음악적 지능(EMI), 즉 자기가 반영되는 변화 도구로서 음악을 사용하는 타고난 능력과 다시 연결된다. 거짓 자기의 인성과 외상 후 스트레스 장애의 증상으로 괴로워하는 이 사례의 음악가는 진정한 자기 표현을 좀 더 쉽게 하고 삶의 참된 목적을 발견하기 위해 자신의 음악(기악 및 성악 즉흥연주와 작사)을 사용하도록 안내된다.

도 입

천부적인 음악가는 항상 건강이 나빠질 때까지 일한다. 이는 심리학적 · 신체적 질병을 가지고 재활 센터에서 생을 마감하는 유명 음악가의 수가 증가하는 것으로 알 수 있다. 내가 판단하기에 쇼 비즈니스는 허약한 심장에 좋지 않은 것이 분명하다. 그러나 한 클라이언트가 묘사한 바와 같이 그러한 경우는 바로 다음과 같은 사람에게 해당된다. 즉, 대중매체가 부과한 엄격하게 강요된 규율과 성공을 이루기 위한 규제하에서, 종종 힘과 돈에 굶주린 부모, 교사, 매니저, 기타 요인에 의해 '춤추는 어릿광대' 가 되어 다른 '춤추는 어릿광대' 와 경쟁하도록 무대 위의 스포트라이트로 떠밀린 연약한 예술가이다. 보통의 재능을 가진 자가 이 명성 게임을 하기는 아주 어렵다. 그러나 천재는 그들에게 좋지 않은 몇 가지 문제점을 안고 시작한다.

1. 흔히 그들은 너무 빨리 자란다. 또한 놀이라는 두드러진 창조를 통하여 내적 및 외적 자아를 탐색해야 할 때 어른이 갖는 책임감을 요구당한다. 이렇게 부적절한 '빠른 길' 을 지향함으로써 결과를 지향하는 완벽주의적 개인이 주로 만들어진다. 그리하여 그들은 쉬면서 장미 향기를 맡을 수 없다.
2. 전형적으로 천재는 자기애적 어른에 의해 이용된다. 어린 천재의 미숙한 책임 위에 자기애적 어른은 자신의 좌절된 소원을 이루기 위한 목표를 세운다. 이런 식으로 어린 천재 음악가는 '거짓 자기(false self)' 를 개발하고 '가식적인' 삶을 살아간다. 또한 자신의 참 자기/운명을 뒷전으로 밀어내 놓는다.
3. 원래 많은 천재가 환상과 현실 사이의 양날 위에서 산다. 그리고 무엇보다도 인생 전체의 여정을 진행하도록 돕는 온정적이고 현명한 지도자가 필요하다. 많은 천재는 이런 종류의 양육과 보호를 받지 못했고, 대신에 그들의 천진난만과 어린 시절을 빼앗겼다.

이러한 세 가지 문제를 모두 가진 음악 신동은 마침내 분열되고 대중의 시야에서 사라진다. 결국 빨리 교정을 하고 새 매니저가 나타난 후 새롭게 개정된 버전으로 다시 등장할 수 있을 뿐이다. 다시 말해서, 그들은 타고난 행운아인가, 아니면 만들어지는 것인가?

다음은 신동의 재능이 선물이자 저주인 성공한 한 음악가를 내가 치료한 사례 연구이다. 음악이 포함된 관계에 남아 있는 양가감정 때문에 그녀는 음악치료로 안내되었다. 정신분석 음악치료를 통해 그녀는 음악에 관하여 현실적인 것과 연결하고 그것을 이용하여 자신의 인생을 바꿀 수 있었다.

배경 정보

천부적인 32세의 전문 재즈 피아니스트인 제니퍼는 다친 음악가를 대상으로 치료하는 의사로부터 나에게 치료를 받으라는 권유를 받았다. 그녀는 극심한 연주 불안과 함께 왼쪽 팔뚝에 심각한 건염을 앓고 있었다. 두 장애로 인하여 제니퍼의 연주 의무 수행에 지장이 생기는 단계에 이르게 되었다. 원래 제니퍼는 그녀의 불안을 다루기 위해 스트레스 관리 세션 시리즈 때문에 내게 왔다. 내가 항상 음악가에게 스트레스 감소를 위해 가르치는 첫 기술 중 하나는 호흡 인식과 횡경막 호흡이다. 두 번째 세션 동안 이런 호흡을 연습하면서 제니퍼는 자신의 숨이 멈추는 경향이 있음을 인식하게 되었다. 또한 나는 그녀의 횡경막이 경직되었고 신체적으로 크게 숨을 내쉬고 들이마시지 못함을 발견했다. 나의 지도로 그녀가 복식호흡을 시작했을 때, 제니퍼의 표현에 따르면 자신이 어린아이였을 때 어머니가 신체적으로 그녀를 학대하고 뒤쫓던 장면이 결합된 불안과 공포의 물결을 체험했다. 이런 느낌/장면은 그녀에게 동기부여를 해서 그녀가 여행하지 않는 동안 (매주) 나와 함께 개인 정신분석 음악치료를 시작하도록 하였다.

제니퍼는 예술적으로 천부적 재능을 타고났으나 꿈을 이루지 못하고 좌절한 부모의 외동딸이었다. 성공한 오페라 가수였던 그녀의 어머니는 지금 인근 음악학교에서 전임으로 노래를 가르치고 있었다. 제니퍼의 말로 천부적인 화가인 그녀의 아버지는 가족을 부양하기 위해 공립학교 시스템에서 가르쳐야 했고, 그녀의 어린 시절 대부분 심각한 우울증에 빠져 있었다. 제니퍼는 그녀의 어머니가 늘 화를 낸다고 말했다. 언제 그녀의 어머니가 심하게 화를 내고 폭력적 언어와 행동을 사용할지 전혀 알지 못했다. 제니퍼는 화를 내거나 혹은 행동으로 나타내는 것이 허용되지 않았다. 그 이유는 그렇게 할 경우 그녀의 아버지가 심장마비로 사망할 수 있다고 그녀의 어머니가 말했기 때문이다.

제니퍼는 성악뿐만 아니라 클라리넷과 피아노에서도 탁월한 재능을 나타낸 음악적 천재였다. 그녀의 아버지는 그녀의 재능을 매우 기뻐한 반면, 그녀의 어머니는 통제했고 때때로 질투하고 학대했다. 제니퍼는 어린 시절부터 주연 여가수가 되기 위한 준비를 했다. 그녀의 어머니와 다른 뛰어난 선생님에게서 수업을 받았고 거의 주말마다 오페라 관람 등을 했다. 비록 그녀는 팝 음악(예: Joni Mitchell, Steely Dan)을 부르기를 매우 좋아했으나, 그녀의 어머니는 그녀가 그 노래를 부르는 것을 방해했다. 그녀의 어머니는 '자연스러운' 목소리를 경멸했다.

제니퍼의 음악에 대한 최초의 기억은 그녀의 아버지와 함께 자신의 짧은 노래를 만드는 동안 주목을 받았던 것이었다. 다른 정겨운 기억은 그녀의 장난감 오페라 극장에 관한 것이었다. 어린 소녀였을 때, 제니퍼는 어려운 감정과 기대에 대처하는 방법으로 그녀의 방에서 정기적으로 은거했고, 종이인형들과 함께 시간을 보내며 그녀 자신의 음악 드라마를 만들었다. 어린아이로서 그녀의 가장 상처 깊은 기억은 어머니가 그녀의 소중한 중간 대상을 파괴한 일과 관련이 있다. 중요한 것을 잃음으로 인하여 그녀의 감정이 완전히 배척당한 후 혼자 남겨졌다고 제니퍼는 말하면서 나에게 다음과 같은 시나리오를 전달했다.

> 내가 3세쯤이었을 때 나는 마음에 드는 박제 동물을 가졌다. 나는 가는 곳마다 '호랑이 토니'를 갖고 다녔다. 그래서 닳아 해지고 더럽고 냄새가 났지만 나는 그것을 다른 어떤 것보다 사랑했다. 하루는 어머니가 평소와 같이 화를 내면서 집을 청소했다. 나는 평소처럼 토니와 함께 부엌에서 놀고 있었다. 어머니는 매우 불쾌한 기분이었고 토니가 역겹다고 내게 말했다. 그녀는 내 손에서 그것을 빼앗아 소각로 안으로 내던졌고 나는 내가 의식을 잃을 때까지 어머니가 소리치던 것을 기

억한다. 다시 정신을 차렸을 때, 나는 토니가 영원히 사라진 것을 실감했다. 나는 여러 날 동안 망연자실했고 계속 살아갈 수 없다고 생각했다. 어머니는 이해하지 못했다. 그녀는 그것이 냄새나는 오래된 장난감이었기에 단지 내게 새로운 것으로 사주고 싶었다고 말했다. 그 후로 나는 내 삶에서 어느 누구도 신뢰할 수 없다고 생각했다.

그 시점부터 크고 사나운 여자인 그녀의 어머니에 의해 자신이 감정적 · 신체적으로 여러 차례 학대되었다고 제니퍼는 보고했다. 더불어 사춘기에 접어들었을 때 일어났던 특별히 충격적인 경험을 기억해냈다. 그녀의 어머니는 연애소설을 매우 좋아했고 그것들을 연달아 탐독했다. 그녀는 제니퍼가 어느 날 자위행위하는 것을 발견했을 때 제니퍼를 무자비하게 수치스럽게 했고, 제니퍼의 말에 의하면 그다음에는 자신에게 성에 관하여 '신에 대한 두려움을 가르쳐 주기 위해' 계속해서 말했다고 한다. 제니퍼는 혼란스러웠다. 제니퍼는 어머니가 얼마나 많이 연애소설을 즐겨 읽었는지 알고 있었으나 제니퍼에게는 성이 즐거울 수 있다는 생각을 하는 것조차 허락되지 않았다. 또한 그녀의 어머니는 그때쯤에 자신이 그녀의 아버지와 성관계를 갖지 않는다는 것을 제니퍼에게 폭로했다. 제니퍼는 그녀의 아버지에게 '대리 배우자' 역할을 하는 처지에 놓였을 때, 또다시 당황스러웠다.

학교를 모두 졸업할 때까지 제니퍼는 그녀의 선생님들에게 쉽게 지루함을 느끼는 학생이지만 학업과 음악 모두에서 우수한 학생이었다. 제니퍼의 말에 따르면 선생님은 어린 나이부터 그녀의 조숙과 오만에 분개하기 시작했다. 그녀의 첫 피아노 선생님은 욕설을 퍼붓고 상스러웠다. 그녀의 밴드 선생님은 학급 친구들 앞에서 그녀에게 굴욕감을 주었다. 이에 대한 반응으로 그녀는 '거짓 자기', 즉 아직은 오만하지만 고분고분한 '점잔 빼는' 페르소나가 발전하기 시작했고 진정한 자기를 뒷전으로 던져 버렸다. 제니퍼의 목적은 그녀의 진실을 표현하지 않는 인상을 사람들에게 주는 것이었다. 제니퍼는 "나는 춤추는 어릿광대 같았어요."라고 말했다. 그녀는 실제의 어린 시절을 누리지 못하고 빼앗겼던 사실을 원망했다. 더불어 호칭에 대하여 압도되는 느낌을 갖고 있었다. 그녀의 선생님, 부모, 친구의 승인을 얻기 위해서 최선을 다했고, 이때 즈음 그녀의 완벽주의적 성향이 발달되었다. 이렇게 완벽해지려는 욕구로 인하여 역효과가 나타났고, 어린 천재는 점점 더 많은 긴장을 하게 되었다. 제니퍼의 마지막 충격은 그녀가 14세 때 그녀의 노래를 조금 비난했던 유명한 오페라 가수로부터 왔다. 제니퍼는 바로 노래를 그만두고 자신이 절대적으로 최고이며 유명한 사람이 될 수 있는 것을 추구하기로 결심했다. 그녀는 이것이 그녀의 세계에 꽉 들어찬 혹사와 포기에서 그녀를 자유롭게 한다고 확신했다.

오페라의 세계(그리고 어머니)에서 완전히 분리되기 위해서 제니퍼는 유명한 재즈 피아니스트가 되기로 결정했다. 그녀는 이것이 쉽다고 생각했고, 어느 시점까지는 그랬다. 16세 때 유명한 재즈 여름 프로그램에 참석해 거기서 평소처럼 뛰어난 실력을 발휘했다. 그녀는 주목받는 중심 인물이 되었고 마침내 자기 가치 의식을 찾기 시작했다. 그러나 동시에 그녀는 십대의 성적 만남에서 좌절과 수치심을 되풀이하여 경험했다. 소년들이 역할 모델로서 그녀를 쳐다보았으나 그녀와 성적 관계를 갖고 싶어 하지는 않았다고 그녀는 말했다. 그녀는 죄의식, 수치심, 외로움과 거절에 관련된 비통함에 사로잡혔다. 그녀는 더욱 고되게 일해서 자신의 우울감을 떨쳐 버렸고, 최고이기만 하면 그녀가 결국 사랑을 받을 것이라고 다시 생각했다. 또한 그녀는 자신을 가족의 구조자로 보았다. 만일 그녀가 유명하게 된다면, 그때는 아마도 그녀의 부모가 결국 돈과 자긍심을 갖게 될 것이라고 생각했다.

유명한 음악학교에서 모든 학년 동안 제니퍼는 탁월했다. 그녀는 하루 연습을 8~12시간 했고, 다른 학생과 함께 매우 경쟁적이었다. 그녀의 자긍심은 그녀의 성취로 인해서만 생겼다. 그녀의 성적인 생활은 성인기 초반에도 계속 비뚤어진 채 남성과 연결되었다. 그녀는 매우 가난하고 그녀보다 재능이 떨어지는 남성과 연결되었다. 궁극적으로 질투, 갈등, 그다음에 포기가 발생했다. 이것은 그녀의 부모와 제니퍼 간의 관계를 똑같이 나타내었다. 그녀는 성행위를 둘러싼 갈등을 가졌고 성을 부담 없이 즐길 수 없었다. 제니퍼는 성관계 중 폭력적인 것에 대해 생각했을 때 단 한 번 오르가슴을 느꼈다. 정신적 외상에 관한 문헌(Davies & Frawley, 1994; van der Kolk et al., 1996)에서 신체적 · 성적으로 부모가 아동을 학대한 경우 그 아동은 부모와 성적으로 융합되고 성인이 되어 유사한 관계를 찾는 경향이 있다는 점이 제시되었다. 혹은 극단적으로 정반대, 예를 들어 성에 흥미를 보이지 않거나 무력한 남자를 선택할 수 있다. 제니퍼는 수년 동안 이러한 역학관계에 사로잡혀 있다가 이곳에 왔다.

음악학교를 졸업한 후, 제니퍼는 재즈 음악가로서의 경력을 그만두었다. 그녀의 첫 앨범을 녹음한 경험에 대해 내가 질문했을 때, 그녀는 "나는 어떤 대단한 인물과 같은 느낌이 드는 음악…… 지적이라고 사람들이 생각하는 어떤 것을 썼어요."라고 대답했다. 그것은 음악이 아니라 그 대우를 받는 것에 대한 모든 것이었다고 그녀는 설명했다. 25세 때 제니퍼는 여전히 학생 시절의 정신 상태를 유지했다. '만일 내가 최고가 아니라면 나는 죽을 것이다. 모든 것은 내 생존과 연관되어 있다.' 제니퍼는 시카고에서 뉴욕으로 갔고 성공적인 평탄한 재즈 아티스트와 함께 여행을 했다. 그녀의 음반 레코딩이 성공적이었을 때, 그 성공으로 인하여 자신이 스타가 되겠다는 희망이 더 커졌다. 그녀는 내게 말했다. "내가 아는 유일한 것은 재즈 연주회를 위해 뒤섞이는 거예요. 특히 남자들과 한 무리가 되어 투어 버스에 있었지만 그들 모두를 싫어했지요." 그녀는 그다음 더 주류인 재즈 밴드에 합류했다. 그녀는 그 음악이 더욱 지적이라는 사실을 즐겼다. 그 밴드는 가족처럼 느껴졌다. 그러나 리더와 그녀가 경쟁적이 되어 갔다고 그녀는 설명했다. 그녀는 그 밴드가 자신의 밴드이기를 원했다. 계속해서 그녀는 "그는 나를 때려서 복종하게 만들고, 나의 피아노 선생님처럼 나쁜 지도자가 되었어요."라고 말했다. 그 밴드에서 연주하는 동안, 제니퍼는 자신이 소녀이기 때문에 더 열심히 노력해야 한다고 생각했다. 그녀는 하루에 8시간을 연습했다. 숨이 차기 시작했다. 그녀는 내게 말했다. "나는 쉴 수 없었어요. 그곳은 안전하지 않았어요. 그 드러머와 베이스 연주자는 남자 피아니스트를 원했지요." 그녀는 계속 말했다. "재즈에서 여성에게 항상 분노의 입김이 불어닥쳤어요. ……나는 매우 이기적이 되었지요. ……나는 중심을 잡지 못했어요. 분노의 입김을 받는 것은 총살당하는 것과 같았어요."

음악치료 평가

내가 개인 정신분석 음악치료를 위해 제니퍼를 만나기 시작하기 전에, 그녀는 내게 지방 재즈 클럽에서 그녀의 밴드와 함께하는 그녀의 연주를 들을 것을 요청했다. 제니퍼가 연주하는 것을 보는 동안 그녀가 신체적 긴장과 심리적 긴장 모두 경험하고 있는 모습을 나는 분명히 보았다. 제니퍼는 연주하는 동안 여러 번 숨을 멈추었고 팔, 손, 턱에 긴장을 유지했다. 나는 무대 위에 있는 음악가들의 집단 역학을 관찰했다. 연주자 사이에 경쟁 분위기가 있었다. 그들을 즐겁게 받아들이기를 반대하는 태도로, 제니퍼가 그녀의 즉흥연주에서 다른 음악가들을 계속해서 밀어제치고 방어 태도로 연주하는 것처럼 보였다. 그 음악은 크고 휘몰아치고 긴장으로 가득 찼다. 제니퍼는 무대 위에서 가끔 신경질적이고 겁먹고 화난 것으로 보였다. 그녀는 종종 세트[재즈 연주곡 한 곡-역주] 전반에서 피아노를 세게 쳤다. 제니퍼의 음악은 기술적으로 훌륭한 솜씨를 보였으나 감정적 표현은 많지 않았다. 그녀의 진실한 감정 표현은 그녀의 방어에 의해 가려졌다고 판단되었다.

다음 날 평가과정에서 제니퍼는 연주에 대한 자신의 느낌을 묘사했다. "나는 많은 화와 분노를 느꼈어요. 나의 생존을 위해 다른 모든 사람보다 더 잘해야 된다고 생각했지요. 나는 그것(긴장)을 다루었을 뿐이에요. 나는 나 자신이 직업을 가지고 있는 것에 대해 감사해야만 한다고 생각했어요." 이런 확신의 근원에 대해 말할 때, 제니퍼는 그 현상을 불편했던 초기 아동기 경험과 연결했다. "나는 선생님의 호감을 얻기 위해 최선을 다했고 또 그렇게 하는 것이 가치 있다고 생각되었어요. 신체적 혹사는 드물지 않았지요. 나는 가치 있는 존재가 되기 위해 고달픈 사랑을 겪어야만 한다고 생각했어요. 음악가들은 마치 아이처럼 그것을 선택의 여지없이 받아들일 수밖에 없어요. 그것은 입 다물고 받아들이고 당신의 훈련을 시작하라는 '비밥(be-bop)' 사고방식처럼 당신이 아무것도 알 수 없어요. 아주 극소수의 작은 조각들이 흩어져 있기 때문에 그렇게 입을 다물고 대가를 치르면서 당신이 고통과 괴로움을 안고 연주할 수 있는 거예요. 음악가들은 빈약하게 자존심을 지키기보다는 예술성을 높이기 위해 함께 일해야 해요. 그래서 약간의 이득만 얻을 수 있어요."

제니퍼는 다만 치료 환경 안에서 치료양식으로 음악을 사용한다는 개념에만 흥미를 가졌고, 처음에 음악을 통해 자신이 노출되는 것에 소스라치게 놀랐다. 처음 몇 번의 음악치료 세션 동안 제니퍼는 임상 즉흥연주에 대하여 극심하게 혼합된 느낌을 가졌다. 그녀는 음악이 그녀의 인생을 파괴했기에 음악을 싫어한다고 말하고 그랜드 피아노에 앉기를 저항했다. 여전히 내가 그녀에게 내면에서 느끼고 있었던 것을 연주하라고 요청했을 때 그녀는 순응했다. 그러나 그녀의 즉흥연주 음악은 지적으로, 즉 어두운 음조로 우아하게 진행되었다. 그녀는 그녀가 나와 함께 연주하는 것이 불안하게 느껴졌다고 말했다. 이런 느낌이 진행되면서 제니퍼가 최대한 자신을 판단하고 혹사했던 음악 선생으로 나를 보았다는 것을 깨달았다. 이는 거대한 슬픔과 분노를 가져왔다. 그녀는 내가 음악 선생에 대한 그녀의 원형이 아님을 믿기 시작했을 때 약간 긴장을 풀기 시작했다. 나는 제니퍼가 자신의 즉흥연주를 단순화하고 감정 차원에서 더 많이 연주하도록 제안했다. 처음에 자신이 내면에서 진행되는 것을 느끼도록 허용하는 것이 제니퍼에게는 두려움이었다. 그것은 마치 그녀의 모든 진실한 느낌이 분해되어 내면 깊숙한 곳에서 얼어 있는 것 같았다. 나는 재즈 음악가인 그녀의 즉흥연주에서 블루스와 펑키 특성이 결여된 점에 놀랐다. 비록 아름답고 흥미를 자아냈지만, 그녀의 음악은 관능성과 즐거움이 결여되어 있었다. 이것은 "삶 속에 있으면 음악에도 똑같이 있다."라는 격언을 나에게 확증하는 것 같았다. 그녀는 곧 우리의 음악적 상호작용에 적응했다. 그러나 그녀는 효과적인 인생을 창조하기 위하여 자신이 느끼고 있는 점을 알아야만 했다. 후에 그녀는 나에게 말했다. "치료 전에 그것은 단지 최고가 되기 위한, 즉 완벽해지기 위한 것일 뿐이었고 삶에서 즐거움을 느끼지 못했어요."

임상적 진단

제니퍼는 심리학적 통찰력을 많이 가진 매우 타고난 재능이 있는 젊은 여성이었다. 어린 나이에 자기애적 측면에서 손상된 후 '거짓 자기' 페르소나가 발달했다. 이 페르소나로 인하여 자신의 실제 감정과 욕구를 인식하지 못했고 자신의 음악 경력을 통해 명성을 얻어 부모를 구조할 필요성을 느꼈다. 그러나 그녀가 진정한 자기에서 분리되었기 때문에 타인(매니저, 대행사, 프로듀서 등)이 그녀의 경력이 진행되는 과정을 결정하도록 허용했다. 이로 인하여 그녀에게 무력감과 좌절감이 계속 남게 되었다. 그녀는 자신이 하는 게임의 꼭대기에서 '척하는' 삶을 살고 있었고, 이제까지 깊이 우울하고 불안했다.

어린 시절 내내 성적 · 신체적 학대를 받았기에, 제니퍼는 자신의 감정 분리를 배웠고 그녀의 성격 중 분열을 경험했다. 제니퍼가 받아들일 수 있는 유일한 느낌 상태는 우월감과 성취감이었다. 성취하지 못했을 때 그녀는 우울해졌고 동시에 그녀는 자신이 원한 인식을 얻지 못했을 때 분노라는 감정을 경험했다. 그녀의 성행위는 억압되었다. 그녀는 그녀를 구할 것이라 생각했던 남성과 종속적 관계를 맺었고 오래가지 못하는 이런 관계는 결국 분노, 폭력과 비탄을 불러일으키고 불가피하게 끝이 났다. 동시에 제니퍼가 자살하는 지경까지 이르렀다. 그녀의 극심한 분리와 '척하면서' 살아가는 성향 때문에, 진정한 자기와 연결되면 거대한 분노감, 비탄감, 상실감이 생긴다는 점이 내게 분명히 보였다. 진실한 행복을 찾으려면 성격이 완전히 바뀌어야 했다. 그렇게 할 수 있을 만큼 그녀가 강했던가? 나는 심리적으로 완전한 변화를 이루도록 충분히 잘 도와준 치료사였는가?

방법론 및 기법

나의 치료 접근법은 절충적인 것으로, 음악가/작곡가와 음악치료사, 정신분석가와 요가치료자로서 나의 훈련에 그 접근법을 실행했다. 또한 정신적 충격의 피해자를 대상으로 일하면서 나의 훈련은 발전했다. 치료관계는 초기의 방임과 학대 문제를 가진 환자가 쉽게 변화할 수 있게 만드는 열쇠이지만, 변화하기 위한 가장 중요한 촉진제는 사실 음악을 '자기'와 함께하는 클라이언트의 관계라고 생각한다.

내가 '정상' 성인을 대상으로 초기에 일할 때, 나는 우리 인간의 핵심에는 음악에 빠지면 작용을 시작하는 강한 치유력이 있음을 발견했다. 나는 이런 근원을 본질적인 음악적 지능(essential musical intelligence: EMI)라고 부른다. 이는 치료 환경 안에서 정신과 물질-영혼과 인성을 통합하는 자기 반영적 변화의 도구로서 음악과 소리를 사용하는 선천적 능력이다. 비록 모든 인간이 EMI에 접근할 수 있지만, 대부분은 그 가치를 이해하지 못하여 그것을 최대한 효과적으로 사용하지 못한다. EMI는 진실의 목소리를 지각하는 우리의 능력이다. 즉, 진실의 목소리는 자발적인 소리로 된 전형적 언어와 음악 만들기를 통하여 인간에게 전하는 '존재하려는 의지' (생명력)이다. 이런 선천적 '존재 의지' 는 완전한 건강을 얻기 전에 우리 인간의 전체 부분에서 인식, 처리, 통합되어야 하는 인간의 욕구와 감정 표현을 통하여 자연스럽게 지속된다. 음악은 이러한 욕망과 감정을 표현하기 위한 가장 자연스러운 통로이다. 특히 어떤 이유에서 그 욕망과 감정은 우리 자신에게서 잘 드러나지 않고 억압된다. EMI에 있어 음악은 내면생활의 거울로서 작용한다. 우리의 삶 속에서 좀 더 깊은 음악의 의미와 자신을 맞추면, 우리는 당연히 자신과 타인을 더 잘 이해하기 시작한다. 그러므로 우리가 듣거나 창조하는 음악은 자아 인식, 정서적 지능, 변화, 결국 몸과 마음, 영혼의 깊은 치유를 촉진할 수 있다.

EMI 접근법에서 첫 단계는 관찰이다. 옆으로 비켜서서 생각, 감정, 욕구, 행동을 관찰할 수 있고, 그것들에 의하여 사로잡히거나 통제되지 않는 것이다. 다음의 단계는 자기 변화와 치유를 위하여 EMI를 사용하는 과정이다.

1. 관찰을 통해 문제를 확인하라.
2. 당신의 EMI(음악/소리에 참여하여 고통을 힘으로 바꾸는 당신의 타고난 능력)를 기억하고 어떤 결과가 나올지라도 당신이 안전할 거라고 믿어라.
3. 당신의 EMI로 도움을 구하라.
4. 당신의 창조성의 중심(인후 차크라)과 연결하라.
5. 음악에 참여함으로써 문제의 해답이 드러나도록 허용하라.
6. 당신의 EMI의 선물에 감사하라.

제니퍼는 EMI 기반의 치료를 '더 높은 자기에 직접 접근하기 위해 음악을 사용하는 12단계의 변화 프로그램' 이라고 서술했다. 대부분의 유명한 음악가/작곡가는 그들의 창조적 과정을 알리기 위해 EMI의 힘을 자연스럽게 사용했다. 이런 고무된 개인들은 아마 인후 차크라(throat chakra, 영감 및 표현을 위한 더 높은 힘에 대한 수용/굴복과 관련된 에너지 중심)를 의식하면서 많은 시간을 보냈을 것이다. 불행하게도 음악산업의 심한 압력에 굴복한 창조적이고 영감으로 가득 찬 대다수의 음악가를 보면 높은 의식으로 들어가는 통로보다 건강하고 완전한 것이 더 우선적이라는 사실이 명백해진다. 모든 창조적인 인간에게는 자신의 빛으로 가득 찬 '요새'을 만드는 안전한 기반이 필요하다.

다음은 나의 치료 입장에 대한 설명이다. 나는 요가 철학과 과학을 도입하여 다른 의식 차원을 이해하는 시스템과 차크라 심리학에 대한 논문에 기록된 바와 같이 요가 철학과 과학이 상호작용하는 법이 매우 유용하다는 것을 발견했다. 요가 과학에 따르면 차크라에서 7단계 의식이 나타나는데, 그 의식단계는 척수를 따라서 위치하는 신경망과 연관된다. 또한 각 차크라에서 발달적/전형적 사실이 나타나는데, 우리가 완전해지고 인간적 기능에서 가장 높은 단계를 얻기 위해서는 그 사실을 경험하고 통합해야 한다. 〈표 15-1〉에는 차크라에 대한 개요와 각 단계에서 드러나는 드라마가 나온다.

〈표 15-1〉 차크라와 원형적 주제

차크라	경험의 양식	드러나는 이상적 이미지	경험되는 극성
7. 왕관	통일된 의식	이상적 이미지 없음, 전형적인 이미지를 능가함	없음
6. 제3의 눈	통찰, 증명하기	현자	현인/바보, 객관적인 관찰자/현혹된 참가자
5. 인후	헌신, 받기, 양육과 무조건적 사랑, 항복, 신뢰, 창조성, 고상함, 장엄, 로맨스	아이	헌신적 사랑을 받는 자/헌신적 사랑을 하는 자, 어머니/아이, 발견/소실, 신뢰/의혹
4. 가슴	동정, 관용, 비이기적 사랑, 봉사	어머니	구출자/구출된 자, 해방자/해방된 자
3. 명치	승리, 지배, 정복, 경쟁, 부적당, 열등, 자부심	영웅	이득/손실, 성공/실패, 지배/복종, 비난/칭찬
2. 성기	감각의 즐거움	쾌락주의자	즐거움/고통, 남자/여자
1. 기본	생존을 위한 싸움	희생자	약탈자/사냥감, 삶/죽음

요가과학의 목표는 클라이언트 안에서 어떤 차크라가 활동하고 있으며 건강한지를 평가하는 것이다. 그런데 방해, 발달적 지연/억제가 그 차크라 단계에 있을 경우, 약함/분리/마음의 상처가 있는 영역에서 클라이언트가 채우고 작업하는 것을 돕는 것이다. 그리하여 클라이언트는 더욱 건강하고 완전한 상태로 가는 의식의 사다리를 오를 수 있다. 클라이언트의 차크라 에너지의 분배를 평가하는 기법은 이 장의 범위를 벗어난 것이다. 나의 저서 『본질적인 음악지능: 치료, 창조성 및 빛나는 전체성을 위한 인생여정으로서 음악 사용하기(*Essential Musical Intelligence: Using Music as Your Path to Healing, Creativity, and Radiant Wholeness*)』(2002) 또는 Carolyn Myss의 『영혼의 해부(*Anatomy of the Spirit*)』(1996)를 참고하라.

차크라 심리학의 견해를 통해 제니퍼의 핵심 의식은 가슴 차크라 단계에 집중된다고 판단되었다. 이것으로써 그녀가 음악을 통하여 박애적 서비스를 제공하고 평범/빈곤에서 부모를 구하려는 욕구가 나타났다. 자아/힘 문제들(제3 차크라)과 관련된 치료의 시작에서 대부분의 갈등이 완벽주의/정체성과 관련되었다. 성기 차크라의 단계에서 발달 정지는 목 차크라에서 보통 이용되는 에너지를 양성하는 자연적 흐름을 방해했다. 이 때문에 제니퍼가 신체적으로 미적으로 즐거운 느낌과 통합 경험을 즐기지 못했다. 또한 제니퍼는 기본 차크라의 수준에서 발달이 정지되었다. 그녀는 결코 부모와 자신의 관계에 대하여 안정감과 보호감을 통합할 수 없었다(학대의 피해자에서 공통된 문제다.). 그녀의 정신적 훈련(Nisherin Shoshu 불교)을 통하여, 그녀는 음악을 포함한 그녀의 관계 안에서 통찰과 투시력(제6 차크라: 제3의 눈)에 대해 어렴풋이 감지하는 경험을 했다. 이것은 치료과정 동안 나타난 상징적 인성을 이해하고 이용하는 데 도움이 된 것으로 판명되었다.

나의 임상적 접근법에서 특별한 치료 일정표는 없다. 나는 클라이언트의 에너지가 그 순간에 집중되는 곳을 날카롭게 인식한다. 그 시점부터 클라이언트가 그녀의 EMI와 연결되어 궁극적으로 자기 인식, 통찰, 카타르시스와 변화가 생기도록 만드는 정서적 · 신체적 교정 경험에 들어갈 수 있는 창조적 기본 구조를 제공하려고 노력한다.

다음은 핵심적 동기부여를 위한 원동력으로서 EMI를 사용하여 제니퍼가 정신적으로 변화한 발달단계이다.

단계 I

① 창조성/연주: 제니퍼는 그녀의 참 자기(true self)를 털어놓는 단계를 시작했다. 원래의 중간 대상(호랑이 토니)은 그녀가 어린아이였을 때 그녀의 어머니에 의해 파괴되었고, 제니퍼의 연주능력은 방해를 받았다. 그녀는 과도하게 경계하게 되었으며 외부 지향적이 되었다. 그리고 그녀의 내부 생활과 단절되었다. 제니퍼가 치료 환경 안에서 방어벽을 낮추고 즉흥연주를 하는 그녀의 세션을 이용하며 우리의 상호작용을 위해 양성되는 그녀의 EMI와 연결하는 데는 시간이 좀 걸렸다. 처음 몇 회의 세션 동안 제니퍼는 피아노에서 나와 함께 앉는 것을 무서워했다. 그녀는 울었는데 왜 그러는지 이해할 수 없었다. 우리가 그녀의 느낌을 진행하기 시작했을 때, 그녀는 피아노에서 나와 함께 있는 것이 그녀의 어린 시절 피아노 레슨의 몹시 괴로운 기억을 상기시켰다는 것을 깨달았다. 잠재의식 속에서 그녀의 일부는 내가 그녀를 비판하고 혹사하기를 기다렸다.

제니퍼는 즉흥곡을 완성했지만, 그녀가 음악을 통해 감정이 자유롭게 진행되게끔 허용하는 것이 어려웠다. 치료한 지 약 3개월 후 큰 발전이 일어났다. 내가 피아노에서 그녀의 아버지에 대한 '음악'을 즉흥연주 할 것을 그녀에게 요청했을 때였다. 그녀가 하는 보통의 우아한 즉흥연주 스타일이 깨어지고 음악은 곧 미숙한 소리가 났고 상충되는 감정으로 가득 채워졌다. 이것은 제니퍼가 즉흥연주를 하는 동안 그녀의 더 깊숙한 자기와 처음으로 연결된 것, 즉 그녀 EMI의 첫 의식 경험이었다. 그녀는 후에 내게 "내가 패턴을 연주했다는 것을 깨달았어요. 좋은 느낌이 드는 소리였죠. 내가 실제로 연주하는 소리를 들은 것은 처음이었어요."라고 말했다. 자신의 재즈 연주에 관해서 그녀는 계속 말했다. "나는 노래의 느낌에 대해서, 예를 들어 '모든 것은 네게 있어(All the Things You Are)'라는 노래의 느낌에 대해 생각해 보지 않았죠. 나는 다만 내 탁월한 기량으로 사람들에게 인상을 주는 것에 관심이 있었을 뿐이었어요."

다음의 피아노 자유 즉흥연주 시리즈 동안, 제니퍼는 또한 그녀의 진실한 목소리 찾기가 그녀의 자기애적 남성들과 상호관계를 이루도록 타협함을 깨달았다. 그녀는 이런 자신에 대해 '사랑중독' 이라 표현했다. 제니퍼는 "여성이 남성보다 사랑중독에 더 많이 빠져요. 그것은 완벽주의와 관련되는데 우리가 다른 사람을 이용하여 내면의 공허를 채울 것을 요구해요."라고 설명했다.

우리의 초기 세션 동안의 많은 작업은 제니퍼에 대하여 언어와 음악 속에서 일어난 나의 감정을 비추어 보고 유지하는 것에 집중적으로 이루어졌다. 초기 학대 및 폭로와 관련된 극심한 분열과 분리 때문에 제니퍼의 감정은 압도적이고 무서워 보였다. 이로 인하여 치료 초기에 많은 저항이 생겼다. 제니퍼는 "음악은 예뻐야 해요. 나는 자유로운 느낌으로 연주할 수 없었어요. 그것은 완전히 분노로 가득 차거나 모두 예쁜 것뿐이었어요."라고 설명했다. 제니퍼는 완벽주의로 만들어진 벽을 쌓았다. 그리하여 진실한 감정이 박탈되지 않도록 자신을 보호했다. 그 감정은 고통과 영광이었다.

2 제니퍼는 그녀의 치료 첫 단계 동안 두 번째 앨범을 완성했고, 전 시대에 걸쳐 가장 강력한 여성이라는 음악적 찬사를 받았다. 그 앨범은 대중음악 잡지에서 별 4개를 받았다. 그것은 뛰어나고 지적인 음악으로 인기를 끌었다. 여성 밴드와 함께 앨범을 홍보하기 위한 여행에서 돌아온 이후, 그녀는 내게 자신이 마침내 이번 시기에 음악에서 어떤 중요한 것을 느끼기 시작했다고 말했다. 그녀는 자신의 내면적 삶과 약간 더 연결되었다. 그녀는 남성과 다른 여성들과 연주하면서 안정감을 더욱 느꼈다. 그리고 연습 중에 큰 소리로 박자 맞추기(리듬)를 해서 그녀의 몸을 생기로 가득 채울 수 있도록 돕는 새 음악 선생의 영향으로 인하여 육체적으로 더 많은 에너지를 느꼈다.

요컨대, 치료단계 1 동안 제니퍼는 음악 즉흥연주를 통해 초기 정신적 충격/방임과 관련된 분리감을 표현하는 법을 배웠고 치료관계 안에서 신뢰감을 찾기 위해 노력했다. 제니퍼가 이런 느낌을 인정하고 느끼고 진행해 가며 변화하고 통합하자마자 그녀는 진정한 자기를 낳을 수 있었다. "나는 처음으로 약을 끊었어요. 그 약은 타인과의 분노에 가득 찬 상호작용, 권력과 명성에 대한 중독(제1과 제3

차크라 문제)이지요." 그녀는 자신의 개인적 욕구와 다른 사람들이 그녀에게 기대하는 것을 구별하는 법을 배웠다. 음악적 역할극은 자기에 충실한 역할 및 행동과 역기능적 역할 및 행동에서 나오는 것을 구별하는 법을 배울 가장 효과적인 방법이었다. 제니퍼와 나는 그녀가 피아노에서 '다툼' 연습이라고 불렀던 것에 참가했다(역할극: '당신이 무엇인가?' 와 '자기 것으로 받아들인 것' 에 대한 음악을 탐색하기). 그리고 그 다툼 안에서 자신의 핵심을 발견했다.

단계 II

제니퍼가 그녀의 진정한 자기, 느낌 그리고 욕망과 자신이 만든 거짓 현실을 구별하기 시작했기에 그녀는 치료의 두 번째 단계에 들어갔다. 그녀는 자신을 '어두운 밤과 같은 영혼' 이라고 불렀다. 나는 그녀가 연주하는 동안 항상 분리되었고 아주 빈번히 청중을 원망했다는 것을 깨달았다. 그녀는 책임이라는 압도적인 감정에 대처하는 방법으로 분리를 사용했다. "나는 기꺼이 주기보다 청중에게서 더 받기를 원했어요."라고 그녀는 말했다. "나는 주는 것을 정말 싫어했어요. 그러니까 나의 음악은 진실하지 않았지요. 그리고 나는 나의 음악을 주고 싶지 않았기 때문에 많이 되돌려 받지 못했어요."(심장 차크라 문제)

이런 치료의 단계 동안 제니퍼는 그녀의 신체, 가슴과 영혼으로부터 소외당하는 느낌을 다루었다. 그녀의 더 깊은 자기와 접촉하게 만드는 방법으로서, 나는 피아노에서 나와 함께 성악 즉흥연주에 참가하라고 제니퍼에게 권했다. 그녀는 입을 열고 노래하는 것을 무서워했다. 장난스러운 방식으로 나의 성악 즉흥연주 스타일을 보여 주었다. 그러자 그녀는 "당신은 왜 그렇게 즐겁나요?" 하고 물었다. 그녀는 노래를 부르면서 재미있어 하는 것을 상상할 수 없었다. 그녀는 자신의 목소리를 싫어했다. 처음에 그녀의 음질은 긴장되었고 쥐어짜는 소리였다. 그녀는 목소리로 표현하는 법을 전혀 몰랐다. 시간이 흘러 제니퍼는 그녀가 노래하면서 놀 수 있다는 점을 깨달았고, 늘 그렇게 심각할 필요가 없다는 점도 깨달았다. 우리는 Aretha Franklin과 James Brown처럼 함께 흉내 냈고 종종 웃음을 터트렸다. 후에 우리는 내가 '음악적 대화' 라고 부르는 성악 즉흥연주의 부르고 대답하는 스타일을 통해 어려운 문제들을 탐구했다. 처음에 제니퍼는 음악에서 너무나 상처받기 쉽고 개방되는 데 대하여 저항하고 당황했다. 그러나 그녀 안에 있는 '아이'가 각성했는데, 그 아이는 진실로 우리의 성악에 의한 상호작용을 즐긴다고 판단되었다. 나는 그녀에게 집에서 음악적 대화를 계속 만들 것을 요청했다. 제니퍼는 이것을 아주 심각하게 받아들였고 매일 피아노에서 '진실을 노래하기'를 계속 진행했다. 그녀는 모든 세션을 녹음했다. "피아노에서 자유롭게 노래한 이후에 나는 처음으로 진짜 내 목소리를 들었어요. 내 인후, 목과 턱 주변을 얼마나 많은 긴장이 둘러싸고 있었는지 깨닫지 못했지요. 나는 매일 밤 노래 부르기에 많은 시간을 보냈고 그런 다음 다시 들었어요. 때때로 나는 불안을 가져다주던 것이 나왔을 때 놀랐어요. 그러나 나는 나의 진실을 말하고 있었지요."라고 그녀는 그 느낌을 말하였다.

처음에 그녀의 즉흥연주에서 대부분은 자기애적이고 감정적으로 쓸모없는 애인(제2 차크라 문제)과의 중독적 관계에 관하여 자신의 감정을 탐색하는 데 집중했다. 자신의 창조적 과정과 더 친밀한 관계를 발전시켜서 그녀는 그 남자에 대한 종속성을 줄이고 간격을 두려고 노력했다. 그녀는 자신의 음악에 대하여 매일, 그리고 월말에 연구했고, 그녀의 재택 즉흥연주 세션은 14개의 새로운 노래로 변했다. 게다가 이 단계 동안 제니퍼는 자신을 진실하게 감동시키는 음악을 듣기 시작했다. 발전할 기회를 갖지 못한 자신의 사춘기를 떠올리게 하는 Joni Mitchell, Alanis Morissette, Tori Amos, Smashing Pumpkins의 음악이었다. 처음으로 사춘기에 대하여 제니퍼의 마음속에 살아남아 있는 환경에 변화가 일어났다. 그녀는 록 지향의 가수/작곡가가 되기 위한 숨은 욕망을 털어놓았다. 그리고 자신의 음악을 단순하게 만들고, 결국 자신의 마음(참 자기)을 표현했다.

치료가 진행됨에 따라 제니퍼는 내적 공허를 인식하게 되었다. 그녀는 중독적 행동을 하는 경향이 있었다. 바로 폭식증과 의존이다. 나는 그녀에게 활기차게 '자신을 충전하기 위한' 음조를 사용하라고 권장했다. 특별히 제니퍼는 매일 차크라 소리를 찬트로 부르는 것을 좋아했다. 그녀는 그 소리를 이용하여 고든(자기애적 애인)이 몸에서 나가게 만들었으며 그녀가 고든 없이 독립적인 완전한 인간으로 존재한다는 점을 기억하는 데 그것이 도움이 되었다고 나에게 말했다. 당장 제니퍼는 의존관계 없이 혼자 설 수 있다는 기도를 하는 내용을 담은 노래를 썼다. 그리고 매주 '사랑중독' 을 가진 사람을 위한 12단계의 모임에 참석하고 그 노래를 함으로써 의존에서 벗어났다고 후에 나에게 말했다. (음악치료 환경 안팎에서 성악 즉흥연주를 하고 회복 집단 모임에 참석하는 모든 과정은 1년 정도 걸렸다.) 그녀의 회복 계획에는 '록 가수/작곡가가 되어 나의 영적 길에 대한 진정한 음악을 창조하는 것' 과 같은 목표가 포함되었다. 이러한 새 음악 장르—그리고 새로운 직업 정체성—로 이동하면서 제니퍼는 항상 음악을 방어해야 했고, "……이것이 음악을 더 사실적이고 귀중하게 만들었다."라고 했다. 제니퍼는 치료관계를 이용하고 있었다. 또한 자신의 음악(EMI)을 관계에 이용하여 내면에 들어오는 어머니에 대한 의존을 중단하고, 지금까지 그녀의 경력과정을 지시해 오던 기생충 같은 프로듀서와 매니저에게서 벗어났다. 그녀는 십대처럼 반항하고 있었고, 뒤늦게 분리와 독립을 하는 단계에 들어갔다.

인후 차크라 열기

제니퍼는 이 치료단계 동안 노래 부르기와 관련된 거대한 저항을 경험했다. "목소리 보호에 문제가 생겼어요."라고 그녀는 내게 말했다. 전형적으로 그녀는 인후가 견고 · 긴장되는 경험을 했다. 우리가 근본적인 원인을 조사하기 시작했을 때, 제니퍼는 그녀의 뒷목을 때리는 그녀 어머니의 영상을 가지기 시작했다. 그 고통은 제니퍼를 압도했다. 노래 부르기에 대한 제니퍼의 저항과 관련된 비탄을 내가 찾아내기는 어려웠다. 이 세션 중 그녀의 음성과 노래 부르기의 관계에 대해 계속 집중했다. 때때로 나는 학대하는 어머니 역할을 했다. 전이를 가지고 작업할 때 제니퍼는 마침내 제정신이 아닌 어머니에게서 받은 학대를 추가적으로 기억해 냈고, 이전에 자신과의 관계를 부인했던 위협적인 감정(지독한 분노, 수치심, 죄책감)을 표현할 수 있었다. 시간과 인내심을 가지고 그녀는 어떤 고통을 통해 작업할 수 있었다(뒤의 '제니퍼의 치료 노래 주기' 참조).

오페라 세계에서 멀어진 지 20년이 지난 어느 날 그녀는 다시 노래를 부르도록 강요당했다. 그녀는 세션에서 자신이 가장 좋아하는 아리아 중 하나를 가져와서 나를 위해 불러 주었다. 마지막 음을 부르자마자 제니퍼는 주저앉아 마음속 깊은 곳에서 터져 나오는 울음을 터트렸다. 나도 그녀의 강렬한 음악적 재능에 의하여 감화되어 울기 시작했다. 시간이 약간 흐른 후, 나는 제니퍼에게 그녀의 느낌에 대해 이야기할 수 있는지 물었다. 그것(그녀의 목소리)이 신의 선물이고 그녀가 그것을 거부했음을 깨달았다고 내게 말했다. 그녀는 그 선물이 너무 많은 책임을 요구했다고 생각했다. 제니퍼는 비통해하면서 극복했다. 나의 입장에서 볼 때, 이러한 느낌은 제니퍼의 인후 차크라가 열리는 신호였다. 자신의 창조적 재능을 통하여 신성과 연결됨을 깨달았고, 결국 이 재능을 받아들이면서 소중하게 여겼다. 그리고 재능으로 인하여 자신이 성장한다는 점을 받아들였다. 제니퍼는 진실하게 어떤 요인으로 인하여 성장한 경험을 통합한 적이 없었다. 그렇기에 그녀는 스스로에게 의존해야 했고, 전능한 존재와 무력한 존재 사이에 아무것도 없다고 생각했다. 그녀는 말했다. "내가 정말 노래를 잘 부른다면 내 어머니와 해럴드(그녀의 프로듀서)가 질투했을 거예요."

이 시기는 제니퍼에게 어렵고 매우 부담되는 시기였다. 그녀는 고통과 혼란으로 가득 찼다. 나는 제니퍼에게 매일 EMI를 그녀의 인생에 통합할 것을 권장했다. 제니퍼는 이렇게 말했다. "음악치료는 단 하나의 건전한 장소였어요. 그것은 내가 제정신이 아니라는 증거를 제공했지요. 그것은 내가 현실적인 어떤 일을 하고 있는 세계 속의 유일한 장소예요. 그래서 그것이 현실적일 리가 없어요. 당신은 매우 고집이 셌어요." 제니퍼는 재능(그녀의 강한 영성)과 현재 가지고 있는 고통(과거의 학대/거짓 자기로 인한)을 동시에 갖고 있기가 어려웠다. 그녀의 EMI와 함께 생활하는 것이 결국 그 모든 것을 해결할 수 있는 유일한 방법이었다. 제니퍼는 그녀가 필요한 때에 EMI를 좀 더 자주 요청함에 따라 '거짓 자기'를 끊을 수 있었다. 그 '거짓 자기'는 그녀가 만든 착각의 세계며 인생에서 진실한 목적을 밝히기 위한 걸음마를 시작하는 세계였다.

EMI라는 도구

다음에 나오는 EMI 기술은 제니퍼가 완벽주의의 속박에서 해방되고 그녀의 사랑중독을 변형시키고 '참 자기'를 찾도록 돕는 데 사용되었다.

문제해결 방법으로서의 자발적 작곡

제니퍼는 설명했다. "14곡의 노래를 사랑중독을 없애기 위해 썼어요. 당신은 피아노에 앉아서 내 기분을 노래하라고 요청했죠. 나는 전에 결코 그렇게 해 본 적이 없었어요." 제니퍼는 음악을 통해 그녀의 인생 이야기를 말하는 성악 즉흥연주를 매일 하고 그 순간에 일어나고 있는 것에 관해 노래 부르도록 요청받았다. 그녀는 이 세션들을 녹음했고 그녀의 작곡에서 즉흥적 요소를 많이 사용했다. 또한 그녀의 치료에는 불안 감소를 위한 요가 호흡법, 감정 균형을 위한 차크라 조절 그리고 심상유도 음악치료(GIM; Bonny & Savary, 1973)가 포함되었다. 여기서 GIM은 제니퍼가 녹음된 음악을 통하여 자신의 내면세계를 탐색하고, 만다라 그리기를 통해 내면세계에서 발견된 이미지/상징을 외부에 형상으로 드러내는 것(객관화)이다. 제니퍼에 따르면 그녀는 "GIM으로 인하여 억압된 감정이 누그러졌다."

나는 제니퍼에게 성악수업을 받으라고 권했다. 이것은 그녀에게 더 많은 확신감을 주었다. 제니퍼가 새로운 록 지향의 밴드를 결성하기 시작했고, 그 밴드에서 리드싱어를 할 예정이었기 때문이다. 그녀는 자신의 재즈 작업을 그만두고 돈을 벌기 위해 반주악기 연주자가 되었다. 내가 판단하기에 그다음에는 가학성 음란증 환자인 밴드 리더가 되었다. 이때 그녀는 그녀의 초기 가족 역학(정서적 학대)인 과거의 충격을 재현했다. 제니퍼는 매일 12시간을 작업했다. 그녀의 방어는 무너졌고 그녀의 '그림자' 측면은 차츰 떠올랐다. 당시의 현실 고통과 괴로움 속에서 제니퍼는 이전에 분리했던 파괴적 아이 부분과 접촉하기 시작했다. 그러한 아이 부분은 그녀의 직업과 개인적 관계 둘 다에서 대혼란을 가져왔다. 제니퍼는 내게 말했다. "그녀(6세)는 정말 엉망진창이었어요. 그녀는 더 이상 억압당하고 싶지 않았어요."(제3 차크라 정체성/힘의 문제)

또한 제니퍼는 치료실에서 자신의 내부 갈등을 고백했다. 그녀는 주고받는 것에 대해 뿌리 깊은 문제를 갖고 있었으며 가끔은 적대적이고 오만했다. 이 문제가 그녀의 반주자들의 재즈 연주회에서도 드러났다는 점은 나의 추측이다. 예를 들어, 제니퍼의 치료비가 막대하게 늘어나고 있었다. 지불을 약속했음에도 계속해서 그것을 잊었다. 이 시점이 되자 그녀의 지불 저항에 대한 분석은 효과적이지 않았다. 어느 특별한 세션 중 그녀는 다시 지불을 잊었다. 동시에 그녀에게 돈이 얼마나 많은지 자랑하면서 주식시장에 투자했다. 그날 특별히 강한 성악 즉흥연주를 하면서 나는 그녀의 어머니 역할을 했다. 그리고 그녀가 세션을 마치고 나갈 때 나 자신의 역전이에 압도되어 소리쳤다. "당장 나에게 지불하는 것이 좋을 거예요. 그렇지 않으면 내가 당신에게 조직 폭력배를 보낼 거예요." (후에 나의 감정을 분석한 결과, 나는 내가 그녀에게 정말 분노하여 화를 냈음을 깨달았다. 그녀가 나를 낮게 평가한다고 생각했지만, 세션이 이미 끝났기 때문에 그녀와 함께 그것을 분석할 수 없었다.) 즉각적으로 제니퍼는 내가 학대하는 어머니의 역할을 한다고 단정했다. 그녀는 이를 과거 학대의 재현으로서 경험했다. 그녀는 즉시 나에게 송금했고, 치료 중단을 원했다.

나는 전화로 사과하고는 그녀에게 아픈 상호작용에 대해 이야기하러 다시 오라고 권했다. 제니퍼는 일단 돌아왔다. 그녀는 나에게 자신이 나를 믿을 수 있을지 모르겠다고 말했다. 이 상호작용 후에 제니퍼는 그렇게 가난하고 화가 나 있으며 파괴적인 '소녀' 부분(부차적 성격, 제2의 인성)을 얼마나 싫어하는지 깨닫기 시작했다. 나는 제니퍼가 그 '어린 소녀'를 배척하는 대신 알도록 제안했다. '그 소녀'는 제니퍼의 일기에서 그녀에게 분노에 찬 편지를 쓰기 시작했다. 제니퍼는 이렇게 응답했다. "이 어린 똥개야. 입 다물고 죽어." 제니퍼는 무죄인 '신성한 아이'를 무시하고 거부하며 학대한 어머니가 되었다. 그 아이는 단순히 놀고 사랑하고 사랑받기를 원했다. 우리는 이 역학을 탐색하기 위해 음악 역할극을 시작했다. 나는 그녀의 정신 나간 어머니 역할을 하고, 그녀는 자신을 방어하려고 했다. 그녀가 대항할 기회를 갖는 것이 도움이 되었다. 반면 나는 감동해서 '어린 소녀'를 보호했다. 제니퍼가 그녀의 '어린 소녀' 부분을 듣는 것을 지겨워한 어느 세션에서 나는 그녀의 역할을 했고, 성악 즉흥연주 중에 "당신은 나를 이용하고 있죠. 당신은 내가 재미있게 놀도록 절대로 놔두지 않았죠……." 하고 노래를 불렀다. 제니퍼는 나의 가사에 감명받았다.

부차적 성격인 '어린 소녀'가 서서히 제니퍼의 인생에서 환영받을 때, 그녀는 즐기지 않는 일을 할 필요가 없음을 깨달았다. 그녀는 '당신은 돈을 벌기 위해 고통과 희생을 겪어야 해.'와 같은 피학적인 말을 탐색했다. 그녀는 '쇼 비즈니스' 사다리를 오르기 위하여 겪은 고통과 반대로 진리를 찾기 위해 겪는 고통이 낫다는 것을 깨달았다. 이 깨달음으로 인해 그녀에게 현재의 학대성 작업 환경을 떠날 힘이 생겼다.

재즈에서 록으로 변경하면서 일할 때, 제니퍼는 종종 레코드 회사, 프로듀서 등을 상대할 경우 중심을 잃었다. 그녀가 프로듀서와 매니저에게 모든 권한을 넘겨주었기 때문에 자신이 노예 같다는 것을 깨달았다. 그녀는 주는 것에 대하여 너무나 많은 비통감을 느껴서 매우 힘들어했다. 그녀의 마음이 닫혔다. 나는 그녀에게 자신의 EMI와 대화할 시간을 가지라고 권했다. 이것이 그녀의 진정한 자기가 존재하는 곳임을 나는 알았다. 제니퍼는 '어린 소녀' 부분에 대한 노래를 썼다. 그녀는 그 노래에 '이 아이를 보호하라' 라는 제목을 붙였다. 그 가사는 매우 감동적이었다.

> 그녀는 왜 그녀가 침묵했는지 알지 못했다. ……나 자신이 되기 위해 나 자신을 자유롭게 만드는 방법을 보여라. ……여주인공이 죽고, 장면은 끝난다. 이제 진실해야 할 사람은 나다.

제니퍼는 "음악은 아이를 어떻게 치료하는지를 내게 보여 줬어요. 나는 배출구와 인정을 받았고 이 아이를 용서할 수 있었어요[유명하게 되려는 그녀의 시도를 방해하기 위해]."라고 말했다. 단지 아이가 되어 책임감 없이 창조하는 것이 안전하지 않기 때문에 이 아이 부분이 초기에 얼어 있었음을 그녀는 깨달았다. 어쩔 수 없이 아이는 여러 해 동안 묶여서 재갈을 물고 있었다. 이제 그녀를 자유롭게 풀어 주고 제니퍼의 세계를 충만하게 하도록 허락할 때다.

아이 부분이 깨어날 때쯤 제니퍼도 자신의 가라앉은 영성을 만나기 시작했다. 어린 시절 그녀는 가톨릭 교회에 깊이 연결되었다. 그녀는 그녀가 부모/선생님의 학대 때문에 점차 당황하게 되었을 때(11세경에) 도움을 청하기 위해 신앙을 가졌다고 이야기했다. 그런데 아무런 변화가 없어서 그녀는 배반당했다고 느꼈다. 그녀가 치료 환경 내에서 이 '불합리한' 믿음/느낌에 대해 말하는 것은 중요했다. 나의 경험상 많은 음악가(그리고 그 문제에서 일반적으로 창조적인 사람)는 매우 영적이었다. 그러나 그것이 '냉정하지' 않기 때문에 이런 특별한 열정을 억압하기 쉬웠다. 나는 그녀의 음악을 통해 이런 느낌을 탐색하라고 그녀에게 권했다. 그녀는 자신의 '가톨릭적 문제' 에 대하여 작업했던 환경 안에서 아이에 대한 새로운 노래를 썼다. 그녀는 그녀의 내면 아이가 두 개의 반대되는 자기 상태로 분리되었음을 발견했다. 노래의 일부에서 한편은 '악마 같은 아이' ('나의 삶을 괴롭히는 존재')로, 다른 한편은 '신성한 아이' ('내가 당신의 힘을 믿기 때문에')로 불렸다. 이 노래에서 그녀는 '악마 같은 아이' (그녀가 망치고 억제되기 전의 한때 순수하고 '신성한 아이')로 하여금 그녀의 분노를 창조적으로 나타내도록 허락했다. 제니퍼가 그녀의 노래 중 하나에서 목소리에 온힘을 들인 것은 처음이었다. '악마 같은 아이' 에서 노래를 통하여 목소리가 나올 때, 그러한 모습을 보는 것은 매력적이었다. 그리고 그 목소리가 '신성한 아이' 를 부를 때 다시 원래대로 돌아갔다. 그들은 참으로 같은 에너지 안에 존재했다(제3의 눈 차크라: 이중성은 녹고 통일된 인식이 접근).

이 시점에서 제니퍼는 자신의 이런 두 측면 사이에 있는 내적 갈등을 매우 잘 인식하게 되었다. 그녀의 '악마 같은 아이' (절망, 신뢰하는 무능, 무가치/나쁜 느낌)의 부정적 나선에 굴복할 것인가와 '신성한 아이' (낙천적, 사랑을 주고받을 수 있는, 신뢰)의 상승 나선에 속할 것인가에 대한 선택권을 자신이 가졌음을 깨달았다. 최대한 많이 신뢰하면서 진실을 드러낼 수 있게 만드는 지지자인 EMI를 사용하여, 제니퍼는 자기 안의 창조자의 보호 속에서 편안하고 안정적이었다. 나 그리고 그녀 자신과의 관계가 더 강하고 명확해짐에 따라(치료 4년째), 제니퍼는 자신을 키우는 작업을 선택해야 했다(제5 차크라가 열림). 그녀는 더 이상 치료에 직면하여 저항할 필요성을 느끼지 않았다. 그녀는 지금 창조적인 협력의 종류로서 치료를 경험했다. 그녀는 또한 창조적 협력으로서 동료 록 음악가와 함께하는 새로운 사랑관계를 설명했다. 그녀를 괴롭혔던 사랑으로 인한 자포자기의 느낌은 지나갔다. 이런 관계 안에서 지금 주고받기를 하고, 적당한 시기에 건강한 경계를 만들 수 있었다.

제니퍼의 치료 노래 주기

다음은 EMI 기반의 음악치료를 통해 제니퍼가 자신을 탐색하고 치료하는 과정의 결과로서 드러난 노래의 진행과정이다.

1. '나를 보호하라' : 안전한 장소 노래
2. '작은 기도를 말하라' : 좋아하는 가사, "당신 없이 날기 위해 나를 위한 기도를 하라." 그녀의 다년간의 사랑중독이 변화하도록 만든 힘찬 노래
3. '물 위를 걷는 것' : 좋아하는 가사, "사랑의 바다 위를 걷는 것." 자기애적 남자에 대한 의존을 그만두고 그리스도의 마음에 의존하게 만들었다.
4. '이 아이를 보호하라' : "내가 두려워한 것을 인정할 수 있었고, 다시 노래할 수 있기 위하여 학대하는 교사와 사람들로부터 보호가 필요했어요."
5. '당신의 손을 내게서 치워라' : 반격하는 노래. "나는 이 노래를 통하여 과거의 학대자에게 맞설 수 있었어요."
6. '고상함과 고통' : 고립될 가능성과 사랑받음에 대한 공포의 탐색에 관한 두 곡의 노래
7. '이런 것을 나는 좋아해' : "나는 마침내 나의 삶에서 일어나고 있었던 좋은 것을 보는 용기를 가졌고 그에 감사해요."

논의 및 결론

비록 제니퍼가 정신분석적 음악치료를 받았던 4년 이상의 기간 동안 많은 발전을 했지만, 그녀는 여전히 그녀의 성격에서 어떤 분열에 사로잡혀 있다. 그녀는 지금 자기의 분열 부분에서 목소리를 확인하고 제공하는 방법으로 성악 즉흥연주/음악적 대화를 사용한다. 또한 정신 내에 있는 양극을 해소하는 방법으로 내가 명명한 '음악 탄트라' 훈련을 정기적으로 사용한다. (즉흥연주적 역할극을 통해 치료자는 양극의 두 측면인 두려움 대 오만을 탐구한다. 그리고 음악적 환경으로 그것들을 가져와서 그들 사이의 중심 혹은 중간 상태를 발견한다.) 음악적 탄트라 훈련으로 제니퍼는 놀랄 정도로 치유되었고, 뛰어난/완벽주의적 자기 상태와 열등한, 싫어한/상실자 자기 상태 사이에 다리를 만들었다. 이렇게 중심에 모아진 중간 상태에서

제니퍼는 평온 및 평화를 발견할 수 있다. 즉, 참 자기가 내면에 거주한다.

그리고 마침내 이 치료 시점에서 제니퍼는 정신의 양파 껍질을 또 하나 벗기고 자신의 음악적 표현, 연주, 사랑관계(두 번째 차크라)에서 기쁨을 깊이 체험하면서 자기 개방에 더욱 몰두한다. 여러 해 동안 그녀는 자기 안으로 침투하는 어머니에 의해 통제를 당하고 그녀의 여성다움과 성적 능력을 즐기는 것에 대한 가치를 느끼지 못해 왔다. 또한 수치를 당하고 악화되며 육체적으로 학대당한다고 느껴 왔으며 자신의 몸 속에서 일어나는 기쁜 감정유발(sensation)을 억제해 왔다. 임상 즉흥연주를 통하여 나는 이 문제에 대하여 현재 제니퍼와 작업 중이다. 또한 그녀가 관능적 방식으로 피아노와 자신의 목소리를 탐색하도록 권장한다. 그리하여 음악에서 나오는 감각적/관능적 충동을 인식하게 되고, 거칠게 밀어내거나 판단하는 대신에 그것들을 끌어안게 된다. 이것은 무섭고 고통스러운 과정이다. 그녀가 살아 온 여러 해 동안 자아의 기쁜 면을 억제하고 그곳에 계속 남아 있으면서 그녀를 압도했던 자책감이 그 과정에서 떠오르기 때문이다. 나의 생각에 그녀는 타고난 여성다운/성적인 자기를 교정함에 따라 그녀의 음악을 통하여 진정한 자기를 발휘하여, 되찾고 있던 힘과 함께 자연적으로 타고난 완전성을 경험할 것이다. 그리고 제니퍼는 자신의 독특한 재능을 완전히 주고 삶의 모든 차원에서 정당하고 달콤한 대접을 받을 것이다.

참고문헌

Bonny, H. L., & Savary, L. M. (1973). *Music & Your Mind.* New York: Station Hill Press.

Davies, J. M., & Frawley, M. G. (1994). *Treating the Adult Survivor of Childhood Sexual Abuse: A Psychoanalytic Perspective.* New York: Basic Books.

Montello, L. (2002). *Essential Musical Intelligence: Using Music as Your Path to Healing, Creativity, and Radiant Wholeness.* Wheaton, IN: Quest Books.

Myss, C. (1996). *Anatomy of the Spirit.* New York: Harmony Books.

Van der Kolk, B. A., McFarlance, A. C., & Weisaeth, L. (1996). *Traumatic Stress.* New York: Guilford Press.

16장 열여섯 번째 사례

음악을 통한 치료적 접근: 우울장애를 가진 음악가에 대한 정신역동적 음악심리치료

Paul Nolan

개 요

대상관계 및 자기의 형성에서 장애를 겪고 있는 음악가의 우울증을 치료하기 위해서 개인 음악심리치료가 1년 반 동안 행해졌다. 이 과정에서 리듬의 회피적 사용이라는 상호 간 저항이 나타났다. 그리고 치료적 관계에서의 멜로디 사용으로 치료적 애착이 생겼다. 클라이언트가 주변과의 접촉을 이루어 내고 지속적인 음악적 정지, 호흡을 수단으로 발견하면서 그의 정체성이 나타났다. 그는 자신의 목소리를 음악적 작곡과 상호작용에 사용하는 즐거움을 경험하기 시작했다. 이것을 통해 그는 음악적 리더로서 부상할 수 있었다. 음악심리치료 경험에서의 발견은 억압된 그의 감정, 대인관계의 긴장과 권력 충돌의 감소를 가져왔다.

도 입

이 장은 정신역동 중심 심리치료로서의 음악심리치료에 있어 몇 가지 개념과 과정을 제시할 것이다. 이 사례연구에서 제시된 임상적 형태의 기술을 위한 정신역동 음악치료의 기본적 가정은 음악이 환경적으로 획득된 것일 뿐만 아니라 타고난 본원적인 소리에 대한 반응을 불러일으킨다는 것이다. 이런 반응은 감정적이고 인식적인 기능에 도움을 준다. 특히 감정적 특성은 우리 개인 간의 삶과 융합된다. 그러므로 이 사례연구에서 음악치료의 정신역동적인 초점은 음악을 통해 감각적이고 인지적인 형식의 초기 모드를 활성화하기 위한 엄마와 유아 간의 상호작용의 발동을 포함한다(Nolan, 1994). 음악은 환자가 치료사와의 치료적 애착을 발달시키는 수단으로 작용한다. 이런 적응의 관계 내에서 자기 이미지와 개인 간 상호작용의 문제들은 음악치료 관계가 발전함에 따라 제시될 수 있다. 이 사례연구는 정신역동적 접근에서 치료사의 역할을 두 가지로 정의한다. 첫째, 음악치료사는 치료적 관계/환경이 환자의 성장에 맞추어 변하도록 허용한다. 둘째, 음악치료사는 임상적 의사결정을 (1) 양자 간 음악적 관계, (2) 환자와 치료사의 음악, (3) 전이와 역전이의 힘, (4) 실제 관계 등 네 가지에 대한 해석에 근거한다.

음악과 대상으로서의 치료적 양자관계

어떤 음악치료사는 음악 자체를 과도적 도구로서(Nolan, 1989), 또 하나의 대상으로서 간주한다. David John(1995)은 음악이 그 용도의 하나로서 영국 정신분석학자인 Christopher Bollas의 개념인 '중간 대상(transformational object)'으로 기능해야 한다고 제안한다. 중간 대상의 개념은 대상에 대한 유아의 경험을 그 유아의 자기 경험의 변화과정으로 설명한다. 그것은 어머니가 유아의 내외적 환경을 변화시킨다는 점에서 중간 대상이 그 유아의 다른 자기인 것과 같다.

Bollas(1989)는 "중간 대상은 유아의 정신적 · 신체적 존재를 변화시키는 어머니의 지속적인 행위를 통해 유아기를 다루는 사람으로서의 어머니의 기능과 관계된다."(p. 213)라고 언급한다. 변화의 과정으로서의 어머니의 이런 경험을 통해, 개인이 존재 변화의 표식으로서 그들의 기능을 위해 다른 사람들을 탐색할 때와 마찬가지로 성인의 삶에서도 그 흔적은 남는다. John(1995)은 "음악이 우리의 자기 경험에 무엇인가를 할 것이다."(p. 161)라는 점에서 이 변화의 속성이 음악의 핵심이라고 믿는다. 우리의 경험을 조직화하고 변형시키는 음악을 탐색하는 과정에는 청소년이 라디오에서 특정한 노래를 찾을 때와 마찬가지로 중간 대상을 찾는 흔적이 포함되어 있다. John은 Bollas의 의견에 근거하여 음악을 자기 변형과 자기 수정에 관련된 특정한 대상관계에 비교한다(p. 161). 나는 Bollas가 유아의 다른 자기로서 변형된 것이 어머니라고 묘사했던 것과 유사한 방법으로 환자와의 관계를 발달시키는 사람이 음악치료사라는 John의 설명에 동의한다. 다음의 사례에서 이 단계는 치료의 극히 초기 시작을 나타낸다. 음악치료사에 의한 치료 경험을 '사용'하는 환자는 변화를 겪고 그에 따른 영향을 받게 된다. 이 '사용'은 환자의 즉시적인 세상 혹은 자기 경험의 변화를 촉진하는 것은 물론, 결과적으로 타인과의 접촉을 가능하게 하고 타인과의 관계 속에서 자아의 변환을 일으킨다. 따라서 어떤 수준의 적응을 달성하게 한다.

치료적 관계의 발전

나는 환자와 음악치료사와 음악을 포함하는 음악치료 관계가 장기간의 심리치료 관계에서 하나의 게슈탈트로 지각될 수 있음을 알아냈다. 이 게슈탈트는 시간이 흐름에 따라 변하는 구별될 수 있는 요소 및 힘으로 구성되어 있다. 환자와 치료사 양자는 그들이 서로에게 영향을 미치는 힘에 의한 변화에 함께 묶여 있는 두 개의 대상(대상관계에서처럼)으로서 기능한다. 음악은 대상 및 과정 모두로서 도움을 준다. 시간의 흐름에 따른 음악의 발전은 양자에게 발전적 힘을 발휘한다. 마찬가지로 치료적 관계의 발전은 음악의 내용 및 기능에서의 변화를 가져온다. 따라서 게슈탈트는 내적인 힘이 에너지를 재분배하는 힘에 따라 변화한다. 치료의 시작점에서 환자와 치료사 간에 공유된 음악에 좀 더 큰 강조점을 둘 수 있다. 게슈탈트에서 음악은 하나의 형태로 보이며, 초기의 치료관계는 배경으로서 작용한다. 치료가 진행됨에 따라 양자가 배경으로서의 음악에 의해 틀이 잡혀져서 좀 더 많은 형태가 되기 때문에 치료상의 강조점은 종종 바뀐다. 음악의 역할이 매우 중요한 치료의 초기 단계에서는 음악이 중간 대상으로서의 기능을 한다. 음악치료사에게 매우 규칙적으로 나타나는 다음의 사례에서 음악과 함께 경험되는 깊은 신뢰의 순간, 통합의 경험, 음악에 사로잡히는 경험과 같은 변화의 경험은 마음이라기보다는 존재의 경험이다. 이러한 '치료로서의 음악' 적 순간, 특히 미적 발생의 부분으로서의 순간들은 '타인에 대한 신뢰의 경험이 말 이전의 삶의 본질이었던 부분을 나타내 주기 때문' 에 그와 같이 경험된다(Bollas, 1987, p. 32). 정신적 삶의 이런 모호한 내용은 Bollas에 의해 '사고 이전의 앎(unthought known)' 으로 명명되었다. 그것은 유아가 주체와 대상 사이에서 깊은 신뢰의 환상을 경험할 때부터 인식된다. 여기서 주체와 대상 모두는 어머니의 미적 조종 형식 및 Winnicott의 '환경의 촉진' 의 창조에서 공허함, 분노, 고민이 충만과 만족으로 바뀌는 기본적인 전이 경험에 있다. 음악치료 관계에서, 특히 조기 치료에서 이런 전이의 경험은 음악에 의한 것이며 음악 덕분이다. 치료가 진행됨에 따라 이런 경험은 음악의 창조자인 양자의 관계적 국면의 덕을 더욱 크게 보게 된다. 이 사례의 치료 초기 상황에서 중간 대상으로 제시되는 음악은 치료적 관계가 발전함에 따라 전이는 외적 환경에서 일어난다. 변화는 환자가 진정한 대상관계로서 타인과의 관계에서 자신을 경험하는가에 따라서 시작될 수 있다.

음악의 해석

정신역동 중심의 음악치료를 다른 음악치료적 접근과 구분 짓는 방법에 있어 음악치료사가 사용하는 주요 과정 중의 하나는 치료사와 환자에 의한 음악의 비음악 범위로의 해석이다. 이것은 또한 우리 분야에서 발달이 안 된 분야이기도 한데, 그것은 음악적 행위와 비음악적 행위 그리고 정신적 과정에 대한 관계를 신뢰성 있게 나타내 준다고 동의할 수 있는 실험적인 기초 자료가 부족하기 때문이다.

하지만 나는 대부분의 음악치료사가 환자의 음악적 표현과 관련하여 최소한 어떤 해석을 하고 있다고 믿고 있다. 음악치료사는 임상적 음악 해석의 방법론의 개발을 지속해야 할 것이다. 음악치료사가 음악, 환자, 음악적 관계에 대한 임상적 해석을 발전시켜야 하며, 또 그럴 능력이 있는지에 대해서는 두 가지 이유가 있다. 하나는 음악치료사가 자신의 삶에서 상당 부분을 음악가로서 음악적 표현과 의사소통의 감각과 지성을 개발해 왔다는 것이다. 다른 하나는 보통의 발달 수준에서 모든 사람은 일정 수준의 정확성을 가지고 리듬을 인지하고 다시 만들어 내고 톤을 변화시킬 수 있다는 전제에 기인한다. 음악적 인지의 일반적 발달은 모든 음악 청취자로 하여금 음악을 분위기 상태와 긴장 정도, 유사성의 법칙과 충분한 지속성과 같은 좋은 게슈탈트 품성을 연결시키는 등의 최소한 어떤 수준의 해석을 가능하게 한다. 모든 청취자는 일반적으로 음악에서 문화적으로 적합한 함축을 식별해 낼 수 있는 능력이 있다. 이런 정교한 인식적 과정은 태어나기 전부터 사람에게 깊이 스며들어 있어서, 음악적 인식은 심지어 피질성 치매(cortical dementia)가 나타나더라도 여전히 유지되는 것으로 보인다. 음악적 상호작용에서 감정적, 인지적, 대인적 뉘앙스를 지각하고 이해하는 음악치료사의 이런 능력은 치료사의 심리적 기질, 개인적 역사, 임상적 교육/슈퍼비전과 통합되어 환자의 음악적 행동 및 내적 세계와 외적 삶 사이의 가능한 관계에 대한 가정(해석의 과정을 거쳐)을 만들어 내는 어떤 능력을 생산하게 된다. 치료사는 임상적 결정을 할 때 중요한 요소로서 해석을 사용한다. 다음에 나오는 사례에서 보여지듯이, 나의 음악적/음성적 해석은 내가 임상적 가설을 발전시키는 안내자로서 도움이 되었다. 나의 해석은 더욱더 구체화된 질문으로 발전해 갔다. 해석은 사실을 확정 짓지 않는다.

다음의 사례에서 나는 정신역동적으로 보고된 음악치료 모델이 어떻게 환자로 하여금 발달상의 성장을 경험하게 하고, 따라서 그의 삶에서 우울증의 효과와 수준을 제한하는지를 설명하겠다.

배경 정보

클라이언트 릭은 33세의 남성으로 형이 한 명 있었다. 비록 감정적 발달에 관한 보고를 얻기는 어려웠지만, 릭에 따르면 그는 평범하게 태어나서 발달 초기에는 육체적, 인지적, 사회적 관점에서 발달 정도가 평범했다. 육체적이거나 정신적으로 충격을 줄 만한 것은 없었다. 우울증으로 인한 잠깐 동안의 정신과 치료를 빼고는 그의 의료 기록은 별다른 것이 없었다. 치료가 시작된 직후, 그는 내게 자신이 등이 아프거나 복통, 대장경련 등을 포함한 다양한 의학적 문제로 인해 여러 전문의에게서 치료를 받았다는 것을 알려 주었다. 치료할 때 부모는 생존해 있었고, 릭은 자신의 집에서 개와 살고 있었다.

교 육

들리는 말에 의하면 그는 고등학교 때 농담꾼으로 불리는 평범한 학생이었다. 졸업하고 지역 전문 대학에서 2년 동안 재학하던 중에 마리화나를 시작한 것 외에 다른 약물은 하지 않았다. 그는 현재의 약물 복용 여부에 대해서는 부인했다.

현재 직업

그는 부모가 운영하는 꽃가게에서 배달기사로서 일했다. 그의 형은 그의 상관으로서 형제 사이에서 성공은 항상 그의 몫인 것처럼 보였다. 둘은 상당히 불편한 관계였다. 형은 릭을 사업에서 너무 경솔하다고 판단하고 있는 듯했고, 반면에 릭은 형이 질투가 지나치게 많고 독단적이며 경쟁심이 강하다고 생각하고 있었다. 릭은 확실히 가족사업에서 부모의 인정을 받는 데는 형과 대적이 안 되었다. 릭은 형처럼 집중력 있게 사업을 꾸려 가지도 못했지만, 또 다른 직업을 생각할 능력도 되지 않았다. 치료를 하는 동안 그는 어떤 방법으로든 자신의 음악을 하면서 살았으면—음악 만들기를 통해 사람들과 함께할 수 있는 능력을 가졌으면—하는 소망을 표했다. 나는 이것이 어느 정도 긍정적인 감정 전이를 나타내는 지표라고 생각했다. 결국 치료 후반부에 그는 자주 드럼 서클과 다른 음악 모임의 진행자로서 그룹 음악 작업을 그의 삶의 더 큰 부분으로 발전시킬 수 있었다. 그는 또한 나중에 댄스 그룹을 위한 전문 반주자로 발전할 수 있었다.

음악적 경험과 흥미

릭은 음악 연주에 흥미를 가졌고, 독학으로 타악기 연주자가 되었다. 그는 핸드드럼과 슬릿 드럼 연주를 즐겼지만 다른 사람들과 함께 연주하는 것이 힘들었다고 진술했다. 릭은 공식적인 교육을 받은 것은 없지만 상당히 정교한 수준의 음악적 능력을 보유하고 있었다. 수년간 그는 아프리카와 중동의 방대한 퍼커션 악기를 수집해 왔다. 그는 여러 해 동안 핸드 드럼을 연주하며 보냈고 정기적으로 '월드 비트' 스타일(서구적 스타일과 비서구적 스타일의 혼합 형태)이라고 불리는 대개는 다른 것끼리 관련된 드럼 서클과 잼 세션의 다양한 형태로 다른 사람과 음악을 연주할 기회를 모색했다. 이것은 그의 소망 중에 하나였지만, 그는 다른 음악가와 레퍼토리를 만들고 공연을 하는 밴드에서 일한 적은 없었다. 그는 정기적으로 주중에 이루어지는 무용 교습소의 즉석 댄스 모임에 참석했다. 이것은 그의 가장 중요한 사교적 노출이었고, 그는 지인의 대부분을 이 모임에서 만났다. 가끔 자신도 그룹댄스에 어울리곤 했지만, 릭의 역할은 즉흥댄서들을 위한 음악 연주자 중 드러머였다. 릭에 따르면 그 음악 그룹의 리더는 힘 있고 권위 있는 사람이었다. 그룹의 음악적 방향은 그 리더에 의해 선택되고 지휘됐다. 음악에 있어 릭의 역할은 음악가들과 연주하도록 허락된 주변적인 것이었다. 그는 보통 아프리카 드럼을 연주했다. 릭은 16, 32분 음표를 사용한 기본박의 복잡한 마디 부분을 리드미컬하게 연주하는 것을 선택하곤 했다. 이런 마디들은 악센트와 그루핑의 미묘한 변화를 가진 반복 패턴으로 다시 나누어지곤 했다. 잠시의 쉼도 없었고, 모든 템포적 공간은 템포와 관계없이 빠른 마디로 채워졌다.

이전의 정신과 치료

그는 다른 이유로 10회의 정신건강 치료를 받았는데, 매번 그는 치료 받는 것에 반대했지만 '무서운 어머니(domineering mother)' 와 그와 사이가 좋지 않았던 형수가 제안했던 것이다. 그는 자신의 이전 치료 경험이 집단치료, 생체 에너지, 게슈탈트 치료, 인지치료 등을 포함한다고 보고했다. 그는 우리와 처음 만나기 전까지 몇 개월 동안 4주간의 전이 분석을 위해 치료사를 만나고 있었다. 그는 어떤 치료의 경우 가장 길게는 4, 5개월 동안 이루어졌다고 말했다. 그는 4, 5년 전에 여자친구와 헤어진 후 우울증 치료를 위해 정신과 치료를 한 번 받았다고 했다. 그의 우울증은 20세 때쯤 시작되었는데, 그것도 다른 관계가 끝나면서였다고 했다. 그가 최근 음악치료를 받겠다고 관심을 가진 것은 옛 여자친구가 표현치료 교육 프로그램을 시작하고 그녀가 꿈과 예술 활동 사이의 관계를 표현할 수 있다고 얘기하면서부터였다. 그 이후로 그는 그녀가 관계를 끝내자고 했을 때 다시 상실감을 경험하고 더욱 우울해졌다. 그는 "관계의 끝은 나를 볼 수 있도록 해 주죠." 하고 말했다. 비록 이 말이 무엇을 의미하는지 확실하지는 않았을지라도, 또 그도 그걸 알게 하려고 노력하지도 않았지만, 나는 이 말을 일반적으로 이해했다. 그가 음악치료사인 나와 함께 치료를 시작한 것은 그가 이런 실패한 관계의 반복을 중단하고 싶다는 내적으로 활성화된 요구 혹은 '비전' 을 충족할 만한 방법을 찾고 있었기 때문이다.

임상적 인상

대인관계에서 릭은 자신의 문제와 자기 평가에서 '내가 나 자신에게 던진 칼' 과 같다는 부정적 선입관에 사로잡혀 있는 것 같았다. 정서적으로 도움이 되지 않았던 부모와의 성장 경험은 어려서 그리고 성인이 되어서도 타인을 사랑하지 않고 또 사랑하지 못하는 보상적 자아 모델을 형성하는 결과를 낳았다(Bretherton, in Dozier, Stovall, & Albus, 1999). 그는 한 공동체에 속하여 관계를 가지고 의미 있는 직업을 가지는 것을 원해 왔지만, 그 자신에게 어떤 지속적인 책임을 요구하는 상황을 언제나 멀리했고 대개는 부합됨을 피해 왔다.

릭은 다른 사람과 처음 대면하게 될 때면 이상한 행동양식을 취했다. 그는 약간 혼란스러운 표정으로 무슨 질문이 있는 것처럼 보이곤 했다. 그리고 지시를 기다리고 있는 것처럼 보였다. 어떤 사람을 만났을 때, 특히 여성을 만났을 때, 그는 그 경험을 맨 처음 그녀가 자신이 어떤 타입의 남자이기를 원하는지를 살피는 기회로 삼는다고 했다. 이것은 그 여성에게 인상을 남기기 위해 고민하고 부자연스러운 인격 특성을 수행하도록 했다. 그는 자기가 다른 사람을 의식하지 않은 것에 대해 항상 비판받았다고 했다. 이것은 그가 관계를 발전시키고 싶어 했던 여성에게서 자주 들었던 불만이었다.

임상적으로 릭의 증상과 불만은 우울장애의 기술과 꼭 맞는 것으로 보인다. 이 장애는 Cameron과 Rychlak(1985)에 의해 '낙담과 자기 경시, 신체적 장애와 열등감, 실망, 무가치의 반복적인 불만의 형태로 긴장과 염려가 표현되는' 기분장애로 정의되었다. 『진단 및 통계편람 제4판(DSM-IV)』의 진단적 분류를 보면, 우울장애는 릭의 과거와 현재의 상황을 나타낸 것 같다. 즉, 최소한 2년간 그의 우울한 정서는 결정을 내리는 데 어려움을 겪거나 자존감 저하, 지치고 무관심의 잦은 불만, 계속적인 자기비판과 함께 자주 나타났다. 그에 대한 과거의 조증 일화나 정신이상적 일화는 보고된 것이 없었다. 정서장애는 왜곡된 자아 인식과 지속적인 대인관계에서의 문제를 일으켰다. 그의 증세는 주요 우울장애의 기준에 부합하지는 않았다. 우울장애를 겪는 사람에 대한 기술에서 Cameron과 Rychlak (1985)은 릭에 의해 보고되거나 나타난 많은 부적응적 결과를 나타내고 있다. 그의 "지속적인 확신과 불만은 내적인 그의 파괴적 초자아의 공격에 대한 중요한 방어"(p. 297)를 위해 지속적으로 필요했다. 그는 항상 그의 "실의와 자기 비하를 재차 시인하고, 반대로 다른 사람으로 하여금 좀 더 많은 확신과 반소 제기를 하도록"(p. 297) 한다. 릭이 경험한 증세의 기간과 우울장애의 알려진 임상적 표현과의 유사성을 고려해서, 나는 이 진단적 분류를 마음속에 두고 그의 임상적 문제에 접근했다. 릭은 정신과 의사의 돌봄을 받지 않았고 이전의 그의 정신과적 의학 기록은 구할 수 없었으므로 이 진단적 인상을 확신할 수는 없었다. 그는 음악치료를 하는 내내 우울증을 위한 약을 복용하지 않았다. 다만 그는 치료의 전반부 내내 대장경련으로 의학적인 주의를 받고 있었다.

방법 및 치료

음악치료는 1년 반 동안 기본적으로 1주일에 1시간씩 대학의 음악치료 스튜디오에서 행해졌다. 치료는 아주 정기적으로 진행되었으며 특별한 방해 없이 진행되었다. 대부분의 세션은 임상적 음악 즉흥 접근을 사용했다. 사용된 악기들은 치료 코스에 따라 달랐고, 치료 국면을 나타내는 지표의 역할을 했다. 처음에 릭은 스튜디오의 악기 가운데 다양한 드럼에 의존했다. 시간이 흐름에 따라 그는 피아노, 실로폰, 톤벨, 목소리, 끝에는 드럼과 목소리를 함께 내는 데까지 악기의 사용을 넓혀 갔다.

세션은 보통 릭이 스튜디오에 들어와서 간단히 인사를 한 후 지난 주간에 있었던 일들에 대해 얘기해 주는 것으로 시작되었다. 이것이 끝나면 릭이나 나에게서 다양한 방식의 음악적 경험이 나타나곤 했다. 릭은 조용히 악기를 들고 반의식적 상황에서 말하는 동안 연주를 했다. 이 경우 나는 그가 그의 음악적 표현에 집중하고 지속하도록 격려하곤 했다. 그러고는 그의 음악에 동참할 수 있는 악기를 골랐다. 다른 세션에서 나는 우리 둘을 위한 악기를 포함한 음악적 경험을 고르는데, 릭이 말로 표현한 것과 어느 정도까지는 이전의 세션에서 그가 발산한 것에 근거해서 골랐다. 그리고 토의와 음악 사이의 또 다른 연결 다리에서 릭은 음악에 대해 어떤 음성적 표현을 하지 않은 채 악기를 고르고 연주를 시작하곤 했다. 그럴 때면 나는 악기를 골라 음악에 동참했다.

음악은 세션이 이루어지는 동안 다양한 기능을 제공했다. 대부분의 시간은 관련없는 목적을 제공하는데, 그것은 음악적 과정이 특정하게 표현된 목적을 위해서라기보다는 음악 자체를 위한 것이었다.

음악에서 치료사의 역할

모든 음악적 경험을 하는 동안 다양한 음악작품이나 같은 작품 속에서 나는 치료사로서의 역할을 유지하면서 반주자, 공동 창작자 또는 제안자로서의 다양한 입장을 취했다. 때때로, 특히 치료 초기 단계에서 나의 음악적 실재는 음악적 구조를 스타일의 형태로 모양 잡거나 사용하는 데 있어, 그리고 많은 음악적 요소를 결정하는 데 있어 Bollas가 기술했던 '변형적 어머니'와 유사한 기능을 했다. 다른 경우에는 음악적 소리, 구두적 언질, 읊조려진 형식 등 어떤 표현이건 나타났을 때 그것을 받아 줌으로써 지지해 주었다. 음악적으로 나는 에너지 수준을 맞추고, 기본적인 음악적 표현에 대한 생각을 간절하게 하고, 전이된 대상이나 그의 치료사인 '진정한 음악가'(치료의 후반부 동안의)를 향한 릭의 다양한 노력과 표현을 직면하게 하거나 도전하게 하였다. 때로 나의 음악적 기능은 그가 나를 통해 창조하려는 것에 대한 나의 상상적 표현에 의해 영향을 받기도 했다. 또 다른 경우 나의 역할은 발달상으로 그가 필요로 하고 이미 갖추고 있거나 가능한 것으로 보이는 무엇인가를 반영하는 것이었다.

음악치료 세션 동안 우리는 서구적 음악 스타일, 조성, 박자에 의해 구조화된 즉흥적 스타일을 사용했다. 동시에 우리는 자유로운 무조성의 즉흥 모델을 사용했다. 가끔 음악은 릭의 '구두적 언질' 독백의 배경음악으로 사용되었다. (이것은 뮤지컬이나 사운드 풍경, 배경으로 드라마틱하게 재인용되는 운이 없는 산문체를 포함한 현대 예술 형태를 기반으로 하여 내가 만든 대강의 표현이다.) 이런 시간 동안 그는 그의 바람직하지 못한 현재의 대인 상황에 대한 불만을 강조하기 위한 노력의 일환으로 드럼을 마주하고 두드렸다. 음악치료 관계의 정황을 떠나서 이런 사건은 환자의 실행 혹은 자기 현시의 한 유형으로 나타난다. 하지만 우리의 세션 내에서는 릭의 자아존중이 그 자신을 비보수적, 포스트모던 혹은 전위 경계, 예술적 공동체의 한 부분이라는 그의 감각과 의사소통하도록 해 주는 것이 중요하다고 느꼈다. 릭의 '구두적 언질' 사건이라는 분명한 자기 현시적 특성에 어떤 반대도 하지 않음으로써, 우리는 모두 치료의 표현적 범위를 넓힐 수 있었고 치료동맹을 유지할 수 있었다. 이런 식으로 나는 릭의 표현이 어떤 방식으로든 그의 우울한 정서, 불안정성, 충족되지 않는 관계와 낮은 자기 존중감이라는 주된 불만과 연결되어 있다는 것이 언제나 이해되고 있음을 믿었다. 이런 표현의 음악적 매개체 내에서 허락됨으로써 창조된 것으로 보이는 음악의 형상들을 결국 릭이 듣고 수용하는 가능성으로 남게 된다. 그래서 사랑받지도 사랑하지도 못하는 모순된 그의 자기상을 제공한다.

보통 릭은 리드미컬한 '그루브'의 즐거움을 치료사의 구조화된 웨스턴 음악 형식으로 발전시킬 수 있었고, 2인 1조의 즉흥음악을 하고자 할 때 퍼커션으로 리드미컬한 댄스 음악 패턴을 창작할 수 있었다. 그는 다른 음악가들과의 과거 경험을 통해 이런 음악 작업방식에 매우 익숙하고 편안함을 느꼈다. 릭의 치료 세션에서의 음악 부분은 릭을 위한 가상적인 '실제 삶(real-life)'의 사회적 상호작용 기회를 주었다.

이런 관계의 유형 치료사에게 매우 높은 수준의 음악 작업을 요구한다. 그런 음악 연주의 수준에서 나는 릭의 연주에 대해 음악적 집중도와 정교함을 보조하여 맞춰 주는 것에 나 자신의 독창성을 발휘할 수 있었다. 여기에서 Greenson에 의해 개발되고 Gelso와 Carter에 의해 인용된 치료적 관계의 세 가지 요소가 나타난다. 즉, (1) 작업동맹(working alliance, 환자와 치료사의 제휴 혹은 협동), (2) 전이적 외형(transference configuration), (3) 실제 관계성(real relationship, 두 사람 사이에서 서로 실제적인 방식으로 보는 진실성의 정도)이 그것이다. 각각의 치료적 관계는 이런 세 가지 유형의 관계를 동시에 어느 정도 포함한다. 치료의 스타일과 치료적 과정의 현재 상태에 따라 이 세 가지 관계 중 하나가 대표적인 역할을 하며, 나머지 관계도 덜하긴 하지만 드러낼 수 있을 정도의 역할을 한다. 예를 들면, 치료의 초기 상태에서는 훨씬 더 강력한 감정 전이적 관계를 보일 것이고 실제적인 관계는 적을 것이다. 이 균형은 분명 치료의 끝에서 변하게 되는데, 실제적인 관계가 훨씬 더 많이 강조되고 감정 전이적 관계는 적게 될 것이다. 두 음악가 사이에 음악적 스타일, 문제, 해결책을 주고받음으로써 실제 관계가 치료의 초기에 중요하게 될 것이다. 또 음악치료사가 미학적이고 창의적인 음악 즉흥 분야에 참여하는 동안 음악에서 거리를 유지한다는 것은 불가능할 뿐더러 반치료적이다. 이것은 필연적으로 음악, 선호, 역할, 모습, 배경적 습관은 물론 음악적 능력이 결여된 부분에서 사람이 자기를 조직하는 방식에서 치료사를 드러나게 할 것이다. 하지만 크게는 이런 이슈 또한 음악적 능력과 관련해서 음악치료사의 자기의식 때문에 전이/역전이적인 관계를 높여 줄 것이라고 믿는다. 이것은 내가 낮은 성과를 내는 환자와의 작업에서 음악 자원을 얻고자 하고 음악적 위험을 감수해야 했던 비전형적인 경우였다. 이 수준의 합동 연주는 음악과 우리가 함께 연주하는 방법에 대한 감정을 불러일으켰다. 이런 감정을 유지한다는 것은 치료사로서의 나의 역할 속에서 매우 중요했다. 그것은 리듬적 하위 분할의 과도한 사용을 통해 자유로워지려는 경향과 다른 사람과의 음악적 관계를 구축할 때 공헌자로서 자신의 독창성을 인식하는 잠재력이라는 관점에서 모두 이 음악적 관계(혹은 실제 관계)에서 릭이 어떤 사람인가를 알게 해 주었다. 내가 그의 자기 평가를 그가 만들어 내고 살아왔던 비뚤어진 모습('내가 나에게 던진 칼날')에서 옮겨 내기를 희망하게 된 것은 그의 이런 음악적, 관계적 잠재력을 의식하게 되면서부터였다. 치료에서 이런 유형의 음악적 경험은 감정 전이적이기 때문에 '실제' 를 흐리게 할 수 있다. 이런 관계 내에서 필요한 경계를 유지하기 위해서는 내가 관계의 치료적 동맹 요소에 집중하는 것이 도움이 되었다. 이런 인식은 우리의 관계에 대한 릭의 경험을 인지하고 그것을 유지하는 데 도움이 되었다. 비록 우리의 음악 연주가 지극히 '함께' 한 것이었지만, 릭은 여전히 내게 권위적 남성상이라는 감정 전이적 이슈를 경험하고 있었다. 관계의 이런 요소를 억누르는 것은 릭의 기본적인 문제가 그의 관계 내에서 명백히 드러났기 때문에 치료의 효과를 제한할 수도 있었다.

치 료

음악평가와 치료과정의 개요

각 단계의 자료와 과정이 다른 단계에서도 관찰될 수 있지만, 치료과정은 세 가지 단계를 통해 나타났다. 첫 번째 단계는 릭의 고집스러운 퍼커션 악기의 리듬적 하위 분할을 받아들이고 함께 작업하는 것을 포함하였다. 나는 이 음악적 행위를 그가 대인 경험에서 느꼈던 불안과 연관시키는 시도 속의 강박적인 방어라고 해석했다. 그의 연주와 나의 반응의 이런 특성은 이 장의 후반부에서 좀 더 자세하게 묘사될 것이다. 때로 나는 우리 관계에서 그가 이런 리듬적 행위에서 거리를 유지하는 것이 용인된다는 것을 알게 하기 위해 그렇게 하도록 했다. 또 어떤 때는 내가 음악적으로 그와 맞부딪치고 그의 하위 분할에 상반된 당김음을 줌으로써 부딪쳤는데, 이는 그가 그의 대인적 위치에서 얼마나 고착되어 있는가를 알아보기 위해서였다. 또 음악적 형태의 역할을 모델링 하는 것은 우리가 음악적으로 관계할 수 있는 다른 방법을 보여 주는 데 중요하였다. 릭의 멜로디 창작 재능이 첫 번째 단계에서 확연해졌는데, 치료의 두 번째 단계의 여러 부분에서는 그의 멜로디적 탐험—여기서 나는 그의 자아 융통성(ego flexibility)의 잠재력을 보았다—을 격려하는 동안 내가 릭의 리듬적 방어라고 규정한 것을 지지해야겠다고 느꼈다. 그가 시간이 지남에 따라 스스로 자신감과 완전한 사람으로서의 자신에 대한 감각을 가지고 혼자 서게 된 것은 반응적 배경(치료사)의 도움을 받게 된 치료의 두 번째 단계에서 릭이 멜로디의 형상을 창조하는 탐험을 거치면서였다. 음악적으로 이것은 발달적 과정에서 그가 자신의 멜로디적 조각을 창조하는 것으로 옮겨 가면서 멜로디적 프레이즈를 나와 함께 공동 창작하는 것이 가능해졌다는 것이다. 그리고 그는 멜로디적 내용을 나와 함께 교환하고 비춰 보고 변화시키곤 했다. 이런 멜로디적 즉흥연주 후, 그는 음악으로부터 휴식과 기쁨을 경험한 것처럼 보였다. 그는 음악적 구조를 바탕으로 한 도움으로 형태/바탕관계에서 하나의 형상으로서의 그의 음악적 역할을 의식하게 되었고 그의 창의적 힘을 더 잘 인식하고 받아들일 수 있게 되었다고 표현했다. 멜로디적 즉흥연주 내에서 나는 그의 동기 전개와 악구 사이에서 '호흡'을 사용하도록 격려했다. 나는 그가 어떤 면에서는 숨쉬지 않았던 그의 리듬적 하위 분할에 개입된 것을 믿었다. 그는 그의 음악에서 호흡을 허락하는 중립적 공간을 경험하지 않고 있었다. 음악적 호흡과 같은 이런 공간에서 릭이 음악적 관계에 대한 그의 인식을 증대시킬 수 있게 되었다고 나는 믿었다.

두 번째 단계는 릭의 피아노 사용에 대한 관심을 가져왔다. 피아노에 대한 사전 교육은 없었지만, 그는 이 악기에 대한 대인적 관계 형성에서 좀 더 개방적이 되어서 덜 방어적으로 보였다. 릭은 피아노를 우리가 할 즉흥연주를 위한 작곡의 기본을 만드는 데 사용하기 시작했다. 그가 피아노 연주를 하는 동안, 나는 화성악기를 사용하지 않고 톤벨이나 드럼을 사용해 그가 '통제'라고 여기는 자신의 느낌과 경험을 가지도록 격려했다. 나는 그가 그의 음악적 창작이 그가 느낀 감정 전이의 원천으로서 느껴지는 것을 받아들일 준비가 되었다고 믿었다. 작품 작업 가운데 릭은 가끔 독주를 들려주었는데 소리를 낮추거나 멜로디를 전혀 내지 않거나 반주 형태로 간격을 열기 위해 오른손을 사용하지 않는 등으로 그것을 표현하곤 했다.

세 번째 단계는 릭이 읊조리거나 노래하는 데 목소리를 사용하도록 격려되는 기간이었다. 이것은 그의 음악적 표현, 음악적 분야, 그 분야 내의 나의 존재에 대한 인식을 유지하는 방법으로 그의 호흡 사용을 지속하는 것이었다. 그가 그 자신의 목소리를 리더로서 개발하기 시작하고 좀 더 자기 표현적인 방법으로서 자신을 듣기 시작한 것은 이 단계에서였다. 또 이 단계에서는 그의 우울증이 자기 이미지에 대한 부정적인 영향을 덜 주는 것으로 보였다. 그는 다른 남녀와 좀 더 편한 관계를 맺게 되었다고 말했다. 이런 관계 속에서 그는 심사숙고하는 경향을 덜 갖고 좀 더 현실적인 문제에 집중하게 되었다고 한다.

이어지는 내용은 특정한 임상적 해석, 치료사 반응, 정신역동 음악치료 접근이 릭의 우울증과 대인관계의 문제점을 밝혀낼 수 있는지를 설명할 치료과정에서의 주요 중점 영역을 포함한다.

초기 단계

릭의 음악적 산출물은 처음에는 신중하고 자의식이 강하고 억눌려 있으며 다소 관습적인 리듬 패턴에 의지하고 있었다. 하지만 그가 남과 다르다는 나에 대한 그의 의사소통을 믿었던바, 그는 때때로 조금 격렬하고 리듬에 맞지 않는 소리의 충동적인 동요로 뛰어들곤 했다. 비록 내가 그의 불안의 충동적 해소 및 어떤 식으로든 권위를 가지고 그의 문제를 의사소통할 가능성을 열어 놓고 있었지만, 나는 릭이 음악의 전위예술적 세계를 잘 알고 있다는 것을 알리기 위해 시도하고 있다고 느꼈다. 이 첫 단계의 즉흥연주 동안, 나는 나의 역전이를 새롭게 사귄 사람들끼리 '서로를 재고' 자신들의 능력을 과시하는 과거 내 삶의 즉흥연주회에서의 기억과 이미지처럼 의식하게 되었다. 나는 재즈 즉흥연주 세션에서 보이는 것과 같은 이 경쟁을 'cutting session' 형식에서 나타나는 양식적 느낌, 릭(licks)[재즈 연주에서 삽입하는 장식 프레이즈-역주]의 자기 의식적 노출이라고 표현했다. 이 형제간 경쟁의 역전이 반응을 의식하는 것은 중요하였다. 우리 관계의 파괴에서 기인된 역전이를 방지하려는 보호막을 제공하는 것뿐만 아니라, 이런 감정의 의식은 형과의 관계에서 수동적-공격적 행동을 하려는 릭의 경향에 대한 중요한 정보의 원천이 되었다. 이 관계에서 수동적-공격적 표현은 출생 순서와 가족사업에서 상관인 형에 의한 경쟁적인 반응을 일으켰다. 릭은 공격적인 반응을 보이지 않아 왔는데, 그것이 그의 낮은 자의식을 유지하기 위한 반복강요의 방어에 딱 맞는 것이었기 때문이다. 우리의 치료는 진척될 수 있었는데, 부분적으로는 그의 투사적 동일시의 방어적 사용에 대해 내가 인식했기 때문이었다.

타악 연주에서의 철퇴행동

음악을 함께 연주할 때, 릭은 때로 집중도와 소리에서 압도적인 효과를 가진 악센트에 기반한 매우 집중적인 수준의 리듬적 하위 분할을 사용하는 것이 곧 드러났다. 초기 단계 내내 이런 연주방법은 실로폰이나 손가락 피아노처럼 릭이 종종 비슷한 조직화된 패턴을 사용하는 리듬악기에서도 널리 사용되었다. 릭이 각 음악작품의 템포와 형식적인 불변성을 유지할 수 있었음에도 쉼 없이 마구 진행되는 리듬 하위 분할의 잦은 강조는 결과적으로 자율적인 것이 되었으며, 양방향 음악적 의사소통은 매우 제한적이 되었다. 이런 패턴은 겉으로 보기에는 온전히 릭의 음악에 대해서만 미묘한 악센트 혹은 음표값 변화를 발전시켰다. 이 장의 앞부분에서 밝혔듯이, 나는 패턴이 위축적인 방어로 사용되게 될 것이라는 것을 알고 있었다. 때로 그가 이 기술을 나의 음악과 협상해야 하는 것을 피하는 데 사용할 수도 있다는 것이 확실해도, 나는 방어 목적일 때처럼 이 음악적 행동이 항상 두려움을 줄여 준다고는 말할 수 없다. 릭의 리듬적인 하위 분할된 부분에서, 나는 내가 박과 하위 분할의 한 합류점과 같은 엄마 자궁 속에 들어가서 그것이 이미 나를 위해 되어 있기 때문에 프레이즈를 구별할 필요가 없듯이 숨 쉴 필요가 없다는 상상을 하게 된다. 이런 유형의 리듬 연주는 다른 사람의 반응을 기대하지 않고 녹음과 함께 연주하는 것과 같다. 나는 이런 행동이 릭이 음악을 만드는 다른 사람들과 협상해야 하는 것 없이 음악을 하고자 하는 그의 시도였으며, 따라서 치료에 대한 저항도 약간의 두려움에 기인한다고 믿었다. 대조적으로 내가 늦은 템포로 혹은 그것의 리듬적 불변계의 파트로서 강조된 리듬 하위 분할에 어울리지 않는 스타일로 즉흥음악을 시작하려고 할 때면, 릭은 실로폰을 치면서 창의적이고 장난스럽게 그리고 발명적이며 훨씬 상호 교류적인 방법으로 선율을 만들 수 있게 되었다. 내가 그의 건강함을 알아차린 것은 그의 멜로디 작업 중이었고, 또 그러한 건강함에 대해 해석하려고 할 때 저항에 더 부딪히기 시작한 것도 그의 멜로디 작업 중이었다.

후에 치료의 마지막 단계에서 그는 긴 기간 동안 피아노로 스스로의 창작에 집중하곤 했다. 이런 사건은 격리된 창조적 행위의 기간을 포함하는데, 이와 같은 경험은 완전히 다른 특성을 가지고 있고 철퇴적 작용에 도움이 되지 않았다. 나는 릭이 이런 경험을 겪으면서 자신의 연주나 음악 작곡에 대해 증인을 필요로 했다는 것을 느꼈다. 이런 유형의 행동은 항상 그가 작곡하고 있던 음악 자원에 기반한 2인 음악 작업 형태가 되는 결론을 이끌었다. 이 분야에서의 다른 관계적 차이는 치료의 세 번째 단계에서 자세히 설명될 것이다.

관계능력

첫 세션부터 릭은 실로폰으로 선율적 주제를 창작했고, 내가 피아노를 치면 음악적인 상호작용에 반응하는 능력을 보여 주었으며 방어적이지 않았다. 이런 경향은 그의 끊임없는 리듬적 하위 분할과 관련된 스타일이 이완되었을 때 나타나곤 했다. 이런 분야에서의 그의 능력은 약한 에너지, 낮은 자기 존중감, 약한 집중, 결정을 내리지 못함, 실망감 등 어떤 결함의 형태도 보이지 않았다는 점에서 기분저하증에 대한 임상적 표현과는 반대로 보였다. 다른 때에는 그의 음악적 관계 스타일이 바뀌곤 했고, 아무렇게나 악기를 바꿔서 무의미한 소리를 냈다. 나는 그것이 비록 어떤 화성이나 리듬적 구조를 갖지 않았지만 그가 자유롭게 연주하도록 해 주었다. 이런 유형의 즉흥연주에서는 음악치료사가 메아리, 모방적 및 다른 상호작용적 반응을 사용할 기회가 적다. 따라서 역전이 반응의 가능성이 있다. 나는 이 음악적 행위가 실행하는 것에 방어적 기능을 하려고 할 때, 또는 그 기능이 그가 음악적 정체성을 좀 더 개발하는 것과 같은 개별화의 시작을 허락하는 권한을 방해할 때를 찾아내는 데 신중해야 했다.

구두적 과정

대부분의 음악 즉흥연주가 끝나면, 우리는 음악과 음악치료 경험이 릭에게 어떤 효과를 미쳤는지를 토의하곤 했다. 비록 릭이 다양한 감정적 상태와 기억을 말로 표현해 낼 수는 있었지만, 구두적 과정은 그의 발전 정도에 도움이 되지 않았다는 것이 확실했다. 사실 그것은 퇴행적인 효과가 있었다. 이런 과정상의 대화에서 릭은 그의 우울에 대해 불만을 토로했고, 그의 삶에서 최근의 사건에 대하여 과도하게 드라마틱하고 현시적인 연기를 사용하려는 경향을 보이곤 했다. 이 경우에 기분저하증의 증상과 연관 있는 이런 퇴행적인 행위들은 그의 삶에 대한 감성적인 묘사와 관련 있는 불안을 줄이고자 하는 방어기제로 작용했다. 비록 분명히 그가 표현을 하는 사람이지만, 이런 식의 영향을 받은 기법은 그로 하여금 주관과 객관의 차이를 뛰어넘을 수 있도록 하지 못했다. 그는 진실하고 통합된 방법으로 그 자신을 경험할 수는 없었다. 이 구두적 과정 동안 나는 그의 행동의 한 가지 기능이 권위에 대한 갈등과 관련되어 있음을 알아냈다. 왜냐하면 우리가 아무리 긍정적인 음악적 관계를 잘 구축하더라도, 릭은 내 역할에 대한 확실한 그의 이미지에서 나를 하나의 권위로 보았고 권력불안을 투사하는 것에 집착했기 때문이다. 나는 이러한 상황을 통해 릭이 불안할 때 어떤 대인행동을 하는지 경험할 수 있었다. 그는 어떻게 다른 사람들에게서 애정을 받을까 하는 자신의 해석의 의미에서 자신의 모습을 꾸미려는 시도로 또다시 광대같이 행동하는 것에 의존했다. 이러한 행동은 과거 이 역할에서 성공했던 경험에 기반하는 것처럼 보였다. 이런 행동에 내가 격려하고 지지해 주지 않거나 이런 행동이 그의 상황의 변환을 가져오지 못하면, 릭은 그의 우울함(심지어 그의 음악 작업의 분위기가 확실하게 반대를 표현하고 있어도)에 대해 불평하곤 했고 내 해석을 통해 음악에서 그가 표시하려고 하는 우울한 감정 대신 다른 분위기를 듣는 것이 어떻게 가능한지 이해할 수 없게 되거나 이의를 제기하곤 했다. 나는 이런 거부적인 방어에 대해 지지도 반대도 하지 않기로 했다.

이런 인식에서 릭에게 왜 과거의 언어적 치료가 어렵고 성공적이지 못했는지가 확실해졌다. 나는 그가 경험에 대한 언어적 과정이 없거나 매우 적을수록 음악관계가 그의 건강함을 경험하도록 하는 데 사용될 수 있다는 것을 알기 시작했다. 그의 언어적 방어는 그의 우울과 불만을 품은 구술적인 의존성을 촉진하였다. 건강에 대한 충족이나 건강 잠재력이라는 의미에서 음악에 대한 긍정적 언어 묘사는 릭이 자신에 대해 가지고 있는 감각에 이질적이고 비조화적이었다. '당신의 멜로디는 활기차고 밝은 것 같다.' 와 같은 나의 말은 '거절하고 경멸하고 자신을 비하한다.' 로 그의 이질적 지위에 의한 충돌을 경험했다(Cameron & Rychlak, 1985, p. 301). 그러므로 나는 그의 음악을 해석함에 있어서 주의를 기울여야 했다. 하지만 그의 낮은 자존감에 동조적인 언어적 표현을 받아 주거나 지지해 줄 때, 그것이 그가 자학적 기쁨을 갖도록 해 주었고 부분적으로는 '비난하는 어머니(disapproving mother)' 의 역할을 재연하고 있었다고 나는 믿는다. 릭의 경우, 이따금씩 음악 안에서 중간 대상으로서의 나의 역할은 음악을 통해서 '관계 맺기의 새로운 방법' 을 탐험하도록 하는 데 좀 더 강한 지지감을 제공할 수 있었다.

이후의 단계

이후의 단계에서 우리의 즉흥연주는 대부분 벨이나 실로폰 그리고 마지막에는 릭의 노래하는 목소리를 포함한 선율적 작업들을 포함했다. 이런 악기는 릭이 호흡으로 구분되는 분절을 필요로 하는 모티브와 프레이즈를 사용하여 작곡을 좀 더 깊이 있게 할 수 있도록 해 주었다. 이것은 릭이 선율악기용 말렛을 드럼 스틱처럼 사용하던 초기 단계들과 대조를 이루었다. 그의 실로폰 사용은 사실상 그의 리듬적인 하위 분할 방어의 재생산이었다. 따라서 벨이 소리가 좀 더 오래 지속되고 훨씬 많은 공간감각을 만들기 때문에 사용되었는데, 이는 극도로 빠르고 리드미컬하게 세분된 릭의 전형적인 연주방법에 도움을 주지 않았다. 이런 벨의 도입은 릭의 저항적 연주에 대비되는 하나의 방법이었다. 나는 그의 저항이 다른 사람에게 의미 있게 관련되는 그의 새로운 능력의 개발에 대한 두려움을 표현한다고 믿었다. 하지만 그의 자아의 힘은 이런 새롭게 관계하는 방법에서 실험을 도와줄 것이 확실했다. Simpkins(Bruscia, 1987, p. 373)는 그의 통합 즉흥치료에서 저항이 표현될 수 없는 중간 지점에서 작업함으로써 환자의 저항을 다루는 데 비슷한 방법을 사용했다(릭의 경우에는 더 늦은 선율적 즉흥연주 속에서).

두 번째와 세 번째 단계가 끝나기 전에, 우리는 릭이 권위에서 그가 느꼈던 위협을 제압하는 것을 경험하기 시작하고 관계 속에서 자신의 참 자기를 경험하기 시작하는 방법을 찾았다.

피아노 작곡

릭이 피아노로 작곡할 때는 마치 내적 대상으로부터의 긍정적인 존재가 이 경험을 재미와 보상과 양육이 되도록 하는 것처럼 더 많은 생각과 감정이 일어나고 있다는 것이 확실해졌다. 그가 자신이 작곡한 곡을 창조적으로 편집할 수 있었던 것은 건전한 자기애 수준을 고려했을 때 이해할 수 있는 것이었다. 그는 작곡을 자기 자신의 산출물로서 '소유' 하기 시작했다. 따라서 그는 그의 행동에서 획득한 변화를 귀로 경험하고 있었다. 이 능력은 내가 일찍이 그가 건강했을 때 표현했던 멜로디라고 들었던 것을 재현했다. 이 멜로디들은 이제 그에게 미학적으로 기쁨을 주고 있다. 본능적 에너지의 이런 사용은 아름다움을 창조하는 경험을 하는 데 있어 안내자로서 작용했다. 이것은 아직까지는 조금밖에 내포되어 있지 않지만 건강한 자기 존중감의 출현을 표현하는 것으로 보였다. 그는 이제 자신의 진정한 내적 표현을 향한 본능적 에너지에 집중할 수 있게 되었다. 이는 거짓 자기이긴 하지만 사회적으로 인정받는 자아를 창조하기 위한 시도 속에서 자신을 남에게 투사하는 이전의 방법과는 긍정적인 면에서 대조를 이루었다. 이런 똑같은 과정이 나중에(세 번째 단계에서) 그의 목소리로 전이되었다. 호흡은 이제 작곡의 한 부분으로 고려되었고, 프레이즈가 끝나는 곳에 표시가 되었고, 또 잠시 멈춤

(pause)도 허락되었다. 이런 잠시 멈춤은 끊임없는 리듬 하위 분할과는 대조적으로 릭이 그의 창조물을 인식할 수 있는 기회가 되었다.

목소리 작곡

치료의 마지막 단계까지 릭은 큰 아프리카 드럼을 반주 삼아 무의미한 소리와 떠듬거림을 포함하는 음악을 만들어 내면서 목소리를 작곡의 목적으로 사용했다. 전에는 합주에서 그를 주변적 역할로 거리를 두게 했던 드럼이 이제는 그의 목소리를 반주하도록 하는 임시적 세팅을 제공하는 지지적 기반으로서 기능하고 있었다. 나의 음악적 개입은 이제 음악에서의 형태와 바탕 역할 사이에서 옮겨 다녔고, 음악 스타일과 악기 선택 주도권을 가지고 내가 구조를 제공하지는 않았다. 릭은 음악적 주도권을 가지고 그의 목소리를 사용하는 실험을 즐겼고 나의 음악적 투입과 통합시킬 수 있었다.

릭의 목소리가 나오도록 격려해 주는 아이디어는 실제로 한 정신과 의사 친구와 함께하는 비공식적 감독방법을 따랐다. 내가 릭의 난해하고 닫혀 있는 리듬 하위 분할의 경향을 설명할 때, 내 친구는 "그 친구 숨도 안 쉬는 것처럼 들리네."라고 말했다. 릭의 목소리 사용은 그가 숨 쉬게 할 뿐 아니라 그가 듣고 생각하게 해 줄 수 있을 것이었다. 그는 또한 선율적 창조의 게슈탈트 특성을 통해서뿐만 아니라 배출을 통한 노래 부르기의 긴장과 이완을 통해서 기쁨을 경험할 수 있었다. 그러고 나서 나는 우리 세션에서 그의 노래 부르기가 대상관계 경험의 더욱 건강한 수준으로 돌아갈 수 있게 해 주었다는 것을 발견했다. 호흡을 하는 동안 사람은 적어도 주변에서 무엇이 일어나고 있는지 들을 수 있다. 그래서 관계성은 음악의 경우에서처럼 현실성을 공유하는 것을 기초로 성장할 수 있었다. 우리 세션에서의 그의 목소리 사용은 음성적인 무의미 소리를 사용하도록 하면서 그가 작곡적 '규칙'이나 형식상의 제한을 통해서 승화하도록 해 주었을 것이다. 이것은 나와 그리고 인지할 수 있는 스타일과 접촉을 유지하는 동안 이루어지도록 해 주었다. 그의 음악적 음성 작업에서 릭의 무의미한 소리의 선택은 그의 중간 대상의 욕구와 발달적으로 더 성공적인 음악적 의사소통의 수단을 연결하는 방법이었다는 것이 내 생각이다. 그의 목소리 역할은 그를 산만한 배경 역할(음악과 함께 연주하는)에서 다른 사람이 그를 경청하게 하고 그가 좀 더 진정한 방법으로 음악적 실제에서 상호작용할 수 있는 위치로 이동시킬 수 있었다.

음악적 관계성에서의 릭의 능력이 발달하게 된 지금 음악의 내적 세상과 음악 안에서 다른 사람과의 외적 실제 사이의 '중간 공간'은 연결될 수 있다. 릭이 작곡에서 사용하는 음악적 구조는 다른 사람으로 하여금 그와 함께 다양한 방법으로 리듬적으로, 멜로디적으로 또는 화성적으로 음악으로 들어가게 해 주었다.

개인생활에서의 변화

이 관계성의 현상은 릭의 사회적 삶 안에서 일어나기 시작했다. 그것은 주말에 개인의 집에서, 친구 및 타인과 함께하는 음악 모임에서 이루어졌다. 릭은 나중에 한 밴드 멤버로부터 타악 주자와 보컬리스트의 역할을 동시에 해 달라는 제안을 받았다. 이는 그에게 창조적인 출구였을 뿐만 아니라 기쁨의 원천이 되었다. 그의 음악적 삶은 또한 그를 다른 사회적 접촉으로 이끌었다. 이런 접촉과 관계는 만족과 향상된 자기 존중감의 원천을 제공해 주기 시작하였고, 부정적인 자기 평가는 거의 보이지 않았다. 우리 치료가 마무리되는 과정은 릭이 나에게 '치료사가 아닌 음악가처럼' 우리의 다음번 즉흥연주를 해 보자고 말함으로써 이루어졌다. 내포된 유머를 제외한 이 말에 대한 내 해석은 그가 자신의 필요와 음악에서의 자신의 경험에 순응하곤 했던 자신에 대해 외적 자원을 필요로 하는 것에서 벗어나 성장해 왔다는 것이다. 그는 동료로서 공존할 준비가 되었으며, 아마도 심지어는 음악이라는 것 내부에서 '치료사를 절멸시켜 버리는' 경쟁도 할 것이다. 이제 그에게 대장경련이라는 의료적 문제는 없으며, 그의 사회적 삶은 음악치료에서 일어났던 것과 비슷한 변화를 보여 주고 있다. 그는 과거 관계에서보다 덜 의존적인 관계 형성을 할 수 있는 한 여성을 만났다. 그리고 가족의 꽃사업을 떠나서 자신만의 음악사업을 시작한다는 생각에 즐거워하고 있다.

논 의

나는 그의 갈등과 해결책이 모두 음악적 요소와 구조 안에 놓여 있었기 때문에 음악치료의 정신역동적 형태의 혜택을 볼 수 있었다고 생각한다. 관계를 뒤틀고 타인이 그에 대해 형성했다고 믿는 이미지를 해부하는 릭의 패턴은 다른 사람과 리듬적으로 맞추려고 노력하는 그의 음악적 시도에서 표현되었다. 이렇게 하여 그의 시도는 굉장한 불안을 수반해서, 그는 사실상 그를 음악 합주 및 즉흥적 듀엣 내에 고립시키는 형태로 이끌었던 유사 음악적 상호작용을 창조해 냈다. 이런 것은 그의 대인관계에서 거짓 자아의 투사와 연결되었을 수 있다. 그는 목소리에 집중함으로써 실로폰의 선율적 탐험을 거쳐 그의 방어적 선율의 음악행위를 넘어서는 진정한 음악적 정체성을 발견하기 시작했다. 릭은 우리의 관계에서 벗어나 치료의 코스를 밟으면서 형태, 즉 진정한 정체성으로서 나타나는 방법을 찾았다. 그는 그의 음악적 목소리에서 음악적으로 또 다른 관계로 전해지는 신뢰를 구축할 수 있었다. 음악치료 관계는 부분적으로는 유아에게 경험을 쌓고 성장능력을 개발할 수 있는 기회를 제공해 주는 모성적 어머니로서 기능했다. 또 감정 전이 관계는 릭으로 하여금 음악적 권위로 자신의 재능의 출현을 고려한 감정 전이의 요소를 결합시키면서 권한(권위)을 다룰 수 있는 방법을 실험하도록 해 주었다. 이것은 우리의 즉흥연주에서 선율적 형태로서 처음으로 경험되었고, 나중에 그가 영향력을 가질 수 있는 중간 지역에서 하나의 힘으로서의 그의 목소리 출현으로 지지되었다. 권위와 관계성에 대한 불안을 이겨 내기 위한 릭의 시도는 치료사로서의 내 역할로부터 지지를 받는 음악적 형태로서의 그의 경험에서 이끌어져 나왔다. 음악치료 경험은 구조 구축을 제공했다. 그것은 릭이 성공적이고 만족스러운 미적 경험을 갖게 했으며, 그 원천을 자신의 창의성에 기인한 것으로 돌리도록 하였다. 그가 적응력을 가진 자율이라는 감각을 경험하게 한 기회는 치료에서 음악적 역할이 고려된 유연성을 활용하는 그의 능력에서 나온 것이다.

결 론

다행스럽게도 나는 치료 종결 이후에 릭과 1회 이상 만날 수 있었다. 그때마다 그는 나를 껴안으며 반겼고 현재 그의 삶 과정과 긍정적 요소에 대해서 조금씩 나아지고 있었다. 그는 치료사가 완전하게 '제거' 하지는 못했지만 더 이상 치료할 필요가 없는 경계를 유지할 수 있을 것으로 보였다. 최근에 나는 릭이 감독한 매진될 정도로 유명한 음악회에 초대되었는데, 여러 가지 현대음악 공연과 릭이 노래하고 드럼을 치는 프로그램이 있었다. 중간 쉬는 시간에 릭은 나에게 인사를 했다. 내가 그의 연주와 감독 역할을 칭찬하자, 그는 "치료가 매우 큰 관련이 있어요."라고 대답했다. 비록 그가 증세의 재발을 경험할 수도 있을 것이라는 우울장애의 의학적 예후는 있지만, 릭은 음악치료 경험을 통해 그의 대인관계의 힘을 발견하고 더욱 발전시킨 것 같아 보인다. 치료 결과가 이후에 있을 그의 인생에 어떻게 영향을 미칠지는 알 수 없지만, 치료 후 10여 년이 지난 다음의 자기 보고는 긍정적일 것으로 보인다.

참고문헌

Bollas, C. (1987). *The Shadow of the Object: Psychoanalysis of the Unthought Known*. New York: Columbia University Press.

Bollas, C. (1989). *Forces of Destiny: Psychoanalysis and the Human Idiom*. London: Free Association Books.

Bruscia, K. E. (1987). *Improvisational Models of Music Therapy*. Sprigfield, IL: Charles C. Thomas Publisher.

Cameron, N., & Rychlak, F. F. (1985). *Personality Development and Psychopahology: A Dynamic Approach* (2nd ed.). Boston: Houghton Mifflin Company.

Dozier, M., Stovall, K., & Albus, K. (1999). "Attachment in Psychopathology in Adulthood." In J. Cassidy & P. R. Shaver (eds.), *Handbook of Attachment:*

Theory, Research and Clinical Applications. New York, London: Guilford Press.

Gelso, C. J., & Carter, J. A. (1994). "Components of the Psychotherapy Relationship: Their Interaction and Unfolding During Treatment," *Journal of Counseling Psychology*, 4(3), 296-306.

John, D. (1995). "The Therapeutic Relationship in Music Therapy as a Tool in the Treatment of Psychosis." In T. Wigram, B. Saperston, & R. West (eds.), *The Art & Science of Music Therapy: A Handbook*. Chur, Switzeland: Harwood Academic Publishers.

Nolan, P. (1989). "Music as a Transitional Object in the Treatment of Bulimia," *Music Therapy Perspectives*, 6, 49-51.

Nolan, P. (1994). "The Therapeutic Response in Improvisational Music Therapy: What Goes on Inside?" *Music Therapy Perspectives*, 12, 84-91.

17장 열일곱 번째 사례

리치 만나기:
심각한 장애를 가진 한 남자와의 개인 음악치료

Roia Rafieyan

개 요

리치는 자폐와 심각한 정신지체 및 발작 증세를 진단받은 30대 중반의 남성이다. 그는 지난 7년간 제도적 환경에서 대상관계 중심의 음악치료를 받아 왔다. 세션의 예는 치료사와의 작업관계 구축에 대한 설명을 위해 사용될 것이다. 말을 하지 않는 리치가 감정 상태의 표현으로 악기를 다루고 목소리를 내고 노래를 하기 시작하는 과정이 그려질 것이다. 리치와의 음악치료는 계속되고 있다.

도 입

"문제는…… 많은 사람이 장애를 가진 사람을 위해 봉사해 왔지만 그들을 정작 한 번도 만나지 못했다는 것이다." (Hingsburger, 2000, p. 20) 일을 시작하고 첫 6년간 주정부 발달 센터에서 근무하는 동안, 나는 나의 내담자를 정말 한 명도 만난 적이 없었다. 나는 그들에 대해 가정을 했고, 그들이 수행할 수 있는 것과 그들이 할 수 있기를 원했던 것에 대해 믿음을 가졌다. 그러나 그것은 내가 봉사했던 남녀와 관계를 구축해 나가는 데 초점을 맞추는 훈련과 같은 다른 접근을 시도하기 전까지였는데, 그들 대부분과 함께 일했던 수년 후에 처음으로 나는 진정한 나의 클라이언트를 만났다. 리치는 내가 처음 만난 사람들 중의 한 명이었다.

이 사례연구에서의 리치와 달리, 자신을 말로 표현할 수 있는 자폐증을 가진 Sean Barron의 이야기는 리치가 어떻게 자신의 세계를 경험했을 것인가에 대해서 내가 느낌을 갖기 시작하는 데 중요한 도움이 되었다.

> 내가 집중했던 것은 그 시간에 내가 무엇을 하고 있는가에 있었다. 100퍼센트 내 주안점은 그것에 있었다. 나는 엄마가 주변에 있다는 것을 어렴풋하게나마 알았으나, 엄마가 소리 지르거나 내가 원하는 것을 못하게 하는 것 등 나에게 뭔가 나쁜 것을 하기 전까지는 그것을 알아채지 못했다. 엄마는 중요하지 않았다(Barron & Barron, 1992, p. 21).

리치를 만나는 것은 내가 세상을 보거나 경험했던 것을 그는 하지 못했다는 사실을 인식하는 것으로부터 시작해야 했다.

정신역동적 음악치료는 환자뿐만 아니라 치료사까지도 높아진 자아의식의 변화를 수반한다. 그것은 치료사로서의 우리에게 우리가 가정하고 있는 것에 의문을 제기하기 시작하도록 요구했고, 우리의 환자가 우리에게 무엇을 나타내고 있는지 진정으로 경청하도록 했다. 그리고 계속해서 음악 및 대화를 통해서 만나고 그 만남을 통해 접촉을 만들도록 요구했다.

배경 정보

리치는 '단호하다' 고 묘사될 수 있다. 그는 37세로 여러 개의 꼬리표가 붙어 있었으며, 수없이 많은 병원 신세(아기였을 때부터)를 졌고, 여러 기관에 수용되어 성장해 왔다. 리치와 나는 1994년에 내가 일하고 있고 그가 살고 있던 주정부 기관에서 개인 음악치료 세션을 위해 만나기 시작했다. 그에 대한 많은 꼬리표 중에서 리치는 자폐, 심각한 정신지체, 발작 증세를 가졌고, 가장 최근에는 갑상선 기능저하 및 저체온증으로 진단되었다. 그에 대한 나의 첫인상으로 내게 계속 남아 있는 것 중 하나는 그가 '상당히 영리하다' 는 것이었다. 아마도 그것은 내가 초기 세션 동안 그의 손이 바로 닿을 듯한 거리에서 그의 휠체어 바퀴를 돌리면서 그에게 다른 악기들을 안내해 주었을 때 그가 나에 대해 주변시(peripheral eye)를 유지하고 있었기 때문일 것이다. 내가 그에게 마루에 떨어진 먼지 덩이를 먹지 말라고 했을 때, 그가 대화하기 위해 단어를 쓰지 않았지만 상당한 억양과 톤을 사용해서 나에게 '흠' 하고 소리를 낸 것은 아마도 분명 '재수없어, 당신' 이라는 의미였을 것이다. 그의 눈 뒤를 보면 그의 발달장애와 의학적 장애와는 다른 무언가가 진행되고 있다는 뚜렷한 인상을 받을 수 있었다.

리치에 대해 좀 더 알기 위해서 나는 예전 기록이 저장되어 있는 병원 지하실로 갔다. 나는 그의 생활 기록을 보고 그의 가족이 설사 있다고 하더라도 자주 찾아오지 않았다는 것을 알아냈다. 그 기록에서 그의 가족에 관한 것과 그가 어떻게 해서 발달 센터에서 살게 되었는지를 좀 더 알게 되었다. 그 상세한 기록은 약간 피상적이었지만 읽는 동안 나는 하나의 그림이 떠올랐다.

리치는 1965년에 조산아로 태어났다. 그는 딸 셋, 아들 둘의 5남매 중 막내로 태어났다. 그의 어머니는 중등교육을 받았으며, 아버지는 고등학교를 졸업했다. 그의 가족은 시골에서 살았다. 처음부터 그는 가구나 창틀의 나무를 물어뜯거나 밤에 침대에서 잠을 자려고 하지 않아서 계단에서 굴러 떨어지는 것과 같은 과잉행동과 파괴적 행동을 보였다. 그는 9개월에 발작을 시작했고, 11개월에는 일련의 발작 후 숨이 멎는 증세로 인해 병원 신세를 졌다. 그는 잦은 낙상으로 인한 상처로 응급실을 찾았으며 이러저러한 이유로(그는 어디에 올라가기를 좋아했으며 불안하게 고꾸라지기 일쑤였다.) 상당한 시간을 병원에서 보냈다. 리치는 말을 못하고 비틀거리면서 걸었지만, 그 역시 그의 거의 항시적인 행동을 줄이지는 못했다. 기록에 따르면 그의 어머니는 그가 발작이나 부상을 입지 않도록 하기 위해 그를 주의 깊게 감시해야 한다고 하였다.

리치를 돌봐야 하는 엄청난 두려움과 부담감에 그의 가족은 그가 3세였던 당시 그를 위한 기관을 찾기로 결정했다. 거의 1년을 주정부가 훈련하는 학교의 보육실에서 보낸 후, 1969년 그는 가까운 주의 다른 유사한 시설로 옮겼다. 이 시설의 기록에 따르면 리치의 의학적 필요는 그들에게 상당한 도전 난제였고, 그들은 그를 다른 장소로 보낼 것을 종용받았다. 그리하여 1971년에 그는 지금까지 살고 있는 새로운 개발 센터에 도착하게 되었다.

그는 '귀머거리/벙어리, 왜소증, 선천성 심장병, 과잉 반응, 까치발로 보행, 경련성 하지마비, 헬멧 착용, 발작, 말하지 못함, 장난감 파괴, 계속 얼굴을 찌름, 침을 많이 흘림, 수용언어(없음), 표현언어(끙끙거림)' 이라고 그에 대해 묘사한 간단한 기록(새롭게 수용되는 모든 기관에 보내지는)과 함께 병동에 도착했다. 그는 교육 프로그램에서 제외되었다. 게다가 사람들은 그가 말하기치료에서 별로 효과를 못 볼 것이라고 생각했지만, '그가 사람들과 관계하고 반응하는 욕구를 개발할 수도 있다는 희망에서' 언어 자극을 받아야 한다고는 느꼈다. 그가 1973년에 '공격적' 시기를 경험하기까지는(어떤 이유도 기록되지는 않았지만) 기관의 삶에 적응하는 것처럼 보였고 '관리 가능하고 협조적인' 것으로 보였다. 기록의 도입 부분에는 "리치는 교사 컨설턴트 프로그램에 들어 있다. 하지만 대부분의 시간을 유아용 침대에 들어가 있다."라고 적혀 있었다. 여기서 '유아용 침대' 는 문자 그대로 새장처럼 생긴 철창이 달린 우리다. 그는 이때에 진정/최면제, 정신과 약물인 테그레톨과 톨진 등 몇 가지 강력한 약물을 처방받았다.

수년 동안 그에 대해 "매우 심각한 이식증(pica: 사람이 못 먹는 것을 섭취하는 상태를 말한다.) 경향이 있고, 자해(피가 날 때까지 손을 물어뜯는) 행위를 보이고, 그가 주변을 인식하는 동안 동료와 직원들에게 거의 관심을 보이지 않는다."라고 기록되어 있었다. 여러 기록에서 그는 음악을 좋아하지만 리듬악기를 다룰 수 없으며,

"자기가 내던지는 장난감을 가지고 혼자 노는 것을 좋아한다."라고 묘사되어 있다. 또한 리치의 성격에 대해서는 '성급하고 완고함' '사교적이지 못함'이라고 묘사되어 있다. 생활 기록은 그가 '물어뜯고' '자학적이고' '물건을 부수고' '혼자 옷을 입거나 목욕하도록 해야 하고' '자제력이 없고' '대화에 응답이 없고' '찾아오는 사람 없음'이라고 기록되어 있다. 이 모든 것을 포함하여 그는 병원에서 반복되는 급성 폐렴, 바이러스 증후군, 고치기 어려운 발작 등 여러 조건 속에서 시간을 보내고 있었다.

내가 리치를 처음 만났을 때, 그는 내내 '추락' 헬멧을 쓰고 있었는데, 그것은 그가 자주 넘어져서 다치기 때문이었다. 그는 액션과 모험을 좋아했다. 그는 종종 돌발적인 발작으로 부상을 입거나 자기가 지내는 공간에서 달리다가 다치곤 했다. 그가 자꾸 넘어졌기 때문에 충격을 줄이기 위해 그의 헬멧의 얼굴 면에는 금속성 망이 있었고 쿠션이 있는 부드러운 뒷받침이 있었다.

1980년부터 심리학자들은 그의 이식증 행동을 중단시키기 위한 행위적응 프로그램을 개발하기 위해 노력해 오고 있다. 1994년의 그들의 프로그램은 그에게 다양한 '안전한' 물건(예: 크고 딱딱한 고무 링)을 물어뜯는 기회를 제공함으로써 다소 성공적으로 보였다. 이런 물건은 그가 과제 수행을 성공하면 그에게 '상'으로 주어졌고, 그가 헬멧을 쓰고 있지 않을 때 무엇인가 할 것으로 주어졌다. 봉쇄 헬멧은 그가 못 먹는 물건을 먹으려고 시도할 때 적용되었다. 작은 공기 구멍이 있는 이 딱딱하고 투명한 플라스틱의 '이식증' 헬멧은 그의 얼굴을 완전히 덮었다.

직원 중 한 사람은 개인적인 관심을 받는 것이 이따금 리치의 이식증 시도를 줄이는 효과가 있는 것처럼 보인다고 기록하고 있다. 그가 대부분의 사회적인 상호작용과 외관상으로 내적 초점 맞추기에 대한 관심이 결여되었다는 것과 더불어, 이 사실은 그에게 개인 음악치료 세션 기회를 주고자 하는 나에게 용기를 주었다.

방법론 및 기법

음악치료에서 대상관계 접근은 음악치료사와 환자 사이에 안내하는 힘으로서 관계성을 구축한다(J. Dvorkin, 개인적 대화, 2001. 8. 8.). 항상 나의 목표는 리치가 그의 악기와 음악을 다루는 것을 통해 그 자신에 대해 아는 것이었다. 더불어 그가 어떻게 그의 삶을 경험했고, 어떻게 나와의 관계를 경험했으며, 어떻게 인생이 그에게 주는 것을 극복해 낼 것인가에 대한 나의 이해의 폭을 넓히는 것이었다. Dvorkin은 "이 모든 과정을 통틀어 음악의 독특한 기여는 환자의 구체적인 외적 표현을 제공하는 것이다."(1982, p. 54)라고 기록하고 있다.

진단평가는 계속되는 과정이었고, 나는 항상 리치에 대해 좀 더 알려고 노력하면서 그의 나와 음악과의 상호작용을 통해 그가 어떤 사람인지 좀 더 확실한 그림으로 정보를 동화시키려고 노력했다. Cashdan은 이런 종류의 접근법에서 관계의 중요성에 대한 기반을 구축했다.

> 휴먼 드라마를 구성하는 다양한 관계 중에서 아마도 가장 중요한 것은 초기 보호자와의 관계일 것이다. ……대부분의 경우에 이 초기 보호관계는 엄마와의 관계다. 이 관계는 아이의 초기 인생의 많은 부분을 차지하고 또 감정적인 만족(그리고 박탈)과 매우 밀접하게 연관되기 때문에, 대상관계(론)자들은 그것이 뒤이어 일어나는 관계들의 기본 형태를 형성한다고 믿는다(1988, p. 23).

그렇다면 치료관계는 환자의 가장 초기 관계의 재현이 된다고 볼 수 있다. 치료사와 환자는 그들의 현재의 관계와 환자가 귀속시키는 의미들을 반영하기 때문인데, 여기서 자아 인식을 통한 성장과정이 시작될 수 있다.

내 기초적인 진단평가의 의문은 그가 나랑 관계를 가질 것인가, 그는 음악적으로 누구인가, 무엇이 그에게 '보통'으로 보이는가, 무엇이 그에게 '화나게' '행복하게' 혹은 '겁나게' 보이고 들리는가와 같은 것이었다.

정신역동적 접근법에서 사용된 두 가지 중요한 도구는 반영(reflection)과 해석

(interpretation)이다. 리치의 경우, 반영은 그가 하는 것에 대해 노래하는 것, 내가 그의 노래를 듣고 있다는 것, 내가 그에 대해 궁금해한다는 것, 우리가 이 공간에서 의사소통하기 위해 음악을 사용할 것이라는 것, 그리고 내가 그에 대해 알게 된 것을 간단히 말할 것임을 그가 알게 하는 것을 포함했다. 그것은 또한 그가 어떻게 나와 대화하기 위해, 또 자신을 표현하기 위해 음악을 사용하기 시작할 것인가를 모델화하는 방법을 제공하는 것으로 쓰였다. 해석은 그의 행위와 소리가 무엇을 의미하는가에 대한 고찰을 포함했다. 그것은 그가 자신의 감정과 행동 및 표현에 의미와 단어를 결합시키도록 의도된 것이었다. 나는 반영하고 해석하면서 그의 행동과 소리의 패턴에 특별한 주의를 기울였다. 나는 또한 그가 선택한 행동과 그의 현재 및 과거의 경험 사이의 연결 고리를 만들도록 노력했다. 반영과 해석은 부모와 자식의 관계와 매우 흡사하게 자기 자신 및 타인과의 관계 이해를 시작할 수 있게 하여 리치와의 감정이입적 관계를 형성하는 데 도움이 되었다.

리치의 초기 관계에 대해 좀 더 알기 위해 그의 개인사에 대한 약간의 정보를 갖는 것은 중요했다. 리치의 인생에 대한 한 가지 상세한 묘사는 가족 내에서의 (그리고 그 후의 기관에서의) 그의 역할에 대한 통찰을 가져다주었고, 다른 사람들이 그에 대해 어떤 인식을 하고 있었는지에 대한 정보를 주었다. 내가 읽은 묘사들은 그가 다소 고립되고 외로운 삶을 살았으며, 자주 잘못을 교정당하고 종종 침해적인 수많은 도구(그를 안전하게 지키는)에 복종되었다는 것을 알려 주었다. 게다가 나는 그의 개인사가 삶에서의 다른 사람들과의 상호작용(또는 상호작용에서의 분명한 결여)에 기초하여 스스로 그 자신의 감각에 대한 일견을 제공한다고 느꼈다. 개인의 역사 정보수집에 대한 더 깊은 이유는 그의 현재와 과거를 연결함으로써 리치에게 무엇이 일어날 수 있을 것인가에 대한 경험을 통한 예측을 할 수 있기 위해서였다.

Stephens(1981)는 그 과정에 대해 다음과 같이 간략한 묘사를 한다.

> 음악치료 세션은 환자의 전체 경험의 축소판(소우주)이다. 각각의 국면은 그녀가 세상을 경험하고 대처하는 방법에 대한 무엇인가를 밝혀내 준다. 그녀의 방, 나, 그녀의 음악과 관계하는 방법, 그녀의 움직임과 호흡 등(p. 26).

나는 우리의 세션에서 주로 즉흥음악을 사용했다. 이렇게 즉흥적인 것은 리치의 행동, 소리, 기분 및 구체적 의미를 전달할 수 있거나 공유된 의사소통의 수단을 이끄는 단어 또는 구체적인 음악적 소리에 대한 선택에 근거하였다. 이런 방법으로 나는 치료사로서 리치가 감정에 소리를 투입시키고 강한 감정적 경험을 포함하게 하면서 '충분히 좋은 어머니' 로서의 역할을 하였다.

나는 즉흥음악뿐만 아니라 특정한 기존의 노래나 치료과정에서 다양한 관점으로 써 놓았던 노래를 포함시키는 것이 도움이 된다는 것을 발견하였다. 이런 노래는 더 큰 음악적 구조의 맥락 내에서 감정을 표현할 때뿐만 아니라 특정한 감정(예: 슬픔, 기쁨, 상실감 등)을 연결시킬 때 리치를 지원하곤 하였다. 이것은 다음에서 더 상세히 기술된다.

치 료

'만나서 반갑습니다'

> "사물들이 무엇을 의미하는지 이해하는 방법을 깨닫기만 한다면 사람들이 얼마나 현명해지는지 놀랍다."(Lovett, 1996, p. 18)

우리의 첫 세션은 그의 숙소 기숙사방(침실)에서 이루어졌으며, 리치는 망설이며 내게 왔다. 그의 이식증 기질에 대한 명성을 들었는지라, 나는 의자 두 개를 가지고 가서 그가 다루기에 안전할 만한 악기를 펼쳐 놓았다. 두 개의 핸드 드럼(큰 것 하나, 작은 것 하나), 트럼본, 마라카였다. 그에게 익숙한 직원 하나가 그에게 걸어갔다. 그것은 리치가 그의 휠체어를 쓰지 않은 유일한 세션이었다. 나는 나중에 들었는데, 그가 휠체어에서 윙윙 소리 내는 것을 좋아하며, 그의 휠체어를 쓰게 해 주면 그가 나 같은 낯선 사람과도 좀 더 잘 어울릴 수 있게 된다고 한다. 휠체어를 쓴다는 것은 그가 세션 동안 헬멧을 쓰지 않아도 된다는 것이며, 그에게 주변에서 일어나는 일들에 대해 좀 더 많은 것을 볼 기회를 준다는 것이기도 했다.

첫인상

내가 그에 대해 알아낸 첫 번째 사실은 그가 거의 항상 이를 간다는 것이었다. 실제로 그는 다양한 리듬과 강약을 사용하면서 이를 가는 데 상당히 능숙했다. 그는 마라카 하나를 집어 들어 바닥에 박살을 내고는 그걸 가지고 창문으로 향했다. 나는 기타를 가지고 창문 쪽으로 걸어가서는 그에게 인사 노래를 했다. 그는 흘끗 나를 보더니 허밍 소리를 냈는데 나와 음조가 맞았다. 그리고는 잽싸게 창 쪽으로 다시 관심을 돌렸다. 나는 인사 노래의 멜로디를 늘려 그의 행동에 대한 노래 부르기를 계속했고, 그에게 마라카로 그가 창밖에서 본 것에 대해 연주해 보라고 유도했다. 그는 그것을 잠깐 흔들어 보고는 그만두었다.

리치는 나를 시각적으로는 거의 인지하지 못했으나 그가 듣고 있다는 것은 확실했다. 그는 방의 침대 중 하나에 앉았다. 내가 그에게 가까이 앉아도 좋으면 '예' 라는 뜻으로 마라카를 흔들어 보라고 했더니, 그는 주저하지 않고 그렇게 했다. 리치는 매우 자주 멈추었고, 머리를 다소 뒤로 젖히고 숨을 멈추더니 애써 거의 고꾸라지듯이 자기 허파의 용량 끝까지 숨을 내뱉었다. 담당직원은 내게 '좋은' 날에는 리치의 이 호흡 멈추기의 결과로 게임이 끝난다고 말해 준 적이 있어서, 나는 다시 원래 상태로 돌아오기를 희망하며 걱정스럽게 그의 어깨를 두드려 주었다. 대상관계 접근법은 치료사의 역전이 반응에 대한 분석을 치료사가 치료에서 환자의 내적 경험에 대한 이해를 발전시킬 수 있는 하나의 방법으로서 고무시킨다. 치료사는 무의식적인 수준의 투사적 동일시에 반응하고 있는 것일 수도 있고, 무심코 환자의 충격적인 사건에 대한 무의식적인 재현에 동참하고 있는 것일 수도 있다. 이 경우에 나는 리치에 대한 반응에서 내가 느끼는 걱정이 그가 나에 대해 경험할지도 모를 두려움과 어떤 연관이 있을 수도 있는지 궁금했다.

'오늘 미팅 끝난 건가요……?'

리치는 침대에 뒤로 기대고는 마치 잠에 빠져 들기라도 하듯 눈을 감기 시작했다. 상호작용에 대한 그의 참을성의 한계에 도달했을 수도 있다고 느끼면서도, 나는 어쩌면 그가 분위기의 변화가 필요할지도 모른다는 생각에 그로 하여금 와서 의자에 앉도록 시도했다. 운이 없게도 그가 왜 잠이 들려는 것처럼 보일 수 있었을까 추측하면서, 나는 그가 세션에서 무엇을 하고 있었는지 노래로 재현했다. 아직도 리치에 대한 감각을 가지려고 노력하면서, 나는 그의 행동에서 내가 본 것뿐만 아니라 내가 세션에서 가지고 있던 역전이 반응에 근거한 나의 몇몇 가설을 가지고 그에게 제시하였다. 나는 나의 의문을 소리 내어 음악으로 만들어 냈다. 혹시 그가 걱정을 느낄까? 지루함은? 피곤함은? 내가 기타로 연주하던 음악의 스타일을 바꾸었을 때(약간 단조에서 블루스로), 리치가 눈을 떴다. 이는 잠깐뿐이었고, 곧 그는 다시 '졸음' 모드로 돌아갔다. 잠시 후 나는 그를 졸음에서 겨우 조금씩 일으켜 내어 손으로 어떻게 드럼을 두드리는지 보여 주었다. 그는 그것을 붙잡고는 마루 바닥으로 혼자 이동하여 기꺼이 시도해 볼 것처럼 보였다. 그는 드럼을 몇 번이고 뒤집어 보고 시험했다.

리치는 눈을 다시 감았고, 나는 그에게 계속하는 것이 피곤하면 쉴 수 있는 숙소로 기꺼이 데려다 주겠노라고 제안했다. 그는 내 제안을 받아들이지 않았다. 나는 그가 하는 것에 대해 노래하고 연주하는 것을 바꾸어 가면서 그를 의자에 앉게 하거나 일어나게 하도록 시도했다. 정신역동적 음악치료에 경험이 없는 나는 여전히 세션 '예정 목록'에 대한 필요를 극복하기 위해 애쓰고 있었다.

마 침

끝날 시간이 되었을 때, 우리는 나와 대화하기 위해 그가 시도했던 방법을 다시 얘기하면서 '굿바이' 노래를 불렀다. 그는 내가 노래하는 동안 듣고 있는 것처럼 보였다. 들으려고 이 가는 소리도 작게 했고 기타를 보고 있었기 때문이다. 내가 기타를 쳐 보도록 기회를 주었을 때 그는 뒤로 돌더니 기타를 만지려고도 하지 않았다.

노래를 끝내자, 나는 그가 일어나도록 손을 내밀었다(그는 바닥에 앉아 세션의 나머지 시간을 보냈다.). 그는 움직이려고 하지 않았다. 사실상 그는 잠시도 움직이지 않았다. 나는 그가 내가 떠날 시간이라는 것을 아는지 궁금해서 내 악기를 챙기는 것을 돕는 데 참여하도록 시도했다. 그는 앞으로 기대서서는 내가 그의 등을 비벼 주기를 원하는 것처럼 보였다. 그런 다음 나는 방으로 가는 문을 열어 주었다(나는 이것이 기관에서의 방법과 스케줄에 익숙한 사람들에게 시각적 사인을 줌으로써 세션이 끝나서 가야 할 시간이라는 것을 알려 주기에 좋은 방법이라는 것을 알고 있었다.). 이것이 실패하자, 나는 분명 도움이 덜 되고 더 대립적이긴 했지만 그를 끌어당기는 방법을 썼다. 도움을 청하러 아래 홀로 내려가는 동안, 나는 자기 옷이라도 먹을 사람을 혼자 방에 두고 가는 것이 얼마나 안전할지 몰랐기 때문에 조금 걱정이 되었다. 리치는 결국 일어나서 나와 함께 그의 숙소로 돌아갔다. 거기서 그는 갑자기 창문으로 내달렸고, 나는 그를 위해 존재하는 것을 그만둬야 한다는 분명한 인상을 받았다.

그 사람 어때요?

리치와의 첫 만남은 그렇게 지나갔다. 나는 이 남성에 대해 알게 된 것을 숙고해 보았다. 나는 우리의 첫 상호작용에서 어떻게 리치에 대해 이해하기 시작할 수 있었는지 궁금했다. 그는 자신이 아는 사람과 모르는 사람을 명백히 구분할 수 있었다. 그것은 중요했다. 그는 내가 연주하는 조성과 맞는 음을 허밍으로 노래했고(나의 어떤 노력 없이도 기꺼이 그렇게 할 것처럼 보였다.), 마카라를 흔드는 것이 그의 일상적 스타일처럼 보이지는 않더라도 '마라카를 쓰는 것'이 무슨 의미인지를 아는 듯한 인상을 주었다. 어떤 음악적 사용보다는 그저 튕기는 정도로만 하는 것으로 보아, 그는 드럼을 어떻게 쓰는지를 이해하지는 못하는 것처럼 보였다. 발달상으로 그의 음악은 8개월 정도의 아이 수준이었다.

전체적으로 그의 방에 있는 물건들과 창틀이 나와의 상호작용보다 더 그의 마음을 끄는 것처럼 보였다. 그 예외라면 내가 그의 행동에 대해 단순히 음악적으로 의견을 제시할 때보다 '굿바이' 노래를 부를 때 더 분명한 모습으로 주의를 보임으로써 그가 대화적/반영적 노래와 실제 노래를 하는 것 사이의 차이점을 알아낼 수 있다는 것이다.

나는 그의 기타에 대한 반응이 궁금했다. 특히 그 기타가 끈으로 나에게 메여 있다는 사실을 알고 있었기 때문에 더 그렇다. 그는 악기에 대한 관심은 보였으나 그것을 만지거나 탐험해 볼 의지는 없음이 분명했다. 나는 또한 세션이 끝났을 때 리치를 위해 '존재하기의 중단(ceasing to exist)' 이라는 나 자신의 감정을 생각해 보았다. 그것이 어떻게 그의 가족과의 그의 경험에 연결되어 있을까? 그는 그가 기관으로 오고 가족을 다시 못 보았을 때 가족을 위해 존재하기를 그만둔다는 것을 느꼈을까? 혹은 이것은 발달적 주제와 더 관련된 것인가, 대상영속성에 대한 이해의 결여에 관한 것인가?

이상하게도 리치가 입에 계속 물건을 집어넣는다는 그 모든 경고에도 불구하고 이 세션 동안 그것은 큰 이슈가 아니었다. 아마 그의 이식증적 시도를 줄인다는 의미에서는 개인적인 시간이 중요하다고 생각하는 사람들이 맞을지도 모른다. 더 깊은 관심은 비록 그가 세션 내내 자는 척하고 있었더라도 시간이 끝났을 때 떠나고 싶은 욕구를 보이지 않았다는 것이다. 아마도 변화는 그에게 도전(역경)인지도 모른다. 그의 분명한 혼란에도 불구하고, 혹은 내가 접근방법으로 음악을 사용했다는 사실에 놀랐을지라도 아마도 그는 궁금했을 것이다. 나는 Sean Barron이 기술한 장면을 떠올렸다.

> 의사가 바닥 내 옆에 내려와 앉았을 때, 나는 그가 그런 행동을 한다는 것에 매우 놀랐다. 나는 그가 무엇을 하고 있었는지 아직도 모른다. 다만 그의 행동에 너무 놀라서 내가 그를 빤히 쳐다봤다는 것은 기억한다(Barron & Barron, 1992, p. 40).

그와의 이런 상호작용 방법은 그의 보통의 중재 경험과는 완전히 다른 것이라고 보인다. 그런 것의 대부분은 분명히 '그에게 하는' 것만큼 '함께 상호작용하는' 것을 포함하지 않는다. 그럼 세션이 끝났을 때 그가 떠나지 않으려고 할 때 느끼는 두려운 내 감정은 무엇 때문인가? 그 감정은 리치의 떠남에 대한 내적 경험에 대해 내게 무슨 정보를 줄 수 있는가?

리치에 대해 알아가기

나는 Sean Barron의 시각에서 리치를 이해하고자 했기 때문에 다시 그의 글을 참조했다.

> 사람들은 나를 괴롭게 했다. 나는 그들이 왜 그러는지, 또는 그들이 내게 무엇을 할 것인지 몰랐다. 그들은 항상 똑같지는 않았고, 나는 그들과 있을 때 안전하지 않았다. 심지어는 나에게 항상 친절했던 사람조차도 어떤 때는 달랐다. 사람들과 함께 있을 때, 일들은 나에게 딱 맞지는 않았다. 심지어 내가 그것들을 많이 봤을 때, 그들은 조각조각 나 있었고, 나는 그것들을 어떤 것과도 연결 지을 수 없었다 (Barron & Barron, 1992, pp. 20–21).

나는 리치가 보통 어떻게 행동하는지에 대한 기본적 수준을 알고 싶었고, 그것을 알기 위해 영속성(constancy)이라는 감각을 구축하기 위해 노력했다. 세션에서 그에 대한 나의 음성적/음악적 반응에서, 또 나의 기대에서 말이다. 우리의 작업에서 이 기간을 설명하는 다른 방식은 내가 나 스스로를 지속적인 대상으로서 구축하기 위해 노력한다고 말하는 것이다. Cohen과 Sherwood가 기록한 것처럼 말이다.

> 영속성이라는 것은 아이들이 모험해 나가고 더 큰 세상과 대적해 나가는 일종의 감정적 홈베이스라고 볼 수 있다. 대상영속성은 친밀한 존재가 아이의 노력과 감정을 보고 정의하고 유효하게 한다는 환상을 통해 이런 확장된 세상의 안정성을 유지하는 것이다. 이런 환상은 아이들에게 감정적 다리 역할을 한다. 아이들은 앞으로 나아가고 탐험하고 미지의 것들로부터 도전받기도 하고, 혹은 익숙한 것과 낯선 것, 희망과 절망, 사랑하는 사람들과 미워하는 사람들 사이의 조정이라는 긴장에서 잠시 휴식을 취하기 위해 돌아오기도 한다(Cohen & Sherwood, 1991, p. 13).

Mahler, Pine 및 Bergman(1975)에 따르면 대상영속성은 "3세가 될 때까지는 일어나지 않는 것 같다."(p. 110) 리치의 발달상 지체와 다양한 감각 및 신경학적 도전을 보면, 그가 3세 때 그의 가족을 떠났고 그를 돌보는 사람들과 주거 환경에서 수많은 변화를 경험했으며 또 내가 처음 그를 봤던 29세 때 8개월 아이의 사회적 · 감정적 행동 수준을 보인다는 사실은 아직 영속성이 형성되지 않았다고 가정하는 것이 무리가 아님을 알 수 있다. 리치가 편하게 느낄 수 있는 공간을 제공하고 그를 반영하며 그가 탐험하고 자신의 감정을 표현할 수 있는 안정적 환경을 제공함으로써, 나는 내가 유기적(organizing) 존재를 제공할 수 있다는 기반을 만들려고 시도했다.

리치의 과거와 만나기

영속성을 유지하기 위해서 나는 같은 시각과 같은 장소에서 일주일에 1회 약 45분간 리치를 만났다. 나는 우리 세션에 대한 생각과 관찰을 기록하는 것이 도움이 된다는 것을 알았고, 시간이 지남에 따라 진척이 보였다. 이 방법으로 나는 리치에 대한 더 많은 감각과 그가 어떻게 자신을 형성하는지에 대해 알게 되었다. 또한 나는 우리 관계의 어떤 측면이 그에게 어떤 반응을 유발하는지에 대한 여러 가지 패턴을 인지하고 그런 인식을 증대시키기 시작하게 되었다. 이는 떠오르는 감정 전이의 감각을 가지기 시작했을 때의 이런 관찰과 반응을 통해서였다.

> 정신분석의 시각에서 감정 전이는 환자가 자유로운 연상(그리고 음악치료 상황에서는 즉흥곡, 자발적인 노래 작곡 등)을 통해서 정신의 내적 만족을 탐험하는 과정에서 유아적 태도와 감정을 분석가의 탓으로 돌리기 시작할 때 일어난다. 이런 태도와 감정은 보통 부모의 모습과 초기 관계에 관련 있는 환자의 본능적인 충동의 상반된 노력을 반영한다(Montello, 1992, p. 6).

리치의 초기 보호자와의 경험은 비일관성, 상실, 유기로 특징지어질 수 있다. 앞서 기록되었듯이, 그의 가족과 보조직원은 그에게 두려움, 혼란과 침해로 뒤섞인 반응을 보였다. 나는 이것이 그가 나에게서(그리고 그가 만나는 대부분의 사람에게서) 예측하는 반응이며, 그가 다양한 재연을 통해 나에게서 무의식적으로 이끌어 내려고 하는 것이라고 가정해야만 했다. 이러한 역동의 한 예는 리치가 우리가 함께한 시간이 끝날 때 떠나려고 하지 않는 것을 발견한 바로 첫 번째 세션에서 볼 수 있다. 앞서 언급한 것처럼 나의 즉각적인 역전이 반응은 약간의 혼동(그가 날 이해할까 하는)이었고, 그 혼동은 허둥댐(난 그를 여기 혼자 두고 도움을 청하러 갈 수 없다는)으로 발전했다. 결국 나는 강제적인 태도로 행동하고 그를 잡아끌고 말았다.

수많은 방법으로 대화하기

우리 세션에서 감성적 연결에 대한 반응으로서의 철퇴의 한 패턴은 거의 즉시적으로 나타났다. 리치는 보통 음악치료 세션을 상당히 정력적으로 시작했으나, 이 에너지는 몇 분 지나지 않아 소실되어 곧 잠들어 버리곤 하는 일이 잦았다. 이 습관은 내가 어떤 지속적인 기간 동안 그를 끌어들이려고 노력할 때 특히 뚜렷이 나타났다(이 경우는 내가 그에게 음악적으로 인사하는 것과 그가 악기들을 여기저기 치워 버리는 시간보다 더 길게). 이를테면 발작 치료제로 인한 피곤함이나 우리 세션이 진행되는 날의 시간(점심 시간 직후) 같은 몇 가지 가능한 이유는 배제되었다. 이렇게 해서 그 행위는 그가 참여나 감정적 근접과 관련된 압도적인 불안감에서 자신을 지키고자 사용하는 무의식적인 행동으로 보인다. 이러한 잠들어 버리는 행동은 철퇴의 일반적 양상을 띠었는데, 이는 그가 자주 숨을 멈추고 창밖을 오래 내다보거나 또는 단순히 눈을 감고 무관심하게 행동하는 방식으로 표현되었다.

나는 세션 동안 음악적으로 또 언어적으로 그의 철퇴에 대한 요구를 인정했고, 그에게 그의 철퇴가 어떻게 도움이 될 수 있는지에 대해 제안함으로써 그의 행위를 해석했다. 아마도 그는 유기되는 것에 대한 두려움이나 내가 그를 해칠지도 모른다는 두려움이 있는지도 몰랐다. 일단 리치에게 내가 누구인지, 내가 뭘 하는지, 내가 어떻게 그에게 반응하는지에 대한 전체적인 생각이 생기자, 그의 세션 참여에 대한 열성도는 높아지는 것으로 보였다.

리치는 나에 대한 궁금증을 나타내기 시작했다. 그는 내가 다음에 연주할 악기가 어떤 것인지를 보거나 나의 움직임이 무엇인지 보기 위해 창턱의 자기가 쉬는 곳에서 돌아보았다. 가끔 리치는 장난치기도 하고, 나를 잡아끌기도 하고, 나를 안아 준다고 내 머리 주위에 자기 팔을 두르기도 하고, 이런 행동 대신 자기 등을 긁어 달라거나 머리를 문질러 달라고 하였다. 다른 때는 시무룩하고 졸려 하면서 세션 내내 창턱에서 시간을 보냈다. 나에 대한 리치의 감정 전이의 철퇴 경향은 이후에는 나에게 가까이 왔다가는 가 버리는 방식으로 변하였다. 가 버리는 움직임은 세션에 전혀 참여하지 않겠다고 거부하면서 물리적으로 나에게서 멀리 가거나, 혹은 세션에 참석해서는 단호하게 나를 무시해 버리거나 방에 있는 다양한 물건을 먹으려는 것과 같은 비음악적 행동의 수준을 높이는 식으로 나타났다.

감정 전이는 역시 그의 악기 사용에서도 표현되었다. 그가 실제로 악기를 연주할 수 없는 동안에도 그는 악기들에 관심이 있는 것처럼 보였고, 세션 동안 자주 그것들을 사용했다. 우리는 꽤 오랫동안 핸드 드럼과 튼튼한 탬버린을 가지고 있었다. 단, 마라카는 손잡이를 자꾸 입에 넣으려고 해서 제거하고 말이다. 리치는 내가 그의 방으로 향하는 길에 늘어놓은 악기들을 자주 집어 들었다. 그는 드럼과 탬버린들을 창턱으로 가지고 가서는 서로 위치를 바꾸고 확 밀거나 그것들 사이의 공간을 재조정하는 식으로 다양한 방법으로 줄지어 놓곤 했다.

나는 리치가 그날 우리가 우연히 했던 상호작용의 유형이나 질에 따라 악기, 특히 큰 핸드 드럼과 작은 핸드 드럼 사이의 공간을 변화시키는 것을 발견하였다. 예를 들면, 세션의 특정 시간 동안 그가 나와 상호작용을 많이 했던 때는 드럼들 사이가 좁혀 있었다. 반대로 그가 나에게 실망한 때는 드럼들을 멀리 떨어뜨려 놓는 것이 보통이었다. 그는 세션 동안 무수히 드럼을 재정렬했는데, 가끔 드럼 한 짝, 다른 짝 혹은 모두를 자기 무릎 위로 가져갔다.

특정한 경우, 그는 창턱에 드럼들을 가지고 가서 다양한 위치에 놓았다. 나는 그것을 보고는 어느 드럼이 리치를 나타내는지를 물어보았다. 그러면 그는 세션의 남은 시간의 대부분 동안 드럼과의 모든 상호작용을 멈춰 버렸다. 흥미롭게도 그는 그 세션을 끝내는 것에 상당한 어려움을 겪었고, 두 개의 드럼 중 큰 드럼을 반납하는 데 힘들어했다.

리치가 창턱에 놓은 악기 중에 하나를 집어 들어 내가 그를 음악적으로 개입시키려고 할 때, 그는 그 악기를 잡아채고는 내 손이 닿지 않는 곳으로 치워 버렸다. 그에게는 그가 지배권을 가지고 있다는 느낌과 언제 무엇이 일어날지를 안다는 것이 중요해 보였다. 우리가 치료를 시작하고 약 2년이 지나서야 리치는 내가 칠 수 있도록 침대에 드럼을 올려놓기 시작했다. 처음에는 내가 드럼을 칠 수 있게 허락한 시간이 무척 짧았는데, 그는 재빠르게 나에게서 악기를 가지고 갔다. 나에 대한 그의 신뢰가 높아지자, 그는 나에게 더 길게 연주하도록 허락했다. 이런 경우 그는 내가 연주하는 것을 바라보았고, 그가 대부분의 시간을 내가 가지지 못하도록 단단히, 조심스럽게 멀리(감성적으로 나로부터 멀리 떨어져 있는 것처럼) 가지고 있던 악기를 나와 나누고 싶다는 확실한 그의 의지에 대해 노래하면 그것을 들었다.

이 갈기는 줄어들었고 좀 더 대화적인 방법(그가 치료과정의 초기 단계에서 사용했던 무관심한 방법보다는)으로 사용되었다. 그와 숨을 멈추는 습관은 계속되었다. 하지만 이제 그것은 리치에게 무언가가 일어나고 있으며, 내가 그것이 무엇인지 살펴보기를 원한다는 신호였다.

세션을 마치는 것은 여전히 어려운 과제였다. 내가 이제 갈 시간이라고 알려 주면 그는 종종 악기를 돌려주기를 거부하고 휠체어에 밀어넣어 버렸다. 그에게 5~10분 전에 경고를 주어 준비시키는 것도 그가 세션을 끝내는 데 겪는 어려움을 줄이는 데 전혀 도움이 되지 않는 것 같았다. 또 내가 휴가를 다녀온 후에는 한두 세션 동안 그가 참석을 거부하는 것도 보통이었다. 처음에는 그는 내가 나타나지 않는 것에 대한 감정 표현을 하지 못해 철퇴의 방법을 쓰곤 했다(리치의 경우는 보통 철퇴방식이 잠들어 버리는 것이었다.). 그는 그 철퇴행위를 약간은 가학적인 방법으로 성가시게 하는 것으로 바꾸었다(예를 들면, 악기를 자꾸 입에 넣고는 내 반응을 보거나 악기를 내 손이 닿지 않게 잡고 있는 것이다.).

나는 그가 내 휴가에 대해 가진다고 보이는 감정을 탐색하고 찾아내기 시작하는 방법을 그에게 제공하기를 원했다. 세션에서 잠시 쉬자는 말에 반응하는 행동의 변화를 보면서 나는 그의 분명한 고통을 노래로 반영하기 시작했다. 리치가 제일 자주 반응한 노래는 내가 쓴 '가야만 하나요?' 라는 노래였다. 노래의 가사 일부는 다음과 같다.

가야만 하나요? 당신은 내가 얼마나 이걸 싫어하는지 알죠?
우리가 함께한 시간을 얼마나 소중히 하는지 당신은 알죠?
왜 이렇게 일찍? 이제 막 시작한 것 같은데……
우리가 '안녕하세요' 라고 인사한 게 분명 방금 전이에요.
당신이 여기 있는 게 나에게 얼마나 중요한지 알죠?
다시 와서 만나는 것을 기억할 거죠?
나는 당신과 언제나 영원히 함께하고 싶어요.
가거든 날 잊지 마세요(Rafieyan, copyright, 1999).

처음에 리치는 그의 행동을 멈추고 조용히 내 노래를 들었다. 그러다 점점 그는 손을 뻗쳐 기타를 퉁기고 때때로 연주하면서 나와 눈을 마주치기도 했다. 그가 그의 슬픔, 분노, 동요와 나를 향한 그리고 버려진다는 느낌을 향한 그의 분노를 표현할 수 있는 것은 이런 식이었다. 그의 감정에 대한 나의 수용과 격려는 그로 하여금 우리 관계에서의 일관성이라는 감각을 더욱 발전시킬 수 있게 하였다. 그는 또 세션 환경에서 감정을 탐색하고 표현하는 데 더 안전함을 느끼기 시작하였다.

그는 지금 어디에 있는가

현재 리치는 심각한 이식증 방지책이 필요한 남성을 대상으로 특별히 장치된 시설에서 31명의 다른 남성과 살고 있다. 그는 아직도 '이식증' 헬멧을 때때로 쓰고 있지만 그 빈도는 훨씬 줄어들었다. 그는 휠체어를 사용하는데, 조종에 적응되어 예전에 써야만 했던 부딪힘 방지 헬멧은 이제 쓰지 않아도 된다.

리치는 개인 음악치료 서비스를 계속 받고 있고 음악치료 그룹의 한 일원이다. 반사회적이고 무반응이었던 것과는 정반대로, 그는 지금 상당히 적극적인 참여자로서 시설 동료들을 장난스럽게 놀리고 그룹 즉흥음악 파트에 참여한다. 그는 기타에 대한 호기심을 보여, 기타줄을 당기는 대신 어떻게 조심스럽게 현을 퉁기는

지 배웠다. 그는 또한 음악적 상호작용에 참여하기 위해 실제로 멈추고 나를 보면서 흔들거나, 악기의 구슬들을 움직이기 시작하면서 마라카와 카바사를 목적대로 사용하기 시작했다.

리치는 인정되었다. 그의 감정은 인정되었다. 그의 음악은 들려졌고 음악을 통해서 보답하는 방법을 배웠다. 다시 말해, 그는 음악적으로 그리고 감정적으로 만나게 되는 경험을 가지고 있다. 리치는 1, 2년 전에 새로운 사람을 야외 콘서트에서 만났을 때 발달상으로 그리고 사회적으로 엄청난 성장을 보여 주었다. 그 사람이 인사하려고 손을 내밀었을 때, 리치는 올려다보고 웃고는 응답의 방법으로 조심스럽게 손을 들어올렸다.

논의 및 결론

우리 작업의 많은 부분은 치료관계의 발달 및 이를 통한 대상영속성이라는 감각에 집중되었다. 영속성은 당연히 이 과정의 중요한 측면이었다. 예를 들면, 세션은 매주 특정한 시간, 특정한 장소, 특정한 기간 동안 진행되었다. 나는 내가 멀리 갈 때면 리치를 준비시켰고(언제 돌아올지를 알려 주면서) 그의 반응을 독려하였다. 나의 규칙적인 반영과 해석의 사용은 리치와 내가 치료관계를 탐색하고 심화시키는 수단으로 활용되었다.

리치 내부에서의 변화는 미세했고, 그것은 긴 시간을 통해 나타났다. 그의 점진적인 성장은 치료관계의 맥락에서, 또 그가 나와 관계하면서 나타난 감정 전이를 통해서 나타났다. 기록되었듯이, 리치와 나와의 초기 접촉은 상당한 주의와 호기심으로 특징지어졌다. 그는 잦은 철퇴를 포함하는 방어적인 스타일을 발전시켜 왔다. 나는 그런 관계적 스타일을 그의 가족관계 역사의 맥락에서 해석했다. 나는 나와 상호작용하는 이런 이중성을 반영했는데, 그것은 리치가 나와 관계하고 싶은 그의 분명한 욕구와 연결되고 내가 그를 버릴 것이라는 두려움과 결합되어 있었다. 이런 감정을 작업해 가는 과정은 계속 진행 중이다. 리치는 이제 잠들거나 세션에 참석하는 것을 모두 거부하는 대신, 좀 더 음악을 사용하고자 하고 반응적인 활동적 역할을 맡을 수 있다.

리치의 세션에서 내적 경험과 관련된 정보의 중요 원천은 나의 역전이 반응이었다. 나는 내가 투사적 동일시를 통해 리치의 부인된 자기 감정을 어떤 방식으로든 일으킬 수 있을까 궁금해하면서 내 감정 반응과 나 자신에 대한 질문을 기록했다.

음악과 악기의 역할은 다양하게 변하였다. 리치가 음악치료의 체계적인 측면을 사용하기 시작하면서(특히 영속성), 그의 음악적 사운드는 좀 더 체계화되었고 (예: 악기를 피하는 대신 어떤 시적 운율의 한 구를 기타로 퉁기기), 악기의 사용이 임의적이기보다는 좀 더 목적적이 되었고, 그의 음악에서 상당한 상호작용적 질의 향상이 있었다. 치료사가 진행하는 음악치료 세션 내에서 그가 느끼기 시작한 그의 내적 상태에 대해 음악적으로 표현하는 것을 그만둘 것 같지 않다고 말할 수 있을 것이다.

참고문헌

Barron, J., & Barron, S. (1992). *There's a Boy in Here*. New York: Simon & Schuster.

Cashdan, S. (1988). *Object Relations Therapy: Using the Relationship*. New York: W. W. Norton.

Cohen, C. P., & Sherwood, V. R. (1991). *Becoming a Constant Object in Psychotherapy with the Borderline Patient*. Northvale, NJ: Jason Aronson.

Dvorkin, J. (1982). "Piano Improvisation: A Therapeutic Tool in Acceptance and Resolution of Emotions in a Schizo-Affective Personality," *Music Therapy*, 2(1), 53-62.

Dvorkin, J. (2001). Personal communication, August 8.

Hinsburger, D. (2000). *First Contact: Charting Inner Space (Thoughts about Establishing Contact with People who have Significant Developmental Disabilities)*. Quebec: Diverse City Press Inc.

Lovett, H. (1996). *Learning to Listen: Positive Approaches and People with Difficult Behavior*. Baltimore: Paul H. Brookes.

Mahler, M. S., Pine, F., & Bergman, A. (1975). *The Psychological Birth of the Human*

Infant: Symbiosis and Individuation. New York: Basic Books.

Montello, L. (1992). "Transference in the Music Therapy Relationship." In *Proceedings Booklet: Body, Mind, Spirit: AAMT Coming of Age* (pp. 6-12). American Association for Music Therapy.

Rafieyan, R. (1990). "Don' t Forget Me When You Go." On *Songs From Behind Locked Doors* [CD]. Kingston, NJ: DTC Records.

Stephens, G. (1981). "Adele: A Study in Silence," *Music Therapy*, 1(1), 25-31.

18장 열여덟 번째 사례

조화와 부조화 간의 갈등:
정신분석학에 근거한 정신신체증 환자의 음악치료

Mechtild Jahn-Langenberg

개 요

이 사례연구는 4회의 개인 음악치료 세션에 관하여 기록한 것이다. 치료는 정신신체증 환자를 위한 병동에서 수행되었으며 통합된 치료가 이루어졌다. 이 연구에서는 욕구를 조절하기 위하여 자신의 감정을 사용하거나 다른 사람과 관계를 맺는 활동을 할 경우 생기는 내면적 부조화를 인식하는 데 문제점을 보이는 환자를 중점적으로 분석하였다. 즉흥연주 활동과 경험한 것을 확실하게 인지하도록 하는 방법을 통해 정신분석학에 근거한 음악치료의 방법론적 가능성을 보여 주었다. 이 사례연구에서는 퇴행과 공격적 측면 간에 나타나는 마음의 동요(oscillation)와 전이(transference) 활동에 특별히 집중하였다. 치료가 진행되는 동안 정반대의 양극단(opposite poles)을 나타내는 창조적인 경험이 치료에 중요한 역할을 담당했다. 치료사는 클라이언트와 함께 연주하면서 정반대의 역할을 담당하여 클라이언트에게 조화와 부조화의 경험 모두를 제공하였다. 음악치료는 클라이언트에게 안전한 공간을 제공하였다. 클라이언트는 이 안전한 공간 안에서 필요한 경계(demarcation)를 정하고, 자신의 문제에 직면했을 때 발생되는 관계를 상실하는 데 대한 두려움을 점차 안정화시키면서 치료 활동을 계속 진행할 수 있게 되었다. 음악치료는 정서를 지각(perception), 명료화(clarification) 서로 다른 것을 인식(differentiation)하는 것을 중점적으로 작업하였다. 부분적으로 구조적 자아장애를 겪는 정신신체증 환자를 위한 음악치료에서 음악치료사는 공명자(resonance)의 역할을 통해 공감을 제공하기도 하며, 응답(answer-giving)을 주는 치료 도구의 역할을 담당하기도 한다. 또한 치료과정을 함께 경험하면서 치료를 진행하는 자로서 문제해결을 위한 대화에 참여할 것을 요구하기도 한다.

도 입

평화로운 상태를 얻기 위해 노력하는 동안, 함께 참여하는 사람은 효과적으로 자신의 행복을 위한 무언가를 해야 한다. 적응과 단결, 긴장과 증가하는 공격성은 그러한 관계를 결정짓는다. 이러한 환경을 함께 경험하는 것이 치료 작업을 위한 시작점이다. 치료사의 주요 업무는 주로 환자의 개인사(individual history)를 이해하는 것이다. 다음의 사례연구는 몇 주 동안 정신과 치료병동에서 치료를 받고 있는 40세 남자 환자의 문제를 대상으로 하였다. 개인 음악치료 세션이 진행되는 동안 환자가 스스로 감정을 인식하도록 자신을 개발할 수 있었고, 환자가 도전적으로 양극단적 측면을 경험함에 따라 점진적인 발전이 일어났다. 4회 음악치료 세션에서 추출된 자료를 통하여, 정신분석학적 치료방법에 근거해서 다른 사람과 관계를 맺는 역동성과 퇴행, 공격적 충동성을 재현하는 과정에서 정신분석학적 치료방법이 명확히 밝혀질 것이다. 음악치료 과정에서 환자가 경험한 것을 즉흥연주 하고 언어로 표현하는 통합적인 과정을 통해서 환자가 자신의 정서를 지각하고 명료화하고 서로 다른 것을 인식하는 작업을 보여 준다.

관계 역동성 재현하기에 관련된 문제

40세인 G씨는 정신신체 병동에서 운영하는 통합된 전체 치료 프로그램 중에서 집단 음악치료에 참여하였다(Heigl-Evers et al., 1986; Tresset al., 2000). 음악치료는 치료 프로그램 중 하나이며, 정신신체 병동에서는 언어로 진행되는 개인 및 집단 치료 이외에도 음악, 미술, 신체 치료와 같은 창조적 예술치료가 있다. 이런 예술치료는 중요한 치료다. 모든 치료 프로그램의 공통적 이론 구조는 정신분석이다.

몇 번의 집단 음악치료 세션 후에 G씨는 집단 활동에서 자신이 분명하게 억압을 느끼기 때문에 집단 음악치료 대신 개인 음악치료를 원한다고 말했다. 치료팀은 숙고한 결과 그의 요구를 들어주기로 했다. 개인 세션의 목표는 진단평가에 따라 환자를 재평가하는 것이다. 초기 진단 결과, 신체화 증상이 수반된 신경적 인격 발달(neurotic personality development)에서 우울증 상태가 나타났다. 창조적 예술치료 프로그램에서 실시하는 재평가에서 숙고해야 할 것은 환자가 자신의 욕구를 더 분명하게 인식할 수 있는 공간을 열어 주어야 한다는 것이다.

관계 조절과 감정 지각에 있어 결함을 보이는 것 이외에 환자가 부분적으로 구조적 자아장애를 갖고 있는지에 대해 의문이 들기 시작했으며, 이 징후는 기존에 진단되었던 신경적 증상에 이어 점차 명확하게 드러났다(Fürstenau, 1977). 정신신체 분야 의사와 음악치료사에 의해 수행된 연구 프로젝트에서는 서로 보완하는 진단 절차의 차별화된 가능성을 보여 준다(Jahn-Langenberg & Schmidt, 2001). 이 사례연구에서는 특히 음악치료와 같은 창조적 치료과정의 경우 정신분석에 기반을 둔 첫 면담 이외에 환자가 자신을 드러낼 공간을 더 많이 이용할 수 있게 만들어 준다. 이 공간은 모두가 관계 경험을 재현하는 데 도움을 준다. 이러한 관계 경험의 재현은 자아(ego) 통합 기능이 요구된다. 환자는 이를 의식적으로 깨닫지 못하더라도 장면과 상황적 정보를 통해 환자 스스로 능동적인 재현을 하게 된다. 또한 서로 간에 감정적 사고를 가지고 재현을 하면 치료단계에서 좀 더 건강한 사고로 통합된다. 그러므로 창조적 치료가 시작되어 새로운 감정적 경험(Alexander & French, 1946)을 체험함으로써 지금껏 부족했던 경험을 개발하고 촉진할 수 있었다. 두 가지 관점, 즉 정신분석과 음악치료에서 제공된 진단 도구를 이용함으로써 환자에 대한 이해과정이 생긴다.

치 료

'연주하러 들어오기' 가 첫 개인 음악치료 세션에 도입되었다. 그룹 음악치료 환경에서 지나치게 강요당하는 측면이 있었지만, 지금의 개인치료에서는 G씨가 다른 환자의 방해를 받지 않고 자신의 의사를 표현할 수 있는 새로운 연주 공간을 어떻게 형성하는지를 관찰할 필요가 있었다. 반음계 메탈로폰, 심벌즈, 드럼, 여러 타악기 스틱이 들어 있는 바구니, 프살터(psalter), 첼로, 바이올린과 다양한 타악기가 팔을 뻗으면 닿을 만한 장소에 놓여 있었고, 모든 악기를 사용할 수 있었다. 음악치료사는 환자와 눈이 마주칠 수 있는 위치에 있는 피아노에 앉았다.

장면 1

두 개의 스틱을 가지고 환자는 치료사 앞에서 메탈로폰을 곧바로 연주하기 시작했다. 그는 온음계만을 사용하여 연주하였으며, 4분음표를 규칙적으로 연주하고 8분음표는 거의 연주하지 않았다. 또한 주로 2/4 박자를 연주했으며 높은 음에서 낮은 음까지 연주하였다. 겉으로 보기에는 연주의 폭이 좁고, 자신의 개인적 특성 공간을 벗어나지 못했다. 그의 얼굴 표정과 제스처는 경직되어 보였으며 내면은 거의 드러나지 않았다. 그의 연주는 추진력(drive)이 부족했다. 신경질적이며 대부분 무력한 감정을 나타냈다. 음악치료사는 피아노에서 조용히 연주하면서 다양한 화음으로 지원하였다. 잠깐 동안의 리듬 변화 후, 환자는 다시 처음의 충동적인 모습으로 돌아간다고 치료사는 생각했다. 겁을 먹고 소심하게 심벌즈를 치는 짧은 이탈은 어색한 결과를 유발했다. 처음으로 그의 얼굴 표정이 순간적으로 변하며, 새롭게 시도한 소리로 인한 불만족이 표정에 나타났다. 나는 그 순간 슬프고 우울하며 꿈을 꾸는 듯한 연상을 떠올리게 되는 분위기를 느꼈다. 점차 불편한 긴장감과 공격성을 느낄 수 있었다. 환자가 조화로움을 함께 느끼는 연주를 찾고 있다고 판단되었으나, 그는 찾을 수 없었다. 그는 채워지지 않는 열망 속에서 점점 더 자신의 공간을 잃는 것으로 보였다. 예를 들어, 심벌즈와 같은 극단적인 소리로 경계를 한정 지으려는 충동이 마치 제거되는 것처럼 중단되었다.

세션 후 대화에서 음악치료사와 G씨는 폭이 좁고 단조로운 소리로부터 그들 자신을 구별짓기 위한 충동을 느낄 경우, 불협화음 생성을 피하고 부적절한 것을 연주하지 않으려는 욕구 때문에 그들이 즉시 되돌아갔음을 표현했다. 환자는 조화를 이루기 위해 적당한 무언가를 찾기 위해 얼마나 노력했는지를 강조했다. 이렇게 장면 1에서 확장하려는 각각의 그리고 모든 개인적 충동은 다시 중단되었음이 분명해진다. 순수한 음악 차원에서 치료사가 상호 음색의 조화를 유지하려는 시도를 했음에도, 이 장면에서 연주는 저절로 불협화음으로 연주되었다. 불협화음은 경계를 정의하기 위한 개념, 새로운 색깔, 공간 확장을 의미하는데, 이러한 불협화음은 첫 연주를 하는 동안 두 연주자의 생각대로 나타났다. 그러나 그것은 또한 마치 제거되는 것처럼 중단되었다. 이런 양상은 신체적 경련을 동반한 강한 긴장 상태를 유발했고, 거의 참을 수 없을 만큼 연주 공간이 감소되는 현상을 낳게 되었다. 연주가 계속되면서 방 안의 분위기와 대조적으로 도전적인 긴장감, 충전된 에너지와 공격성이 느껴졌다. 즉흥연주의 마지막에는 베이스 음이 섞여, 갑작스레 두 연주자는 깜짝 놀라 서로를 쳐다보았고 연주가 중단되었으며 부조화를 일으키는 대신 '조화롭게' 끝을 맺었다.

역전이의 중요성: 정신분석적 상호작용 심리치료의 공명 기능

정신분석에 기반을 둔 음악치료는 즉흥연주 방법을 이용할 수 있다. "우리는 즉흥연주를 통해서 자신에게 일어난 것, 우리 마음속에 스스로 허용한 것과 억압된 것을 보여 준다." (Langenberg, 1988) 연주를 확장시키는 것 같은 분석적 기본 틀은 치료사와 환자 사이의 기본적 관계를 결정한다. 즉, 창조되는 치료 작업에서 상호과정 동안 만들어지는 것은 미리 계획된 것은 아니다. 정신분석적으로 변형된 예술치료 형식이 적용되는 방법은 여러 사례연구를 통해 나타나고 있다(Langenberg et al., 1995; Langenberg, 1997; Langenberg, 1999).

특히 공명(resonator) 기능의 중요성(Langenberg, 1988)은 방법론적으로 연구되고 있다(Langenberg et al., 1992). 음악치료사는 치료에서 가장 중요한 도구인 역전이 사용이 가능하도록 만든다. 특별한 음악치료 활동을 할 경우, 역전이는 연상을 통한 상상의 영역으로 내적 경험을 가져가고 음악적 사고의 영역을 연주로 인도한다는 의미를 지닌다. 결과적으로 첫 연주에서 음악치료사와 환자는 다루어야 할 문제의 정서적 중요성을 경험하는 것이다. G씨의 경우, 첫 즉흥연주에서 갈등하는 태도로 이미 조화로운 관계와 조화롭지 않은 관계에 대한 욕구가 드러났다. 앞으로 더 분명히 나타나겠지만, 끌어들이는 것 같은 악기 연주에는 기존과 전혀 다른 새로운 변화를 향한 역동성이 나타난다. 또한 긴장감이 많이 포함되어 세션에 적극성과 열정이 유지된다.

이와 같이 음악치료의 경우, 환자와 함께하는 연주과정에서 드러나는 대략적인 감정적 자질은 정신분석−상호작용 방식의 치료법이 병행되고 있음을 볼 수 있다(Heigl-Evers et al., 1997). 이 과정에서 '응답 원리(answer principle)'는 결정적인 역할을 하는데, 그것은 치료사가 자신의 정서적 경험을 선택적으로 그리고 확실하게 환자에게 유용하게 만드는 것을 의미한다. 이 방법은 특히 구조적 자아장애를 가진 환자들을 촉진시키는 것으로 증명되었다. 이는 대개 응답 원리가 하나의 커다란 장소의 역할을 제공하며 해석이 포함되지 않기 때문이다. 대신 정서적 반응을 제공하는 능력을 사용하면 아주 어린 시설부터 부모와의 대상관계 경험을 형성시킨다. 이것의 자세한 의미는 치료사의 즉각적인 응답을 통해 환자가 자신의 행위에 대한 신뢰할 만한 반응을 경험한다는 것이다. 이렇게 '정반대'의 상황에 직접 부딪히는 요소는 여기에서 중요한 역할을 한다.

이와 같은 변형된 방법은 말로 하는 개인과 집단 정신분석 치료 절차를 통해 개발되었다(Heigl-Evers & Ott, 1994). 자유로운 즉흥연주 방법을 사용하는 음악치료 과정에서 치료사와 환자가 분리된 감정적 경험을 하는 경우에는 연주과정에서 강화되는 효과를 갖는다. 그렇기 때문에 이런 치료법이 효과적으로 적용될 수 있다. 특히 정신신체 환자에게서 서로 다른 정서를 인식하는 영역에 효과적으로 적용될 수 있다.

4회의 개인 세션 과정

첫 번째 개인 음악치료 세션에서 환자는 자신의 관계 욕구를 나타냈다. 조화로운 연주에 대한 갈망은 모순되는 양가감정(conflicting ambivalence) 상태에서 명확하게 드러났다. 또한 그 외에 움직임을 확대하려는 욕구도 드러났다. 그러나 악기를 사용한 직관적 연주에서 계획하지 않았던 충동이 소리로 표출되었고, 그 표출된 소리는 결과적으로 통제될 수 없었다. 특이한 음은 즉시 중단되었는데, 그것은 환자의 심상 속에서 두 연주자가 제대로 조화를 이루지 못했기 때문이다. 자아를 확장하기 위한 새로운 소리 공간의 발견과 이를 통해 경계를 설정하는 경험을 하는 것은 마치 제거되는 것처럼 도출되었다. 이미 환자에게 나타난 경직과 신체적 제한은 음악치료사에게 전이되었고 불안과 불만족이 확산되었다. 활기 속에서 조화되지 않은 긴장을 회피하려는 모습이 보였고, 신체적 불안을 통한 부조화가 그에 대한 직접적 결과로 나타나게 되었다.

세션의 언어적 부분에서 치료사는 무의식적인 충동을 일으키는 환자에게 연주의 새로운 요소로서 심벌즈 소리를 추가했는데, 그것이 호기심을 불러일으켰음을 나타냈다. 두 번째 즉흥연주에서 공간을 확장하라는 분명한 권유가 있었으나, 마찬가지로 매우 미미한 결과를 보였다. 두 연주자는 서로 무척 주의를 기울이며 서로 관계를 맺고 있는 것처럼 보였다. 그 현상은 신체적 경계 상태가 무엇보다 높은 수준으로 분명히 드러났는데 그 상태에서 서로 함께 연주하고 있었다. 그것은 감정적으로는 마치 서로 아무런 접촉이 없는 것처럼 보였으며 신체적 수준에서는 단지 긴장만이 경험되었다.

환자가 "나는 주말에 해야 할 일이 너무 많아요. 나는 6세 된 아들이 나를 떠나기를 원치 않아서 매우 힘들었지요."라는 말을 하면서 두 번째 음악치료 세션이 시작되었다. 두 번째 세션에서는 분리라는 주제를 경험하기로 했으며, 특히 분리를 어떻게 경험하는지가 무엇보다 중요해졌다. 한편 환자는 일주일의 휴가를 마치고 다시 병원으로 돌아갈 때 아들과 고통스러운 이별을 겪었던 이야기를 했다. 아들이 자신에게 너무 많이 매달리며 울었기 때문에 아들을 떼어 놓기 위해 폭력을 사용해야 했고, 그로 인해 자신도 많이 울었다고 말했다. 또한 환자는 사고로 작은아들이 죽은 이웃 가정에 대해서 말하기도 했다.

장면 2

치료사가 즉흥연주를 시작하도록 권했을 때, 환자는 온음계 선법(diatonic mode)으로 어린아이 같은 선율로 연주하기 시작했으며, 심벌즈와 드럼 같은 다른 악기를 점차 포함하면서 연주하였다. 그의 기분은 약간 덜 두려워 보였다. 음악치료사는 환자의 온음 하모니 연주에 반응하지는 않았으나 그것과 다른 배경 화성적 코드(layed chords)를 연주했다. 또한 환자는 조심스럽게 반음계적으로 연주

> 하였으며 계속 유지하였다. 드럼과 심벌즈로 연주하는 그의 분출에 대해 치료사는 음량으로 더 극적인 효과 코드를 더 자주 변화시켰으며, 화성적 코드로 더 격렬하게 지원하였다. 처음으로 환자는 드럼이나 심벌즈를 메탈로폰과 동시에 사용했으며, 그로 인하여 음악적 활동이 강화되었다. 충동의 감소와 철퇴(withdrawal)는 마지막 프레이즈에서 표현되었다. 그러나 음악치료사가 자신을 보고 있다는 것을 분명하게 느꼈을 때 환자는 연주를 중단했다. 심지어 환자의 개인사의 언어적 부분에서도 이별을 경험하는 자신의 느낌이 어떠했는지에 대한 구체적인 생각이 드러나지 않았음을 알았다. 그러나 지금 그는 처음으로 막내아들이 엉엉 울었을 때 자신의 마음이 얼마나 아팠는지에 대해서 말했으며, 이로 인해 초기의 거리감이 와해되었다.

그러나 연주를 할 때 강한 불협화음과 마찰이 존재했다. 정신분석 이론에서는 내면의 역동성을 표현하도록 요구한다. 환자가 공격적인 태도로 아동과 같은 멜로디를 연주하는 데 몰두한 반면, 음악치료사는 더 열정적인 소리로 밀어붙여 투사하듯 감정 표현을 요구하면서 연주했다. 이런 분위기 때문에 환자는 또 다른 정서적 특성이 있다고 가정하였고, 이런 충동이 즉흥연주를 하는 범위 내에서 연주 공간이 확대되었다. 환자는 연주 파트너보다 더 공격적이고 극적인 음조로 연주하는 것을 분명히 포기했다. 나중의 대화에서 그는 연주 공간 내에서 해방감을 경험했다고 표현했다.

이 세션에서 연주에서 말하기까지의 전이과정 중에 어떤 변화가 일어났다. 분리에 대한 경험을 반영한 것은 굉장한 효과가 있었다. 그 표현은 감정 없이 이루어졌고, 이성적으로 심사숙고되었다. 가장 인상적인 것은 예전에 그가 자신의 여자친구와 헤어지려는 의도를 표현했을 때 오래 사귄 여자친구가 자살하겠다고 협박한 것을 기억한 것이다. 심지어 이 경우에도 환자의 개인적인 충격은 그가 이야기를 할 때 느껴지지 않았다. 그래서 치료사는 그가 새로운 즉흥연주에서 그 느낌을 다시 탐색하도록 권하였다.

이 세션의 두 번째 즉흥연주는 이전보다 더 감정적으로 나타났다. 환자는 연주하고 싶지 않은 듯 보였으며 의식에 따라 연주를 이끌고 있는 것처럼 보였다. 그의 움직임은 즉흥연주 자체가 예전의 패턴으로 돌아간 것같이 다시 굳어졌다. 점점 더 풍부해지고 감정으로 더 깊이 스며들었던 모든 것들이 다시 사라진 듯했다. 그의 연주는 단조롭고 상상력이 부족하고 지루했다. 연주에 자신이 포함되지도 않았으며, 세션을 마치는 대화에서 그는 '조화로운 이탈(separation in harmony)' 이라고 자신의 생각을 말했다. 겉으로 보기에 그의 말은 조화로운 이탈에 대한 소망과 생각이 그가 실제로 경험한 고통스러운 이별과 확실히 불일치하여 존재하는 것처럼 보였다.

세 번째 음악치료 세션에서 그의 문제가 분명하게 처리되었다. 첫 번째 세션은 장면 속에 문제를 설치하는 역할을 담당했다. 무엇보다 환자의 방어적 측면(강한 감정적 고립)과 음악치료사와의 공감이 처음으로 이해되기 시작했다. 두 번째 세션에서는 그 자신을 과도하게 힘들게 하는 것으로부터 스스로를 구하는 방법이 제시되었다. 그는 퇴행의 형태로 갈등 경험을 회피했다. 차별화 자체를 나타내는 대조-풍부한 연주를 회피하는 이런 태도는 음악을 통한 청각적 소리에 의해 점점 더 분명하게 드러났다. 고립된 감정을 느끼지 않았으나 연주를 하고 있는 치료사까지 실제로 G씨를 포기했다. 그리고 치료사는 G씨를 투사하는 방법을 이용하여 환자를 위한 연주에서 역동적 정서를 드러냈다. 특별한 전이 형태가 만들어졌다. 전형적인 관계 패턴은 나중에 특별한 정신역동적 패턴과 관련될 것이다. 그 전형적 관계 패턴이 치료적 관계로 변경되었다. 전이 상태에서의 치료 작업이 시작되었다(körner, 1989).

장면 3

환자는 처음에 다른 무엇인가를 연주하고 싶은 소망을 표현했다. 그는 현악기인 프살타 쪽으로 가서 그것을 조심스럽게 꺼내면서 "예전에 나는 이것을 학교에서 연주했어요." 라고 말했다. 그가 악기를 꺼내는 동안 음악치료사는 피아노에서 몇 개의 음으로 연주했다. 환자는 노래를 찾고 있다고 말했고, 음악치료사는 음악이 그를 방해할 수 있다고 생각해서 조심스럽게 연주를 멈추었다. 환자는 연주를 멈추지 말라고 하면서 음악치료사 옆에서 계속해서 노래를 찾았다. 소리 공간이

> 확대되고, 치료사는 점점 안정적으로 악기를 연주하고, 환자가 노래를 만들 때는 더 힘찬 소리가 만들어졌다. 즉흥연주 동안 음악치료사는 피아노를 계속 연주하면서 낮은 목소리의 허밍으로 멜로디를 따라갔다. 노래 부르기는 연주를 위한 새로운 공간을 열었다.

환자가 자신이 확실하게 발 딛을 수 있고 안정을 찾기 위해 사용하는 퇴행적 형태를 이해할 수 있는 기준이 연주와 관련해서 나타났다. 그로 인해 환자는 새롭고 익숙하지 않은 환경에 직면하여 불확실성을 더 탐구할 수 있게 되었다. 특별히 이 세션에서 점차 발진적인 자세와 퇴행 사이를 놀이를 하듯 움직이는 가능성이 더 분명하게 나타났다고 판단된다. 두 번째 세션에서 즉흥연주를 하는 동안 환자는 자신의 감정 경험에 더 친숙해졌는데, 세 번째 세션에서는 두 번째 세션보다 더 분명하게 발전되는 것으로 생각된다. 불확실성과 안정감이 동시에 탐색되고 있다. "더욱이 어떤 변화가 일어나야 해요."라고 환자가 분명하게 문법에 적절한 어순으로 말했다.

환자는 새롭게 세션을 시작했다. 그는 프살타를 연주하기를 원했으며, 자신의 학창 시절을 기억했다. 새로운 어떤 것에 대한 탐색을 하고, 이러한 탐색을 통해 오래전에 알고 있던 것을 다시 기억했다. 그리고 다시 자신의 일부를 발견했는데, 그중 어떤 것은 과거에 중요한 자신의 일부였다. 퇴행에서 더 발전된 단계가 이루어지기 전에 안정화가 발생했다. 그는 익숙한 멜로디를 찾는 동안 탐색하는 자세로 찬송가 중 하나를 기억하였고, 함께하는 치료사는 자신을 스스로 탐색하는 환자를 방해하지 않기 위해서 듣는 자세를 취하며 가만히 있었다. 치료사는 공간을 허락했고 환자와 함께 연주하는 관계를 만들었다. 거기에는 두려움이 없었다. 또한 퇴행은 허락되었고 환자의 욕구는 자유롭게 될 수 있었다. 이러한 감정관계에서 치료사는 잠시 후 노래를 부르기 시작했다. 이때 분위기는 꿈을 꾸는 듯한 두 사람(치료사/환자)이 서로의 상상을 교환하면서 서로 더 가깝게 되었다. 이런 자아 부분에서의 퇴행(Kris, 1952)은 두 연주자가 감각적 및 신체적 차원으로 들어가는 동안 함께 머물 수 있도록 허용했다.

세션의 언어적 부분에서 기분 좋을 만큼 민감하고 차분해지는 경험을 했으며,

환자는 문제에서 벗어난 느낌이 든다고 말했다. 또한 환자는 오랜 기억으로 인하여 어떻게 자신이 소리에 영향을 줄 수 있는지를 설명했다. 여러 가지 해결되지 않은 문제가 남아 있는 현실로 인하여, 긴급히 정신분석학적 치료 작업으로 넘어갔다. 치료사가 노르웨이의 광활한 고산지대에 머무는 상상을 지시하는 동안, 환자는 자신의 문제를 자기 안으로 끌어들였다.

현실생활에서 그는 직장에서의 변화를 받아들여야 했다. 왜냐하면 신체적 질병으로 결근을 많이 했기 때문에 전문적 위치에서 강등되었고, 그것으로 인해 고통을 느꼈다. 그러나 세 아들을 부양해야 되는 어려운 문제와 자신의 전문적 직업생활에서 주어진 경쟁 요구에 맞출 수 없다는 생각으로 인하여 그는 책임감을 잃고 무너지지 않을 수 없었다(병이 들었다.). 환자가 감정을 인정하는 것과 해결되지 않은 상황에 대하여 불만과 불안을 말할 수 있다는 사실이 이 세션에서 중요하다. 아름다움과 꿈으로 가득한 기분은 안정감을 준다. 마치 실제 생활에서 직면한 문제를 해결하는 은신처 같은 것을 제공하면서 동시에 다시 현실에 대처할 힘을 준다. 치료에서 '파괴적 성향(inclination toward destruction)'을 함께 고려했으며, 그것은 경계를 정의하기를 바라는 형태로 반복해서 치료사에 의해 경험되었다. 이런 것들은 환자가 스스로 변화하려는 욕망이 있는가를 판단하는 중요한 단서라고 판단된다. 예를 들어, 퇴행적 욕구를 공유할 수 있는 인간의 존재를 느끼고 노래(voice)를 사용해서 공간을 확대시켜 주는 상대적 요소는 확실히 생명력을 불러일으킨다고 판단된다. 대화 공간 내에서 환자의 충동 욕구가 이해받게 되므로 환자는 기분이 좋을 것이다. 환자는 자신의 방식을 유지하기를 원하고 그가 접근하고 도전할 수 있는 상대와 함께 있을 경우 그의 욕구를 더 성공적으로 달성할 수 있다.

음악치료의 4회와 마지막 세션에서 목표 달성이 매우 가까워졌다. 그 목표는 경계를 정하고 갈등을 다루면서 더 분명한 윤곽을 그리는 것이었다. 환자는 "오늘은 그것을 하고 싶지 않아요."라고 직접적으로 표현했다. 그리고 지금은 아름다운 음악을 위한 시간이 아니다. 살림살이를 잘 갖추어야 하듯, 환자는 여러 타악기를 동시에 가지고 왔다. 치료사가 새롭게 선택한 트라이앵글을 연주하기 위한 적당한 막대를 그에게 주었을 때, 그는 그것을 마지못해 받고 나서 즉시 다시 내려놓았다. 경계를 정하는 것에 대한 주제는 치료실에서 망설여졌다.

장면 4

메탈로폰으로 반음계를 연주하면서 심벌즈와 드럼으로 함께 역동적으로 연주하기 시작했다. 처음에 피아노는 높은 음역에서 클러스터(cluster)와 코드로 연주하였고, 쉼표에서 멈춘 후에 오스티나토로 변화되었고, 스케일에서 펼침화음(broken chord)으로 약간 변화되었다. 소리는 투명하게 들렸고 고통과 공격으로부터 해방된 느낌을 주었다. 메탈로폰의 슬픈 것 같은 멜로디와 타악기의 변화에 대해서, 피아노는 감동적이고 극적인 연주로 반주되었다. 이 소리로 인하여 서로 점차적으로 발전하여 연주자 간에 절정에 도달했다. 분명히 음악적 조화가 이루어졌다. 그리고 피아노가 음조로 만들어진 카펫에 깔리는 듀엣 형태로, 메탈로폰은 점점 더 감동적이고 비중 있는 양상으로 펼쳐졌다. 처음으로 환자는 연주 공간 내에서 자신의 경계를 정하는 것으로 나타났다. 그리고 치료사와 함께 규칙적으로 연주를 하는 동안 빠르게 막대를 치지 않았다. 치료사가 계속 환자를 지원할수록 환자는 더 분명하고 생동감 있게 전진할 수 있다고 판단되었다.

즉흥연주에 대한 환자의 첫 반응은 여러 음조와 악기를 가지고 연주하는 것이 재미있다고 감정을 표현한 것이다. 치료사는 정서적으로 반대 역할을 연주하였으며 음악의 범위가 매우 극적으로 되었음을 알게 되었다고 말했다. 환자가 이런 측면을 즉시 수용하여 자신의 일상생활에 그것을 연결시켰다. "인생은 그런 거고, 어떤 것도 공짜는 없어요." 즉흥연주에서 경험한 관계(자신의 감정과의 접촉)는 대화 부분에서도 찾을 수 있다. 대화 속에서 환자는 그 자신과의 접촉에 대해 말했다. 환자는 병동에 온 첫날 매우 고립적이고 수줍어하는 태도를 나타냈다. 그것을 즉흥연주를 하는 동안의 자신의 경험과 비교했다. "사람은 자신의 껍데기를 깨고 나오자마자 답을 얻지요." 연주를 하는 동안 그는 자신을 드러냈으며 음악치료사가 그에게 열중하도록 했으며, 그것이 매우 좋았음을 알게 되었다. 생명력과 힘이 느껴졌고, 열정적인 음조와 대조적인 악기의 듀엣을 인지하게 되었다. 이를 통해 환자는 해방감을 경험하고, 이러한 충동 속에서 자신을 발견하는 느낌을 받았다.

연속적인 대화과정과 마찬가지로, 연주하는 관계 속에서 그는 자신의 다양한 성격 측면을 경험하였다. 자신의 삶이 불안정함에도, 치료관계에서 그는 도전을 각오하고 자기 안에 더 많은 확신이 들어오기를 소망했다. 그는 조화와 일치를 원한다고 표현했다. 그는 전반적으로 힘이 가득 차고 매우 활기차게 보였다. 거친 연주와 아름다운 연주의 극단적 특성이 통합되어 하나가 되길 원했다. 그리고 생동적 특성과 극단적 특성 사이의 즐거운 불일치를 수용하였으며, 그것으로 인해 새로운 것이 재미있을 수 있었다. "나는 나 자신의 음악을 연주하고 싶어요." 이 말은 분명한 자신의 마음가짐이 포함되어 있고, 어떤 면으로 봐서는 이 말은 공격적 잠재력과 개발 가능성을 보여 주었다고 볼 수 있다. 여기에서 감정은 분명하게 관계 조절에 적용되었고 욕구를 달성하는 데 도움이 되었다. 이 세션에서 그의 욕구는 서로 다른 것을 인식하는 것과 독립의 욕구를 보여 준다(Langenberg, 1996).

즉흥연주의 경험과 즉흥연주를 통해 만들어진 극적인 변화는 자신의 생활사와 관계가 있다. 통제되지 않은 충동이 그의 생활에 나타났다. 그는 자신의 공격적 충동성을 다루는 방법이 통합적이지 못하기에 스스로에게 위험했다. 환자는 갑자기 흥분된 웃음을 터트리면서 고속도로에서 다른 운전자가 자신을 화나게 했을 때 자신이 어떻게 매우 위험한 상황을 만드는지에 대해 말했다. 갑작스럽게 나타난 공격적 감정은 거의 통제될 수 없었다. 이러한 배경과 더불어 환자는 함께 연주한 음악치료사와의 관계 속에서도 그가 계속 통제권을 쥐려 하였다. 또한 자신의 감정뿐만 아니라 치료사의 감정까지도 가능하면 통제하려고 노력한 점이 이해될 수 있다. 언제라도 터질 수 있는 화산의 그림이 떠올랐다. 이웃 마을의 대피 소동을 상상하게 되어, 환자는 즐거운 웃음을 터트렸다.

그의 조화롭고 친근한 행동 뒤에는 공격적인 잠재성이 크게 자리 잡고 있다. 만일 환자가 이해심 있는 상대를 통해 정서를 발달시키는 과정을 통합하고 명료화하는 경험을 하지 않으면 그 잠재력이 파괴적인 방식으로 나타날 수 있다. 대립적 갈등 안에서 그와 함께 연주하는 파트너는 환자의 표현 욕구와 공간을 형성하고 차지하는 능력을 이해하고 환자를 존중한다. 특히 파트너의 남자다움을 존중한다. 이 세션에서 환자가 이렇게 바람직한 치료적 동맹의 보호 안에서 그 자신을 더 발전시키기 위한 목적으로 공격적 갈등에 대한 자신의 욕구를 사용하기 위해 두려움이 없는 공간을 경험해야 한다는 점은 확실하다.

논 의

환자: 감정 고립에서 개방으로(퇴행성 움직임 및 공격적 움직임)

4회의 연속적인 치료과정에서 특별한 역동성 관계를 볼 수 있다. 나는 처음 정신분석적 면담에서 나타난 정보 자료를 보면서 재구성하고 확인하고 확대할 것이다. 자기 인생에 대한 G씨의 진술에 따르면, 그는 자신의 행동 역할에서 매우 불안정했다. 그는 자신의 기본적인 남자 보호자/역할 모델인 아버지를 기억하지 못했다. 그것은 그의 아버지가 갑자기 빨리 사망했기 때문이다. 그는 자신의 새아버지를 인정할 수 없었으나 그의 어머니와는 강한 고착(fixation)관계를 형성했다. 그의 어머니는 그에게 파트너의 역할로 대체되었다. 어머니와 맺은 특별한 관계를 통해 그는 재평가를 경험했다(가치의 상승). 재평가에서 그는 어린 시절의 자아도취적 병을 보상했다. 한편 그는 아버지상으로부터 인정받지 못해서 고통을 받았다. 그의 형은 양아버지와 훨씬 더 좋은 관계를 유지했다. 몇 년 후, 동생인 셋째 아들이 태어났다. 형제 집단 내에서 G씨는 가장 주장이 약했다. 어릴 때부터 병 때문에 불평을 많이 했으며, 직업 훈련을 중단했고, 자기 확신이 부족했으며, 자신의 남성적 특징을 충분히 격려받지 못했다. 그는 자신의 어머니를 이상적으로 생각하면서 어머니와 특별한 관계를 갖는 환상을 가졌다. 현재 그는 결혼을 한 상태로 강한 아내에게 굴복해서 살고 있다. 그에게는 세 명의 아들이 있는데, 그는 그들을 무척 자랑스럽게 생각한다. 가족에 대한 책임감은 그에게 큰 부담이다. 특히 병 때문에 자주 실직하기 때문에 부담이 컸다.

어릴 때 병으로 인하여 경험한 무능력과 약함으로 공격성을 갖게 되었고, 신체적 불평과 억압 상황에서 그 공격성이 나타났다. 그러한 상황 속에서 신체적 좌절을 경험했으며, 안정과 안전에 대한 욕구가 공격적 자기주장으로 나타나는 불안정을 보인다. 그러므로 무엇보다도 감정 고립에 대한 방어기제가 너무나 명백히 드러나서 첫 치료 세션에서 그의 상대에게 긴장을 주었다. 그 방어기제는 병약했던 자신의 경험에서 비롯된 너무나 격렬한 충동에 반대되는 자기 방어로 판단된다. 조화를 갈망하는 퇴행적 움직임을 경험하고 상대방과 같은 소리를 경험하면서 갈등을 회피하는 그를 이해할 수 있다. 그러나 한편으로는 연속적인 음악치료에서 자신의 친숙한 안정감을 회복하는 가능성이 포함되어 있음을 보여 주었다. 욕망을 통해 나타난 공격적 움직임은 개인적 연구로부터 자신을 분리시켰고 자신의 감정을 더 잘 지각하기 위한 방법으로 확대되었다. 생각/이미지와 욕구 사이에서 발산된 긴장을 나타내는 연주는 단지 관계를 맺는 구조 안에서 경험될 수 있다. 음악치료를 통해서 관계 속에서 연주하기, 지속적인 대화의 경험, 전이를 작업하는 느낌(Körner, 1989), 두려움으로부터 자유로움이 나타남, 모든 불안정한 것들의 수용, 모성적 공간을 잃지 않는 안정감을 경험한다. 그러나 이런 것에서 차별화된 자기를 인식하기를 원한다.

이런 환자는 분석적 관계 패턴을 반복해서 재연하는 것이 관찰된다. 그러나 거기에서 그 환자에게서 이해할 필요가 있는 중요한 정서적 징후가 나타난다(Krause, 1988).

결 론

치료 발달 활동에서 정반대인 조화와 부조화(직면하는 동안 관계를 잃는 두려움)

결론적으로 정신분석에 기반을 둔 음악치료는 변증법적 변화에서 다시 한 번 지적되어야 한다(Fisher, 1989). 치료는 유일하게 관계 안에서 발생하며, 음악치료 상황에서 연주하는 관계는 정신분석적 역전이를 정신분석학적으로 이해하고 치료하는 작업과 병행하며 존재한다. 음악치료에서 도구로서의 공명 기능은 특히 정신지체 문제를 가진 환자의 치료에 좋은 예후를 제공한다.

치료적 활동을 통해 연주하는 것과 말하는 것 사이의 마음의 동요, 가장 우선적인 그리고 부차적인 결과를 성취하기 위한 경험, 특히 양극단적 특성을 만들고 발전시켜 그것에 도전하는 것을 나타냈다. 양극단적 특성(또는 음악실에서 치료사와 환자)은 각자 연주에 참여하는 차원에서 서로 도전 대상이 되고 관찰 대상이 되며 치료과정에 실제로 포함된다. 관찰할 수 있는 적당한 거리는 이런 특성을 보이는 환자에게 매우 강한 충동성에 대항하는 방어로 그리고 생존 전략으로 구조적으로 적용된다. 그것은 이제 그가 관계 속에서 효과적으로 동요할 수 있는 것을 막는다. 우선 조화는 이러한 치료에서 필수적으로 제공되는 경험이라고 판단된다. 그리고 조화로 인하여 환자는 어려움에 직면하는 동안 관계를 잃는 두려움을 경험하게 된다. 그는 신체적으로 참을 수 없는 시점에서 파트너와 자신의 상황을 통제하고 제한한다.

그러나 연주관계 속에서 다른 것을 인식하는 것과 대비를 경험하며 나타난 충동성을 견디어 내는 것이 인정될 뿐 아니라 요구된다. 양극단은 강요되지 않고 오히려 분리되어 있는 동시에 함께 존재한다. 여기서 환자의 아버지상의 결핍과 어머니와의 강한 관계를 다시 지적할 수밖에 없다. 그는 어머니를 원하는 강한 감정의 결과로 어머니와 강한 고착관계를 가졌다. 이런 초기 경험은 그에게 어머니와의 관계에서의 분리를 허용하지 않았는데 그것으로 그가 어머니와의 관계를 상실할 수 있다고 생각했기 때문이다.

G씨는 한편으로 어머니에게서 자신을 분리하도록 도울 수 있으며 다른 한편으로는 남성적 특성을 확인하는 것을 제공할 수 있는 또 다른 아버지와 같은 대상과의 관계 경험이 부족했다. 매우 강한 역전이 감정을 통하여 그는 자신의 괴로운 정서와 처음 직면했다. 연주관계 속에서 그는 안정을 느꼈으며 개인적으로 경험했던 갈등이 재현되었다는 것을 알 수 있었다. 실제로 이것은 네 번째 세션에서 발생했는데, 거기서 환자 자신의 거친 연주와 아름다운 연주를 번갈아 경험했다. 부조화, 갈등, 충동은 현재 즐겁고 생동적인 잠재력으로 간주될 수 있다.

음악치료적 관점에서 볼 때, 어머니와의 관계 중 매우 뚜렷한 리비도(libido)의 어두운 부분에 있는 오이디푸스(Oedipus) 콤플렉스 단계와 감정 인식과 분리에 있어 초기의 경험에서 결함이 드러났다. 또한 환자는 그의 어려움에 직면한 상황에 대한 두려움이 부분적인 구조적 자아 장애와 같은 대상영속성(object constancy)의 결여를 암시하는지 판단하기 위하여 관찰되어야 한다. G씨가 음악치료에서 경험한 정서적 능력을 확장하기 시작한 점은 칭찬할 만하고, 앞으로의 진행과정과 관련시켜 볼 때 긍정적이다. 극단적 환경을 경험하면서 퇴행과 공격적 욕구 사이를 이동할 수 있는 가능성을 통해 그는 자신의 문제를 우회하지 않고 바로 제기할 수 있다. 개인적으로 자신의 주장을 하는 것이 더 이상 부정되어서는 안 된다.

음악치료는 안전과 안정을 얻으려는 욕구를 찾는 데 필요하고, 양극단을 충분히 경험하는 연주 공간을 제공할 뿐 아니라 조화롭지 않은 충동성에서 빠져나오는 데 필요한 연주 공간도 제공한다.

참고문헌

Alexander, F. & French, T. M. (1946). *Psychoanalytic Therapy: Principles and Applications*. New York: Ronald Press.

Fischer, G. (1989). *Dialektik der Veränderung in Psychoanalyse und Psychotherapie (The Dialectic of Change in Psychoanalysis and Psychotherapy)*. Heidelburg: Asanger.

Fürstenau, P. (1977). "Die beiden Dimensionen des psychoanalytischen Umgangs mit strukturell ich-gestörten Patienten (The Two Dimensions of Psychoanalytically Dealing with Patients with Structural Ego-Disturbances)," *Psyche*, 31, 197-206.

Heigl-Evers, A., Heigl, F., Ott, J., & Rüger, U. (1997). *Lehrbuch der Psychotherapie. 3. überarbeitete Auflage (Handbook of Psychotherapy, 3rd revised edition)*. Lübeck, Stuttgart, Jena, Ulm: Gustav Fischer Verlag.

Heigl-Evers, A., Henneberg-Mönch, U., Odag, C., & Standke, G. (eds.). (1986). *Die Vierzigstundenwoche für Patienten–Konzept und Praxis teilstationärer Psychotherapie (The 40-hour Week for Patients–The Concept and Practice of Partially Stationary Psychotherapy)*. Göttingen: Vandenhoeck & Ruprecht.

Heigl-Evers, A., & Ott, J. (1994). *Die psychoanalytisch-interaktionelle Methode–*

Theorie und Praxis (The Psychoanalytic-interactional Method–Theory and Practice). Göttingen: Vandenhoeck & Ruprecht.

Jahn-Langenberg, M. (2000). "Musiktherapie als psychoanalytische Methode–Gedanken zur Entwiklung eines Spielraums im integrierten Gesamt-behandlungsplan (Music Therapy as a Psychoanalytical Method–Thoughts on the Development of a Space for Playing within an Integrated Whole Treatment Plan)." In W. Tress, W. Wöller, & E. Horn (eds.), *Psychotherapetische Medizin im Krankenhaus–State of the Art*. Frankfurt/Main: Verlag für Akademische Schriften VAS.

Jahn-Langenberg, M. (2001). "Psychodynamic Perspectives in Professional Supervision." In M. Forinash (ed.), *Music Therapy Supervision*. Gilsum, NH: Barcelona Publishers.

Jahn-Langenberg, M., & Schmidt, H. U. (2001). "Erstbegegnung im Vergleich–diagnostischer Eindruck einer musiktherapeutischen Sitzung und eines analytischen (First Encounters in Comparison–Diagnostic Impressions of a Music Therapy Session and an Analytical First Interview)," *Musikthera-peutische Umschau*, 22, 173-184.

Körner, J. (1989). "Arbeit an der Übertrangung! (Work on Transference!)," *Forum der Psychoanalyse*, 5, 209-223.

Krause, R. (1988). "Eine Taxonomie der Affekte und ihre Anwendung auf das Verständnis der 'frühen Störungen' (A Taxonomy of Affects and their Application toward the Understanding of 'Early Disturbances')," *PPmP*, 38, 77-86.

Kris, E. (1952). *Psychoanalytic Explorations in Art*. New York: International University Press.

Langenberg, M (1988). *Vom Handeln zum Be-Handeln. Darstellung besonderer Merkmale der Musiktherapeutischen Behandlungssituation im Zusammenhang mit der freien Improvisation (From Action to Treatment. Presentation of Special Characteristics of the Music Therapy Treatment Situation within the Context of the Free Improvisation)*. Stuttgart: Fischer.

Langenberg, M. (1996a). "Affektivität (Affectivity)." In H. H. Decker-Voigt, P. J. Knill, & E. Weymann (eds.), *Lexikon Musiktherapie*. Göttingen: Hogrefe.

Langenberg, M. (1996b). "Psychoanalyse und Musiktherapie (Psychoanalysis and Music Therapy)." In H. H. Decker-Voigt, P. J. Knill, & E. Weymann (eds.),

Lexikon Musiktherapie. Göttingen: Hogrefe.

Langenberg, M. (1997). "Musiktherapie (Music Therapy)." In A. Heigl-Evers, F. Heigl, J. Ott, & U. Rüger (eds.), *Lehrbuch der Psychotherapie*. Lübeck: Fischer.

Langenberg, M. (1999). "Music Therapy and the meaning of affect regulations for psychosomatic patients." In T. Wigram & J. De Backer, *Clinical Applications of Music Therapy in Psychiatry*. London: Jessica Kingsley Publishers.

Langenberg, M., Frommer, J., & Tress, W. (1992). "Qualitative Methodik zur Beschreibung und Interpretation musiktherapeutischer Behandlungswerke (Qualitative Methods toward the Description of Music Therapy Treatment Works)," *Musiktherapeutische Umschau*, 4, 258-278.

Langenberg, M., Frommer, J., & Tress, W. (1995). "From Isolation to Bonding: A Music Therapy Case Study of a Patient with Chronic Migraines," *The Arts in Psychotherapy*, 22, 87-101.

Tress, W., Wöller, W., & Horn, E. (2000). *Psychotherapeutische Medizin im Krankenhaus－State of the Art 2000 (Psychotherapeutic Medicine in the Hospital－State of th Art 2000)*. Frankfurt/Main: Verlag für Akademishe Schriften VAS.

19장 열아홉 번째 사례

얼어붙은 성게의 소생: 정신과 환자와의 음악치료

Inge Nygaard Pedersen

개 요

이 연구는 성격장애를 가진 남성 정신과 환자가 음악치료에서 매우 바람직한 결과를 보여준 사례연구로, 정신역동에 기반을 둔 즉흥연주 음악치료가 실시되었다. 나는 전체 치료과정을 회고 형식에 맞춰 크게 의미 있는 6단계로 나누었다. 나는 치료과정의 목적과 나아갈 방향을 보여 준 각 단계에서 가장 중요했던 환자의 언어적 은유와 진술에 대하여 설명할 것이다. 또한 사례 예시를 통해 치료 기간 동안 그와 내가 함께 쌓아 올린 음악적 관계에 적용된 방법론과 기법을 제시할 것이다.

도 입

나는 1978년에서 1980년에 걸쳐 Mary Priestley(런던), Johannes Eschen, Colleen Purdon, Ole Teichmann(독일 헤르데케)에게서 분석적 음악치료사 훈련을 받았다. 지난 20년 동안 나는 교육자, 임상가, 연구자로서 음악치료에 종사해 왔다. 나는 분석적 음악치료사 훈련을 받는 동안 Mary Priestley가 수없이 반복했던 "나에게서 당신이 필요한 것을 얻어 가세요. 그리고 당신만의 접근법으로 만드세요."라는 충고를 따르고자 노력해 왔다. 현재 나는 나의 심상유도 음악치료(GIM) 트레이너인 Ken Bruscia의 지도 아래 GIM 훈련을 거의 마쳤다. 나는 단순히 나의 치료적 접근을 음악치료라고 부르고 있다.

나는 알보그 정신병원의 음악치료 클리닉에서 심리치료와 관련해 일하고 있는데, 이 병원에서는 환자들이 언어 심리치료 대신에 음악치료를 받을 수 있다. 여기에서 소개하는 사례에서는 적극적 즉흥연주만을 사용했다. 또한 각 세션에서 언어적 중재와 음악적 중재를 번갈아 사용했다.

이 연구에서 소개할 대상자는 음악치료 클리닉에 의뢰된 외래 환자였는데, 그는 다른 보조치료는 거부했기 때문에 나와 작업한 2년 동안(57회 세션)의 음악치료가 그가 정신과에서 받은 최초이자 유일한 치료였다. 이는 정신병원 치료치고는 특이한 경우였다. 또한 이 환자는 음악치료의 전문성을 지원하는 목적이라면 얼마든지 자신의 자료를 사용해도 된다고(물론 익명으로) 허락하였다. 이에 나는 치료 종료 3년 후, 그에게 음악치료에 대한 보고서를 직접 써 달라고 부탁했다. 이 보고서는 환자의 관점이 담긴 음악치료에 관한 논문을 싣고 싶어 했던 한 국내 의학 저널의 요청에 의한 것이었다.

나는 음악치료의 과정과 성과를 문서화할 때 치료에 대한 환자의 관점을 매우 중요시하기 때문에, 환자의 보고서 마지막 부분을 인용하며 이 사례연구를 끝맺는다. 내가 여기에 기술해 놓은 것들은 '성공담' 또는 '성공적인 사례'라고 할 수 있는 것으로, 보통 덴마크에서는 '햇빛 이야기'라고 부른다(덴마크에는 햇빛이 잘 들지 않기 때문이다.). 그러나 나의 임상 작업이 모두 '성공적인 사례'를 가져오는 것은 아니며, 나는 '참담한 사례' 라고 불릴 만한 것들에서도 많은 것을 배웠다.

치료하는 동안, 나는 음악치료사로 구성된 소집단에서 정신과 의사와 함께 정기적인 슈퍼비전을 가졌다.

배경 정보

음악치료를 시작할 때 이 환자(여기서는 H라고 부른다.)는 41세였다. H는 심리치료 형태로 정신과에 의뢰된 외래 환자였다. 세계보건기구의 『국제질병분류 제10판(ICD-10)』,(1993)에 의해 그의 병명은 F60.8로 진단되었다. 그는 특이한 무쾌감증(anhedonic)과 강박성 성격장애로 다른 사람들과의 언어적 접촉, 즉 대화 시에는 매우 이지적으로 말하는 사람이었다.

H는 음악치료에 의뢰되기 전에 웩슬러 성인지능검사(Wachler Adult Intelligence Scale), 루리아 및 로르샤하 검사(Luria and Rorschach tests)를 받았다. 그에게 언어 심리치료보다 음악치료가 더 적합한 이유는 그의 수준 높은 지능적 언어 구사력(H는 모든 심리학적/분석적 이론을 알고 있었지만, 그것이 그에게 도움이 되지는 않았다.)과 무쾌감증의 특성 때문이었다. 그는 자신의 가장 큰 문제는 다른 사람과 관계를 맺는 것으로, 특히 여성과 어울리는 것에 대한 두려움이라고 하였다.

H는 원래 두 아이 중 둘째였으나, 그의 누나가 태어난 지 2주 만에 사망했으므로 외아들로 자랐다. H가 7세였을 때 그의 아버지는 조울증으로 고생했으며 연금을 받고 있었다. 또한 그는 자신의 아버지가 어느 정도 폭력적인 면이 있었고, 알코올중독에다 종잡을 수 없었으며, 자주 오랜 시간을 침대에 누워서 보냈다고 설명했다. 따라서 H는 부자관계란 것을 경험해 본 적이 없었다. 그는 어린 시절 어머니와는 매우 친밀한 사이였는데, 어머니는 그를 돌보기 위해 직장을 그만두었다. H는 자신의 어머니를 과잉 보호적이며 의존적이라고 설명했다. 또한 H는 18개월 때 섭식장애로 6주 동안 입원했는데, 당시의 병원 관행과 규제 때문에 입원해 있는 동안 부모님을 만나지 못했다. 그는 퇴원 후 자신의 부모를 거의 알아보지 못했는데, 그때부터 부모와의 어떠한 친밀한 접촉도 거부하게 되었다.

H가 18세일 때 그의 부모는 이혼했는데, 그는 양친 모두와 연락을 계속했다. 그의 아버지는 2년 전 자살했다. H는 10대일 때 극도로 불안정하고 산만했으며 강박관념에 사로잡혀 있었다. 그는 가까스로 고등학교를 졸업한 후 대학에서 수학과에 들어갔으나 얼마 지나지 않아 그만두었다. 그 후에 그는 학교 교사 및 사회교육가[1)]가 되기 위한 과정을 마쳤으나, 아동 및 청소년과 어울리는 것을 감당해 낼 수 없었다.

H는 그의 어머니가 이 교육과정을 이수하고 시험에 합격하도록 강요했으며, 어머니가 자신이 직장을 그만둔 것이 H 때문이었다는 것을 자주 상기시켰다고 했다. 그는 교사 양성과정의 학생으로 등록할 때 이미 자신의 증상 때문에 교사로 일할 수 없을 것이라고 생각했다고 말했는데, H는 아이들과 감정적 또는 협력적 관계 속에서 의사소통할 수 없었다.

여자친구와의 장기적 교제는 한 번뿐이었는데, 치료가 시작되기 2년 전에 그녀와 헤어졌다. 그 당시 그는 매우 괴롭고 힘들었으며 그 후로 대부분의 친구와 연락을 끊었다. 그러나 그는 이런 일을 같은 시기에 발생한 아버지의 자살과 연관 짓지는 않았다. 그는 16~18세 사이에 마약(LSD와 기타 약물)에 탐닉했으며 매우 심한 환각 증세를 경험했다.

치료 시작 전에 이루어진 예비 논의에서 그는 매우 공손하게 형식적으로 대했으며, 공간지남력은 분명하였지만 일화나 시간은 기억하지 못했다. 그는 자신의 가장 큰 문제는 다른 사람들과의 교류 시 그들과 함께 어울리는 능력의 부족이라고 했다. H는 다른 사람들과 접촉할 때는 언제나 병적으로 공포스러울 만큼 자신의 존재가 사라져 버리는 것만 같고 생각도 명확하게 할 수 없다고 설명했다. 또한 그는 자신의 경계를 명확하게 짓지 못했을 뿐 아니라 급속도로 움츠러드는 느낌을 받았는데, 자신이 너무 드러나 보인다는 생각을 자주 가졌기 때문에 친숙함이나 친밀감을 잘 다루지 못했다. 게다가 그는 창문이나 문을 하루에도 몇 번씩

1) 사회교육가(social pedagogue)란 아동의 특정 필요에 따라 여러 가지 실질적인 활동을 수행하는 사람으로, 아동의 집이나 유치원 또는 학교에서 그들과 함께 공부하며 기능할 수 있도록 도와주는 사람이다.

열었다 닫았다 하는 등의 강박 증상을 호소했다. 그는 그의 전 생애에서 유일하게 자유롭고 행복했던 순간은 치료가 시작되기 몇 해 전에 그리스에서 휴가를 보낸 것이라고 말하였다.

H와 나는 이 치료 초기의 목적을 그가 자신과 다른 사람들(특히 여성)과의 관계를 좀 더 나은 방향으로 발전시키는 것에 두기로 하였다. 또한 이 목적에는 경계선 확립하기, 자신도 대인관계를 원만히 이룰 수 있는 훌륭한 인격체라고 스스로 존중해 주기가 포함되었다.

치 료

나는 전체 치료과정을 6단계로 나누고, 사례를 제시해 단계마다 사용된 방법론과 치료기법을 설명할 것이다. 진행의 흐름에 따라 나는 6단계를 다음과 같이 이름 붙였다.

1 집중하기: 세션 1~10
2 자기 표현의 시작: 세션 11~19
3 감정적 동요와 감정 드러내기: 세션 20~32
4 소질 찾기: 세션 32~42
5 섹슈얼리티: 세션 42~46
6 안정과 대화: 세션 46~57

처음 네 단계에서 H는 자신의 양극성을 파악하는 식으로 자신의 문제를 규정지었다. 나는 환자가 한 말을 그대로 인용하여 각 단계에서의 핵심적인 양극성의 특성을 밝힐 것이다.

단계 1: 집중하기(세션 1~10)

이 단계에서 환자는 자신의 지각과 경험에 내재된 양극성을 다음과 같이 나타냈다.

① 타인을 멀리하고 불안해하며 현실에서 존재감이 없음
② 격정적 에너지를 겪고 억압된 감정의 무의식적 행동화를 보이며, 현실에서 존재감이 없음

이 단계에서 우리가 함께 정한 나의 역할은 (1) 우리가 이야기를 나눌 때 요점에서 벗어나지 않도록 해 주기, (2) 음악적 대화를 나눌 때 안정된 박자를 유지하여 그의 중심점이 되어 주기였다.

삽화 A: 세션 1에서

H는 음악치료를 시작하기 전에는 전혀 음악을 연주해 본 적이 없었다. 나는 그에게 악기를 선택하라고 했다. 그는 피아노를 선택하였는데, 이것은 이지적인 것을 추구하는 환자들이 곧잘 선택하는 악기라는 점에서 주목할 만한 것이었다. 그들은 피아노를 '어른스럽다' 고 생각하며 도전해 볼 만한 악기로 여긴다. 나는 연주 규칙으로 '음악 안에 그의 개인적 공간에서 일어난 경험' 을 표현해 줄 것을 부탁했다. 나는 그에게 먼저 한 음을 연주하고 그 소리를 들은 다음, 그 소리가 다음 음으로 이끌어 가도록 하고, 또 그 소리를 들은 다음 다시 이어가는 방식으로 연주하라고 설명했다. 또한 가능하면 눈을 감고 연주해 달라고 하였다. 그는 이 낯선 악기를 통해 어떻게 자신을 표현할 것인지를 찾기 시작했고, 점차적으로 나의 지침을 따르기 시작했다. 그는 고음역이나 저음역을 단선율로 연주했는데, 그 음들은 처음에는 서로 연관성이 없는 각기 다른 단선율이었다. 그는 단편적인 음악적 파노라마를 만들었다.

나는 어떻게 내가 이 '음악적 정경' 의 한 부분이 될 수 있는지에 대해 고심하며 그의 음악을 주의 깊게 들었다. 그러고는 다른 피아노를 연주하며 직관적으로 이

정경의 중심에 나 자신을 자리 잡게 했다. 나는 한 음을 심장박동의 리듬으로 반복하여 연주함과 동시에 마치 음악을 통해 점점 가까워졌다가도 더욱 멀어지는 듯한 연주방식으로 대조적인 역동성을 유지했다. 이렇게 연주하면서도 이것이 H에게 의미 있는 것일지는 확신할 수 없었다.

이 13분간 이어진 첫 즉흥연주에서 H는 점차 짜임새 있는 음들을 연주했다. 한 번은 리듬과 방향성을 가지고 강하게 몰아치는 멜로디를 연주했다. 그러나 매번 더 분열된 연주방식으로 급히 되돌아갔다. 어느 순간에는 그의 변이된 소리와 반복적인 박자를 가진 나의 소리가 아름다운 하모니를 창출해 냈다.

연주를 마친 다음, 그가 나와 함께 연주하면서 나의 연주를 인식했는지 아닌지 확신할 수가 없었다. 그는 잠시 동안 말없이 피아노 앞에 앉아 있다가 갑자기 "무어라 표현할 수가 없군요."라고 말했다. 그리고 긴 침묵 후에 "하지만 어떤 아주 우울한 분위기를 느꼈어요."라고 말했다.

이 짧고 요약적인 표현은 H처럼 말이 많은 편이거나 과도하게 지적인 방식으로 말을 하는 사람들에게 굉장히 큰 의미를 지닌다. 나는 몇몇 연주 부분에서 그와 다소 가까워졌다고 느꼈으므로, 그에게 음악 연주 시 나의 연주를 들은 적이 있는지 물어보았다. 그는 "별로요. 하지만 조금씩 가까워지면서도 동시에 멀어지는 어떤 중심 같은 것을 감지할 수 있었어요."라고 대답하였다.

또한 내가 그를 방해했는지 묻자 그렇지 않았다고 대답하였다. 우리가 함께 대화를 통해 심사숙고한 결과, H는 중심점이 없으므로 외부에서 중심점을 제공할 필요가 있을지도 모른다고 판단했고, 차후 세션들의 음악 연주에서는 내가 그 중심점을 맡는 것으로 결론지었다. 또한 나의 역할을 중심점 되기, 흩어져 있는 것들을 한데 모으기, 그리고 그가 소리를 통하여 자신을 탐험할 수 있도록 자유 공간을 제공해 주기로 결정하였다.

단계 1에서 H는 연주하는 방법을 발전시켰다. 처음에 그는 어느 정도 예측할 수 있게, 또 표제 음악적인 방법으로 연주했다. 사람들과 거리를 두거나 불안해하는 그의 모습은 밝은 소리(피아노의 고음역)로 나타났고, 격정적 에너지 및 자신의 억압된 무의식적 감정을 행동화하는 부분은 어두운 소리(피아노의 저음역)로 표현되었다. 그 후 그는 이 두 영역, 즉 고음과 저음의 음역을 조금만 더 사용해도 자신이 흘러가는 대로 가도록 자연스럽게 흐름에 맡길 수 있는 상태에 이를 수 있음을 깨달았다. 또한 언어를 사용하여 설명할 때, 그는 '알 수 없는 지각' '알 수 없는 감정' '의문이 드는' '감동받은' '머릿속이 텅 빈' '구름 같은 나의 생각을 대체하는 것' 등의 표현을 썼다.

단계 2: 자기 표현의 시작(세션 11~19)

이 단계에서는 그가 경험한 양극적 증상을 다음과 같이 나타냈다.

1 주위 모든 외부 소리의 차단이 필요함(끊임없이 외부의 방해를 받아 온 경험)
2 음악 경청하기의 시작 및 음악 안에서 자기 표현 계속하기

이 단계의 시작에서 그는 피아노 연주를 통해 자신의 억압된 감정을 무질서하게 드러냈는데(삽화 B 참조), 그는 이것을 18세 때 마약을 했던 경험과 결부시켰다. 그는 심각하게 마약에 탐닉했던 그 시기 이후로 이런 식의 인식이나 경험을 해 본 적이 없다는 것을 깨달았다. 또한 이렇게 음악을 통한 억압된 감정의 표출이 그에게 에너지를 가득 안겨 주었다는 것을 깨달았는데, 이 경험은 그가 어린 시절 마약을 한 후 느꼈던 공허감과 불안감과는 다른 것이었다.

나는 음악을 통해 자신의 억압된 무의식적 감정을 표현하고자 하는 H의 욕구를 지속적으로 지지해 주었으며, 그의 중심점 역할을 수행하기 위해 왼손으로는 고정박으로 기본 리듬을 유지하면서 동시에 오른손과 목소리로 혼돈 속에 있는 그를 따랐다.

우리는 함께 다음 단계로 넘어가기 위한 중간 목표로 그가 겪고 있는 대혼란과 언어로 표현하기 사이에 다리를 만들기로 했다.

삽화 B: 세션 14에서

이 사례에서 H는 피아노를 연주했고, 나는 나의 목소리를 사용함과 동시에 콩

가를 연주했다. 연주 규칙은 H가 자신의 힘을 경험할 수 있도록 노력해야만 한다는 것이었다. 나는 나의 연주로 그를 고무시키면서도 안정적으로 고정박을 유지하여 중심점 역할을 지속하였다.

H는 이 연주에서 크게, 혼란스럽고 무질서하게, 그리고 힘차고 활기차게 피아노를 연주하면서 자신의 억압된 무의식적 감정을 표출하였다. 연주할 때 그의 박자는 안정적이지 않았다. H가 매우 강한 소리로 연주하는 것과 음을 클러스터(clusters)[여러 음을 마치 덩어리처럼 한꺼번에 연주하는 것을 말함–역주]로 연주하기를 반복적으로 번갈아 했으므로, 나는 드럼 연주와 목소리로 그의 에너지의 역동성과 세기에 맞추려고 하면서 동시에 고정박을 유지하려고 애썼다. 이 음악의 끝부분에서 우리는 몇 초 동안 부드러운 음과 느린 템포로 잠깐 조화를 이뤘지만, H는 마치 손가락이라도 덴 것처럼 즉시 음악을 멈췄다. 그는 이런 활력 넘치는 연주방법이 그가 어렸을 때 마약을 복용했던 것을 상기시켰다고 말했다. 그러나 그는 연주를 마치고 난 후에는 공허감을 느끼지 않았다. 마약 복용은 나중에 그가 심한 공허감과 외로움을 느끼게 했다.

이 단계에서 H는 창의성을 키우고 싶은 욕구가 증가하였다. H는 음악 연주에서 자신이 외부의 모든 소리(나의 연주도 포함하여)로부터 방해받는다고 느끼다가, 이제는 그 소리들을 차단시키고 자신의 음악적 표현에만 몰두할 수 있게 되었다. 그는 이제 더욱 긴 시간 동안 집중할 수 있었고, 음악 안에서 자신의 개인적 공간을 채운다는 느낌을 갖게 되었다. 이 기간 동안 그는 극심한 분노와 슬픔을 느꼈다.

그는 지난 몇 년간 꿈을 꾸지 않다가 이 기간 중에 다시 꿈을 꾸기 시작했으며, 이제는 음악으로 표현할 수 있게 된 어린 시절의 상실감과 정신적 외상에 대한 기억을 회상했다. 그는 이 치료과정에 대하여 자발적으로 일기를 쓰기 시작했다. 그는 음악 만들기가 소용돌이와 같은 큰 혼란으로 느껴진다고 지속적으로 표현했지만, 여전히 언어로 표현하는 것으로는 연결되지 않았다.

단계 3: 감정적 동요와 감정 드러내기(세션 20~32)

이 단계에서 그는 자신을 예측할 수가 없었으며 커다란 감정적 동요를 느꼈다. 단계 1에서 사람들과의 거리감이나 불안감은 밝은 소리(피아노의 고음역)로, 격정적인 에너지는 어두운 소리(피아노의 저음역)로 연결되었던 양극성은 극복되었다. 그는 자신이 경험한 다른 양극적 측면을 다음과 같이 표현했다.

1. 고립된 측면: 주변 세상에 대한 청중 되기
2. 최근에 자각한 단순하고 순진한 측면

H는 어린 시절의 기억을 많이 털어놓았는데, 음악적 경험에 대한 그의 말은 대부분 '새로운' 감각과 지각에 관한 것이었다. 그는 또한 '음악에 실려 흐름을 더 잘 탈 수' 있었다. 우리가 다음으로 정한 중간 목표는 부모상(부성상과 모성상)에 대한 내적 대화(이것은 어머니상은 밝은 소리로, 아버지상은 어두운 소리로 표현하는 것으로 구체화되었다.)에서 다음과 같은 '내면 아이' 상에 관한 대화로 이동하는 것이었다.

1. 겁에 질리고 경직된 내면 아이
2. 천진난만하면서도 안전한 내면 아이

H는 그가 주위 환경을 감지할 때 자신을 분열적이면서도 불안하게 만든 어린 시절의 정신적 외상의 결과와 그 영향력에 대해 통찰력을 더 많이 갖게 되었다고 하였다. 한편 그는 우리가 함께한 즉흥연주에서 자신을 표현할 때 생기 있고 쾌활한 특성을 더 많이 보이는 듯했다. 나는 중심점으로서의 나의 역할을 지속했지만, 즉흥연주 안에서는 그의 쾌활한 아이디어와 움직임을 동시에 따라가곤 했다.

단계 4: 소질 찾기(세션 32~42)

이 단계에서 H는 최근 새롭게 되살아난 왕성한 꿈들을 음악치료 세션에서 다루기 시작했다.

삽화 C: 세션 32에서

H는 음악치료 세션에 가져온 특별한 꿈을 다음과 같이 묘사했다. "나는 철조망 울타리를 따라 달리고 살피고 올라타고 있었어요. 그리고 얼어붙은 물웅덩이 위에 있는 나를 발견했지요. 그 얼음 바로 밑에서 화석이 된 성게 하나를 보았는데, 나는 그게 나의 일부라는 것을 감지했어요." 나는 그가 그 화석이 된 성게를 자신의 목소리로 표현할 수 있도록 고무시켰다. 우리는 처음으로 함께 반주 없이 목소리만 사용하는 즉흥연주를 했다. 나는 그와 조화를 이루려고 노력했고, 우리의 목소리는 매우 가늘고 금속성이며 불안정하고 얼음같이 차가운 소리가 났다. 높은 음정의 피아니시모는 우리 둘 다 매우 솔직히 우리의 감정을 표현하고 있다는 것을 느끼게 했다. 점차적으로 우리 둘의 목소리는 더 커졌고 더 많은 진동과 소리의 파도를 만들어 냈다. 이것은 우리가 공동의 소리 공간에서 점점 더 상호 관련을 맺으며 빠져들고 있다는 뜻이기도 했다. 나는 거의 불안정감에 압도당하고 있었고, H의 차갑고 부서질 듯하며 불안한 표현에 동조하고자 했다. 동시에 나는 목소리의 크기와 더 많은 소리의 파도를 만들어 내는 것을 이끌면서 나의 목소리를 고무시키려고 애썼다. 우리는 나란히 눈을 감고 서서 치료실의 분위기를 공유하며 즉흥연주를 했는데, 그는 그 음악에 매우 감동받았다. 가장 중요한 것은 그가 그것을 나중에 나에게 보여 줄 수 있었다는 것이다.

이 경험은 우리에게 오로지 목소리로만 즉흥연주 할 기회를 제공하였다. 또한 즉흥연주는 내적 소질을 찾고 목소리를 사용하여 자신을 내면으로부터 충만하게 채우는 방법을 깨닫는 데 도움을 주었다. H는 매우 기본적인 것을 알아냈다. "나는 나 자신이 이 세상에 존재할 만한 가치가 있는 사람이라고 느꼈어요."

그때부터 H는 음악치료 세션을 하지 않을 때는 수채화를 그리기 시작하였다.

그는 세션마다 2~4장의 그림을 가지고 왔다. 매 세션에서 나는 H에게 자신에게 가장 중요한 그림 한 장을 고른 후 그 그림이 상징적으로 어떤 의미를 지니는지 설명해 달라고 했다. 초기에 진행한 그림에서의 주제는 '물속의 가면' 이었다. 그림에서 수면 아래에 어떤 가면이 있었던 반면, 수면 위로는 일그러진 인간상과 동물 형상이 가득 차 있었다. 물속에 있는 가면은 어떤 얼굴로 변형되었고, 그의 관심은 다음과 같은 양극적인 것으로 발전하였다.

1. 생기 있는 눈
2. 생기 없이 게슴츠레한 눈

H는 자신의 감정과 상호작용하는 것이 더욱 증가하였으며, 파괴와 죽음 및 새로운 시작을 주제로 한 꿈을 많이 꾼다고 말했다. 그의 음성 표현은 가늘고 차가운 소리에서 점점 더 힘차고 강하고 신중하게 발전했다. 또한 이 기간 동안 그는 증오와 격노 같은 원초적 에너지와 감정을 표현했다. 이것은 우리를 다음 목표로 이끌었는데, 우리는 섹슈얼리티 및 소년/성인 남성 사이의 양극적 측면에 대해 작업하기로 결정하였다.

단계 5: 섹슈얼리티(세션 42~46)

이 단계에서는 단계 4에서 설정된 목표가 계속되었다. 흑표범이 새로 진행 중인 꿈에 등장하였는데, H는 대담하게 그 표범의 힘을 표현했다. 이때 그의 목소리는 매우 깊고—티베트의 수도승을 연상시키는 소리를 번갈아 내면서—다채로운 색채로 충만하였다. 나는 그에게 대응하는 것이 점차 편해졌으며 우리의 목소리 즉흥연주는 점점 더 드라마틱하게 발전했다. 이때 그는 또한 대담하게 나의 지원이나 보조 멜로디 없이 독창 즉흥연주로 자신을 표현하기도 했다. 그는 이러한 자신의 음성으로 자신이 충만해지는 것을 경험했고, 이에 다음과 같은 간단한 이치를 더욱 잘 받아들이게 되었다고 말했다. "나는 이 세상에 존재할 가치가 있는 사람이며, 더 나아가 나는 나 자신과 나를 소리로 표현할 수 있다는 것이 자랑스러워요."

이 단계에서는 H가 제시해 왔던 양극으로 특징지어진 것이 아니라, 그가 자신의 치료과정에서 얻은 통찰력을 바탕으로 특징지어졌다. H는 자신의 힘에 대해 두려워해 오던 것에서 벗어나 이제 주변의 지지를 받고 싶어 하는 자신의 욕구를 깨달았다. 따라서 좀 더 원시적인 에너지를 통합하는 것에 열중하면서 더 많은 제어력을 발전시켰다. 마침내 그는 흑표범을 묘사했을 뿐만 아니라 그 상징적 힘을 밝혀내기까지 했다. H는 이제 자신의 강력하고도 진동하는 목소리를 통해 새로우면서도 정체를 전혀 알 수 없는 에너지를 경험했다. 마치 그는 처음으로 목소리 중에서도 진짜 '핵심 소리'를 계발시키고 있는 것 같았다. 그가 갖고 있던 근심은 힘으로 전환되었는데, 목소리 즉흥연주를 통해 이런 변화가 일어났음을 깨달았고 또 그 변화를 표현할 수 있었다.

단계 6: 안정과 대화(세션 46~57)

단계 5와 특히 단계 6에서 나는 치료사로서 지지자 역할 및 고무시키는 촉진자 역할을 줄이기 시작했다. 그는 이제 스스로 지지하고 고무시킬 수 있었다. 그러나 그는 여전히 사려 깊은 청자이자 거울로서의 나를 필요로 했다. H는 종종 외상적 상황이 반복되는 것과 그것에 갇혀 버리거나 옴짝달싹 못하게 되는 상황을 경험했다. 이런 상황은 그의 좌절감과 근심에서 비롯되거나 그가 아직 다룰 수 없는 문제에 대한 결정을 내려야 할 때 나타났다. 그러나 중요한 것은 이제 그가 그런 감정을 수용할 수 있으며 갇혀 버리거나 옴짝달싹 못하게 되는 것 때문에 겁에 질리거나 하지 않는다는 것이었다. 그는 상황이 변할 수 있음을 알았다. 이런 경험을 통해 과거 그가 가졌던 억압적 성향(감정과 환상—소용돌이—을 스스로 차단해 버리는 것) 및 방어기제(주위 환경을 조절/통제하는 것)의 사용에 대한 통찰력이 더 명확해졌고 좀 더 잘 의식할 수 있게 되었다. 또한 그는 이 방어기제를 없애 버리려고 지속적으로 노력했다. 그는 나와 함께한 즉흥연주에서 이전의 치료과정에서 다루었던 몇몇 주제를 반복했다. 나는 더 이상 어떤 방식을 고수해야 한다거나 그의 표현을 강화시켜야 한다는 역전이 감정에서 벗어나 그와 동등한 파트너가 되어 가고 있었다.

H는 현재 일상생활에서 그의 어머니 및 친구들과의 새로운 경계를 설정하는 등 많은 것을 실행에 옮기고 있다. 그는 자신을 가두거나 가로막고 옴짝달싹 못하게 하는 기분을 들게 하는 친구들과 연락을 끊었다. 그리고 여성을 포함하여 새로운 친구들을 찾았다.

55회 세션에서 그는 자신이 음악치료를 떠나 현실 상황에서 스스로 대처해 나갈 준비가 된 것 같다고 말했다. 따라서 우리는 이 관계의 종결을 위한 마지막 두 세션을 더 진행하기로 했다.

삽화 D: 세션 57에서

마지막 세션에서 그는 이야기를 나누는 것보다는 대부분 연주하기를 원했다. 그가 '떠남과 미래'라는 주제로 두 대의 피아노로 함께 연주하자고 제안했다. 우리는 피아노와 목소리를 함께 사용하여 연주했다. 우리는 선법적 화성을 리드미컬하게 연출한 바로크 스타일로 30분간 연주했는데, 나는 내가 환자와 연주하고 있다는 사실을 완전히 잊어버리고 마치 동료와 하듯 연주했다. 나는 자연스럽게 그 음악에 몰두했다. 우리는 새로운 음악적 아이디어를 제안하기 시작했고 이런 저런 아이디어를 즐겼다. 연주가 끝나고 나서 H는 "나는 훨씬 젊고 여리고, 그러면서도 훨씬 통합된 나를 느껴요."라고 말했다.

음악치료가 끝나고 나서 그는 사회로 나가 미술대학에 진학했고, 현재는 자신의 그림을 팔아서 생활하고 있다. 그는 자신이 그렇게 소질이 있는지 몰랐다.

논의 및 결론

나는 이 사례에서 사용된 방법론과 기법을 설명하는 등 환자의 향상과 치료과정에서 중요했던 시기를 밝히는 데 초점을 맞추려고 노력했다. H는 적극적으로 치료과정을 탐구하고자 했고, 16~18세 때 마약에 탐닉했던 이후로 억제해 왔던 창조성의 소용돌이로 돌진할 준비가 되어 있었다. 그가 대인관계를 맺지 못하는 것이나 감정을 무시하고 이치만을 따지려는 태도는 많은 정신적 외상의 시기나 경험과 관련이 있겠지만, 무엇보다도 18개월이었을 당시 입원하면서 부모를 볼 수 없었던 것이 근원이 되었을 것이다. 그는 치료과정 중 어린 시절이나 청소년 시기에 특히 아버지나 다른 어른에게서 감정적인 학대를 받았다고 생각하는 몇몇 일화를 이야기했다. 그는 자신의 어머니가 성인으로서의 그의 인생마저도 완전히 통제하기를 원했다는 것을 깨달았을 뿐만 아니라 자신이 얼마나 그녀의 보호에 숨이 막혔는지도 알게 되었다. 나는 다른 많은 병리학적 사례가 그러하듯이, H의 증상이 정신적으로 지나치게 취약한 그의 특성이나 외상적 삶에서 비롯되었다고 본다. 그는 아동기와 청소년기에 겪은 문제를 극복할 만한 기반이 없었다.

이 음악치료에서 그는 꿈 상징과 감정을 서로 연결하고 표현하기 위한 수단으로 음악을 사용하였으며, 나와 음악은 그가 그런 감정과 환상을 지탱하려고 할 때 그 시도를 지지하고 확장시키고 고무시키는 역할을 하였다. 또한 그는 더욱더 안정된 자기 정체성을 확립하기 위해, 그리고 자신의 여성적 부분과 남성적 부분을 더 잘 통합하기 위해 음악을 사용했다. 음악치료 이전에는 알지 못했던 그의 탁월한 예술가적 창의성은 그가 매우 빠르게 즉흥연주에 깊이 집중하도록 해 주었고 그것을 강화할 수 있도록 하였다. 또한 우리의 목소리 즉흥연주는 그에게 자기 탐구, 더 나아가 자기통제의 방법을 확실하게 제공했다.

이제 이 장의 서두에서 언급했던 것처럼, 환자가 작성한 보고서에서 발췌한 내용을 끝으로 이 사례연구를 마칠까 한다. H가 이 보고서를 통해 자신의 언어로 이야기를 끝맺을 것이다.

환자 보고(발췌)

음악을 그만둔 지 3년이 넘었다. 여러 일들이 일어났다. 나는 부분적으로 변하기도 했고, 어느 부분은 원래 나의 모습 그대로이기도 하다. 그러나 나는 음악치료를 받기 전보다 나 자신을 더욱더 훌륭하게 채울 수 있다는 것을 분명히 느낄 수 있다.

초기에 나는 종종 나 자신이 대기실에 앉아 있는 슬프고 외롭고 이해받지 못하는 '대초원의 늑대' (인간 고독의 원형)와 같다고 느꼈다. 다른 사람들과 있을 때 나는 '추운 곳에서 온 스파이' 같았다. 나는 여전히 '대초원의 늑대' 이지만, 지금은 훨씬 자유롭고 예측 불가능하며 즐겁고 활동적이다. 나는 침묵과 심사숙고로 일관하기보다는 다른 사람과 울부짖는 것을 즐기는 '늑대' 가 되었다. 나는 나 자신을 더욱 소중히 여기게 되었으며 다른 사람에게 상처 줄까 봐 겁먹지 않는다. 한번 일어나면 하루 종일 지속되던 나의 아침의 위기—재앙이 바로 내 옆에 도사리고 있을 것만 같은 느낌—는 이제 거의 사라졌다. 비록 공식적으로 음악치료는 종료되었지만, 나는 여전히 그것이 내 안에서 효력을 발휘하고 있음을 느낀다. 나는 음악으로 만들어 냈던 모든 시도와 소리 및 주제를 현재 대인관계에서 사용하고 있으며, 이것은 나에게 크나큰 자유감을 주고 있다. 나에게 이 자유감은 내가 연주할 수 있는 더 많은 현(string), 즉 다양한 삶의 현실 상황에 대처할 수 있도록 더 많은 가능성을 주는 존재다. 나는 그저 내가 어떤 순간에 어떻게 마음속 깊이 느끼는지 알아보기 위해 요즘도 목소리 즉흥연주를 하고 있다. 이 목소리 즉흥연주는 정신적인 난관에 봉착했거나 긴장감이 쌓일 때 그런 것을 완화시켜 주는 매우 유용한 도구다.

참고문헌

Bonde, L. O., Pedersen, I. N., & Wigram, T. (2001). *Musikterapi: Når ord ikke slår til. En håndbog i musikterapiens teori og prakis i Danmark. (Music Therapy: When Words Are Not Enough. A Handbook on Theory and Praxis of Music Therapy in Denmark)*. Aarhus, Denmark: Kim.

Bruscia, K. E. (1998). *The Dynamics of Music Psychotherapy*. Gilsum, NH: Barcelona Publishers.

Pedersen, I. N. (1998). *Indføring i musikterapi som en selvst-nding behandlingsform. (Inroduction to Music Therapy as a Primary Treatment Form)*. Musikterapiklinikken. (The Music Therapy Clinic). Aalborg University/Aalborg Psychiatric

Hospital.

Pedersen, I. N. (2002). "Analytical Music Therapy (AMT) with Adults in Mental Health and in Counseling Work." In Johannes Th. Eschen (ed.), *Analytical Music Therapy*. London: Jessica Kingsley Publishers.

Priestley, M. (1975). *Music Therapy in Action*. London: Constable.

Priestley, M. (1994). *Essays on Analytical Music Therapy*. Gilsum, NH: Barcelona Publishers.

The ICD-10 Classification of Mental and Behavioural Disorders: Diagnostic Criteria for Research. (1993). Geneva: World Health Organization.

20장 **스무 번째 사례**

염증을 일으키는 신체의 치료:
류머티즘 관절염 치료를 위한 심상유도 음악치료(Bonny Method GIM)

Denise Grocke

개 요

이 장에서는 43세 여성을 대상으로 한 심상유도 음악치료(Bonny Method of Guided Imagery and Music)의 정신역동적 특성을 다룰 것이다. 그녀는 GIM 치료를 시작할 무렵 15년 동안 류머티즘 관절염(rheumatoid arthritis: RA)을 앓아 오고 있었다. 이 연구의 정신역동적 측면은 환자의 인생에서 해결되지 못한 문제가 신체적 질병으로 나타난 것이며, 질병의 증상은 환자의 심리정서적 필요를 보여 준다는 개념에 근거하고 있다.

이 사례연구는 5년에 걸친 GIM 세션이 어떻게 환자에게 아동기의 일들을 되살리게 하고 그 일들과 관련된 감정을 표현하게 했는지를 보여 줄 것이다. 환자의 심상은 그 질병이 상징적으로 나타나는 것이었다. 그녀는 자주 혈류, 관절, 세포조직과 연관된 심상을 가졌으며, 그 염증을 유발하는 원인을 찾는 방법으로써 신체에 대한 심상에 들어갈 수 있다는 것을 빠르게 습득했다.

환자가 엄청난 고통을 받았던 중요한 두 세션과 관련해서는 역전이 문제를 다룰 것이다. 역전이의 문제는 그녀의 고통을 가중시켰던 음악 선택이 그녀의 상태를 더 악화시켰는지, 또는 그녀가 겪었던 고통이 질병을 이겨 내기 위해 필요한 과정이었는지의 문제였다.

도 입

Bonny에 의해 창시된 심상유도 음악치료(GIM)는 깊게 이완된 상태에서 환자가 미리 녹음된 클래식 음악을 듣고 시각적 심상, 감정 변화, 신체의 생리적 영향을 경험하는 특별한 치료 분야다. GIM은 1970년대 미국의 볼티모어 심리치료 연구소(Baltimore Psychiatric Institute)에서 음악치료사로 일한 Helen Bonny 박사에 의해 개발되었다.

정신역동적 치료 원리에 기초를 둔 GIM에서는 환자의 해결되지 않는 심리학적 문제를 표면화시켜서 해결할 수 있다. GIM에서 환자의 문제는 시각적 심상, 감정 상태, 신체 반응에서 상징적 형태로 나타난다.

GIM에서 사용된 음악 프로그램은 Bonny에 의해 개발되었는데, 각각은 고전 음악에서 선택해서 만들어졌다. 프로그램의 음악적 구성은 먼저 심상을 자극하는 시작 곡, 감정적으로 더 깊은 경험을 하게 하는 중간 부분, 의식을 현실로 되돌아오게 하는 마지막 곡으로 구성된다. 큰 규모의 음악작품(예: 관현악곡이나 협주곡)은 다른 작곡자나 다른 시대의 작품과 함께 구성된다. 각 프로그램에서의 음악은 심상을 유도하고 감정에 몰입시킬 수 있는 잠재력에 따라 선택된다.

GIM 세션은 대략 2시간 정도 지속된다. 먼저 환자와 치료사가 세션의 중심 문제에 대해서 함께 결정하는 토의 시간(대략 15분)을 갖는다. 환자는 매트 위에 눈을 감고 눕는다. 치료사는 환자의 에너지 수준과 세션에서 중심 문제에 적절한 긴장 이완을 유도한다. 심상과정을 시작하도록 자극하는 음악 프로그램이 치료사에 의해 선택된다. 음악이 시작됨에 따라서 심상이 연속적으로 나타나며, 이는 환자에 의해 언어로 표현된다. 치료사는 환자가 심상에 더 가까이 다가가게 하고 심상과 관련된 감정에 집중하도록 중재를 한다. 치료사는 또한 연속적인 심상에 대해 기록한다. 음악이 끝날 때 치료사는 심상을 멈추게 하고 의식이 현실로 돌아오도록 환자를 도울 수 있다. 환자는 심상의 의미를 자신의 일상에서 발생한 문제와 관련시켜 간다. 이러한 과정은 언어적 토의나 만다라 또는 자유로운 그림 그리기를 통해서 이루어진다.

RA 환자를 대상으로 한 GIM의 효과에 대해서는 오로지 한 연구만이 이루어졌다(Jacobi, 1994; Jacobi & Eisenberg, 1996). RA를 가진 27명의 환자를 대상으로 GIM을 10회 개인적으로 실시하였으며 의학적 방법으로 데이터가 측정되었다(걷는 속도, 관절 측정, 지각되는 고통의 강도 포함). 그리고 심리적인 상태에 대한 데이터가 수집되었다(기분, 스트레스/불안의 증상, 극복방식 포함). 연구 결과, 심리적 스트레스의 낮은 수준과 주관적 고통을 경험하는 것에서 통계적으로 유의미한 결과가 나왔다. 또한 유의미한 차이는 걷는 속도와 관절 측정에서 나타났다. 그러나 질병의 상태에 대해서는 유의미하지 않은 결과가 나왔는데, 더 오랜 기간의 GIM 치료가 이루어진다면 질병의 상태에도 변화가 일어날 수 있을 것으로 본다.

신체적 질병이 있는 환자를 치료하는 데 있어, Short(1990, 1991)는 GIM 세션에서 나타나는 심상이 질병에 대한 신체의 이정표가 될 수 있다는 것에 주목했다. 더 나아가 그녀는 그 이정표가 진단에 사용될 수 있음을 발견했다. 심상은 병이 든 신체 부분과 직접적으로 유사할 수도 있고, 질병에 대항해서 싸우는 심상이 될 수도 있다.

배경 정보

산드라는 43세에 GIM을 시작했다. 그녀는 8남매인 대가족의 셋째 딸이다. 그녀는 20대 초반에 결혼해서 세 명의 아이를 두었다. 남편의 잦은 전근으로 산드라는 결혼생활 동안 자주 이사를 했다. 이사를 다니던 중에 그녀는 RA로 진단되었다. RA의 정신역동적 특성은 다음과 같다. RA는 자기 면역 질병 그룹의 하나로 남성보다 여성에게 더 많이 발생하며(1:3) 20~50대 사이에 발병한다. RA의 병인론에 대해서는 알려진 것이 없으나 유전적으로 영향을 미치는 것으로 나타났다(Akil & Amos, 1999, p. 40). 질병의 시작은 항원 자극이 면역 체계의 구성 요소를 활성화시켰을 때 발생되는 것으로 생각된다. 항원은 항체 분비를 활성화하면서 신체의 세포에 의해 붙잡힌다. 그러고 나서 항체는 항원을 붙들어 묶는다. 일단 면역체계가 다른 항원을 찾으면 그것을 다른 시스템과 신체 내에서 교류한다.

따라서 악순환으로 뒤얽히게 된다. 신체는 항원을 발견하고 항체를 생산하고, 이러한 것들은 염증을 일으키는 혈관, 관절, 조직에 쌓이게 된다(Morrow, Nelson, Watts, & Isenberg, 1998). 본질적으로 신체는 스스로 반항한다.

급성 단계의 증상은 고통이 심한 관절을 포함하며 약간의 열, 피로, 몸무게 감소, 빈혈을 수반한다. 진전된 단계에서는 심각한 근육 훼손, 관절의 기형, 수축의 결과로 인한 움직임의 손상을 가져온다. 급성 단계에서는 휴식과 진통제가 관절을 보호하고 통증을 감소하기 위해서 요구된다. 약물은 넓은 범위에서 사용되는데, 특히 염증 감소(anti-inflammatory) 약과 금염(gold salts)은 중독성을 가질 수 있다(Collins Concise Medical Dictionary, 1986, p. 326).

RA와 관련된 질병으로는 쇼그렌 증후군(Sjögren's syndrome)이 있다. 이 증후군은 건조하고 모래가 들어간 듯 껄끄러운 눈이 주요 증상이며, 빨갛게 충혈되기도 하지만 시력은 정상이다. RA의 진행은 갑작스럽게 악화되고 소강되는 기간을 갖는다. 흥미로운 점은 RA 증상이 임신 기간 동안 사라지고 출산 후에 갑자기 나타나는 것이다. 이는 호르몬이 주요 역할을 하는 것으로 보인다.

질병에 대한 치료법이 없기 때문에 환자들은 종종 다이어트, 적절한 운동, 다른 유형의 치료 등의 대체의학에 의지한다. Naparstek(1995)은 일정한 조건을 가진 환자의 치료에서 음악 없이 유도된 심상을 사용하였다. RA와의 관계에서 그는 "일반적으로 RA는 관절뼈를 서서히 파괴시키고 그 주변에 있는 부드러운 조직을 부풀어오르게 하고…… 치료적 심상에는 파괴된 부위의 뼈를 채워 넣는 것이 포함되고……." (p. 60)라고 언급했다.

RA의 주요 증상은 상징적인 해석에 도움이 된다. 염증은 열, 불, 분노로 나타나며 '갑작스러운 악화(flare-ups)' 는 빠르게 자발적으로 증가하는 것으로 상징화된다. 쇼그렌 증후군의 '건조하고 모래가 들어간 듯 껄끄러운 눈' 에서 눈 속의 모래를 밖으로 씻어 내기 위한 액체가 필요한데, 이 액체는 눈물에서 찾을 수 있다는 것을 암시한다. 흥미롭게도 산드라가 GIM 세션을 시작할 때, 그녀는 촉촉한 눈을 유지하기 위해 눈물관에 플러그를 끼우고 있었다. 정신역동적 관점에서 볼 때, 눈은 자연스럽게 이루어진 눈물에 의해 더 원활해질 수 있었다.

GIM 과정에서 치료사가 질병의 증상과 환자의 감정적 필요 사이에서 상징적 연관을 찾는 것은 흔한 일이다. 산드라의 경우 필요한 것은 염증을 일으키는 감정(분노)에 대한 탐색과 그녀의 눈을 젖게 해 줄 눈물(슬픔이나 고통)의 표출이었다. 덧붙여 갑작스러운 악화는 치료에서 그녀의 고통, 경직, 피로의 특별한 경험이 증대되고 감소될 수 있음을 암시했다. 그리고 그것은 GIM이 진전되었을 때와 해결되지 않은 문제가 의식으로 왔을 때 가능하다. 이런 증상은 좋아지기 전에 악화될 수도 있다.

산드라는 GIM에 잘 반응했다. 처음에 그녀는 월 1회 세션을 받았으나, 그녀가 아동기 문제를 다루었을 때 나는 그녀의 생활에서 특별한 문제가 있었을 때는 세션 횟수를 늘렸다. 그녀는 어린 시절 항상 음악을 즐겼으며 뮤지컬에 깊은 관심을 가졌고 노래를 사랑했다. 그녀는 또한 기타를 연주할 수 있었다. 그녀는 대가족 속에서 관심받지 못했던 어린 시절의 경험을 회상했다. 그녀의 어머니는 매일 많은 자녀와 나이 든 할머니의 시중 및 농장일로 바빴다. 어린 시절부터 산드라는 가정에서 평화를 지속시키기 위해서 그녀 자신의 진실된 감정을 억제하면서 평화를 유지하는 사람이 되는 것을 배웠다. 반면 몇몇 형제자매는 자신의 요구를 매우 강하게 표현했다. 그로 인해 산드라는 강하고 권위적인 남녀 앞에서 강하게 말하는 것에 대한 두려움을 나타냈다. 그녀의 직업은 간호사였으며 권위적인 간호사나 의사 앞에서 자신의 주장을 하는 데 종종 어려움을 느꼈다.

이 문제와 관련해서 그녀의 병이 증상으로 나타났다. 그녀가 분노를 표현하고 자신을 주장하는 데 느끼는 어려움은 관절과 세포조직이 정기적으로 부어오르고 고통스럽게 되는 질병을 발달시키는 증상을 초래했다. 평화를 유지하는 사람으로서 그녀의 아동기 시절의 슬픔과 낙담에 대한 눈물은 막히게 되었고, 이것은 그녀의 눈을 촉촉하게 유지하기 위해 필요한 눈물관에 플러그를 끼우는 것에서 증명되었다.

GIM 세션에서 산드라는 자주 물과 관련된 심상을 가졌다. 그녀의 초기 세션에서 그녀는 물에서 수영하는 기회를 가졌는데, 때로는 나체였고 때로는 그녀의 인생에서 중요한 사람에 의해 지지되었다. 또한 그녀는 주요한 동물, 특히 검은 뱀에 대한 심상을 가졌다. 그녀에게 가장 확실하게 힘을 주는 원천은 그녀의 학창 시절 친구인 원주민 소녀 미리엄의 심상이었다. 미리엄은 자주 '환한 미소'를 띠고 반가이 맞이하는 얼굴로 나타났다.

치 료

산드라의 정신역동적 치료의 요소를 설명하기 위해 같은 음악 프로그램이 세 GIM 세션에 사용된 것에 대해서 토의할 것이다.

38, 45, 57회 세션에서 프로그램은 보디 프로그램(Body Program; Bonny, 1987)을 사용하였다. 보디 프로그램은 주로 20세기 음악으로 구성되었다.

Shostakovich: Allegretto, from the String Quartelle #3
Shostakovich: Allegretto, from the String Quartette #8
Nielsen: Andante un poco tranquillo (excerpt), Symphony #5
Vierne: The Chimes of Westminster (a solo work for organ)
Beethoven: Largo, from the Piano Concerto #3
Prokofiev: Larghetto, from the Classical Symphony

Shostakovich의 작품의 주요한 특징은 불협화음, 짧고 딱딱한 멜로디, 춤추는 것 같은 템포다. 이전의 세션에서 산드라를 위해 선택된 음악 프로그램에서는 자주 조화로운 하모니와 서정적인 멜로디를 가진 음악을 사용했기 때문에 불협화음과 딱딱한 음악을 사용하기로 한 것은 중요한 결정이었다.

38회 세션에서 산드라는 그녀의 관절염이 갑자기 나타났다고 말했다. 병의 강도를 ESR(Erythrocyte Sedimentation Rate)로 측정하였는데, 정상 범위는 4~19mm이지만 산드라는 80mm로 나타났다. 그녀는 그것이 자신에게 일이 더 많이 요구되는 작업 환경과 자신의 아이 중 한 명이 지속적인 건강 문제를 가진 것 때문이라고 했다. 그녀는 자신의 머리, 어깨, 목의 고통을 불평했는데 고통의 느낌을 '성가신(nagging)' 것으로 표현했다. 나는 내가 사용할 수 있는 음악 프로그램의 범위를 고려했을 때, '성가신' 느낌에는 '보디 프로그램'이 가장 적당하다고 생각했고 세션에서 이 음악을 선택했다. 나는 산드라에게 '성가신 고통'에 대해서 어떤 색깔로 나타낼 수 있을지를 물었고, 그녀는 '흐리고 탁한 청색(dull dark blue)'을 선택했다. 나는 그녀에게 그녀의 몸을 강하게 인식하는 수단으로서 그녀의 몸으로 그 색깔을 호흡하기를 제안했다. 그러고 나서 나는 음악을 시작했다.

음악이 시작되자마자 산드라의 얼굴이 변했다. 그녀의 눈썹은 찡그려지고 고통으로 일그러졌다. 그녀는 심상에서 어떤 일이 일어났는지 말하기 시작했다. "누군가가 페인트 솔을 갖고 내 관절을 파란색으로 칠하고 있어요." 내가 그녀에게 그 느낌이 어떠한지를 물었을 때, 그녀는 무턱 대고 "약간 거칠고 기분이 나빠요."라고 말했다. 나는 또 누가 페인트를 칠하고 있는지를 물었고, 그녀는 "큰 손, 남자의 손."이라고 대답했다. 또한 그녀에게 혹시 페인트를 칠하고 있는 사람에게 할 말이 없는지를 물었을 때, 그녀는 "당신은 그것이 얼마나 고통스러운지 이해하지 못해요. 나는 더 부드러운 어떤 것을 원해요. 페인트 솔이 너무 거칠어요. 그것은 나를 더 좋게 해 주기보다 나를 더 고통스럽게 만들어서 정말 짜증나요."라고 말했다.

GIM에서 치료사는 음악이 환자의 경험에 적당하지 않은 것처럼 보일 때는 음악을 바꿀 수 있다. 이 세션에서 나는 어떻게 할 것인가에 대해서 양가감정이 생겼다. 산드라의 심상은 더 부드러운 어떤 것을 원했고, "그것이 얼마나 고통스러운지 이해하지 못해요."라는 그녀의 말은 나에게 직접 말하는 것으로 들렸다. 그리고 나의 역전이가 만들어졌다. 한편 나는 그녀의 고통을 더 악화시켰다고 느꼈다. 부적절한 음악을 선택함으로써 산드라에게 고통을 감소시키는 대신 더 큰 고통을 준 것이다. 다른 한편으로는 그녀가 말한 고통이 '성가신' 고통이었고 Shostakovich가 그 고통의 특성을 조화롭게 매치시킨다고 생각했다. 덧붙여 나는 나 자신의 신체적 변화를 느꼈다. 심장박동이 빨라졌고, 내가 무엇을 할지 생각할 때 가슴이 내내 경직됨을 느꼈다. 나의 내적 목소리는 또한 결정을 흐리게 했다. '이 음악은 고통스러운 선택이고, 나는 그녀를 고통스럽게 했다.' 마침내 나는 Vaughan-Williams의 음악으로 음악 프로그램을 바꿨는데, 그 음악은 점잖고 조용하고 조화로운 음악이었다. 음악이 바뀌자 산드라는 어린 시절 자신이 두 갈래로 머리를 땋은 모습을 연상했다. 그녀는 큰 저택의 계단을 올라가서 어린 소녀가 조용하게 마사지를 받고 있는 방으로 들어갔다. 때때로 뭔가가 그녀 안에서 열처럼 타고 있었고 연상 속의 소녀는 울기 시작했다. 그러고 나서 산드라는 그녀의 어머니가 돌아가시면서 그녀에게 했던 말을 떠올렸다. 산드라는 가족을 함께 살게 해야 했다. 그 책임은 그녀에게 너무 크게 느껴졌고 그녀가 그 책임감을 수행하기에 적당하지 않은 것으로 느꼈다.

음악의 마지막 부분에서 일단 산드라의 의식이 현실로 돌아왔을 때 그녀는 세션에 대해서 말했다. 나는 음악이 시작되었을 때 그녀의 고통이 심해졌음을 알고 있었다고 설명했고 그 고통을 악화시킨 것에 대해서 사과했다. 그러나 산드라는 음악이 고통의 정도를 느끼게 해 주었고 평화를 유지해야 하는 책임감을 감수하는 인식을 열어 주었다고 설명했다. 나는 산드라가 한 말이 내가 걱정할까 봐 나를 안심시키기 위해서 한 말인지, 아니면 그녀가 표현한 대로 실제로 도움이 되었는지 확실하게 알지 못했다. 세션 후 기록 노트에 "나는 내가 음악을 바꿈으로써 세션에서 평화를 지키는 사람, 화해자(placator)의 역할을 떠맡았을까?" 라고 적었다.

Bruscia(1998, p. 76)는 GIM에서 음악을 선택하는 측면에서 치료사의 역전이가 일어날 수 있다는 점을 언급하였다. 산드라가 '성가신 고통' 을 말했을 때, '성가신 고통' 을 나 자신이 스스로 경험함으로써 음악 선택에 영향을 미쳤다. 그녀가 "당신은 그것이 얼마나 고통스러운지 알지 못해요." 라고 말했을 때, 나는 고통을 악화시키는 원인을 제공한 것에 대해 책임을 느꼈다. 그래서 좀 더 부드러운 작품으로 음악을 바꾸기로 결정했다.

몇 주가 지난 45회 세션에서 산드라는 에너지가 낮은 상태로 왔다. 그녀는 자신의 까다로운 직장을 그만두었고, 지금 집에서 새로운 일을 시작하기 위해 준비하고 있다고 말했다. 그녀는 신체적으로 지쳐 있었다. 그녀는 그녀의 직장에서 거만한(domineering) 여자 때문에 피곤했으며 그녀 때문에 직장을 그만두었다고 말했다.

산드라가 매트에 누었을 때, 그녀는 두 명의 거만한 여자가 등 뒤에서 자신을 끌어당기는 연상에 대해서 말했으며 그로 인해 짜증스럽다고 말했다. 세션을 위한 음악 프로그램의 사용을 전체적으로 고려한 결과, 나는 등 뒤에서 끌어당겨서 짜증나는 것에 가장 적합한 '보디 프로그램' 을 선택했다. 처음에 Shostakovich

작품으로 시작했을 때 산드라는 마녀의 손을 연상했는데 그 손이 길고 마르고 끝이 뾰족하다고 했다. 산드라는 마녀 때문에 짜증이 났고 그녀를 제거하기를 원했다. 이것은 마녀와 대결해야만 해낼 수 있는 일이었다. Shostakovich 작품이 연주되는 동안, 산드라는 마녀와 같은 신체 형상을 나타내기 시작했다. 그녀의 가슴이 뚱뚱하게 되었고, 그녀의 엉덩이는 흔들렸고, 그녀는 권세를 부리는 사람처럼 걸었다. "나는 친절하고 온순하며 그녀가 나를 향해 걸어와요. 나는 그녀를 이기고 싶고 그녀를 내 몸 밖으로 몰아내고 싶어요."라고 그녀는 말했다. "그녀는 음악과 같아요. 권위적인 모습이고 강해요. 나는 나를 능가하는 마녀의 힘을 느끼지 않아요. 나는 마녀를 제거해야만 해요. 그녀는 더 이상 나를 등 뒤에서 공격하지 않을 거예요. 에너지가 내 손에서 나오고 있어요. 나는 그녀와의 싸움에 도전하고 있어요." 이 시점에서 나는 산드라에게 두드리기 좋은 베개를 던져 주었다. 이런 신체적인 중재는 GIM에서 갇혀 있는 감정을 풀기 위해 환자에게 도움을 줄 수 있다. 산드라가 그녀가 필요한 만큼 충분히 베개를 친 후에 나는 그녀에게 손의 느낌이 어떤지를 물었다. 나는 신체적 싸움이 관절염을 갖고 있는 그녀의 손에 해가 되지는 않았을까 걱정했다. 그녀는 손이 답답했는데 치고 나니 좋아지고 편안해졌다고 말했다.

이 세션에서 나는 38회 세션에서 느낀 어떤 양가감정도 경험하지 않았다. 산드라는 음악에 의해 능력이 부여된 것처럼 보였고, 나는 역전이 수준의 어떠한 심상 경험도 하지 않았다.

57회 세션에서 산드라는 그녀의 눈에 문제가 있음을 말했다. 그녀는 그녀의 눈물관에 새로운 플러그를 끼웠다. 그녀는 눈 때문에 신경질이 나고 짜증이 났으며 자신의 눈에서 검정색의 지그재그로 교차되는 시각적 심상을 가졌다. 그녀의 머리 뒷부분은 두통으로 무거웠다. 산드라가 45회 세션에서 '보디 프로그램'으로 잘 작업하고 있었기 때문에 나는 다시 그 프로그램을 선택했다. 처음에 그녀는 자신의 머리에 음악이 적합하다고 말했으며 또 "어디서든지 짜증이 난다."라고 말했다. 그녀의 눈은 껄끄럽고 사포처럼 모래투성이였다. 그것은 사물이 있는 곳을 알지 못하는 어두운 방과 같았다. 작은 곤충이 나타났으며 까치처럼 생긴 새가 그녀를 쪼기 시작했다. 그녀가 이를 경험하는 동안 그녀는 자신의 머리를 쿠션 위로

숙였는데, 그것은 마치 새가 쪼는 것에서 자신을 보호하려는 것처럼 보였다.

이 시점에서 나는 38회 세션에서 나에게 떠올랐던 의문을 다시 느꼈다. 음악이 그녀의 고통을 악화시켰지만, 나는 더 지속적인 심상을 가졌을 경우에 '쪼는 것'의 존재에 대해서 그녀가 명확하게 알 수 있을 거라고 생각했다. 내가 선택한 음악이 더 많은 고통을 야기하게 했을까? 만일 그녀가 더 큰 고통을 느꼈다면 나는 음악을 바꾸며 중재를 해야 했을까? 그래야 했을까 혹은 아닐까?

내가 이런 딜레마를 해결하기 전에 산드라의 심상은 빠르게 진행되었다. 그 까치는 그녀의 인생에서 세 명의 거만한 여성의 얼굴로 드러났다. 그들은 "매우 분주하고 뭔가를 매우 빠르게 말해요. 그들은 당신을 통과하고 나의 신체 모든 곳, 팔, 머리, 어깨, 눈을 너무도 고통스럽게 해요. 나는 까치에게 최면을 걸기 위해서 천천히 눈을 뜨려고 했지만 눈이 너무 아파서 떠지지 않았어요." 나의 역전이는 다시 나타났다. 아마도 나는 그녀에게 이 음악을 선택하는 데서 그 거만한 여자 중에 한 명이었을 것이다. 그녀의 눈이 떠지지 않은 것은 저항 때문이었을까? 나는 세션 기록에 '저항?' 이라고 적었다. 음악은 보디 프로그램의 Nielsen으로 바뀌었고 그녀의 원주민 친구인 미리엄이 심상에서 나타났다. "그녀는 치료하는 물로 나의 눈을 씻어 줄 거예요. 그 물은 너무나 뜨거운 나의 눈을 시원하게 해 줄 거예요. 미리엄의 눈은 너무나 아름답고 그녀는 자신의 손가락을 나의 눈 위에 놓으면 내 손도 거기에 놓아야 한다고 말해요. 나는 내 눈 안으로 나 자신의 힘이 들어옴을 느낄 수 있어요."

Beethoven의 음악을 듣는 동안 그녀는 "말하지는 않았지만 그들을 향해 느꼈던 모든 초라함이 내 몸 안에 있었어요. 그것들은 지금 모두 빠져나갔으며 나는 더 이상 초라하다고 느끼고 싶지 않고 그들로 인한 괴로움을 원치 않아요. 또한 불로써 불과 싸우고 싶지 않아요. 나는 그들을 똑똑히 보기를 원하고, 그들의 말을 분명하게 듣고, 내가 하고 싶은 말로 되받아 주고 싶어요. 나는 평생 동안 사람들을 두려워했어요." Beethoven의 음악 후반부에 가서 그녀는 "나의 몸을 관통해서 전기적 충전이 일어나요. 나는 점점 활기를 띠게 돼요."라고 말했다. 미리엄이 심상에서 다시 나타나 "너는 너 자신의 힘을 가질 거야."라고 말했다.

나는 음악을 바꾸지 않았고 산드라가 스스로 괴롭히는 까치를 해결하도록 했다. 그녀의 해결은 자신의 뜨거운 눈을 치유해 준 원주민 소녀 미리엄의 심상을 불러오는 것이었다. 미리엄은 원형적 인물이나 산드라의 여성적 정체성이 투사된 것으로 보일 수 있다. 그러나 중요한 점은 38회 세션에서 내가 그랬던 것처럼 음악을 더 온화한 것으로 변화시킴으로써 중재자의 역할은 하지 않았다는 것이다. 대신 그녀가 불쾌한 심상을 해결하기 위해 자신의 내적 힘을 발휘했다.

논 의

Bonny의 GIM 과정은 무의식에서 억압되었거나 해결되지 않고 무의식에 남아 있던 감정과 관련된 것을 클라이언트가 표면으로 가져오는 것을 포함한다. 음악은 이런 기억을 표면으로 가져오는 데 필수적인 역할을 담당한다. 따라서 음악의 선택은 매우 중요하다. GIM 세션의 어떤 측면은 클라이언트에게서 나오는 정보를 포함한다. 세션의 핵심 문제를 결정하는 것에서, 떠오르는 심상에서, 그리고 세션의 마지막에 심상이 의미하는 것을 모색하는 과정에서 클라이언트에게서 정보를 얻는다. 그러나 클라이언트에게서 거의 영향을 받지 않거나 전혀 받지 않는 중요한 결정은 음악의 선택이다. 클라이언트는 부드러운 또는 강한 음악을 전혀 요구하지 않으며 프로그램을 선택하지 않는다. 그러므로 이런 프로그램 선택의 결정은 치료사의 음악에 관한 지식에 의존한다. 전체 프로그램에서 음악을 얼마나 사용할 것인지(30~45분)의 계획은 세션에서 클라이언트가 갖고 있는 문제와 관련될 것이다. 세션에서 음악이 적당하지 않다면 다른 음악이나 프로그램으로 변경할 수 있지만, 변경하는 경우 치료사가 내린 치료적 결정과 관계가 있다.

치료사가 음악이나 프로그램을 변경하고자 할 경우 역전이를 일으킬 수 있다. Priestley(1994)는 e-역전이를 포함하는 다른 유형의 역전이에 관하여 논의했다. e-역전이에서 치료사는 “치료사의 신체적 · 감정적 인식을 통해서 클라이언트의 감정 중 일부를 치료사가 공감하여 인식하게 된다.”(p. 87) 이에 대하여는 앞에서 언급한 세 세션 모두에서 확실하게 경험했다.

그러나 Summer(1998)는 “모든 음악치료 기법에는 삼자 구조(triadic) 관계가 있으며 양자 구조(dyadic) 관계는 없다." (p. 433)라고 말했다. 즉, 클라이언트는 치료사와 음악 모두에게 전이를 만들 가능성을 갖고 있다. GIM에서 Summer는 '음악이 필수적인 치료 기능' 을 제공할 때 전이는 '순수한 음악 전이' 가 될 수 있다고 주장했다(p. 434). 클라이언트의 전이는 주요한 음악 자극과 치료사의 언어적 중재로 분리될 수 있다. 38회 세션에서 산드라가 "누군가가 페인트 솔을 갖고 내 관절을 파란색으로 칠하고 있어요."라고 말한 것은 치료사가 제공한 계속적인 중재에 영향을 받았다. "그것이 당신에게 어떤 느낌을 주지요?" 비록 GIM 치료사들이 매 순간 심상의 방향을 제시하지는 않는다고 주장하지만, 이런 중재에 내재된 지시는 영향을 미친다. 예를 들어, 페인트 솔의 크기 또는 그것을 들고 있는 사람보다는 오히려 페인트칠 되는 것에 대한 자신의 느낌에 산드라의 주의를 집중시킨 것을 생각해 볼 수 있다. 그러므로 치료사가 제시하는 중재에는 역전이적 경향이 있다. 마찬가지로 산드라가 "빠르고 조심성 없이 행해지고, 약간 거칠고, 기분이 나쁘게 해요."라고 말했을 때 치료사의 중재 목적은 그녀에게 '누가 페인트칠을 하고 있는지' 를 묻는 것이었다. 이에 산드라는 "큰 손, 남자의 손."이라고 대답했다. 이 대답은 치료사인 나로 하여금 클라이언트가 그 남자에게 하고 싶은 말이 있는지를 질문하게 했다. 그녀는 "당신은 그것이 얼마나 고통스러운지 이해하지 못해요. 나는 더 부드러운 어떤 것을 원해요. 페인트 솔이 너무 거칠어요. 그것은 더 좋아지기보다는 나를 더 고통스럽게 만들어서 정말 짜증나요. 그것은 나를 좋게 해 주기보다 더 고통스럽게 만들어서 정말 짜증나요."라고 말했다.

정신분석적 견해를 기반으로 전이와 역전이는 모두 상호작용을 하면서 작용하고 있다. 산드라의 전이는 음악을 향해서 움직이고 있지만 치료사의 중재에 의해 영향을 받았다. 나의 역전이는 산드라의 악화된 고통과 음악에 대해 영향을 미쳤다.

치료 결과

위에 언급된 세 세션은 산드라에게 매우 중요한 세션이었다. 각 사례에서 사건의 의미를 통찰할 수 있도록 세션이 지속되었으며, 그녀가 성인의 시각으로 재경험될 필요가 있는 중요한 사건에 대한 기억이 드러났다.

38회 세션 후에 그녀의 ESR 수치가 80mm까지 되었을 때, 산드라는 서둘러서 치료사에게 전화를 했다. 그렇게 서두른 이유는 그녀의 딸 중에 한 명이 계속 아팠기 때문이다. 이 세션에서 나는 Stokowski가 지휘하는 오케스트라에 의해 연주되는 Bach 작품으로 구성된 프로그램을 사용했다. 일반적으로 이 음악 프로그램은 분명하고 힘찬 음악을 요구하는 세션에서 사용되었으며, 유사한 취지의 문제에 어울렸다. 산드라의 심상은 그녀의 인생에서 고통스러운 사건과 관련되었다. 즉, 현재 아픈 딸이 아기였을 때의 기억을 회상했는데, 아기가 태어나자마자 남편이 회사에서 새로운 장소로 발령을 받게 되어 산드라는 오래 살던 집에서 짐을 꾸려 새 집으로 다시 한 번 이사했다. 그녀는 이사하는 것이 신체적으로 너무 힘들었음을 회상했다. 게다가 그녀의 남편은 새로운 일에 익숙해지기 위해서 밤늦게까지 일을 했다. 이런 와중에 그녀는 관절염 진단을 받았다. 그녀는 약물을 사용했지만 부작용 중에 하나인 파상풍을 얻었다. 파상풍으로 인해 그녀는 자신의 입을 움직일 수 없거나, 말을 할 수 없거나, 그 상황을 통제할 능력이 부족한 무서운 느낌을 회상했다.

45회 세션 후에 산드라는 중요하면서 크게 상처받은 기억을 드러냈다. 그녀는 매우 작은 어린아이가 되는 것을 회상했고, 그녀가 주변 모든 사람에게 주목받지 못하는 존재였음을 회상했다. 그녀는 자신을 원하는 사람도 없고 소속된 곳도 없다는 생각을 했다. 그녀는 또한 가족에게서 방치되어 관심을 받지 못한 상태를 회상했다. 그리고 아버지의 병과 그에 따른 죽음으로 인한 슬픔을 경험했고, 병원에서 죽어 가는 아버지의 생생한 모습과 회색빛을 회상했다.

신체와 관련된 심상

45회 세션 후에 산드라는 자신의 신체 안을 탐험하는 연상을 하기 시작했다. 54회 세션에서 그녀는 자신의 몸이 매우 긴장되고 통증을 느낀다고 설명하면서 세션에 참어했다. 긴장 이완을 하는 도입과정에서 그녀는 자신의 신체 안의 느낌에 대해 부드러운 파란색을 선택했고, 고통과 아픔을 덜기 위해서 그녀의 신체 안으로 밝은 파란색이 들어오는 것을 연상했다. Vaughan-Williams의 음악('Fantasia on a Theme of Thomas Tallis')을 들을 때, 그녀는 자신이 수면 아래에 있음을 발견했다. 처음에 그녀는 무거운 갑옷(자신의 방어물)을 입고 가라앉았고, 갑옷을 제거하는 대신에 그냥 갑옷을 입은 상태로 있기로 결정했고, 해답을 찾기 위해서 그녀의 신체 안을 여행했다. 처음에 그녀는 그녀의 심장을 둘러보았는데 적갈색이었고, 그러고 나서는 그녀의 뼈, 근육, 관절, 그녀의 신체에서 자라고 있는 촉수(tentacles)를 발견했다. 그녀가 가까이 다가갔을 때, 촉수는 덩굴 형태의 모양으로 그녀의 몸을 감고 올라갔는데, 독이 있는 덩굴 같았다. 나는 그녀에게 담쟁이의 뿌리가 보이는지를 물었다. 그녀는 7세의 작은 아이로 자신이 집 안에 있는 것을 발견했다. 그녀의 에너지는 바닥났다. 그 소녀는 심하게 울고 있었고, 그 눈물은 담쟁이 넝쿨을 다 태우기 시작했다. 그 갑옷은 나중에 그녀의 몸에서 떨어졌다.

계속 이어지는 세션에서 산드라는 그녀가 어린 시절에 당했던 고통스러운 사건을 회상했다. 8남매인 가정에서 성장했던 자신의 아동기를 기억했다. 그녀는 밤에 잠자리에서 자신이 울고 있는 것을 회상했다. 그녀는 또한 비웃음거리로 따돌림당한 학교생활을 회상했다. 56회 세션에서 산드라의 머리와 눈 색깔이 똑같은 남성적인 형태가 나타났다. 그녀는 그를 데이비드라고 이름 붙였다. Jung의 이론에서 이런 연상은 내재화된 남성상을 의미한다. 그러나 일주일 후에 그녀는 갑자기 그녀의 척추에서 관절염의 악화로 고통스러워했다. 그것은 4주 동안 거동하기 힘들 정도의 통증이었다. 다음 GIM 세션에서 그녀는 상당히 괴기한(grotesque) 연상을 경험했는데, 그것은 빨간색 줄이 있는 검은색 거미였다. 그 거미의 다리는 불타고 있는 뜨거운 석탄의 촉수로 바뀌었다. 빨간색 덩어리는 점점 더 커지기 시작했으며 폭발하려고 했다. 그녀의 권위적인 자매가 연상으로 나타났다. 그녀는 가시나무를 잡고 있었고 덩어리 안으로 가시나무를 누르고 있었다. 산드라가 그녀를 보며 "더 이상 이렇게 하지 마." 하고 소리쳤을 때 그 고통은 가라앉았다. 거미는 심상에 다시 나타나서 "진실을 말해."라고 말했다.

이 시점에서 산드라의 치료에서 눈으로 드러나는 변화의 표시가 나타났다. 그녀는 머리를 짧게 잘랐고, 그녀의 권위적인 자매에게 자기주장을 더 강하게 되었음을 느꼈다. 71회 세션에서 그녀는 파상풍이 시작됨을 다시 경험했고, 그로 인해 턱이 긴장되고 움직일 수 없었다. 그녀는 입을 통제하지 못하게 될까 봐 두려워하게 되었다.

72회 세션에서 산드라는 다시 그녀의 신체를 탐험하였다. 그녀는 흉골에서 고통을 경험했고, 고통을 연상했을 때 고통과 관련된 흉골의 양측에 갈빗대를 발견했다. 흉골이 '신체 중심에서 공격을 받았다.' 이 연상은 중심부를 차지하고 있던 어린 시절의 기억을 탐험하기 위한, 그리고 다른 사람들이 논쟁하는 동안 자신의 가족에게서 스스로를 차단시켰던 어린 시절을 기억하기 위한 촉매였다.

계속되는 몇 달 동안 산드라는 두 가지 중요한 상실에 직면했다. 어머니의 죽음(예기되었던)과 막내딸의 죽음(예기치 못한 사고로 인한)이었다. 그녀는 RA 증상이 다시 나타날 것을 예상했으나 나타나지 않았다. 몇 번의 세션에서 산드라는 슬퍼할 수 있었고, 한 세션에서 그녀는 자신의 심장 안에 휴식처가 있음을 발견했다. 그녀는 자신의 심장 안에 앉을 수 있는 좌석을 연상했는데, 그것은 자신이 사랑하는 사람들을 위하여 비통해할 수 있는 좌석이었다.

84회 세션에서 그녀의 심장이 다시 나타났다. 세션 동안 '절정 경험(Peak Experience)' 음악 프로그램이 사용되었는데, Wagner의 '로헨그린 1막 서곡(Prelude to Act 1 of Lohengrin)' 이 연주되는 동안 산드라의 심장은 확장되기 시작했다. 그녀의 심장이 너무 확장되어 그녀의 신체가 심장 안으로 들어갔다. 빨간빛을 내는 금빛의 광채가 마치 성역 장소의 불처럼 심장을 가득 채웠고, 그것에서 거대한 에너지가 방출되는 것을 느꼈다. 산드라는 이런 심장의 형상을 자신의 '핵(core)' 이라고 불렀다. 이 세션 이후로 그녀는 좌석에 앉기 위해 자주 그녀의 심장으로 들어갔고 그곳에서 휴식을 취했다. 98회 세션에서 그녀는 자신의 마음, 몸, 영혼과의 대화를 계속했고, 그녀 안에 있는 '현명한 여성' 과 마음-신체-영혼이 조화롭게 연결되는 것을 방해하는 '불안한 여성' 을 인식했다. 그녀는 자기 안에 있는 다른 측면을 스스로 인식하기 시작했다고 생각했다. 그리고 이것은 스트레스와 요구에 직면했을 때 도움이 되었다.

크리스마스 휴일 기간이 지난 후에 산드라는 갑작스러운 악화를 1년 이상 경험하지 않았고 더 이상 약물도 복용하지 않는다고 했다. 우리는 그녀가 어머니와 딸의 죽음을 경험한 고통스러운 해에도 통증이 없었다고 해서 굉장히 기분이 좋았다. 그것은 마치 깊은 슬픔이 마음, 몸, 영혼을 함께하도록 하는 것 같았다. 그렇게 연결된 후 RA는 사라졌다.

최근에 산드라는 하는 일을 바꾸었는데, 주로 그녀가 살고 있는 지역에 있는 교회에서 슬픔을 겪고 있는 사람들을 상담하는 일을 하고 있다. 그녀는 RA 증상에서 자유로워졌으며, 3년 동안 약물을 사용하지 않았다. 그녀는 GIM이 자신의 인생을 완전히 변화시켰다고 믿었다.

요 약

이 사례연구에서 Bonny에 의해 창시된 GIM은 여러 가지 면에서 효과적이었다. GIM은 산드라가 심상을 통해 관절염의 심한 고통에 맞서 염증의 근본적인 원인을 찾도록 도왔다. 그러나 이런 탐색과정에서 처음에는 고통이 악화되었고, 이런 현상이 여러 차례 나타났다. 나는 그녀 자신을 돕기 위해 심상을 불러일으키고 끌어들이는 그녀의 능력을 더 많이 인식하게 되었다. 고통이 증가되었기 때문에 산드라는 감정을 억제하고 갈등을 숨기고 슬픔과 실망을 숨겨 왔던 자신의 아동기 문제를 분명하게 볼 수 있었다.

후반부 GIM 세션에서 그녀는 자신의 신체 중심부를 탐험할 수 있었을 뿐 아니라 그녀가 앉고 쉴 수 있는 자신의 마음속 깊이 자리한 '성역의 장소'를 발견할 수 있었다. 이러한 장소는 그녀가 어머니의 죽음과 사랑하는 딸의 죽음으로 인해 고통스러웠던 애도 기간 동안 필수적인 내적 장소가 되었다. 그래서 현재 그녀는 RA 증상과 약물에서 자유로워졌으며, 인생을 변화시킨 GIM의 가능성을 증언하는 인물이 되었다.

참고문헌

Akil, M., & Amos, R. S. (1999). "Rheumatoid Arthritis: Clinical Features and Diagnosis" (Chapter 10). In M. L. Snaith (ed.), *ABC of Rheumatology*. Second edition. London: BMJ.

Bruscia, K. (1998). "Sings of countertransference." In K. E. Bruscia (ed.), *The Dynamics of Music Psychotherapy*. Gilsum, NH: Barcelona Publishers.

Collins Concise Medical Dictionary. (1986). London: Collins.

Jacobi, E. (1994). *The Efficacy of the Bonny Method of Guided Imagery and Music as Experiential Therapy in the Primary Care of Persons with Rheumatoid Arthritis*. Unpublished doctoral dissertation. Union Institute. Cincinnati, OH.

Jocobi, E., & Eisenberg, G. (1996). *GIM in Medicine: Enhancing the Quality of Life in Rheumatoid Arthritis*. Presentation to the AMI Conference, Vancouver, BC. Canada.

Morrow, J., Nelson, L., Watts, R., & Isenberg, D. (1998). *Autoimmune Rheumatic Disease*. Second edition. Oxford: Oxford University Press.

Naparstek, B. (1995). *Staying Well with Guided Imagery*. London: Thorsons.

Preistley, M. (1994). *Analytical Music Therapy*. Phoenixville, PA: Barcelona Publishers.

Short, A. (1990). "Physical Illness in the Process of Guided Imagery and Music," *Australian Journal of Music Therapy*, 1, 9-14.

Short, A. (1991). "The Role of Guided imagery and Music in Diagnosing Physical Illness or Trauma," *Music Therapy*, 10(1), 22-45.

Summer, L. (1998). "The Pure Music Transference in Guided Imagery and Music." In K. E. Bruscia (ed.), *The Dynamics of Music Psychotherapy*. Gilsum, NH: Barcelona Publishers.

21장 스물한 번째 사례

한 여성의 '하찮은 사람'에서 '의미 있는 사람' 되기: 의사표현을 못하고 자괴적 성향인 중년 여성과의 음악치료

Niels Hannibal

개 요

이 연구는 리즈라는 여성의 발전과정을 기술한 사례연구다. 그녀는 자신의 변화와 발전을 원했지만, 언어를 치료적으로 사용할 수 없었으므로 음악치료에 의뢰되었다. 치료를 종료하고 3개월이 지난 후 이루어진 후속 세션에서, 그녀는 음악적 상호작용과 연주를 통해 자신을 표현할 수 있게 되었다고 말했다. 음악과 치료사인 나와 함께한 음악 안에서의 상호작용은 그녀의 의사소통 및 상호교류 능력을 함양시킨 주요 요인이었다. 이 사례연구는 음악적 정황 안팎에서 나타난 나와 리즈의 전이관계 및 변화과정에 중점을 둔 연구다.

도 입

나는 덴마크의 알보그 대학에서 공부하고 훈련받은 음악치료사다. 1995년에 박사과정을 시작하여 2001년에 '음악치료에서의 비언어적 전이' 에 관한 연구를 마쳤다. 이 연구는 음악적 상호작용 안에서 이루어지는 전이과정에 대한 질적 연구였는데, 리즈는 이 사례연구를 위한 클라이언트 중 한 명이었다. 내가 실시했던 음악치료는 '심리치료에서의 음악(music in psychothrapy)' (Bruscia, 1998)과 같은 개념의 분석적 방법으로 구성되었다. 이러한 치료적 접근을 사용하여 음악적 경험과 언어적 경험을 통해 치료 이슈에 다가가고 치료하고 해결하였다. 또한 음악 연주와 언어적 대화가 리즈 자신과 타인과의 관계에 대한 그녀의 능력을 탐구하고 변화하고 발전시키기 위해 사용되었다. 나는 대화에서 나타나는 클라이언트의 인간관계 패턴에서의 갈등과 문제점을 끌어내고 치료하고 해결하기 위해 음악적 교감, 즉 상호작용을 자주 사용했다. 이것은 음악을 통했건 언어적 대화를 통했건 그 안에서 클라이언트와 치료사 간의 관계는 똑같은 전이 패턴을 갖기 때문에 매우 중요하다(Hannibal, 2001). 그래서 음악과 언어가 함께 치료에 사용되었다. 치료의 초점은 클라이언트 자신의 경험과 타인과의 인간관계라는 두 영역에서 발생하는 갈등과 결함을 발견하고 발달시키고 변화시키는 것에 맞추었다. 나는 이 연구에서 개인의 주관적인 특정 경험에 대한 동일전이 이론을 적용하였다. 이것은 특정 사람 또는 사건과 가졌던 과거의 관계 패턴 및 경험에 내재된 것들이 치료사와의 관계나 치료 상황에서 나타나는 것을 말한다(Bruscia, 1998). 전이관계 패턴에 대한 것은 Luborsky와 Chris-Christoph(1998)의 주요 갈등관계 주제(Core Conflict Relationship Themes: CCRT 기법) 개념에서도 찾을 수 있다. 여기서 전이 패턴은 환자가 자신의 인간관계 에피소드를 구술하면서 시작된다. 이 현실관계에 대한 구술은 세 가지 불연속적 요소를 가지고 있다. 그것은 (1) 클라이언트의 외재적 또는 내재적 소망, (2) 클라이언트에 대한 다른 사람들의 반응, (3) 클라이언트 자신의 반응에 대한 묘사다. 이 CCRT 기법은 주요 갈등의 패턴을 보여 주는데, 그것은 전이관계 패턴과 비슷하다. 나는 나의 박사과정 연구논문에서 리즈의 전이관계 패턴을 밝히기 위해 CCRT 기법을 사용했다. 그리고 전이 패턴에 관한 부분에서는 리즈의 소망(필요한 것), 그녀가 예상했거나 경험했던 다른 사람의 반응, 그리고 그녀가 자신한테 예상했거나 경험했던 반응에 대해 설명하였다.

언어와 음악은 모두 상호작용을 위한 매개체다. 클라이언트와 치료사는 주제, 느낌, 상황을 확인하고 즉흥연주를 통하여 이를 탐구한다. 즉흥연주는 경험, 내용, 교감 모드인 상호작용의 물결이 변화하고 발전하는 역동적이면서도 상호 교차적인 소용돌이와 같다.

배경 정보

리즈는 언어치료로는 그녀의 문제점을 진단할 수 없어서 음악치료에 의뢰되었다. 그 이유는 그녀가 자신의 문제를 언어화하는 능력이 부족했을 뿐만 아니라 갈등을 겪고 있는 감정을 억누르는 것에 대한 문제 때문이었다. 그녀는 두 아이 중 막내였으며, 어린 시절부터 만성적인 신체질병 치료를 받아 왔다. 그녀는 자신의 어머니를 자기 자신만 챙기는 과잉 보호적이며 통제적인 사람으로 표현했다. 그러한 것이 어머니에 대한 그녀의 분노가 분출되도록 유발했다. 뿐만 아니라 리즈는 그녀의 아버지가 자신보다는 다른 사람들과 더 유대관계가 깊다고 느꼈다. 그녀는 학업을 마친 후 정원사가 되었다. 치료 당시 그녀는 정신질환으로 인하여 보호받는 보장된 직업을 가지고 있었으며, 전일제로 일하지 않아도 되었다. 남성과의 장기적 교제는 한 번 있었지만 이 관계는 치료를 시작하기 몇 년 전에 끝났고, 현재는 혼자 살고 있다.

초기 상태

리즈의 심리학적 상태는 다음과 같았다. 그녀는 자신이 부정적 자기상을 가지고 있으며, 자존감과 자신감이 낮고, 모든 것에 대해 불평하며, 대체적으로 우울한 기분을 지닌다고 생각했다. 또한 리즈는 자신의 자학적 행동이 이런 우울감과 관계가 있으며, 자신의 감정을 인식하는 능력이 부족하다고 생각했다. 그녀는 전반적으로 대인관계에서 억압받는 것을 경험했다. 그녀는 자신은 절대 옳을 수 없으며, 다른 사람들에 비해 자신이 느끼고 말하고 생각하는 것은 하찮고 무의미하다고 여겼다. 그래서 리즈는 자신을 방어하고 혼자 힘으로 버티기 위해서 혹독한 어려움을 겪었다. 그녀는 자책하고 자신이 죄가 있다고 생각하고 자신에게 놓인 상황을 탓했다. 이것은 자신을 향해 분노하게 만들었고, 종종 자신의 억압된 생각이나 감정을 언어가 아닌 행동으로 표출하게 했으며, 심지어 주변의 대상이나 자신에 대해 파괴적이게 하였다. 그녀는 사람들과 긍정적 관계를 지속적으로 유지하는 것이 매우 힘들었다.

리즈는 음악치료 외에도 항우울제인 시프라밀(Cipramil)을 복용했는데, 이것은 그녀의 자괴 성향을 감소시키는 데 효과적이었다.

진단학적으로 그녀는 세계보건기구의 『국제질병분류 제10판(ICD-10)』(1993)에서 F.60.30으로 충동형 정서불안정 성격장애(emotional instability personality disorder of impulsive type)로 진단되었다. 그녀는 치료 이외의 시간, 즉 일상생활에서 충동적으로 행동하는 경향이 있었고 자신의 감정 표현방법에 대한 부담감과 불안정한 기분 때문에 힘들어했다. 음악치료 진단평가 중에는 회피성 불안 성격장애(evasive and anxious personality disorder)와 같은 서로 다른 측면의 성격이 더 많이 나타났다. 그녀는 근심걱정이 많았고 열등감을 극도로 느끼는 경향이 있었다. 또한 다른 사람들에게서 자주 거부당하고 비난당한다고 생각했으며, 그런 거부당하는 것에 대한 공포 때문에 사람들과 교류하지 않았다. 그녀는 자기 파괴적인 초자아를 지닌 사람이었다.

치 료

진단평가

진단평가 결과, 리즈는 자신의 가치와 능력에 대한 확신이 결여되어 있었고, 주변 사람들이 제공하는 것에 대하여 전반적으로 신뢰감을 가지지 못하고 있었다. 그리고 특히 다른 사람과의 관계에서 자율성이 부족한 것 등의 심리적인 문제가 있는 것으로 나타났다. 한편 다른 사람에게서 지지와 확신을 얻고 싶은 갈망과 존경받고 싶은 욕구에 관해서는 상반되는 태도를 가지고 있었다. 이러한 태도는 대인관계에서 자신의 경계를 유지하고자 할 때와 공격성을 표현할 때 모두 나타났다. 리즈는 거부당하는 것을 두려워했으며, 감정적인 스트레스를 받으면 억압된 무의식적 감정을 행동으로 표출하는 식으로 반응하곤 하였다.

리즈는 유순했고 치료적 계약의 유지가 가능했기 때문에 음악치료를 받을 수 있었다. 그녀는 자신의 심리적 문제를 기꺼이 치료하고자 하였는데, 치료 초기에는 지나치게 부정적인 자기상 때문에 대화를 통한 자기 통찰이 어려웠으나, 즉흥연주를 통해 자신을 그려 내고 발전시킬 수 있었다.

치료 목적은 리즈 자신에 대한 감각을 일깨우고, 치료적 협력관계를 발전시키고, 대인관계를 시작하는 능력을 함양하는 것이었다. 더불어 대인관계에서 자신을 언어적 · 음악적으로 표현하는 능력을 개발하는 것과 필요와 감정을 표현하는 방법을 개선하는 것이 치료 목적에 포함되었다.

전이관계

리즈의 CCRT(Luborsky & Chris-Christoph, 1998)에 대한 분석은 그녀가 성인으로서 존경받고 싶은 욕구가 매우 간절하다는 것, 자율성과 자립성을 원한다는 것, 변화를 통해 전반적으로 그녀 자신을 개선시키기를 바란다는 것으로 나타났다. 그녀는 다른 사람들이 이러한 자신의 소망에 대해 비판적이고 비협조적일 것이라고 예상하고 있었고 또 실제로 그렇게 겪어 왔다. 이로 인해 다른 사람들이 그녀를 좋아하지 않는다고 믿게 되었으며, 자신이 사랑받을 수 없고 하찮다고 생각했다. 이에 리즈는 화가 나기 시작했고 이런 감정을 자신에게 투사했다. 이것은 두 가지 중요한 갈등의 주제를 보여 주었다. 첫 번째 주제는 대인관계와 교류에 관한 것인데, 대인관계 시 다른 사람들이 자신보다 더 '높은' 위치에 있었으며 그녀는 '열등한' 인격의 사람이었다. 그녀는 소외당할지도 모른다는 두려움 때문에 대인

관계에서 이 위계서열에 맞설 엄두를 내지 못하고 있었다. 두 번째 주제는 자신에 대한 지각인데, 리즈는 자신이 쓸모없는 사람이라 생각했고 이에 대해 자책해 왔다. 이와 같은 낮은 자존감이 그녀 내면에 극심한 분노를 자리 잡게 했다. 그것은 그녀의 생각에서뿐만 아니라 행동에서도 나타났다.

치료 구조

상대적으로 약한 리즈의 자아 때문에 치료는 45분씩 일주일에 2회 이루어졌다. 그 목적은 치료적 협력관계를 확고히 하고 악성적 퇴행을 피하기 위한 것이었다. 그런데 22회 세션 후에 리즈가 점점 퇴행적 행동을 보여서, 이를 돕고 해결하기 위해 단기적으로 정신과 병동에 입원하도록 하였다. 그녀는 자살충동 및 복수심을 가지고 있었으며 공격심에 사로잡혀 있었다. 입원 후 약물치료가 시작되면서 음악치료 세션 횟수를 일주일에 한 번으로 변경하였다. 후반부 세션에서는 공격적 감정을 표현하는 것에 초점을 두는 것이 감소되었다. 몇 개월 후 리즈는 좀 더 적극적으로 좌절감과 마주할 수 있게 되었고, 퇴원하여 외래 환자로서 음악치료를 계속해 나갔다.

총 치료 기간을 다음과 같이 네 단계로 나누고 단계마다 이 치료과정의 주요 주제를 설명하는 제목을 붙였다.

- 단계 1: 치료사와의 협력관계 및 타인을 그녀의 경험에 참여시키는 방법 확립하기
- 단계 2: 자주적 행동 지지하기
- 단계 3: 홀로서기
- 단계 4: 홀로서기에 대한 두려움

단계 1: 치료사와의 협력관계 및 타인을 그녀의 경험에 참여시키는 방법 확립하기

단계 1은 첫 세션부터 25회 세션까지다. 이 단계에서 리즈는 자신을 언어적으로나 음악적으로 표현하는 것을 매우 힘들어했다(그녀가 사회적으로 무능함과 좌절감을 느끼게 만든 상황). 그녀는 말하거나 질문에 대답할 때 대체적으로 스스로 멈추거나 제지하고 회피했는데, 이것은 또한 음악에서도 자주 나타났다. 따라서 1~25회 세션에서는 음악을 그녀 자신을 표현하는 도구로 사용하는 데에 초점을 맞췄다. 치료 초기에 리즈는 언어적 · 음악적 교류 모두에서 부정적 전이를 보여주었으며, 곧 자신의 음악은 절대 훌륭해질 수 없을 것이라고 판단했다.

삽화 A: 세션 4에서

우리는 이 세션에서 지금까지 있었던 그녀의 즉흥연주에 관해 이야기를 나눴는데, 그녀는 즉흥연주가 자신에게 긴장감을 준다고 말했다. 즉흥연주는 음악 안에서 그녀의 '사이즈'를 찾도록 노력하는 것에 관한 것이었지만, 그녀는 그녀의 감정과 '사이즈'에 대해 동시에 집중하지 못했다. 나는 그녀에게 시간이 더 필요하냐고 물었고, 그녀는 그렇다고 대답했다. 우리는 조용히 앉아 있었는데, 나는 이 관계가 지속될 것인지 확신이 서지 않아 착잡해졌다. 나는 그녀에게 음악 안에서 '좋은 곳'을 찾아보기를 제안했다. 리즈는 잠시 전에 내가 조용히 앉아 있자고 말했기 때문에 나의 제안에 어리둥절해졌지만, 그로타라는 첼로처럼 생긴 악기를 연주하기로 하였다. 그녀의 음악은 개방현의 음들로 프레이즈를 연주하는 특성을 가지고 있었는데, 거기에 규칙적인 박은 없었다. 그녀는 낮은 음역에서 시작하여 음의 수를 두 배로 늘려 멜로디를 확장했다. 그런 다음 그 프레이즈의 역동적 '클라이맥스'에 다다랐고, 다시 낮은 음들로 하강하기 시작하였다. 프레이즈들은 조용했고 10~15초 정도 걸렸다. 그녀는 1분 동안 이 패턴을 반복했다. 나는 그녀보다 더 조용하게 그녀의 템포에 맞추면서 그녀의 역동성에 방해가 되지 않으려고 애썼다. 1분 후 그녀는 새로운 음들을 연주하기 시작했고, 나 역시 변화에 맞춰 좀 더 역동적이고 리드미컬하게 연주하였다. 그녀는 이 리드미컬한 새로운 패턴을 몇 초 동안 사용하여 연주한 다음에 맨 처음의 연주방법으로 돌아가 멈췄다.

나는 그녀에게 자신의 음악을 어떻게 생각하느냐고 물었다. 그녀는 무엇인가를 말하려고 했으나 한 번 멈추고는 "저는 이런 거 잘 못해요."라고 말했다. 나는 음악이, 즉흥연주가 그녀를 돕지 못하고 있는 것에 대해 여전히 긴장감이 커지고 있는 것을 느꼈다. 마침내 그녀는 자기가 음악치료에서 거부당할까 봐 두렵다고 말하고는 울기 시작했다. 나는 그녀의 음악에 아무것도 바라는 게 없으며, 그녀가 진정으로 자신을 극복하고 싶어 한다는 인상을 받았다고 말했다. 그녀는 자신이 진정으로 그러길 바라는지 알아차리지 못하고 있었지만, 이 말을 듣고 난 다음 차분해졌다.

이 사례는 두 가지 중요한 것을 보여 주었다. 먼저 리즈는 음악적 구조를 만들 수 있었다. 그녀는 비록 그 구조가 약했지만 인식하는 것이 가능하면서 자신을 말해 주는 어떤 것을 표현할 수 있었으며 그녀가 거기에 있었다. 또한 리즈는 언제든지 '주변'을 '들을 수 있게' 되면 자신의 감각을 잃고 다른 사람들, 즉 주변으로 주의를 돌릴 것이라는 것을 보여 주었다. 부정적 전이는 그녀가 대인관계에서 겪은 무력함과 거부당해 온 것에 대한 두려움이었다. 놀랍게도 그녀는 내가 생각했던 것보다 더 일관성 있고 조리 있는 사람이었다.

그녀의 부정적 자기 경험이 두드러짐에도 그녀가 노력하고 치료를 계속 받는다는 것은 긍정적인 일이었다. 리즈는 또한 그녀가 너무나도 진지하게 작업해 오고 있는 것을 보여 주었기 때문에, 어떤 것을 꼭 이루어야 할 필요가 없다는 것과 지금까지 작업해 온 것만으로도 충분하다는 나의 언어적 피드백을 받아들일 수 있었다. 리즈와 내가 함께 감정을 공유하고 있다는 것과 내가 그녀의 진지함을 이해한다는 사실이 그녀를 평온하게 만들었다. 치료의 주제들은 어떻게 마음에 드는 것을 선택하고 어떻게 그것을 다루는가에 관한 것이었다. 이것은 그녀의 갈등 요소와의 대면을 증가시켜서 억압된 무의식적 감정을 행동으로 나타내게 하였으며 입원으로 이어지게 하였다.

단계 2: 자주적 행동 지지하기

26~36회 세션까지의 치료 초점은 정체성을 찾는 것이었다. 여기에는 만남, 무엇인가에 기여하기, 행동하기 등이 주된 것이었다. 최근 리즈의 병세가 나빠져서 갈등의 원인이 된 것에 대해서는 갈등적 요소와 전혀 상관이 없는 방법으로 접근하였다. 이것은 그녀가 공격적 감정을 가지고 작업했다는 것을 말해 주는 것으로, 언어적 또는 음악적으로 직접 표현하려고 노력하기보다는 '외부'에서 그러한 공격적인 감정을 '지켜봄'으로써 자신의 공격적 감정을 마음에 품고 작업했음을 의미한다. 그녀의 갈등 작업은 음악적 상호작용 안에서 간접적으로 탐험되었다.

이 치료과정의 한 가지 중요한 부분은 그녀 자신에 대한 의식적 · 무의식적 욕구를 인식하는 것이었다. 이러한 욕구는 그녀 자신에게 항상 존재하며 판단 작용을 하는 '초자아'에 대한 요구사항이었다.

삽화 B: 세션 33에서

이 세션은 즉흥연주로 시작했다. 리즈의 드럼 연주는 활기 넘치고 표현적이었는데, 나는 그녀의 역동성에 맞추며 그녀가 박을 만드는 것에 참여했다. 그녀는 연주를 멈추고 악기를 바꾼 다음, 격렬함이 증가하는 부분과 감소하는 부분이 짧게 간간이 나오는 연주를 계속했다. 연주가 끝날 즈음에 우리는 그녀가 이끄는 템포와 역동성 안에서 함께 떠다니고 있었는데, 이 연주는 강렬하면서도 역동적인 절정을 이루며 끝났다. 그녀는 이 음악이 조바심을 표현했다고 말했다. 우리는 이 경험에 대해 이야기를 나눴다. 리즈는 금세 낙담함과 동시에 '어떤 확실하고 분명한 메시지를 주지 못한 것'과 나의 기대에 부응하지 못한 것에 대한 자책을 했다. 또한 갈등은 그녀 자신의 기대감을 달성하지 못했다는 생각과 그 결과 나에게 거부당할지도 모른다는 두려움이 상충하여 나타났다. 이러한 갈등에도 불구하고 그녀는 음악이 자신의 감정과 일치하며 그 감정을 표현해 준다는 것을 인식할 수 있었다. 그녀의 좌절감과 관련 있는 또 하나는 그녀가 말을 사용해 자신을 표현할 때는 언제나 말을 더듬거나 중간에 그만두어야만 한다는 느낌과 관계된 것이었다. 그녀는 솜처럼 옳은 적이 없는 사람이었다. 그녀의 조바심은 치료에서 진전이 없다고 느끼는 것에서 비롯되었다. 나는 그녀가 다른 사람에게 다가가는 능력 및 다른 사람에게서 벗어날 수 있는 능력을 갖도록 하는 것에 초점을 맞추었다. 우리는 음악을 통해 이 이슈를 다루었다. 연주가 끝나고 나서 리즈는 음악이 난잡했다고 생각했으며, 적절한 음을 찾지 못한 것 때문에 실망했다. 그녀는 내가 즉흥연주에서 느낀 것과 상반되는 생각을 가지고 있었다. 그녀의 연주도 나의 연주 못지않게 적절할 수 있다고 이야기를 나누고 나자, 그녀는 자기만 자신의 음악이 잘못되었다고 느꼈다는 것을 이해한 듯했다.

전이관계적 관점에서 보자면, 이 사례는 리즈가 음악과 악기를 표현의 도구로 사용할 수 있는 능력을 발전시키고 있음을 보여 준다. 음악은 그녀의 감정을 확장시키고 향상시킬 수 있었으며, 그녀의 부정적 전이를 '들여다볼 수 있도록' 해 주었다. 그녀는 자신을 언어적으로 명료하게 나타내지 못하는 것으로 인해 거부당할까 봐 두려워하고 있었으며, 동시에 자신의 무의식적인 기대감에 부응하지 못하는 것에서 오는 무력감을 느꼈다. 이것은 진전이 있다는 신호였다. 첫째로 리즈가 자신의 욕구의 결과를 인식할 수 있다는 것을 보여 주었고, 둘째로 그녀가 자율성을 향해 움직이기 시작했음을 보여 주었다.

단계 3: 홀로 서기

37~62회 세션은 치료적 관계와 외부세계의 일에 특히 초점을 두었다. 그녀의 인생에는 몇 가지 중요한 변화가 있었다. 리즈는 자신의 일이 마음에 들지 않아 직장을 그만두었고 다른 일자리를 구하는 중이었다. 또한 억압된 무의식적 감정을 행동으로 표출하는 것이 감소되었으며, 자신과 자신의 인생에 대한 긍정적 기대감을 더 많이 표현하게 되었다. 그녀는 가족 안에서 자신의 역할을 두고 고심하기 시작했고 거기서 벗어나려 하고 있었다. 그녀의 새로운 목표는 자기 수용에서 더 나아가 자기를 '있는 그대로' 받아들이는 것으로 발전하였다. 그녀는 가족에게서 더욱더 벗어나고 싶어 했으며 사회적으로 활동할 수 있기를 원했다. 이 시기의 치료에서 그녀는 죄책감과 자신감의 결여 없이 좀 더 직접적으로 갈등 요소와

대면하였다.

삽화 C: 세션 52에서

이 세션에서 리즈는 자신에 대한 솔직한 요구사항을 열거했다. 모든 일에서 철저하기, 절대로 포기하지 않기, 다른 사람에게 공평하기, 다른 사람에게 친절하고 잘 어울리기, 다른 사람 존중하기, 다른 사람과 함께 대화하며 즐거움을 나눌 수 있기 등등. 나는 이러한 바람에 대하여 좀 더 알고 싶어 했는데, 이는 오히려 그녀로 하여금 자신은 자기를 잘 설명하거나 표현해 내지 못한다는 생각을 하게 하였다. 그녀는 "갑자기 이 요구사항들이 별로 좋은 것 같지 않네요."라고 덧붙였다. 이 대화에서 그녀의 좌절감은 증가하였고 긴장감이 점점 더 감도는 상황이 되었다. 나는 리즈에게 그녀가 내 앞에서 자신을 제대로 설명하고 싶은 무의식적 욕구를 가지고 있는 것을 이해할 수 있다고 설명할 수 있지만, 이는 그녀에게 아무런 도움이 되지 않는다. 그녀는 자신이 달라지지 못할까 봐, 밝고 명랑함을 지니지 못할까 봐 걱정했다. 나는 "왜 그렇게 심각해야만 하죠?"라고 말한 다음 그녀에게 심각하든 그렇지 않든 무엇인가를 연주해 보지 않겠느냐고 제안하였다. 그녀는 그러겠다고 했다.

그 음악은 아무런 구조 없이 시작했다. 우리는 각자 따로 연주했지만 아주 동떨어진 것은 아니었다. 템포는 빨랐지만 조성은 없었으며, 리즈는 드럼, 스틸 드럼, 메탈로폰을 차례로 연주했다. 몇 분 후에 나는 에너지를 불어넣기 위해 하나의 리듬 구조를 연주하기 시작했다. 그녀가 그것을 맡아서 연주하자, 나는 그녀를 지지해 주었다. 갑작스럽게 그녀의 멜로디에 공간이 생기더니 음악이 좀 더 조화로워졌다. 그런 다음 연주를 마쳤다.

연주에 대한 그녀의 반응은 재미있다는 것이었다. 그녀는 연주 후에 기분이 나아졌다. 나는 음악이 떠다니고 있었다고 응답했다. 드디어 리즈는 그녀를 신경 쓰게 하고 날카롭게 만드는 한 중요한 모임으로 화제를 돌렸다. 이것이 그녀가 정말로 걱정하던 바로 그것이었다.

이 세션은 리즈가 자신의 자아상에 대해 솔직히 다루고 있으며 자신의 '초자아' 와 대면하고 있음을 보여 준다. 그녀는 치료사인 내가 언제, 무엇에 관해 묻든 대답해야 한다는 잠재적이며 무의식적인 명령을 즉각적으로 떠올렸는데, 그녀에게 있어 대답하는 것은 힘든 일이었기 때문에 자신감을 잃었고 그에 대해서 자책했다. 이런 상황에서 나는 다른 방법을 찾았다. 그것은 바로 진지해지지 않기였다.

리즈는 즉흥연주를 통해서 그녀의 부정적인 감정을 떨쳐 버리고 빠져나왔다. 그녀가 그렇게 할 수 있다는 것은 치료적 관계 및 그녀 자신과의 신뢰가 형성되었다는 것을 의미했다.

단계 4: 홀로 서기에 대한 두려움

마지막 세션에서는 치료 종결에 초점을 두었다. 리즈는 음악치료의 도움 없이 스스로 자신을 다루고 조절할 수 있을지 걱정하고 있었다. 이 세션들은 그녀가 많은 것을 얻었다는 것을 보여 주었다. 그녀는 자신의 인생 내부를 들여다볼 수 있었으며 언어적으로나 음악적으로나 자신을 표현해 보일 수 있었다. 이것은 63회 세션에서 분명히 드러났는데, 그녀는 접촉을 받아들이거나 시도할 수 있었고 지지하거나 또 지지받을 수도 있었다. 리즈는 또한 멜로디를 이끌어 갈 수 있었다. 그녀의 경험은 기쁨인 동시에 슬픔이었다. 그녀는 더 이상 자신을 경멸하거나 비하하지 않았고, 이제는 대부분의 치료 시간에 보였던 것과 같은 부정적 태도로 자신의 연주를 평가하지 않았다.

일상생활에서 리즈는 강해졌음을 느꼈고 억압된 무의식적 감정을 행동으로 나타내지 않고도 좌절감을 다룰 수 있게 되었다. 그녀는 여전히 자신의 사회적 능력에 대하여 걱정했지만 자신의 이미지에 대해 덜 부정적이었고 다른 사람을 좀 더 편안하게 대하게 되었다. 그녀는 자신이 나에게 인정받고 이해받고 있음을 느꼈다고 말했다. 나는 그녀가 다른 사람들을 대할 때, 그들과 상반되거나 갈등을 일으킬 만한 감정과 생각을 참아낼 수 있는 능력을 길렀다고 말해 주었다. 그녀는 자신의 역할 및 갈등 패턴을 더 잘 알게 되었고, 그 결과 타인의 말에 의해 자신을 평가하는 성향이나 자괴적 성향을 덜 보이게 되었다. 그녀는 치료 시간에 얻은 경험들을 일상생활에 접목시켜 생활할 수 있었다. 마침내 그녀는 치료사와의 양자

관계 속에서 이러한 것들에 관해 자신의 감정을 표현하는 능력과 함께 말을 사용하는 언어적 표현에서도 향상된 능력을 보여 주었다.

리즈에게 치료의 전 과정을 평가해 달라고 부탁하자, 그녀는 매우 좋았다고 평가하는 동시에 음악은 '다른 방법으로는 떨쳐 버릴 수 없는 자신의 감정을 표현할 수 있게 해 준 도구' 였다고 강조하여 말했다.

논의 및 결론

나는 여기에서 자신 및 타인과 관계를 맺는 능력에 대한 리즈의 변화에 음악이 어떤 역할을 했는지 밝히고자 한다.

리즈가 언어가 아닌 다른 매개체(음악) 없이는 정신역동적으로 자신을 나타내지도, 이러한 변화를 얻지도 못했을 것이라는 점은 분명하다. 그녀의 관계 갈등의 핵심은 한 인격체로서 자신의 감정 및 생각이 존중받기를 바라는 욕구에 자리 잡고 있었다. 그러나 이런 감정과 생각이 다른 사람들과 갈등을 일으킬 때마다 그녀는 자신을 지탱하지 못하고 언제나 물러서고는 했다. 이것은 그녀가 무엇을 하든지 발목을 잡았다. 만약 '다른 사람' 과 맞서려고 했다면, 그녀는 고립되었거나 외톨이가 되었을지도 모른다. 하지만 그녀가 맞서지 않을 때에는 언제든지 그녀의 본능, 감정, 생각을 억누르고 있어야만 했다. 이것이 그녀가 해 온 방식이었으며, 그녀의 낮은 자존감, 억압된 무의식적 감정의 행동화, 자학의 이유이기도 했다.

단계 1에서 이런 역동성이 분명해졌다. 그녀가 연주하거나 즉흥연주 한 것에는 상호 연관성이 있었으며, 이로써 그녀가 존재해 있다는 것이 분명했다. 리즈는 의식하지 못하고 있었지만 이것은 중요한 것이었다. 나와의 관계에 있어서 그녀는 나의 기대에 부응하고자 애썼으며, 음악적 결과물을 만들어 내려고 노력했다. 나는 그녀에게 "나는 당신을 경청하고 있으며 지지하고 당신의 음악을 존중해요." 라고 말하며 의사소통할 수 있었다. 이런 경험을 하게 되기까지 많은 시간이 필요했다. 이 단계에서 음악은 그녀가 말로 표현할 수 없는 것들을 공유할 수 있게 해 주고 자신을 나타내 보이도록 해 주는 '열린 공간' 같은 것이었다. 그녀와의 치료적 협력관계는 언어적 · 음악적 영역 모두에서 형성되었다.

단계 2에서는 음악적 공간이 그녀를 보호해 주는 곳인 동시에 감정을 분출하는 장소가 되었다. 리즈는 음악 속에서 자신의 공격적 감정과 마주치게 되었고 자기 자신에게 원하는 것이 무엇인지 인식하기 시작했다. 또한 내가 그녀를 판단하는 것이 아니라 그녀 자신이 판단한다는 것이 갈수록 분명히 나타났다.

단계 3에서 즉흥연주는 리즈에게 자기 표현과 나와의 관계를 한꺼번에 탐구, 모색, 시도해 볼 수 있는 공간을 주었다. 나에게 거부당하는 것에 대한 두려움이 없어지는 것이 뚜렷해지면서 그녀 자신을 판단하는 것이 감소되었다.

단계 4에서 음악은 이제 그녀에게 안전한 환경이 되었다. 그녀는 '자기 의지를 갖고 연주' 할 수 있었는데, 이것은 관계적 공간과 비언어적 과정에서 리즈가 경험한 것의 중요성을 강조하는 것이었다. 이 단계에서 리즈는 다른 사람과의 관계에서 보여 왔던 완고하고 파괴적인 성향에서 빠져나올 수 있었다. 이것이 바로 이 단계에서 그녀가 달성한 일이다. 이와 같이 리즈가 좋은 결과를 얻도록 기여한 것은 음악치료만이 아니었다. 그녀는 치료과정 동안 약물학적으로, 환경적으로 도움을 받았다. 약은 그녀에게 필요한 감정적 안정감을 주었고, 사회복지제도는 여러 방면으로 치료에 도움을 주었다. 음악치료 종료 후, 리즈는 2년 동안 보조적 상담을 지속했다. 그러다가 2001년 봄에는 더 이상 필요하지 않다면서 상담을 마쳤다. 현재 그녀는 모든 정신과적 상담이나 치료에서 벗어나 있다.

결론적으로 이 사례는 클라이언트가 언어적으로 반응하는 것과 통찰하는 것에 어려움을 가지고 있다고 하더라도 정신역동적 작업이 이루어질 수 있고 성과를 가져올 수 있음을 보여 준다. 이 연구에서 언어는 치료적 협력관계를 공고하게 하거나 심리적 갈등 및 불완전함을 해결하기에는 그 역할과 기반이 약했다. 반면에 즉흥연주와 음악적 교류는 치료적 협력관계를 공고히 해 주고 상호 주관성을 불러일으키는 매우 중요하고도 적절한 매개체가 되었다. 이 사례는 또한 음악 안에서 이루어진 리즈의 의사소통 기술과 표현능력의 향상이 말로 표현하는 언어적인 것뿐만 아니라 그녀의 일상생활에도 영향을 미쳤다는 것을 보여 주고 있다.

참고문헌

Bruscia, K. E. (1998). *The Dynamics of Music Psychotherapy* (chapter 1). Gilsum, NH: Barcelona Publishers.

Hannibal, N. (2001). *The Preverbal Transference Relationship in Music Therapy*. Ph.D. dissertation. Aalborg University, Denmark.

Luborsky, L., & Crits-Christoph, P. (1998). *Understanding Transference: The Core Conflictual Relationship Theme Method*. 2nd edition. Washington, DC: American Psychology Association Publishers.

Stern, D. (1985). *The interpersonal World of the Infant*. New York: Basic Books, Inc.

Stolorow, R. D., & Atwood, G. E. (1996). "The Intersubjective Perspective," *Psychoanalytic Review*, 83, 181-194.

The ICD-10 Classification of Mental and Behavioral Disorders: Diagnostic Criteria for Research. (1993). Geneva: World Health Organization.

찾아보기

인 명

내 용

▣ 편저자 소개

Dr. Susan Hadley 호주 멜버른 대학에서 음악치료 학사학위를 받았고, 펜실베이니아의 템플 대학에서 음악치료와 교육심리 과정으로 석사와 박사 학위를 받았다. 그녀는 정신과의 아동과 성인 병동에서 폭넓고 다양한 대상과 함께 음악치료사로 일했으며 다양한 학술논문과 책을 출판하였다. 그녀는 현재 펜실베이니아의 슬리퍼리 록 대학에서 음악치료 조교수로 재직하고 있고, 『음악치료 질적 연구(*Qualitive Inquiries in Music Therapy*)』의 편집장을 맡고 있다.

▣ 저자 소개

Jos De Backer 레멘신스시튜트 대학(Campus, Lemmensinstitutt 벨기에 루벤 소재) 교양학부의 음악치료 교수로 재직하고 있으며 음악치료 훈련을 담당하고 있다. 그리고 코텐버그에 있는 대학 센터의 음악치료학과 학장으로 있으며, 그곳에서 소아정신과 환자를 치료하는 음악치료사로 일하고 있다. 그는 개인 치료실도 있으며, 현재 덴마크의 알보그(Aalborg) 대학에서 국제적인 음악치료에 관한 박사과정 중에 있다. 그는 정신분석학에 기반을 둔 음악치료를 전공하고 있으며, 장애가 있는 사람과 정신과 환자를 다룬 다양한 논문과 워크숍을 진행하고 있다. 또한 그는 유럽음악치료연합(European Music Therapy Confederation)의 회장이기도 하다.

Jan Van Camp 레멘신스시튜트 대학 교양학부의 심리치료 교수로 재직하고 있으며, 루뱅에서 음악치료 훈련을 담당하고 있다. 그는 코텐버그에 있는 세인트 요제프(St. Jozef) 대학 센터에서 심리치료사로 있으며, 루뱅(Louvain) 대학에서 슈퍼바이저 겸 정신분석학자로 재직하고 있다. 또한 그는 예술치료 교육의 유럽 컨소시엄(European Consortium for Arts Therapy Education)의 일원이기도 하다.

Dr. Janice M. Dvorkin 텍사스 산 안토니오의 인카네이트 워드(Incarnate Word) 대학의 조교수로 있으면서 그 대학의 음악치료 프로그램을 담당하고 있다. 그녀는 또한 뉴욕 주와 텍사스 주에서 자격증을 갖고 있는 정신분석학자이기도 하다. 그녀는 산 안토니오에서 음악심리치료 활동을 할 뿐만 아니라 대상관계에 기반을 둔 음악심리치료를 사용해서 지속적으로 업적을 발표 · 출판하고 있다.

Misty D. Erlund 텍사스 산 안토니오의 인카네이트 워드 대학의 대학원생이다. 그녀는 공인 음악치료사이며 현재 자폐인을 대상으로 음악치료를 하고 있다. 그리고 주에서 주최하는 심리학 컨퍼런스에서 자신의 음악치료 기법을 발표하기도 했으며, 음악치료 프로그램이 없는 대학들을 대상으로 음악치료를 소개하는 워크숍을 열기도 했다. 그녀는 슈퍼비전을 통한 자신의 교육에 집중하면서 자신의 음악치료를 시작하고 있다.

Gianluigi di Franco 음악가(성악가)이자 음악치료사로서 음악치료의 '나폴리탄(neapolitan)' 학파를 최초로 세운 사람이기도 하며(1986), 로마의 '로 스파지오(Lo Spazio)' 센터에서 P. Perrotti 교수와 함께 프로이트적 집단치료를 3년 동안 해 왔다. 그는 나폴리와 포자(ISMEZ)의 콘세르바토리오 'U. 지오다노(U. Giodano)' 에서 음악치료훈련

프로그램 감독자(ISFOM)로 있는데, 그 음악 콘세르바토리오 프로그램은 이탈리아의 콘세르바토리오 중에서 가장 먼저 알려진 코스다. 또한 그는 청각 연구기관(나폴리, 약학 학부)과 심장 수술을 한 아이들을 위한 음악치료 프로젝트(모날디 병원/나폴리 약학 부서)의 진행자 겸 슈퍼바이저이며, CONFIAM(음악치료연합의 이탈리아 지부)의 창시자로서 CONFIAM의 회장을 1994년에서 2000년까지 6년 동안 지냈다. 1998년부터 2001년까지는 유럽음악치료연합의 회장도 지냈다. 그는 음악치료국제연합(World Federation of Music Therapy)의 최고 위원이자 출판협회 회장으로 깊이 연관되어 있으며, 책을 몇 권 쓰고 몇 권은 공동 편집하기도 했다.

Gabrielle Fruchard 임상심리학자이자 음악치료사이며, 성악가로도 훈련하고 있다. 그녀는 다양한 사회 · 문화적 배경을 가진 청소년과 함께 작업하고 있으며, 『음악치료 리뷰(*Revue de Musicotherapie*)』와 같은 다양한 저널에 많은 글을 기고해 왔다.

Dr. Denise Grocke(예전에는 Erdonmez) 호주 빅토리아 멜버른 대학의 음악치료 학장이자 조교수로 재직하고 있다. 그녀는 학부와 대학원 음악치료 프로그램을 진행하고 있으며 심상유도 음악치료(Bonny Method) 자격을 가지고 있다. 또한 국립음악치료연구기관(National Music Therapy Research Unit)의 이사이자 호주음악치료연맹(Australian Music Theray Association)의 공동 창시자이고, 현재는 음악치료국제연합의 회장을 역임하고 있다.

Dr. Niels Hannibal 1984년에 간호사 교육을 받았고, 1994년에 덴마크 알보그 대학에서 음악치료 과정을 시작한 후 2001년에 박사학위를 받았다. 그의 학위논문은 음악치료에서 음악적 상호작용을 통한 언어 습득 이전의 전이관계를 실험한 연구였다. 그는 2002년에 스파 노드 재단(Spar Nord Foundation) 연구상을 받았고, 지금은 전임 연구직에 있으면서 알보그 정신병원의 음악치료 클리닉에서 임상을 하고 알보그 대학에서 강의를 하고 있다.

Juliane Kowski 초등학교 음악, 독일어, 수학 학사학위를 받았다. 후에 그녀는 대중음악과 재즈를 위한 가수와 성악 교사로 두 번째 학사학위를 받았으며, 베를린과 뉴욕에서 재즈 가수로 활동했다. 그녀는 일을 하는 데에 음악적 지식을 더 충분히 얻기 위해서 1998년에 뉴욕 대학에서 음악치료 석사학위를 받았다. 그녀는 지체아동을 돕는 협회(Association for Help for Retarded Children)에서 상담가로 3년 동안 일했고, 발달지체 성인을 위한 거주시설에서 음악치료를 개설했다. 그때부터 그녀는 브루클린에서 가족 건강과 지지를 위한 센터에서 정서장애 아동들을 대상으로 일하고 있으며 그녀의 사설기관을 열었다. 최근에 그녀는 뉴욕시 음악치료 사업을 위해 일하고 있다.

Dr. Mechtild Jahn-Langenberg(Ph.D.) 1995년부터 베를린 예술대학에서 음악치료학과의 음악치료 연구과정(석사학위 후 프로그램) 책임자로 있다. 그녀는 정신장애를 가진 환자(아동과 성인)와의 분석적 음악치료를 전문 분야로 하고 있고 질적 연구를 하고 있으며 이를 초점으로 하는 국제적 심포지엄을 1994년 이후로 주관하고 있다. 그리고 분석적 음악치료사와 슈퍼바이저로서 개인적인 훈련과정을 가르치고 훈련시키고 있다.

Dr. Edith Lecourt 임상심리학자이자 정신분석학자이며 음악치료사이다. 그녀는 프랑스에서 최초의 음악치료협회의 공동 설립자였다. 또한 르네 데카르트(Rene Descartes) 대학(파리 제5대학)에서 임상과 심리치료의 교수로 있고, 심리치료협회(Institute of Psychology)의 부책임자이며 음악치료 훈련을 위한 책임자다. 그녀는 『Freud et le Somore: Le Tic-tac du Desir』, 『Analyse de Groupe et Musicotherapie』, 『L' experience Misucal, Resonances Psychoanaly-tiques』를 포함한 몇 권의 책을 썼고 다수의 연구논문이 있으며, 프랑스와 영국에서 중요한 역할을 하였다.

Dr. Wolfgang Mahns 덴마크 알보그 대학에서 음악치료 박사학위를 받고 강의를 하고 있으며 심리치료사이다. 그는 현재 음악교육을 위한 음악치료 양성과정의 책임자이고 렌즈부르크 음악치료협회(Verein Musiktherapie Rensburg)의 책임자이다. 또한 그는 음악치료 질적 연구(Qualitive Research in Music Therapy)의 베를린 연구 모임에 속해 있다. 20년 동안 아동과 성인을 대상으로 일하고 있으며, 교육에서의 음악치료 분야에서 광범위한 출판물을 냈다.

Dr. Susanne Metzner 어린이, 청소년 그리고 정신적으로 문제가 있는 사람을 대상으로 사회 교육자로서 함부르크에서 일해 왔다. 그녀는 1988년에 함부르크의 호크슐레 음악학교(Hochschule für Musik und Theater)에서 음악치료 훈련과 음악 공부를 마쳤다. 그녀는 정신분열증으로 고통을 받고 있는 아동들의 음악치료사로서 일해 왔다. 그리고 10년 동안 정신병을 가지고 있는 성인도 다루어 왔는데, 그때 그녀는 정신분석학적으로 접근하는 음악치료를 전공하여 1988년에 박사학위를 받게 되었다. 1991년부터 그녀는 함부르크에 있는 호크슐레 음악학교의 음악치료연구소(Institut für Musik-therapie)의 교수로 재직해 왔으며, 2001년부터 호크슐레 마그데부르크-슈텐달(Hochschule Magdeburg-Stendal)로 거처를 옮겼다. 그녀는 개인적으로 음악치료사를 지도하고 있다. 그리고 1994년부터는 독일 전문가협회(German Professional Association: BVM)의 의장을 역임하고 있다.

Dr. Louise Montello 전 세계적으로 음악과 치료의 권위자로서 알려져 있으며, 『본질적인 음악 지능: 치료, 창조성 및 빛나는 전체성을 위한 인생여정으로서 음악사용하기(*Essential Musical Intelligence: Using Music as your Path to Healing, Creativity, and Rediant Wholeness*)』(Quest Books, 2002)의 저자이기도 하다. 그녀는 정신분석학자, 공인된 음악치료사, 재즈 피아니스트, 작곡가로서 음악가의 웰니스 회사(Musicians' Wellness, Inc.)의 창시자이자 이사이기도 하며, 뉴욕 대학의 심리학과에서 임상연구를 하고 있고 뉴스쿨 대학에서 창조적인 예술치료 프로그램의 관리자로서 일하고 있다. 또한 그녀는 개인적으로 정신역동적 음악치료를 계속 연구하고 있으며, 뉴욕시와 펜실베이니아 랙커왁슨에서 슈퍼바이저로서 일하고 있다.

Simona Katz Nirensztein 이탈리아의 피렌체에서 태어나서 그곳에서 피아노를 전공하고 연주를 시작했다. 그녀는 자신의 전공을 이스라엘 예루살렘에서 계속했으며, 루빈 아카데미(Rubin Academy)에서 피아노와 실내음악으로 예술학위를 받았다. 그 후 몇 년 동안 음악을 치료에 사용하는 것에 관심을 가지기까지 그녀는 연주도 하고 가르치기도 했다. 그녀는 예루살렘의 다비드 옐린(David Yellin) 대학의 음악치료 과정을 이수했으며, 그때부터 정신역동적 접근법으로 아동과 청소년을 대하면서 임상 경험을 쌓기 시작했다. 예루살렘에 있는 어린이 정신건강 병원의 일원으로서, 그녀는 정신치료학적·정신분석학적 배경에서 음악과 소리 요소의 특수한 역할을 규정 짓는 작업에 관련되어 있다.

Paul Nolan(M.C.A.T., M.T.-B.C., L.P.C.) 센터 시티 하네만 대학(Center City Hahnemann Campus, 예전에는 MCP 하네만 대학)에서 드렉셀(Drexel) 대학의 하네만 창조적 예술 치료 프로그램의 음악치료 교육 조교수이자 담당자로 일하고 있으며 그곳에서 20년 이상을 가르쳐 왔다. 그는 다양한 범위의 임상 경험을 가지고 있으며, 개인적으로 음악심리치료에 매진하고 있고, 펜실베이니아 주에서 인정하는 전문적인 카운슬러 자격증을 가지고 있으며 연주도 하고 있다. 또한 그는 책의 몇 개 장과 기사를 썼으며, 몇몇 편집위원회에서 활동하고 있고, 국제적으로 다양한 범주의 건강관리 집단에 참석해서 발표하곤 했다. 그의 특별한 관심은 창조성과 정신건강의 상관관계에 있다.

Inge Nygaard Pedersen 1981년에 코펜하겐 대학에서 음악 석사학위를 받았다. 그녀는 1980년에 멘토렌커스 헤르데케(Mentorenkurs Herdecke)에서 음악치료 자격증을 받았으며, 1982년부터 덴마크의 알보그 대학에서 음악치료 프로그램의 조교수로 5년간 재직해 왔다. 1982년부터 1995년까지는 짧은 휴식기를 가지면서 이 프로그램을 운영해 왔다. 1982년부터 그녀는 음악치료 병원의 책임을 맡게 되었는데, 그 병원은 알보그 정신병원과 알보그 대학과 합작해서 치료하고 연구하였다. 그녀는 다양한 클라이언트들과 임상을 했으며, 자발적으로 음악치료를 원하는 사람들을 위해서 카운슬링도 했다(이 사람들은 논문에 언급되지 않는다). 더불어 자폐를 가진 아동과 성인을 대상으로 임상을 했고, 지난 7년간 모든 종류의 정신질환 환자들과도 임상을 해 왔다. 그녀는 다섯 권의 책을 공동 편집했으며 국내외적으로 25개 이상의 기사와 책의 장을 썼다.

Roia Rafieyan(M.A., M.T.-B.C.) 지난 14년 동안 심각한 발달장애와 자폐를 가진 성인을 대상으로 음악치료 서비스를 제공해 왔다. 그녀는 자신의 연구 업적을 다양한 컨퍼런스에서 발표했고 『Inside Music Therapy』(Janice Dvorkin 공저)라는 책에서 한 개 장을 맡았다. 그녀는 예전에 음악치료의 뉴저지 연합(New Jersey Association for Music Therapy)에서 회장직을 역임했다. 포괄적인 공동체 구축의 강력한 옹호자인 그녀는 그녀와 똑같이 헌신적인 친구들의 도움을 받아서 '월례 커피하우스(a monthly coffeehouse)' 를 창설했다. 이 모임은 모든 사람이 자신의 음악을 공유하는 데 필요한 장소를 마련하기 위한 것이었다. 또한 그녀는 'Songs from Behind Locked Doors' 라는 제목의 CD를 제작했으며, 최근에 음악치료에서 석사학위를 받았다.

Jacqueline Z. Robarts(M.A., A.R.C.M.(연주자), Cert. Ed., Dip. M.T.-N.R., S.R.As.T.(M.)) 섭식장애 청소년을 대상으로 한 음악치료에 관한 박사논문 작업을 하면서 런던 시립대학 음악치료 특별연구원으로 근무하고 있다. 2000년 이후에는 정서적 혼란, 정서적 박탈을 경험하는 아동의 음악치료와 관련된 연구상을 2개 더 수상하였다. 그녀는 PPP 건강의학기금(PPP Healthcare Medical Trust)으로부터 자금을 지원받아 가난하고 정신적 외상을 가진 아동에 대한 치료 프로젝트의 임상/연구 컨설턴트로 일하고 있다. 또한 런던에 있는 노도프-로빈스(Nordoff-Robbins) 음악치료 센터에서 중견 치료사 겸 임상교수 역할을 맡고 있으며, 그 전에는 아동과 청소년기의 정신건강 서비스 분야에서 수석 음악치료사를 역임하였다. 여러 해 동안 심각한 정서적 혼란, 섭식장애 그리고 발달상의 문제를 가진 젊은이 및 자폐 스펙트럼 장애 아동에 대한 경험을 가지고 있다. 최근 8년 동안 그녀는 자가의뢰(self-referring) 성인 및 음악가와 함께 작업하였다. 그녀는 음악치료의 다양한 부문에서 연구와 저서를 발간하였고, 특히 아동과 청년기의 정신건강 분야에서 영국과 해외에 걸쳐 널리 강의하였다.

Penny Rogers 1982년 음악치료사 자격을 취득하였으며, 세 가지 석사학위(인지신경심리학, 아동보호, 더 최근의 매니지먼트 및 임상 관리 분야에서의 트레이닝과 연관되는 조직심리치료)를 취득하였다. 그녀는 정신의학의 전 영역에서 일했으며 (런던 시립대학에서 특별연구원으로 있는 동안), 학대당하는 아동에 대한 음악치료 과정으로 박사논문을 썼다. 더불어 영국의 여러 음악치료 부문 국영기관에서 중요한 역할을 수행하였다. 오늘날 그녀는 '북부 에섹스 정신건강조력자 NHS 기금을 위한 아동보호(Children Protection for North Essex Mental Health Partnership NHS Trust)' (130만 명에게 건강과 사회적 서비스를 제공하는 연합기금)에서 임상전문가로 활동하고 있다. 그녀의 지위는 복합적인 학대 상황에 있는 아동과 그 가족에게 치료를 직접 제공해 주고 동료 전문가에게 컨설팅, 훈련, 관리를 제공하는 것을 포함한다. 그리고 기금 내 및 에섹스 지역의 에이전시에서 아동보호 정책을 개발하는 주요 역할을 이끌고 있다. 그녀는 학대받거나 학대하는 젊은이와 그들의 가족에 관련된 작업에 대해 광범위하게 저술했고 국내외 모두에서 강의하였다.

Viola Schönfeld 1959년 독일 브라운슈바이크에서 태어났다. 그녀는 베를린 대학에서 종교음악으로 석사학위를 받았고, 함부르크 음악연극 아카데미(Hamburg Academy of Music and Theatre)에서 음악치료 석사학위를 받은 후 볼프스부르크에 있는 아동병원과 월첸에 있는 '소아정신병을 위한 특수센터(Kinder und Jugendpsychiatrische Praxis)' 에서 음악치료사로 근무하였다. 1991년 이후로는 자신의 음악치료실을 가지게 되었다. 또한 그녀는 독일 기프혼의 음악학교에서 치료학을 가르치고 있으며, 독일 'Klinik Gut Wienebuettel/Lueneburg' 에서의 음악치료를 위한 아카데믹 병원에서 음악치료사로 일하고 있다.

Catherine Sweeney 아일랜드의 음악가 가정에서 태어났다. 그녀는 웨일스에 있는 뱅거(Bangor) 대학에서 음악을 공부하였는데, 플루트 전공을 했으며 학위독주회에서 연주상을 받으면서 우승하였다. 또한 그녀는 케임브리지의 앵글리아 폴리테크닉(Anglia Polytechnic) 대학에서 음악치료사로 훈련받았으며, 최근 아동 말기 환자, 성인 뇌손상 그리고 학습장애 분야에서 일하고 있다. 그녀는 잉글랜드의 슈롭셔에 살고 있으며 정기적으로 연주와 성악을 계속하고 있다.

Helen M. Tyler 영국 레딩(Reading) 대학에서 음악학위 및 철학석사를 받았으며, 2~18세의 폭넓은 연령층에게 음악을 가르쳤다. 그녀는 또한 런던의 노도프-로빈스 음악치료 센터에서 음악치료사로서 훈련받았다. 현재 그녀는 센터에서 보조 관리자로 있으면서 치료사 겸 전문가 훈련과정에서 중견 교수로 근무하고 있다. 그녀는 정서적, 행동적 문제를 가지고 있는 아동에 대한 음악치료에 특히 관심을 가지고 있으며, 그에 관하여 방대하게 저술 및 강의를 하고 있다. 그녀는 WFMT 교육훈련위원회(WFMT Education and Traiinig Commission)의 회원이다.

Dr. Susan Bray Wesley(Ph.D., M.T.-B.C., L.C.P.C.) 메인(Maine) 주립대학에서 성인 개발에 주력하는 대학원 교원회의 회원이다. 그녀는 개인 음악치료 실습과 상담심리치료를 하고 있으며, 공인 음악교육자로서 메인 주 캐스틴의 애딤스 학교에서 이동을 가르치는 일을 계속하고 있다.

▣ 역자 소개

◐ 김성희

숙명여자대학교 음악대학원 박사과정(음악치료 전공)

현 숙명여자대학교 음악치료대학원 실습슈퍼바이저

심상유도 음악치료(GIM) 수련과정

◐ 김연정

숙명여자대학교 음악대학원 박사과정(음악치료 전공)

현 다복솔 음악치료사, 고신대학교 교회음악대학원 강사

심상유도 음악치료(GIM) 수련과정

◐ 김향숙

숙명여자대학교 음악대학원 박사과정 수료(음악치료 전공)

현 숙명여자대학교 음악치료센터 연구원

◐ 박소연

숙명여자대학교 음악대학원 박사과정 수료(음악치료 전공)

현 연세신경정신과-소아청소년정신과 음악치료사, 서울디지털대학교 상담심리학부 초빙교수

서울장신대학교 대학원 · 한국외국어대학교 · 영동대학교 강사

◐ 양은아

숙명여자대학교 음악대학원 박사과정 수료(음악치료 전공)

현 수도사랑의 학교 음악치료사, 국민대학교 · 서경대학교 · 서울장신대학교 강사

심상유도 음악치료(GIM) 전문가

◐ 오선화

숙명여자대학교 음악대학원 박사과정 수료(음악치료 전공)

현 숙명여자대학교 음악치료센터 연구원, 음악치료대학원 강사

◐ 이경숙

숙명여자대학교 음악대학원 박사과정 수료(음악치료전공)

현 숙명여자대학교 음악치료대학원 · 고신대학교 교회음악대학원 강사

◐ 이난복

숙명여자대학교 음악대학원 박사과정 수료(음악치료 전공)

현 이난복 음악치료연구소장, 심상유도 음악치료(GIM) 전문가

◐ 이드보라

숙명여자대학교 음악대학원 박사과정 수료(음악치료 전공)

대구대학교 특수교육학과 박사과정 수료(언어 · 청각장애교육 전공)

현 고신대학교 교회음악대학원 음악치료전공 초빙교수

◐ 이숙

숙명여자대학교 음악대학원 박사과정(음악치료 전공)

현 춘해보건대학 유아특수언어재활과 교수

◐ 이정실

숙명여자대학교 음악대학원 박사과정 수료(음악치료 전공)

현 신성대학 겸임교수, 대전대학교 · 원광대학교 · 한양대학교 강사

심상유도 음악치료(GIM) 수련과정

정신역동 음악치료: 사례연구

Psychodynamic Music Therapy: Case Studies

2008년 7월 25일 1판 1쇄 인쇄
2008년 7월 30일 1판 1쇄 발행

엮은이 • Susan Hadley
옮긴이 • 김성희 · 김연정 · 김향숙 · 박소연 · 양은아 · 오선화
이경숙 · 이난복 · 이드보라 · 이숙 · 이정실
펴낸이 • 김진환
펴낸곳 • 학지사
121-837 서울시 마포구 서교동 352-29 마인드월드빌딩 5층
대표전화 • 02-326-1500 팩스 • 02-324-2345
등록 • 1992년 2월 19일 제2-1329호
홈페이지 www.hakjisa.co.kr

ISBN 978-89-5891-665-9 93180

가격 20,000원